U0528331

朱德年谱
一八八六——一九七六 下卷
新编本

中共中央文献研究室编
主审 金冲及
主编 吴殿尧
副主编 庹平

中央文献出版社

目 录

1949 年 ………………………………………………（1351）
1950 年 ………………………………………………（1362）
1951 年 ………………………………………………（1399）
1952 年 ………………………………………………（1421）
1953 年 ………………………………………………（1443）
1954 年 ………………………………………………（1463）
1955 年 ………………………………………………（1491）
1956 年 ………………………………………………（1524）
1957 年 ………………………………………………（1575）
1958 年 ………………………………………………（1647）
1959 年 ………………………………………………（1710）
1960 年 ………………………………………………（1760）
1961 年 ………………………………………………（1791）
1962 年 ………………………………………………（1823）
1963 年 ………………………………………………（1859）
1964 年 ………………………………………………（1895）
1965 年 ………………………………………………（1927）
1966 年 ………………………………………………（1946）
1967 年 ………………………………………………（1960）
1968 年 ………………………………………………（1965）
1969 年 ………………………………………………（1968）

1970 年	(1971)
1971 年	(1973)
1972 年	(1975)
1973 年	(1979)
1974 年	(1983)
1975 年	(1987)
1976 年	(1995)
后　记	(2004)

1949年　六十三岁

10月1日　出席中华人民共和国中央人民政府委员会第一次会议。中央人民政府主席毛泽东，副主席朱德、刘少奇、宋庆龄、李济深、张澜、高岗及全体委员宣布就职。会议一致决议接受《中国人民政治协商会议共同纲领》为中央人民政府施政方针，选举林伯渠为中央人民政府委员会秘书长，任命周恩来为中央人民政府政务院总理兼外交部长，毛泽东为中央人民政府人民革命军事委员会主席，朱德为中国人民解放军总司令，沈钧儒为最高人民法院院长、罗荣桓为最高人民检察署检察长。

△　下午三时，出席首都三十万军民在天安门广场隆重举行中华人民共和国开国大典。毛泽东宣读中央人民政府公告，向全世界庄严宣告中华人民共和国成立，随后举行阅兵式。朱德以中国人民解放军总司令名义担任阅兵司令员，在华北军区兼京津卫戍区司令员、阅兵总指挥聂荣臻的陪同下，驱车检阅人民解放军各兵种受阅部队，并宣读《中国人民解放军总部命令》："我命令中国人民解放军全体指战员、工作员，坚决执行中央人民政府和伟大的人民领袖毛主席的一切命令，迅速肃清国民党反动军队的残余，解放一切尚未解放的国土，同时肃清土匪和其他一切反革命匪徒，镇压他们的一切反抗和捣乱行为。"接着，与毛泽东等一起，检阅中国人民解放军陆、海、空军分列式和群众游行队伍。

10月2日　出席全国保卫世界和平大会成立大会并讲话：中国人民已经用自己的英勇的不屈不挠的斗争，胜利地打倒了反动派，取得了中国的独立与解放。这是中国人民的胜利，也是世界人民和世界和平力量的胜利。中国保卫世界和平大会的召开，表示中国人民决心为保卫世界和平而斗争。

　△　广东战役开始。第二野战军第四兵团、第四野战军第十五兵团和两广纵队等共二十二万人，在陈赓的指挥下分三路向广东发起进攻。十四日，攻占广州。二十一日，广州市军管会成立，叶剑英任主任。

10月3日　在全国新华书店出版工作会议上讲话：革命的出版工作者，在过去做过许多工作，有过许多成绩，在整个革命事业中所起的作用是不应低估的。革命在全国范围内的胜利，文化建设高潮的即将到来，在出版工作者面前将不断提出许多的重大任务，要求大家从头学习。"一个人如果不能在思想上不断提高自己，不能在业务上每天追求进步，他一定是做不好任何工作的，当然也做不好出版工作。"革命的出版工作者一定要把日常业务提到政治的高度，精益求精地改进业务，提高工作效率，因此一定要认真学习马列主义和毛泽东思想，认真研究各方面的政策，拿来和自己的业务结合起来。

10月5日　在全国卫生行政工作会议上讲话：我们的卫生工作者，要保持过去艰苦奋斗的好作风，不讲价钱，不管什么人有了病，马上就给医治。对资产阶级开办的医院，我们要学习他们的技术和科学的管理方法，中西医务人员要团结起来，互相学习，共同进步。中药有几千味，中药的药性应该加以研究和改造，几千年流传下来的东西，能存在，总有些道理，我们应该研究它。如果把中药制成粉末，或加以提炼，可以出口到外国去，如果我们能从中药中搞出一些成就来，对世界卫生事业也会有很大贡献的。

10月9日 出席中国人民政治协商会议第一届全国委员会第一次会议,在会上当选为政协第一届全国委员会常务委员会委员。

10月10日 毛泽东、朱德致电前国民党海防第一舰队旗舰"长治号"全体人员,对他们于九月十九日在吴淞口外起义表示祝贺:"庆祝你们的英勇的起义行动。由于国民党海军内的爱国官兵陆续起义,人民海军已在迅速发展。希望你们努力学习,积极参加中国人民海军建设和完成解放中国全境的伟大事业。"

△ 为上海市纸业革新促进会题词:"改进和发展中国的造纸工业,以应新中国文化建设的需要。"

10月19日 出席中央人民政府委员会第三次会议。朱德、刘少奇、周恩来、彭德怀、程潜被任命为中国人民革命军事委员会副主席。董必武、陈云、郭沫若、黄炎培被任命为政务院副总理。会议还任命了中国人民革命军事委员会委员和正副总参谋长,最高人民法院副院长和委员,最高人民检察署副署长和委员,政务院政务委员和正副秘书长及其所属各委、部、会、院、署、行的负责人。

10月20日 出席中国人民革命军事委员会第一次会议,讨论人民解放军肃清残余国民党军和建设新的国防等问题。会议决定在人民革命军事委员会下成立国防研究小组,主持今后国防的研究设计事宜。

10月21日 毛泽东、朱德复电新疆回族总教长马良骏并转全疆回胞:"感谢你们的祝贺。希望你们协助人民解放军和人民政府,团结各族人民,遵照共同纲领,实行真正的人民民主,为建设新新疆而努力。"

10月22日 为北京市群众体育运动大会题词:"发展人民体育,健强陆海空军!"

10月25日 致函中国人民革命军事委员会副主席、西北军政委员会主席彭德怀:今后当以提早结束军事,马上转到生产为主要任务。新疆是多民族的地区,汉人不过三十余万,当以其他民族为主,尤以联合为重。并说:你是否即到新疆去,如一时住酒泉,请注意调查该地石油情况,给财委提供材料,"速将该地油井或他处油井多为开发,作全国之用。"

10月26日 在中华全国体育总会筹备会议上讲话,指出:我们的体育事业一定要为人民服务,为国防和国民的健康服务。工人、农民、市民、学生都要搞体育活动。只有把我们的国民都锻炼成身体健康、精神愉快的人,才能担当起繁重的建设新中国的任务。

10月27日 在第一次全国公安工作会议上讲话:在公开敌人被消灭之后,国内进入和平建设时期,防止和镇压帝国主义和国内反动派残余势力阴谋破坏的巨大责任便落在公安工作者的肩上。公安工作在新形势下更加重要,必须加强,要防止骄傲情绪与麻痹思想,要学习领导隐蔽斗争的艺术,使每个公安工作的骨干真正成为同隐蔽敌人斗争的专家。要把群众组织起来,共同保卫革命秩序。把国民党特务等改造成为有用的公民。这样,你们的改造就算做好了。

10月30日 和参加第一次全国公安工作会议的高级干部谈话,指出:公安工作就是要保护人民,担子是很重的,只有好好学习政治,学习先进的公安工作技术,才能担起这副重担子。

11月1日 出席华北军政大学台湾学生队毕业典礼并讲话:我们一定要解放中国所有的领土,包括台湾在内,大家必须明确台湾永远是中国人民的。

△ 在华北军政大学就军事教育等问题讲话：现在学校教育要正规化，只有在学校里学了出去才能正规化。将来战争结束，大批军官要回来学习。你们现在才是陆军中学，学习四年毕业后，可以当排长、连长。打一些仗后，再进陆军大学，学习三年。经过七年的军事教育，才能说成了一个标准的军人。再锻炼几年，到军长以上，就进军事学院，研究国家大事、世界大事。

△ 西南战役开始。第二野战军主力和配属之第十八兵团及第四野战军一部等部队，在刘伯承、邓小平指挥下，分路进军西南。各路迅速突破敌军防线，先后于十一月十五日解放贵阳，三十日解放重庆。

11月2日 和燃料工业部煤矿系统负责干部谈话：我们一方面要把原有的煤炭生产恢复起来，同时还要进一步建立起新式的有现代化设备的煤炭工业，这是摆在你们面前的一项十分艰巨的任务。要完成这一任务，一要制定出合乎实际情况的计划，降低成本，提高生产；二要虚心学习；三要加强团结，共产党员更要虚心地听取党外人士的意见；四要爱护公物。

11月6日 出席中国政法大学开学典礼并讲话：我们要有系统地建立起适合于人民民主国家的法律和司法制度。这个制度是从解放区政权下十余年的司法基础上，再从政治协商会议的共同纲领的大法基础上，重新建立起来。新中国的法律和司法制度，要成为保护广大人民群众利益和镇压反动派一切破坏活动的有力武器。负担这一工作任务的新的司法工作人员是光荣的。今天政法大学的成立，就是为着培养新中国的司法干部。它的任务是十分重大的。

△ 广西战役开始。第四野战军所属六个军，第二野战军

第四兵团三个军共四十万人,在林彪指挥下,由湘桂边、广东、黔桂边分三路向广西进军,围歼由湘南退守广西的白崇禧所部五个兵团。至十二月中旬,广西全境解放。

11月8日 出席人民公安部队中央纵队成立大会并讲话:人民公安部队是保卫人民利益的部队。因此,你们在言论上、行动上,要处处做人民的表率。特别是在军民团结和遵守纪律方面,更应严格要求,使人民公安部队成为人民武装中军民团结的模范。

△ 在各解放区水利工作联席会议上讲话:为了战胜水旱灾荒,增加农业生产,并尽力开发水利,发展农、工、交通等事业,必须有计划地进行以下几项工作:(一)防洪排水与开渠灌溉,同时也应积极准备在可能条件下,试办个别的比较大的永久性的水利工程;(二)整理运河、渠道、港湾,便利航运与农田灌溉,以便物资交流,繁荣经济;(三)利用水力,发展工业;要把农业国变为工业国,必须有计划有步骤地积极恢复发展水利事业。(四)实事求是,量力兴工;根据实际情况和现有人力财力技术条件以及工程计划等原有资料,分别缓急先后次序施工。(五)依靠技术建设国家,依靠群众完成工程,使技术与群众相结合,工程与生产相结合,用技术教育群众,指导群众;(六)明确与农林、交通等部门的配合与分工。避免人材物资的重叠与浪费。(七)统一规划,统一掌握。按照河系统一治理,使一河之水,用得最经济、最合理。

11月9日 中共中央发出《关于成立中央及各级党的纪律检查委员会的决定》,朱德兼任中共中央纪律检查委员会书记。

11月11日 经中央军委批准,人民解放军空军领导机构在北京成立,刘亚楼任司令员,萧华任政治委员。空军正式成为中国人民解放军的一个军种。同时，中央军委决定，以第十二兵团机关一部和四野第二分部为基础，调萧劲光负责组建中国人民解放军海军领导机关。

11月16日 在农工民主党第五次全国干部会议上讲话：我们是长期合作的朋友，在共同纲领之下，要一起从新民主主义走向社会主义。

△ 出席在北京举行的亚澳工会会议开幕式并致词，希望亚澳工会会议得到成功，对于保卫世界和平、巩固国际工人阶级的团结、争取东方被压迫人民的解放以及反对帝国主义侵略的共同斗争，做出贡献。

11月19日 与陈云一起出席交通部召开的第一次全国交通会议。

11月23日 毛泽东、朱德联名复电居住在青海原籍的西藏宗教领袖之一班禅额尔德尼·确吉坚赞，对他在青海解放后来电拥护中央人民政府表示欢迎。电文称："接读十月一日来电，甚为欣慰。西藏人民是爱祖国而反对外国侵略的，他们不满意国民党反动政府的政策，而愿意成为统一的富强的各民族平等合作的新中国大家庭的一分子。中央人民政府和中国人民解放军必能满足西藏人民的这个愿望。希望先生和全西藏爱国人士一致努力，为西藏的解放和汉藏人民的团结而奋斗。"

11月25日 出席中共中央政治局会议。会议决定：毛泽东于十二月初访问苏联，在他访苏期间，中共中央委员会主席职务及中央人民政府主席职务由刘少奇代理，中国人民革命军事委员会主席职务由朱德代理，政协全国委员会主席职务由周恩来代理。

11月28日 出席中共中央政治局扩大会议。会议研究一九五〇年全国收支概算和发行人民胜利折实公债问题，以使在新的一年里减少现钞发行量,逐步地恢复和发展生产。

11月30日 经中央军委批准,第一野战军与西北军区合并,统称西北军区,司令员彭德怀,政治委员习仲勋。

12月1日 毛泽东、朱德、周恩来、林伯渠同张澜、李济深、郭沫若、黄炎培、沈钧儒等十二位民主人士座谈,磋商毛泽东访问苏联签订中苏友好条约等事宜。

△ 出席中共中央政治局会议。

12月4日 出席中共中央政治局会议。

12月6日 在首届全国税务会议上讲话:今后在克服国家财政困难、发展建设中,税务工作是一个极为重要的关键。过去战争费用的主要负担者是农民,今后只能减轻不能加重,根本的办法在于整顿税收。要统一全国的税收,要重视和加强税务工作。新民主主义社会的税务工作与过去旧社会的税务工作本质上是完全不同的,这是一项对于国家和人民有极大意义的工作。

△ 与刘少奇、周恩来等前往北京西直门火车站为毛泽东赴苏联访问送行。毛泽东于十六日抵达莫斯科。一九五〇年一月二十日周恩来到莫斯科后,两国领导人开始正式会谈。

12月7日 为中央军委起草致第二野战军第四兵团司令员兼政治委员陈赓、副司令员兼参谋长郭天民,并告第四野战军兼华中军区司令员林彪、副政治委员兼政治部主任谭政、第一参谋长萧克电,指示:"同意歼灭白匪〔1〕于钦县附近的部署,要注意消灭白匪于我国境内,不使逃入越境是最有利的。如敌一部逃至越南境内时,我军应停止在边境以内,不得进入越境。"

---

〔1〕 指国民党军白崇禧部队残余,当时逃至广西南部地区。

12月11日 毛泽东、朱德致电原国民党云南省政府主席卢汉，欢迎他于十二月九日率部起义宣告脱离国民党政府、服从中央人民政府。并告为便于具体解决云南问题，即盼与重庆第二野战军领导人刘伯承、邓小平直接联系，接受刘邓指挥，准备迎接人民解放军进驻云南，并配合人民解放军消灭一切敢于抵抗的反革命军队。

12月16日 出席亚洲妇女代表会议闭幕式，在会上接受朝鲜、法国及中国代表团的献旗献礼后发表简短讲话：中国妇女的解放，是中国人民解放战争胜利的结果。中国人民革命和妇女运动的经验证明，被压迫民族妇女解放运动是和民族解放运动分不开的，只有整个民族得到解放，妇女才能获得自由。

△ 在全国重工业会议上讲话：我们是一个农业国，只有百分之十的工业，要建设新民主主义的经济，重工业将占极重要的地位。有了重工业，才能发展其他工业。搞建设主要靠自己，不是靠外援。不是不要外援，而是要把自力更生看做是主要的。在我们建设钢铁工业的工作中，要有计划有步骤地来进行。

△ 在中南海颐年堂听取纺织工业部副部长钱之光汇报。

12月中旬 在全国农业生产会议上讲话，指出：几千年来中国农民一直处在封建势力的剥削与压迫之下，如果不彻底消灭封建束缚，则农业的发展，以及中国社会的进步都是不可能的，在农村中消灭封建势力一项最基本的步骤便是土地改革。土地改革的结果将使得农民获得农业生产中的主要的生产手段，劳动的果实将为农民自己所有，这样就必然会大大地提高农民在生产中的积极性。在农业生产中，大家应该注意组织劳动互助，尽快使生产恢复起来，扩大工业原料的种植面积，争取部分可以出口。

12月20日 与周恩来复电卢汉：通电读悉，极为欣慰。

昆明起义,有助于西南解放事业之迅速推进,为全国人民所欢迎。望团结全省军政人员与人民游击队,共同维护地方秩序,消灭反动残余,并改善官兵关系,为协助人民解放军建设人民民主的新云南而奋斗。

12月21日　在中苏友好协会总会为庆祝苏联共产党中央委员会书记、苏联部长会议主席约·维·斯大林七十寿辰而举行的集会上讲话:斯大林和他所领导的苏联人民对中国革命的胜利给予了伟大的援助。中华人民共和国成立后,又积极地援助了中国人民的经济恢复工作。这一切都说明斯大林是中国人民的好朋友。

△　第二野战军发起成都战役,至二十七日胜利结束,四川省会成都解放。至此,国民党军在大陆的主力之一胡宗南部已全部被歼。

12月22日　听取华北军政大学负责人汇报。

12月24日　复电给在西康省[1]雅安县宣布起义的前国民党西康省政府主席刘文辉、西南军政长官公署副长官邓锡侯、潘文华:"接读十二月九日通电,欣悉将军等脱离国民党反动集团,参加人民阵营,甚为佩慰。尚望通令所属,遵守中国人民解放军总部本年四月二十五日约法八章与中国人民解放军第二野战军本年十一月二十一日四项号召,改善军民关系与官兵关系,为协助人民解放军与人民政府,肃清反动残余,建立革命秩序而奋斗。"

12月26日　在全国航务公路会议上讲话:要想把事情办好,有两个最根本的办法:一是首长负责,二是大家动手。要

---

[1] 西康省,旧省名,包括今四川省西部及西藏自治区东部地区。1955年撤销。

将我们所有的力量都组织起来，特别是海船运输力量较大，旧的小的配上新的大的，加上陆运、空运，我们的事业是有远大前途的。

△ 在华北、山东六省公安会议上讲话，勉励公安干警努力工作，保卫国家经济建设。为了树立生产建设的观念，为了更好地保卫生产建设，他要求公安人员应该懂得生产的各科知识，应该参加各种生产活动。

△ 中央军委决定，人民解放军华中军区改名为中南军区。第四野战军兼中南军区，司令员林彪，政治委员邓子恢，副政治委员谭政，参谋长萧克、赵尔陆，政治部主任陶铸。

12月27日 在全国城市供应工作会议上讲话：贸易部门首先要把调节物资的工作做好，组织城乡物资的交流，管制进出口。有计划地主动调剂物资。还要大力从事发展工农业生产的工作，要扶植合作社的发展，要与有关部门配合，才能搞好供应工作。

△ 听取海军负责人汇报海军训练情况。

1950年　六十四岁

1月1日　出席北京人民艺术剧院成立大会并讲话：文艺要有正确的政治方向，还要有高度的艺术水平，要做到政治和艺术的完美结合。你们一面工作，一面学习，既是剧院，又是学校。经过十年八年的努力，就能培养出很多的文艺人才，做出显著的成绩来。

△　为一九五〇年元旦题词："为建设新中国而努力"。

△　为《人民海军报》创刊号题词："虚心学习，努力工作，建设一支人民的海军"和"建设一支足以防御帝国主义冒险侵略的人民海军"。

1月3日　出席中共中央政治局会议，讨论毛泽东从莫斯科发回的关于中苏谈判各项办法的电报。四日，与刘少奇、周恩来致电毛泽东，表示"完全同意来电所示各项办法"。

1月7日　出席中央人民政府委员会第五次会议。会议听取上月二十八日由新疆抵京的西北军政委员会主席彭德怀关于西北工作情况的报告和外交部部长周恩来关于外交问题的报告。

1月9日　致函毛泽东，简要报告一九四九年十二月至一九五〇年一月上旬的战况：一九四九年十二月二十七日结束了大陆上的战斗（除西藏外），现正在收编整理中。西南军区战事还没有最后结束，云南陈、郭兵团才动身赴滇，先派四野两个师入滇，已进至滇越铁路附近，截击李弥、余程万两军；在谈到西北情况时,说:西北生产,早有计划,农业有广大土地,工业有油矿。修天(水)兰(州)铁路,明年决心打通山洞,将路基修到酒泉。此路关系中国国防工业与国防建设,有大用处。现代国防,没有自己的汽油,是不可能建设强大国防的;在谈到西藏问题时,说:"经你指示后,任务给予二野";在谈到解放海南岛、金门、舟山、台湾等地的计划时,说:"用木船渡海作战,在敌有飞机、海军阻挠之下,困难很大很多。不能不暂时停止攻击,另作计划。"还建议加强空军和海军等方面建设,并建议争取得到苏联的援助,用以装备打台湾所必须的海空军。

1月10日 在全国纺织工会代表会议上讲话,希望大家积极工作,有计划有步骤地努力于新中国的建设事业,要带领职工加强学习,掌握新的生产技术,实现为国家积累资本的任务。

△ 与聂荣臻代理总参谋长会见苏联驻中国大使馆武官郭多夫中将。

1月11日 致函解放军防空学校校长贾陶、副政治委员兼政治部主任吕清等:为建设我军的炮兵,不仅要办高射炮班,还要办重炮兵学校、山野炮学校以及其他炮兵训练班。你们要作长期打算,要培养出许多炮兵专科教员。

1月14日 在解放军后勤财务会议上讲话:我们要克服困难,开展生产运动建立家务。我们现在是六百万人的大队伍,打了胜仗,在历史上写下了光辉的一页。打完了仗,这六百万人还应在历史上再写下几件大事,这就是为国家搞建设。除了垦荒,开展农业、手工业生产外,还要修铁路、公路、隧道、河堤,办工厂、开矿山,修营房以及其他建设。这些事做好了,对新中国就是伟大的贡献,比打倒一个蒋介石的胜利还要大。并指出：做供给工作的人员，要学会精打细算，当面扯谎的预算是绝不能做的，一切开支都要精确核算，注意节约。当然，把劳动力组织好，是最大的节约。

1月15日 就军事工作致函毛泽东：（一）在进军西藏的同时，与西藏接壤的新疆、青海、云南、西康等省，也应调部分部队进军，这样既可与主力配合，将来又可与西藏连成一片。（二）建议组织工兵二三十万人，平时在大城市维修营房、仓库及公共建筑，战时可用于作战。铁道兵团原有五个支队，也可扩大到十个支队或更多一些。平时或战时都可用来修铁路。

1月16日 与李济深会见捷克斯洛伐克驻中国大使魏斯柯普夫。

1月18日 在政务院召开的西藏问题座谈会上讲话，指出：西藏问题最好采取政治解决的办法，不得已时才用兵。第一步先要争取西藏的知识分子，特别是受过内地文化教育的知识分子。对西藏的贵族、王公、喇嘛也要注意争取和分化，要向他们说明我们对西藏的政策，是要把西藏的政治、经济、文化都发展起来，共同把西藏建设好。

1月24日 在铁道部一九五〇年全国工程政治工作会议上讲话：我们有强大的军队，除一部分担任战斗任务外，要用一部分力量参加生产，最好是用在修铁路上。我们不光要用军队把敌人打败，还要用军队把中国建设起来。为了完成今后铁路建设的任务：（一）要实行经济核算制度，降低成本；（二）依靠工人阶级，团结技术人员；（三）工程师和专家要到现场去，到群众中去发挥力量，充实自己；（四）向苏联学习。把这四件事情做好了，今年修铁路的任务就能顺利完成。

1月31日 与李济深、张澜等会见朝鲜驻中国大使李周渊。

2月1日 在政务院民族事务委员会举办的藏民研究班开学典礼上讲话,勉励大家努力学习中央人民政府的民族政策,研究西藏的政治、经济、军事、文化、宗教等情况。

2月2日 在全国化学工业会议上讲话:化学工业对巩固国防、发展农业等方面,都有很重要的作用,应该大力发展。要先把旧厂恢复起来,然后再加以扩大,或建设新厂。要在现有的基础上把扩大产品销路和发展生产配合起来。中国有资源,青海、甘肃、新疆、西藏石油都很丰富,问题是交通不便,我们要修铁路和公路。工业发达了,农业也会跟着发达起来,这样我们还可以把人口分散一下。小型手工业要恢复,我们要保护这些工业。大工业未建成之前,小的可发挥它的作用,这个过程还需十年八年。

2月4日 在北京市首届工人代表大会上讲话:今年北京市工运工作要以恢复与发展生产为中心,要继续提高工人阶级觉悟,提高文化和技术。今年要继续恢复发展生产,用一切方法增加产量、提高质量、减低成本、节省原料。私营工厂工人,也应努力生产。按照集体合同,执行劳资双方的权利义务。在劳资两利的条件下,资本家有好处,工人也有好处,社会财富也增多了。

△ 为爱国将领杨虎城[1]追悼会题词:"为中国全民族的解放,为争取人民的民主自由,奋斗至死,坚贞不屈,其光荣永垂不朽。" 七日,出席政协第一届全国委员会为杨虎城

---

〔1〕 杨虎城,原国民党第十七路军总指挥。1936年和张学良一起发动西安事变。1949年9月17日,被蒋介石下令杀害于重庆中美合作所之戴公祠。

在西安下葬而举行的遥祭会。

2月6日 在中国搬运工会代表大会闭幕会上讲话：这次大会对于交流物资、发展生产有重要意义。全国搬运工人要以新的劳动态度搞好搬运工作。

2月7日 在中国铁路工会代表大会上致词，勉励铁路工会要把工人很好地组织起来，努力提高政治觉悟和文化、业务水平，巩固劳动纪律，开展生产竞赛运动，使运输效率更加提高，运输成本更加降低，保证完成并超额完成修建铁路的计划和铁路运输任务。还要努力学习苏联管理铁路的先进经验，办好人民铁路事业。

2月8日 在解放军全军机要工作会议上讲话：要做好工作，就要好好学习马列主义，学习技术，还要有长期打算，要专门化，兢兢业业地把工作干好。不要看到城市的房子好，就只想住城市，不想去艰苦的地方工作，要服从工作的需要。

2月9日 在邮电部召开的首届全国电信会议上讲话，号召新老区电信职工加强团结，继续发扬艰苦奋斗的精神，克服困难，同时要学习苏联先进的建设经验，为办好人民电信事业而努力。

2月10日 与刘少奇就拟调四个师去胶东练习海战事复粟裕电："已电主席请示，得复后即告你。"十一日，再电粟裕："同意你们即调四个师十六个团到青岛演习海战，所需车辆请铁道部照拨。"

△ 陈云致函聂荣臻并转朱德、刘少奇，指出二月六日国民党飞机三次轰炸上海，使重要的水电动力设备遭严重破坏，纺织厂被迫停工，恢复生产需一个半月。提议：军队只发两套单衣，地方人员只发一套单衣。朱德批示：军委附加发一命令，少发一件单衣。

2月13日 在首届全国渔业会议闭幕式上讲话：从渤海到南海，可发展大规模的渔业生产，成立各种渔业合作社，由国家贷款给渔民，以扶助生产。发展我国的渔业，也要注意淡水鱼的养殖，要积极培养水产技术干部。贸易部门应帮助渔民代销产品。

2月15日 出席《中苏友好同盟互助条约》签订庆祝晚宴，并讲话：最近缔结的《中苏友好同盟互助条约》，标志着中苏两国关系的新的历史阶段。这是世界历史上的一件大事。这些条约和协定使得中苏两国人民更进一步地团结起来，全世界人民保卫和平的事业也由此得到了更进一步的保障。这些条约和协定充分地表现了伟大的社会主义国家苏联对于中国人民的友谊，对于新中国经济的恢复与发展，无疑地会有重大的作用。

2月19日 接见西康藏民代表汪嘉等，在谈话中希望藏胞一致协助人民解放军修路运粮与克服一切困难，以便迅速解放全部藏胞。汪嘉等将西康藏族爱国人士格达活佛、夏克刀登、邦达多吉及张西朗杰的联名致敬函呈交朱德，并申述藏族同胞对于迅速获得解放的热望。表示返康后一定发动藏民全力支援解放军，恢复发展生产，在人民政府领导下建设藏族同胞的新生活。

2月21日 在全国电业会议上讲话：搞好电气工业是建立工业化国家的先决条件之一。电气工业搞好了，其他工业才能发展。要力争做到损耗少、成本低、质量高。要实行企业管理，实行经济核算，全国要统一管理。旧有的设备要整理使用，然后再买新的。要爱护工厂，爱护机器，遵守劳动纪律。

2月22日 在中华全国学生联合会第十四届第二次执行委员会扩大会议闭幕式上讲话，指出目前中国学生的基本任务就是学习，要好好学习马列主义、自然科学和军事知识，并在课余参加义务劳动。号召全国学生要热爱劳动，热爱祖国，为建设新民主主义的中国而奋斗。

△ 为庆祝苏联武装部队建立三十二周年，在《人民日报》发表《学习苏联的先进军事科学》一文，文章指出：苏联武装部队之所以成为战无不胜的军队，是由于它是在共产主义的教育下，在先进的军事科学指导下生长和发展起来的。它不仅有着高度的政治觉悟，高度的组织性、纪律性，而且有着熟练掌握一切近代武器的高度军事技巧。我们今天来纪念苏联武装部队建军节，就要认真学习苏联军队的这些优点，吸取苏联建军经验，进一步加强我们人民解放军的建设，使它足以担当渡海歼灭残匪和保卫国防的神圣任务。

2月24日 在全国财政工作会议上讲话：财政的统一是我们多年来争取的事，今后我们必须在统一的基础上管理全国的财政。统一财政分中央、省、县三级。编制、核算一定要准确，决不能虚报人数，这样可以减少浪费。要清仓查库，建立家务，发展家务。要健全税收制度，税务人员数量要多、质量要好，才能保证国家的税收。要统一贸易，这样能对发展生产起大作用，使全国的经济活跃起来，并与世界经济取得联系。要发展我国的农副业、手工业（如制茶），也必须发展贸易，争取多出口。要发展运输，运输部门和贸易部门之间要签订合同。必须建设铁路、公路、航运，为财经工作打下基础。同时，还要节约非生产性开支。

2月28日 在二二八纪念会上讲话："二二八"是台湾人民的一个战斗纪念日。希望台湾同胞、台湾革命者、一切在台湾尚有爱国心及愿意将功折罪的国民党官兵，能以勇敢的行动配合人民解放军，完成解放台湾的任务。

2月 就解放军进兵西藏粮食接济等问题,致函贺龙。提出解决办法:(一)用现洋作伙食费,每日大洋五角。(二)购买本地牛羊肉为主食品,购酥油及青稞麦为副食品,均以现金结算。(三)在青海购牛运粮,随军前进,粮完可吃牛肉,红军北上时有此经验。(四)阿坝一带可购牛及羊,随军前进,亦可运粮。(五)肉食不惯,可用野菜拌肉煮汤,再用茶,吃少量青稞,一月以内可以习惯。(六)飞机、公路不断运送,可壮士气。(七)发动群众种粮种菜。(八)组织有入藏经验及愿意入藏的大批工作团随军入藏。(九)组织入藏商人队与西藏商人结合进出。(十)贸易公司随军前进,可以丝绸、金银、茶砖等贵物及藏人所爱和需要的去换肉食、粮食,转来可运回藏地货物出川,以便内外交流。(十一)组织养马场、牛羊场,达到供给军政肉食。

3月3日 在解放军全军统计工作会议上讲话,指出:召开这次会议,是为了总结军队统计工作的经验,使这项工作更加科学化、正规化。你们要很好地进行调查统计,做到随时可以拿出确实的材料来。要求你们不但心中要有数,书面材料也要弄得很清楚,做到对材料有判断,有结论。

3月4日 到北京火车站迎接毛泽东和周恩来一行结束对苏联的访问回到北京。

△ 听取有关部门关于组建解放军坦克部队情况的汇报。

3月5日 出席中央人民政府民族事务委员会举行的欢迎西康藏民代表的晚会,三位藏族代表向中央人民政府、毛泽东、朱德及人民解放军献旗,朱德致答词说:中国共产党及人民解放军一向把帮助各少数民族求得解放作为自己的一项光荣任务。人民解放军一定要战胜一切困难,与藏族同胞亲密合作,实现西藏的解放,任何外国帝国主义的阴谋诡计决不能阻止我们这一决心的实现。

△ 第四野战军一部发起解放海南岛战役,至五月一日海南岛全境解放。

3月7日 出席纪念三八国际劳动妇女节大会并讲话:中国人民革命的伟大胜利已同时成为中国妇女解放运动的伟大胜利。当前妇女工作最主要的任务,就是发动广大妇女群众参加生产。因为只有当妇女能够大量地、社会规模地参加生产事业,妇女的完全彻底的解放才有可能。以前我们有过在农村中组织妇女参加生产的经验,现在进入城市了,我们已有了一些具有相当规模的工业,要学会管理工业和做妇女工作,这是一个更重要的任务。

3月9日 致函毛泽东,报告各级党的纪律检查委员会的组织状况以及中央纪律检查委员会工作情况。报告说:中纪委于去年十二月初召开过第二次全体会议,通过了工作细则及"关于中央及各级直属党委、总支、支部设立纪律检查委员会或纪律检查委员的决定",中央纪律检查委员会的经常办事机关——纪律检查处亦已于一月中旬建立,由安子文兼任处长。从处理的案件涉及的问题,看到存在的问题有:纪律松懈,违犯党纪及违法事件相当普遍;处分党员时不够慎重,滥用职权;对私人生活性质的错误处分过重,而对于党员违犯党章、党纪与党的政策和决议及违犯国家的法律、法令等重大问题却注意得不够;党政不分的现象严重(把党内处分与党外处分混淆起来),以及不按照党章所规定的处分办法处分党员的现象还存在着。以上偏向,已经并正在分别加以纠正。十日,毛泽东在报告上批示:"此件要点应通报各地。"

△ 在华北人民革命大学第二届毕业学员大会上讲话:过去进学校都是为了要做官,现在就是要为人民服务,这就要去

掉个人主义，讲爱国主义。你们要下定决心跟着共产党走，全心全意为人民服务。

3月10日 在空军政治工作会议上讲话。指出：我们建设空军，要完成怎样的任务呢？首先，要配合其他军种完成解放台湾、海南岛的任务，做到在一定的领海和领空上初步取得制空权。然后，逐渐地在这个基础上建成一支完全新式的、强大的人民空军。这支空军，要在我们所有的领海和领空上完全取得制空权，能够击退任何侵略者的进攻。现在我们建设空军，国内条件和国际条件都比开始建设陆军时好得多了。虽然目前我们的飞机还不多，人员也很少，并且还有其他的困难，但我们有充分信心，一定能够克服困难，建设一支强大的人民空军。"空军能不能建设好，掌握技术是个关键。在一定意义上，技术决定一切。如果我们别的都好，就是技术不好，那也不能完成任务。空军作战的胜负，有时往往是一分钟一秒钟的事情。只有掌握了技术，才能战胜敌人，不然就为敌人所打败。因此，所有的人员都应当学会技术。政治工作人员也要懂得技术，不仅要保证空军的成员忠实可靠、勇敢坚定，还要保证他们学会技术，把政治和技术很好地结合起来。"这篇讲话以《建设一支强大的人民空军》为题编入《朱德选集》。

3月17日 听取苏联专家对冶金、电业、铁道、化学、煤油等事业的意见。

3月20日 对出席全国劳动局长会议及邮政电信代表会议的代表讲话：我们目前最大的事情就是要发展生产。要想支援战争达到胜利，发展生产是一个基本的问题。我们必须实行管理民主化。只有这样，才能把整个工作办好。工会与其他各方面订立合同也要以生产为主，公家与个人要彼此照顾，公私兼顾，互相帮助，才能把事情办好。

3月21日 听取苏联专家对农业、财政、统计等事业的意见。

3月24日 在全国公营纺织工业会议上讲话：纺织工业在我国是比较有基础的工业，有着广大的发展前途。要发展纺织工业，除建立新式棉纺工业外，还必须发展毛、麻、丝等工业；要贯彻向内地发展、向原料产区发展、为农村服务的方针；要实行民主管理；要防止浪费，爱护国家财产；要学习新的管理生产的知识，开展增产节约运动。

3月25日 对西南民族代表参观团的代表讲话：要建设幸福的生活，必须努力发展生产。汉族人民要尽量帮助少数民族发展生产，少数民族也必须自己努力。各民族团结起来，就能更快地建设好我们的祖国。

3月27日 听取第四野战军司令员兼华中军区司令员林彪、中南局组织部部长兼职工工作委员会书记李雪峰、第三野战军政治委员兼华东军区政治委员饶漱石汇报剿匪、征粮情况。

3月29日—31日 出席中共中央政治局会议，听取陈云关于财经工作的报告。

3月 对出席全国新闻工作会议的干部讲《目前军事形势和任务》，指出：现在大陆上的解放战争基本上结束了。我们当前的任务是解放西藏、海南、舟山、金门和台湾。我们已经取得了解放战争的伟大胜利，残余的敌人不久就可以完全消灭了。但是困难还很多，仍需我们十分努力，完成我们的一切任务。新闻工作者应该宣传这些任务，帮助完成我们的历史任务。

4月2日 在北京东郊检阅由中南地区前线调往东北地区驻防和生产的骑兵部队，并讲话：骑兵师的同志们参加了打垮国民党反动派、取得全国胜利的人民解放战争，对国家有很大的功劳；现在又奉调回东北去驻防和生产，建大马场，使我们的骑兵部队将来有很好的马匹，这是光荣的任务。你们要随时准备为反对帝国主义的侵略而斗争，为建设我们新的现代化的陆、海、空军和骑兵、炮兵、坦克部队而努力。

△ 听取中共北京市委书记彭真关于工农业生产情况的报告。

4月3日 听取劳动部部长李立三的汇报。

4月4日 与毛泽东等出席匈牙利驻中国公使夏法朗柯为庆祝匈牙利解放五周年举行的酒会。

4月5日 出席中共中央政治局会议，讨论人民解放军实行精简整编问题。决定军队由现在的五百二十万人减到四百万人，要做好复员安置工作。对保留的部队要实行统一编制等。

4月6日 为《人民空军》杂志创刊号题词："努力学习，掌握技术，为建设一支新式的强大的人民空军而奋斗"。

4月10日 在解放军空军参谋工作会议上讲话，指出：打台湾是全国人民迫切的要求，但打台湾需要相当的空军力量，否则就不能很好地配合海、陆军渡海作战。因此，各航校要赶紧训练学员，以应急需。又指出航校工作中应注意的问题，一是干部要学技术。时时刻刻钻研业务，不屈不挠地克服困难，学到能飞行、能修理、能装配，逐渐做到独立地掌握空军技术，管理空防和航空事业。二是要加强学校纪律。"纪律是军队的命脉"，平时纪律好，打起仗来就可以少死人，而且一定能打胜仗。特别是飞行员和空中战斗人员，更要养成严格遵守纪律的习惯。因为空战的胜负，往往决定于几分甚至几秒钟之间。三是组织领导建立新的空军，要有新的办法，新的组织形式，不要沿袭陆军的组织方法。四要普遍发展体育运动，健全空军人员的体格和发展他们的机敏性。目前对你们最大的要求，就是很好地将队伍训练和组织起来，精心研究科学技术，并好好地掌握它。使我们一出马就能打胜仗，收复沿海诸岛，解除封锁，完成消灭残匪、彻底解放全中国的伟大任务，并为建设新中国的强大空军打下一个牢固的基础。

4月11日 出席中央人民政府委员会第六次会议。会议批准一九五〇年二月十四日在莫斯科签订的中苏友好同盟互助条约、中苏关于中国长春铁路旅顺口及大连的协定及中苏关于贷款给中华人民共和国的协定。

4月12日 在全国石油工业会议上讲话：石油是我们国家很缺乏而又很需要的东西，如不很快地发展石油工业，中国就不可能成为强盛的国家。石油工业，必须是有计划、有步骤、有组织地去发展。更要依靠工人阶级，团结一切力量来搞好生产。在管理上、技术上必须面向生产、面向群众才能搞好。参加石油工作的同志，不要因为人才少，而自觉居奇，而自觉骄傲，要多多学习，勤奋工作，共同努力，把建设石油工业的光荣任务担负起来。

4月13日 出席中央人民政府委员会第七次会议。会议听取并批准关于财政状况和粮食状况的报告与关于中华人民共和国婚姻法草案的报告，并一致通过《中华人民共和国婚姻法》。

△ 与聂荣臻去张家口视察。

4月14日 人民解放军海军领导机关成立，司令员为萧劲光。此后相继建立北海舰队、东海舰队和南海舰队。朱德为海军题词："努力学习努力工作建设一支人民的海军"。

4月17日 出席中苏友好协会总会第一届理事会第一次会议。

△　参观长辛店铁路工厂。

4月18日　公安部召开的京津公安部队军政教育会议结束。会议期间，曾到会讲话，对人民公安部队今后努力的方向和目前的任务作了指示。

4月中旬　为第一野战军政治部创办的《人民军队报》题写报名。

4月26日　在青年团中央团校第二期学生毕业典礼上讲话，勉励毕业学生积极参加新中国的建设事业，在新解放区要积极参加土地改革；在老解放区要努力把青年组织起来，增产粮食和棉花；工厂青年要以主人翁的态度，积极生产。并号召青年参加国防建设，参加新中国的海陆空军。

△　与毛泽东会见西北少数民族青年妇女参观团，并接受献礼献旗。

4月29日　中国人民救济代表会议全体代表致函中央人民政府主席毛泽东和人民解放军总司令朱德表示致敬。致朱德函说："正当中国人民救济代表会议开会期间，传来了人民解放军在海南岛胜利登陆的捷报。欢腾鼓舞之余，让我们乘此会议闭幕的时机，向你致热诚的敬意！英勇无敌的人民解放军赢得了人民革命战争的胜利，使新中国走上伟大的和平建设时期，这是与毛主席的英明领导和您的作战指挥不可分离的。人民解放军既在你的指挥下驱除了制造灾难的反动统治者；又在你的领导下，从事节粮救灾，治水垦荒，修筑铁路、公路，真不愧为人民祖国最忠诚的好儿女。我们全体代表愿学习人民解放军全心全意为人民服务的精神，坚决协助人民消灭灾难，促进新民主主义的救济、福利事业。"

5月1日　毛泽东、朱德、刘少奇、宋庆龄、李济深、张澜、周恩来、董必武、陈云、郭沫若、黄炎培等出席首都群众二十万人在天安门广场举行的庆祝五一国际劳动节大会，在天安门城楼上检阅游行队伍。

5月3日 与刘少奇、宋庆龄、李济深、周恩来等出席观看苏联青年文艺工作团在中南海怀仁堂举行的歌舞音乐会。

5月4日 与刘少奇、李济深、张澜、周恩来等出席检阅庆祝中华人民共和国成立后第一个五四青年节的大游行，参加游行的北京青年有九万人。

5月5日 出席由全国政协、政务院、北京市人民政府联合举行的欢迎苏联青年代表团和苏联青年文艺工作团的宴会。

5月6日 在中共中央直属系统党、政、军、群各级党的纪律检查委员联席会议上讲话。指出：只有继续在党内坚持铁的纪律，进一步加强党的纪律性，才能保证全党的统一与集中，保证党的路线、政策能够顺利执行。但是目前我们有不少的党员干部在执行党的政策和完成各种任务的过程中，产生了不少违反党的政策和党的纪律的行为，如强迫命令，脱离群众，工作疲塌松懈，得过且过，摆老资格，恃功挟赏，贪污腐化，看不起党外人士，看不起群众等。指出："我们共产党人是改造社会、改造世界的人物，即使你做得最好，贡献最大，也不过只是做了你应该做的事情。""如果哪一个同志以为自己有了不起的功劳，要党和人民给予他以很高的地位和待遇，这是完全不应该的。"各级党委必须根据最近关于整党指示的精神去整训干部，以加强党的纪律检查工作。完成这个任务的方法有三：第一，领导自上而下逐级地、经常地抓纪律检查工作，同发扬党内外的民主、开展批评与自我批评相结合；第二，党内的教育工作同执行纪律相结合；第三，发现问题及时处理，随时总结经验，在党刊或报纸上公布，以教育全党和全国人民。每一个做党的纪律检查工作的同志都要认清是非，坚持原则，奉公守法，以身作则，使自己成为遵守纪律、服从组织、团结群众的模范。这篇讲话以《加强党的纪律检查工作》为题编入《朱德选集》。

5月9日 与毛泽东、刘少奇、宋庆龄、李济深等出席捷克斯洛伐克驻中国大使魏斯柯普夫为庆祝捷克斯洛伐克解放五周年举行的宴会。

5月10日 致电解放军西北军区暨第一野战军副司令员、西北军政委员会财政经济委员会副主任张宗逊，说："已商妥财政部门拖拉机学校，可专门为你们开办一期，你们可选送学生二百人，资格（要）能识字，懂点数学，有高小程度，体力强，劳动英雄更好，做过农民、汽车工人的亦好，何时能送来先电知。"二十一日，再电："拖拉机训练班设京郊，来京学员到中央农业部报到。"

△ 听取有关部门关于外贸订货情况的汇报。

5月11日 在全国钢铁质量会议上讲话：要把我国的钢铁工业向前推进一步，就要团结现有人员，包括全体工人、工程师、技术人员、职工在内，发挥每个人的长处，把生产搞好；认真重视提高质量的工作；努力向苏联专家学习。

5月13日 在全国经济保卫工作会议上讲话：保卫经济建设不仅是公安部门的事，也是全国人民的大事。我们不仅要完成生产任务，还要保证生产不遭受损失，不被反革命分子破坏。各单位必须组织起一支坚强而精干的队伍，同时要依靠工人群众，才能做好经济保卫工作。

5月16日—31日 出席全军参谋会议和同时召开的中央军委会议，讨论贯彻中共中央作出的关于人民解放军实行精简整编的决定。在开幕典礼上讲话：军队要实行统一编制，并且要很好地整顿，进一步提高部队的战斗力，使之符合将来战争的需要。空军、海军、坦克兵、工兵、炮兵等诸兵种配合作战，如何配备？哪个该多少？需要研究。当然，步兵是决定胜负的关键。但空、海、炮、工、坦克等部队在将来作战中是不可缺少的力量。要适合我们中国作战情况，要在我们现有的基础上与将来的发展方向配合起来。整编工作决不能草率行事，一定要细心谨慎地去做。对整编下来的一百多万人，要很好安排，要作到各得其所。这样，他们高兴，在职的同志也高兴。"对四百多万军队要实行统一编制，要加强教育，提高战斗力，要很好地整顿，使之符合将来战斗的需要。"

△ 为新疆军区创办的《新疆解放军报》题写报名。

5月19日 第三野战军第七兵团三个军奉命进占舟山本岛及外围岛屿，全部解放舟山群岛。此战役共歼敌人八千余人。粉碎了国民党军以舟山为基地对上海及浙江沿海的封锁、轰炸和骚扰的计划。

5月25日 出席以北京、天津、上海、武汉、广州、西安、重庆七城市为主的工商局长会议，听取陈云作这次会议的总结报告，以及陈毅、黄敬有关上海、天津情况的报告。

5月27日 出席毛泽东为欢迎印度驻中国大使潘尼迦等举行的宴会。

5月28日 到北京火车站迎接从苏联疗养回国的任弼时。

5月31日 在青岛市公安局关于国民党军残余在胶南登陆经过及阴谋的报告上批示：军委嘉奖并通报沿海组织民兵协助国防。

6月1日 向首都六一国际儿童节庆祝大会讲话：你们现在虽然还小，但要努力学习，学会各种科学知识，并把身体锻炼强壮，准备将来参加建设新中国的工作，把贫穷落后的中国建成有高度文化的强大工业基础的中国。

△　在《人民日报》发表为少年儿童题词："新中国的儿童，要爱祖国，爱科学，爱劳动，准备好好的建设新中国"。

　　△　在中央军委情报部战略情报局代表会上讲话，明确中央军委对情报局的要求是"知己知彼"，并指出情报工作的重要性、依靠力量和活动方式。

6月2日　在全国工会生产会议上讲话：不论公营工厂或私营工厂，都要发展生产。国营经济应该善于去领导私营经济，去改造它，而不是去排挤它。要发扬工人阶级的积极性，就必须：（一）把工厂管理委员会搞好；（二）认真地倾听工人的各种建议，关心工人的生活和福利，要有自我批评精神；（三）要有正确的奖励制度，要有物质的奖励；（四）开展生产竞赛，同时必须提高质量，合乎规格并降低成本。

6月3日　出席中共中央书记处会议，讨论召开党的七届三中全会等事宜。

6月4日　中共中央书记处决定：陈云在任弼时休假期间参加书记处；由毛泽东、刘少奇、朱德、周恩来、陈云组成中共七届三中全会主席团。

6月6日—9日　出席在北京举行的中共七届三中全会。会议的中心议题是研究全国财政经济形势，确定党在国民经济恢复时期的重要任务，以及所应采取的战略策略方针。九日，朱德就土改问题发言：土地法纠正了土改运动中"左"的倾向。全国土地会议还是起了很大作用的，但必须注意贫雇农要求过分的情况。要注意总结过去土改中的经验，才不会出乱子。恢复和发展生产、繁荣经济，首先要解决财经体制。要改组旧的经济制度——生产与分配的方法，必须是建立在新的生产与分配的方法上。如国营、公营、合作社与国家资本主义的经济一起稳步前进，共存共荣和平转变。不是排挤，而是互相帮助。

6月10日 出席中央军委会议，讨论部队复员转业问题。

6月12日 阅读中共中央华东局发出的《关于浙江省萧山县发生破坏手工业生产的严重事件的通报》后，代中共中央起草转发这一通报和对手工业政策的指示：萧山县此种破坏手工业的行为（即把反封建地主的斗争方式用之于手工业者，并搬用了征收农业税的办法），严重破坏我党恢复和发展生产的根本方针，是一种自杀政策，是绝对不允许的。手工业生产在整个国民经济中占有很重要的地位。因此我们对手工业的政策是扶助、改进、推广和保护的政策，而不是乱划阶级、乱斗争、乱征税的破坏政策。对各种手工业，如造纸、榨油、纺织、轧花、缫丝等，必须严格保护，不得侵犯，否则会严重脱离群众，并大大地阻碍农村经济的恢复和发展。

△ 在全国军工工会第一次代表大会上讲话，指出：军事工业的地位是很重要的，任务也是很繁重的。你们要好好学习技术，造出最好的武器来。军工厂的工会组织要动员工人群众为增加产量、提高质量、减低成本而奋斗。管理要民主化，也要集中。工人阶级是领导阶级，要起模范带头作用。

6月12日 出席中央军委会议，讨论复员转业军人的补助问题和夏季征粮问题。

6月18日 在全国税务局长会议上讲话，指出：税收的工作一定要实事求是，该轻的轻，该重的重。要做好调查统计工作，要公布税率，使收税的人知道，纳税的人也知道。人人都要有纳税的义务，要多宣传，不但不逃税，而使人们将纳税成为自觉行动，有一种光荣的感觉。税收是要保护生产，生产多了，税收也就多了。不要采取挤垮的办法，税收是为了加强建设。

6月19日 出席毛泽东为欢迎波兰驻中国大使布尔金及波兰大使馆全体馆员举行的宴会。

6月20日—26日 中国科学院举行第一次扩大院务会议，讨论中国科学院工作的基本方针和任务，总结半年的工作。朱德、周恩来、陆定一曾到会讲话。

6月25日 朝鲜战争爆发。二十七日，美国总统哈里·杜鲁门宣布出兵朝鲜，干涉朝鲜内政，并决定派第七舰队向中国领土台湾海峡出动，以武力阻止中国解放台湾。

6月27日 与毛泽东、刘少奇等接见中国援越军事顾问团负责人韦国清等。

6月28日 出席中央人民政府委员会第八次会议，听取周恩来关于目前国际形势的报告，一致同意周恩来代表中国政府发表谴责美国支持李承晚集团扩大朝鲜战争和武装侵略我国领土台湾的声明。会议还讨论和通过了《中华人民共和国土地改革法》，《中华人民共和国工会法》，中华人民共和国国徽等。

6月29日 出席毛泽东为欢迎瑞典驻中国大使阿马斯顿及秘书高罗士举行的宴会。

6月 在北京接见彭雪枫烈士的父亲彭延泰并合影留念。

7月1日 在中央军委直属机关干部纪念中国共产党成立二十九周年大会上，作题为《学习毛泽东军事思想》的报告。指出：人民解放军的产生、发展、壮大及其全部斗争历史，也就是光辉的毛泽东军事科学思想生动的体现。报告分别对土地革命战争、抗日战争、解放战争三个时期的建军情况做了阐述，指出：这"三个时期中，我们的战略战术都根据当时的情况进行了重大的转变：从成立工农红军初期的正规战转为游击战，到粉碎反革命几次'围剿'时又转为大规模的运动战。从突破敌人五次'围剿'北上抗日到抗日战争，又由广大的运动战转为游击战，但仍不放松有利条件下的运动战。到抗日战争末期，我们又组织了大规模的攻坚战、歼灭战。这几次重大转变，都是在毛主席直接领导之下进行的。毛主席领导得很好，适时地不前不后，正确地不左不右，使我们能够顺利地度过了这几个转变关头，取得胜利。"报告还总结了中国革命斗争不断取得胜利的几个条件：（一）政治条件，军队要有党的领导。（二）经济条件，主要依靠自力更生。（三）军事条件，看什么情况打什么仗，在战术上不断地改进。（四）交通条件，主要依靠群众搞好交通运输。（五）群众条件，始终发动和组织广大群众起来斗争。报告最后指出："今后，我们部队的任务是更重大了。我们要尽快地走向现代化。我们要有飞机、军舰、大炮、坦克、工兵、骑兵、伞兵和各式各样的兵种。为了打台湾，我们正积极地建设空军和海军，使之达到现代化水平。其他兵种，我们也要在现有的基础上来努力建设，使之成为现代化的军队。为此，我们人民解放军的每一个干部，都要很好地学习毛泽东军事思想，学习我党建军的丰富经验，使我们的部队始终是一支坚强的、百战百胜的人民武装，光荣地担负起保卫国内和平建设与保卫世界和平的责任。"

△ 为中南军区、第四野战军创办的《战士报》题写报名。

7月4日 出席毛泽东为欢迎德意志民主共和国驻中国大使柯尼希及使团成员举行的晚宴。

7月7日 出席中央军委召开的国防军事会议。会议初步商定组建东北边防军，并就部队人数、指挥机构、人选、部署调整、后勤保障等问题进行讨论。

7月9日 出席解放军总后勤部召开的第一届全军营房管理工作会议，并讲话指出：营房管理是部队正规化的条件之一，现在，全国解放了，将来把土匪清剿后，靠公安部队维持治安，国家边疆再摆些国防军，大部分部队都要在营区搞训练。因此，要动手建设固定的营房，营房工作是一个很重要的工作。又指出：建筑营房须顾及发展，要有社会主义眼光，并合乎现代化标准。"要保证百年，不能几年就垮"。要提高营管干部业务水平，要培训一批管理人员、工程师等人才。

7月10日 继续出席中央军委召开的国防军事会议。会议正式决定组成东北边防军，确定粟裕为东北边防军司令员兼政治委员，萧劲光为副司令员，萧华为副政治委员，李聚奎为边防军后勤司令员。并决定从广东、广西、湖南、河南、黑龙江等地抽调第三十八军、三十九军、四十军及第四十二军，炮兵第一师、二师、八师和一个高射炮团，一个工兵团，共计二十五万多人，组成东北边防军。第四十军至安东，第三十八军、三十九军至辽宁，第四十二军至通化、辑安（今集安）之线集结。以保卫东北边防安全和在必要时援助朝鲜人民抗击美国侵略者。

△ 出席毛泽东为欢迎蒙古人民共和国驻中国大使贾尔卡赛汗及全体馆员举行的晚宴。

7月11日 与毛泽东、李济深、张澜等出席蒙古人民共和国驻中国大使贾尔卡赛汗为庆祝蒙古人民革命胜利二十九周年举行的宴会。

7月13日 在各军区、军兵种首长集训会议上讲话，指出：二十多年的战争过程，军队建设和作战方式上几经转变，即游击战—运动战—攻坚战—现代化战争。现在的转变，是在新的经济基础上的转变，有许多新情况、新问题。所以我们必须好好学习。新的训练计划是全国统一的，内容丰富，课目配当合理，便于训练合同动作，是适应现代化战争需要的。各级党委都要保证训练计划的完成。

7月17日 致函毛泽东，概述三个月来党的纪律检查工作的情况和存在问题，指出：这一时期中，部分党员干部、特别是下级干部违犯政策和纪律的行为相当严重，主要表现在：对人民民主统一战线的性质、形势和作用认识不够，不认真地按照共同纲领办事，不尊重党外人士；强迫命令、脱离群众，对工作和国家财产采取不负责任或不大负责任的态度；某些党员干部有摆老资格、恃功挟赏的落后思想，轻视党的组织和纪律；贪污腐化、铺张浪费等等。建议全党应加强对党员干部的政策教育和纪律教育，抓紧对执行政策和遵守纪律情况的检查，发现问题，及时处理。并注意总结经验，在党刊或报纸上公布，以教育党员和广大人民。

7月19日 在全国电业、纺织业工会代表大会上讲话：电业与纺织业有很远大的发展前途，目前最迫切的任务是发展生产。工人阶级是新社会的主人，不仅生产好，还要负责管好工厂和企业，还要善于学习。

7月20日 出席由毛泽东为欢迎匈牙利驻中国首任大使夏法朗柯及大使馆全体馆员举行的晚宴。

7月22日 在全国民政工作会议上讲话：在民政部门工作的同志，应把组织群众作为自己的重大任务。现在的中心工作，是组织群众进行恢复和发展生产，还要做好救灾和救济失业工人的工作。为了巩固政府与人民群众的联系，整顿干部作风，就成为十分重要的工作。有这样几种坏作风值得我们注意：第一种是强迫命令。许多干部为了单纯完成任务而不择手段，只顾下命令，命令行不通，就强迫。第二种是官僚主义作风。不关心群众痛苦，不爱护国家财产，工作有布置无检查，以及在公文上兜圈子的文牍主义、事务主义。第三种是不愿和党外人士合作。这些人常常骄傲自满，甚至以功臣自居。第四种是贪污腐化违法乱纪。这些坏作风须要认真加以整顿，干部作风好了，人民政府和群众的联系就能密切和巩固起来。

△ 与毛泽东、李济深等出席波兰驻中国大使布尔金为庆祝波兰共和国国庆六周年举行的招待会。

7月24日 在全国合作社工作者第一届代表会议开幕会上讲话：各级党和人民政府要积极提倡办好消费、供销、手工业生产这三种合作社，要好好培养它，使它发展起来。合作社本身一定要自力更生，要建立在社员群众发展生产和资金积累的基础上，不要单纯地依赖国家优待。二十七日，在闭幕会上讲话，指出：必须明确合作社的私有性、群众性，要让它经营企业化，合理化。有了党的正确领导，合作社不会走资本主义道路。国家扶助合作社的思想必须搞通，一定要帮助小生产者组织起来；合作社本身一定要自力更生，把自己建立在社员群众发展生产和资金积累的基础上，不要单纯地依靠国家优待。会前，为会议题词："人民合作事业的干部，必须掌握社会经济发展的规律，精通合作社业务，并全心全意为劳动人民服务。"

7月26日 在第一届全国司法工作会议上讲话：最近我们发表了《土地改革法》、《婚姻法》、《工会法》，这都是大多数人民需要和拥护的。现在我国有四亿八千万人口，我们怎样保护这些人进行生产呢？就是用法律来保护，使生产发展起来，而不是使其妨害生产。我们的司法工作要以共同纲领为依据，为恢复和发展生产服务。如果我们的司法干部都能确立马列主义的国家观和法律观，同时又具有坚强的群众观点，依靠群众去进行工作，就一定能把司法工作做好。

7月27日 在全国水利发电工程会议上讲话：欲使中国工业化，首先必须发展动力，动力中最便利、最好的就是水电。我国水利资源是很丰富的,开发水电的事业有广大的发展前途。水电的建设应根据各地具体情况,有重点、有步骤、有计划地来进行。要打破乡土的或本位主义的观念,互相配合,从适应国家经济能力和生产的需要着眼。

8月1日 出席首都军民庆祝中国人民解放军建军二十三周年和反对美国侵略台湾、朝鲜的示威大会,并讲话:在二十三年间,我们战胜了种种艰难困苦。在绝大部分时间中,我们都是和数量上比我们大得多的敌人作战,结果大家都知道了,不是帝国主义反动派战胜了我们,而是我们战胜了帝国主义反动派。所以如此,就因为正义在我们方面,人民在我们方面。一切违背正义,脱离人民的帝国主义反动派,无论暂时怎样猖獗,最后总是要失败的。并指出:无论中国的经验或外国的经验,都证明了一个真理,这就是胜利一定是属于人民的。现在的时代是人民取得胜利的时代。任何反动派,任何人民的压迫者都要被人民所打倒,这是毫无疑义的。

△ 为人民解放军题词:"建设现代化的国防军,反对侵略,保卫和平!"

△ 人民解放军炮兵领导机关成立,司令员为陈锡联。

△ 晚八时,以中国人民解放军总司令名义,为庆祝八一建军节举行招待宴会。出席庆祝宴会的,有中央人民政府副主席刘少奇、李济深、张澜,秘书长林伯渠,政务院总理周恩来,副总理董必武、郭沫若、黄炎培,最高人民法院院长沈钧儒,代总参谋长聂荣臻及陆海空军高级军官、中央人民政府各部、会、院、署、行首长,各民主党派和各人民团体负责人等共三百余人,以及外国驻中国大使一百三十余人。

8月7日 与李济深、郭沫若、黄炎培等出席第一届全国卫生会议开幕式。九日,在会议上讲话:当前卫生工作的任务，是保卫经济建设与国防建设的顺利进行，贯彻为群众服务的方针。为此，就要加强对疾病的预防工作。中西医务人员要加强团结，互相学习，发挥所长，为保障全国五亿人民健康的伟大艰巨事业而奋斗。

8月9日 在全国治安行政会议上讲话：人民警察的任务，主要是维持社会秩序与保护人民生产。人民警察的新作风应该是：全心全意为人民服务；廉洁奉公，遵守政府法令；对群众态度要谦虚和蔼。

8月10日 出席毛泽东为欢迎缅甸驻中国大使吴敏登及全体馆员举行的晚宴。

8月14日 致函毛泽东，就建立和训练坦克部队的问题提出建议：坦克兵的领导机关即将成立，并拟定了训练计划。建议制造坦克和发展汽油工业，也应抓紧，并纳入第一个五年计划之内。

8月15日 与毛泽东、刘少奇、李济深、张澜等出席朝鲜驻中国大使李周渊为庆祝朝鲜解放五周年举行的招待会，并在会上讲话。

8月18日 在中华全国第一次自然科学工作者代表会议开幕式上讲话：自然科学工作一定要同全国的经济建设、文化建设与国防建设密切地结合起来。这对发展自然科学是个极为重要的条件。希望自然科学工作者团结起来，为广大人民服务，为新中国的建设事业服务。

8月20日 在接见少数民族代表、自然科学工作者和卫生医药工作者会议代表时讲话：希望你们将中央人民政府的政策方针以及步骤方法，在广大的兄弟民族和人民群众中宣传，动员全国的力量，为实现民族友爱合作、建设强盛的新中国而奋斗。

8月23日 出席中央军委召开的国防军事会议。会上讨论东北边防军切实做好反侵略准备等问题。

8月25日 与苏联顾问柯托夫谈话,了解航校训练情况。

8月26日 出席中央军委召开的国防军事会议,检查和讨论东北边防军的工作。

8月29日 在全国农村青年工作会议上讲话:农村青年团的工作,应该和党在农村工作中的方针密切配合。目前农村工作的总方针是恢复和发展农业生产,以配合全国的工业建设,并稳当地进行社会改革。青年工作就应围绕着这个方针去进行。

9月1日 人民解放军装甲兵领导机关成立,司令员为许光达。

9月5日 致函毛泽东,分析美国侵略军在朝鲜战争中的战略战术,并提出:我们的对策,也应作长期打算。除整顿我们大量陆军外,(一)应抓紧空军建设大量培训飞机师,三年以内至少要训练成一万以上的飞行人员。大量地办飞机预备学校,选拔万余人做预备生,以完成此任务。(二)海军尽可能装备防卫和进攻的小艇及潜艇,另外拨一部分陆军作海防基地的陆战队,安上海岸炮是目前必要的。(三)坦克计划已办,我意以训练干部为主,到作战时,临时配备新式坦克为好。(四)炮兵及高射炮过去有底子,但新的战争,必须有一部基准炮及弹,须准备。(五)工兵是新战争的重要兵种,一时不易练成,要专练一部分工兵师,约十个师。(六)铁道兵团,原有一部,在新的战争中起很大作用,平时亦可修铁道,可再拨两个军作为铁道兵团。(七)现有陆军除整编必须外,大部分转为新式兵种,如将来作战需大量步兵时,临时编练亦较其他兵种容易。

△　出席中央人民政府委员会第九次会议。会议讨论和通过了关于新解放区农业税暂行条例草案、关于增设中央人民政府人事部及中央人民政府华北事务部等决议。

9月12日　出席中央军委会议，讨论军队建设问题。

9月13日　在中央军委总干部管理部会议上讲话：建立总干部部就是要将全军干部调查统计清楚，使干部不致浪费。作到放得出去，收得回来。要了解干部的具体情况，确定如何训练，如何分配。过去我们的干部没有很好地分类，是万能的，哪里要用，就到哪里去，所谓"万金油干部"便是指的这种情况而说的。现在，我们的干部必须分门别类地专门化起来，只有这样，才能把事情办好。今后，上级对下级干部的业务，须进行考核，建立层层节制的干部管理制度，各级干部都要有一定的职责。部队三等九级的等级制[1]必须建立。等级在指挥作战时是很重要的。

9月14日　致函中共中央新疆分局书记、新疆军区司令员王震，答复新疆工作几个问题：（一）新疆地大人少，土匪易产难清，除发展生产改善生活外，还须要掌握交通工具（坦克、装甲车、汽车等），朝发夕至，使匪有所畏惧而不敢横行。最基本的是要民族团结友爱，文化提高，生活大家都改善，工、农、畜牧业向前发展，交通运输业每日有改善，才能彻底肃清土匪。（二）部队生产有很大成绩，生活已大改善，这是好的。但是，你们过于劳苦，虽建立了开创历史的功绩，把身体弄坏了也是不对的。以后要善于使用机器服务，明年增加可用的、很好的工具。多生产能出口的商品，如麻、棉或有色金

―――――――
[1] 三等九级的等级制度：指国际上通常使用的将、校、尉三等九级的军官军衔。

属，比种粮食更有利益，更能换取外汇。（三）进兵西藏是你处一个长期工作，不可过急，公路修到何处，就进到何处，不可冒进，要步步为营地稳进，对西藏生活习惯熟悉后再进去。（四）明年生产要有计划，能在今年做出为好。

9月15日 美国扩大侵略朝鲜战争，集中七万余人的兵力，在朝鲜仁川登陆，向北进犯，逼近并准备越过三八线。

9月25日 在全国战斗英雄代表会议和全国工农兵劳动模范代表会议上讲话。指出：虽然我们中国人民从来就是十分爱好和平的民族，但是为了祖国的独立，为了民族的自由和发展，我们不得不随时警惕帝国主义的冒险，时刻准备足够的力量来防卫我们的领土和主权。在最近几十年中，无论中国的和外国的革命经验都充分地证明了这样一个真理：只有建设强大的人民武装力量，坚决地反对国内外的反革命战争，才能确保民族的自由、人民的和平与幸福。因此，摆在我们面前的任务就是：我们必须建设一支十分强大的、足以击退任何侵略者进攻的现代化的国防军。又说：我们的部队始终是一支有着坚强的战斗意志，从上到下一直洋溢着革命英雄主义气概的部队。在我们的部队中，不知产生过多少坚强英勇、临难不苟、赤胆忠心、自始至终为人民服务、为革命牺牲的英雄人物。他们创造了许多惊天动地、可歌可泣的英雄事迹。我们要很好地把这些事迹加以总结和发扬，用这些具体生动的事迹，在部队中进一步地、更加深入地进行爱国主义、革命英雄主义的教育。在这个基础上，广泛地开展立功运动，使全体战斗人员的素质更加提高，使部队的建设迅速发展。这是我们建军过程中一个十分重大、必须执行的任务。如果我们的部队是一支具有现代化装备的部队，而使用这样装备的人，又一个个都是赤胆忠心、充满着革命气概的英雄，那末，我们的部队就称得起是一支真正钢铁般的、无敌的部队。有了这样一支部队,我们就能确保中国人民的和平与幸福,直至最后消灭战争。这篇讲话以《英雄模范的光荣任务》为题编入《朱德选集》。还为会议题词:"发扬革命的英雄主义。"

△ 在出版总署召开的第一届全国出版会议闭幕式上讲话:出版事业是为人民服务的,必须加倍努力。一切出版工作者应该分工合作,按照国家的需要,把出版工作做好。出版工作是教育群众,组织和推动工作的一个重要武器,政府各机关部门应当重视和学会运用这个武器。

9月29日 出席周恩来为欢迎来京参加国庆大典的各民族代表举行的宴会。宴会进行中,穿戴民族服饰的各民族代表,频频举杯为中国人民领袖毛主席、朱德总司令和中央人民政府的首长的健康而干杯。

9月30日 出席毛泽东为庆祝中华人民共和国成立一周年举行的宴会。

10月1日 中央人民政府主席毛泽东,副主席朱德、刘少奇、宋庆龄、李济深、张澜,秘书长林伯渠,政务院总理周恩来等出席首都各界四十余万人在天安门广场举行的庆祝中华人民共和国成立一周年大会,参加阅兵和检阅群众游行队伍。朱德在阅兵式上乘车检阅人民解放军受阅部队之后,宣读中国人民解放军总部命令:由于毛主席的英明领导与人民的努力支援和你们的英勇善战,我们已经基本上完成了统一全中国的伟大事业,现在全国土地上除台湾、澎湖及金门诸岛和西藏外,社会秩序日益安定,人民已经过着和平的安居乐业生活。我向你们表示感谢和慰问。但是美帝国主义现在正在用武装部队侵略我们邻邦朝鲜,同时与蒋介石残余匪帮勾结公开侵占我国的台湾;美帝国主义正在用战争威胁世界和平。因此,我命令你们进行充分的准备，加强国防建设，为了解放台湾、澎湖、金门诸岛及帮助藏族兄弟解放西藏而奋斗，为了肃清残余匪帮及特务间谍安定社会秩序而奋斗，为了保卫我们神圣的领土、领海、领空而奋斗，并且为了与世界爱好和平的人民共同捍卫世界和平而斗争！

△　为新中国成立一周年在《人民日报》上发表题词："全国军民团结一致，解放全部国土，发展生产，繁荣经济，建设新中国！"

10月2日　为中国人民解放军战绩展览会揭幕式剪彩并讲话，指出：中国人民取得今天的胜利，是经过长期艰苦的奋斗，人民解放军在战争的火线上流血牺牲，前仆后继，表现了祖国儿女的高度的英雄主义与爱国主义。人民解放军从无到有，从小到大，从游击战到正规战，正是这英勇奋斗的结果。同时，也由于部队政治工作的建树与作战技术的掌握，使人民解放军在对敌斗争中锻炼成为一支有着优良作风与优良群众纪律的战无不胜的军队，并且开始创立了强大的人民空军与海军，使祖国有这样一支正规化、现代化的强盛的军队在捍卫着祖国疆土。这次展览会，就是以光荣的历史斗争传统教育人民解放军和中国人民。

10月3日　在中国人民大学开学典礼上讲话：你们在工作中必须坚持和贯彻教学与实际相结合的方针。教学与实际相结合，是最科学、最有效的教学方法，也是培养各种实际建设工作干部所不可缺少的方法。中国和外国、过去和现在的经验都证明，这个方法是正确的。

10月5日　出席中共中央政治局会议，讨论朝鲜战局。决定应朝鲜劳动党和政府的请求，派出中国人民志愿军入朝参战，并决定彭德怀为中国人民志愿军司令员兼政治委员。

△ 在全军各大军区后勤部长会议上讲话：后勤工作是平时准备，战时应用。能否打胜仗，后勤工作起一半作用。我们将来是打大仗，故后勤工作要从现代化战争着眼去进行准备。

10月6日 出席中央军委召开的国防军事的会议，讨论志愿军入朝作战事宜。

10月7日 与毛泽东、刘少奇、宋庆龄、李济深等出席德意志民主共和国驻中国大使柯尼希，为庆祝德意志民主共和国成立一周年举行的招待会。

10月8日 毛泽东发出关于给中国人民志愿军入朝作战的命令。

10月12日 出席毛泽东为欢迎保加利亚驻中国首任大使彼得科夫及大使馆全体馆员举行的晚宴。

10月17日 在解放军全军青年工作会议上讲话：建立强大的国防军，是我们目前迫不及待的任务，在完成这个任务中，青年团应该继续发挥模范作用，成为党的有力助手。青年在文化学习以及新的军事科学技术的学习中，要起先锋带头作用。要用马列主义、毛泽东思想来教育青年一代，加强对他们的爱国主义和国际主义教育，并开展革命英雄主义运动，培植千百万个青年战斗英雄。要团结全军青年，共同完成建设国防军的艰巨任务。

10月18日 与刘少奇、任弼时代表中国共产党中央委员会，设宴招待世界民主青年联盟代表团。

10月19日 以彭德怀为司令员兼政治委员的中国人民志愿军开赴朝鲜战场。由此全国掀起抗美援朝运动。

10月20日 在全国人民武装干部会议上讲话：人民武装部最主要的工作，是把广大的青壮年在不脱离生产的条件下组织起来，给他们必要的军事、政治训练，并由此逐渐地过渡到义务兵役制。这是一件长期、繁重而又细密的工作。这件工作做好了，不但使我们人民解放军的兵员能够得到源源不断的补充，而且在确实保持人民解放军的优良素质上也有了可靠的基础。因此，人民武装工作对于建设强大的国防军有着直接而重大的作用。

△ 为左权等烈士灵柩移葬典礼题词："左权同志及晋冀鲁豫革命烈士们！你们在抗日战争最艰苦岁月里，坚持敌后作战，以身殉国，不愧为中华民族最优秀的儿女，你们的功绩和事业永垂不朽！"

10月25日 出席政协全国委员会举行的晚宴，欢送行将离京的各民族参加国庆典礼代表与各民族文工团。在宴会上讲话指出：美帝国主义及其帮凶们已在朝鲜燃起战火，并已侵略我们的台湾，轰炸扫射东北的同胞。全国各民族要更紧密地团结起来，为建设新中国、巩固国防和粉碎以美帝国主义为首的侵略集团的侵略阴谋而奋斗。

10月27日 中共中央委员、中央政治局委员、中央书记处书记任弼时在北京逝世。二十八日，与刘少奇等执绋，将任弼时的灵柩移至劳动人民文化宫。三十日，送殡至北京西郊八宝山革命公墓。

10月28日 离京去山东省泰安县视察即将参加抗美援朝的部队。

10月29日 在泰安县曲阜向即将入朝参战的第九兵团团以上干部作抗美援朝形势与任务报告。指出：我们目前的方针是力争世界和平，不怕战争，和平更好，打也不怕。我们可以取得最后胜利。顶多打长一点，打烂一点，我们吃亏一点，但终必胜利。美帝国主义不顾我们警告，越过三八线，直趋我国边境，还有侵略我国东北的阴谋计划。我们决不能置之不理。

为了保卫祖国，支援邻邦，我们肩负着光荣的职责。有世界民主阵营的支持，我们一定能胜利。

10月31日 在《人民日报》发表《悼任弼时同志》一文。文章说：弼时同志给全体共产党员和全体爱国人民树立了一个忠心耿耿、为人民利益鞠躬尽瘁的榜样，树立了一个坚持革命原则、百折不挠的榜样，树立了一个朴素切实、密切联系群众的榜样。中国人民需要有更多这样的战士和政治家。文章号召全国人民要团结得像一个人一样，为继续弼时同志的事业，保卫和发展中国革命的胜利而更加顽强地奋斗。十一月十八日，为悼念任弼时题词："弼时同志不仅是中国人民伟大的战士和政治家，而且是青年最亲密的导师。他一生为革命奋斗的历史，永远值得后辈青年同志们学习。"

11月7日 出席苏联驻中国大使罗申为庆祝十月社会主义革命三十三周年举行的招待会。

11月11日 为纪念李硕勋烈士题词："李陶（即李硕勋）四川庆符人，中国大革命时的共产党员。曾参加一九二七年的八一南昌起义，进兵东江。后奉党命调广东工作，赴琼崖策划游击战争，不幸为反革命当局捕杀。硕勋同志临死不屈，从容就义，是人民的坚强战士，党的优秀党员。他对革命的功绩永垂不朽！"

11月13日 周恩来约朱德、萧华等开会，讨论刘伯承、陈士榘联名提出《关于创办军事学院的意见》。十六日，周恩来致信毛泽东、朱德，汇报会议情况，建议批准这个意见。当天，毛泽东、朱德即予批准。

11月15日 在中国煤矿工会第一届全国会员代表大会开幕式上讲话，号召全国煤矿工人为提高产量质量，减低成本，进一步发展煤矿工业，充分供应一切工业和人民的需要而努力。

11月21日 在全国首次军事学校工作会议上讲话,指出:我们军队的历史有二十几年,军事教育从未间断过,如军事学校、教导队、训练班、军事队、政治队等,培养了许多干部,打了胜仗。要对付帝国主义的侵略,我们必须很好地总结过去的经验,收集教本,无论进攻、退却、群众运动,无论哪一方面的其价值都很宝贵。在总结自己胜利经验的同时,也要向苏联学习,苏联同德国及日本打仗的经验是很宝贵的。向苏联学习,也是在原有的基础上提高,而不是否定过去的一切,另学新的。"我们一定要收集中国革命与二次世界大战的两个经验,收集起来对付敌人"。我们的军事思想是马列主义的军事思想。有了马列主义,有了高度的政治觉悟,再加上现代化的军事技术,我们就一定胜利。

11月26日 出席中共中央政治局会议,听取陈云关于财经情况的报告。

△ 为东北荣誉军人复员军人首届劳模代表大会题词:"积极参加生产与协助建设人民武装工作,做人民的模范和政府的有力助手"。

11月27日 致函第一野战军第一兵团司令员兼政治委员王震,指示驻新疆的人民解放军部队在发展农业生产中,首先要重视水利的建设,指出:你处水利,关系农场灌溉,如能完成五百万亩即告成功。特别是新疆产棉之区,有特殊条件即是四季有水灌溉,又是秋收时不遭水淋。这两个条件,你处特有的,请注意。如有此条件,辟成大块棉田,每年每亩可能收五百斤。如你处有此地点长期作为棉田,获利最大,又可解决你们穿衣。

11月30日 到东北某机场,检阅即将参加抗美援朝战争的空军部队,观看了部队的飞行表演,勉励飞行员们要勇敢战斗，不怕流血牺牲，打出中国人民的威风来。

11月 在全军保卫工作会议上讲话：我们军队是属于人民的武力，是保卫人民民主专政的主要工具，因而也就成为敌人破坏的主要目标，所以我们必须加强军队中的保卫工作。军队保卫工作就是不允许反革命分子进来，进来了就要破获他们。在执行此项任务中，要正确掌握政策，坚决镇压反革命分子，以保卫部队的纯洁与巩固，各级军政首长必须加强对保卫工作的领导，教育全军指战员提高警惕，学会同隐蔽的敌人作斗争。任何轻视这个工作的观点都是错误的。

△ 为全军保卫工作会议题词："从思想上和组织上进一步健全全军的保卫工作"。

12月5日 致函周恩来，提出组建工程兵和修建国防工事的意见：请即组建工兵司令部，并将各军区已成立的老工兵团调往东北组建成师，各大军区再组建新工兵师，在后勤部下统一指挥、统一计划，建设海防工事。国防需要的公路、仓库及营房、防空洞和飞机场等，统由工兵直接修造，花钱不多，只要有钢筋、水泥、木材等材料，就可完成国防工事。请在这方面长期着想，这是基本解决问题。

12月13日 在共产党与工人党情报局机关报《争取持久和平，争取人民民主》中文版第六十五期和六十六期上，发表文章《十月革命与中国人民》。

12月17日 在全军第一次宣传、教育、文化工作会议上讲话：这次会议的召集，就是要从思想上文化上，把我们的部队更加提高一步，以完成伟大的国防军建设任务。思想建设，高度的政治自觉与文化的教育，是我们部队政治工作的基础，是巩固与发挥部队战斗力的源泉，是我们争取胜利的重要武器。当前的政治教育要在阶级教育的基础上，树立起三种思想：一是"坚强的永远是战斗队的思想"，二是"保家卫国的爱国思想"，三是"仇美、蔑美、鄙美的思想"。做好这三条，就是真正提高了政治觉悟，加强了战斗意志。这是当前部队宣教文化工作的一个重大任务。

12月19日 抵达山东省兖州县，向即将参加抗美援朝的第十九兵团团以上干部作动员报告。讲了抗美援朝的意义、兵团的任务，指出可能遇到的困难，要求干部战士一起摆出困难，找出解决的办法，做到和敌人交手时有胜利的把握。报告前，冒着寒风看望步兵和炮兵连队，因此患了感冒，带病讲话。

12月24日 在首都各界庆祝中朝人民抗美胜利和欢迎出席世界和平大会的中国代表团回国的大会上讲话：中朝两国人民的胜利向全世界证明了一个真理：帝国主义的侵略无论暂时怎样凶狠和猖獗，在根本上是孤立的、脆弱的，因此都是可以打败的。中国人民志愿军参加朝鲜战争，是美帝国主义肆无忌惮地扩大侵略的结果。中国人民曾经再三表示过和平解决朝鲜战争的愿望，但是帝国主义者顽固地拒绝和平解决。我们现在仍旧希望朝鲜战争能够迅速获得和平解决。我们坚持一切外国军队必须迅速撤出朝鲜，朝鲜内政必须由朝鲜人民自己解决。美国侵略军必须撤出台湾。中华人民共和国必须在联合国获得自己的合法地位。只有实现这些要求，才能和平解决亚洲问题。

12月26日 出席中央人民政府委员会第十次会议。会议通过关于第二届世界保卫和平大会的十项建议的决议，以及关于一九五一年度全国财政收支总概算等决议。

12月28日 会见瑞士驻中国首任公使任佐立递交的国书，并致答词。

是年 为解放军进藏部队题词："进军西藏，巩固国防是光荣而伟大的任务！"

1951年　六十五岁

1月1日　在中共中央军委举行的新年同乐会上讲话：一九五一年，全军同志要加强爱国主义与国际主义教育，发扬高度的革命英雄主义精神，继续提高与巩固部队的战斗意志，迅速提高部队掌握现代化作战技术与指挥的能力。要广泛开展大规模的练兵运动，加强国防工事的建设，进一步巩固国防。加强军内外团结，学习理论和文化科学知识，以加速部队的现代化建设。

1月15日　中国人民解放军军事学院在南京成立。为军事学院题词："为建设现代化的、强大的国防军而奋斗！"

1月18日　毛泽东在杨尚昆关于朱德患肺炎需要休息的报告上批示：同意朱总司令休养计划，时间应长一点。

1月25日　为中央军委机关刊物《八一》杂志创刊号题词："必须建立强大的国防军，才能保卫祖国，粉碎美帝国主义者的侵略。为此，必须加强学习毛主席的战略思想和近代的军事科学技术，以提高全军的军事理论和战术水平。"此刊物由朱德、彭德怀、刘伯承、徐向前、聂荣臻、罗荣桓等二十七人组成刊物指导委员会。朱德为书记，聂荣臻、罗荣桓为副书记，负责领导杂志的出版工作。创刊号于四月二十日发行。

2月7日　以中国人民解放军总司令名义致电金日成将军，祝贺朝鲜人民军建军节："在朝鲜人民军建军的节日，我敬祝朝鲜人民军与中国人民志愿军继续并肩前进，坚决地击败美帝国主义的侵略军,解放朝鲜全境。"

2月14日—18日 出席中共中央政治局扩大会议,讨论"三年准备,十年计划经济建设"的方针和抗美援朝的宣传教育、土地改革、镇压反革命、城市工作、整党建党、统一战线工作、整风等八个方面问题。

2月14日 与刘少奇、李济深、张澜等出席苏联驻中国大使罗申为庆祝《中苏友好同盟互助条约》签订一周年举行的酒会。

2月17日 致函毛泽东,建议以宋裕和[1]部再改为国家建筑部,隶属财经委员会和军委,统一调配建筑材料及工程人员。指出:现在的包工制建筑工程中,偷工减料的破坏性很大。应从现在起,一切公家建设的建筑,统由建筑部管理建筑为好。对现在和将来的五年计划的实施和计划,是必须的。

2月20日 出席中央人民政府委员会第十一次会议。听取了各大行政区的工作报告,并通过《中华人民共和国惩治反革命条例》。

2月23日 晚十时半,与夫人康克清以及邓颖超、董必武的夫人何莲芝等离京赴杭州疗养。

2月25日 下午,抵杭州,中共浙江省委书记兼省政府主席谭震林迎送到西湖边住地。

3月27日 在杭州致电中央人民政府副主席张澜,祝贺他八十寿辰。

4月8日 由杭州去上海。日记写道:"自二月二十五晚到杭州至今是六星期。此六星期之休养身体已复原,体重增加三磅。一九五〇年八月到一九五一年一月,两次发急性肺炎,

---

[1] 宋裕和,时任解放军总后勤部副部长兼营房部部长。

身体不能支，虽身体强但年已老。此次病，医生力主休养六星期，因此有西湖之行……"

4月10日 乘"长治"号军舰到崇明岛、浦东等地视察。

4月12日 由上海回到北京。

4月18日 听取解放军训练总监部部长萧克汇报各军区教育计划审批情况和高级步校、步校开学情况以及通信、防化、炮兵、工兵、坦克、后勤、航空等学校的筹建和开办情况。

4月19日 听取宋裕和汇报各军兵种营房建筑情况。

△ 出席解放军篮排球竞赛大会揭幕式。

4月20日 在《八一》杂志创刊号上发表发刊词。说：建设强大的正规化、现代化的国防军，在政治上必须服从共产党的领导，以马克思列宁主义、毛泽东思想把自己武装起来；必须具有高度的爱国主义、国际主义与革命英雄主义的精神。在军事上必须通晓与掌握联合兵种作战的指挥及各兵种学术，并且有坚强的后方勤务工作。这支国防军必须有高度的组织性、纪律性、计划性与准确性；必须有正规的生活秩序及具有相当高的文化水平。总之，必须有高度军事素质与政治素质。又说：建设强大的正规化、现代化的国防军，关键在于干部的学习。我们不仅要提高干部的军事、政治、理论、文化水平，还要提倡干部学习技术，尊重技术，掌握技术。学习中必须放下架子，抱虚心态度。我们不仅要学习过去二十多年来打败国内外敌人的经验和学习志愿军的作战经验，更要学习苏联打败了法西斯德国、日本的先进军事科学，我们也要向当前的敌人——美帝国主义学习，从而更有效地战胜敌人。

4月21日 听取贸易部国外贸易司司长林海云汇报进出口贸易情况。

△ 听取解放军某部师长牛辉山等汇报部队生产情况。

△　陈云致信朱德,请审查由他主持起草的《关于划分中央与地方在财政经济工作上管理职权的决定》草案。

4月23日　听取北京市财政局负责人汇报财政情况。

　　△　听取燃料工业部部长陈郁汇报全国煤炭生产情况。

4月24日　在全国党的纪律检查工作干部会议上,作《为加强党的纪律性而斗争》的报告,指出:为了加强党的纪律性,必须进行以下各项工作:(一)加强领导,健全组织。各级党委要更加重视纪律检查工作,并经常检查纪律检查委员会的工作,予以具体指导。(二)党员处处要起模范作用,以身作则。任何一个党员如果违犯了党章、党纪和党的决议,违犯了国家的法律、法令及政策,损害了革命事业和广大人民的利益,党的组织就必须及时地予以过问。(三)党的各级纪律检查委员会应与党的各级组织部门保持密切的联系,以便及时了解情况,以期制止或预防违犯党纪国法的行为和倾向发生。党的各级纪律检查委员会还应和各级人民监察委员会在工作上密切配合。

4月25日　听取重工业部副部长何长工汇报全国钢铁生产情况。

4月27日　到北京火车站迎接班禅额尔德尼·确吉坚赞等。班禅此行是前来向毛泽东主席致敬并协商和平解放西藏等事宜。

4月28日　会见越南民主共和国驻中国首任大使黄文欢并接受他递交的国书。

4月30日　听取中华全国合作社联合总社副主任程子华汇报。

4月　为解放军炮校第五期开学典礼题词:"努力学习提高自己的思想水平、政治水平,掌握现代化的炮兵技术。只有这样才能很好地担负起保卫祖国的任务。"

5月1日 毛泽东、朱德、刘少奇、李济深、周恩来、董必武、陈云、郭沫若、黄炎培等出席首都群众六十万人在天安门广场举行的庆祝五一国际劳动节大会，并在天安门城楼上检阅群众游行队伍。

5月4日 出席在北京市公共体育场举行的一九五一年全国篮排球比赛大会开幕式。

5月5日 听取解放军装甲兵副司令员聂鹤亭汇报装甲兵部队情况。

5月6日 在北京八宝山革命公墓举行《伟大的道路——朱德的生平和时代》的作者史沫特莱骨灰安葬。朱德为墓碑题词："中国人民之友美国革命作家 史沫特莱女士之墓。"史沫特莱于去年五月六日在英国伦敦逝世，遵照她的遗嘱，将她安葬在北京。

5月8日 听取解放军总后勤部部长杨立三、副部长张令彬汇报支援朝鲜战争军队后勤工作情况。

5月9日 观看防空演习，并听取解放军空军司令员刘亚楼、炮兵司令员陈锡联、装甲部队司令员许光达汇报空军、炮兵、装甲兵部队的组建情况。

△ 下午，与李济深、郭沫若、黄炎培等，出席捷克斯洛伐克驻中国大使魏斯柯普夫为庆祝捷克斯洛伐克解放六周年举行的招待会。

5月10日 对军工生产作指示，要求订出军工发展五年计划，作到武器装备全部自给。

△ 听取东北、中南、西南、西北、华东、华北六大军区有关部门汇报部队营房建设情况。

5月11日 在全国钢铁质量会议上讲话：要把我国的钢

铁工业向前推进一步，就必须做到：（一）团结所有人员，包括全体工人、工程师、职员在内，发挥每个人的长处；（二）重视提高产品的质量；（三）虚心向苏联专家学习。

5月12日 出席毛泽东为欢迎越南民主共和国驻中国大使黄文欢及其代表团举行的晚宴。

5月15日 听取解放军进藏部队司令员张国华汇报部队进藏情况。

5月17日 为解放军工程兵学校开学典礼题词："为培养掌握近代科学技术的工兵干部，建立新中国的强大国防军而努力！"

5月19日 在中共中央直属机关第一次党代表大会上讲话：入城后，党员干部违犯党纪、法纪及贪污失职的现象相当严重。所以健全党的纪律教育和执行党纪，在今天特别重要。除经常进行纪律教育外，今后对那些明知故犯、阳奉阴违、假公济私、挟嫌报复、贪污失职以及对党隐瞒欺骗的党员，必须给予纪律处分。这种处分，就是对党员最有效、最实际的教育。我们要在这样的基础上，稳步地进行整党工作。

5月23日 主持中央人民政府和西藏地方政府全权代表在北京举行的《关于和平解放西藏办法的协议》签字仪式，并讲话：这个协议符合于西藏民族和西藏人民的利益，因此也符合于全中国各民族人民的利益。这是中国民族大团结的胜利，对于妄图阻挠和破坏西藏和平解放的帝国主义侵略势力，则是一个严重的失败。中央人民政府一定要援助西藏人民清除帝国主义在西藏的影响，完成中华人民共和国领土和主权的统一，保护伟大祖国的国防，使西藏民族和西藏人民永远获得解放，回到伟大祖国大家庭中，在中央人民政府和汉民族的帮助下，发展自己的政治、经济和文化教育事业，逐步地改善与提高自己的生活水平。希望西藏地方政府切实负责地执行关于和平解放西藏办法的协议，尽力协助人民解放军开入西藏。希望达赖喇嘛和班禅额尔德尼亲密地团结起来，在中央人民政府领导之下，为和平解放西藏而努力。

5月24日 以阿沛·阿旺晋美为首的西藏地方政府谈判代表团，代表达赖喇嘛和西藏地方政府，向中央人民政府主席毛泽东和人民解放军总司令朱德致敬并献赠哈达和礼品。达赖喇嘛和西藏地方政府献给毛泽东和朱德的礼品中，有达赖喇嘛的像片、西藏沙金、藏香和哔叽、氆氇等三十余件。

△ 出席毛泽东为庆祝达成和平解放西藏办法的协议特设的晚宴。

5月25日 中央军委主席毛泽东发布《进军西藏训令》。

△ 为进藏的解放军部队写了八条意见，勉励指战员们要发扬人民解放军艰苦奋斗的精神，逢山开路，遇水搭桥，团结互助，克服困难；要保持人民解放军纪律优良的传统；要有长期建军的思想，练好武艺，保卫国防；搞好生产，保证给养；要戒骄戒躁，尊重藏族同胞的生活习惯，学会藏语，和藏族同胞亲密相处，胜利完成有历史意义的任务。这篇文章以《进军西藏，巩固国防》为题编入《朱德选集》。

5月31日 听取关于新疆地区部队和地方的有关政策问题的汇报。决定向新疆五军[1]派政治委员，向三区[2]派工作人员。

△ 下午，出席政协全国委员会为欢送行将离京的班禅额尔德尼和以阿沛·阿旺晋美为首的西藏地方政府全体代表举行

---

[1] 指驻新疆的解放军第五军。1950年1月由新疆民族军改编。
[2] 指新疆的伊犁、塔城、阿山（现阿勒泰）三个地区。

的宴会。

5月 为解放军第二高级步兵学校成立暨第一期开学典礼题词:"为建设近代化的、强大的国防军而奋斗!"

6月2日 到北京火车站为班禅额尔德尼及随员、西藏地方政府首席全权代表阿沛·阿旺晋美等离京送行。

6月4日 听取中国人民志愿军入朝作战的情况汇报。

6月11日 出席中央民族学院开学典礼并讲话:为了建设自由幸福的新中国,就必须大量而普遍地培养各兄弟民族的干部,中央民族学院就是中央人民政府决定开办许多学校的一个,有来自二十四个兄弟民族中的学员。你们要努力学习马克思列宁主义、毛泽东思想,学习中国历史和中国情况、共同纲领和民族政策,提高觉悟,改造思想,锻炼身体,把自己培养成坚强的革命战士,准备将来为伟大祖国的建设事业奋斗。民族学院应该培养民族间的互相尊重,平等团结、友爱合作的作风,反对任何民族歧视、互相分离,彼此对立的思想,发扬国际主义与爱国主义精神;克服大民族主义倾向与狭隘民族主义倾向。

6月13日 听取石油部门负责人关于石油生产情况的汇报。

6月15日 听取苏联顾问关于军事学校建设情况的汇报。

6月16日 听取有关苏联军事顾问团专业分配情况的汇报。

6月29日 出席中央军委会议。在听取了关于减少国防经费预算的汇报后,指出:预算经费不能平均减,未动工的项目,可以缓建。

6月30日 出席全国军工会议,提出要建设坦克、飞机、大炮、枪、光学、化学、子弹工厂以及炼油厂、造船厂等,以适应国防现代化的需要。

△ 下午六时，出席在北京先农坛体育场举行的首都各界人民庆祝中国共产党成立三十周年大会。

7月1日 为庆祝中国共产党成立三十周年，在《人民日报》发表《中国人民怎样击败了美帝国主义武装的蒋介石反动派》一文。文章概述了中国人民经过四年浴血奋战，击败美帝国主义武装的蒋介石反动集团，取得全国胜利的经过，指出：美帝国主义走狗蒋介石的如此迅速的和悲惨的覆亡，不是偶然的，这是忽视人民意志、忽视人民力量的反动派的必然的结局，这是只看见自己在武力上暂时的表面的强大，而看不见自己在政治上的孤立，因而实行反对人民的冒险家的必然的结局。"中国人民解放战争的胜利，已经改变了中国人民的命运，改变了中国人民在国际上的地位。中国人民正在用一切力量巩固自己的国防，不让帝国主义侵略者再像过去一百多年中那样地在中国土地上为所欲为。中国人民一定要使外国政府尊重我们的领土主权和正当利益，而一定不能容忍美帝国主义对台湾和朝鲜的侵略，以及对于日本的单独媾和、长期占领和重新武装的计划。在这样的时候，美帝国主义特别应当温习一下它所武装和指挥的蒋介石怎样被中国人民和中国人民解放军所彻底击败的历史。美帝国主义既然还没有学到应得的教训，那末，中国人民就一定要使学着蒋介石榜样的任何冒险家遭受与蒋介石同样可耻的悲惨的结局。"同日，苏联《真理报》登载了这篇文章。六月二十九日出版的共产党情报局机关报《争取持久和平，争取人民民主》在《中国共产党的三十年》的通栏标题下，全文刊登这篇文章。

7月2日 听取解放军西北军区暨第一野战军副政委甘泗淇汇报第一野战军剿匪、生产、生活情况汇报。

7月3日 听取解放军炮兵司令员陈锡联、炮兵副司令员邱创成、中南军区副参谋长苏静、江西军区副政治委员兼政治部主任彭嘉庆汇报部队情况。

△ 下午六时，出席政协全国委员会在中南海怀仁堂举行的欢迎朝鲜人民访华代表团的宴会。

7月4日 听取解放军装甲兵部队组建情况汇报。

△ 听取有关石油矿、厂的建设情况汇报。

7月5日 听取关于兵工的援助与建厂情况汇报。

△ 听取解放军军事学院、高级步兵学校的建立情况的汇报。

7月6日 听取苏联顾问格那捷诺夫和训练总监部部长萧克谈军事院校的教育问题。

△ 听取中国驻印度大使馆武官朱开印、驻罗马尼亚大使馆武官傅东华汇报。

7月9日 出席中央军委编制会议，听取陈锡联、许光达、刘亚楼、杨立三、吕正操、徐立清等发言。

7月10日 听取中国人民志愿军后方勤务司令部司令员洪学智报告志愿军后勤运输情况。

7月11日 听取贸易部副部长姚依林汇报工、农业生产和对外贸易情况。

△ 出席蒙古驻中国大使贾尔卡赛汗为庆祝蒙古人民革命胜利三十周年纪念举行的招待会。

7月16日 听取中国人民银行行长南汉宸汇报金融情况。

7月18日 出席在北京八宝山革命公墓举行的任弼时灵柩安葬仪式。

△ 主持召开中央纪律检查委员会会议，总结前一阶段纪检工作情况。

7月19日 出席政协全国委员会常委会第二十五次会议。会议批准了全国委员会秘书长李维汉关于全国省、市协商委员会秘书长会议各种建议案的报告。

△ 在各大行政区合作社工作干部会议上讲话：供销合作社不仅要为社员服务，而且要为人民服务，为国家服务。为此，就要贯彻放手发展的方针，要多积累资金，扩大业务范围。合作社在进行交换时，应遵守政府的有关政策、法令，要根据各地的实际情况，掌握合理的价格政策，在正常的市场价格原则下进行交换，以保持合作社的正当利润。合作社与国营贸易机关及私商的关系是互助的，不是排挤的，要互相调剂，遵守信约。合作社要注意对工业原料和出口物资（如棉、麻、烟叶、皮毛、茶、蚕丝、桐油……）的生产与组织工作，可以赚好多钱。

7月20日 听取解放军华东军区作战部长石一宸汇报东南沿海敌情。

7月24日 听取解放军工程兵司令部有关工程兵的编组、机构设置、作业能力等情况汇报。

7月26日 出席中华全国学生第十五届代表大会闭幕式，并致词。说：中国学生有光荣的革命斗争的传统。自中华人民共和国成立以后，中国学生真正地成为国家的主人，成为建设新中国的重要后备力量。你们现在的任务，就是要学好本领，准备力量，参加建设我们这个伟大、可爱的祖国；并为反对帝国主义新的战争计划，巩固国防，保卫祖国的和平建设而努力。为了胜利地完成这个任务，希望你们在中国共产党和中央人民政府领导之下，努力学习马克思列宁主义和毛泽东思想，学习国防建设、经济建设和文化建设的各种科学知识，注意体格的锻炼，养成坚强刚毅的意志和遵守纪律的美德。只有这样，才能为建设今天的新民主主义和将来的社会主义、共产主义而献出自己最大的力量。

7月31日 在首都军民庆祝人民解放军建军二十四周年大会上讲话，指出：人民解放军全体同志应该有对于帝国主义的透彻认识和最高的警惕，有保卫祖国和人民利益的无限热忱，有为正义的人民事业而献身的高度革命英雄主义，有不怕任何困难而能决心克服困难的艰苦奋斗精神，经常保持着高昂的战斗意志。又说：中国人民解放军为了负起保卫祖国和反对帝国主义侵略的历史任务，必须建设各个兵种，加强现代技术装备，加强作战训练，加强战斗力。人民解放军将要由过去单纯的陆军，而且基本上是依靠步兵作战，过渡到具有各种现代技术装备的陆海空军，可以在抵抗敌人侵略时进行各兵种的联合作战。这在我们的建军史上，是一次大的历史性的转变。为了顺利地完成这个转变，我们的部队必须积极地学习和提高技术，各级指挥员必须学会善于掌握和使用新装备、新兵种。全军应该开展一个学习和提高技术的热潮。

8月3日 在看了政务院财政经济委员会副主任薄一波五月十六日的上海调查报告后，在报告上批示：这个报告很好。放手不够，私人经济要求自由发展，如不容许一些，整个经济发展有阻碍的。并致函薄一波，说：上海有全国经济地位，是城乡交流、内外交流的总市场，不久的时间中还能发展。"应把它作为建设新中国的一个'母鸡'，在城乡交流、内外交流的有利条件下，将原有的公、私工业和技术，在公私两利、劳资两利中生产出新的机器，装备内地。如火柴、面粉、毛织等业，则可迁移至内地。一部分到有原料有销场的地方去设置，才有出路。"上海这样的城市，除粮食、煤炭、油、盐、棉布、钢铁，国家应予相当控制稳定市场外，其他各项应"采取自由开放政策","无论公私企业，公家让其自由发展，鼓励私人投资为好。迁移工厂应是长期打算，目前不应迁移的，加紧生产，借作'母鸡'任务是发展后方的企业"。

△ 离京去青岛。

8月7日 在青岛，听取驻青岛海军负责人汇报部队情况。

8月10日 视察海军六一五舰，勉励海军官兵一定要好好学习海军战斗技术，牢固地守卫祖国海防。

8月14日 致函毛泽东，报告到青岛后了解的情况：青岛市的胶州湾，是我国最好之军港。可容纳百只军舰，水深、湾大，口子很小。又是很好的商港，可容纳二三万吨的大船，可直靠码头。码头有六个，每月进出均有二十万吨上下，比上海、天津的出口均好些。我国能大量出口又有起重装备之港口，仅有大连、青岛两港口。又是工商业区，工商各半，又是风景休养地区，由胶州湾往东至崂山沿海一带，皆是风景区，德、日帝国主义及中国封建官僚资本家们所建的别墅很多，将来可为疗养区。

8月17日 听取炮兵司令员陈锡联汇报炮兵部队的组建情况。

8月21日、22日 听取青岛市负责人汇报财政经济和对外贸易情况。对青岛市委干部讲话：青岛是国防前线，要尽力做好巩固国防的工作。并加紧抗美援朝工作。号召群众努力生产，工厂需实行企业化管理，农业、渔业、水果、奶牛都要发展，鼓励私人经济的发展。

8月30日 就海军建设问题致函毛泽东：我们应尽可能地去建设海军的防卫力。海军同志们要求，我国建设空军的比例，应有百分之二十是海军的空军。海军空军可有两用，陆上海上都是一样的，可以航海、布雷、侦察、战斗。陆上空军到海上去多迷失方向，不熟悉海上情况。这个请求是可以允许的。另外，海军的军事工业似应开始，我国上海、青岛、汉口的造船厂，均可造小艇，鱼雷快艇、扫雷艇、潜水艇、巡逻艇，亦均可制造。

9月3日 在青岛参观四方铁厂的分厂，了解到此厂能制造各种机器，过去以造煤业机械打水机为主，最近成功造了橡胶大车轮。工人、技师均有技术水平。在日记中写道：此厂可作"母鸡"厂，充分利用旧厂的机器创造新厂，是建设社会主义的一个基本原则。

9月5日 由青岛回到北京。

9月8日 听取空军副政委吴法宪汇报空军部队情况。

9月9日 与刘少奇、李济深、周恩来、陈云、郭沫若等，出席保加利亚驻中国大使彼得科夫特为庆祝保加利亚国庆节举行的招待会，在招待会上致祝词。

9月11日 在海军第一次政治工作会议上讲话，说：中国过去不是没有海军，但却没有真正的海防。今天我们有了人民的海军。它虽然建立不久，舰船不多，一切设备还不够完善，许多事情还需要从头做起，但却担负着保卫海防的光荣任务。今天我们保卫国防的第一项重大任务就是防守海岸线，保卫领海。这个任务是艰巨的，需要海军的指挥员和战斗员一致努力，也需要海军同陆军、空军相互配合，共同来完成。又指出：从你们司令员起到每一个战士，都要从头去摸索、去学习，学会现代化的海军技术，学会在海上生活，把自己锻炼成一个坚强的海军军人。还指出：海军和陆军不同，在海洋上作战，炮占有特殊重要的地位。海战中白刃战的机会是很少的，甚至没有，但炮的用处却很广泛。有了海岸炮，有了鱼雷，有了军舰上的各种火炮，加上空军的掩护，就有可能打败敌人从海上来的进攻。因此，必须重视海军中的炮兵训练工作。同时，海军的海岸炮兵阵地是要坚守的。过去陆军打仗，曾经为了歼灭敌人的有生力量，不以夺取城池为主要目标。海军就不同，海军的任务是保卫国防的最前线，要把敌人消灭在海上。为此，海岸炮兵要有坚固的永久性的堡垒。炮兵除了经常操练之外，应当经常增修工事。最坚固的永久性的国防工事，是要靠海军的海岸炮兵和陆战队来修筑的，因为他们平时的调动少，战斗任务不多。这样就可以花钱不多，把工事修好。有人说炮是"战争之神"，这话是有道理的。现代战争仍然要重视炮的作用。我们的海军政治工作一定要保证训练出政治质量高、技术十分熟练的海军炮兵，保证全体指战员学会现代化的海军技术。这篇讲话以《建设海军，保卫海防》为题编入《朱德选集》。

△ 听取重工业部副部长何长工汇报汽车厂改装、修理坦克等情况。

9月12日 听取新疆军区办合作社及华北、华东、中南三大军区办工厂、开矿的汇报。

9月14日 致函政务院副总理李富春，就一九五二年的工业生产计划提出三条意见：（一）要充分利用已有的工厂、机器，充分发挥现有的工程技术人员、熟练工人的作用，扩大生产。（二）应注意添补各地的大小机器厂必要的设备；中小城市极为需要。（三）军工事业应把海军造船修船、海军鱼雷厂包括在内，这是与重工业不可分离的。

9月15日 出席全国铁路展览会开幕式，剪彩并致词。说：中国铁路很重要，两年来办得很好，今后更应进一步发展与扩大，并充分发挥本身设备效能，来帮助其他工业。

9月17日 听取新疆生产建设兵团负责人汇报生产建设情况。

9月19日 在第二次全国军事学校工作会议上讲话：建设正规化的军校，培养训练干部，是我们国家当前一项很重要的任务，也是一项长期的任务。在军校工作是很光荣的。希望大家安心工作，努力学习，提高自己，掌握现代化的军事科学技术，成为一个马列主义的军事教育家，使军校建设走在军队建设的前头。在教育计划的贯彻执行中，要注意学用一致，要适合军队建设的需要，不要军队搞一套，学校又搞一套。还指出：当前的敌人是美帝国主义，因此，教育中就要以美帝国主义为对象，教育学员学会对付美帝国主义的办法。过去我们没有跟美帝国主义打过仗，但这次在抗美援朝战争中，却有不少经验教训，我们干部必须接受这些经验教训。我们学校教育要研究美军的各种典范、教程、战术，高级步校学员更应把有些高深的问题搞透彻，这样，我们干部在工作中才可能有预见性，才能胸有成竹。我们每个干部要对美国的各种东西了如指掌。只有每个学员都胸有成竹，都懂得了美帝国主义的一切特点，对付美帝国主义才有办法。

△ 出席中央人民政府华北事务部召开的华北第一次县长会议开幕式并讲话：目前华北地区最重要的工作任务，就是开展新的经济建设，特别是要搞好农业生产，这就必须发动和组织广大人民共同努力，有计划地向前推进。每个乡、区、县，要拿出像在抗日战争、解放战争中支援前线的那种牺牲奋斗的精神，来搞每项建设事业。政权工作要走群众路线，要体会人民的要求，听取群众的意见。除了做好县人民代表会议的工作外，还要做好区、村两级政权的建设工作，并注意建立区、村的公共家务。

9月20日 出席第一次全国铁路劳动模范代表大会开幕典礼并致词：新中国的铁路建设事业在中央人民政府的正确领导和全体铁路员工的共同努力之下，有了很大的进展。许多线路都已如期完成或提前完成。去年和今年上半年都提前完成了国家运输任务。这对于繁荣国家经济沟通城乡交流，特别是完成军事运输上的抢修、抢运任务，巩固国防建设，都起了很大作用。希望全体铁路职工和全国人民一道，继续努力办好人民铁路，进一步开展爱国主义生产竞赛和抗美援朝运动，贯彻经济核算制，为更好地完成国家所给予的运输任务和新线路的建设任务，建设强大的国防力量和经济力量而努力！

9月21日 听取中国驻瑞士大使馆武官张英、驻瑞典大使馆武官宋登华汇报。

9月24日 在中央军委军事训练部召开的各兵种司令员、参谋长及各军区参谋长、军训处长集训会议上讲话。指出：我们所以要进行现代化、正规化训练，是由于我们现在所处的环境和所进行的战争，从各方面来说，都和过去不同了。如果不进行现代化、正规化的训练，那末就是有现代的装备，也不能达到真正的现代化。在向现代化、正规化前进的过程中，不能丢掉过去的优良传统，也不能被过去的经验所束缚。要求全军坚决执行一九五二年度的陆军训练计划。指出：一九五二年的陆军训练计划，就是在我们的建军传统的基础上走向现代化、正规化的统一的训练计划。这个计划是为了达到统一指挥、统一制度、统一编制、统一纪律、统一训练。为了保证这一计划的准备执行，特别指出必须做到两点：（一）首长负责，亲自动手。今后战争的胜利仍然要靠勇敢，但不能只靠勇敢，而必须使军队成员精通技术和各级指挥员精通现代化的指挥艺术，善于组织有计划的作战，使勇敢与技术结合。勇敢加技术就是很好的战术。各级首长都要参加到训练中去。（二）政治工作与后勤的保证。会议要减少，政治工作要保证训练计划的完成。后勤工作不能光顾穿衣吃饭，要保证训练计划的完成。这篇讲话以《统一训练计划，加速我军现代化正规化建设》为题编入《朱德选集》。

9月25日 在第一次全国民族教育工作会议上讲话：要认真总结两年来执行民族教育方针的经验，订出培养各种师资、建立各级民族教育机构、进行工农业余文化教育工作、帮助各兄弟民族改进和改造语言文字的计划，使各兄弟民族的干部迅速成长起来，为新中国的建设事业增加力量。

9月27日 在第二次全国军队训练会议上讲话：军队要正规化，就必须要有一整套制度，要有严格的纪律，还要进行严格的训练。一定要搞好基本教练，要学好技术。技术是战术的基础，技术搞不好，战术就无法搞好。在训练中，干部要做好样子。所有的班长、排长、连长，一直到营长、团长，每个人都要熟悉各种基本动作。这样，自己去教人才有把握。要使每个人都能熟练地掌握、运用自己的武器，把整个部队变成一个很灵活的机器。建设现代化军队的任务是十分紧迫的，我们要抓紧时间来办好这件大事。军队的建设、训练要赶上现代化，如果我们训练得好，组织得好，敌人觉得打我们没有把握，它可能不敢来。

9月30日 出席毛泽东为庆祝中华人民共和国成立二周年举行的宴会。

10月1日 毛泽东、朱德、刘少奇、宋庆龄、李济深、张澜、林伯渠、周恩来等出席首都各界四十万人庆祝中华人民共和国成立二周年大会，参加阅兵和检阅群众游行队伍。朱德在阅兵式上乘检阅车检阅全体受阅部队后，宣读中国人民解放军总部给全国武装部队和民兵的命令：警惕地站好你们的战斗岗位，进一步加强国防建设，巩固祖国国防。毫不满足地认真学习，熟练掌握新的技术，学会诸兵种联合作战的本领，提高现代化军事科学和指挥艺术的水平，加强各种工作的计划性、组织性和准确性，巩固和提高军事纪律，为建设一支强大的现代化国防军而奋斗！

10月3日—15日 出席中共中央政治局扩大会议。会议讨论经济建设和军队整编等问题，决定"实行精兵简政、增产节约"的总方针，以保证抗美援朝战争取得胜利，保持物价继续稳定，并加速国内经济建设。

10月7日 与宋庆龄等出席德意志民主共和国驻中国大使柯尼希，为庆祝德国民主共和国成立两周年举行的招待会。

10月20日 批转中南军政委员会委员赖传珠关于军委纪律检查委员会的报告给安子文[1]、王从吾[2]，同时提议由罗荣桓任军委纪律检查委员会书记。

10月22日 出席政协第一届全国委员会常委会会议，讨论即将召开的全国委员会的方针、任务。

10月23日—11月1日 出席政协第一届全国委员会第三次会议。会议听取周恩来作政府工作报告，通过了《关于抗美援朝工作的决议》、《关于中央人民政府工作的决议》等。

10月26日 在装甲兵干部集训会议上讲话，指出：装甲兵是我军的一个新兵种，它的主要装备是坦克。现在的坦克兵是从步兵、炮兵调来的，对坦克技术还不熟悉。从司令员到每个干部、战士都应该把坦克技术摸熟。特别是驾驶和射击技

---

[1] 安子文，时任中央纪律检查委员会副书记、人事部部长。
[2] 王从吾，时任中央纪律检查委员会副书记。

术,干部一定要亲自去把它摸熟。要建设好装甲兵这一新的兵种,技术具有决定作用。政治工作要保证技术的提高。军事任务要靠技术来完成。今后我们打仗,是飞机、坦克等各军兵种的联合作战,争取时间是很重要的。要争取每分钟每秒钟,如果技术不好,慢了几秒钟就会吃亏。我们一定要全心全意地把技术搞好。这篇讲话以《技术在装甲兵建设中的决定作用》为题编入《朱德选集》。

11月3日 听取中国驻德意志民主共和国大使姬鹏飞汇报。

11月5日 出席中央人民政府委员会第十三次会议。会议听取中央人民政府人事部部长安子文作关于《中央人民政府任免国家机关工作人员暂行条例草案》的说明,批准《中央人民政府任免国家机关工作人员暂行条例》。会议还听取文化部副部长周扬作关于中国和波兰、匈牙利、德意志民主共和国签订文化协定的报告,批准有关协定。

△ 听取中国驻保加利亚大使曹祥仁汇报。

11月6日 听取中国驻苏联大使馆武官吉合、驻法国大使馆参赞李欣、驻罗马尼亚大使馆临时代办刘靖宇、驻匈牙利大使馆武官张秉玉汇报。

△ 听取贸易部国外贸易司司长林海云汇报。

11月7日 与宋庆龄、李济深、张澜、周恩来、董必武、黄炎培等,出席苏联驻中国大使罗申为庆祝十月社会主义革命三十四周年纪念举行的招待会。

11月8日 出席中央军委会议,讨论公安师补充人员及兵工生产问题。

11月9日 出席中央军委会议,讨论军费开支、精简整编、民兵训练等问题。

11月13日 听取政务院参事室主任廖鲁言汇报。

△ 在新民主主义青年团中央团校第四期毕业典礼上讲话，指出继续抗美援朝运动和开展增产节约运动的重要性，勉励同学们积极宣传爱国主义，脚踏实地，面向群众，把群众动员起来，为增产节约、迅速地建设自己的新国家而努力。

11月16日 出席中央军委会议，讨论减少常备军、加强民兵训练和准备征兵等问题。

11月20日 听取西北军政委员会财政经济委员会副主任白如冰汇报。

11月21日 听取贸易部部长叶季壮汇报出口贸易情况和明年计划。

11月25日 为推行广播体操运动题词："为增进人民的健康而努力"。

11月26日 听取解放军总参谋长徐向前、空军副司令员王秉璋、重工业部副部长刘鼎等组成的中国军事工业代表团赴苏联访问情况的汇报。

11月28日 听取全国合作社联合总社理事会副主任孟用潜汇报巡视山东、浙江等两省三专区五个市基层合作社情况。

12月1日 中共中央作出《关于实行精兵简政，增产节约，反对贪污、反对浪费和反对官僚主义的决定》。

12月3日—11日 全国纺织工业会议召开，会议确定全国公私营纺织工业明年增产节约的总目标是三万七千八百多亿元。会议期间，朱德到会讲话指出：我国的知识分子为数很少，决心为人民服务、有技术知识和业务知识的知识分子是国家重要的财富。同时号召纺织工业的全体干部、职工和企业家们，在增产节约运动中立功。

△ 听取中国驻缅甸大使馆武官李戴汇报。

12月5日 听取重工业部副部长钟林汇报重工业今后发展方向。

12月10日 听取纺织工业部负责人汇报。

12月14日 听取东北人民政府工业部部长王鹤寿汇报。

△ 听取青年团中央委员会秘书长荣高棠汇报团中央开展"三反"情况。

12月15日 听取中华全国民主妇女联合会副秘书长曾宪植汇报全国妇联开展"三反"情况。

12月16日 听取全国总工会杜道周汇报开展"三反"情况。

12月20日 出席中央军委会议,听取中国人民志愿军副司令员洪学智汇报志愿军精简节约情况、东北军区后勤部部长兼政委李聚奎汇报反贪污情况。

12月22日 出席中央军委会议,就反对贪污浪费问题讲话,指出:要认真学习,检查思想,揭露贪污浪费现象,研究如何提高工效,增加生产,励行节约。领导与群众,上级与下级相结合,订出增产节约的爱国公约。

12月24日—31日 出席全国财经会议。会议讨论"三反"、工业计划、征购粮食等问题。

12月30日 收到毛泽东给朱德、林彪、聂荣臻关于从解放军的编余部队中调三十万至四十万人作为工程部队和屯垦部队的批示。

△ 与董必武、郭沫若、黄炎培等,出席罗马尼亚驻中国大使鲁登科为庆祝罗马尼亚人民共和国成立四周年举行的招待会。

12月31日 出席中央直属机关总党委扩大会议,听取安子文报告中央机关"三反"情况、薄一波传达毛泽东的指示。

1952 年　六十六岁

1月1日　出席中央人民政府举行的元旦团拜会。毛泽东致祝词，号召大张旗鼓地开展反对贪污、反对浪费、反对官僚主义的斗争。

1月2日　在全军后勤工作会议上讲话：当前的任务是要节约大批金钱来建设更多的工厂——军事工业、军需工业。军队的后勤工作要照顾大局，要根据国防经费办事。要建立强有力的财政监督制度，会计独立，首长负责监督。建立统计制度，以便及时了解经费开支情况，经费开支也要监管。大公小公要划清，用款要有规定，要注意节约。

1月4日　中共中央发出《关于立即限期发动群众开展"三反"斗争的指示》。

1月4日　出席政府系统"三反"汇报会，听取所属各部委机关报告"三反"情况。八日，继续听取情况。

△　与李济深、郭沫若等出席缅甸驻中国大使吴拉茂为庆祝缅甸国庆节举行的招待会。

1月5日　听取人民监察委员会副主任刘景范汇报"三反"运动开展情况。

1月6日　致函毛泽东，报告自中央一九五一年十二月一日发布进行"三反"以来，中央各机关开展"三反"运动的情况。说：中央许多部门平时的政治生活和组织生活存在着不少问题。党中央直属部委进行了整党，但没有把贪污、浪费、官僚主义现象整掉，这次运动把过去整不到、整不掉的问题都提出来了，如能彻底解决，就会得到很大的收获。"三反"运动丰富了整党的内容。经过这场运动，不仅要克服资产阶级思想，刷洗旧社会遗留下来的贪污、浪费和官僚主义的污毒，而且要充实和健全党的组织生活，发扬民主作风，改善党群关系、上下关系，加强组织性、纪律性，以纯洁党的组织，提高党的政治思想水平，保持和提高党的战斗力。

1月11日 出席中央直属机关总党委会议，听取各部委负责人汇报"三反"运动开展情况。

△ 听取解放军总后勤部部长杨立三关于国防费利用情况的汇报。

1月12日 在听取中华全国总工会副主席刘宁一等汇报各地工会开展"三反"运动的情况后，指出："三反"是一场阶级斗争。这一仗必须打赢。过去没认识到夺取政权后斗争更复杂。同资产阶级作斗争，要按照《中国人民政治协商会议共同纲领》办事。对他们要团结，又要斗争，这就不会使自己麻痹。

1月21日 致信石景山钢铁厂全体职工，回复他们于一九五一年十二月三十日的来信，对于他们所取得的成绩表示祝贺，鼓励他们以主人翁的态度担负起快速建设石景山钢铁厂的任务。

1月23日 与周恩来接见朝鲜人民访华代表团和中国人民志愿军归国代表团全体代表并讲话：为了打败共同的敌人，我们中朝两国人民和军队要更加团结，并肩作战。侵略者不停止对于我们的侵略，我们的斗争决不终止。我们一定能够战胜野蛮暴虐的美国侵略者，我们为和平和为正义而进行的斗争一定胜利。

1月26日 致函毛泽东，就如何加强党的纪律检察工作提出建议：（一）责成各级党委加强对党的纪律检察工作的领导；（二）健全办事机构，充实专职干部；（三）党的各级纪律检察委员会和各级人民监察委员会合署办公，分工合作，互相辅助。毛泽东批示：同意这样做。

△ 中共中央发出《关于在城市中限期展开大规模的、坚决彻底的"五反"斗争的指示》，要求在全国各大、中城市，向违法的资产阶级开展反对行贿、反对偷税漏税、反对盗窃国家财产、反对偷工减料和反对盗窃经济情报的斗争。

△ 与李济深、周恩来、黄炎培、聂荣臻、沈钧儒等，出席印度驻中国大使馆临时代办高尔为庆祝印度共和国建国二周年举行的招待会，并致祝词。

1月31日 为将要成立的解放军后勤学院题词："建立现代化的后方勤务工作，是巩固国防、保卫我们伟大祖国的最重要工作之一"。

2月11日 驻拉萨人民解放军、西藏地方部队和拉萨市僧俗人民举行庆祝中国人民解放军西藏军区成立大会。大会致电中央人民政府毛泽东主席和中国人民解放军朱德总司令。电文说：人民解放军根据和平解放西藏办法的协议于去年九月间胜利进驻拉萨，并根据协议第十五条的规定，于一九五二年二月十日正式成立中国人民解放军西藏军区。中国人民解放军西藏军区的成立标志着毛主席民族政策再一次光辉的胜利，也标志着祖国国防进一步地巩固，使帝国主义侵略势力永远滚出西藏去，使西藏人民自由幸福的生活得到有力的保证。

2月12日 听取军队系统"三反"情况的汇报。

2月14日 听取人民监察委员会副主任刘景范汇报"三反"运动开展情况。

2月中旬 到吉林省视察，十五日，在中共吉林省委书记李梦龄陪同下视察了吉林市江北机械厂,并对军工生产做了指示。

2月26日 在有政务院各部部长参加的会议上,讲财经问题,指出应增加生产,繁荣经济,增加收入,保证今年的计划按期完成。

2月28日 和刘景范谈话,指出:纪律检查委员会和人民监察委员会今后的中心工作,是监督生产与财政。要大量吸收积极分子做监察工作。中央一级主要监督中央各部门;各大行政区、省、市、自治区主要监督自己所辖范围。各厂矿也应如此。

2月29日 出席中央纪律检查委员会会议,讨论今后纪律检查工作和准备召开全国纪检会议。

3月3日 出席中央财经委员会会议,讨论机关生产问题。

3月5日 致函周恩来,建议在清明节,动员全国党政军民都种一天树,特别是种果树。这既可以增加财富,换取外汇,又可美化环境,防风防旱。

3月6日 听取全国国营企业清理资产核定资金委员会副主任朱理治等汇报。

3月8日 出席首都各界庆祝三八国际劳动妇女节大会并讲话:中国的妇女在祖国建设事业的各个岗位上,应当出现各种专门人才,出现许多科学家、设计师、工程师等。你们要努力学习,不断提高自己的知识水平和掌握新的技术,并且参加到实际斗争中去,充分发挥你们的智慧和创造性。

△ 到南苑机场出席新中国第一批女航空人员"三八"起飞典礼并讲话:中国是一个大国,中国妇女在祖国建设事业的各种岗位上应当出现各种专门人才,像你们这样的航空人员。

这是中国妇女彻底解放自己和参加祖国经济建设最实际的步骤。讲话后检阅了列队整齐的女飞行员和女机务人员。当女飞行员出色地完成任务飞回机场时,勉励她们"不要骄傲,要不断努力,不断前进。"

3月13日 致函毛泽东,建议在中央财委领导之下,成立建筑部。在大行政区、省、市分别成立部、厅(局)。

3月14日 就精简政府机构等问题致函毛泽东,建议简化组织,减少层次,坚决取消不必要的机构,合并重叠的机构。从党政军行政机构中,限期调出至少一半人员,转入国家企业、贸易、税收、银行及其他生产、财经部门。

3月22日 致函刘少奇,提出对城市工商业政策的意见:对城市工商业者必须从其阶级关系上、经济活动的性质上来加以区别,并以此作为我们政策的基础。对城市的独立劳动者(包括大量的小手工业者在内)应该与资产阶级严格区别开来。不应把独立劳动者与一般资本家放在一起,统称为工商业户。国家对于独立劳动者的政策,应与资本家有原则的不同。在税收上、贷款上都应在有利于发展生产的条件下给以优待。

△ 听取燃料工业部石油管理总局局长康世恩汇报石油矿产情况。

3月24日 听取交通部部长章伯钧等汇报开展"三反"情况和交通部机构设置问题。

3月25日 接见西南各民族参观团的全体人员并讲话,说:我们要在一切少数民族地区普遍地深入地进行爱国主义教育,揭露帝国主义破坏我国各民族团结的阴谋诡计。要在一切少数民族人民的思想中,普遍地树立民族团结、热爱祖国、反对帝国主义的观念。我们的国家是一个各民族友爱互助的大家庭,我们的人民不分民族和地区,都有光辉的前途。发展生产,是各少数民族在得到政治上的平等以后,继续向前发展,使自己逐渐脱离落后境地的关键。这是个长期的任务,必须逐步地做,努力去做。目前应注意发展各个少数民族地区的农业、畜牧业和手工业。各少数民族地区生产要真正发展,必不可免地要进行适当的社会改革,同时需要汉族人民的物质和技术的帮助,和少数民族自己的努力。

3月26日 听取中华全国总工会办公厅主任栗再温等汇报全总机关开展"三反"情况。

3月29日 听取青年团中央书记处书记荣高棠汇报青年团中央机关开展"三反"情况。

4月1日 听取华北行政委员会副主任、秘书长张苏汇报去年察、绥、内蒙古等地救灾情况。

△ 听取中共中央华北局副书记刘秀峰等汇报华北局党委系统党员干部思想情况。

4月8日 出席中央财经委员会党组会议。

4月11日 听取重工业部副部长何长工汇报,并指示:目前争取苏联的帮助是可以的,我们要得多也还得起。三四年之后生产力提高了,就有能力还。我们有些同志怕与他们建立联系,结果闭关自守,吃了亏。我国的轻工业、地方工业,可以和东欧配合协作,要把东德、捷克斯洛伐克、匈牙利、波兰都利用起来。我们现在需要建电机厂、大机器制造厂、大农具厂等。有些工厂要在旧的基础上改造,不要都是搞新的。

4月11日—15日 出席中央财经委员会会议。十四日,在会上讲话:现在钢、铁、水泥太贵,价格过高。应当提高生产,降低成本,而不是提高价格。

4月16日 听取第一机械工业部副部长刘鼎汇报军工建设情况。

△　听取内务部有关负责人汇报向东北移民问题。

4月17日　听取农业部有关负责人汇报农垦及移民问题。

4月18日　出席中央人民政府委员会第十四次会议，听取政务院政治法律委员会副主任彭真所作的关于中华人民共和国惩治贪污条例草案的说明，通过和批准了《中华人民共和国惩治贪污条例》。

4月19日　出席中央人民政府委员会第十五次会议，听取和批准了政务院副总理兼财政经济委员会主任陈云所作的关于财政经济问题的报告。

△　听取中国驻外国大使袁仲贤、耿飚汇报印度、瑞典、挪威、丹麦等情况。

4月21日　出席中央财经委员会党组会，讨论航空工业问题。

4月29日　出席中央财经委员会党组会议。

4月　为中央机要局题词："保卫国家机密"。

5月1日　毛泽东、朱德、刘少奇、李济深、张澜、林伯渠、周恩来、董必武、陈云、郭沫若、黄炎培等出席首都各界群众五十万人在天安门广场举行的庆祝五一国际劳动节游行大会。

5月3日　出席中央财经委员会党组会，讨论军工生产问题。在会上指出：苏联的援助很重要，但主要要靠自己。

5月4日　出席中央财经委员会部长办公会议。

5月6日　与黄炎培等出席印度驻中国大使潘尼迦为印度文化代表团访华举行的酒会。

5月7日　在听取建筑工程部副部长宋裕和汇报时，指出：在修建中要注意就地取材，建筑材料要规格化。生产中要注意充分利用现有的机器、人力和技术。

5月8日 对参加五一劳动节观礼的劳动模范讲话：建设新社会是一个长期的任务，要天天增产节约。对于生产上的劳动模范应该给予奖励，这不仅在国营、公营厂矿，在私营也是这样。要很快定出一个制度。

5月9日 在中央财经委员会党组会上讲七个问题：（一）现在是发展合作社的好时机；（二）应设法打开对外贸易；（三）应设法向国外买船；（四）工业利润应达到百分之二十；（五）在搞基本建设的基础上，要扩大再生产；（六）地方公营企业对发展经济有好处，还是要搞；（七）要降低价格，提高物资周转。

5月10日 听取中国人民银行行长南汉宸汇报出席莫斯科"国际经济会议"情况时，指示：国家要设总银行，总银行下要设商业、工业、农业银行。

5月12日 和交通部副部长王首道谈话：交通工作主要是要统一，运输成本才能降低。国家要投资一些钱，要统一起来。

5月13日 缅甸华侨回国观光团向朱德献旗、献词。旗上写着："保卫世界和平。"献词称："亲爱的朱总司令，您的伟大的名字和毛主席的名字在一起，永远为海外侨胞所崇敬和爱戴。您所领导的中国人民解放军，在解放祖国斗争中的无数英勇事迹，广泛地在侨胞中间传诵着。海外侨胞们深切地了解：有了中国人民解放军，我们祖国的和平建设，我们为捍卫祖国边疆和保卫世界和平的斗争，就有了有力的保证。中国人民解放军，就是我们海外侨胞爱祖国的信心和勇气的泉源。"

5月15日 听取出席解放军全军干部工作会议的东北军区、华北军区、华东军区、中南军区、西南军区、西北军区以及中国人民志愿军总部的代表汇报军队干部工作。

△　出席中央军委会议，听取并讨论周恩来关于抗美援朝情况的报告，以及朝鲜战争拖下去的对策。

5月21日—6月5日　出席中央财经委召开的全国财政会议。听取陈云关于一九五二年财政概算和薄一波关于财政状况的报告，讨论五年计划。

5月22日　听取解放军总干部部副部长徐立清关于全军干部会议情况的汇报。

5月23日　与毛泽东、刘少奇、周恩来接见中国人民志愿军归国代表团与朝鲜人民访华代表团全体代表。

6月2日　听取中国驻苏联大使馆公使衔参赞曾涌泉报告苏联工农业建设情况。

6月6日　和中南军政委员会副主席邓子恢谈中南地区人口问题。

6月9日　在听取解放军炮兵司令部匡裕民汇报炮兵建设情况时指出：必须自己造炮，这样既方便又便宜。

6月10日　听取中共青海省委书记、青海省军区政委廖汉生汇报青海的民族关系和部队情况。

6月16日　听取广东省人民政府副主席方方汇报。

6月22日　将《中共中央纪律检查委员会关于全党纪律检查工作的总结报告》报送毛泽东和中共中央。报告提出党的纪律检查工作存在的问题：（一）对违犯党纪的党员干部，不是正面地、及时地提到原则高度予以批评纠正，而是采取旁敲侧击、轻描淡写的方法对待他们，或片面地从所谓照顾干部的历史、情绪等出发，不敢或不愿意正面提出批评；（二）有些党组织平时对干部的了解很差，有些坏干部就以一种极不正派的手法骗取上级的信任，借以达到个人的目的；（三）有些领导同志单纯强调技术，忽视政治，放松了党的领导和党内的思想斗争，致使这些组织失去了对资产阶级思想的警惕，造成了干部中违法乱纪的严重情形；（四）在处理党员违反党纪的案件中有两种偏向：一是不够严肃，有怜悯、姑息观点；二是简单化，不慎重；（五）有些党员干部对国家的法律、法令，对政府的政策和制度不重视、不研究，常常不自觉地犯错误。报告还提出：必须加强党的纪律检查工作，健全党内的组织生活和民主生活，充分发挥党支部的战斗堡垒作用。中共中央同意并于六月二十三日向全党转发了这个报告。

6月24日 在中华全国体育总会成立大会上，被选为该会名誉主席。为大会题词："普及人民体育运动，为生产和国防服务"。

△ 致函周恩来，提出对政务院副总理兼政法委员会主任董必武的报告《进一步加强政权建设及民政工作的一些问题》的意见：董必武同志的报告中，应提出"以领导生产为中心来加强政权建设"。过去已经做过许多次了，这一次请加上这一点。八月十日，接董必武函，表示做政法工作的同志必须在思想上确实认清"人民民主政权以领导生产为中心"，并在实际工作中贯彻这一思想。

6月28日 出席中苏友好协会总会为欢送奉调离任即将返国的苏联驻中国首任大使罗申举行的酒会。

6月30日 出席政协全国委员会在北京饭店举办的酒会，招待出席和列席中华全国工商业联合会筹备代表会议的全体代表。

6月 致函毛泽东并中共中央、中央财经委员会：建议把组织群众和部队移民垦荒列入五年计划之内，移民办法应以部队屯垦、有效地吸引广大人民的办法为主，并尽可能以国家举办与群众结合的形式组织移民。建议指定专管移民的机构，拟定具体实施计划，并拨出一定款项作为移民费用。

7月1日 为《公安部队建设》杂志题词："建设坚强的公安部队，为完成剿匪肃特警卫的艰巨光荣任务而奋斗！"

△ 为成渝铁路全线通车题词："庆祝成渝铁路完工，一定要把天成铁路修好，并把川黔滇桂湘等铁路联系起来"。

7月2日 出席中央财经委员会党组会议，讨论机械工业问题。

7月4日 致函西北军政委员会财政经济委员会副主任贾拓夫、中共西北局书记习仲勋、西北军区副司令员张宗逊，谈发展西北地区石油工业的重要性。

7月8日 在全国军工会议上讲话，指出：军事工业是工人阶级对革命战争做贡献的伟大事业。过去，我军的武器可以取之于敌人，但这个阶段已经过去了。我们有了自己的军工厂，今后要靠我们自己武装自己，靠自己补充自己才能作战。军工建设是艰巨的，时间是紧迫的。如果五年内搞好，便可威胁敌人不敢来打。我们今天的设备、技术与国防需要还相差太远，所以希望同志们努力工作，发展军事工业。我们国内资源丰富，有自己的技术人员和工人，劳动力又好，政治觉悟又高，这些条件保证了我们工厂任何武器都能造出来。你们要细心地干，大胆地干。不要等待。

7月9日 周恩来在中央政治局采纳他提出的由彭德怀留京接替他主持中央军委日常工作的建议后，于本日致函毛泽东并朱德、刘少奇、彭德怀、林彪："彭德怀同志自即日起过问军委日常工作，直接向主席和中央负责。以后一切经过我处转呈主席或主席交我阅办的军委文电，均改送彭副主席处理。""兵工委员会主任职务，我亦请求解除，改由彭德怀同志担任。"

7月10日 致函毛泽东,对正在拟订的第一个五年计划提出五条意见:(一)必须在五年中把钢铁、石油、煤炭、有色金属、机械、电力、化学等工业,打下经济上和技术上的基础,并适当发展建筑工业、纺织工业和轻工业;(二)关于地方财政,不要统得过死,否则会限制地方的积极性和创造性;划分出地方预算至少扩大了国家财政收入,节约国家开支。由于地方独立预算,也就加强其精打细算的责任心,不会乱花。(三)国营工业和地方国营工业应该明确划分,并注意发展地方性的小工业和手工业,以配合国家工业的发展。(四)必须保证对外贸易的平衡,并力争部分出超,以增加外汇储备,以备转口之用;有些东西,只要能够换到外汇,宁可国内紧一点,拿它出口。(五)农业的发展,除兴修水利、改良技术、选种、除虫外,还要逐步发展农业生产合作社,搞好移民。我们必须经过这个五年计划,求得经济上技术上的独立,求得能应对突然发生的紧急情况,和为更大规模地展开经济建设奠定基础。

7月16日 和财政部副部长戎子和谈话:应该推广模范县运动,要在老区搞,而模范县的标准要以生产建设的成绩为标准,如合作社、信贷、银行、公共事业(医院、托儿所、娱乐场等)。生产搞得好,收支搞得好,收入多,办了学校、卫生、娱乐、保险、合作社、银行;这些事都办好了,上不拿钱,下不苛捐,就是模范县。建立地方财政,要设专门银行,归总行领导,不要怕人员多,开支大,这样一方面多办事,同时还可解决失业工人。要搞储蓄银行。现在首先是利润提成,超额提成。提得少,以后可以不拨款,免得以后拨来拨去。并限制了灵活性。

△ 听取朱理治汇报物资分配会议拟成立储备局、物资供

应局、计划局等情况。

7月21日 向各级党委、纪委转发中共中央华北局纪律检查委员会关于"张顺有事件"[1]的报告。并要求在党刊上登载此典型事件，推动反官僚主义运动。

7月22日 与李济深、林伯渠、周恩来、郭沫若等，出席波兰驻中国大使基里洛克为波兰国庆举行的招待会。

7月29日 听取中国人民银行行长南汉宸汇报工作，指出：银行是管理国家钱袋子的。银行的工作应下乡，训练一批专业人员，下到区乡。我们要建立国家家务，掌握国家财政。除了下乡，还要办各种专业银行。给农业银行的钱很少，但下面集资就多了。以农民之钱解决农民问题，就不是苛捐杂税。社会主义是万世企业，银行要一直办到社会主义。要依靠银行、合作社去吸收游资。过去，银行投资到哪里去了？都不知道，只是交给了各个部长，银行无法去监督。

8月1日 在庆祝中国人民解放军建军二十五周年和全军第一届体育运动大会开幕式上讲话，指出：三年来，人民解放军随着祖国建设事业的发展，已经在强大的陆军的基础之上建立了崭新的空军、海军、装甲兵、炮兵和各个特种部队。但是现代化建设的伟大工程在目前还只是开始，我们必须毫不松懈地努力前进。为加速部队建设及提高军事技术，需要普遍开展军事体育活动，以锻炼坚强的体力。提倡开展适合军事需要的体育活动，为战斗和国防建设服务。要着重普及。要发扬集体主义、团结进步的精神，提倡革命竞赛，反对锦标主义。

△ 在苏联《真理报》发表《中国人民解放军二十五周

---

[1] 张顺有事件：山西省崞县赶车工人张顺有在检举反革命分子的过程中受到阻拦，招致错误地扣押。

年》一文。文章概述中国人民解放军从无到有、从小到大、从胜利走向胜利的战斗历程，指出毛泽东对建军的重大贡献，以及人民军队建设的基本经验。文章还指出："中国人民解放军正在向着现代化的强大国防军的目标前进，这在中国人民解放军的建军史上是一次大的历史性的转变。"

△ 为全军第一届体育运动会题词："锻炼自己成为铁的体质，保卫我们最可爱的国家"。

△ 为《海军战士》题刊名。

△ 为《华东军区海军》题词："建设一支足以防御帝国主义冒险侵略的人民海军"。

8月6日—8日 出席中央人民政府委员会第十六次至十八次会议，听取各地汇报情况和关于一九五一年度国家预算的执行情况及一九五二年度国家预算草案编成的报告，并通过了一九五二年度国家财政收支预算，会议批准《中华人民共和国民族区域自治实施纲要》等。

8月12日 在北京市第四届人民代表大会上讲话：我们进行经济建设的根本目的，在于改善人民的生活，增进人民的福利。今后我们必须继续提高人民的文化水平，改善人民的卫生条件。建设工作是多方面的，建设的中心是经济建设，其他一切工作都应当为这个中心任务服务。

8月14日 与李济深、郭沫若、黄炎培，出席巴基斯坦驻中国大使罗查为庆祝巴基斯坦独立五周年举行的招待会，并致辞祝贺。

8月21日 出席北京各高等学校应届毕业学生暑期短期学习结业典礼并讲话：同学们今后的任务，就是和全国人民一道，参加中国历史上从未有的建设事业的高潮。要服从国家的分配，哪里需要就到哪里，在工作岗位上充分发挥积极性和创造性。

8月22日 听取农业部副部长张林池汇报率农民代表团赴苏联参观农业的情况。

8月25日 晚，离京去东北视察。二十六日，下午抵辽宁省沈阳。

8月27日 抵长春市。听取中共长春市委负责人汇报后，指出：中央所属的经济、文化、军事单位在长春的很多，要注意搞好各方面关系。

8月28日 上午，视察第二航空学校。下午，视察长春汽车制造厂、长春坦克修理厂。在长春汽车制造厂基建工地参观时，指出：要加强基建力量，抓紧平整基建用地，主要抓厂房建设，人住的房子不要花大力量。

8月29日 抵黑龙江省哈尔滨市。

8月30日 听取哈尔滨市负责人汇报城市基本建设情况。视察哈尔滨机械十四厂、毛织厂、亚麻纺织厂、透平电机厂。

8月31日 视察四二三厂[1]、一二二厂、工具量具厂。

△ 晚，听取中共黑龙江省委负责人汇报全省农业生产、基本建设、工厂增产节约情况。

9月1日 抵达齐齐哈尔市。在去齐齐哈尔的车上赋诗：

处女地中秋草深，又宜牧畜又宜耕。
凭窗四望杳无际，只见鸥群不见人。

△ 视察一二七厂。

9月2日 视察齐齐哈尔机械十一厂、机械十五厂、农业

---

[1] 本年谱中凡以数字为厂名、不标明性质的，均系军工厂。

实验所。听取中共黑龙江省委副书记冯纪新等汇报工农业生产和财政收入情况。

9月3日 离齐齐哈尔市东行，途中视察大型国营赵光农场。晚，火车途经海伦，在车站停了一夜。为了不惊动当地负责人，在火车上过夜。

9月4日 抵达佳木斯市。视察佳木斯市江北炼油厂、第六电机厂、木锯厂。

9月5日 视察佳木斯油库、火力发电厂。

9月6日 抵达牡丹江市。途中停车视察桦林橡胶厂。十七时，视察一二一厂。

△ 晚，听取中共牡丹江市负责人汇报。

9月7日 离牡丹江市南行，途中视察镜泊湖水电站。

△ 晚，抵达吉林省图们市。

9月8日 八时，抵达吉林省敦化县。视察六二三厂。

△ 下午，抵达吉林市。听取中共吉林省委书记李梦龄、省政府主席栗又文等汇报工作。

9月9日 视察小丰满水电站，游览松花湖。

9月10日 视察第三造纸厂、江南苗圃、化工厂、五二四厂。

9月11日 下午六时，抵达辽宁省沈阳市。

9月12日 视察北陵机场、一一二飞机工厂。

9月13日 抵达鞍山市。视察鞍山钢铁厂的炼铁厂、炼焦厂。

9月14日 视察鞍山钢铁厂的轧钢厂、钢管厂。

9月15日 视察鞍山钢铁厂的总机械厂、无缝钢管厂。

9月16日 视察大孤山铁矿。

9月17日 听取鞍山市负责人、鞍山钢铁厂负责人汇报，并对鞍山钢铁厂全体干部讲话。接见鞍钢厂劳动模范,并合影。

△ 十五时,抵达本溪市。视察特殊钢厂。

9月18日 视察本溪炼铁厂、竖井煤矿。

△ 十八时,抵达抚顺市。

9月19日 视察抚顺露天煤矿、抚顺人造石油厂。

9月20日 视察抚顺特殊钢厂、三〇一制铝厂、发电厂、电机厂。

△ 十六时,返回沈阳市。途中参观清东陵。

9月21日 在沈阳听取第二机械工业部部长赵尔陆、中国人民志愿军副政委兼政治部主任甘泗淇谈抗美援朝武器供应和朝鲜三八线战事。

9月22日 视察沈阳机械一厂、五二厂、五一厂、一一一航空工厂和高坎村农业合作社。

9月23日 十三时,抵达阜新市。视察火力发电站、露天煤矿。

△ 十九时,抵达锦州市。听取中共锦州市委负责人汇报。

9月24日 八时,视察合成汽油厂。十三时,视察葫芦岛海港和解放军驻守部队。

9月25日 结束对东北视察回到北京。

9月29日 与宋庆龄、李济深、林伯渠、陈云、郭沫若、黄炎培、邓小平等,出席周恩来为欢迎泽登巴尔总理及其率领的蒙古政府代表团举行的招待会。

9月30日 晚,出席毛泽东为庆祝中华人民共和国成立三周年举行的宴会。

10月1日 毛泽东、朱德、宋庆龄、李济深、张澜、林伯渠、周恩来、董必武、陈云、郭沫若、黄炎培、邓小平等出席首都各界群众五十万人在天安门广场举行的庆祝中华人民共和国成立三周年大会。在阅兵式上，朱德乘车阅兵后，宣读中国人民解放军总部给全国武装部队的命令：时刻提高警惕，紧紧掌握自己手中的武器，熟悉和精通自己的业务，不断提高文化水平和军事、政治知识，加强体质锻炼，加强组织性和纪律性，并发扬艰苦耐劳、廉洁朴素的优良作风，为解放台湾、巩固国防、保障国家建设顺利进行而奋斗。

10月4日 出席毛泽东在中南海勤政殿为欢迎泽登巴尔总理及其率领的蒙古政府代表团举行的宴会。

10月5日 同军工部门负责人谈话，指出：军工生产应该保证质量，应该同民用生产相结合。

10月18日 听取驻北京的中央国家机关党委纪律检查工作座谈会汇报。

△ 为全国各民族大团结题词："全国各民族亲密团结起来，为建设独立、民主、和平、统一、繁荣、富强的新中国而奋斗！"

10月24日 就发展木材生产问题，致函毛泽东和周恩来，建议：（一）尽可能提高木材生产量。（二）在增加木材采伐的同时，应认真做好林区林业的抚育更新工作，随伐随种，使幼树及时成长，能够衔接上长远的采伐计划。（三）大力进行造林工作。要普遍发动群众造林（包括造水源林），规定用材部门在一定时期中（三十年或四十年）完成自给木材的任务。毛泽东阅后转中央财经委员会研究办理。

10月30日 致函周恩来，建议扩大军工生产，在几个省内建立轻重机枪、步枪、子弹制造厂以及钢、锌、铅等冶炼厂。在西北要计划设炮厂、炮弹厂、制药厂以及原料、冶炼厂等。

11月5日 与周恩来、陈云、邓小平等,出席中苏友好协会总会举行的欢迎苏联文化工作者代表团、苏联艺术工作团和苏军红旗歌舞团的宴会。

11月6日 应《八一》杂志的要求,撰写《向伟大的苏联军队学习》一文。

△ 出席在怀仁堂举行的首都各界庆祝十月社会主义革命三十五周年大会。

11月7日 出席苏联驻中国大使馆临时代办顾德夫为庆祝十月社会主义革命三十五周年举行的招待会。

11月15日 出席中央人民政府委员会第十九次会议。会议通过了"中央人民政府关于改变大行政区人民政府(军政委员会)机构与任务的决定","关于调整省、区建制的决议","关于增设中央人民政府机构的决议"及各项任免名单。

11月16日 为"中苏友好月"题词:"中苏两国人民的友好和团结是保障世界和平的坚强堡垒"。

11月20日 在解放军全军第二次保卫工作会议上讲话:军队的保卫工作必须适应隐蔽斗争的需要。要在已有的优良传统的基础上,继续从思想上、组织上和工作做法上实行一个必要的转变,要在既有的基础上加强侦察工作的建设,加强对敌特破坏活动的隐蔽斗争,集中力量打击隐蔽的敌人,以确保国防力量的加强和巩固。

△ 为祝贺康藏公路康定至昌都段提前通车,题词:"军民一致,战胜天险,克服困难,打通康藏交通,为完成巩固国防繁荣经济的光荣任务而奋斗!"

12月20日 出席国家计划委员会会议,听取统计局关于全国统计工作的报告。

12月22日 在第二届全国统计工作会议上讲话:从明年

起我们将开始大规模的经济建设，这就需要编制正确的计划。统计工作是计划的基础。要编制正确的经济计划，就必须有正确的统计。因此，建立和健全统计工作已成为重要任务。统计工作者是给国家管家务的，因此，统计干部必须是政治上绝对可靠，全心全意为人民服务的。统计工作部门不但要向领导机关提供统计资料，而且要负责监督检查各种计划的完成状况。虽然，我们目前能力薄弱，还担负不了这样大的责任，但仍需要朝这个方向前进。因此各级党政负责同志，各企业领导同志，必须重视统计工作，把加强统计工作当做自己的责任，认识这是有关国家建设的重要任务。并希望所有统计干部努力克服困难，认真钻研业务，来完成统计工作的光荣任务。

12月23日 出席解放军全军军训会议，听取训练总监部部长萧克、装甲兵副司令员贺晋年、华北军区参谋长杨成武、华东军区参谋长张爱萍等汇报。

△ 出席国家计划委员会会议，听取关于发展重工业的讨论。

12月30日 出席国家计划委员会会议，听取关于地质工作的报告。

12月 为全国工会基层工作会议题词："你们是依靠工人阶级搞好工厂企业的模范！"

是年 就发放农业贷款问题致函毛泽东：我看了中国人民银行九月区行长会议的报告和中财委加强市场领导及扩大与合理使用农贷的决定，觉得很好。但是有一个重要问题还没有说到。就是：过去把发放农贷看成政府单纯的救济和辅助，没有与组织农村信贷合作事业密切结合，结果就产生了以下现象：（一）农贷层层分配到乡干部手中，强迫摊派下去，农民有的想要要不着，有的不想要也摊到了，拿到钱反不满意；（二）

农民看着农贷，发时依赖政府，还是埋怨政府，国家花了钱还不讨好；（三）农贷被固定死在分配地区，不能活动；农贷仅仅是孤立地负起解决农民困难和高利贷斗争的任务，没有利用农贷吸收广大农民的资金来解决农民自己的问题。能否克服这些缺点的关键在于是否把发放农贷当做信贷事业来做。因此，我有以下几点补充意见：（一）县、区应领导各乡（村）即以手中掌握的农贷资金作好组织合作社信贷部、信用互助组与信用合作社的资金，在今冬明春大力建立这些组织，以吸收农村游贷，扩大自己力量，并准备明春在老区就通过这些组织去经营发放农贷。在新区也尽可能通过这些组织发放。以后就把经营农贷作为常年的信贷合作事业，而不是季节性的突击工作。（二）各乡（村）的信贷组织既已吸收农民的游贷，对贷款的需要就会减少。贷款如有余，则存在区营业所，如不足则又向区营业所借贷。（三）在信贷事业发展的地区，应当逐步建立省和大区农业银行，这些银行即以该地区的农贷和信用储蓄作为基金，来经营自己业务。其作用为活动资金，按需要进行调剂；加强并统一农村信用合作社事业的业务领导；同时并可以减轻总行的负担。（四）一般生产贷款如有困难不能如期归还者，可以付息延期归还，或延期摊还。（五）除逐步建立农业银行之外，我们还应逐步准备建立起工业银行、基本建设银行、商业银行、合作银行，及对外贸易银行，以加强对各该部门的业务活动；并使总行更便于执行总的调剂职能，和进行监督。

△ 关于制定第一个五年计划问题，看了张闻天的信和陈云、李富春的意见后，写出意见：发展最新式的、最进步的和最现代化的工业，必须与努力恢复中国现有的工业生产、与充分发挥中国现有的工业生产能力结合起来，东北发挥工业潜在

力量的经验极值得在全国推广。另外，我们还有很多设备可以利用和扩充，如皇姑屯、唐山、长辛店、石家庄、青岛等地的铁路工厂，规模相当大，设备能力尚未充分发挥。同时，发展大规模的国营工业又必须与发展地方型的公营工业结合起来，使每个省、每个大中城市和许多专区的工业沸腾起来，每一个省都应切实办好一个农具工厂和一个机械工厂。如果我们不对地方工业加以支持，就不能广泛地调动建设的主动性。关于外汇的使用，要更集中，应用在最迫切需要的进口物资上，但这只是一方面，此外，还必须从积极的方面来想办法。这就是要迅速地增加出口额，积蓄外汇基金，争取更大量的机器进口。为此我有如下的意见：我们现在所能够出口的绝大部分是农产品和农业经济作物，如丝、茶、花生、大豆、水果以及毛皮等，此外还有部分稀有金属如钨、锑、铜等，要想增加出口，首先就是要提高这些物资的生产量，同时，为了积极增加出口额，还必须注意到对于某些属于出口的物资，应该节约国内的消费量。凡是消费品，只要是国外需要的，就应首先用于输出，换回工业设备，这是必须的而且是可能的。

△ 致函周恩来并转张闻天，提出对第一个五年计划的意见：为加速我国工业化的建设，必须大量从苏联进口设备。对苏贸易，我们首先应当尽量提高水果、猪肉、鸡蛋、鱼、茶叶、烤烟、桐油、蚕丝、棉花、大豆、稀有金属及某些手工业品的出口。因此，不仅应以供国内市场的需要出发，而且特别应当为了出口的需要来发展这些产品。并且环绕这些产品，大力组织运输工业、冷藏工业、包装工业、罐头工业、挖矿工业等，力求增加品种，提高质量。关于工程技术人员的问题，在大量聘请苏联专家的同时，抓紧培养我们的工程技术人员。

1953年 六十七岁

1月1日 《人民日报》发表社论《迎接一九五三年的伟大任务》,指出:一九五三年将是我国进入大规模建设的第一年,将开始执行国家建设的第一个五年计划。第一个五年计划是在过渡时期的总路线的指引下制定的。中共中央按照毛泽东的建议,提出过渡时期的总路线和总任务,这就是要在一个相当长的时期内,基本上实现国家工业化和对农业、手工业、资本主义工商业的社会主义改造。

△ 与毛泽东、李济深、林伯渠、董必武、陈云、邓小平等,出席中央人民政府在中南海怀仁堂举行的元旦团拜。

△ 为《通信战士》题词:"为建设现代化的通信部队而努力!"

1月2日 出席国家计划委员会会议,听取农、林、水问题的讨论。

1月4日 为第二届全国卫生工作会议题词:"团结全国卫生工作者,依靠广大群众贯彻预防为主的方针,为保证国防、经济、文化建设而努力"。

1月11日 到首都机场迎接以刘少奇为团长的中国共产党中央委员会代表团参加苏联共产党第十九次代表大会后归来。

1月13日 出席中央人民政府委员会举行第二十次会议。会议通过关于召开全国人民代表大会及地方各级人民代表大会的决议。

1月14日 出席中央人民政府委员会举行第二十一次会议。会议批准"中央人民政府政务院关于批准海关与对外贸易管理机关实行合并的决定"。

1月20日 代表毛泽东接受青海省果洛区藏族参观团和甘肃南部牧区各民族参观团献旗,并讲话:从今年开始,我国就要进行大规模的经济建设了。大规模的建设要有计划、有重点地进行。在少数民族地区,因为地处偏远,交通不便,虽然一时还不能成为经济建设的重点,但也要有计划、有步骤地进行一些必要的与可能的建设工作。

1月26日 中央纪律检查委员会发布"贯彻中央关于反对官僚主义、反对命令主义、反对违法乱纪的指示"的通知。

1月30日 薄一波给朱德的报告说:"总司令,您在转发交通银行会议的电报上批示,应把交通银行改为工业投资银行,我们完全同意总司令的意见,已告中央财政部具体研究","拟同意总司令所提意见,成立各种专业银行,专门研究一下,俟有结果后再报告总司令和中央。"

1月31日 为解放军后勤学院题词:"学习苏联的先进经验,建立现代化的后方勤务工作,是巩固国防,保卫我们伟大祖国的最重要的工作之一"。

2月12日 出席中央人民政府委员会第二十三次会议。会议通过关于一九五三年国家预算的报告。

2月13日 就发展手工业生产合作社问题,致函中共中央、毛泽东,建议:在必要与可能的条件下,配合国家大工业的建设,有计划地帮助和组织手工业生产合作社。手工业生产合作社可以生产相当数量的生活必需品,以满足广大群众的需要,可以解决一部分失业问题,还可以训练和培养熟练工人转入国家工厂。在今后的经济计划建设中,在不转移重要投资方向的条件下，要把组织和发展手工业生产合作社列入第一个五年计划。

2月24日 就去年十月下旬结束的"三反"运动复查问题致函毛泽东，提出在复查中必须和反对官僚主义、命令主义、违法乱纪的斗争结合起来，认真检查并妥善解决"三反"中遗留的问题。特别是曾发生过严重逼供信的单位，更要重视这项工作。

2月25日 在政务院人民监察委员会召开的第二次全国监察工作会议上讲话：目前，国家大规模的建设正在开始，人民监察工作的任务更加重大，它要严格监督检查国家建设计划的执行。在当前，主要是继续和各种官僚主义、命令主义、违法乱纪的现象作坚决斗争，同时要认真做好监督生产和监督财政的工作。要善于抓住工作中的中心环节，与当前的主要危险与主要倾向作斗争。

2月27日 出席各大行政区、省纪律检查工作汇报会。

3月3日、5日 听取北京市有关负责人汇报生产合作社情况、第一棉织合作社情况、挑花生产合作社情况。

3月4日 获悉斯大林突患脑溢血的消息后，与毛泽东、周恩来等到苏联驻中国大使馆会见苏联驻中国大使潘友新，请他转达中国人民、中国共产党和中央人民政府对斯大林重病深表关怀与慰问。

3月5日 约瑟夫·维萨里奥诺维奇·斯大林逝世。

△ 海军首届英雄模范代表会议在北京召开，会议期间到会讲话：海防在整个国防中占着特别重要的位置。把海防巩固起来，是人民海军的头等任务。为了更好地完成这一任务，你们应该保持高昂的战斗意志，很好地研究战术，把海上战斗技术提高到现代化的水平。你们不仅应该懂得海军性能，学会使

用海上战斗的武器，而且要做到一旦发生战斗，不管使用什么武器，你们都可以对付和消灭敌人。并为代表会议题词："高举革命英雄主义的旗帜，建设强大的海上战斗力量，把任何敢于侵犯我们的敌人歼灭在海洋里！"

3月6日 与毛泽东、周恩来等到苏联驻华大使馆吊唁斯大林逝世。九日出席首都各界人民追悼斯大林大会，并致悼词：斯大林同志是我们中国人民最敬爱的朋友和导师。中国革命的胜利和巩固和斯大林的名字是分不开的。中国人民永远不会忘记斯大林对中国人民的深厚的友情。

△ 在中央纪律检查委员会检查处关于中南区大量积压木材，给国家财产造成极大损失的调查报告上批示：通知中南局纪律检查委员会，检查林业部党组负责人的官僚主义、命令主义行为，失职的人要作深刻的反省。

3月12日 听取林业部木材工业司负责人汇报中南地区木材积压情况。

△ 听取朱理治关于物价问题和物资供应与分配情况的汇报。

3月15日 与毛泽东等到捷克斯洛伐克驻中国大使馆，吊唁于三月十四日逝世的该国总统、捷共中央主席克利门特·哥特瓦尔德。

3月16日 出席中共中央政治局会议，讨论物价问题。

3月16日—28日 出席毛泽东召集的有中央各部委、各大区负责人参加的会议，讨论经济工作中的物价等问题。

3月19日 在全国物资供应工作会议上讲话：物资供应和分配的工作，是国家有计划的经济建设的重要组成部分，是各项建设事业的物质保证。要健全这项工作的组织机构和制度。物资供应工作人员在工作中必须掌握以下几项原则：（一）

要有严密的计划性,计划要切合实际和具体;(二)要注意节约;(三)按定额按标准办事。

△ 为炮兵部队题词:"建设人民炮兵,保卫国防!"

3月24日 听取中央军委人民武装部部长傅秋涛汇报民兵工作情况。

3月30日 听取秘书孙泱汇报军工生产及建厂情况后,指出:金、银、钢、铁、锡均在南方,今后建厂多应在南方,不能动摇。另外,必须记住今后须准备充分的后备力量,到战时即可赶生产任务,要好,又要多。将来打仗,主要靠武器弹药好,物资供应充足,靠缴获武器已不可能。

3月31日 出席中央纪律检查委员会工作会议,研究准备召开全国纪律检查工作会议。

4月1日 草拟在编写军史会议上讲话提纲:(一)红军史是一部阶级斗争史;(二)是工人农民革命的军队,是人民民族的军队;(三)是共产党领导的指挥的组织的军队;(四)是执行统一战线、反帝反封建反官僚资本主义的军队,进行土地革命,夺得全国政权;(五)战史也要写给被压迫民族及人民要革命的人来看。(六)战争史是由国内发展到国外与美帝国主义作战史。(七)每个阶段的转折点是最重要的,当时政治、经济、人员、武器、交通、运输、供给的条件不同,战略战术的根据亦不同,随之变化。(八)要阐明将来的战争是大规模的战争,多兵团多兵种协同动作的方面军的战争,其交通运输、供给人员、武器补充等等应照新的条件来办事。

4月10日 听取北京市有关负责人汇报食品合作社、电器合作社、针织合作社情况。

4月11日—16日 出席国家计划委员会会议,会议讨论计委、财委分工问题。

4月18日 在全军后勤领导干部集训队毕业典礼上讲话：后勤部门必须按照现代化战争的要求来改进自己的工作，再不能只依靠过去的老经验了。要适应现代化战争的特点，要按照战略任务和战略计划来进行准备工作，以充分保证战时的供应。后勤工作干部要好好学习新的业务知识。只有好好学习，才能从根本上改善我们的后勤工作。

△ 致函中共中央，建议成立农业银行。信中说：目前农村金融还很不活动，对发展生产是很不利的，我认为急需组织专业的农业银行，以加强对整个农村金融的领导工作，从而建立起广大的健全的农村金融网，使农村经济加速地繁荣和活跃起来。农业银行成立后，首先可以起到并加强以下几方面作用：（一）正确掌握农业贷款；（二）大力支持农业生产合作社，使合作社在重大的资金问题上有所依靠；（三）吸收农村的流动资金，活跃农村借贷关系。当然，成立全国性农业银行的组织，要遇到干部问题和经费管理等一系列问题，但我以为有决心，逐步地去做，困难是可以克服的。做起来以后，对农村经济的发展必然是会有很大好处的。

4月20日 出席中共中央政治局会议，讨论农村问题。

4月22日 听取秘书孙泱汇报苏联援建项目的布局与军工建厂选址情况。指出：新建厂一定要搞好，要注意建设质量。

4月23日 听取广东省政府副主席易秀湘关于盐民、渔民问题的汇报，指出：只要能作到一斤鱼的价格相当两斤米的价格，销路就不会有问题，再贵就没有人会吃鱼了。

4月30日 在中国新民主主义青年团中央干部学校学员毕业典礼上讲话：对青年要进行共产主义道德的教育，进行马列主义、毛泽东思想的教育，帮助他们确立全心全意为人民服务的革命人生观。还要帮助他们学习各种科学知识，学习工农业方面的专门技术。青年团要真正成为党的有力助手。

5月1日 毛泽东、朱德、刘少奇、李济深、张澜、高岗、林伯渠、周恩来、董必武、黄炎培、邓小平等出席首都各界群众五十万人在天安门广场举行的庆祝五一国际劳动节游行大会。

△ 在《人民日报》发表《民主社会主义阵营各国人民的伟大友谊——为〈争取持久和平，争取人民民主〉而作》一文。

5月6日 接见解放军五一观礼代表，并讲话：你们要响应毛主席的号召，把苏联先进经验学到手，把我们部队建设成为一支世界上最优良的现代化军队，有把握地战胜帝国主义随时可能的侵略。

5月8日 出席中共中央书记处扩大会议，讨论工商业发展及产供销平衡问题。

5月9日 出席捷克斯洛伐克驻中国大使康萨拉特为庆祝捷克斯洛伐克解放八周年举行的招待会并讲话。

5月11日 出席中共中央政治局扩大会议，讨论粮食和农业收税等问题。

5月12日 听取中央纪律检查委员会副书记钱瑛汇报东北纪律检查工作情况。

5月14日 出席中共中央政治局扩大会议，讨论第一个五年计划第一年执行情况和起草一九五四年经济计划。

5月19日 出席中共中央书记处扩大会议。

5月25日 与有关人员讨论北京市纺织厂建设问题。

5月28日 将钱瑛在东北调查纪律检查工作情况的报告转报毛泽东。

5月29日 听取燃料工业部石油管理总局负责人刘放汇报石油生产情况和今后两年的生产计划。

6月1日　出席中共中央政治局会议,会议讨论朝鲜停战谈判相关问题,听取修正税制后的执行情况,准备即将召开的全国财经会议。

6月4日　就改进中央纪律检查委员会的工作给中共中央、毛泽东写报告:中央纪律检查委员会过去的工作有不少成绩,但也存在一些问题,如对各级党的纪律检查委员会的业务指导不够;审批案件、处理群众来信的工作有拖延和积压现象;下去检查工作很少;机关内部工作制度不健全等。针对上述缺点,已进行初步改进,建立了各种制度,制定了检查人员外出守则,加强了对各级纪委的业务指导。

△　听取农业部副部长刘瑞龙汇报农业生产情况。

△　出席中共中央政治局会议,会议讨论粮食问题。

6月6日　出席国家计委会议,会议讨论一九五四年经济计划。

△　晚,到毛泽东处开会,研究制订中华人民共和国宪法问题。参加会议的还有刘少奇、周恩来、邓小平、陈伯达、胡乔木。

6月11日　在全国人民武装工作会议上讲话:人民武装工作必须在当地党委的统一领导下,与地方上的各项主要工作和各种运动结合起来进行。各省军区现在的主要任务之一,就是组织民兵,准备实行义务兵役制,为保卫和巩固国防积蓄充足的后备力量。

6月13日—8月13日　中共中央召开全国财经工作会议。会议围绕如何贯彻党在过渡时期总路线,主要讨论关于第一个五年计划、财政、民族资产阶级三个问题,以及财经方面其他一些问题。朱德多次到会听取各地财经情况报告。会上,一九五二年年底由东北调京任国家计划委员会主席的高岗,利用对财经工作某些缺点错误的批评,把攻击的矛头指向刘少奇、周恩来,进行分裂党的阴谋活动,使会议一度走偏方向。

6月15日 和对外贸易部部长叶季壮谈话:要注意通过合作社把群众组织起来,生产外销需要的东西以及土特产品。广东的外贸与港澳的关系很密切,能出口的东西很多。除水果外,茶、丝、油、土特产等都可以出口,副食品也不少,应尽量多出口一些。要给地方一定的机动机会,鼓励他们多生产,多出口。

6月16日 致函毛泽东,就关于限制资本主义工商业文件中的条款提出建议,说:限制资本家,只有在利润上不许太高和垄断,在税收上所得税累进等方面,但在原料上、销货上均不能限制他。在这上面加以限制,资本家不能继续生产,公私均不利。

7月2日 出席中国新民主主义青年团第二次全国代表大会闭幕式并讲话,指出:青年团员不仅要具有高度的政治觉悟和共产主义道德品质,而且应该成为具有专门知识和技术的人。我们的青年必须有文化,必须积极掌握科学技术,这是建设和保卫我们的祖国所绝对必需的。此外,还必须具有健康的身体。只有这样,才能在今后复杂和紧张的斗争中,胜利地完成党和国家所给予的任务。这篇讲话以《青年的最主要任务是学习》为题编入《朱德选集》。

7月5日 与周恩来前往医院看望病中的邓小平。

7月10日 在全国财经工作会议领导小组会上讲话:商业部应该积极扶植农村手工业的发展,不要怕背包袱。农村手工业就地取材,就地供应,就地推销,不会亏本的。但国家不去投些资,农村手工业就没有本钱。银行应该下乡,花不了多少钱,能够办大事。

7月23日 与周恩来约高岗、李富春、邓子恢谈全国财经会议问题。

7月27日 朝鲜停战协定在板门店正式签字。

7月28日 在高等工业学校行政会议上讲话：培养大批德才兼备、体质健康的工业建设干部的责任，落在你们肩上。工作中要密切结合我国的实际，全面估计主观力量和客观条件，防止工作中盲目冒进的倾向，同时也要防止停滞不前的现象。

7月29日、30日 两次与周恩来、陈云同高岗、李富春等谈话。

8月1日 出席首都军民庆祝中国人民解放军建军二十六周年大会，并讲话：现在，我们祖国正开始进入新的历史时期，其任务就是要实现我们国家的工业化和逐步过渡到社会主义社会。但是，我们一刻也不能忘记，我们的国家建设是在帝国主义侵略威胁之下进行的。由此，在建设强大的经济力量的同时，必须建设一支强大的国防力量，用以保卫我们的祖国，保卫我们祖国人民进行和平建设事业。讲话指出：我军在走向现代化正规化国防军的道路上业已获得了重大成就。我们已经建设了强大的空军、海军和各个技术兵种，我们的步兵，在原有的基础上也改善了装备，并提高了军事素质，现在全军正在进行统一的正规训练，开始了我军由低级阶段过渡到高级阶段的伟大历史转变。中国人民解放军已经成为一支保卫和平的坚强力量。我们能够在遭受到敌人侵略时进行诸兵种协同的现代化作战，保卫我们的祖国。我们必须认清自己肩上的严重的历史任务，一分钟也不要忘记加强自己的力量。不断地提高军事、政治、文化的水平，掌握现代军事科学和技术，使每个战斗员精通自己手中的武器，每个指挥员成为指挥现代作战的能手，随时准备战胜帝国主义好战分子对我们的可能的侵略。

8月10日 在公安部队首届功臣模范代表会议上讲话：公安部队是人民解放军的一个组成部分，它根据国家武装力量的总任务，和陆军、空军、海军一起，各有分工而又互相配合地共同担负着巩固国防，保护祖国的光荣任务。在这个总任务之下，公安部队要担负并完成卫戍边疆、实施边疆检查和维持治安、清剿残余土匪、镇压反革命分子、保卫国家机关和重要工业设施、铁道、桥梁、仓库、警备城市等等的具体任务。我们的祖国有漫长的国境线和海岸线。公安部队应该时刻提高警惕，很好地捍卫我们的边疆。目前，我国仍有少数的残余土匪和反革命分子尚未肃清，帝国主义仍在不断地派遣特务到我国内来进行破坏活动，这就要我们更加警惕地巩固和加强内防的工作。为大会题词："更好地完成巩固边防、内防的光荣任务。"

8月11日 出席全国财经会议，听取周恩来作经毛泽东修改并中共中央政治局会议讨论过的结论报告。报告阐释了中国共产党在过渡时期的总路线，总结了经济建设的经验教训。

8月15日 主持召开中央纪律检查委员会会议，讨论各级纪委与地方党委的关系问题和编制问题，以及今后工作。在会上发言指出，今后纪律检查委员会工作的总任务是：保证党在过渡时期的总路线的贯彻实施。具体地说：（一）保护生产，保证五年计划的切实执行；（二）防止和反对城乡资本主义思想对党的侵蚀，巩固和纯洁党的组织；（三）保证党的集中统一领导。在发扬民主，开展批评和自我批评，发扬正气，打击邪气的原则下加强党内的团结，加强纪律教育，保证党的政策、决议的正确实现。参加会议的有谢觉哉、徐立清、薛暮桥、钱瑛等。

8月17日 致函毛泽东并中央，报告几年来中纪委工作，并将当前存在的问题，如干部编制、机构和领导设置问题，工作范围问题，处分界限、批准权限和处分手续问题等提请中央审定。

8月24日 离京去北戴河。

8月30日 在北戴河致函毛泽东，说："此间避暑最好。有东西两个联峰山，共六个小山头，森林密茂，有各种松树，海水平坦，波浪很小，浴场很多。如在此间，稍为布置，夏秋之间，移此办公，最为适宜。专此报告。"

9月1日 解放军哈尔滨军事工程学院开学。为学院题词："努力学习近代科学技术，为建立巩固的国防、保卫国家而奋斗！"

9月5日 到秦皇岛市海滨区刘庄乡视察。

9月8日 从北戴河去天津、锦州、沈阳、大连等地。

9月19日 视察大连海军学校，并题词："努力学习苏联的先进经验，掌握现代海军作战技术，保卫祖国的海防"。

△ 与中共大连市委负责人谈话，指出：地方工业规模不宜太大，但种类要多。

9月20日 出席中共中央召开的第二次全国组织工作会议。这次会议于九月十六日开始，十月二十七日结束。会议期间，年初由华东调京任中央组织部部长的饶漱石夸大组织部工作中的某些缺点错误，借口批判常务副部长安子文，把攻击的矛头指向刘少奇。他的分裂党的活动被中央察觉和制止。

9月30日 听取海军司令员萧劲光汇报国内造船工业生产情况。指出：你们要抓紧搞造船厂。海军不是先去搞大舰，而是要先搞巡逻艇、快艇、炮艇。海军学校要抓紧，要多培养一些渔民当海军。

9月 为修筑青藏公路题词："好好建设公路，为造福人民与巩固国防而努力"。

△ 为《炮学》杂志题写刊名。

10月1日 毛泽东、朱德、刘少奇、宋庆龄、李济深、张澜、高岗、林伯渠、周恩来、董必武、陈云、郭沫若、黄炎培、邓小平等出席首都各界四十万人在天安门广场举行的庆祝中华人民共和国成立四周年大会。在阅兵式上，朱德乘车检阅受阅部队后，宣读中国人民解放军总部给全国武装部队的命令：时刻保持高度警惕，加强军事戒备，努力学习苏联先进军事科学和技术，学习政治和文化，锻炼体质，掌握新的战斗技术，加强组织性和纪律性，发扬英勇、机智、艰苦朴素的优良作风，为巩固国防，保卫祖国的安全而奋斗！

10月2日 出席中共中央政治局扩大会议，听取陈云报告粮食问题。

10月4日 出席中国人民大学三周年校庆会并讲话，勉励全体师生继续努力工作，进一步提高政治理论水平和教学质量，提高学习积极性，为国家造就更多的高级建设人材而奋斗。

10月7日 出席德意志民主共和国驻中国大使柯尼希为庆祝德意志民主共和国成立四周年举行的招待会并讲话。

10月9日 到南苑机场视察空军部队，当部队领导汇报到飞行大队在一次战斗中，用奇袭战术摧毁美军指挥所时，插话说：过去我们靠小米加步枪打败了日本帝国主义和蒋介石的飞机大炮。现在，我们自己也有了空军，我们的空军是在陆军的基础上建立起来的，这就使我们的军队如虎添翼。你们要更加努力学习毛主席的战略战术，在空中狠狠地打击敌人。

10月10日—13日 出席全国粮食紧急会议，会议决定实行粮食统购统销政策。

10月17日 出席中央书记处会议，讨论有关第一个五年计划问题。

10月18日 与毛泽东接受西藏国庆观礼团、昌都国庆观礼团、四川省藏族自治区国庆观礼团、出席中国佛教协会成立会议的西藏代表团、参加中华全国工商业联合会第一次全国会员代表大会的西藏代表团、西藏青年参观团、昌都地区青年参观团的献旗、献礼。

10月27日 在第二次全国组织工作会议上讲话：在抗美援朝战争初期，我们是"边打、边稳、边建"，现在则是"边建、边稳、边打"，"边建"提到了第一位。搞建设就要把建设计划搞好。我们不要一下把计划订得很高，结果完不成；订低一点，超额完成计划，大家做起来也有劲。我看这不叫"右倾"。现在我们的任务，就是要团结全党和全国人民，为实现党的总路线而奋斗。党的组织工作和党的纪律检查工作有密切的联系，组织部门和纪律检查部门是两只手，左手组织起来了，右手就要去检查，看做对了没有，做错了没有。各级党委都要把组织部门和纪律检查部门很好地运用起来。这两个部门在工作上互相配合得好，对保证党的总路线的实现所起的作用就会更大一些。

10月30日 出席中共中央政治局扩大会议。会议批准了水利部党组关于过去工作检查和今后工作意见的报告、财政部关于一九五四年发行公债的报告。

10月31日 与各大区组织部长谈话。在谈到政权建设问题时，说：要特别注意村政权的建设，因为一切工作都要经过村。把村政权搞好了，其他就都好办了。像军队一样，不把连队搞好，整个军队怎么能搞好呢？在谈到手工业合作社问题时，说：手工业合作社是国家给他们原料，收他们的成品，所以很快做成了名牌货，原因是他们每人都有些股，这些股主要是工具和技术。他们的工资是计件工资,劳动好,当然分得多。他们有些公积金后,还可以买些机器。所以每个乡将来都可组织,如木匠、铁匠、烧砖等。这些手工业者不能按地方工业办法,因为一搞地方工业,工资、福利、住宅等问题就都来了,如让他们自己办,他们第一步只要糊口就可以了,并且拼命地干。现在城里手工业者有几百行,这些行如不组织起来,将来是要垮台的。

10月 为冯玉祥骨灰安放仪式题词:"焕章将军千古 为民主而牺牲"。

11月2日 在第二次全国少年儿童工作会议开幕式上讲话,指出:培养和教育新生的一代,是光荣的同时也是艰巨的任务。我希望大家能以最大的热情来担负这个工作,把我国新生的一代培养成有健壮体质的、活泼、勇敢、诚实、爱劳动、爱学习、爱祖国和富有集体主义精神的人。要在新时代里成为一个良好的儿童教育工作者,必须首先使自己的思想作风、政治文化修养能成为儿童的榜样,要用自己的模范行为去影响儿童。只有这样,才能培养和教育出具有高尚品德的优秀公民。

11月3日 听取孙泱去东北调查军工厂建设情况的汇报。

△ 晚,出席中共中央政治局扩大会议,会议讨论文化部报告,决议批准文化部党组关于目前文化艺术工作状况和今后改进意见的报告等事项。

11月4日 主持中央纪律检查委员会会议,会议讨论农村乡村政权及合作社存在的问题,在讲话时强调反对无组织、无纪律。

11月5日 在第二次全国民政工作会议上讲话:民政部门的首要工作,是要加强政权建设,特别是基层政权的建设。要发挥乡政权在各种建设中的积极性与主动性,要给基层政权以必要的财政物质基础。其次是要做好对烈属、军属、革命残废军人、复员转业军人的优抚和安置工作。民政部门的工作必须以党在过渡时期的总路线为指针，为发展生产与社会主义改造服务。

11月7日　与刘少奇出席苏联驻中国大使库兹涅佐夫为庆祝十月社会主义革命三十六周年举行的招待会并讲话。

△　听取执行第一个五年计划有关建设新厂和新厂址设置问题的汇报。

11月9日　在中央纪律检查委员会汇报会上讲话：过去对党员教育不够，这一点应检查自己。在走向社会主义中，不可能都是正确的，因为党这样大，一定有些人会犯错误，我们的责任就是使大家不犯错误或少犯错误，使一些同志在不自觉地犯错误后，能及时纠正。

△　晚，出席中共中央书记处扩大会议。出席会议的除书记处成员外，还有彭德怀、高岗、邓小平、彭真、李富春、饶漱石、习仲勋、罗瑞卿、杨尚昆。

11月10日　出席中共中央政治局扩大会议。会议决定：（一）批准政务院关于编制一九五四年预算草案的指示。（二）本年度粮食计划收购和一九五四年的春耕工作。（三）通过《中共中央关于省市自筹经费问题给各级党委的指示》。（四）批准中财委关于发行新人民币问题的请示报告。

11月11日　主持第二次全国党的纪律检查工作会议，作《过渡时期中党的纪律检查工作的任务》的报告，指出：今后党的纪律检查工作的总任务，是保证党在过渡时期的总路线的彻底实现。基本任务有以下几项：（一）保护生产，保证国家计划的切实执行；（二）防止和反对城乡资产阶级和资本主义思想对党的侵蚀，进一步巩固和纯洁党的组织；（三）巩固党与群众的联系；（四）保证党的集中统一的领导。这个报告编入《朱德选集》。

11月14日 听取国家计委有关人员汇报工业生产情况和一九五四年基本建设预算。

11月17日 和军队系统党的纪律检查工作干部谈话：建设社会主义就要努力发展生产，而军队是保护生产的，这是你们应尽的义务。要教育部队，爱护国家财产是每个人的职责。过去我们军队的优良传统，应该好好继承与发扬。对于一切有碍军队正规化、现代化建设的思想和作风，都必须克服。

11月19日 听取钱瑛汇报纪律检查工作情况。

11月20日 主持第二次全国党的纪律检查工作会议，讨论工矿企业纪律检查工作和基层纪检机构设置问题。

11月22日 晚，与刘少奇、周恩来、陈云、邓小平等，以及民主党派负责人，出席毛泽东召开的会议，讨论明日中朝签订两国间经济及文化协定问题。

11月23日 在全国军工会议上讲话：如果没有现代化的国防工业，就不可能建设现代化的国防军，就不可能保卫我们的和平建设事业。希望大家不断地学习，努力提高自己的政治、技术、文化水平，充分发挥积极性、创造性，为完成军工生产计划和建设国防工业的计划而努力奋斗。

11月24日、25日 出席第二次全国党的纪律检查工作会议。听取各大行政区纪律检查部门负责人发言。

11月26日 在刘少奇办公室讨论钱瑛将要作的全国党的纪律检查工作会议总结报告。

11月27日 出席中共中央政治局扩大会议，会议批准卫生部党组关于四年来卫生工作检讨和今后方针的报告、铁道部关于从速修通宝成线问题的研究结果的报告和中央人民政府政务院关于发行一九五四年国家经济建设公债的指示。

11月28日 在第二次全国党的纪律检查工作会议闭幕会上讲话：为了有效地完成今后的任务，第一，要注意工作方法。党的纪律检查工作干部必须在党委的统一领导下，发扬主动积极的工作精神，及时地向党委反映情况，提出问题，并提出解决问题的意见，争取党委的重视和支持。还必须与有关部门密切联系，互相配合，正确地运用他们的力量去推动工作，走群众路线。第二，要努力学习。学习党在过渡时期的总路线和总任务，学习各项政策法令，学习业务知识，学习革命理论。

12月4日 在全国第三次手工业生产合作会议上，作《把手工业者组织起来，走社会主义道路》的讲话，指出：手工业生产在我国国民经济中，占有很重要的地位。实现对个体手工业的社会主义改造，是一个重要的任务，是党在过渡时期总路线和总任务不可缺少的组成部分。组织手工业生产合作社，是改造手工业者的个体经济，帮助他们过渡到社会主义社会的唯一的组织形式。手工业生产合作社所以能够存在，是由于它有着自己的许多特点：首先，手工业生产合作社能利用当地原料与大工厂的废料。其次，手工业生产合作社有大机器工业所不能代替的技术。第三，手工业者的产品，是供给当地需要的。为了建设社会主义，我们应该大力组织手工业生产合作社。要防止盲目地强调集中生产，盲目地将小社并为大社，盲目地要求机械化，以及订立许多繁杂的制度等，以免影响合作社的发展。那种认为"国家工业发展了，手工业就不需要了"的看法是不对的。这篇讲话编入《朱德选集》。

△ 与中华全国合作社联合总社代主任程子华谈手工业合作社问题，指出：此次手工业生产合作会议，要解决认识问题，不要认为国家发展重工业了，手工业就不要搞。不要认为

搞手工业只是解决一些人的吃饭问题,而必须认识这是国家与人民生活的需要。手工业生产训练了熟练工人,与地方工业相互配合,能更好地为人民服务,更好地加强工农联盟。

△ 出席中共中央政治局会议。会议讨论并通过彭德怀将在全国军事系统党的高级干部会议上作的报告;批准劳动部党组、体育运动委员会、出版总署党组、高等教育部党组、中国科学院党委的有关报告。

12月5日 在装甲兵首届功臣模范代表大会上讲话:英雄模范只有同群众结合起来,才能发挥巨大的力量。要继续努力学习技术,工业的发展使技术日新月异,因此要去掌握技术,深入钻研技术。树立尊重科学的思想。政治加技术,才能百战百胜。

12月6日 出席中央军委主席团会议,讨论军队编制问题。

12月7日—翌年1月26日 全国军事系统党的高级干部会议在北京召开。会议总结过去几年来的工作,确定了把中国人民解放军建设成一支优良的现代化的革命军队的总方针和总任务。会议讨论了军队的组织编制、加强部队训练、加强党委的集体领导和首长分工负责制,以及实行义务兵役制、薪金制、军衔制等有关军队建设的重点问题。十二月七日,朱德致开幕词,指出:这次会议,要以党在过渡时期的总路线和总任务为指针,总结过去几年来的工作,确定今后的方针任务,并研究和解决当前军事建设工作中必须解决的若干重大问题。今后我军建设的方针就是要根据我国过渡时期的总路线和总任务的要求,有步骤地把我军提高到更高的水平,即社会主义的现代化的水平。

12月8日 与毛泽东、刘少奇、周恩来、陈云等在中共中央所在地的投票站——勤政殿，参加中南海选区选举西单区第一届人民代表大会代表的投票。

12月11日 与刘伯承、徐向前、萧劲光、叶剑英、张宗逊[1]、萧克、傅秋涛等，讨论兵役法草案。

12月15日 出席中央书记处会议。会上，毛泽东提议在他外出休假期间，由刘少奇临时主持中央工作。刘少奇表示由书记处同志轮流主持为好。朱德表示同意刘少奇的意见。朱德在一九五九年九月十一日军委扩大会议上受批判时为这个表态作了检查。

12月21日 被毛泽东约谈高岗、饶漱石问题。

12月24日 出席毛泽东主持的中共中央政治局扩大会议，有包括高岗、饶漱石在内的二十九人参加。毛泽东在会上讲话，针对高、饶的问题说"北京有两个司令部"，提出增强党的团结的建议。中央政治局一致同意毛泽东的建议，并决定起草《关于增强党的团结的决议》。会议决定，毛泽东休假期间，由刘少奇代理主持中央工作。

---

[1] 张宗逊，时任中央军委副总参谋长。

1954年　六十八岁

1月1日　出席中央人民政府在中南海怀仁堂举行的元旦团拜会，并致祝词：在一九五三年，我们赢得了朝鲜的停战，完成了第一个五年计划中第一年度国家建设的任务，我们应该热烈地祝贺。一九五四年，我们相信，在中国共产党、中央人民政府和毛主席的领导下，全国各民族人民将会更加团结一致，进一步健全人民民主制度，巩固人民民主专政，继续加强反对侵略、保卫和平的工作，增强国防力量；将会更加集中一切力量，为完成和超额完成一九五四年的国家建设计划而奋斗，以取得在执行国家总路线中新的更大的胜利。

1月5日　与刘少奇、周恩来等出席苏联驻中国大使尤金为苏联部长会议副主席捷沃西安等来华访问举行的招待会。

1月7日　毛泽东在杭州就高岗问题致信刘少奇并中共中央书记处各同志，提议召开中共七届四中全会，以通过中央《关于增强党的团结的决议》，并指出：会议应尽可能做到只作正面说明，不对任何同志展开批评。二十日，又来信说，请刘少奇、周恩来、邓小平和高岗商量他拟在四中全会上作自我批评一事，并指出全会上对任何同志的自我批评均表欢迎，但应尽可能避免对任何同志展开批评，以便等候犯错误同志的觉悟。

1月10日　为《人民工兵》杂志创刊题词："为建设现代化的人民工兵而努力！"

1月13日　致函刘少奇转毛泽东并中共中央,报告去年九月上旬去大连时,对大连市一些工厂情况的调查。说:目前这些工厂生产潜力还很大,有些生产设备还未能充分利用。如何来扶植大连现有的工业,使其很好地发展起来,充分地发挥其现有的生产能力,并为国家培养出更多的技术人才,应是值得注意的一件事。

1月16日　在中央人民政府体育运动委员会第一次全体委员会议上讲话,指出:体育运动委员会的主要职责,就是进一步发动和推动人们进行持久的、经常的体育运动。体育运动需要更大地开展起来。从国防上说,国家需要强大的技术兵种,这就要青年们都有很强壮的身体,要有灵活、勇敢、敏捷、坚忍不拔的品质;对国家的经济建设和文化建设也是同样需要的。我们这一代和下一代的身体都强壮起来了,再加上国家的经济建设,我们国家就真是富强了。从个人说,身体好也就是最大的富足。如果我们大家的身体一天比一天强健,这就更有利于社会主义的建设事业。

1月20日　与刘少奇、周恩来、陈云、高岗、彭德怀、彭真等出席在中南海怀仁堂举行的纪念列宁逝世三十周年大会。

1月21日　在《人民日报》发表《列宁主义是中国人民为建设社会主义而斗争的旗帜——纪念列宁逝世三十周年(为苏联〈真理报〉而作)》一文。

1月22日　在人民公安学院第一期学员毕业典礼上讲话:公安工作必须依靠党、依靠群众。要镇压阶级敌人,同时也要搞好人民民主,以保证社会主义早日到来。

1月26日　在全国军事系统党的高级干部会议闭幕式上讲话:全党团结最重要的关键,是党的队伍中高级干部之间的团结。因此,党的和部队的高级干部应有很高的自觉,充分认识自己责任的重大。应该把维护和巩固党的团结作为自己言行的标准，反对任何妨碍中央和军委的统一领导、损害中央和军委的团结和威信，以及不利于全党全军团结的言论和行动。应该时刻保持谦虚谨慎、戒骄戒躁的作风，防止和克服居功骄傲及自满情绪，应该严格遵守党的民主集中制和集体领导原则，发扬批评和自我批评精神。反对横行霸道、压制报复、只能听人奉承赞扬，不能受人批评监督的恶劣行为。应该发扬军民一致、军政一致、上下一致、官兵一致的优良传统，防止和克服任何有害于团结的错误倾向。只有这样，才能把全党全军团结起来，实现党在过渡时期的总路线和总任务，实现我军现代化、正规化的任务。

1月27日 接受匈牙利新任驻中国大使苏贝克递交的国书，并致答词。

2月3日 与刘少奇、周恩来、陈云、邓小平一起同饶漱石谈话，对饶进行帮助。

2月6日—10日 出席在北京召开的中国共产党七届四中全会。会议揭露和批判了高岗、饶漱石的反党分裂活动，通过了《关于增强党的团结的决议》。六日，朱德在会上发言：党的团结，特别是党的中央委员会、省市委以上的负责同志和武装部队高级负责同志之间的团结，是决定革命胜利最主要的关键。历史一再证明：当着党在政治上、思想上、组织上都团结一致的时候，党的政治领导作用就能充分地得到发挥，革命事业就大大地向前发展；反之，党的政治领导的作用就削弱，革命事业的发展就受到损失，受到挫折，以至于失败。我们大家应当在《关于增强党的团结的决议》的指引下，提高我们的阶级觉悟，消除那些不健康的现象，进一步提高和巩固中央的威信，增强党的集体领导作用，增强党的团结。

2月13日 听取对外贸易部部长叶季壮汇报赴苏联进行谈判并签署中苏两国之间换货的一九五四年换货议定书的情况。

△ 听取国家统计局局长薛暮桥汇报一九五三年全国统计工作状况和一九五四年工作要点。

2月14日 出席苏联驻中国大使尤金为庆祝中苏友好同盟互助条约签订四周年举行的酒会,并在酒会上致辞。

2月15日—25日 出席中共中央书记处委托由周恩来主持召开的高岗问题座谈会。二十二日,在会上发言:以后,党内要大大提倡讲团结,讲总路线。不要因为怕犯自由主义,连正确的批评的话也不敢讲了。每个党员都必须向党讲老实话,不许说假话。对党老老实实,是每个党员必须切实执行,切实做到的。这一点十分重要。

2月16日 出席由解放军总政治部副主任萧华传达全国军事系统党的高级干部会议精神的报告会。

2月19日 在第三届全国统计工作会议上讲话:统计工作是一种科学的系统的社会调查,在有计划的经济建设中,统计工作人员负有重大的责任。为了终止过去统计资料中不能容忍的混乱现象,必须建立严格的统计工作纪律,各种重要统计数字应由统计机关统一掌握,负责供给。为使我们的统计工作能够再提高一步,必须建立统计工作的统一领导制度,继续改进统计核算方法,加强基层统计工作,提高统计工作的准确性,并努力培养统计工作干部,提高他们的政治思想水平和工作能力。

2月20日 出席全国人民慰问人民解放军代表团举行的慰问中央人民政府人民革命军事委员会大会,并代表人民解放军全体指战员致答词:中国人民解放军是中国人民的子弟兵,是在中国共产党领导下为人民服务的革命军队。我们应该随时随地都拥护政府,爱护人民,坚决执行政府的政策、法令,并保持谦逊的态度,发扬批评与自我批评的精神,以增强我军内部的团结,增强军队与政府和人民之间的团结。我们必须加强国防现代化建设,时刻保持高度警惕,以保卫祖国的安全和社会主义建设的顺利进行。慰问代表团总团长董必武在慰问大会上,给朱德佩戴慰问纪念章。

△ 在建筑工程部队首届功臣模范代表大会上讲话,鼓励代表们再接再厉,发扬集体英雄主义精神,努力工作,好好学习政治和技术,造就一支能掌握现代化建设的建筑工程队伍。要注意保持解放军的光荣传统和优良作风,严格遵守操作规程,加强劳动纪律,节约国家资财,保质保量地完成任务。

2月24日 在全国国营纺织厂厂长会议和中国纺织工会全国委员会全体会议联合举行的大会上讲话:纺织品的供应,是关系党和政府与人民群众联系的一件大事,必须根据国家五年建设计划的要求,积极发展纺织工业,以满足人民群众日益增长的需要。今后我们要逐年建设很多新厂来增加纺织产品。除了棉纺织厂是新厂建设中的重点外,还要发展毛纺织、麻纺织和丝纺织厂,还有人造丝、人造毛、人造棉的工业,也应该发展起来。

2月25日 离京去湖北、广东、浙江、江苏等省视察,罗荣桓、聂荣臻同行。

2月27日 抵达湖北省武汉市。随后三天,在武汉视察汉水建桥工程、武汉大学、武汉造船厂。

△ 游览东湖,并题词:"东湖暂让西湖好,今后将比西湖强。东湖有很好的自然条件,配合工业建设,一定可以建设成为劳动人民十分爱好和优美的文化区和风景区。"

3月3日 抵达广东省广州市视察。

△ 赋词《小桃红》：

一江春水万只船，水映楼台见。士女无愁频来往。喜晴天，花开红树英雄面。拖舟无桨，汽笛长啸，惊起老龙眠。

3月4日 就发展养猪及解决猪饲料问题，致函刘少奇并中央书记处：沿途已接见少数负责同志，谈及粮食收购后，猪肉缺乏，大城市约减少三分之二，排队购肉已是一般现象。一时不能解决，农村粮食留下的仅勉强够人吃，饲料皆缺。农民不敢大胆养猪，今年上半年，恐难扭转此现象。我建议全国各地区凡能产红苕（红薯）的地方，多栽红苕。红苕叶子供应猪吃，藤子可供冬季猪的饲料，红苕细根可养肥猪。好处有：成熟期短，养分很好，可煮酒熬糖，能耐旱。以上意见是解决我国粮食饲料之一种救急法，是否可行，请农业专家研究后，妥为实施。

△ 听取身边工作人员关于在武汉调查情况的汇报。

△ 听取广东省人民政府负责人谈华南种植橡胶情况汇报。

3月4日—8日 视察燕塘农场橡胶园、珠江口和游览黄埔岛名胜等。

3月5日 刘少奇致电朱德并罗荣桓、聂荣臻："望你们好好休养，如有重要情况望随时电告。北京昨日召开了二千四百人的高级干部会，由周恩来、陈毅二同志报告了四中全会及两个座谈会[1]的情况，效果很好。"

3月9日　听取有关华南地区进出口情况汇报。

3月10日　参观广州市文化宫。下午，视察森林苗圃。

3月11日　向有关部门了解广州府历史沿革情况。

3月12日　视察黄埔港码头。

3月13日　听取中共中央华南分局工业部部长杨一辰汇报华南厂矿情况。

△　下午，视察广州的防空设施。

3月14日　听取广东省人民政府副主席贺希明汇报广东财政收入情况。

3月15日　听取中共中央华南分局秘书长赵紫阳汇报华南农业生产情况，在谈到当前中央投资植树造林主要是用材林时，指出：要发挥地方力量，动员群众都造林，防风、防雨。同时发展经济作物。

3月16日　由中共中央华南分局代理书记陶铸、广州市副市长朱光等陪同，视察佛山市及佛山机场。

△　刘少奇致电朱德："你三月四日来信收到，所提意见甚好，已抄送书记处各同志。关于肉食和养猪问题，中央已将商业部报告发给各地，其中也说到要各地注意增加猪的饲料。关于高岗和饶漱石问题，中央已发出两个文件。这些文件可从华南分局看到。政务院春耕生产指示不久亦可发出。望你很好地休养。罗、聂[2]二同志亦望将此意转告。"

---

[1] 指1954年2月中旬，受中共中央书记处的委托，周恩来召开的关于高岗问题的座谈会，邓小平、陈毅、谭震林召开的关于饶漱石问题的座谈会。
[2] 罗、聂，指罗荣桓、聂荣臻，当时在广州休养。

3月18日 和中南军区负责人谈话：天下是打下来了，可是稳不稳呢？帝国主义打来，守不守得住？特别是海南岛，一定要守住，因为这里是祖国的南大门。要忠心耿耿地为党工作，不要去追求个人名利。要坚决克服个人主义、本位主义、宗派主义等错误思想。两广的土地很好，又处在亚热带，出产柑、橙、橡胶等。这样好的地方是宝贝呀。你们要在这里安下家。军队走到哪里就在哪里建设。

△ 听取中共中央华南分局交通运输部部长方方汇报广东交通情况和海南岛情况。

3月19日 在中山县调查县区乡情况。晚，与中共中央华南分局、广西省委，以及广东五个区党委负责人会谈，听取汇报。

3月20日 听取广东省人民政府副主席冯白驹汇报工作时，指出：公私合营要搞得快些，胆子要大一点，迟了对国家不利。公私合营后，要在原来的基础上扩大再生产，不能只停留在原来的水平上。

3月21日 听取广东省工业厅负责人汇报工业生产情况。

△ 抵达从化县温泉村。

3月22日—23日 视察广东造纸厂、广东机械厂、西村水泥厂。

3月24日 就广东地区的经济发展情况，致函刘少奇转毛泽东并中共中央，说：广东处在亚热带，经济特别发展，财源货源，最易扩大。海产陆产均极丰富，实在是我国财富之区，应特别重视此世界罕有之地区。组织农业生产合作社是大多数农民的要求，应积极支持，放手组织。这里的工业很发达，特别是小手工业，产品巧而精，销本地、销全国、销南洋。林业，雨水足天气热，生长快，桉树十余年可成材，成活率高，造林快。贸易很发达，运输便利，特别是出香港，用土特产可换回不少外汇。请外贸部特别注意。

3月27日 由从化返回广州市。

3月28日 听取中南军区作战部门负责人汇报海防情况时，说：驻海南岛部队几万人，依靠大陆送菜怎么行？为什么自己不能种些菜？要建设家务，要作永久打算。修建营房要适当离开工厂和居民点，这样就不会与民争地。

△ 听取中共海南行政区委负责人和中共粤东地区委负责人汇报工农业生产情况。

3月29日 接见中南军区处长以上干部，指出：中南这个地方很好，也很重要。你们要安心在这里搞下去，并且要牢牢保卫它。共产主义的思想作风、道德品质只能加强，不能削弱。这一点，请你们务必注意。

△ 与广东省人民政府副主席古大存谈话，强调本地干部和外来干部一定要搞好团结。指出：这个问题的关键就在于你们几个负责人之间的团结。一定要在总路线的基础上加强党的团结、政府的团结。还要注意团结民族资产阶级，引导他们跟我们走。

3月30日 视察虎门炮台。听取中南军区海军负责人汇报。

3月31日 听取中共粤北地委负责人汇报工农业生产情况。

△ 与罗荣桓、聂荣臻离开广州。

3月下旬 中央人民政府人民革命军事委员会决定，组织以朱德为主席的国家考试委员会，对即将毕业的军事学院学员进行考核验收。

4月1日—2日 途经江西省南昌市。视察三二○厂，了解该厂生产的第一架螺旋桨式教练飞机情况。

4月3日 晚,抵达浙江省杭州市。

4月4日 致函刘少奇转毛泽东:"我和聂、罗于三月三日离开广州,在南昌停留了两天,四月三日晚抵达杭州,拟在此小住几天,二十日前抵南京。在南京再停留几天,五月一日前返抵北京。聂、罗养病有成绩,他们拟稍后一点回京。"

4月6日 听取浙江省人民政府副主席霍士廉汇报。

4月8日 视察杭州通用机械厂、杭州麻纺厂。游览绍兴东湖。

4月9日 听取浙江省委负责人霍士廉、林乎加、杨思一、李丰平等汇报。

4月10日 抵达上海市。

4月11日 视察江湾机场和驻军指挥所。

4月12日 听取驻上海的空军第四军政委韦祖珍等汇报,视察空军某师飞机场。

△ 致信刘少奇并转毛泽东,报告外出视察的情况。说:"沿途春雨很多,很适时,农民喜雨,湖南、江西、浙江均有洪水进田。今年可能是丰年。"

4月13日 抵达江苏省苏州市。听取中共苏州地委和中共无锡市委负责人汇报。

4月17日 召集有关人员座谈讨论宪法初稿。

4月18日 听取中共无锡市委负责人汇报。

4月19日 晚,抵达江苏省南京市。

4月20日 在中共华东军区第一次代表大会上讲话:希望你们进一步动员全体党员和全军同志,共同完成我军现代化、正规化建设的任务。为了完成这一任务,必须努力增强全党全军的团结,防止和克服任何不利于党的团结的现象。

△　视察南京地质研究所、紫金山天文台。

4月21日　会见解放军军事学院院长刘伯承。

4月24日　上午，在解放军总高级步兵学校干部会上讲话：你们不但在军事学识上要不断进步，政治思想上也要不断进步。这样才是我们党所要求的德才兼备的干部。如果某个同志政治思想不进步，那么尽管他学了再大的本领，也是没有用处的。希望你们保持谦虚谨慎的态度，继续努力学习，积极工作，为完成教学任务作出自己最大的努力。

　　△　与解放军总高级步兵学校苏联首席顾问谈话，说：初办高级步校经验不足，是会有些困难的，前方正在打仗，有些方面难免有些供给不及。今后新研制出的武器，先要拿到军校来试验后再提供部队使用。部队非常欢迎军校毕业的学员。

　　△　下午，接见解放军军事学院顾问时讲话，指出：希望顾问同志更好地帮助完成学院的教学任务，特别是要以战役思想的研究工作为中心。

　　△　接见军事学院各教授会主任时讲话：军事学院是全军最高学府，你们是最高学府的教员，有很高的荣誉，要把为全军培养高级、上级干部的光荣任务担起来。指出：现代战争中，技术是一个很重要的问题。有了现代装备，没有善于运用技术的干部，便是死的东西。只有学会善于驾驭现代装备的技能，才能在战场上创造出奇迹来。必须注意好好学习技术。又指出，要倡导部队钻研学术风气，提高全军学术素养。过去因为天天打仗，没有时间研究学术，现在我们有了一定的条件，可以好好学习了。军事科学是最高深最精密的学术。科学第一，没有科学，我们就不能前进。

　　△　十七时，听取华东军区作战处有关东南沿海敌情及我军部署情况汇报。

4月25日　在解放军军事学院基本系、情报系第一期毕业学员举行的国家考试前对学员讲话,指出:军事学院创立三年以来,已经培养了一批具有先进军事科学知识的干部,这对我军现代化、正规化建设是有重大贡献的。如果没有一大批与现代化军队要求相适应的军事指挥干部和政治干部,要建设一支强大的现代化军队是不可能的。各学院、各学校应明确认识自己在国防现代化的建军任务中所担负的培养干部的重大责任。我们的干部必须是有德有才,也就是必须忠心耿耿地为保卫社会主义事业而服务,努力学习,使自己具有马克思列宁主义思想基础,有现代化军事科学知识和为掌握现代化军事科学技术所必需的文化水平,并能掌握业务,富有革命事业心。只要我们有了这样大批的德才兼备的干部,一支强大的现代化的革命军队的建设就一定可以实现。讲话特别强调:党的团结和社会主义革命的胜利是全党的最高利益,每个同志都要把维护和巩固党的团结,为社会主义奋斗,作为思想、言论、行动的标准。军队是在党的领导之下建设和发展起来的,是在党的领导之下战胜了敌人的。党是军队的领导者,军队是党发展革命和巩固革命胜利的工具。没有党的领导就没有军队。全军每一个同志特别是高级干部,要忠实地服从党的领导,坚决地团结在以毛泽东同志为首的党中央的领导之下,成为党和人民的工具。这篇讲话以《在军事学院举行国家考试时的讲话》为题编入《朱德选集》。

△　在解放军军事学院监督进行国家考试。

△　为军事学院题词:"学习苏联先进军事科学,建设强大的现代化国防军"。

4月26日　离开南京回北京。

4月27日　出席中共中央政治局会议,会议决定:原则通过邓小平提出的《关于取消大区一级党政机构问题的意见》和《关于撤消大区一级组织机构几个具体问题的意见》；批准中央书记处建议任命邓小平为党中央秘书长。会议同意陈云关于商业问题的报告。

4月30日 与毛泽东等会见朝鲜人民访华代表团。

5月1日 毛泽东、朱德、刘少奇、宋庆龄、李济深、张澜、林伯渠、董必武、陈云、郭沫若、黄炎培、邓小平等出席首都各界群众五十万人为庆祝五一国际劳动节在天安门广场举行的集会游行。

5月3日 在首都各界青年纪念五四运动三十五周年大会上讲话：我还要再次地向全国青年强调学习的重要。要求你们更加努力，切实地提高自己的文化和技术水平，务必使自己成为有知识有能力的人。同时必须注意学习政治，保持我国人民的光荣传统，表现出自己是征服困难的能手，全心全意为人民服务。

5月9日 听取钱瑛汇报组织工作组到山东检查分局工作情况后，指出：宪法就要颁布了，党员应守法，党内应进行这方面的教育，使党员不犯法。犯了法，要开除党籍，至少留党察看。还要注意党内团结工作，一切破坏团结的事党的纪委都要注意。

△ 与董必武等出席捷克斯洛伐克驻中国大使康萨拉为纪念捷克斯洛伐克解放九周年举行的招待会，并讲话。

5月11日 听取在海军、空军、防空兵工作的苏联顾问汇报情况后，指出：空军的训练计划由空军司令部和苏联顾问共同拟出，经中央军委批准后颁布实施。海军建设的计划已提出，舰队、岸炮、陆战队都已经建立。部队走向现代化要逐步进行。防空兵的建设，在精不在多。关于演习的问题，可以列入训练计划。在没有战争的情况下，锻炼部队就是靠训练演习。我们希望在十五年内能实现现代化、正规化。

5月14日 在解放军铁道兵第三次庆功大会上讲话，指出：铁道兵是我军的技术兵种，是现代化国防军不可缺少的一个组成部分。在全军走向现代化、正规化的实践中，你们的任务，就是要加紧部队建设，使自己成为一支坚强的能够保卫祖国、支援国家经济建设的重要力量。讲话还特别强调要发扬集体英雄主义精神，说：我们军队里有千千万万的英雄和模范，这些英雄和模范体现的是集体英雄主义，而不是个人英雄主义。个人英雄主义是我们要反对的。世界上没有一个人离开了群众的支持能够做出什么事情来的。历史的伪造者所宣传的那些脱离群众的"伟大的英雄"，都不过是骗人的谎话，事实上并不存在。古时候有一些人崇拜那些"英雄"，那是因为他们受了剥削阶级的蒙骗，不大了解这个真理。我们的英雄同那些"英雄"不一样，我们的英雄、模范都是依靠集体的力量和广大群众的力量完成了任务，才成为英雄、模范的。你们当了英雄、模范以后，千万不要忘记别人的功劳。假如忘记了别人的功劳，把所有的功劳都记在自己账上，就会骄傲起来，走到个人英雄主义的错误道路上去。这篇讲话以《在铁道兵第三次庆功大会上的讲话》为题编入《朱德选集》。

5月19日 在解放军在职高级干部短期集训班开学典礼上讲话：这次集训，要使集训人员了解战役法一般原则，打下今后全军高级指挥员更进一步地、系统地学习战役法的基础。战役法就是组织战役、指挥战役的艺术。应该是兵团以上的高级指挥员及其机关干部的必修课程。要了解现代集团军防御战役的原则及有关的组织计划、各项保障、诸兵种的运用和诸勤务的保障工作，以及集团军防御交战时对军队指挥与集团军在方面军编成内转入反攻等问题。由此更好地养成学习习惯，并且能真正领导与推动全军军事学习。这次学习应该注意：遵守学习制度及一切规定，抓紧时间认真钻研，逐步加深、熟练、提高。要保守秘密，养成保密的习惯。

5月22日 听取孙泱汇报第一个五年计划国防工厂建设情况。

5月28日 致函刘少奇转毛泽东并中央：我们今年三月到广州约住了一个月，带去秘书小组四人，进行了一些调查。现已整理出工、农和外贸材料三件送上以供参考。

5月31日 与陈云、邓小平、聂荣臻、黄克诚、杨尚昆、林伯渠及家属，参观北京附近的官厅水库。

5月 为铁道兵题词："为建设正规化、现代化的铁道兵而奋斗！"

6月14日 出席中央人民政府委员会第三十次会议。会议通过《中华人民共和国宪法草案》和《关于公布中华人民共和国宪法草案的决议》。

△ 下午，与刘少奇、陈云、邓小平、李富春出席毛泽东召集的会议。

6月15日 和对外贸易部部长叶季壮谈话：要注意通过合作社把群众组织起来，生产外销需要的东西以及土特产品。广东的外贸与港澳的关系很密切，能出口的东西很多。除水果外，茶、丝、油、土特产等都可以出口。副食品也不少，应尽量多出口一些。要给地方一定的机动性，鼓励他们多生产，多出口。

6月16日、17日 出席中央人民政府委员会第三十一次会议。会议批准一九五四年国家预算草案的报告。

6月19日 出席中央人民政府委员会第三十二次会议，

会议决定撤销大区行政机构合并若干省市建制，并听取关于基层选举工作完成情况的报告。

6月中旬 在全国总工会全国建筑工会会议上讲话：建筑工程是重要的国家建设工作，各级政府和工会，必须想办法保证完成这一重大任务，各大行政区或城市，要组织统一的领导机构，建立公营的建筑公司，并吸收私人力量共同工作；废除层层剥削的转包制；把工程师、技术人员、熟练工人等组织在公营建筑机构中；工会要面向生产，要研究和创造一套适应职业工人和季节工人的工作方法。建筑事业是有无限发展前途的。

6月22日 会见中央军委总顾问。二十三日，致函刘少奇并毛泽东，报告谈话内容。

6月23日 致函刘少奇转毛泽东并中共中央，报告三月间到广东了解的华南种植橡胶情况。提议把植胶工作与农、林、渔、牧结合，以增加收益，节省投资。

6月24日 听取中国驻匈牙利大使黄镇、驻保加利亚大使曹祥仁、驻罗马尼亚大使王幼平、驻捷克斯洛伐克大使谭希林等汇报。

△ 视察北京国棉一厂、北京度量衡厂。

6月25日 在全国兵役工作会议上讲话：把过去的志愿兵役制改变为义务兵役制，是为了更适合为军队现代化、正规化建设的需要，这是一件大事情。现在这个工作还是开始，今后征兵不能强迫命令，但也不像过去的自愿，而是按照法律规定去做。只有实行义务兵役制才能积蓄大量的预备兵员，才能减少现役兵，节省国家开支，使国家把更多的钱投入工业建设，以加速国家工业化和国防现代化。

6月26日 会见朝鲜人民访华代表团团长金应基、副团长李永镐。

△ 晚，出席朝鲜驻中国大使崔一为朝鲜人民访华代表团访问中国举行的招待会。

6月28日 致函刘少奇转毛泽东并中共中央，建议将三月到广东带领秘书进行调查研究后，整理的关于工业、农业和外贸情况的材料报送有关部门。

6月29日—7月1日 出席中共中央政治局扩大会议，讨论编制第一个五年计划的问题。

6月 致函刘少奇转毛泽东、周恩来等，关于目前小学教育问题有以下意见：目前人民要读书、国家供不起的局面，看来在今后若干年内是不容易改变的。如果不想办法解决这个问题，就会使党和政府继续处于被动的地位。据我看来目前把小学经费层层包上来由中央政府统一开支的办法，值得重新加以考虑。目前应该把这种"包上来"的办法改为"放下去"的办法。即由地方各级人代会和人民委员会根据当地的财力、师资等条件，负责把初等义务教育办好。小学教育经费可由地方财政开支，也可民办公助或群众自筹的办法解决。师资、教材、学制等问题，则由教育行政部门加以领导和协助解决。

7月2日 出席中央军委第六十八次会议，讨论建立解放军政治学院等事项。

7月5日 出席政协全国委员会常务委员会第五十六次会议。会议根据《中华人民共和国全国人民代表大会及地方各级人民代表大会选举法》和《中国人民政治协商会议组织法》的规定，对于应该由中央提名的全国人民代表大会代表的一部分候选人名单进行了协商。

7月6日 与刘少奇、宋庆龄、李济深、林伯渠等，前往首都机场欢迎周恩来率中国代表团出席日内瓦会议后归来。

△ 晚，与刘少奇、周恩来、陈云、邓小平到毛泽东处开

会。

7月7日 出席中共中央政治局扩大会议,听取周恩来作关于出席日内瓦会议以及访问印度、缅甸和举行中越会谈等项问题的报告。在讨论时发言:我们五年来的工作,巩固了我们的政权。以后我们要维持、巩固这个胜利,还是要靠经济、政治。要靠发展经济。同其他国家做生意,要平等、互惠。这样就能更快地发展我们的经济。过去美国拿原子弹来吓我们,现在苏联有了原子弹,而且有核电站。这样,将来的战争就不那么好打,如再要打,哪个地方首先打起来,哪个地方就首先遭难,美国人比别人更害怕战争。所以世界上可能维持一个时期的和平。这个和平是彼此不敢打,怕打。

7月8日 出席政协全国委员会常务委员会第五十七次会议。会议听取了周恩来出席日内瓦会议以及访问印度、缅甸和举行中越会谈等项问题的报告。

7月9日 出席中央军委第六十九次会议,讨论空军训练问题。

7月10日 听取苏联副总顾问甘得勒杰夫报告南海海上掩护半径,加强海上侦察等问题。

7月11日 出席蒙古驻中国大使奥其尔巴特为庆祝蒙古人民革命胜利三十三周年举行的招待会,并致祝词。

7月14日 召集苏联军事总顾问、海军、空军军事顾问和解放军副总参谋长黄克诚、海军副司令方强、空军副司令王秉璋、作战部部长张震等,研究南中国海的海军建设问题。

7月22日 与刘少奇、陈云、邓小平等,出席波兰驻中国大使基里洛克为庆祝波兰国家复兴节十周年举行的招待会并致祝词。

7月24日 离京去北戴河。

7月 接见即将去苏联、捷克斯洛伐克、罗马尼亚、波兰访问的解放军歌舞团负责人,说:你们是代表中国人民解放军第一次出国访问,一定要把各方面的工作做好。无论言论、行动都要做好样子,扩大我们的影响,增强国际主义团结。

8月1日 在纪念中国人民解放军建军二十七周年大会上讲话:人民解放军陆、海、空军全体指挥员、战斗员,必须加紧政治、军事训练,熟练手中武器及诸兵种协同作战,加速国防现代化建设,提高警惕性,经常保持战斗准备,为解放台湾、保卫祖国而奋斗。全国人民要加强团结,积极工作,努力生产,厉行节约,以支持中国人民解放军。

△ 与刘少奇、李济深、林伯渠、董必武、郭沫若、黄炎培、邓小平等到首都机场,迎接周恩来率中国代表团出席日内瓦会议并访问民主德国、波兰、苏联、蒙古等国后归来。

8月2日 晚,出席周恩来为欢迎越南民主共和国副总理兼代理外交部部长范文同举行的招待会。

8月3日 与刘少奇、李济深等出席越南驻中国大使馆临时代办周亮为范文同访问中国举行的招待会。

8月6日 听取钱瑛关于长春、哈尔滨、大连等地工矿企业纪律检查的情况。

8月8日 四川省第一届人民代表大会第一次会议选举朱德为出席第一届全国人民代表大会的代表。

8月23日—29日 出席国家计委会议,讨论提高产品质量、降低生产成本等问题。

9月2日 与周恩来、郭沫若、黄炎培、邓小平等,出席越南驻中国大使黄文欢为庆祝越南民主共和国成立九周年举行的招待会,并致词。

9月4日 与周恩来等到北京火车站迎接来京出席全国人

民代表大会的西藏地区代表达赖喇嘛·丹增嘉措、班禅额尔德尼·确吉坚赞一行。五日下午,在中南海紫光阁举行宴会,欢迎达赖喇嘛·丹增嘉措和班禅额尔德尼·确吉坚赞。在宴会上致词:在我们的国家里,不但没有民族压迫,而且充分地尊重各民族宗教信仰和风俗习惯。只有充分照顾各民族发展的特点,才有可能团结各民族,发扬各族人民的积极性和创造性,使各族人民积极地参加本民族地区的经济和文化建设事业,来配合整个国家的建设工作。西藏是一个资源丰富的地方,具有建设繁荣、幸福新西藏的条件。在中国共产党、中央人民政府和毛主席的领导下,西藏的前景是光明的。

△ 在听取钱瑛汇报有些党员有贪污行为时,说:党员贪污,问题重大者应当一律开除党籍。

9月5日、6日、7日、9日 与刘少奇、周恩来、陈云、邓小平等在毛泽东住处开会,讨论刘少奇将在全国人大一届一次会议上所作的关于宪法草案的报告。

9月8日 与周恩来、郭沫若、黄炎培、邓小平等出席首都各界群众庆祝保加利亚解放十周年的集会。

9月9日 出席中央人民政府委员会第三十四次会议。会议讨论并通过了经过修正的中华人民共和国宪法草案。这个宪法草案即将提交第一届全国人民代表大会第一次会议审核。

△ 与李济深、周恩来、郭沫若、黄炎培、邓小平等,出席保加利亚驻中国大使迪米特尔·迪莫夫为庆祝保加利亚国庆十周年举行的招待会,并致词。

9月15日—28日 出席在北京举行的第一届全国人民代表大会第一次会议。会议通过《中华人民共和国宪法》、《中华人民共和国全国人民代表大会组织法》等。会议选举毛泽东为中华人民共和国主席,朱德为副主席,刘少奇为第一届全国人大常委会委员长，宋庆龄、林伯渠、李济深、张澜、罗荣桓、沈钧儒、郭沫若、黄炎培、彭真、李维汉、陈叔通、达赖喇嘛·丹增嘉措、赛福鼎等十一人为副委员长。会议根据毛泽东提名，决定周恩来为国务院总理，根据周恩来提名，决定陈云、林彪、彭德怀、邓小平、邓子恢、贺龙、陈毅、乌兰夫、李富春、李先念等十人为副总理。

9月28日 出席中共中央政治局会议。会议作出《关于成立党的军事委员会的决定》，决定由毛泽东、朱德、彭德怀、林彪、刘伯承、贺龙、陈毅、邓小平、罗荣桓、徐向前、聂荣臻、叶剑英组成中共中央军事委员会。毛泽东任主席，彭德怀主持中央军委的日常工作。

9月29日 中华人民共和国主席毛泽东根据第一届全国人民代表大会第一次会议的决定，任命中华人民共和国国防委员会副主席和委员。副主席有：朱德、彭德怀、林彪、刘伯承、贺龙、陈毅、邓小平、罗荣桓、徐向前、聂荣臻、叶剑英、程潜、张治中、傅作义、龙云。

9月29日—10月12日 参加中华人民共和国政府代表团同苏联政府代表团举行的会议。

9月30日 毛泽东接见应邀前来参加中华人民共和国成立五周年庆典的苏联政府代表团团长、苏联共产党中央委员会第一书记、苏联最高苏维埃主席团委员尼·谢·赫鲁晓夫和团员。接见时在座的有：朱德、刘少奇、周恩来、陈云、董必武、林伯渠、彭德怀、彭真、邓小平、邓子恢、李富春。

△ 出席首都各界在中南海怀仁堂举行的中华人民共和国成立五周年庆祝大会。

10月1日 毛泽东主席、朱德副主席、刘少奇委员长、周恩来总理等党和政府领导人出席首都群众五十万人为庆祝中华人民共和国成立五周年在天安门广场举行的阅兵式和群众游行。中华人民共和国国防部部长彭德怀乘车检阅部队,向中国人民解放军发布命令。

10月3日 毛泽东在怀仁堂设宴招待应邀前来参加中华人民共和国成立五周年庆典的苏联等国政府代表团。朱德、刘少奇、周恩来等出席作陪。

10月4日 与毛泽东、刘少奇、周恩来等在怀仁堂观看苏联国立民间舞蹈团表演。

10月7日 与刘少奇、周恩来等出席德意志民主共和国驻中国大使柯尼希为庆祝民主德国成立五周年举行的招待会。

10月13日 与刘少奇、周恩来、陈云等,到首都机场为赫鲁晓夫及其率领的苏联政府代表团离京回国送行。

10月15日 听取孙泱汇报关于建设原子工业的问题后,指出:建设原子工业的先决条件是技术和电力,当然花钱多也是一个重要方面。现在,首先是抓原材料,做准备,培养技术人员。

10月16日 听取中央手工业管理局副局长邓洁汇报赴苏联参观的情况。

10月18日 听取苏联军事顾问介绍苏军国防部组织情况。

10月19日 听取苏军航空顾问汇报有关空军、海军部队的建设情况。

△ 毛泽东接见来访的印度总理尼赫鲁。接见时在座的有:朱德、刘少奇、周恩来、宋庆龄、陈云等。

10月20日 与刘少奇等出席周恩来举行的欢迎印度总理尼赫鲁和他的女儿英迪拉·甘地夫人、印度外交部秘书长纳·鲁·皮莱的宴会。二十二日,与刘少奇设茶会招待尼赫鲁。二十三日晚，毛泽东在中南海宴请尼赫鲁等，出席作陪的有：朱德、刘少奇、周恩来等。

10月21日 出席中央军委扩大会议，讨论《中华人民共和国兵役法》、《中国人民解放军军官服役条例》、《中国人民解放军薪金、津贴暂行办法》、《中华人民共和国解放军军衔条例》等草案，以及军委领导分工等问题。

10月25日 与毛泽东、周恩来、刘少奇、陈云、邓小平等，到北京的苏联展览馆参观"苏联经济及文化建设成就展览会"。

△ 在听取广州市市长何伟汇报广州情况后，说：两广的经济主要是出口产品和副业。出口的东西与一千二百万侨民有密切的联系，与港澳有联系，可以换回外汇。

10月30日 出席中共中央书记处会议，讨论高岗、饶漱石问题。

11月4日 视察石景山钢铁厂。

11月5日 听取财政部副部长戎子和汇报一九五五年预算情况。

11月6日 在全国财政厅、局长会议上讲话：要认真加强财政监督工作，向一切违反财政制度与财政纪律的行为进行坚决的斗争。各级财政部门对工商税收和企业利润两大收入必须抓紧。要继续贯彻党的税收政策，加强稽征管理，防止偷税漏税。在掌握支出上，须厉行节约，保证主要开支，对次要开支严加控制。在处理地方与中央、局部与全体、集中统一与因地制宜的相互关系上，中央要照顾地方，尽可能解决地方的困难；地方则应照顾全局，从全局出发。任何分散国家财力、影响国家建设计划的行为，必须加以反对。

11月7日 晚，出席苏联驻中国大使尤金为庆祝十月社会主义革命三十七周年举行的招待会，并致祝词。

11月8日　出席中央军委会议，讨论各军区划分问题。

11月9日　出席国家财政部党组会议，讨论粮食统购统销问题。

11月10日　会见巴基斯坦驻中国大使罗查，谈话时说：现在亚洲人民觉醒了，过去侵略亚洲的是西方帝国主义和日本帝国主义，这是一个历史事实。将来的侵略者不会是别人，而一定是帝国主义。亚洲人民应当团结起来，防止帝国主义的侵略。这样才能和平共处，进行生产建设。

11月12日　出席中共中央政治局扩大会议，讨论制订《中华人民共和国兵役法》、《中国人民解放军军官服役条例》、《中国人民解放军军衔条例》、《中国人民解放军薪金、津贴暂行条例》等。

11月15日—25日　出席中共中央讨论五年计划草案的会议。会议对五年计划纲要草案所规定的方针任务、发展速度、投资规模、工农业关系、建设重点和地区布局等问题进行讨论。在十五日、十七日、十八日、二十日、二十二日、二十三日的讨论会上发表了自己的意见。在十七日会上讨论石油问题时发言说："计划中要考虑天然油和人造油齐头并进。同时用一切力量来增产石油，因这关系到军事、工业、农业的建设。"在讨论农业问题时说："粮、棉都应该争取增产，五年计划数字不要变动，粮食问题可开荒，将来四川、新疆等地方还要发展棉花。第一个五年计划是个基数，如第一个五年计划达不到，就会影响第二个五年计划。"后来形成书面意见报告中央。

11月25日　听取程子华汇报赴苏联参观情况。

11月26日　出席蒙古驻中国大使奥其尔巴特为庆祝蒙古

人民共和国成立三十周年举行的招待会,并致祝词。

11月 在北京到国民党元老刘文嘉的"挈园"观赏盛开的菊花,赋诗《参观菊展》:

奇花独立树枝头,玉骨冰肌眼底收。
且盼和平同处日,愿将菊酒解前仇。

12月1日 毛泽东接见来访的缅甸联邦总理吴努和夫人。接见时在座的有:朱德、刘少奇、周恩来、陈云、陈毅等。二日,朱德与刘少奇等出席由周恩来举行的欢迎吴努和他的夫人的宴会。三日下午,朱德和夫人康克清、刘少奇和夫人王光美举行茶会,招待吴努和他的夫人。晚,朱德、周恩来陪同吴努等出席戏剧晚会。十一日晚,朱德出席毛泽东在中南海举行的招待吴努和他的夫人的宴会。

12月2日 在听取中共中央书记处第一办公室财经组负责人邓力群汇报发展国民经济的第一个五年计划草案的说明时,指出:地方计划、地方财政、乡政权和乡计划等等,应该好好抓一下。要发挥地方的积极性,就必须从乡做起。农民生产出来的东西,卖出去,有了钱,除购买生产资料和生活资料外,还要用来举办教育、医疗和文化娱乐事业,以提高人民的文化水平和健康水平,国家也可以大大地节省投资。

12月8日 出席中共中央书记处会议,听取林枫报告东北工作。

12月9日 在第三次全国民政工作会议上讲话:民政部门的主要任务,就是遵照宪法的规定,加强各级政权的建设工作,发挥各级政权在贯彻党的总路线和保证五年计划顺利执行中的巨大作用。各级地方政府应在中央的统一领导下,根据当地的各种条件，充分挖掘潜力，开辟财源，来发展地方的经济建设、文化建设和其他公共事业，以满足人民物质生活和文化生活的需要。加强乡政权建设的关键，主要在于把政权建设和发展互助合作运动结合起来，和发展农副业生产结合起来。同时还必须开好各级人民代表大会，并发挥其作用。

12月10日 听取钱瑛汇报拟召开工矿纪律检查工作座谈会问题。

12月12日 与邓小平、贺龙、陈毅、李济深、达赖喇嘛·丹增嘉措、董必武、张鼎丞等，观看"八一"足球队和中苏造船公司足球队的友谊表演赛。

12月14日 出席中共中央政治局会议。

12月15日 出席中央纪律检查委员会会议。

12月17日 与对外贸易部部长叶季壮谈话，指出：大的私营企业进行公私合营了，可是小的，应该给予出路。如十个工人以下的厂子，可以组织合作社，变为集体经济。如果愿意的，就可以组织起来。不愿意，则由他们自己处理。这样可以由小生产逐渐变为大生产。

12月18日 与中央手工业管理局副局长邓洁谈话：中国的工艺美术品有自己的特长，不仅中国人喜欢，外国人也喜欢，单是出口，就能够赚大钱，还能够培养一批新工人，应该大力发展。

12月14日—29日 出席中央军委扩大会议，研究人民解放军的整编、体制、训练、征兵等问题。

12月21日 出席政协第二届全国委员会第一次全体会议。听取周恩来作政治报告。

△ 听取关于沈阳一一一厂纪检工作情况汇报。

12月22日 听取关于抚顺露天煤矿纪检工作、旅大海港局纪检工作情况汇报。

12月23日 听取关于太原炼钢厂纪检工作、太原市纪检工作情况汇报。

12月24日 在全国第四次手工业代表会议上讲话,指出:手工业合作社要依靠群众去办,不要少数人包办。要把合作社办好,还必须依靠党的领导,建立好领导机构,订立章程、条例,照章办事。应该保护和发展各种工艺美术品行业。有很高手艺的老师傅,应该受到国家和人民的尊重和爱护,给他们优待。希望他们不要保守,把高明的手艺传给青年后辈,否则"人亡艺绝",绝技就要失传了。这篇讲话以《要把手工业生产合作社办好》为题编入《朱德选集》。

△ 听取唐山市纪检工作、天津市纪检工作、石景山钢铁厂纪检工作情况汇报。

12月30日 出席中共中央政治局会议,讨论调整工业问题。

12月31日 在全国工矿纪律检查工作座谈会上讲话:工矿纪律检查工作应注意的几个问题是:(一)工矿纪律检查工作要为生产服务,要保证第一个五年计划的彻底实现。各工矿纪律检查工作部门应在各级党委的领导下,针对着当前工矿企业中所存在的种种妨害生产、破坏生产,违反党的政策和决议,不忠实执行或破坏国家计划的错误、行为或倾向,进行系统的、深入的工作,并对其中严重者进行必要的检查和处理,以教育党的组织和党员干部克服与防止错误。(二)加强团结,反对和克服资产阶级个人主义的思想和行为。目前不少的工矿企业还存在着闹不团结、闹分散主义、个人主义、弄虚作假、隐瞒欺骗、压制民主的错误。各城市纪委和工矿纪委要持续地与这些行为作斗争,加强全体党员和全体职工之间的团结。

（三）协助和配合有关部门进行国家法纪教育，检查和处理违法乱纪事件，以保证国家宪法、法律、法令的顺利实施。教育和处理犯了错误的党员，必须按党的原则办事，实事求是，使被批评者易于接受，心悦诚服。如犯错误者走得太远，则必须坚持斗争。

是年 为南方某飞机制造厂题词："发扬工人阶级积极性、创造性，增强国防保卫祖国！"

△ 就组织新的农业合作社问题致函刘少奇：目前已一律暂时停止发展新社，现时农村中群众要求组织新社，组织不好的，去帮助他改好。未组织的，只要是自愿的，要帮助他组织。各地情况不同，未组织的地方尚多，不能一律组织不好就停止一切组织。下级最易误会。刘少奇在信函上批示：在春耕以后暂时停止发展新社是可以的。因在春耕以后只能为明年的农业生产准备组织新社，待秋收以后就正式着手组织。

1955 年　六十九岁

1月1日　与毛泽东、刘少奇、周恩来等出席在中南海怀仁堂举行的元旦团拜。

1月3日　和彭德怀谈话。

1月4日　离京去广东、浙江、上海、江苏、安徽、山东、天津等地视察。

1月8日　抵达广东省广州市。派身边秘书到广州市各部门搞调查研究。

1月12日　视察广州第一缝纫社、五金合作社。

1月13日　听取秘书关于广州市合作社、私营工业、手工业等情况的汇报。指出：蔬菜、水果不要统，这两样放开，由合作社去办，就可以养很多人。国营点搞批发，并注意差价，给零售一定利润。经济是国家的命脉，就要通，流通了才能发展。不论是谁，做了工就给钱，钱就是流通工具。我们得到政权后，就是要搞生产。合作社是国营商业的补充，是互利的，合作社积累了资金，发展了生产，对国家和个人都是有利的，生产多了，才能将剪刀差缩小。

1月14日　听取秘书关于广州市就业情况、手工业情况的汇报。

1月15日　视察广州皮鞋生产合作社。

1月19日、20日　听取中共广东省委书记陶铸汇报工农业生产情况。

1月21日 与邓子恢致函中共中央：广东最适宜养蚕，应多发展养蚕事业。建议应适当提高蚕茧的收购价格，并宣布不增加桑田的农业税。在山坡上种桑的，五年内免税。要适当贷款，并发放蚕种，加强技术指导。

1月22日 在听取秘书关于广州商业情况的汇报后，指出：要把多余的人员组织起来搞生产合作社、服务合作社。要想法解决原材料问题。原料高价是自杀政策，可组织收购破铜烂铁的合作社，既解决原料问题，又安置一批人就业。中国的特点就是利用民资，利用丰富的人力资源，改造社会。地方工业的发展，应注意不要挤垮生产合作社。各省的情况不同，应放手让人家做工作。

1月29日 听取中共广州市委书记王德汇报广州市场情况和私营商业改造情况，指出：主要的出路是合作社，自供、自产、自销。将破铜烂铁收集起来利用。广东的货源很多，要组织手工业，经营土特产。如四川的榨菜销全国，广东的梅子、糖姜也可以销往全国。

1月30日 继续听取王德有关工商业情况的汇报。指出：要加强对手工业的领导，把多余劳动力组织起来。

2月1日 听取广州军区负责人汇报部队情况时，指出：军队没有条令不行。条令搞好了，部队的一切行动才有所遵循。过去打游击，强调机动灵活；现代化战争就要强调集中统一。部队建营房要有长期打算，不要只讲究怎样美观，而且要持久耐用。住在哪就要把家安在哪里，以军队为家，部队才是巩固的。要多种些树，把环境搞好些。还要种点菜，搞点生产，建设点家务。

2月3日 听取中共华南分局副书记杨一辰汇报了华南植胶情况和海南岛农、林业及铁矿、水晶矿、盐场开发等问题。

当汇报到手工业发展情况时，插话指出：手工业是大工业很重要的助手。你们要从各方面辅助手工业的发展，尽量把手工业者组织起来。国营、公私合营、手工业合作社，是国家工业化中缺一不可的。手工业合作社是否会出现产品过剩现象，不会的。因为它与工业化大工厂的产品不矛盾，而是相互协作的，将来社会主义了也还会存在，不能取消的。它可以为工业加工、可以收集原料等。特别是工艺品更不会滞销。

2月4日 和陶铸谈话：农业合作社的投资，可依靠农民社员自己解决。而小手工业的投资，则由国家下点本钱。要解决省、市、县的联社，准许他们做生意。过去商业部全包下来，是做蠢事。小城镇供应可不归中央，减少不必要的麻烦。

△ 离广州经湖南省长沙、江西省南昌东行。

2月6日 抵达浙江省杭州市。

2月7日、9日 听取浙江省有关部门汇报纪检工作、手工业生产、市场情况、农业情况、工商业改造情况。

2月10日 听取浙江省军区汇报部队驻防情况。

2月12日 听取中共浙江省委书记江华等汇报工农业发展情况时，说：手工业一定要组织起来，增加产品，解决生活。国家供应原料，同时收税，组织起来成立手工业社，就是打大算盘，起码可以减少或不要救济。城市要组织食品合作社，把酱菜铺各种食品作坊在原有基础上组织起来，否则将来城市新鲜蔬菜会出现供应不上的问题。在谈木材生产问题时说：要使伐木与造林相结合。

2月13日 听取驻浙江的海军、空军、防空兵、公安部队的负责人汇报部队工作及海防情况。

2月14日 抵达上海市。在听取中共上海市委书记柯庆施等汇报手工业发展情况时，指出：国家工业、地方工业要帮助手工业地方工业，不应与手工业争利。用政府的力量一个行业一个行业地去管，怎么管得了？要多少干部去管？贪大是要吃亏的。只有让他们自己管才能管得了，这才叫社会。要先组织一批合作社，有了基础再扩大。这样就可以由他们自己去管理自己。

2月15日 和柯庆施等谈话指出：商业部门是管商品流通的，要多想生产发展的需要和人民生活的需要，不能光想盈利，不能说"赚钱越多越好"。你们要注意发展手工业生产合作社。要从各方面扶植它，使它能辅助大工业生产。原料由他们自己去找，向国家销售成品。手工业生产发展了，有助于活跃城乡经济。不要垄断原料，要充分供给市场，否则影响生产。上海手工业生产联社要组织收购各种废料的工作，自己想办法解决原料问题。将来定货收购地方上应有一定的独立性，如果都由上面统一管，是搞不好的。今年要把手工业合作化当个重要工作做，国家工业、地方工业都要帮助手工业，不要挤垮他们，解决失业问题最大的出路就是发展生产合作社。

△ 致函刘少奇转毛泽东并中共中央："我们在广州住了一月，天气很暖。二月四日转杭州、上海十余日，中经湖南、江西。连日春雨，杭州下雪，天气转寒。今岁春季虽受寒冻，但未大伤。春苗尚好，广东红苕受冻，大约减二三成。沿途各大城市，汉口、长沙、广州失业人员，尚在增加，多系小手工业者，缺少原料供应，不能继续生产。另一方面，缺少商品供应，站际争购城乡皆有，多出怨言。统筹及分配工作，要加强组织，城乡均须同样注意。我拟二月下旬，经南京、合肥、济南回京。"

2月17日 听取上海市副市长潘汉年汇报上海商业情况。

2月20日 听取上海手工业情况汇报时，指出：手工业合作社应由其自下而上地自己组织，不应由国家整行包下。

△　抵达江苏省南京市。在听取解放军军事学院副院长陈伯钧等汇报时，指出：对学员光执行纪律不行，还要进行政治思想教育。学员要讲尊师重道。

2月21日　听取中共江苏省委书记江渭清汇报工农业发展情况。

2月23日　抵达安徽省合肥市。听取中共安徽省委书记曾希圣等汇报工作。

2月24日　听取安徽省军区负责人汇报部队情况。

2月25日　抵达蚌埠市。听取中共蚌埠市委负责人汇报工农业发展情况。

2月27日　抵达山东省济南市。听取中共山东省委书记舒同等汇报工农业和党的工作的情况后，说：厂长责任制应该是党委领导下的厂长责任制。没有党委领导，任何个人是领导不好一个工厂的。干部要想领导好工厂，要钻生产，懂业务。工厂要注意发展党员，要依靠党员搞好生产。

2月28日　抵达天津市。听取中共天津市委书记黄火青等汇报工商业发展情况。

　　△　十九时，回到北京。

3月2日　和监察部部长钱瑛谈话。

3月3日　和中华全国手工业生产合作社联合总社筹备委员会主任白如冰、副主任邓洁谈手工业问题。指出：地方工业不要把合作社挤垮。

3月7日　出席国家计划委员会会议。

3月9日　会见达赖喇嘛·丹增嘉措和班禅额尔德尼·确吉坚赞。

3月10日　和国务院第四办公室主任兼轻工业部部长贾拓夫谈话：要把手工业搞起来，首先解决原料问题。有些东西的生产国家管不到的，就让手工业去搞。他们生产出来的东西，可以马上给农民解决问题。目前的情况是有些东西群众不太需要的我们搞得多，真正急切需要的又不准搞。这不好。手工业生产的方式是多种多样的，可以在厂里搞，也可以出去找活干。国家要拨出一定数量的铁、铝，支援五金手工业的发展。有些生产任务，中央要让给地方，地方要让给手工业生产合作社，不能什么都由中央包下来。有些不需要控制的商品，应让它有点自由市场，自己出卖，不要控死。有几样东西必须给农民——针、线、火柴、盐。副食品、地方特产、蔬菜等，不要统，要组织他们进行生产，或在旧的基础上加以扩大合营，并逐渐给以新的技术改进，既不要花多少钱，又解决了需要。同时养活了一批人。

3月10日、11日 听取中共中央召开的农村纪律检查工作座谈会情况汇报。十八日，在会上讲话：现在农村里强迫命令、违法乱纪和贪污腐化的现象相当普通。这个问题必须坚决地采取有效措施加以克服。有人来告状，我们要依法办事，任何人不准袒护。如果是为了谋取私利而犯错误的，要严办。要注意从积极方面去做工作，加强教育，以减少违法乱纪现象的产生。二十三日，又在座谈会上讲话：农村党的纪律检查工作的基本任务，是保护农业生产，保证农业增产计划的实现，保证农业的社会主义改造胜利完成。为了完成这一任务，地方党的纪律检查委员会，就要通过检查和处理农村中党的组织和党员干部违犯党纪的案件，来提高党员干部的社会主义觉悟，反对和防止资本主义思想对党的侵蚀，制止党员干部中各种违法乱纪的行为，以巩固和纯洁农村党的组织，发挥全体党员和广大群众的积极性，使农业的社会主义任务顺利实现。

3月13日 和中宣部副部长张际春研究准备在党代会上

的发言稿。

3月17日 听取空军司令员刘亚楼关于准备最近召开空军英模大会的汇报。

△ 在北京饭店接见来京参加党的全国代表会议的四川省代表。

3月18日 听取钱瑛和党的农村纪检领导小组成员汇报。

3月20日 和彭德怀、邓小平、陈毅、胡乔木谈工作。

3月21日 出席中共中央政治局会议。

3月21日—31日 出席在北京举行的中国共产党全国代表会议。会议讨论并通过《关于中华人民共和国发展国民经济的第一个五年计划草案的决议》、《关于高岗、饶漱石反党联盟的决议》、《关于成立党中央和地方监察委员会的决议》。二十八日，朱德在会上发言：为着领导艰巨的经济建设工作和国防工作，为着领导全国人民克服困难争取胜利，都必须依靠我们党的团结一致。我们党在一九五三年中间，揭露并战胜了高岗、饶漱石的反党联盟，大大地巩固了党的团结和统一。这在我们党的发展道路上是具有历史意义的胜利。会议决定成立中央和地方的各级监察委员会，选举产生以董必武为书记的中共中央监察委员会。

3月28日 接见空军首届英雄模范功臣代表大会全体代表。会议于二十一日在北京举行。朱德在与大会主席团成员谈话时，指出：现在美帝国主义和国民党反动派时时刻刻想破坏我们，美帝国主义还在叫嚣要打原子战争。在这种形势下，空军的任务就更为繁重。我们空军就是要为保卫祖国而战斗，舍得命，不要钱，那么任何敌人都将被我们战胜。并为大会题词："发扬革命英雄主义的精神，巩固国防，防御帝国主义的侵略。"

△ 听取中直机关有关负责人汇报在纪律检查中发现存在

的问题。

3月31日 听取中共辽宁省委书记黄欧东、黑龙江省委书记欧阳钦汇报。

4月4日 出席中共中央政治局会议和中共七届五中全会。全会批准中国共产党全国代表会议通过的各项决议,补选林彪、邓小平为中央政治局委员。

△ 晚,出席匈牙利驻中国大使斯克拉丹为庆祝匈牙利解放十周年举行的招待会。

4月5日 出席中共中央政治局会议,讨论周恩来率中国代表团出席亚非会议问题[1]。

4月8日 接见海外归来的原国民党高级将领卫立煌和夫人。

4月9日 在西北历史问题座谈会上发言:我们打天下靠什么?靠工人、农民。如果光靠几个领袖,哪会成功?打了胜仗,功劳是谁的呢?是红军的,所有的红军。包括牺牲了的和还活着的。如果有人要把这个账算在我身上,我就把它推出去,上面推给党,下面推给将士。我们的军队从红四军第九次党代表大会以来,就确立了军队服从党、服从群众的原则,一直到现在还是这样。我们必须清除高岗的"军党论"的错误思想。

△ 接受捷克斯洛伐克新任驻中国大使安托宁·格里哥尔递交国书,并致答词。

4月10日 与刘少奇、陈云会见英国共产党总书记哈里·波立特和英共中央监察委员会主席罗伯特·斯图尔特。

---

[1] 亚非会议也称万隆会议。1955年4月18日至24日在印度尼西亚万隆进行。会议有二十九个亚非国家参加,提出了著名的关于促进世界和平与合作的十项原则。我国由周恩来率领中华人民共和国代表团出席会议,本着"求同存异"的方针,为会议的成功做出了贡献。

4月11日 在玉泉山住处会见政协全国委员会秘书长徐冰，北京市妇女联合会主任张晓梅。

4月12日 出席中共中央政治局会议，讨论中国出席亚非会议代表团飞机失事[1]的应对问题，会议基本通过中共中央《关于第二次全国省（市）计划会议总结报告的指示》和《关于进一步加强市场领导，改造私营商业，改进农村购销工作的指示》。

△ 致函刘少奇并转陈云、李富春，将在武汉、广州、浙江、上海、江苏、安徽、山东等地与各地负责人谈话了解的情况整理成材料后，提供给有关部门参考。

4月13日 上午，在玉泉山住处和燃料工业部副部长刘澜波谈有关朝鲜政府代表团拟谈的水丰发电站建设问题。

△ 下午，在中南海勤政殿会见朴昌玉副首相率领的朝鲜政府代表团。

4月14日 在怀仁堂与夫人康克清设宴招待卫立煌与夫人。彭德怀、贺龙、聂荣臻、叶剑英、粟裕、萧克作陪。

△ 下午，去刘少奇处开会。

4月16日 出席中央军委第二十九次会议，讨论部队编制军衔问题和建立防化学兵问题，并作指示，指出：新兵的动员问题是个大问题，不要图简便，今年搞几个县，明年搞几个县，要同时动员，征收新兵要身强力壮的。

4月18日 出席中共中央政治局会议，讨论一九五五年

---

[1] 1955年4月11日，台湾国民党驻香港特务机关为谋害出席亚非会议的周恩来率领的中国代表团，收买启德机场一地勤人员在"克什米尔公主号"飞机上放置了定时炸弹。飞机从香港前往印度尼西亚途中爆炸，中国和越南代表团工作人员及中外记者11人全部遇难。周恩来因事未乘这架飞机。

国民经济计划问题。

4月20日 出席中共中央书记处会议，讨论农业合作化问题。刘少奇发言说：今后一年农业合作化总方针是"停止发展，全力巩固"。全国合作社已发展到六十七万个，主观力量控制不了，要收缩一些。

4月21日 与刘少奇、邓小平等出席中共中央在怀仁堂举行的列宁诞生八十五周年纪念大会。

4月23日 到中共中央马克思列宁学院（中共中央高级党校前身）见刚接任院长职务的杨献珍。

4月24日 到北京饭店看望卫立煌和夫人。

4月25日 听取中央纪律检查委员会副主任王从吾汇报。

4月28日 与毛泽东、刘少奇、陈云等参观捷克斯洛伐克十年社会主义建设成就展览会。

5月1日 毛泽东、朱德、刘少奇、陈云等出席首都群众五十万人在天安门广场举行的五一国际劳动节庆祝大会。

△ 与刘少奇、陈云、彭真、邓小平、彭德怀、胡乔木等，出席毛泽东主持的会议。

5月2日 出席中共中央书记处会议，会议讨论工会问题。

5月6日 在中共中央监察委员会成立大会上讲话：今后党的监察工作应该注意加强对各级党组织和党员干部在执行党的路线、政策中的监察工作，特别是要注意加强对中央各部门（各党组）和各省（市）的高级干部的监督工作，主要是监督他们有无违反党的路线、政策、党章、党纪和国家法律、法令的行为。在检查和处理案件时，要坚持严肃和慎重相结合的方针。一方面要认真负责，严肃处理，同时也要实事求是、关怀同志的政治生命，防止处分错误；既要反对照顾情面的腐朽的自由主义思想，也要反对滥用职权和粗枝大叶的作风。此外还要加强对各级监察委员会专职干部的理论教育、思想教育、政策教育和业务教育，有效地提高他们的工作能力和思想水平。

5月7日 出席中共中央政治局会议，听取周恩来汇报出席亚非会议的情况，听取并基本通过水利部副部长李葆华关于黄河综合利用规划的技术经济报告，决定将此问题提交全国人大一届二次会议。

△ 出席首都各界庆祝捷克斯洛伐克解放十周年大会。

5月8日 出席德意志民主共和国驻中国大使柯尼希为庆祝德国解放十周年举行的招待会。

5月9日 听秘书汇报渔业生产情况后，说：要成立食品部，专门来管渔业生产的事。渔业发展了，供应城市，可以解决肉食不足的问题，有利于改善同农民的关系。同时可以出口，缓解肉食之紧张。我国渔业是很有前途的产业，可成为世界上最大的生产国。将来成立食品部，统一办理鱼品、酱菜、火腿等副食品的供应和出口。国家要为人民服务，过去总是想搞大的，发大财，而不是想这些人要吃饭，为了吃饭，哪怕国家投点资都是必要的，搞起来之后再去赚钱。

5月10日 出席毛泽东召集的同李济深、郭沫若、黄炎培、沈钧儒、陈叔通、张治中、傅作义、龙云、马叙伦、张奚若、许德珩、罗隆基、李德全、马寅初等十四位各民主党派负责人、无党派爱国民主人士的座谈会。

5月11日 和叶季壮谈对外贸易问题：蚕丝要适当提高收购价格，才能刺激蚕丝生产更快地发展。要想办法把农民生产出来的东西收购上来，促使其扩大再生产。今年计划产鱼二百四十万吨，我国鱼资源的蕴藏量是很大的，有很大的发展前途，也有很大的利益。要设法解决网、船、收购、加工等问题。要考虑地方性，就地加工，价格才能稳定、合理。不论对内贸易、对外贸易,都要时刻想到人民的需要,为人民服务。

5月12日 上午,去周口店参观北京猿人发掘地。下午,去北京郊区琉璃河参观水泥厂。

△ 晚,出席毛泽东主持的第三次最高国务会议,讨论粮食问题和实行大赦问题。

5月14日 出席中共中央政治局会议,会议批准《中国人民解放军编制军衔》(草案)。

5月15日 接见四川旧交刘寿川。

5月17日 出席中共中央召开的十五省市书记会议,讨论粮食、发展合作社、镇反等问题。毛泽东在会上作《关于农业合作化问题的讲话》。认为在合作化问题上,有种消极情绪,必须改变,再不改变,就会犯大错误。片面地"缩",势必伤害干部和群众的积极性。

5月18日 会见印度驻联合国首席代表梅农,说:爱好和平是中国的一贯政策。我们一向主张通过谈判解决国际争端,而不是诉诸武力。我们愿意联合世界上所有爱好和平的国家和人民,为维护世界和平而共同努力。

5月19日 参观全国公路展览会,对公路交通几年来所取得的成就和经验表示赞许。

5月22日 在中南海紫光阁会见驻旅顺的苏军部队代表什维佐夫将军等九人并举行招待宴会。

5月25日 出席中共中央政治局会议,讨论通过中国科学院党组提出的中国科学院学部委员名单。

5月27日 出席周恩来为欢迎印度尼西亚总理阿里·沙斯特罗阿米佐约和他的夫人一行举行的晚宴。二十九日,朱德、刘少奇举行茶会,招待阿里·沙斯特罗阿米佐约和夫人。六月一日,毛泽东在中南海宴请阿里·沙斯特罗阿米佐约和夫人，朱德、刘少奇、周恩来等出席。

5月28日 致函周恩来转陈云、李富春、邓子恢：为了解决肉食困难，减轻猪肉和粮食的紧张情况，我以为发展渔业是一条出路。要发展渔业生产，国务院应设直属的水产管理局，统一领导水产的计划、生产、加工、运销等工作。要适当增加对渔业的投资，加强对渔民的社会主义教育，贯彻渔业互助合作政策。六月二十一日，国务院汇报会对此项建议研究决定：原则同意设立水产管理总局，并作为国务院的一个直属机构，由七办协助总理掌管。

△ 出席中央军委会议，并就有关建筑问题作指示，工厂建筑的浪费在于房屋的建设上，如果房屋建设上可节省下来，就能买好多机器。也可搞蒙古包一类的简易房屋，这样可以加快建设速度。学习苏联当然好，但要从实际出发。

5月30日 和建筑工程部副部长周荣鑫、宋裕和谈包头基本建设情况及建筑工程节约问题。指出：沙石厂、砖厂都可由合作社去办，国家和它加工订货，订合同，这样做对双方都有利。对那些不注意节约、严重浪费的人员，要给予适当处分。盖办公楼之类的房子标准不要太高，比老百姓的房子稍好一些就可以了。省出钱来，多搞工业。

△ 出席中央军委第三十五次会议，讨论通过修改兵役法意见。在会上发言指出：在原子战争条件下，我们不能集中，敌人也不能集中。所以民兵仍然要训练好。应抓好训练，在新的情况下，主要是靠干部去教战士，要培养干部。过去的干部是从兵中来的，今后要有知识的经过学校培养的人才能行。抗美援朝结束后，就应解决这个问题，不解决就要犯错误。当兵就是学有限的本领，学完了就转入预备役。训练要防止形式主义。

6月4日 毛泽东约朱德、彭德怀谈话。

6月5日 离京去河北、内蒙古等省、自治区视察。途经河北省宣化，听取中共宣化市委负责人汇报当地工农业情况。

6月6日 抵达河北省张家口市。视察张家口探矿机械厂、张家口矿山机械厂。晚，听取中共张家口市委负责人汇报私商、建筑、粮食购销等情况。

6月7日 由张家口经山西省大同抵达内蒙古自治区集宁市。晚，听取中共集宁市委负责人汇报。

6月8日 抵达呼和浩特市。听取中共内蒙古自治区委第一书记乌兰夫汇报。

6月9日 视察呼和浩特新、老城区。

6月10日 抵达包头市。听取宋裕和汇报包头的基本建设情况。

△ 在听取中共内蒙古自治区委副书记苏谦益汇报工作时，指出：城市建设的规模不宜搞得过大。搞建设要适应当地的条件。工厂的住房条件要和当地居民的居住条件相称才好。

6月11日 听取中共包头市委负责人汇报基本建设情况。

△ 听取建筑部派往包头的专家米哈依诺夫谈建采石场和采沙场的汇报。

△ 听取中央河套地委负责人汇报。

6月12日 在听取包头钢铁厂负责人汇报工厂建设情况后，指出：在这里建设钢铁厂，比鞍钢、石景山钢铁厂要困难得多。要充分预见到困难，不要等困难来了再去想办法。要有克服困难的坚韧精神，要把政治思想工作放在第一位。

△ 听取白云鄂博铁矿的概况及开采情况汇报。

6月13日 视察四四七厂和六一七厂。在听取六一七厂负责人汇报时指出：在工厂建设中，人力、物力都要注意节约。警卫人员、服务性人员要尽量少，生产技术人员则不能少。职工生活问题要尽量自力更生去解决,组织合作社,需要什么就办什么社,这样才能有组织地生产,有组织地消费。不能什么都由国家包下来。建设中能省的要尽量省。学习外国经验也不能照抄照搬。

△ 视察包头糖厂,并听取该厂负责人汇报生产情况。

6月14日 和中共内蒙古自治区委负责人、包头市委负责人谈包头钢铁厂建设问题,说:你们都是想把国家工业化快些搞上去,心是好的,但不能犯贪新、贪大、贪多的毛病。我们国家有我们国家的情况,不能什么都搬外国的。目前我们国家还很穷,资金不多。仅有的一点钱,主要要用在生产上,再不能分散财力去干其他的事。在建设中,能省的就要省,尽量做到就地取材。对包头旧城的一切,原有的基础,也要尽量利用,不能完全丢开旧的去建新的。我们只能在旧有的基础上去建设新的,只能根据主客观条件,根据需要和可能来决定我们的工作方针。有多少米,做多少饭嘛!脑子太热了,跑得太快了,结果会事与愿违。

△ 抵达呼和浩特市。

6月15日 在听取中共内蒙古自治区委第一书记、内蒙古自治区主席乌兰夫,自治区委副书记、自治区副主席杨植霖汇报工业、农业、牧业、党的建设、政权建设等情况时,指出:内蒙古是个好地方,有很多好条件。但也有不好的条件,如风多、风大、山高、水少等。你们就要适应这些特点去从事生产。注意防风保暖,改造自然。工厂的建设首先要有厂房、机器、原料,先把产品拿出来,再谈别的。农业、牧业也要大大发展。可以有计划地办些农、牧场,因陋就简地办。多设些收购店收集畜产品,如奶、肉、毛、皮等,经过加工制造,供应城市。这里最大的财富是木头,中国的山地比可耕地大得多,要在山地多种树。所以全部山地都种树,就是最大的财富。有计划地大量种树,既可以改造气候,又能生产大批木材。在党的建设工作中,不要搞关门主义,培养少数民族干部比培养汉族干部更加有意义。外来干部和本地干部要加强团结,互相学习,这样才能把内蒙古的工作做好。

△ 下午,视察蔬菜生产合作社。

6月16日 在听取内蒙古自治区商业部门负责人汇报时,指出:搞商业工作必须要有全局观点,要有为人民服务的思想,"要把经济搞活"。

△ 在听取内蒙古自治区工业部门负责人汇报工业发展情况时,指出:要把砖、瓦、沙、石这些东西的价格降下来,并发动群众搞好运输。有些建筑材料产品可以包给生产队去搞。

△ 在听取内蒙古自治区财政部门负责人汇报财政工作情况时,指出:应试办乡财政,并纳入国家计划。

6月17日 在听取苏谦益汇报中共内蒙古自治区委讨论朱德六月十四日谈话的情况后,指出:你们讨论得很好。包头钢铁厂是你们这里建设的主体,它应该有自己的整套设计。其他的建设,只是为了辅助它,而不是让它去迁就城市建设。钱主要要用在生产上,而不是用在生活消费上。搞建设要从实际出发,不能要求过高、过快。我们只能从现有的水平出发,稳步前进。

△ 视察新建成的内蒙古兽医学院。

6月18日 抵达山西省大同市。

6月19日 听取中共山西省委第一书记陶鲁笳、中共大同市委书记朱耀华汇报工农业生产情况。

△ 视察六一六厂、火车头厂、拖拉机厂、高射炮仪表厂等。

△ 参观严华寺。

6月20日 接见驻大同部队一九五师的师级干部,指出:

要加强部队干部管理，建立各种条令，提高连队干部的文化素质，每连至少应配备一个军校毕业生。

△ 在听取雁北地区负责人汇报时，说：反革命还是要杀，但对确有悔过的要争取。重要的是要严密地组织群众，让群众来监督。对刑事犯要严办，要把坏人清除出去。关于粮食问题，主要是增产，要推广高产作物，将来还要搞移民来垦荒。

△ 参观云冈石窟。

6月21日 和山西省以及大同市的负责人座谈时，指出：森林是大"家务"，应努力搞，撒种、压条等均可以试验，主要还是要靠老百姓。在谈到如何对待反革命分子时，指出：对反革命分子，罪大恶极的，杀一批；表现好的，放一批，这对争取大多数是有好处的。

△ 视察大同煤矿。

6月22日 回到北京。

6月24日 和聂荣臻谈话。

6月25日 与毛泽东、刘少奇、周恩来到首都机场迎接来我国作正式访问的越南民主共和国主席胡志明和他所率领的越南政府代表团。

6月30日 与刘少奇、周恩来陪同毛泽东接见印度文化代表团团长、印度政府外交部副部长阿·库·钱达和夫人等。

7月1日 出席在中山公园举行的庆祝中国共产党成立三十四周年和欢迎胡志明率领的越南政府代表团的游园晚会。

7月3日 出席中共中央书记处会议，讨论中越关系问题。

7月4日 出席最高国务会议。

7月5日—30日 出席第一届全国人大第二次会议。会议通过发展国民经济的第一个五年计划，批准一九五四年国家决算和一九五五年国家预算，通过《中华人民共和国兵役法》

和《关于治理黄河规划的决议》。

7月7日 出席中华人民共和国政府和越南民主共和国政府的联合公报的签字仪式。八日,到首都机场为胡志明一行离京前往蒙古和苏联访问送行。

7月8日 听取秘书汇报中央军委第三十九次会议讨论批准军事工程学院增加海军专科和军事学院增设装甲兵速成系,指出:在现代化条件下打仗不能光靠人拼,要加强部队训练,尤其是要加强海军、空军的训练。

7月9日 听取外交部苏欧司陈楚汇报南斯拉夫国家情况。随后,接见南斯拉夫驻中国大使波波维奇。

7月10日 出席中国火星体育协会全国第一届体育运动大会开幕式。

7月12日 听取国家建设委员会主任薄一波汇报出席苏联工业会议情况。

7月13日 会见越南人民军总司令武元甲。

7月14日 出席中共中央书记处会议。

7月15日 听取重工业部副部长赖际发汇报访问德意志民主共和国化学联合工厂情况。

7月25日 致函中共中央,汇报视察内蒙古等地的情况:总起来说,由于内蒙古地区具备了各方面的有利条件,不仅可以建设起像包头这样大规模的工业基地,而且农业也有发展前途。因此,重视和加紧内蒙古地区的建设,对于发展我们国民经济有积极的意义。

7月27日 致函周恩来、陈云:看了商业部两个报告后,有两点意见供参考。(一)商业部任务过重,应分担任务,将食品部分划出。以原有下属食品管理机构及人员另成立一个食品管理部,是目前急需的。(二)商业部本身划出食品部分以外，还是任务繁重的，应增加得力干部。

7月28日 出席中央军委第四十二次会议，讨论部队授衔问题。

7月29日 出席毛泽东主持的中央书记处会议，彭真、邓小平、邓子恢、陈伯达列席会议。

7月31日—8月1日 出席全国省、市委书记会议，讨论粮食及合作社问题。毛泽东在会上作了《关于农业生产合作社问题的报告》。报告否定了一九五三年和一九五五年春对合作社的两次整顿工作，批评主张发展合作社要适应群众觉悟程度稳步前进的同志"像小脚女人"，犯了右倾错误。这次会议引起全国范围的批评右倾错误，助长了党内的急躁冒进情绪。

8月11日 十八时，和刘少奇谈话。二十时，和毛泽东谈话。

8月12日 率领中华人民共和国代表团赴朝鲜民主主义人民共和国，参加"八一五"朝鲜解放十周年庆祝典礼。

8月13日 乘火车经新义州抵达平壤。

8月14日 率代表团拜会朝鲜民主主义人民共和国内阁首相金日成等。出席平壤各界人民庆祝朝鲜解放十周年大会，并讲话。

8月15日 出席在平壤举行的阅兵式。出席金日成举行的宴会，并致词。

8月16日 出席朝鲜全国体育大会。

8月17日 访问朝鲜东海岸咸镜南道的咸兴——兴南工业地区，和朝鲜工人、技术人员、农民、渔民们谈话。

8月20日 对在朝鲜的中国人民志愿军高级干部讲话，介绍国内经济建设情况。

8月21日 参观朝鲜中央广播电台和朝鲜国立中央历史

博物馆。随后，游览牡丹峰公园。

8月22日　率代表团前往平安南道中和郡力浦里农村参观，访问当地的一些农户。

8月23日　率代表团乘火车离开平壤。

8月24日　途中参观朝鲜水丰发电站。

8月25日　十二时，抵北戴河。晚，会见在北戴河的毛泽东。

8月26日　与刘少奇谈话。

8月27日　在北戴河出席中共中央政治局会议。

8月28日　在北戴河出席中共中央书记处会议。邓小平、彭德怀、李富春列席会议。

8月30日　在北戴河出席中共中央政治局会议。

△　晚，由北戴河返回北京。

9月7日　出席中共中央政治局会议，准备召开七届六中全会，讨论农业合作化问题。

9月14日　和薄一波谈城市建设问题，指出：建设大的工厂一定要考虑到工人和工人家属一起住，不然会增加他们生活上的困难。还可以在工厂附近办农场，一来可以解决副食品供应问题，二来也可以发挥工人家属的力量。旧的城市是我们的财富，要充分利用，作为新工业的基地。现在新建城市，不能贪多贪大贪好，要适合今天的条件。把旧的工厂恢复起来，把一些轻工业工厂扩建改造，进行生产，以积累资金，很快就可以收回投资。

△　晚，出席中共中央政治局会议。

9月15日　与刘少奇、陈云等接见荷兰共产党总书记格鲁特。

9月16日　会见印度尼西亚驻中国大使莫诺努图。

9月20日 为全国青年社会主义建设积极分子大会题词:"勇敢坚强,保卫祖国"。

9月22日 出席中共中央政治局会议。

9月23日 出席第一届全国人大常委会第二十二次会议,会议根据中国人民解放军军官服役条例审议了国务院总理建议授予中华人民共和国元帅军衔的名单,决定授予对创建和领导人民武装力量、领导战役军团作战立有卓越功勋的高级将领朱德、彭德怀、林彪、刘伯承、贺龙、陈毅、罗荣桓、徐向前、聂荣臻、叶剑英以中华人民共和国元帅军衔,并决定授予在中国人民革命战争时期有功人员朱德等一百三十一人以一级八一勋章,授予朱德等一百一十七人以一级独立自由勋章,授予朱德等五百七十人以一级解放勋章。同日,中华人民共和国主席毛泽东根据全国人大常委会的决定发布授予元帅军衔和勋章的两项命令。

9月25日 与周恩来等在怀仁堂观看波兰军队歌舞团的演出,并接见歌舞团的领导人和演员。

9月26日 出席中共中央书记处会议。

9月27日 出席在北京中南海怀仁堂举行的中华人民共和国主席授衔授勋典礼。接受中华人民共和国元帅军衔的命令状,并接受一级"八一勋章"、一级"独立自由勋章"、一级"解放勋章"。下午七时,出席在怀仁堂后草坪上举行的庆祝授衔授勋的酒会。

9月28日 与毛泽东、刘少奇、周恩来、陈云等出席青年社会主义建设积极分子大会闭幕式,并和青年积极分子们一起合影留念。

△ 晚,出席中共中央书记处会议,听取关于各省肃反运动情况的汇报。

9月29日 下午,出席中共中央书记处会议,研究召开七届六中全会问题。

10月1日 毛泽东、朱德、刘少奇、周恩来等出席首都群众五十万人为庆祝中华人民共和国成立六周年在北京天安门广场举行集会游行。晚,在天安门城楼上观看焰火。

10月2日 出席在北京先农坛体育场举行的全国第一届工人体育运动大会开幕式。

△ 晚,与毛泽东、刘少奇、周恩来等出席北京市市长彭真举行的招待参加国庆节的各国来宾的联欢晚会。

10月4日 和到北京参加国庆观礼的中共四川省南充地委负责人谈话:要很好地搞水利建设,这对农业、副业都有很大作用。四川有水的地方很多,可以到处储水,修小型水库。同时要多种树造林。苹果、山楂、木耳、灌木都可以种,也可以种一些能成材的松柏。经济效益很好的水果有广柑,将来国外是非常需要的,农民种一亩广柑树,起码可以收入几百元。牧产区就是要发挥牧产品的作用。

10月4日—11日 出席在北京举行的中共七届六中全会(扩大)。会议通过《关于农业合作化问题的决议》和召开中共第八次全国代表大会的决议等。八日,朱德在会上发言:怎样贯彻农业合作化的决议呢?我想应该动员省、地、县、区、乡各级党的组织,以双倍于土改时的精神和力量,来进行农业合作化的工作。必须学会在不同地区、不同问题上贯彻自愿互利原则;在不同季节、不同作业上加强生产的经营和管理。总之,要具体,不要空洞;要实际,不要浮夸。此外,还想到以下几个问题:(一)凡是为农业生产和农民生活所需要而又有发展前途的手工业,都应该很好地加以组织和领导,并逐步纳入国家计划;由于农业合作化的发展,农民对于新式农具、拖拉机、小型的发电设备等等的要求，将日益增加，我们应该早作准备。（二）要重视中药的生产和经营，中药在我国有悠久的历史，全国药材约有一千八百多种，产值也很大，约有五亿左右的人口依靠中药来治疗疾病，对我国民族的生存和发展有过和有着巨大的贡献。在种植中药的地区，农业生产合作社应该把种植一定数量的药材当做农业生产上的任务，或者当做重要的副业去经营，并努力增加产量和提高质量。在生产野生药物的地区，应改善收购、运输方面的状况，采取各种合理的措施，鼓励农民采集药材，使分散的小宗的药物能够成为大宗的有用的药材，以充分发挥中药的作用。（三）农业社应吸收复员军人和中小学毕业生参加。中小学毕业生有一定的文化知识和进取精神，是国家可贵的建设人才。这样做，既能解决农业合作化发展中干部不足的困难，又能解决复员军人和中小学毕业生的就业问题。

10月5日 和正在北京的中共四川省委第一书记李井泉等谈农业合作化及农副业生产问题。

△ 晚，举行宴会欢迎缅甸武装部队总司令奈温中将为团长的缅甸联邦军事友好代表团，并致词。

10月8日 和正在北京的中共黑龙江省委第一书记欧阳钦、中共吉林省委第一书记吴德等谈话：目前东北人少地多，大有发展前途。由于东北无霜期短，在农田劳动的时间也短。剩下的时间也别闲着，可以搞副业、林业。总之，不要单纯只搞农业，要向多种经营的方向发展。要逐步建立中央、省、县、乡四级财政，各有独立性，这样才便于发挥地方的积极性和创造性。地方工业也不要限死，必须部办的企业，归中央，由地方代管。其他归地方，不上交利润，只须报中央备案，这样可发挥地方的积极性、创造性。地方工业放开了，对中央、对地方都有好处。

10月9日　视察七〇一、七〇八厂。

10月10日　和正在北京的中共广东省委第一书记陶铸、中共广西省委代理书记陈漫远等谈话：今年广东天旱，你们可以学习四川的经验，挖山塘贮水。两广的自然条件很好，阳光足，水分多，精心经营，是大有可为的。发展山林，不容忽视。竹子的作用很大，长得又快，是个宝贝，应该注意发展。山上可以出产许多东西。现在提倡茶树上山、果树上山，你们要多搞。

10月13日　出席中共中央举行的报告会，听取周恩来就国际国内形势和任务向党内高级干部作的政治报告。

△　和来京出席中共七届六中全会的柯庆施、江渭清、曾希圣、林乎加、江一真、刘俊秀等六位省市负责人谈话：经这次会议，大家信心很高。省一级是搞全盘规划的，但县区乡也需要有规划，同时各方面都要规划，基层必须由乡规划，因各乡情况有所不同，所谓"隔地不同天"。由下而上的预算，由上边统一综合，这样才有基础。县里有百分之几的附加税，他们用这些钱可做文教卫生、修桥补路等事业。手工业必须要组织，如不组织马上就会有人没饭吃。只要产品数量多、质量好、成本低，就有出路。

10月15日　出席解放军射击与体育检阅大会开幕式。

△　听取钱瑛汇报青岛市委组织情况。

10月16日　致函中共四川省仪陇县委：农业合作化是当前农村工作的主要环节。你们要抓紧这个环节，积极地、有计划地、有步骤地去建社。在农业生产中，除生产米粮外，要注意搞多种经营，多种经济作物，向多种经营发展，除了养蚕、种果树、养鸡、鸭、兔等以外，还要注意种茶、种药，这方面是有条件发展的。桐油、猪鬃是仪陇县特产，也是出口物资，不但可以增加农民收入，而且可以增加国家外汇。你们应该努力发展。还应注意搞好农民的文化、卫生工作。希望你们努力工作，争取把仪陇县建设成为模范县。

10月19日、21日 出席毛泽东召开的最高国务会议，讨论《农业生产合作化示范章程草案》。

10月23日 陪同毛泽东接见西藏参观团和西藏青年参观团的全体人员。

△ 和中国科学院副院长陈伯达谈话。

10月24日 出席中共中央政治局会议。会议讨论并原则批准中共中央组织部的工作报告和中共中央统战部关于侨务工作的报告。

10月26日 出席在新落成的北京体育馆举行的印度国家排球队来中国访问比赛的开幕式。

10月28日 为工程兵积极分子会议及工程兵首届兵种建设展览会题词："为建设勇敢、勤劳、技术熟练、忠实于社会主义事业的人民工程兵而奋斗！"

△ 下午，出席中共中央政治局会议。

10月29日 致函中共中央书记处书记国务院副总理陈云，建议号召财经干部学习苏联出版的《政治经济学教科书》第二十七章至三十九章，并联系实际加以对照，以解决我国过渡时期的某些经济政策问题。

△ 下午，出席毛泽东召集的中华全国工商业联合会执委会委员座谈会，座谈关于如何更适当地进行私营工商业的社会主义改造的问题。

10月 为全国青年建设积极分子大会题词："勇敢坚强，保卫祖国"。

11月1日 听取正在北京的内蒙古自治区负责人汇报农

业合作化问题、河北省负责人汇报肃反和合作化问题。

△ 十九时,出席中共中央书记处会议。

11月2日 和中国民主同盟副主席章伯钧谈话。

11月3日 听取天津市监委汇报肃反情况。

11月6日 在中南海勤政殿接受印度新任驻中国大使拉·库·尼赫鲁递交国书。

△ 下午,出席周恩来主持召开的对资本主义工商业改造十人小组会议。十人小组的成员有陈云、李维汉、陈伯达、陈毅、李先念、贾拓夫、吴冷西、胡乔木、许涤新、邓拓。组长为陈云。

△ 晚,出席中苏友好协会总会在中南海怀仁堂举行的庆祝十月社会主义革命三十八周年集会。

11月8日 和第一机械工业部部长黄敬、第二机械工业部部长赵尔陆、建筑工程部副部长周荣鑫、重工业部部长王鹤寿等谈一五计划发展速度问题、工业产品价格问题,谈话指出:过去我们有关门主义,今后必须与兄弟国家以及资本主义国家合作。对地方工业不应限制太死,你们不搞的,可以让地方去搞。

11月10日 派秘书听取广东省、湖北省、四川省和上海市有关部门负责人汇报肃反与合作化情况。

△ 视察北京国棉二厂。

△ 十七时,和中共北京市委第一书记、北京市市长彭真谈话。

11月11日 九时,出席中共中央对资本主义工商业改造的十人小组会。

△ 派秘书听取江苏省、河北省、山东省、陕西省有关部门汇报肃反与农业合作化情况。

△ 十五时,视察光华木材厂、北京机械厂、北京结构厂。

11月12日　派秘书听取辽宁省有关部门汇报肃反与农业合作化情况。

△　晚，会见苏联驻中国大使馆临时代办顾德夫，接受他交来苏共中央总书记赫鲁晓夫致中共中央主席毛泽东的信。

11月14日　听取轻工业部部长贾拓夫汇报。

11月15日　出席中共中央书记处扩大会议，讨论即将召开的关于资本主义工商业改造问题会议及工矿肃反等问题。

11月16日—24日　出席中共中央政治局在北京召开的关于资本主义工商业的社会主义改造问题的会议。会议有各省、市、自治区党委代表三百余人参加。讨论并通过《中央关于资本主义工商业改造问题的决议（草案）》。二十四日，朱德在会议上发言，说：有的同志问，在向社会主义过渡的时期，统一战线还要不要？我说还是要。我们可以通过各民主党派来推动社会主义改造，动员大家来参加社会主义建设。这样做，不仅没有丧失党的立场和工人阶级的立场，而且是一项极为重要的革命工作。

11月17日　与周恩来出席一九五五年国际友谊射击竞赛大会开幕式。这是第一次在我国举行的国际性运动竞赛。开幕式前接见了各国代表团团长。

11月18日　出席中共中央政治局会议，会议讨论关于资本主义工商业改造问题。

11月20日　与贺龙出席观看"一九五五年全国篮球表演赛"。

11月21日　和国务院副总理兼财政部部长李先念谈话：水泥减产，很不合算。我们的大规模经济建设刚刚开始，年产五百多万吨水泥就用不了，这不是好现象。生产多的要降低价格。我们生产的水泥不是多了，而是不够。主要是价格高，人家用不起。

土里的东西要挖,地上的东西要利用。只要价格合理。

11月22日 出席中共中央书记处会议,会议讨论农业合作化及资本主义工商业改造问题。

11月23日 出席中共中央书记会议,会议讨论关于知识分子的问题。会议决定:在一九五六年一月召开一次大型会议,全面解决知识分子问题,并成立由周恩来负总责的彭真、陈毅、李维汉、徐冰、张际春、安子文、周扬、胡乔木、钱俊瑞参加的中央研究知识分子问题十人小组,下设办公室进行会议的筹备工作。

△ 出席中共中央政治局会议,会议讨论陈云拟在中央关于资本主义工商业改造会议上作的总结。

11月25日 和对外贸易部部长叶季壮谈话:你们要在提高劳动生产率、降低成本、节约原材料中找利润。随着农业合作化运动的发展,农业所需要的机器会越来越多,同时手工业也要逐步机械化。只要价格合理,机器就不愁卖不出去。

11月26日 与铁道部副部长吕正操谈话:铁路在国家建设中占有十分重要的地位。你们要尽量想办法把铁路搞通,把各地的东西运出来。

11月27日 晚,到毛泽东处谈话。

11月28日 上午,和来访的康生、傅连暲谈话。

△ 下午,到周恩来处谈话。

11月29日 出席南斯拉夫驻中国大使波波维奇为庆祝南斯拉夫联邦人民共和国成立十周年举行的宴会。

11月30日 出席中共中央政治局扩大会议,讨论关于加速各方面的建设,提前完成社会主义建设问题。

△ 下午,去刘少奇处谈话。

12月1日 出席中共中央政治局扩大会议,继续讨论关于加速各方面的建设，提前完成社会主义建设的问题。

△ 听取国防委员会副主席聂荣臻、国务院专家工作局副局长赖祖烈汇报。

12月2日 出席中共中央政治局扩大会议，讨论关于西藏等问题。

△ 听取建筑工程部部长刘秀峰汇报。

12月4日 上午，去飞机场试坐飞机。下午，到北京医院看望林伯渠。

12月5日 上午，听取海关负责人林海云谈进出口问题。

△ 下午，出席中共中央政治局召开的各省、市、自治区负责人参加会议，会上传达：毛主席要求在各项工作中都要反对保守主义，提前实现社会主义工业化和社会主义改造，更快、更早地完成第一个五年计划。

△ 周恩来召集陈云、张闻天、邓小平、聂荣臻、刘澜涛在朱德处开会，讨论关于朱德出访等事宜。

12月6日 到彭德怀处谈话。

12月7日 和国务院副总理李富春谈话，了解民主德国、罗马尼亚、匈牙利、捷克斯洛伐克、波兰、苏联等国帮助我国工业建设的情况。

12月8日 和聂荣臻、刘澜涛、师哲等商谈出国访问事宜。

12月10日 上午十时，率领中国共产党中央委员会代表团（以中共中央书记处书记朱德为团长，以中共中央委员聂荣臻、中共中央候补委员刘澜涛为团员）和中华人民共和国政府代表团（以中华人民共和国副主席朱德为团长，以国防委员会副主席聂荣臻、全国人民代表大会常务委员会委员刘澜涛、中华人民共和国驻德意志民主共和国大使曾涌泉为团员），乘火车离京，应邀前往罗马尼亚、民主德国、匈牙利、捷克斯洛伐克、波兰、苏联和蒙古等国进行友好访问。

12月11日 晨三时,列车经过沈阳时,和到车站看望代表团的中共辽宁省委书记黄欧东等谈话,了解辽宁省的工农业生产等情况。十二时半,列车经过长春时,和到车站看望代表团的吉林省的党、政、军负责人作短暂交谈,了解情况。下午三时,列车经过哈尔滨时,代表团一行下车休息,在中共黑龙江省委第一书记欧阳钦等陪同下,到松花江畔观光游览。

12月12日 上午,与聂荣臻、刘澜涛给毛泽东、周恩来并中共中央写信,报告路经沈阳、长春和哈尔滨等地时,和各省、市负责人谈话了解的情况及所见所闻。信中还说:"我们都是初次出国,自当审慎说事,遵照所嘱,力争不负使命。"下午一时,列车经过满洲里时,苏联驻满洲里领事馆副领事到车站迎接。下午四时,列车抵达苏联的奥德堡。苏赤塔州党、政、军负责人等到车站迎接。

12月13日 下午五时,列车经过苏联布列亚特蒙古自治共和国首府乌兰乌德时,下车与到车站迎接的当地党、政负责人交谈,说:今天到你们共和国首都感到很高兴。集二线(集宁至二连浩特)通车后,更有利于苏联帮助我们,我们也可以帮助你们。中苏两国建设社会主义是一致的。中苏和兄弟国家联合起来,帝国主义就包围不住我们。

12月15日 晚,列车经过苏联新西伯利亚时,苏共新西伯利亚市委书记和军区负责人到车站迎接。朱德下车同他们进行友好交谈。

12月18日 下午,列车经过苏联首都莫斯科时,苏联部长会议第一副主席、苏共中央主席团委员米高扬和苏联部长会议第一副主席兼外交部部长莫洛托夫、国防部部长朱可夫元帅等到车站迎接,并陪同代表团乘车前往莫斯科西郊政府别墅休息。

△　与聂荣臻、刘澜涛致电中共中央，报告离京后的行程和沿途情况。

　　12月19日　上午，乘火车离莫斯科前往罗马尼亚。

　　12月20日　上午，列车经过乌克兰首都基辅时，乌克兰共产党中央第一书记基里钦科、部长会议第一副主席格列丘哈、苏联元帅楚伊科夫等到车站迎接，并举行招待宴会，随后，代表团乘车游览了基辅市容。下午，乘火车离基辅前往罗马尼亚。

　　12月21日　上午，列车经过罗马尼亚的边境城市雅西时，罗马尼亚工人党中央政治局委员阿波斯托尔等罗马尼亚党、政、军负责人以及雅西州的党、政负责人，到车站迎接，并在车站上举行了有两千多群众参加的欢迎大会。罗马尼亚工人党雅西州委第一书记盖尔捷拉许在会上致欢迎词，朱德致答词。下午，列车抵达罗马尼亚首都布加勒斯特。罗马尼亚工人党第一书记乔治乌·德治等党和国家领导人以及数千人民群众到车站热烈欢迎代表团。在乔治乌·德治亲自陪同代表团乘车前往住地时，朱德和他进行了亲切的交谈。在谈到我国的农业合作化问题时说：现在我国的农业合作化发展得很快，农民已走在前头。过去以为没有拖拉机组织合作社有困难，现在看来，没有拖拉机也可以组织，个体农业必须组织起来才能深耕细作。我国的农业合作化原估计一九六〇年可完全组织起来，现在看来，可提前三年即一九五七年完成。

　　12月22日　与聂荣臻、刘澜涛致电中共中央，报告从莫斯科到布加勒斯特的沿途情况。

　　12月23日　上午，率中共中央代表团出席在布加勒斯特召开的罗马尼亚工人党第二次代表大会开幕式，被选为大会主席团成员。晚，出席罗马尼亚工人党中央举行的招待晚会。

△ 与聂荣臻、刘澜涛致电中共中央，请示下一步准备访问德意志民主共和国的有关问题。

12月24日 上午，与聂荣臻、刘澜涛等在罗马尼亚工人党中央委员达列亚和布加勒斯特军事学院院长布朗少将陪同下，参观火花大厦联合印刷厂，受到热情欢迎。装订车间的工人们把新近印成的精装本罗马尼亚文版《毛泽东选集》第三卷、《鲁迅选集》、《郭沫若选集》等书籍赠送给朱德。朱德向厂长和工人们表示衷心感谢，还为这个工厂题词："教育和组织群众的强大工具。"下午，率代表团继续出席罗马尼亚工人党二大，并在大会上致祝词：代表中国共产党的全体党员和全体中国人民，向大会致以热烈的祝贺，并说：虽然中国离罗马尼亚很远，中国工人阶级和中国人民都非常高兴地注意着你们的事业的重大的成就，因为你们的事业和我们自己的事业一样，都是整个社会主义阵营的伟大事业的一部分。你们的社会主义工业化事业走在我们的前面，这对我们是很大的鼓舞。

12月25日 上午，率代表团继续出席罗马尼亚工人党二大，听取各兄弟党代表团的发言。下午，在罗马尼亚工人党中央委员达列亚和中国驻罗马尼亚大使柯柏年陪同下，参观布加勒斯特的革命历史博物馆。参观后，代表团到中国驻罗马尼亚大使馆，和大使馆工作人员及留学生见面。与聂荣臻和刘澜涛分别讲话，传达中共中央和毛泽东主席对农业合作化和对资本主义工商业进行社会主义改造的指示。

12月26日 上午，率代表团前往罗马尼亚的石油工业中心普罗什蒂访问。参观石油设备制造厂、波尔德斯蒂油田和第一炼油厂。向为中国生产开采石油设备的工人和技术人员表示感谢。下午，率代表团继续出席罗马尼亚工人党二大。

12月27日 上午，率代表团在罗马尼亚武装部部长萨拉扬上将等陪同下，在布加勒斯特参观军事学院和服装工厂。下午，与聂荣臻、刘澜涛和秘书长师哲拜会罗马尼亚工人党中央第一书记乔治乌·德治。晚，率代表团继续出席罗马尼亚工人党二大。

12月28日 上午，率代表团在罗马尼亚化学工业部部长陪同下，参观布加勒斯特化学研究所，并同罗马尼亚的专家们交谈有关研究所进行的试验工作和取得的成果。随后，代表团又在罗马尼亚冶金机械工业部部长陪同下，参观"毛泽东工厂"。参观后，厂长致欢迎词，朱德致答词。下午，率领代表团访问罗马尼亚国民议会主席团。晚，率代表团出席罗马尼亚工人党第二次代表大会闭幕式和参加宴会。

12月29日 上午，率代表团在罗马尼亚工人党中央委员达列亚和罗马尼亚电力和电气设备工业部部长格·乔亚拉陪同下，在布加勒斯特参观非拉列特电力工厂和罗马尼亚科学院农业研究所。下午，率代表团访问罗马尼亚部长会议。晚，罗马尼亚工人党第一书记乔治乌·德治和罗马尼亚部长会议主席斯托依卡等回访中国代表团，并共进晚餐。

△ 与聂荣臻、刘澜涛联名给中共中央发了三个电报，报告罗马尼亚工人党第二次代表大会的主要议程和任务以及赴德意志民主共和国访问的日程安排等。

12月30日 结束对罗马尼亚人民共和国的友好访问，率中华人民共和国政府代表团，于上午九时，乘专列离开布加勒斯特，起程前往德意志民主共和国参加威廉·皮克总统八十寿辰庆典活动和进行友好访问。罗马尼亚工人党第一书记乔治乌·德治等和人民群众到车站送行。下午，列车抵达罗马尼亚西部的乌查城，代表团转乘汽车赴胜利城参观化学联合企业和游览市容。

1956年　七十岁

1月1日　下午三时，率代表团抵达德意志民主共和国首都柏林。德国统一社会党中央第一书记、德意志民主共和国政府第一副总理乌布利希等党和国家领导人到车站迎接。

1月2日　上午，游览柏林市容。下午，约请到德访问的中国贸易代表团团长张化栋等人谈最近的中德贸易情况。晚，到柏林国家歌剧院看歌剧《安东尼亚》。

△　与聂荣臻、刘澜涛联名致电中共中央，报告离开罗马尼亚首都布加勒斯特后，途经捷克斯洛伐克首都布拉格和抵达德意志民主共和国首都柏林途中受到欢迎的情况。

1月3日　上午，率代表团到德意志民主共和国总统府拜会威廉·皮克总统。下午，率代表团参加在柏林国家歌剧院举行的庆祝威廉·皮克总统八十寿辰大会，在大会上讲话，对威廉·皮克八十岁寿辰表示祝贺，并指出：中、德两国人民早就有着深厚的友谊。自从德意志民主共和国和中华人民共和国诞生以后，我们两国建立了兄弟般的友好合作关系。几年来，我们两国在政治、经济、文化等方面的互助合作，有了很大发展。我们两国的关系中贯穿着相互信任和团结一致的精神。

1月4日　上午，率代表团应邀到总统府同威廉·皮克共进早宴，并赠献祝寿礼品。下午，率代表团分别拜会德意志民主共和国总理格罗提渥、德国统一社会党中央第一书记乌布利希和人民议院主席狄克曼。

1月5日 上午，率代表团在柏林参观斯大林电器装备制造厂。在欢迎会上致答词：看到了这样先进的生产技术和这样高涨的劳动热情，非常高兴。祝你们在发展经济的第二个五年计划中获得更大的成就。下午，率代表团拜会德意志民主共和国全国阵线主席柯伦斯。

1月6日 上午，率代表团前往莱比锡市附近的柏伦镇参观奥托·格罗提渥人造汽油联合企业和开采褐煤的露天矿场。下午，率代表团到卡尔·马克思大学工农学院同在民主德国学习的一百二十多位中国学生见面，勉励他们努力学习，学成后在祖国社会主义建设中贡献力量。随后，率代表团参观季米特洛夫博物馆，在纪念簿上题词："季米特洛夫同志为共产主义事业斗争的精神感召着千千万万的人们，共产主义万岁！"

1月7日 上午，率代表团前往德意志民主共和国北部港口斯特尔松参观"人民造船厂"。下午，率代表团参加驻营人民警察、军官和士兵们举行的欢迎大会。晚，观看驻营人民警察文工团的文艺表演。

1月8日 上午，率代表团参观人民警察的防地，并观看一个机械加强团的演习。晚，返回柏林住地。

1月9日 上午，率代表团到柏林社会主义烈士公墓敬献花圈，并瞻仰李卜克内西、卢森堡、台尔曼墓。随后，到驻德苏军总部参观，观看一个机械师，检阅一个空军师。并在苏军一千名军官参加的欢迎大会上讲话说：中国人民将永远不会忘记苏联军队在第二次世界大战中击溃德国和日本法西斯的功勋。之后，代表团到苏军烈士墓前敬献花圈。

1月10日 上午，率代表团前往哈勒市郊的洛伊纳参观布纳人造橡胶厂。参观后，出席该厂有四千多工人参加的欢迎大会，并发表讲话。下午，率代表团在前往魏玛市途中，访问马格达拉村的"赫尔曼·马特恩"农业生产合作社。晚，抵达文化古城魏玛，参加主人举行的欢迎大会，并在会上讲了话。

1月11日 上午，率代表团从魏玛市到前布痕瓦尔德集中营凭吊被法西斯匪徒谋杀的各国烈士受难处，并在被德国法西斯杀害的德国共产党卓越的领导人台尔曼纪念碑前献花圈。随后，到魏玛市参观德国伟大诗人歌德的故居，并在纪念簿上题词："天才诗人和学者歌德的光辉著作，将永远是世界人民的宝贵的精神财富。"还在数千人的群众欢迎大会上发表讲话。下午，率代表团在耶纳参观世界闻名的国营蔡斯光学器材制造厂，在该厂举行的欢迎大会上发表讲话。

1月12日 约请德意志民主共和国争取德国统一委员会主席威廉·吉尔努斯谈西德的情况。后又约请两位地质专家谈地质勘探情况。晚，率代表团到中国驻德大使馆，同大使馆全体工作人员和在柏林的中国留学生见面，并讲话勉励他们努力工作和学习。

1月13日 上午，在住地会见前来告别的德国统一社会党中央第一书记、德意志民主共和国第一副总理乌布利希，下午，代表团结束了对德意志民主共和国的友好访问，应邀乘专车前往匈牙利。到车站送行的有德意志民主共和国总理格罗提渥等。朱德发表了告别讲话：我们亲自看到了马克思和恩格斯、卢森堡和李卜克内西、台尔曼和皮克的德国，看到了具有悠久的革命传统和劳动人民在工业生产、科学技术和文化艺术各方面对于全人类做出了杰出的贡献的德国，看到了彻底铲除了军国主义的德意志历史上第一个工农国家在社会主义建设上所获得的伟大成就，感到无比的兴奋和钦佩。我们相信全德人民争取自己的国家在和平民主的基础上统一的历史性的任务必将胜利完成。

1月14日 上午，率中华人民共和国代表团抵达匈牙利首都布达佩斯。匈牙利劳动人民党中央第一书记拉科西和匈牙利部长会议主席赫格居斯等以及数千群众到火车站欢迎代表团。赫格居斯主席在群众大会上致欢迎词。朱德致答词。下午，率代表团出席匈牙利劳动人民党和政府举行的宴会。宴会后，参观布达佩斯的古迹和工人运动历史博物馆。晚，代表团观看了匈牙利国家剧院举行的招待演出。

1月15日 上午，率代表团乘专车赴新建的斯大林城访问。参观了冶金联合企业、文化宫、商店和住宅区。晚，匈牙利劳动人民党中央、匈牙利人民共和国主席团和部长会议设宴招待代表团。宴会后，代表团在拉科西等人的陪同下，参观了国会大厦。

1月16日 上午，率代表团到多瑙河中的切佩尔岛上参观拉科西机器制造厂，并在参观后的座谈会上讲话。接着，又参观米丘林农业生产合作社，并题词留念。下午，率代表团出席布达佩斯市体育馆举行有五六千人参加的欢迎大会，在大会上发表演说。晚，率领代表团结束了对匈牙利的友好访问，乘专车离开布达佩斯，应邀前往捷克斯洛伐克进行友好访问。

1月17日 上午，率中华人民共和国代表团抵达斯洛伐克首府布拉迪斯拉发。捷共中央政治局委员、斯洛伐克第一书记巴契连科到车站欢迎，并致欢迎词，朱德致答词。随后，参观布拉迪斯拉发的电缆工厂、考门斯基大学，游览市容。下午四时，专列抵达捷克斯洛伐克首都布拉格。捷共中央第一书记诺沃提尼和政府总理西罗基等领导人到车站迎接并陪同前往住地。途中受到群众的热烈欢迎。下午五时，率代表团分别拜会捷克斯洛伐克总统萨波托斯基、总理西罗基和捷共中央第一书记诺沃提尼。晚，出席在民族剧院举行的晚会。

△ 致电中共中央,报告率代表团在匈牙利和捷克斯洛伐克两国的访问情况。

1月18日 上午,率代表团参观斯克德斯大林格勒机器制造厂。该厂举行群众欢迎大会,捷共中央第一书记诺沃提尼在大会上致欢迎词。接着,朱德发表讲话。下午,率代表团到布拉格的伏契克公园同捷克斯洛伐克军队的军官们见面。随后,向捷克斯洛伐克故总统哥特瓦尔德陵墓敬献花圈。晚,捷克斯洛伐克总统萨波托斯基和夫人,在布拉格宫为朱德及其率领的代表团举行盛大的招待会。在招待会上,萨波托斯基、诺沃提尼和朱德先后讲话。

1月19日 上午,率代表团参观哥特瓦德博物馆和民族文化博物馆。中午,率代表团出席捷克斯洛伐克总理西罗基举行的午宴。下午,率代表团到查理大学出席捷克斯洛伐克科学院、教育部和文化部联合举行的欢迎大会。会后,朱德接受卡罗瓦大学校长赠送的卡罗瓦大学纪念章。晚,与聂荣臻、刘澜涛到中国驻捷克斯洛伐克大使馆和中国留学生见面,对留学生讲话,勉励他们努力学习。

1月20日 中午,率代表团出席捷克斯洛伐克共和国总统萨波托斯基在布拉格宫举行的午宴。下午,和随行人员乘车离开布拉格前往卡罗维发利温泉疗养地作短期休息。

1月21日 曾在中国为朱德和其他中国领导人担任过医疗工作的捷克斯洛伐克女医生罗笔愁得知朱德正在捷克斯洛伐克访问,请求会见。朱德在温泉疗养地接见了她,并进行了友好的谈话。

△ 收到中共中央来电,通知聂荣臻于一月二十七日至二十八日,参加在布拉格召开的华沙条约国政治协商会议。朱德等继续访问波兰和苏联两国。

1月23日 在卡罗维发利参观莫塞尔玻璃制造厂和马克思一八七四至一八七六年在这里疗养时的住处。

1月24日 上午，赴比尔森城参观列宁重型机器制造厂和比尔森酿酒厂。

1月25日 上午，在卡罗维发利参观陶瓷制造厂。下午，应捷克斯洛伐克电视中心站的邀请，到电视台对捷克斯洛伐克人民发表电视广播讲话。

1月26日 上午，到拉其基采村参观农业生产合作社，了解农民的生产和生活情况。晚，出席在卡罗维发利的"莫斯科疗养院"举行的欢迎晚会。

1月27日 结束了在卡罗维发利的短期休息，在捷共中央书记帕歇克陪同下，乘车赴莫斯特城参观人造石油工厂，并在该厂举行的欢迎大会上发表讲话。

1月28日 上午，乘车抵达奥斯特拉发城，参观冶炼厂和钢铁厂。晚，乘车回到布拉格。

1月29日 上午，率代表团到总统府拜会捷克斯洛伐克总统萨波托斯基，并向他告别。下午，捷克斯洛伐克总理西罗基和捷共中央第一书记诺沃提尼到朱德下榻的别墅，回拜朱德及代表团，并代表捷克斯洛伐克赠送给中国人民一个国营农场所需要的全套机器设备及其他礼品。中国驻捷大使曹瑛和夫人，为朱德及其率领的代表团举行盛大宴会，捷克斯洛伐克党、政领导人应邀出席。朱德在宴会上发表讲话，对捷克斯洛伐克赠送给中国人民的一套现代化的国营农场的全套机器设备表示感谢。晚，率代表团乘专车离开布拉格，应邀前往波兰进行友好访问。

△ 与聂荣臻、刘澜涛致电中共中央，报告捷克斯洛伐克向我国赠送农场设备的情况。电报说："今日下午，诺沃提尼

代表捷共、西罗基代表政府到我们寓所告别，并且为配合我国农业的社会主义改造的高潮和帮助农业生产的发展，特送给我国一个国营农场用的全套设备。计：各式拖拉机三十五台，各式犁三十五架，耙四十五套，联合收割机五台和其他各种相应的农具等全套，并由捷方派专家负责专运到北京。我们已代表党和政府向捷方致谢。捷共对毛主席关于农业合作化问题的报告和中共中央发展农业生产的十二年计划极为重视。"

1月30日 率中华人民共和国代表团于上午抵达波兰首都华沙。在车站受到波兰国务委员会主席萨瓦茨基，部长会议主席西伦凯维兹、部长会议副主席兼国防部长罗科索夫斯基元帅等的迎接。萨瓦茨基在欢迎大会致欢迎词，接着朱德发表讲话，代表中国人民向英雄的华沙人民和全体波兰人民致衷心的敬意，又说，中波两国在地理上虽然距离很远，但两国人民间一向存在深厚的友谊。中华人民共和国成立后，两国人民的友谊得到全面的发展，希望这次访问能有助于增进两国人民的友谊。中午和下午，率代表团先后拜会波兰统一工人党中央第一书记贝鲁特、波兰国务委员会主席萨瓦茨基和部长会议主席西伦凯维兹等，进行了友好的交谈。随后，游览在废墟上重建的华沙市容。晚，率代表团出席萨瓦茨基举行的招待会，并发表讲话。

1月31日 率代表团到斯大林诺格罗德城访问。下午，参观制造中型坦克和拖拉机的拉本底工厂和有色金属压延厂。晚，出席当地群众欢迎大会，并在会上发表演说。

2月1日 率代表团赴波兰文化古城克拉科夫参观访问。下午，参观诺瓦·胡塔列宁联合冶金企业，并在该企业举行的欢迎大会上发表讲话。随后，又参观瓦尔维宫、圣玛丽亚教堂和列宁博物馆。晚，起程返华沙。

2月2日 上午，率代表团参观华沙市郊的泽兰汽车工厂。中午，与聂荣臻、刘澜涛等到中国驻波大使馆同中国留学生见面。下午，与刘澜涛等拜会波兰统一工人党中央第一书记贝鲁特，并向他辞行。晚，出席中国驻波大使王炳南为代表团访波举行的招待会并在会上发表讲话。晚九时，结束对波兰的友好访问，乘专车离开华沙，前往苏联进行友好访问。波兰国务委员会主席萨瓦茨基和部长会议主席西伦凯维兹等到车站欢送。在华沙车站举行的欢送仪式上，萨瓦茨基致欢送词，朱德发表告别讲话。

2月3日 下午，列车抵达苏联白俄罗斯首府明斯克。白俄罗斯共产党第一书记帕托利切夫和白俄罗斯军区司令员铁木辛哥元帅等到车站迎接代表团，并陪同代表团游览了明斯克市容。

2月4日 上午，率代表团抵达苏联首都莫斯科。在车站受到苏联部长会议第一副主席米高扬和莫洛托夫，苏联国防部长朱可夫元帅等迎接。朱德在车站的欢迎大会上发表讲话。下午三时，率代表团到克里姆林宫拜会苏联最高苏维埃主席团主席伏罗希洛夫。随后，出席苏联部长会议主席团举行的庆祝伏罗希洛夫七十五寿辰宴会。

2月5日 上午，约请中国驻苏联大使馆商务参赞李强和正在苏联访问的中国贸易代表团团长刘放等谈话。在听取中苏贸易情况的汇报后，说：要打通与德国、捷克斯洛伐克的贸易关系，充分利用他们的潜力。还要想法减低运费。现在，我们不要关起门来用小套套把自己套死。不要怕不平衡，只要有贸易，就可以解决不平衡问题。又说：出口的食品和手工业品等产品，质量一定要好，要严格检查，合格的才能出口。晚，观看莫斯科大马戏团的演出。

2月6日 上午，与聂荣臻、刘澜涛参观克里姆林宫的列宁办公室、会议室、藏书室和卧室。在纪念册上题写:"列宁的一生永远值得我们和后代学习。"随后,又参观克里姆林宫的武器博物馆。参观后,率代表团拜会苏共中央第一书记赫鲁晓夫,并进行长时间谈话。下午,率代表团拜会苏联部长会议主席布尔加宁,并进行长时间谈话。晚,观看赫鲁晓夫和布尔加宁访问印度的新闻纪录影片。

2月7日 上午,率代表团到红场拜谒列宁、斯大林陵墓并献花圈。接着拜谒革命烈士纪念碑。随后,拜会苏联部长会议第一副主席米高扬,并进行长时间谈话。下午三时,率代表团拜会苏联部长会议第一副主席兼外交部部长莫洛托夫,并进行长时间谈话。下午四时,率代表团到苏联国立"罗蒙诺索夫"莫斯科大学参观访问。莫斯科大学校长彼得罗夫斯基把莫斯科大学二百周年纪念章、学校历史和学校图片册等礼品赠送给代表团。朱德在欢迎大会上讲话说:在这个学校里学习是很幸福的,愿你们迅速地掌握新时代的科学和新技术。勉励中国留学生做到毛主席提出的"三好",专心学习,将来从事社会主义建设事业。

2月8日 率代表团参观伏龙芝军事学院和莫斯科机器制造厂。

2月9日 率代表团参观苏联科学院原子能电力站。

2月10日 上午,率代表团参观莫斯科斯大林汽车工厂,并同在这里实习的中国实习生见面交谈。晚,出席中国在苏联留学的军官授勋宴会。

△ 与聂荣臻、刘澜涛致电中共中央,报告代表团对罗马尼亚、民主德国、匈牙利、捷克斯洛伐克、波兰和苏联六个国家的访问情况和今后的活动计划。电报中说:我们这次出国访问进一步加强我国同各兄弟国家间的友谊和合作。电报中还

说：这些国家的领导人都表示愿意尽力支援我们。同时，他们也需要我们在农副产品、工业原料以及罐头食品等方面的支援，有进一步扩大我们同这些兄弟国家经济合作的必要。

△ 中共中央宣布：应苏联共产党中央委员会的邀请，中共中央委员会决定派遣以中共中央政治局委员、书记处书记朱德为首的代表团，赴苏联参加即将举行的苏联共产党第二十次代表大会。代表团的团员有：中共中央政治局委员邓小平，中共中央委员谭震林、王稼祥和候补中共中央委员刘晓。除朱德和刘晓已在莫斯科外，邓小平、谭震林和王稼祥已于二月九日上午八时，乘飞机离开北京前往莫斯科。

2月12日 为庆祝二月十四日《中苏友好同盟互助条约》签订六周年，应邀到莫斯科电视台向电视观众讲话。说：中苏两国人民之间，早就存在着深厚的友谊。自从中华人民共和国成立以来，这种友谊更得到了全面的发展。苏联对中国人民恢复和发展自己国家的经济，给了全面的、系统的和无私的援助。我们能迅速地治好战争创伤，并且进入大规模的社会主义建设，是和苏联的帮助分不开的。中国人民对于苏联人民所给予的巨大的兄弟般的援助，表示衷心的感谢。

2月13日 上午，参观农业展览馆。中午，会见在莫斯科访问的越南劳动党总书记长征，邓小平、王稼祥参加会见。下午，参观建筑工业展览馆。

2月14日 率中共中央代表团出席苏联共产党第二十次代表大会开幕式。是日，大会主要议程是赫鲁晓夫代表苏共中央作政治报告。

2月15日 率中共中央代表团继续出席苏共二十大，并代表中国共产党和中国人民在大会上发表讲话和宣读贺词。

△ 与聂荣臻、刘澜涛向中共中央写书面报告，详细报告

对罗马尼亚、民主德国、匈牙利、捷克斯洛伐克、波兰等东欧五国和苏联的访问情况。报告中在谈到这次出访的意义时说：这次访问对进一步加强同这些兄弟国家的友谊，巩固相互之间的团结合作和加深相互之间的了解，是起了积极作用的。报告在分别介绍东欧五国的情况后说：这些兄弟国家工业化的程度和技术成就虽有不同，但工业都有相当发展，工业生产平均比战前增长三倍多。目前，这五个兄弟国家，特别是德、捷两国的工业潜在力量还相当大，都可以对我国的工业建设提供不少的帮助。因此，如何进一步加强同这些兄弟国家，特别是德、捷两国的经济合作，充分运用他们的技术力量来加速我国工业建设的速度；同时，增加工业原料、农产品等的输出来支援他们，是一个应该进一步加以注意和解决的问题。

△ 收到中共中央来电，告知中央同意朱德在回国途中，应蒙古人民共和国大人民呼拉尔主席团的邀请访问乌兰巴托。

2月16日 率中共中央代表团继续出席苏共二十大。晚，和李强及正在苏联访问的国家建委副主任孔祥祯谈话，说：军事工业和民用工业应该配合起来搞，单搞军事工业问题多。从国际形势来看，十年八年打不起仗来，赶时间搞军事工业没有用。就是战时，搞这样多军事工业也要考虑。又说：要加强同德、捷等国的经济合作，利用他们的工业潜力来加强我们的社会主义建设。同时，要适当增加生铁、有色金属、水果、罐头、茶业和蚕丝等工业原料和农副产品的出口，以换取外汇来抵偿进口工业设备和工业产品。

2月17日 率中共中央代表团继续出席苏共二十大。晚，和前往民主德国、波兰途经莫斯科的中国国际贸易促进会主席南汉宸等谈话。说：对德国（东德）、波兰和捷克的生产能力我们作了些了解。过去，我们只向他们要大型机器设备，人家有困难。德国的技术比捷克的高,但是,德国缺少钢铁,特别缺少耐高温、高压的特殊钢。德国很多工厂都专业化,一装配就成。我们将来应多搞些小厂,如玻璃制品厂等,作为他们的子厂。又说:你们这次去要了解我国第二个五年计划所需要的东西。电机可能要得多,电站订建厂和订机器可一齐来。德国渔船可以订,要解决运输问题。不但要大型的,也要小型的。不要光算赔钱或赚钱,要打大算盘。还说:我国要把水果、罐头、烟和酒等食品供应给兄弟国家。要了解他们都需要些什么,以便我们增加生产尽量供应他们。

2月18日 率中共中央代表团继续出席苏共二十大。

2月19日 下午,率中共中央代表团出席苏共中央在克里姆林宫举行的招待会。晚,到莫斯科大剧院观看芭蕾舞剧《劳伦斯》。

2月20日 率中共中央代表团继续出席苏共二十大。

△ 与邓小平、谭震林、王稼祥、刘澜涛联名给中共中央写报告,报告苏共二十大情况,并请示有关问题。报告中说:大会(指苏共二十大)已经开了六天,今天二十日已一致通过赫鲁晓夫报告,明二十一日,布尔加宁作关于发展国民经济第六个五年计划的报告,估计会议还要四五天才能结束。从这几天会议中,我们感觉有两个比较突出的问题:一是关于通过争取议会的多数来实现社会主义改造的问题;一是关于斯大林和斯大林领导时期的估价问题。关于第一个问题,我们觉得:苏共提法同我党对于英国党所表示的态度是有区别的,代表团同志讨论了这个问题,认为有些提法还是值得斟酌的,我们希望中共中央对这个问题给以指示。如果中央认为应当同意苏共的提法,我们即可以个人的名义表示赞同的意见。如果中央认为还要斟酌,我们是否可以这样表示意见,即:这是一个重要的

和新的提法，我们回国后，中央还会讨论这些问题。关于第二个问题，代表团同志觉得米高扬发言对斯大林和斯大林整个领导时期的估价是有问题的。这种看法不知是否妥当？在同苏共中央同志谈话时，我们拟采取这样的态度：即对斯大林的功过问题不表示意见，但表示提倡集体领导和反对个人崇拜的重要性，表示苏共中央这几年在内政、外交各项政策的正确性。以上两点是否妥当，请于二十四日前电示。

△ 与邓小平、谭震林、王稼祥、刘晓联名再次给中共中央写报告，继续报告苏共二十大情况。报告中说：赫鲁晓夫在报告中论述到各种不同国家过渡到社会主义的形式问题。他说：由于世界舞台上发生了根本的变化，过渡到社会主义问题应有新的看法，除了苏维埃形式外，还有人民民主形式，将来向社会主义过渡的形式也会更多样，利用议会的途径由工人阶级及其先锋队的领导争取人民大多数到自己方面来，争取议会中的稳固多数，变资产阶级的民主议会为真正人民意志的工具，和平过渡到社会主义，这在新的国际情况下，在若干资本主义国家和殖民地国家中是可能的。在讨论中，苏共负责同志苏斯洛夫、西皮洛夫也谈到这个问题。米高扬对这个问题讲得较多，他认为，报告中的结论不仅有理论价值，并且带有政纲性质。认为这是发展了马列主义。

△ 与邓小平、谭震林、王稼祥、刘晓联名第三次给中共中央写报告，继续报告苏共二十大情况，说：在代表大会的报告和发言中，都强调集体领导和反对个人崇拜。米高扬和其他个别发言，批评了《联共（布）党史简明教程》一书，认为这本书有缺点。米高扬发言中作出总结说："并不是夸大，可以说，在列宁逝世后，二十次代表大会是我党历史中最重要的一次代表大会。列宁的精神和列宁主义贯彻了我们的整个工作和我

们的一切决议，像列宁还活着并同我们在一起。"所有发言都特别强调列宁主义，引用列宁的话，没有一个人引证斯大林的话。

△ 与邓小平、谭震林、王稼祥联名给中共中央发电报，报告在苏共二十大后代表团的活动计划，并请中央批示。

2月21日 率中共中央代表团继续出席苏共二十大。是日，大会的主要议程是布尔加宁代表苏联政府作关于第六个五年计划草案的报告。

△ 与邓小平、谭震林、王稼祥、刘晓联名给中共中央写报告，报告赫鲁晓夫同朱德谈话情况。

2月22日 率中共中央代表团继续出席苏共二十大。

2月23日 率中共中央代表团继续出席苏共二十大。

2月24日 率中共中央代表团继续出席苏共二十大。

2月25日 苏共二十大进行最后一项议程——选举苏共中央领导机构和通过一系列决议，其中最重要的是通过发展国民经济的五年计划和苏共新党纲草案。中共代表团和其他国家的共产党和工人党的代表团都未出席会议。

△ 上午，前往即将离开莫斯科回国的捷克斯洛伐克共产党代表团住地拜会捷共中央第一书记诺沃提尼等，并进行友好的谈话。下午，与谭震林、刘晓到莫斯科第一滚珠轴承工厂参加庆祝苏共二十大闭幕的群众大会，并在大会上讲话。晚，出席苏共中央在莫斯科大剧院举办的歌舞晚会。

2月26日 参观莫斯科郊外的前东方劳动者共产主义大学中国留学生宿舍所在地。一九二五年朱德曾在这里住过。

2月27日 与邓小平、谭震林、王稼祥应邀参加苏共中央召开的座谈会。苏共中央第一书记赫鲁晓夫在座谈会上讲反对个人崇拜问题。

2月28日 上午，到莫斯科大学同在莫斯科学习的二千八百多名中国留学生见面,并发表讲话。下午,与邓小平、谭震林、王稼祥前往拜会苏共中央第一书记赫鲁晓夫及其他苏共领导成员。

2月29日 参观在莫斯科举办的苏联工业新成就展览会,重点看了石油工业和车床工业两个展馆。

3月1日 上午,中共中央代表团团员邓小平和谭震林乘专机离莫斯科起程回国。王稼祥暂留莫斯科处理未了的事宜。朱德在苏联继续参观访问。下午,约请中国驻苏联大使馆商务参赞李强谈话。

3月2日 上午,离莫斯科飞抵古比雪夫参观访问。苏共中央委员、古比雪夫州委第一书记叶夫雷莫夫等到机场迎接。下午,在叶夫雷莫夫的陪同下,参观一个巨型机器制造厂,并同工厂领导人和工人群众交谈,了解工厂的生产组织和技术成就的情况。

3月3日 上午,到古比雪夫州委同地方党政领导人谈话,听取州委第一书记叶夫雷莫夫介绍古比雪夫的水电、石油工业和农业的发展情况。接着,参观古比雪夫市区中央广场和伏尔加河岸等地。下午,参观中伏尔加车床工厂。晚,出席州委举办的歌舞晚会,观看歌剧《穷学生》。

3月4日 上午,离古比雪夫飞往巴库参观访问。下午五时许抵达巴库。苏共中央委员、阿塞尔拜疆加盟共和国共产党中央第一书记穆斯塔法耶夫、共和国部长会议主席拉吉莫夫等到机场迎接,并举行欢迎晚宴。

3月5日 上午,在穆斯塔法耶夫的陪同下,参观巴库海上采油场。下午,参观巴库市容后,接见在巴库学习的中国留学生,并对他们说:现在国内情况很好。国际情况也好。可能争取到十几年的和平建设时间。现在我们需要的就是技术。要尽快学习最新技术。现在是一个工业技术发展的新时代，是原子时代和电子时代，是全面机械化、电气化和自动化的时代。要掌握最新技术成就，才能使我国的经济迅速地赶上世界的先进水平。我们有很好的国内和国际条件，我们的建设可能比苏联过去的速度更快。同志们的任务就是学习，希望同志们努力。晚，到共和国剧院观看阿塞尔拜疆音乐和歌舞表演。

3月6日 上午，参观巴库石油钻探机工厂和煤气工厂。下午，离巴库飞抵埃里温参观访问。苏共中央委员、亚美尼亚加盟共和国共产党中央第一书记托夫马相、共和国部长会议主席科金扬、最高苏维埃主席团主席阿拉沙尼扬等到机场迎接。接着游览埃里温市容。晚，在当地党政负责人陪同下，观看歌舞表演。

3月7日 上午，在托夫马相陪同下，到埃里温市郊参观集体农庄、人造橡胶厂和水力发电站。下午，离埃里温飞抵第比利斯参观访问。苏共中央委员、格鲁吉亚加盟共和国共产党中央第一书记姆扎瓦纳泽、共和国最高苏维埃主席团主席楚比尼泽等到机场迎接。晚，到国家歌剧院和芭蕾舞剧院，欣赏和观看音乐舞蹈。

3月8日 上午，到鲁斯塔维城参观外高加索冶金工厂和市容。下午，接见群众代表。晚，离第比利斯起程前往巴库。

3月9日 上午，抵达巴库。下午，乘飞机离巴库经罗斯托夫飞抵乌克兰最大的工业城市哈尔科夫参观访问。苏共中央委员、哈尔科夫州委第一书记季托夫等地方党政领导人到机场迎接。晚，观看歌舞晚会。

3月10日 上午，参观奥尔忠尼启则拖拉机工厂和飞机工厂。下午，参观哈尔科夫雷达学院，并接见在这里学习的中国留学生。

3月11日 上午，离哈尔科夫飞往列宁格勒（今圣彼得堡）参观访问。在离开哈尔科夫前，向报界发表谈话，对哈尔科夫人民给予中国工业化的巨大援助表示衷心的感谢。并指出：在中国的社会主义建设事业中，正在使用着哈尔科夫的工厂制造的拖拉机、矿山设备、马力强大的发电机和其他机器，中国成百的专家和工人正在哈尔科夫各工厂中实习，许多中国青年在哈尔科夫的学院中学习，中国人民对这种无私的兄弟般的援助给予很高的评价，并且永远不会忘记。抵达列宁格勒时，苏共中央委员、苏共列宁格勒州委第一书记科斯洛夫等领导人到机场迎接。下午，在列宁格勒参观十月革命时的司令部斯莫尔尼宫内的列宁办公室兼住所和曾经作为共产国际会场的塔夫里契斯基宫。参观后题词："列宁主义胜利万岁。"接着又参观冬宫、宫廷广场和"阿芙乐尔"号巡洋舰。晚，观看列宁格勒大马戏团的表演。

3月12日 上午，参观列宁格勒地下电车站、基洛夫轮机工厂。下午，参观斯大林机器工厂和列宁格勒工艺合作总社。在参观列宁格勒工艺合作总社时，同该社理事会主席略乍楚也夫谈话，了解该社的情况和经验。晚，观看列宁格勒歌剧院演出的芭蕾舞剧《睡美人》。

3月13日 上午，参观列宁格勒光学器材制造厂和"艾尔米塔什"博物馆。下午，参观列宁格勒造船厂。晚，接到中共中央通知，离列宁格勒飞抵莫斯科，得知波兰统一工人党中央第一书记波莱斯瓦夫·贝鲁特，于一九五六年三月十二日病逝于莫斯科。根据中央通知组成以朱德为团长，以中国驻苏联大使刘晓和中国驻波兰大使王炳南为团员的中国共产党中央委员会和中华人民共和国政府代表团，赴华沙参加贝鲁特的葬礼。

3月14日 上午，与中共中央候补委员、中国驻苏大使刘晓等到苏联工会大厦圆柱大厅，吊唁贝鲁特，并在他的灵柩前敬献花圈。随后，在机场参加贝鲁特追悼大会。下午，率领中共中央和中华人民共和国政府代表团飞抵华沙，并到波兰工人党中央大厦为贝鲁特守灵。

△ 与刘晓、王炳南联名致电中共中央，报告参加贝鲁特葬礼情况。

3月16日 上午率领中共中央和中国政府代表团参加在华沙斯大林广场举行的波莱斯瓦夫·贝鲁特追悼大会。在追悼大会上致悼词。晚，波兰统一工人党中央邀请各兄弟党代表团的同志会面，并共进晚餐。

3月17日 率领中共中央和中国政府代表团飞离华沙回到莫斯科。

3月19日 上午，和中国驻苏联大使馆商务参赞李强谈话。中午，会见赴苏联学习的中共中央组织部工作参观团的王甫，希望参观团注意研究集体领导的问题。下午，拜会苏联部长会议第一副主席兼外交部长莫洛托夫，并交谈了国际形势问题。

3月20日 在中国驻苏联大使刘晓的陪同下，分别拜会苏联最高苏维埃主席团主席伏罗希洛夫、苏联部长会议主席布尔加宁、苏联部长会议第一副主席卡冈诺维奇和萨布罗夫，并向他们辞行。

△ 下午七时，乘专列离莫斯科回国。莫洛托夫、卡冈诺维奇等苏联党、政、军领导人到车站送行。朱德检阅仪仗队后，发表告别讲话。

3月22日 上午，列车经过斯维尔德洛夫斯克时，参观乌拉尔重型化学工业机器制造厂和乌拉尔重型机器制造厂，并会见在这里实习的中国留学生。下午，列车离开斯维尔德洛夫斯克，继续向东进发。

3月23日 上午，列车经过鄂木斯克时，在这里参观飞机制造厂和坦克制造厂，并会见在这里实习的中国留学生。下午，列车离开鄂木斯克，继续向东进发。

3月24日 上午，列车经过诺沃西比尔斯克（新西伯利亚）时，在这里参观重型机床及水压机制造厂和无线电器材制造厂，并会见在这里实习的中国留学生。下午，列车离开诺沃西比尔斯克，继续向东进发。

3月25日 列车经过克拉斯诺亚尔斯克时，在这里参观高射炮工厂、起重机工厂和无线电器材制造厂，并应邀题字留念。下午，列车继续向东进发。

3月26日 下午，列车经过安加尔斯克时，参观这里的人造汽油厂。经过伊尔库茨克时，参观这里的水电站建设工地和少年宫。晚，列车继续前行。

3月27日 上午，列车经过布里亚特蒙古自治共和国首府乌兰乌德时，在这里参观机车修理和制造工厂、肉类罐头制造厂。下午，到剧院观看歌剧《白毛女》和舞蹈演出。随后乘专列离开乌兰乌德，应邀前往蒙古人民共和国进行友好访问。

3月28日 下午，率中华人民共和国代表团乘专列抵达蒙古人民共和国首都乌兰巴托。蒙古大人民呼拉尔主席团主席桑布、总理泽登巴尔和蒙古人民革命党第一书记达姆巴等到车站欢迎代表团，在车站举行的欢迎仪式上，桑布致欢迎词，朱德致答谢词，说：中蒙两国人民有着悠久的传统友谊，这种传统友谊在我们两国人民革命斗争的年代里已经得到了进一步的发展。随后，进行友好的交谈。晚，进谒蒙古人民革命领袖苏赫·巴托尔和乔巴山元帅的陵墓，并敬献花圈。

3月29日 上午，在桑布和泽登巴尔的陪同下，参观乔巴山大学，并在纪念册上题写："祝蒙古人民共和国的科学、文化和教育事业日益繁荣和发展。"中午，出席大人民呼拉尔主席团主席札·桑布举行的午宴。下午，到中国驻蒙古大使馆会见大使馆工作人员。晚，到国家歌剧院观看歌剧《三座人》的演出。

3月30日 上午，在桑布和泽登巴尔的陪同下，参观乔巴山工业联合企业，并应邀在纪念簿上题写："蒙古人民共和国的皮革、毛织等工业具有远大的发展前途，祝你们在这一方面获得更大的成就。"下午，出席中国驻蒙古大使何英举行的招待会，招待蒙古党政领导人、知名人士和兄弟国家使节。朱德在招待会上发表讲话。

3月31日 上午，在桑布的陪同下，参观苏赫·巴托尔高级党校，并应邀在纪念册上题词："祝蒙古人民革命党高级党校给国家培养更多的才德兼备的干部。"随后又参观苏赫·巴托尔和乔巴山博物馆，并应邀在纪念册上题词："在这里我们看到了蒙古人民在蒙古人民革命党的领导下英勇斗争和勤劳建设的事实。"下午，到国家歌剧院观看文艺演出。晚八时，出席蒙古人民共和国总理泽登巴尔举行的盛大宴会。泽登巴尔致词后，朱德讲话。晚十一点，中国代表团结束了对蒙古的友好访问，离乌兰巴托回国。桑布、泽登巴尔和达姆巴等党和国家领导人到车站欢送代表团。朱德在欢送仪式上发表告别演说。

4月1日 列车经过二连浩特时，听取中共平地泉行政区委书记关于农业生产、农业和资本主义工商业社会主义改造情况的汇报。

4月2日 晨六时，列车抵达内蒙古自治区集宁，换乘我国的专列向北京进发。上午九时许，经过山西大同时，在车上听取到车站迎接的中共大同市委书记和市长等关于当地工业生产、基本建设和资本主义工商业社会主义改造情况的汇报，并说：要多生产，不要怕多，事实上是东西太少。地方上应想办法多投资。在社会改革方面，不要怕被打倒的敌人的力量，造不了反，要给他们出路。要加紧工业建设。又说：要抓住发挥一切力量的基本原则来解决干部不足的问题。一切从生产出发，服从生产。下午二时许，经过河北张家口时，在车上听取到车站迎接的中共张家口市委书记、市长和中共张家口地委书记等关于当地工农业生产和商业工作情况的汇报。

△ 晚九时许，率代表团抵达北京。刘少奇、周恩来等和一千多群众到车站迎接。随后，到中南海颐年堂出席中共中央书记处会议，汇报苏共二十大的情况。

4月3日 出席中共中央政治局会议。会议讨论根据毛泽东的意见写成的《人民日报》编辑部文章《关于无产阶级专政的历史经验》草稿，发言时说，文章对斯大林的历史功绩还要再加强调，写得充分些。这篇文章也是回击西方反共反苏的。五日，《人民日报》全文发表这篇文章。

4月4日 下午，会见来访的卫立煌。晚，出席匈牙利驻中国大使斯克拉丹为庆祝匈牙利解放十一周年举行的招待会。

4月5日 下午，和国务院副总理李富春谈话。

4月6日 上午，和国务院副总理贺龙谈话。下午，到毛泽东处开会，听取陈云关于访问越南情况的汇报。晚，出席周恩来为欢迎苏联政府代表团团长、苏联部长会议第一副主席米高扬和代表团团员举行的宴会。

△ 和身边工作人员谈话。在谈到国际形势时，指出：要看一看敌人到底比我们强还是比我们弱。只看到挑战的还不够，还要看到有没有肯应战的，没有肯应战的，仗就打不起来。在谈到养兵问题时指出：要发展国民经济，国民经济不发展，不仅兵养不起，仗也打不起。所以，养兵问题是关联着国

民经济的发展问题。在谈到军队干部问题时指出：干部培养应从军内解决，要有几年的过渡。这些人有经验，受过教育。技术干部问题是关系到整个国家科学技术发展的问题。

4月7日 与刘少奇、周恩来、陈云等同米高扬率领的苏联政府代表团会谈。

△ 晚，出席苏联驻中国大使尤金为苏联政府代表团访问中国举行的招待会，并致词。

4月12日 与毛泽东、刘少奇、周恩来、陈云等接见出席全国煤矿工业先进生产者代表会议、全国纺织工业先进生产者代表会议和全国机械工业先进生产者代表会议的全体代表们。

△ 下午，出席中共中央政治局会议。

4月16日 听取孙泱汇报到苏联参观和学习的情况。在谈到国际局势问题时说：世界大战很难打起来。至少十二年内世界大战是打不起来的，如何把国民经济发展起来，应该是我们的方向。

4月18日—24日 出席在中南海颐年堂举行的中共中央政治局会议，会议首先听取李富春汇报第二个五年计划和十五年远景计划的编制工作。然后进行讨论；听取毛泽东的多次讲话。二十二日，会议讨论修改《中国共产党党章》。

4月24日 与毛泽东、刘少奇、周恩来等接见出席全国轻工业先进生产者代表会议、全国农业水利先进生产者代表会议、全国文化先进工作者代表会议和全国交通先进生产者代表会议的代表们。

4月25日 出席有各省、市、自治区党委书记参加的中共中央政治局扩大会议。毛泽东在会上作《论十大关系》的讲话，提出探索适合中国国情的社会主义建设道路。这个讲话是他在听取国务院三十四个部委办局汇报的基础上形成的。听汇报时他曾指出：学习苏联也不要迷信，对的就学，不对的就不学。

△ 给中共中央和毛泽东写关于访问苏联、波兰、捷克斯洛伐克、东德、匈牙利、罗马尼亚和蒙古七国的报告。报告中在谈到国际局势时说：国际局势已经发生了根本的变化。所以我认为，苏共第二十次代表大会所作出的关于战争可以防止的新结论，是完全切合实际情况的。并且，这同我党中央历来的看法也是完全吻合的。我相信我们能够争取到相当长时间的和平建设的条件，十二年以内是可能争取完成三个五年计划的。报告中又说：在这种局势下，我认为需要考虑怎样把最大的力量集中到和平生产方面，同时把国防建设同和平生产结合起来的问题。这就是说，一方面，在军队的数量方面可以作必要的缩减，同时经常保持着巨大的动员基础；另一方面，在武器的生产方面注意发展新式的试制，也要同和平的生产密切结合，特别是注意发展战时和平时都需要的精密的机械和仪表工业。当然，采取怎样的具体措施，以及防务费用缩减到怎样的程度，还必须看国际局势的变化；不过我以为现在已经是可以考虑这方面的问题的时候了。又说：现在世界正处于工业技术革新中，必须运用世界最新科技成就，提高技术，对此我们必须十分重视。

4月26日 出席中共中央政治局扩大会议。

4月27日 出席中共中央政治局扩大会议，会议讨论毛泽东《论十大关系》报告。发言说：主席讲的十个问题我都同意。补充一点个人意见：（一）关于国际关系问题。苏联国家力量很大，应加强联系，加强合作。我这次访问欧洲，感到东欧兄弟国家生产潜力很大，可以在工业建设上帮助我们。但我们应在工业原料和农产品上支援他们。对殖民地半殖民地国家也要加以帮助。资本主义国家（包括美国在内）也要同我们做生意的。我们应有所准备。根本的问题是贸易问题。我们应大力发展生产，做到质好量多，不愁销路。只有东西多了，才能换回人家的东西，才能增加建设社会主义、共产主义的力量。（二）关于重工业、轻工业和农业的关系问题。应以重工业为主，轻工业适当发展，农业要充分发展。应大力发展热带、亚热带作物和一切农副产品，换回工业设备。（三）沿海与内地关系问题。沿海作"母鸡"，造船、渔业、盐业等，非在沿海发展不可。（四）中央和地方的关系问题。应增加地方权力，发展地方经济事业，逐步建立地方各级的财政体制。（五）经济建设和国防建设的关系问题。经济建设为主，国防建设为辅。国防工业应和民用工业结合，具体做法要加以研究。裁军势在必行，但应保持最大可能的动员基础。（六）国家、合作社、私人三者之间的关系问题。国家要少抓，还要适当地给。对合作社要保护，对私人也要适当保护，做到协同一体。宪法规定了的，不能不算数。（七）关于少数民族问题。应通过民族形式来实现社会主义内容。（八）关于党和非党的关系问题。对非党人士要客气一些，做到有饭吃，有衣穿，有房住，有工作做。宪法规定了的要算数。（九）对反革命的政策问题。对反革命不杀的政策有国际意义，可以减少仇恨，争取更多的人相信社会主义。过去苏联杀反革命杀多了，还杀错了真正的革命者，大失人心，我们应该作为前车之鉴。

△ 与毛泽东、刘少奇、周恩来等党内外一百三十六人在提倡火葬的倡议书上签字。倡议书说："我们倡议，在少数人中，首先是在国家机关的领导工作人员中，根据自己的意愿，在自己死了以后实行火葬。""凡是签了名的，就是表示自己死后一定要火葬。后死者必须保证先死者实现其火葬的志愿。"

4月28日 出席中共中央政治局扩大会议。

5月1日 毛泽东、刘少奇、周恩来、朱德等,出席首都五十万人在天安门的庆祝五一国际劳动节集会游行。晚,在庆祝五一国际劳动节晚会上接见来自五十多个国家的各代表团负责人和著名人士,并同他们一起在天安门城楼上观看焰火和广场上的群众联欢。

5月2日 出席最高国务会议第七次会议。

5月4日 上午,约薄一波谈话。下午,参观地质部展览馆。晚,到刘少奇处听中国驻苏大使刘晓报告苏联情况。

5月7日 接受瑞典新任驻中国大使克拉斯·波克递交国书,并致答词。

5月9日 出席中共中央政治局会议。

5月10日 出席中共中央政治局会议,讨论中央组织部的报告。

5月11日 到刘少奇处听取李维汉的汇报。

5月13日 到建筑工程部和刘秀峰等谈话。

5月14日 和重工业部部长王鹤寿谈话。在谈到发展钢铁工业时说:过去我们对石景山、本溪和上海等地的钢铁工业的老底子重视不够。在头几个五年计划内,建设新的工厂很重要。但是,改建旧的工厂也很重要,又省又快。本溪的条件很好,可以很快地赶上鞍钢。在谈到制造重型机械设备时说:过去我们在这个问题上吃了亏。你提出的制造重型机械的问题可以讨论。大型的要,小型的也要,小型的也能解决很大问题。地方上能搞的,可以让地方上搞一点。在谈到国家同地方和私人的关系问题时说:合作社和私人所需要的生产原料,国家一定要供应,国家没有的生产原料,进口也要供应。在谈到世界形势问题时说:世界大战十几年内打不起来,要放手发展生产。

5月15日 和中央手工业管理局局长白如冰谈话。在谈到如何组织手工业生产合作社时说：搞大型的手工业生产合作社，一定要具备条件，否则会垮的。在谈到组织手工业生产合作社时出现盲目性的问题时说：这种盲目集中的现象，必须马上制止。还说：手工业产品不要怕没有销路，而是怕产品的质量搞不好。要生产各式各样的食品，可以出口。原料是个重要问题，办工厂一定要办有原料的工厂。

△ 接见出席建筑工程部和城市建设部先进生产者代表会议的全体代表。

△ 晚九时，到刘少奇处听取陈云赴武汉、广州、上海等地调查对资改造和农业生产情况回来的汇报。

5月16日 上午，离京乘飞机到山西省视察，抵达太原市。下午，视察太原矿业机械厂。

5月17日 视察太原钢铁厂时对该厂负责人说：你们是优质钢厂，一定要保持这个特色，出优质钢，保证质量。

5月18日 上午，视察太原重型机械厂、太原大型机械厂和太原水雷厂。下午，参观山西博物馆并题词："发扬悠久的历史文化传统，为社会主义建设服务"。

5月19日 视察跃进农业生产合作社和山西化工厂。

5月20日 上午，视察山西农业科学研究所。下午，参观展览会。

5月21日 上午，视察炮厂。下午，视察太原飞机仪表厂。

5月22日 上午，分别听取山西省水利局负责人和中共山西省委第一书记陶鲁笳汇报工作。在听取陶鲁笳汇报后说：轻工业可以让给地方搞，利润可以不上缴。地方工业不要与合作社冲突，有些可让给地方搞。稀有金属要多挖，本省力量不足，其他省可以支援。世界大战打不起来，十二年的平静是可能的，因此，我们就要抓紧把我们的工业和农业全部搞起来。经济上应尽力发展，使人尽其力，物尽其用。下午，接见山西省部分民主人士，并进行谈话。朱德说：信教是自由的，但要发挥各教派的积极作用，参加生产劳动。对反对共产党的人，我们的政策就是让他们看吧，只要他了解了共产党的政策，他们就不反对了。还说：在过渡时期大家要吃些苦。所谓改造，即好的要利用，不好的就要进行改造。

5月23日 回到北京。

△ 和中央手工业管理局副局长邓洁谈话。说：要把千万个手工业者组织起来，自己养活自己。现在对手工业有两个办法：一个办法是国家全部包起来，靠国家发工资吃饭，即改为全民所有制；另一个办法，仍然是集体所有制，国家给以支持，生产由自己搞。自己养活自己。前一种办法，国家包不了，办不到，只有用后一种办法比较牢靠。不要与民争利，要使手工业者能活下来。

5月24日 和第一机械工业部部长黄敬谈话。在谈到向苏联订货时说：今后向苏联订货，最好是订零件，不要订整套设备。这样，既便宜又快。在谈到要保证产品质量问题时说：东德的蔡斯工厂技术很高，产品都是经过严格的自动检验的。宁愿废品多一些，也不愿损害自己的名誉。所以，它的技术和产品质量一直是好的，我们也应该重视这个问题。在谈到中央和地方的关系问题时说：过去，中央统得太死，抓得太多，这个问题今后要解决。有些东西可以让地方和合作社去搞，中央收购他们的产品，这样可以增加出口商品。只要组织起来，力量是很大的。

5月25日 和建筑工程部副部长宋裕和、中央书记处第一办公室工业组组长李东冶等谈话，说：小商品生产还是让给合作社去搞，不能都收为地方国营所有。小商品的经营者都愿意归国家，合作社也愿意交给公家，这样做是不合适的，国家是要吃亏的。同时，地方上也就不方便了。社会主义思想不是说把什么都交给国家搞，合作社搞的集体经济不也是社会主义经济吗？这个问题还有想不通的。

5月29日 给中共中央和毛泽东写报告，反映到山西省视察的情况，并提出建议。报告中在谈到山西省的工业情况时说：（一）山西地下的宝藏非常丰富，省委希望中央有关部门能进一步重视和加强山西的地质勘探工作。（二）山西的军事工业比重较大，必须在开始建厂时，就考虑如何与和平生产工业相结合。把军事工业和民用工厂的生产如何有效地、紧密地结合起来配合生产，是对社会主义建设非常重要的一件事。太原工业有些基础，老工人多，设备多，技术水平较高，只要加以改建或扩建，增加设备不多，投资不大，时间又短，生产效率可以大大提高。在谈到山西省农业合作化情况时说：（一）对富裕中农的生产资料如按中央规定的办法处理，富裕中农有意见，认为是"揩他们的油"。是没收他们的多余财产。我的意见还是采取分期偿还的办法好。还期一般是三年，超过多者，可延长到五年，这样比较公平合理，中农满意。（二）农业生产合作社的生产计划一般偏高、偏窄。偏高者，对农业生产基本投资过大，对社员的劳动时间和生活费用控制过死；偏窄者，注意了农业，忽视了副业。（三）在部分农村支部中，对党员和群众的政治思想教育工作有些忽视，值得注意。报告中最后说：总起来说，我感到山西这地方很富足；工农业基础较好，底子厚，潜力很大。加之山西人民勤劳生产，广大干部艰苦朴素，工作比较细致深入，是贯彻了中央和毛主席的指示的。只要能够戒骄戒躁，兢兢业业，深入工作，在中央的正确领导下，是一定能够把山西变成为全国最富、最美的省份之一。

6月1日　视察北京电子管厂。

6月4日　到刘少奇处开会，讨论国务院拟向第一届全国人大第三次会议提交的《关于一九五五年国家决算和一九五六年国家预算的报告初稿》。会议决定了既反保守又反冒进，在综合平衡中稳步前进的经济建设方针。

6月5日　到毛泽东处出席中共中央书记处会议。

6月6日　上午九时，离京乘飞机前往辽宁省视察工作。十一时，抵达沈阳。下午，视察发动机制造厂。

6月7日　上午，视察飞机制造厂。在听取该厂负责人汇报生产情况时说：你们应注意利用废料和零碎材料搞副业生产。以满足群众日常生活的需要。要考虑转入和平生产的问题。又说：福利问题是可高可低的，不可能一下彻底解决。目前能做到不饿死人，不冻死人就行了。福利事业主要应由地方去搞，中央是没有办法搞好的。下午，抵达抚顺，听取抚顺市负责人汇报工作。

6月8日　上午，视察抚顺铝厂。下午视察高坎村农业生产合作社。回到沈阳。

6月9日　上午，视察沈阳机床厂、沈阳重型机械厂。下午，和辽宁省部分民主人士座谈。

6月11日　上午，视察沈阳电线厂。下午，听取中共沈阳市委书记焦若愚、市长刘保天、副市长陈鹤轩等汇报工作。当汇报到"小学经费少，厕所不够用"等问题时，说：这些问题应由地方解决，都拿到中央解决是不可能的。

6月12日　上午，视察沈阳风动工具厂。下午，听取中共辽宁省委汇报工作。

6月13日　乘飞机离沈阳回到北京。晚，出席毛泽东宴请尼泊尔驻中国大使拉纳的宴会。

6月14日 和中央书记处第一办公室工业组组长李东冶等谈话。在谈到财政体制问题时说：财政应下放，不下放地方上一点活动余地也没有，怨声载道。在谈到对中农的生产资料如何处理时说：这些人的生产资料不能动。我从《政治经济学》上看到，对中小资产阶级的财产不能没收。这一点应肯定。对中农的投资，将来用公积金偿还。在谈到对渔民的生产资料如何处理问题时说：渔民的船、网，只能组织合营，不能没收，这一点也应肯定。对渔民也不能划阶级。渔民的船、网加入合作社后，应以合作社的公积金偿还。

△ 与毛泽东、周恩来、陈云、邓小平等接见参加拟制全国长期科学规划工作的科学家们。

6月15日—30日 出席第一届全国人大第三次会议，听取大会发言，参加小组讨论。

6月17日 出席中共中央政治局扩大会议。会议讨论李富春准备去苏联商谈援助中国第二个五年计划建设项目问题。

6月19日 给中共中央、毛泽东写报告，反映到辽宁省视察的情况，并提出建议。报告中在谈到工业问题时说：有些国营大企业的设备闲置，利用率低。如沈阳两个飞机工厂，设备很多很新，又很精密，如能充分利用这些设备的潜在力量，进行和平生产，将给国家节省不少投资，增加很多收入。地方工业的技术力量不足。关于手工业问题，沈阳市委提出手工业所需要的主要产品用料应由国家统一分配，应纳入地方年度计划；国营厂矿、公私合营厂的下脚料、废料，应以合理的价格卖给手工业合作社做原料，对手工业的产品，国家只能将那些适合于国家包销的产品，进行加工订货，大部分产品还应该由手工业合作社根据原有的市场联系和新的市场需要自己推销。

在谈到财政体制问题时说：过去上边统得太死，地方工业的发展速度和产值都下降，而且产品质量很低，职工福利很差。省里认为，中央和地方应划分企业，实行分级管理制度。对此，我认为国营工商企业由中央各部和地方实行双重领导最为合理。在双重领导后，中央和地方的财政收支问题，我认为流通税和国营企业利润应作为中央的财政收入。但为发挥地方的积极性，可在企业利润中给地方一定的提成。国营企业的支出仍由中央负责。报告还谈到，农村的副业收入减少，值得重视。

6月23日 与毛泽东、刘少奇、陈云、邓小平等接见参加中国百货、食品公司系统先进工作者代表会议的全体代表。

6月24日 出席中共中央政治局扩大会议。

6月28日 出席中共中央政治局会议。

6月29日 出席中共中央书记处会议。

7月2日 与毛泽东、刘少奇、陈云、邓小平等先后接见出席全国盐业运销先进工作者代表会议和出席全国供销合作社第一次先进工作者代表会议的全体代表。

7月3日 出席中共中央政治局会议。

7月4日 出席中共中央政治局扩大会议。

7月5日 离京去北戴河。

△ 在北戴河赋诗《大海》：

日暖风和海水清，海不扬波报太平。

百川汇集成大海，大海宽怀永不盈。

7月10日 视察秦皇岛耀华玻璃厂。

7月14日 到秦皇岛军港视察海军中型驱逐舰。

7月19日 视察山海关铁路桥梁工厂。

7月23日　看望在北戴河休养的何香凝。

7月26日　给辽沈战役革命烈士纪念塔题词："辽沈战役革命烈士永垂不朽"。

7月27日　由北戴河到山海关乘飞机回北京。

7月28日　接受印度尼西亚新任驻中国大使苏卡佐·维约普拉诺托递交国书。

7月30日　出席在北戴河召开的中共中央政治局会议。会议决定成立由陈云为第一召集人、邓小平为第二召集人的二十人委员会，负责研究党的八大选举问题和中央机构的组织形式问题。

8月3日　下午，到毛泽东处开会。

8月5日　晚八时，到毛泽东处开会。十二时返回。

8月8日　上午，和叶季壮谈话。晚八时，到毛泽东处开会。

8月10日　晚八时，到毛泽东处开会。

8月15日　由北戴河返回北京。出席中国教育工会第二次全国代表大会闭幕会。晚，出席朝鲜民主主义人民共和国驻中国大使馆为庆祝朝鲜解放十一周年举行的招待会。

8月16日　观看南斯拉夫访华艺术团的演出，并接见演员祝贺演出成功。

8月17日　接见在北京参加全国工会电影观摩汇演的各地代表。

8月19日　接受阿尔巴尼亚新任驻中国大使德略·巴利里递交国书。

8月20日　和来访的欧阳钦谈话。

8月21日　到毛泽东处开会。会上讨论中共八大主席团名单、七届七中全会决议、八届中委选举工作建议以及八大代表资格审查委员会、八大日程和八大预备会议的工作安排等事项。参加会议的还有刘少奇、周恩来、陈云、邓小平和彭真等。

△ 与毛泽东、周恩来等接见老挝王国首相梭发那·富马亲王和老挝王国政府代表团全体团员。

8月22日、9月8日、9月13日 出席在北京举行的中共七届七中全会。会议讨论即将召开的中国共产党第八次全国代表大会的各项准备工作，准备向大会提交的各项议案、文件。

△ 与毛泽东接见挪威共产党主席埃·洛夫林。

8月23日 出席罗马尼亚驻中国大使乔洛尤为庆祝罗马尼亚解放十二周年举行的招待会，并致贺词。

8月24日 上午，与来访的宋任穷谈话。下午，与毛泽东、周恩来、陈云等接见参加全国第一届音乐周的代表。

8月25日 出席《中华人民共和国国务院总理周恩来和老挝王国政府首相梭发那·富马亲王殿下联合声明》的签字仪式。

8月29日 和来访的陶铸谈话。

8月30日—9月13日 出席中共第八次全国代表大会的预备会议。会议期间，中央政治局多次开会研究准备向代表大会提出的各项报告、文件，候选中央委员和候补中央委员名单等事项。

8月31日 和参加准备他在中共八大上发言稿的工作人员谈话：我们党的中心思想，是以党的团结为核心的全国大团结，争取最大多数的人。在谈到国际形势时说：世界应是在五项基本原则下和平共处。将来革命和平转变的问题提出来了，党内外还有些人不同意，但是，这是将来的发展方向。战争因素如果去掉了，两方面都不愿意打仗，那就只能是和平竞赛的趋势。不是战争就是和平竞赛。当然，还不能肯定说将来就一定不打仗了。当前，既然武装夺取政权是不可能的，那就只好和平转变，这也不能，那也不搞，只喊些"左"的口号有什么用？革命不一定都是一个方式，都来个武昌起义。可以有各种形式。又说：亚非会议以来，社会主义和民族独立运动、和平运动结合起来了，革命形式是向前发展的。社会主义国家可以腾出手来发展经济，与资本主义和平竞争，这正是向前发展了的革命。

8月 撰写《我对主席指示的十大关系的体会和想到的一些意见》。文章要点是：（一）在发展重工业的同时，还应注意到轻工业的发展。因为轻工业在我国是有基础的，不仅可以积累资金，改善我国人民生活，就是在帮助兄弟国家上，对外贸易上，也是很需要的。手工业也是发展轻工业中不可忽视的力量。农业方面除集中力量增加粮、棉、麻等生产外，对于蚕丝、茶叶、药材、水果、咖啡、可可、植物油类等多种多样的生产，以及其他各种副业生产，也应该高度注意。（二）在国际局势已经趋向缓和的情况下，充分地利用我国沿海工业的基础是非常重要的。在目前和平共处时期，沿海地区的经济事业有可能得到大大的发展。因此，忽视沿海工业的利用，不仅会推迟我国的建设时间，而且会使我们的建设事业和资金积累上都遭受到严重的损失。（三）经济建设和国防建设是密切关联在一起的，前者是后者的巩固基础，后者是前者的保障。应尽量减少现役军费的支出，集中更多的资金来加强经济建设，以便给国防建设打下强固的基础。经济建设和国防建设不是平行的，而是相互适应的。民用工业和国防工业应该互相结合起来，使两者能够在平时为经济建设服务，在战时迅速地转到为战争服务。（四）应使商业机关与供销社同时并存而又分工合作，这样既便于为群众服务，又便于国家领导，还可以起互相促进和互相监督的作用。对供销合作社应积极地扶助它迅速成长起来，而不是把它取消或合并掉。（五）中央和地方的关系问题，主要是如何合理地建立起中央、省、县、乡四级财政的问题。只要把四级财政的计划搞好，其他问题也就容易解决了。（六）对少数民族必须等待、帮助，要等待他们的觉悟逐步提高，不能操之过急。大汉族主义和工作中急躁图快的思想必须反对。（七）必须改善党与非党的关系，才能群策群力，把我国建设成为一个伟大的社会主义国家。（八）对反革命分子采取少捉少杀和争取悔过自新的宽大政策是完全必要的，只要他们不从事破坏国家利益的活动，我们除了要一律给予生活出路以外，还要监督和帮助他们在劳动中改造成为新人。（九）对犯错误的同志应该持老老实实的态度，有多大错误就是多大错误，并且要帮助他们分析造成错误的各种原因。要诚恳相待，循循善诱，治病救人。采取打倒的办法是错误的，任何排挤、歧视、旁观的态度也是错误的。（十）要动员一切国际力量、调动一切积极因素来为我国的建设事业服务，取人所长，补我所短，我国的建设速度就一定能大大加快。

9月2日 出席越南驻中国大使馆代办周亮为庆祝越南民主共和国成立十一周年举行的招待会。

9月4日 出席中央军委第八十四次扩大会议，对建设军工厂问题发言说：建设军事工厂是必要的，因为如果不建设军事工厂，将来一旦打起仗来就没有办法。同时，军事工厂在平时也可以生产民用产品。但是，军事工厂建起后只生产武器存起来就不合算。将来的战争是核子战争，只凭人的数量和枪炮是不行了，要有战略的预见性。所以，要考虑将第一机械工业部和第二机械工业部合并起来的问题，要多生产几种产品，如可以制造机器、大铸件、手表等，使工厂有收益，不能摆起来。又说：要强调提高军事技术，将来战争中的技术是很重要的。不能因为强调政治、强调民主就压倒技术。要把政治和技术结合起来。

9月9日 出席保加利亚驻华大使馆临时代办埃特罗波尔斯基为庆祝保加利亚人民共和国国庆节举行的招待会。

9月11日 和身边工作人员谈建军经验问题说：不论过去和现在，我们建军的指导思想是一贯的，这个指导思想就是马列主义。我们军队的根子不是从南昌暴动才开始的，而是大革命时期就开始了。那时就学习苏联的经验，用马列主义作指导思想，有苏联帮助我们。那时军队中就有政治委员和党的组织，就改造旧军队，不然，那时的军队怎么能打那样的胜仗？所以不能说是从南昌暴动和井冈山斗争时期才开始创造出一套新的建军经验的。红四军第九次代表会议也只是把过去的建军经验向前推进了，发展了。

9月14日 与毛泽东、刘少奇、周恩来、陈云等举行酒会，欢迎应邀来我国参加中国共产党第八次全国代表大会的苏联等四十六个国家的共产党和工人党的代表。

9月15日—27日 出席在北京举行的中国共产党第八次全国代表大会。会上，毛泽东致开幕词，刘少奇作政治报告，邓小平作关于修改党章的报告，周恩来作关于发展国民经济第二个五年计划的建议的报告。朱德、陈云等一百一十三位代表发了言。会议通过了关于政治报告的决议等文件。决议指出：国内的主要矛盾，已经是人民对于建立先进的工业国的要求同落后的农业国的现实之间的矛盾，是人民对于经济文化迅速发展的需要同当前经济文化不能满足人民需要的状况之间的矛盾。党和人民当前的主要任务是集中力量解决这个矛盾，把我国尽快地从落后的农业国变为先进的工业国。十七日，朱德在大会上作题为《加强团结，建设社会主义》的发言。指出：目前的国内条件和国际条件，对于我们的社会主义建设事业是十分有利的。只要我们党能够保证正确领导而不犯重大的错误，只要我们党能够保持自己队伍的统一和团结，就一定能够团结六亿人民胜利地实现社会主义建设的任务。在谈到如何能够保证我们党少犯错误和不犯严重的错误的问题时，指出：采取整风的方法，坚持理论和实践相结合，反对主观主义；坚持领导和群众相结合的群众路线，反对官僚主义；坚持民主集中制的原则、集体领导同个人负责相结合的领导原则，反对违反民主集中制的分散主义和极端民主化的倾向，反对违反集体领导原则的个人专断的倾向；坚持在党内、在人民中不断地发扬民主和开展批评和自我批评、反对压制民主的倾向；坚持在党内斗争中实行"惩前毖后、治病救人"、"既要弄清思想，又要团结同志"和"从团结出发，经过批评或斗争，达到团结"的方针，反对对待党内错误的自由主义态度，反对机械的、粗暴的、过火的党内斗争；坚持全党和全国人民的团结，反对宗派主义的倾向。总之，我们只要能够在新的情况下，正确运用我们三十五年来所获得的丰富的建党经验，我们就能够防止发生严重的错误，就能够及时地纠正已经发生的错误，使小错误不致变成大错误，使暂时的错误不致变成长期的错误，保证党的领导的正确和党的统一和团结。这篇发言编入《朱德选集》。

在二十六日的大会上，当选为中国共产党第八届中央委员会委员。

9月28日 出席在北京举行的中共八届一中全会。会上选出新的中央领导机构：毛泽东任中央委员会主席，刘少奇、周恩来、朱德、陈云任副主席；毛泽东、刘少奇、周恩来、朱德、陈云、邓小平等十七人为中央政治局委员；毛泽东、刘少奇、周恩来、朱德、陈云、邓小平任中央政治局常务委员会委员；邓小平为总书记。

9月29日 上午，接见尼泊尔王国首相阿查里雅和夫人，并进行友好的谈话，说：中（国）、印（度）、尼（泊尔）三国的关系要搞好，有什么事情要说明。帝国主义说我们地大人多，要侵略别人。我们永远也不会侵略别人的，原因就是我们是社会主义国家，我们只有帮助别人的义务，没有侵略别人的权力。晚，出席毛泽东为欢迎阿查里雅和夫人举行的宴会。

9月30日 上午，与毛泽东、刘少奇、周恩来、宋庆龄等到机场迎接印度尼西亚共和国总统苏加诺。晚，毛泽东邀请苏加诺总统共进晚餐，朱德和刘少奇、周恩来、宋庆龄等出席作陪。

10月1日 上午，毛泽东、朱德、刘少奇、周恩来等党和国家领导人，出席首都各界五十万人在天安门广场举行的中华人民共和国成立七周年庆祝大会，检阅解放军受阅部队和群众的游行队伍。晚，在天安门城楼上观看焰火和群众联欢。

10月2日 上午，陪同印度尼西亚总统苏加诺、尼泊尔王国首相阿查里雅和夫人参加在颐和园举行的游园会。晚，出席毛泽东为欢迎苏加诺举行的国宴。

10月4日 出席周恩来为欢迎印度尼西亚总统苏加诺举行的宴会。

△ 与毛泽东、周恩来等接见来自全国各地的各少数民族参观团。

10月5日 出席印度尼西亚总统苏加诺为纪念印度尼西亚共和国建军十一周年举行的宴会。晚，观看印度尼西亚峇厘艺术友好访问团艺术家们的表演。

10月7日 上午，看望李根源。

△ 出席德意志民主共和国驻中国大使纪普纳为庆祝德意

志民主共和国成立七周年举行的招待会。

10月8日 参观日本商品展览会。

△ 晚，和第一机械工业部部长黄敬谈话：军工厂战时要全力为战争服务，平时则要适当地为民用服务，在谈到聘请外国专家问题时说：对外国专家应该多聘请一些，多和他们协作，多学习他们的技术。

10月9日 和重工业部部长王鹤寿谈话，说：搞经济建设，不能关起门来，要和英、美等国合作。我看以后英国、美国和日本的机器会卖给我们的，甚至会大批地卖给我们。问题是我们是否有那么多外汇支付。因此，我们要大量地出口多种产品，以换取外汇。只出口农产品还不行，还要出口工业品、铁砂和有色金属等。

△ 与毛泽东、刘少奇、周恩来等接见解放军国庆节观礼代表团。

10月11日 参观故宫博物院。

10月15日 出席中共中央政治局会议。会议讨论并通过《国务院关于改进国家行政体制的决议草案》。

10月17日 视察北京石景山钢铁厂，对陪同人员说：铁矿应多搞小型的，大型的慢慢来，贪大贪新十年也搞不起来。小型铁矿要靠自己设计。铁砂、煤炭要争取多出口，以便换回我们的必需品。

△ 晚，出席中共中央政治局常委扩大会议，会议讨论关于"百家争鸣"方针和缩减军队问题。

10月18日 视察北京七一八厂。为该厂题词："掌握现代技术，赶上国际水平"。

10月19日 下午，和来访的徐海东谈话。

△ 晚，与毛泽东、刘少奇、周恩来等会见巴基斯坦总理

侯赛因·沙希德·苏拉瓦底，并出席周恩来为欢迎巴基斯坦来宾举行的宴会。

10月22日 和中国人民银行行长南汉宸谈话。在谈到发展对外贸易问题时说：我们应多出口穿的、吃的东西。将来我们可以和英、法、德、意等国交换东西。如鸡蛋我国每年可生产一二百亿斤，但是现在每年才出口十亿斤。如果每年能出口十亿到三十亿斤，就是一个大数目。另外，咖啡还可以转口，转口可以换他们的粮食。我们应多挖煤和稀有金属出口，蚕丝也要大宗出口。总之，现在在出口问题上，我们要打大算盘。

△ 晚十时，出席中共中央政治局会议。

10月23日 出席《中华人民共和国国务院总理周恩来和巴基斯坦伊斯兰共和国总理苏拉瓦底联合声明》的签字仪式。

10月24日 晚十时半，出席中共中央政治局会议。

10月25日 和范文澜、廖承志、徐冰谈话。

10月26日 下午，游明十三陵。

10月27日 下午，视察第一机械工业部北京第二机床厂。晚十时半，出席中共中央政治局会议。

10月28日 与毛泽东、林伯渠、彭德怀、贺龙等接见参加解放军空军学校积极分子代表大会的代表。

10月29日 和第一机械工业部部长黄敬、副部长段君毅等谈话。说：现在中央决定，每一个中央委员要联系一个部和一个省，我负责联系你们这个部和四川省。在谈到生产问题时说：我们要多生产几千万吨煤和铁砂。大型的生产搞不了，搞小型的手工业生产也可以。这样，既能生产出东西来，又能养活人。在谈到工业管理体制问题时说：有些企业可以交给地方去搞。不要因为有总积累就不愿意交下去，这是不相信群众，这样控制得太死了。在谈到剪刀差问题时说：现在的剪刀差额很大,如果长期不消除,农民就受不了。在谈到工人的福利问题时说:工人的福利,过去是由中央解决的。中国这样大,靠中央解决如何解决得了,应靠地方的厂长基金去解决。过去由于控制得太死了,厂长无权解决这个问题。

△ 晚九时,出席中共中央政治局会议。

10月31日 视察第一机械工业部北京第一机床厂。

△ 晚七时,出席中共中央政治局常委会议。

11月1日 下午,出席中共中央政治局常委会议。会议讨论《中华人民共和国政府关于苏联政府一九五六年十月三十日的宣言的声明》。晚,出席最高国务会议。

11月2日 下午,到中山公园参观菊花展。晚八时半至翌日凌晨二时半,出席中共中央政治局扩大会议。会议听取刘少奇在莫斯科同苏共领导人会谈情况和有关匈牙利问题的汇报。

11月4日 上午,与毛泽东、邓小平、林伯渠、李富春等接见甘肃省民族宗教人士参观团、青海省少数民族参观团、出席全国第一次职工科学技术普及工作积极分子大会的代表和出席全国信贷结算先进工作者会议的代表。

△ 下午,出席中共中央政治局常委扩大会议。会议讨论匈牙利问题。

11月5日 和来访的董必武、范文澜谈话。

11月7日 视察第一机械工业部北京第三机床厂。

△ 出席苏联驻中国大使尤金为庆祝十月社会主义革命三十九周年举行的招待会。

△ 晚,出席中共中央政治局常委会议。会议讨论有关召开八届二中全会问题。

11月8日 视察北京农具制造厂,在听取该厂负责人汇报情况时说:农具生产要注意多样性,要能适应各种地形生产的需要，要轻便、便宜。

11月9日 出席中共中央政治局会议。会议讨论中共八届二中全会有关问题。

11月10日 与毛泽东、刘少奇等接见解放军总后勤部军需生产部第一届先进生产者代表会议的代表、中国第二机械工会第三次全国会员代表大会的代表和新疆维吾尔自治区文化馆干部参观团的全体人员。

11月10日—15日 出席在北京举行的中共八届二中全会。十五日，在会上发言说：我同意经过讨论以后的一九五七年的国民经济计划。第二个五年计划我看也是正确的。计划还是要平平稳稳，按部就班地去做。加紧生产，搞好财政，使大家的生活逐步好起来，这是很需要的。又说：今后我们要发展对外贸易，多搞出口物资，换回我们所需要的东西。要使广大群众把鸡毛蒜皮的东西都节省下来出口，不仅向苏联出口，也不仅向其他兄弟国家出口，还可以向东南亚各国出口，他们也需要这些东西。地方上要有计划地把咖啡、可可、茶叶和蚕丝等搞起来以便出口。这是很大的一笔额外集资。这样做并不妨害国民经济计划的实行。总之，我们要努力增加生产，出口物资一年比一年多。

11月11日 为纪念孙中山诞辰九十周年，在《人民日报》上发表《纪念伟大的民主革命导师孙中山先生》一文。文中指出："孙中山先生从十九世纪末期就献身于革命事业，组织革命团体，领导革命起义，为一切爱国人士所景仰。""孙中山先生同中国共产党合作以后，中国革命的面貌就为之一新。一九二五年至一九二七年的革命虽然失败了，但是给全国人民留下了深刻的影响。中国革命在新的条件下继续发展，终于在一九四九年获得全国范围的胜利。饮水思源，我们不能不纪念孙中山先生在中国革命史上的伟大作用。""我国人民取得了革命的胜利,不能够忘记孙中山先生和过去一切革命的先烈。我们纪念伟大的民主革命导师孙中山先生,正可以吸取向社会主义新事业前进的鼓舞力量。"这篇文章编入《朱德选集》。

△ 为纪念孙中山诞辰九十周年,率中央谒陵代表团乘火车离北京赴南京。

11月12日 上午,抵达南京市。接见江苏省和驻军负责人并同他们进行谈话说:孙中山的民主革命,不仅在亚洲国家中有深刻的影响,而且在世界各国都有其影响。它既然有好的影响,又是民族的东西,我们就要举起这面旗帜来。中国共产党是要民族独立和民主自由的,一切对中国共产党的污蔑,都将被打破。又说:当前社会工作中的主要问题,就是要搞好生产,增加收入,以安定人民的生活。现在已经合作化了,如果人民的生活无保证,就成了大问题。下午,率领中央谒陵代表团参加在中山陵举行的隆重的谒陵仪式,并在孙中山石像前敬献花圈,瞻仰墓室中的孙中山画像。然后,又到廖仲恺、邓演达的墓前瞻仰吊念,敬献花圈。

11月13日 乘飞机离南京回到北京。继续出席中共八届二中全会。

11月14日 出席中共中央政治局常委会议,会议听取八届二中全会各小组讨论情况的汇报。

11月15日 出席中共中央政治局常委扩大会议。会议讨论毛泽东在中共八届二中全会闭幕时的讲话。毛泽东在讲话中强调不平衡是绝对的,平衡是相对的。要保护干部和群众的积极性,不要在他们头上泼冷水。

11月16日 下午,到新街口刘契园家观菊。晚,出席中共中央政治局常委扩大会议。会议讨论有关波匈等问题。

11月17日 到建筑工程部刘秀峰处谈话。

11月18日 晚，观看匈牙利人民军文工团的演出，并接见该团的负责人。

11月20日 视察北京汽车配件厂。晚，出席中共中央政治局常委扩大会议。会议至翌日凌晨一点半。

11月21日 视察北京度量衡厂。

11月22日 视察北京铁路桥梁厂。晚，出席中共中央常委扩大会议。会议讨论中国人民志愿军海军和空军从朝鲜回国等问题。

11月23日 出席中共中央政治局会议。

11月24日 视察北京电机厂。晚，出席中共中央政治局常委扩大会议。会议讨论达赖喇嘛、班禅额尔德尼赴印度参加佛事活动等问题。

11月25日 给班禅额尔德尼写信：听医生说你的身体已经恢复健康了，我心里很高兴。你对西藏的建设工作负有繁重的责任，希望你今后多加保重。又说：西藏的改革工作是有必要的。但当改革的条件还不成熟的时候，就需要我们耐心地等待一个较长的时间，哪怕是很长的时间，等各方面的条件成熟后，我们再逐步地、稳妥地进行改革。你和达赖喇嘛到印度参加释迦牟尼涅槃二千五百周年去了，我相信通过你们这次出国，在促进国外某些人士对我国宗教政策的了解上，在保卫世界和平上，一定会做出有益的贡献。

△ 晚，出席中共中央政治局常委扩大会议。会议开至翌日凌晨两点。

11月26日 上午，与毛泽东、陈云、邓小平等接见出席全国公私合营工会基层干部大会的代表、出席中国轻工业和食品工业工会第一次全国代表大会的代表以及吉林省各民族参加团、新疆维吾尔自治区司法干部参观团和新疆维吾尔自治区林业参观团的全体人员。下午视察北京针织厂。

11月27日 视察北京前进棉织合作联社。在听取该社负责人汇报生产情况时说：你们要积累资金，可以买机器，也可以还贷款。

11月28日 视察北京珐琅手工业生产合作社。回来和身边工作人员说：对生产合作社，要允许它们部分自购自销，这样它们才能活下去。否则，不供给它们原料，也不收购它们的产品，它们就活不下去。

△ 晚，出席中共中央政治局扩大会议。会议讨论关于朝鲜加入联合国等问题。

11月29日 视察北京挑花生产合作社。在听取该社主任汇报情况时说：你们应生产多种多样的产品，如挑花、绣花等。

11月30日 视察北京玉器生产合作社。在听取该社主任汇报时说：你们除保存中国的传统艺术外，还应多生产一些大路货，可以大量出口。

12月1日 视察北京金银首饰店。在和该店负责人谈话时说：现在你们不要想多赚钱，而是要多周转，多生产，多养活人。

12月3日 视察北京五四七厂。

△ 晚十时，出席中共中央政治局扩大会议，会议讨论根据毛泽东提议胡乔木起草的《全世界无产者团结起来》一文及其他问题。

12月4日 视察北京清河制呢厂。

12月6日 视察北京制药厂。

12月7日 视察北京人民广播器材厂。

12月8日 视察北京人民机器厂。在听取该厂负责人汇报时说：矿山的资金问题可以自己解决，金、银、铜、铁、锡等，主要靠自己去挖矿砂。挖出来，既可以出口换外汇，又可以自己用，这样才能制造机器。又说：过去我们搞建设贪大、贪多、贪新，有些浪费。还说：这几年，日本不养兵，专门给别人加工，这有很大的好处，给别人加几次工，钱就赚回来了。

12月10日 上午，视察北京玻璃厂。

△ 晚，出席毛泽东召集的会议，讨论拟以《人民日报》编辑部名义发表的文章《再论无产阶级专政的历史经验》稿等问题。

12月11日 视察北京电影制片厂。在听取该厂厂长汪洋等汇报制片情况时说：拍片不要太政治化，要多拍些故事片、风景片等。我国有很好的自然条件，风景优美、气魄大。特别是手工艺品，历史悠久，世界闻名。又说：对社会主义生活的宣传要实事求是，不能过分。

12月12日 参加由刘少奇主持的会议。会议讨论《再论无产阶级专政的历史经验》稿的修改问题。

12月13日 视察八一电影制片厂，并听取该厂厂长陈播等汇报制片情况。

△ 下午，到对外贸易部，和副部长李哲人谈话：过去我们最大的缺点就是什么都搞平稳，产品的花色、花样多了也不行，少了也不行，一定要恰恰合适，世界上哪有这样的恰恰平衡！生产越多越不够，这是件好事。在谈到发展对外贸易问题时说：只要有销路，今后就应多出口。对外贸易与对内贸易是一致的，外贸和内贸的矛盾应商议解决。在谈到收购农副产品的价格问题时说：收购农副产品的价格太低是自杀政策。四川的丝、茶连本钱都收不回来，应该提价，这样才能多生产，以便出口。在谈到发展出口物资的生产问题时说：要大量养猪，

特别是南方，更要大量养猪，如果全国每年能养三亿头猪就能解决很大问题。云南省是中国生产咖啡的好地方，应大量发展。茶、水果、罐头也应大量出口。我国的铁砂、食盐是世界上的王牌，可向许多国家出口。北京的挑花、珐琅、玉器等，都可以扩大出口，把外国的钱赚过来。在谈到吸收外资问题时说：要鼓励外国资本家向中国投资，不一定是现钱，货物也可以。总之，要大量发展出口物资的生产，提高出口物资的收购价格。

12月14日 视察北京象牙生产合作社。

12月15日 视察中国人民银行制钞厂。

12月16日 出席毛泽东召集的会议。会议讨论西藏问题和《再论无产阶级专政的历史经验》稿的修改问题。

12月17日 和城市服务部部长杨一辰谈话。谈到特殊供应脱离群众的问题时说：特殊供应"要一律取消，并在报纸上公布"。

12月18日 与毛泽东、刘少奇、陈云等先后接见出席中华全国工商业联合会第二届会员代表大会的全体代表、出席全国海关第一次先进工作者代表会议的代表、出席解放军总后勤部和总财务部直属单位先进工作者会议的代表和出席解放军政治学院第一届先进教学工作者会议的代表。

12月19日 和全国供销合作总社主任程子华、副主任邓辰西谈话：要尽量支持外销，因为世界上有两个问题值得社会主义国家注意，一是闹民族独立；二是要求提高生活水平。这样对我们影响很大，如不支持外销，像东欧人民民主国家就无法生活下去。农村的副产品应大量向外国出口。同时，还要大量发展生产，不要怕东西多，就怕没有东西。今后县的供销合作社应代收一切物品，代转各地销售，如可以的话，你们可与外贸部直接交涉，外贸部可直接向你们订货。今后收购和分配物资，都应该通过供销社为好，其他的方法是办不好的，也是办不了的。又说：今后供销社应和地方分成，给地方上一点利润，一点利润不给地方上是不合理的。还说：现在蚕丝的生产量还没有达到以前的最高水平，这样损失很大。如果把收购价格提高一点，就可以发展起来。凡是出口的商品都应把收购价格提高一点。

△ 晚，出席毛泽东召集的会议，会议继续讨论《再论无产阶级专政的历史经验》稿的修改问题。

12月20日 和中央手工业管理局副局长邓洁谈话：我国已经把整个社会的生产都组织起来了，成绩很大。大工业的生产力量很大，但我国的大工业数量有限，只有每一个人都积极投入到生产中去，这个生产的力量才能很大，社会进步才能加快。又说：我国的许多手工业产品历来就是出口的。我国的人口占全世界总人口的四分之一，要为全世界人民服务，这是一个具有重大意义的问题。现在我们就是要大力发展生产，扩大出口物资的品种，煤、铁要出口，手工业品也要出口；不出口东西，就换不回我们所需要的东西来。手工业要大量生产原材料，如：铁、钨、金、银等，以供出口。又说：合作社是集体所有制，没有剥削，是群众自己的。因此，群众的福利要自己去解决，而不是加到国家身上，国家不可能解决六亿人口的全部福利问题。那种希望把合作社通通收归国有的想法是错误的。福利是由生产的发展决定的，不能太高，也不能太低，要和生产的发展相适应。还说：我们是用原材料和消费品换来生产资料的，因此，你们的生产要配合出口，不要怕积压，要有"三年不开账，开账吃三年"的精神，不然，财富从何而来？

△ 晚，观看朝鲜国立民族艺术剧团演出的《春香传》，并接见艺术剧团的负责人及主要演员。

12月21日 和煤炭工业部部长陈郁等谈话。

12月22日 与毛泽东、陈云等接见出席中国伊斯兰教第二次代表会议的代表和黑龙江省各民族参观团的全体人员。

△ 和建筑材料工业部部长赖际发谈话：你们要多生产，尽量支持外贸部的工作。你们生产的东西，一方面供应国内的需要；另一方面是出口。

12月23日 出席毛泽东召集的会议。会议继续讨论《再论无产阶级专政的历史经验》稿的修改问题。

12月24日 和轻工业部部长沙千里、副部长宋乃德谈话：要围绕着发展生产这个中心解决产销之间的矛盾。只有生产的东西多了，一切矛盾才能解决。只有内销服从外销，才能解决外国人民生活的需要，同时，也才能对我国有利，可以换回我们所需要的机器来，加快我国的社会主义建设事业。我国的原料很多，而且质量好。在世界的展览中，我国的茶和丝、麻等纺织品都是最好的。我们多出口些日用和装饰品，把外国人的钱赚过来。这个办法很好，一方面增加了自己的财富，一方面又发展了生产。总之，一定要以内销服从外销。

12月25日 和农业部部长廖鲁言等谈话。在谈到对外贸易问题时说：今年计划出口五十八亿元的物资，你们应大力支持。外贸部也希望你们给以大力支持，如：大豆、茶叶、药材等，一定要大力支持，要内销服从外销。今后凡是能出口的物资，可直接与外贸部交涉，不要经过商业部。在谈到供销社问题时说：应允许乡供销社成为乡村买卖的基层单位，上面不能直接到乡村采购农产品，应与乡供销社交易。这个问题现在还未解决，主要原因是怕供销社的利润太大。在谈到群众利益问题时说：应给群众留下点东西，不能把群众的东西搞光。群众最关心的是自己的福利事业，如果不给群众增加福利，群众是不会关心生产的。要使群众的生活逐年有些改善，才能使群众的生产积极巩固下来，并得到发挥。在谈到推广农业技术问题时说：推广农业技术应根据条件进行，要因地制宜，不可硬搞。

△ 和农垦部副部长姜齐贤谈话：我国的气候条件好，农场不应该只搞单一生产，应该搞多样生产。办农场，干部如果光坐在机关里不下去，那就非赔钱不可。

△ 出席监察部召开的各省市监察工作会议并讲话。

12月27日 和粮食部副部长俞杰、高锦纯谈话。在谈到粮食的运输问题时说：粮食的运输要经常搞，并且要制定出计划来，出口的粮食可以直接运到上海等地。在谈到粮食的价格问题时说：原则上出口的粮食要比内销的粮食贵一些，这样才能促进生产出口粮食的积极性。当然，出口不一定只出口粮食，还有农村的副产品。在谈到粮油的收购问题时说：今后粮食、油料的收购，应由地方上给中央包干，中央每年的收购应有一定的数额，收够了数额，还可以多收。这件事只要各省市级办好，我看是可以实行的。各省市要自己当自己的家。在谈到今后如何制定国家预算问题时说：社会主义社会有三种所有制：一是全民所有制；二是合作社集体所有制；三是私人所有制。今后国家预算应依靠地方上来做，这样才能做得准确。计划做得少了，地方上可以超额完成，计划做得多了，地方上可以争取去完成。中央的计划只是一个控制数字，这样做没有什么坏处。在谈到内销和外销的关系问题时说：内销要服从外销，不仅是粮食，一切物资都要这样做。因为只有出口大量的物资，才能换回大量的外汇，才能把我们的国家建设好。

12月29日 和地质部副部长刘景范、何长工谈话：要发动群众把埋藏在地下的东西挖出来，出口矿砂比出口粮食要值钱得多，用这些东西换回我们所要的大量的机器，这样才能把我们的国家建设起来。

△ 和李富春谈话。

△ 《人民日报》发表编辑部文章《再论无产阶级专政的历史经验》。

12月30日 下午，出席中共中央政治局会议。

12月31日 接见印度孟买市市长卡德尔。

1957年　七十一岁

1月1日　晚,到怀仁堂参加元旦团拜。随后观看文艺演出。

1月2日　指示身边工作人员将他的以下意见转告主持中央军委日常工作的彭德怀:(一)军队的干部要大力支持国家的经济建设。战争时期,要全国总动员支持战争;和平时期,要动员全国支持经济建设,原军工厂要转为和平生产。第一机械工业部和第二机械工业部要共同拟定出和平时期和战争时期的协作生产的计划。如果把第二机械工业部的第二个五年计划的投资转为民用生产,对国民经济的发展将是最有利的。(二)现在钢铁不够用,可以把旧武器拿出来回炉,进行和平生产。现在主要是搞原材料。过去有人怕铁、煤、铝、水泥等生产多了卖不出去,实际上越多越好,可以出口。

1月3日　晚,出席中共中央政治局扩大会议,听取周恩来汇报访问越南、柬埔寨、印度、缅甸和巴基斯坦的情况。

1月4日　和身边工作人员谈话,说:当前主要是要搞钢铁,搞原材料。现在是东西太少,不够销路,原因就是缺少原材料。这是我看了许多工厂以后所了解到的共同问题。只要把原材料拿出来,既可以满足自己的需要,又可以出口。许多国家需要我们的原材料,有了原材料,他们才能活起来。我们要做到世界各国有求于我们,而我们无求他人。

△　晚,出席中共中央政治局常委扩大会议,讨论周恩来

出访亚洲五国的报告。

1月5日 和国务院副总理兼国家经济委员会主任薄一波谈话。在谈到如何改善人民的生活问题时说：如果不靠发展经济建设来改善人民的生活，就等于取消了社会主义，这是右倾。在谈到军工生产应转为和平生产问题时说：我看短期内，世界大战打不起来，因此，相当数量的军工厂可以改为民用工厂，军队也可以大大裁减。军工厂不改为和平生产是要犯错误的。第一机械工业部和第二机械工业部应合并。日本和西德的经济所以恢复得比较快，主要原因是不养兵。兄弟国家经济恢复得比较慢，吃了养兵的亏。在谈到工业和财政的管理体制问题时说：对地方工业和地方财政中央不能统得太死，要下放，不下放是错误的。地方工业如果不下放，以后地方上什么事情都找中央解决。只有下放，中央才不会当"怨户"。下放后，要规定一定的利润比例，以利刺激地方的生产积极性，使之不断扩大再生产。地方财政一定要划分出来，否则，地方上年年当"长工"，没有积极性。在谈到发展对外贸易问题时说：我国地大物博，物产丰富，要把所有的东西都收集起来出口。要发展一切出口物资生产，如金银首饰、翡玉、景泰蓝、象牙等应组织大量生产。只有出口东西才能赚回外汇，内销服从外销过去是起过作用的。凡外贸需要出口的东西，各部都要给予支持。同时，还可以进口原材料加工后再出口，如棉花、橡胶、椰油、粮食等。东西越多越好，不要怕积压。出口一定要出好货，要严格检查，保证质量。要同日本做生意，他们需要我们的煤炭，我们需要他们的机器。还可以向亚洲国家出口机器。根据苏联东部建设的需要，我们可以向他们出口建筑材料。总之，要同日本、亚非国家和苏联等国大去大来。否则，因政治上闹别扭，经济上就停止往来，那样损失太大。

1月7日 上午，乘飞机离京赴湖北、广西、广东、云南、四川和陕西等省、自治区视察。下午，抵达武汉。参观正在建设中的武汉长江大桥。

1月8日 上午，参观武汉钢铁厂建设基地。晚，听取中共湖北省委第一书记王任重等汇报工农业生产情况。

△ 致电中共中央，汇报视察武汉长江大桥的建设情况。报告中说："大桥工程可提前在今年六月基本竣工，并可比原计划投资（一点七亿元）节约五千万元。现在试验钢筋水泥桥梁，试验成功后更要节省。大桥工程局全部职工一万三千人（包括服务人员），其中固定工人六千多人，六月后，除拨出部分工人参加湘江桥、汉水桥、宜宾桥的建设工作外，尚有相当一部分即要窝工。武汉长江大桥的建设，已培养和训练了一套工程技术人员，对将来建设南京—浦口段大桥、黄河铁桥、重庆大桥等很有帮助。武汉长江大桥完成后，工程局的一部分职工即应安排出路，望有关部门加以注意。工程局方面提出：设计和施工不统一，工程局心中无数，希望今后设计和施工能够统一起来。请有关部门加以考虑。"

1月9日 离武汉市飞抵广西省南宁市。

1月10日 听取中共广西省委农村工作部、外贸部、农垦厅和南宁市的负责人汇报热带经济作物生产情况和外贸情况。参观农场。

1月11日 视察红旗农业生产合作社。

1月13日 视察南宁市园艺场，同时看望他延安时的警卫员潘少洲。

1月15日 听取中共广西省委第一书记陈漫远等汇报工农业生产情况。

△ 致电中共中央和毛泽东，汇报视察广西省的情况。报

告中说：广西地处亚热带，物产极为丰富，特别是土特产和经济作物，种类繁多，生长容易，有很大的发展前途。我认为，根据广西的特点，在建设方针上，除了发展制糖、造纸等工业外，如何大力发展土特产和开采矿产，是一个值得认真注意的问题。这对于改善群众生活和换取外汇，都是有重大作用的。报告中又说：在发展土特产中，有几个问题需要解决：首先是在土特产的收购上有许多人为的障碍。其中影响最大的是收购价格低，打击了群众的生产积极性。其次是有些东西统得太死，既得罪了人民，又损害了国家利益。第三是税目繁多，有的极不合理。以上问题，归结起来仍然是体制问题，条条各行其是，块块无权干涉，因此，必须给地方以应有的权力。在税收方面应作适当的减免，使农民有利可图。同时，对收购价格也应根据不同情况，采取有赚有赔，不赚不赔和以赚补赔的扶植方针。报告中还说：广西是少数民族较多的地区，山地多，平地少，在发展生产上，必须注意扶助少数民族的困难，并且要大力注意防旱。省委在这方面做了些工作，但是，由于过去几年来广西的财政负担比较重，对少数民族的生产和生活上的困难仍然注意得不够。如不改正，群众就很难得到生息的机会，在经济上和政治上都是不利的。我认为，可适当地减轻一点今年广西的财政负担任务，让他们在经济上得到一个生息繁殖的机会。这一点希望中央加以注意。

△ 参观广西工农业生产成就展览会。

1月16日 离南宁市飞抵广东省海南岛海口市。

1月17日 上午，听取中共海南区党委书记张云汇报工作。下午，视察海口市码头，参观海南岛工农业生产成就展览会和苏东坡庙。

1月18日 乘车离海口市赴崖县（今三亚市），途中夜宿通什县海南黎族苗族自治州人民委员会。听取自治州负责人汇报工作时,讲到他在途中看到群众烧山的情况,说:不要乱烧山,要护林防火,自治区要封山育林。刀耕火种是落后的耕作方法,烧山会破坏森林资源。要兴修水利,改种水稻,封山育林,因地制宜多种经济作物,发展手工业。

△ 几天后,赋诗《过五指山》:

> 深山建公路,崎岖使之平。
> 幽谷多俊秀,草木尽峥嵘。
> 奇峰名五指,溪涧泉水清。
> 花鸟鸣得意,哪知秋与春。
> 车过村落地,老少夹路迎。
> 语言虽不通,笑貌传感情。
> 夜宿自治州,同志畅谈心。
> 民族欣解放,迁移出山林。

1月19日 上午,乘车离通什县抵达崖县榆林港。下午,视察海军基地。

1月20日 听取崖县负责人汇报工农业生产和财贸工作等方面的情况。

△ 致电中共中央和毛泽东,汇报视察海南的情况。报告中说:(一)海南岛的地上和地下,资源十分丰富,许多物资都便于出口,极有发展价值和发展前途,只是劳动力比较缺乏。这样好的地方,我认为只要财力所及,即应积极组织力量从速进行开发工作。(二)黎族苗族自治州辖五个县,共六十万人口,其中黎族约二十五万人。这个地区是经过斗争锻炼的,群众基础比较好,少数民族对我党有感情,有信仰。但长

期以来对发展少数民族地区经济注意得不够，少数民族生活一般仍很贫困。贸易和收购部门对山区土特产的收购价格普遍偏低，并且压级压价，有些可出口的物资还不收。税收也偏重，税目、税率除粮食税外，其余同汉族地区的完全一样，未作应有照顾，有时还乱征收，群众很不满意。我认为应告主管部门加以研究纠正，否则对发展生产是很不利的。（三）榆林、三亚港是良港，国民党军队撤退时破坏得比较厉害：毁坏各种海岸炮四十五门，飞机十多架，汽车数百辆；在八所港有被炸沉的一百多条海船，在榆林港也炸沉了几十条，现在在打捞；另在八所到广坝一路上，小铁轨堆积很多；在榆林港到飞机场的路上，到处都可以看到废钢铁，据说在这一带可以收集上万吨的废钢铁。今年生产上钢铁很缺乏，应即催促有关部门从速收集利用。

1月21日 乘车离榆林，经陵水、万宁抵达琼东县（今琼海市）。听取中共琼东县委负责人汇报工农业生产、财政和文教等方面的情况。

△ 途经六连岭时，随行的海南专区负责人介绍，六连岭从一九二七年起，就成为革命根据地，在这里曾屡创国民党军和日伪军的进攻。有感赋诗《六连岭》：

> 六连岭上彩云生，竖起红旗革命军。
> 二十余年游击战，海南群众庆翻身。

1月22日 在听取海南军区负责人汇报海南驻军布防和生活情况时，指出：修坑道工事不一定使用钢筋水泥。台湾不一定是我们的作战方向，因为台湾是一定要收回的。将来大战不一定光靠这些工事，但要注意敌人的空降部队。总之，海南岛地势重要，必须坚守，寸土必争。又指出：军队已决定恢复生产，这是光荣的传统，一定要坚持。海南岛是靠你们坚守的，是不换防的，所以，你们还要搞好生产和生活。最后指出：海南岛是历史上的必争之地，现在它已成为我国的门户，你们一定坚守。同时，还要很好地帮助地方，使人民群众能在经济上得到解放。

1月23日 返回海口市。听取中共海南区委负责人汇报时说：你们这里没有春夏秋冬之分，一年四季都是生长期，应该根据这个自然条件，能种什么就种什么，各县也不要千篇一律。封山育林是全国的统一做法。但你们这里不应是"封山育林"，而应"砍山育林"，就是把丛林、灌木林砍去，培育其他材林。山上有藤条，只要拿下来就是钱，如果不拿，人闲着，山也闲着，就是弃货于地。不算大账，只算小账，就要吃大亏。又说：关于税收问题，过去是收私商、手工业者和其他个体经济的税，现在他们有的全民化了，有的合作化了，如果税收搞得不合理，就是自己整自己。特别是山区，土特产的税收如果不合理，更会限制山区人民的生产积极性。群众生产出来的东西，要设法运出来，就是花点运费也可以。有的东西收上来后还可以存在当地，作为后备物资，也可以救灾。只要把副业生产发展起来，人民群众就能富起来。现在群众有些意见不好说出来，我们要随时纠正我们的政策，不要搞得积怨太深。要尊重地方干部，从本地实际情况出发，发动和引导本地群众把这里建设好，群众对你们就会满意。还说：一个县一点财权也没有，就办不起事来。发展生产，解决财政，这是党的八届二中全会早已确定了的。现在有些人为的关系妨碍了生产力的发展。最后又说：你们这里要搞出口，因为离香港近，而且四通八达，也可以进口些东西，要发动一切力量支持出口。

1月24日 乘车离海口市抵达那大县（今儋州市）。视察国营西联农场，并为该场题词："同志们努力工作。"听取中共那大县委负责人汇报工农业生产情况。

1月25日 视察石碌铁矿，并听取该矿负责人汇报生产情况。当汇报到准备建小铁矿厂时，朱德说：建造房屋要求经济适用，能支持四十年就可以了。当汇报到准备整修码头时，朱德说：不要修新码头，把旧码头恢复起来就可以了。当汇报到职工家属问题时，朱德说：将来可以把职工家属组织起来搞农业生产，否则生活上所需要的东西从远处运进来就太贵了。

△ 为海南钢铁公司题词："全心全意为人民服务"。

1月26日 视察红光农场，在听取该农场负责人汇报时说：你们要注意养鸡、养鸭、养鱼等，大力发展多种经营。

△ 回到海口市。接见中共海南区委全体人员，并进行谈话和合影留念。

△ 给陈云、李富春写信，反映石碌铁矿的开采情况。信中说：该矿原为日本人投资十亿日元建成，设备相当完善，稍加修复即可使用。现在主要的问题是关于码头修复的方案问题。我问了总工程师，他认为照日本人的原样修复为有利，花钱不多，可及早投入生产。但是，据说矿方提出了加深、加固的扩建方案。有关主管部门定不下来，一直拖到现在还未着手修复。我认为，石碌铁矿以从速恢复生产为有利，先照日本人原样修复起来，马上动工，以争取今年七月按期完成第一期工程，开始生产。否则，拖来拖去，损失很大。

1月28日 乘飞机离海口市抵达湛江市。视察湖光垦殖场。在听取该场负责人汇报生产情况时说：要向人民群众学习，要根据当地的具体条件发展生产，不要硬搬洋教条。应注意多养猪，国内外都需要猪肉。养猪可少用粮食，香蕉秆、剑麻渣和水草等，都可以喂猪。晚，在听取粤西农垦局负责人汇报工作时说：办农场不应像办工厂那样，应打破计时工资制，实行计件工资制，承包出去，做得多的，可以给予奖励。又说：办农场发展多种经营非常必要，如橡胶当然很好，但不能把希望全放在橡胶上，要发展多种多样的经营。

1月29日 乘飞机离湛江市抵达广州市。上午，视察黄埔港。下午，参观出口商品展览馆。

1月30日 游览广州花市。乘船游珠江。

2月1日 视察广州水泥厂。在听取该厂负责人汇报生产情况时说：将来五岭以南地区都是向外开放的，只要打开门户，工业就发展了，人民的生活也就得到改善了。

2月2日 视察广州造纸厂、广州制糖厂。在视察广州造纸厂时说：你们应专门建一个锅炉，生产蔗渣浆。你们厂要注意发展扩建，因为扩建旧厂比建新厂容易。你们这里蔗渣很多，又很集中，烧掉太可惜，应该打这个东西的主意。又说：只要东西多而且好，就能打开销路。

2月3日 视察广州通用机器厂、广州第一造船厂，并听取这两个厂的负责人汇报生产情况。

2月4日 视察协同和机器厂、广州船舶修造厂，并听取这两个厂负责人汇报生产情况。

△ 听取广东省外贸局负责人汇报工作。当汇报到对外贸易问题时，朱德说：橘子等水果应保持外销市场，内销少些没有关系。我所考虑的是销路问题，不是货源问题。只要有销路，货源有的是。又说：东南亚国家的大米等，可以转口，就是进口养猪也可以，如同进口橡胶制作成鞋后出口一样，只要能赚钱就是好事。

2月6日 视察广东华建麻袋厂。

2月7日 视察广东饮料厂、广州钢笔水厂。

2月8日 视察广州锌片厂、第十一橡胶厂。

△ 听取中共广东省委统战部负责人汇报对资本主义工商业改造的情况。当汇报到对外贸易问题时，朱德说：应从国外进口一些亚麻、棉纱、钢铁等物资，加工后再出口，能卖个工夫钱也有好处。

2月9日 视察广州麻纺厂、广州缝纫机厂。

2月10日 致电中共中央和毛泽东，汇报在海南岛的视察情况：（一）我这次外出，主要是为了寻找对外贸易的资源。海南岛物产丰富，特别是铁矿等，开采和外运极为便利，其他特种经济作物也应有尽有。而且地处热带，一年四季皆可耕作。同时，有大片荒地可资开发利用。在水路交通上四通八达，岛上的许多港口，既可以成为军港，又可以成为商港，欧洲来船也比较近，尤其是邻近港澳，正可以成为出口的基地。（二）在发展土特产和出口物资中，有几个问题需要解决：首先是山区土特产品的收购价格过低，再加上交通运输不便，所以山区的经济发展极为困难。其次是税收项目过多，群众动辄得咎。我们的税制是在农业个体经济和私营工商业者还大量存在的情况下制定的。现在农业、手工业已基本上合作化了，资本主义工商业也已经合营，今后的税制，拟应考虑加以改变。特别是土特产和出口物资的征税，应采取免税、减税以及由收购方面纳税的办法，以鼓励群众多多生产换取外汇。（三）海南岛荒地很多，是发展畜牧业的优良场所。如果能动员广大群众和机关、学校、军队等大量饲养家畜、家禽，在短时期内可获得大利和支援出口。如果从这方面着手，再加上开垦农场和逐步解决水利问题，海南岛再多养几百万人也是不成问题的。（四）海南岛新种植的橡胶树，大部分生长良好，各个橡胶园也初具规模。当前最严重的问题是没有注意发展多种经营以及过分机关化等偏向。所以现在大部分农场仍然赔钱，只有少数被废弃而改营其他作物的农场，反而能够自给。我的意见，国营橡胶园应该特别注意发展多种经营。如果这样，国家不仅不需要什么投资，而且橡胶园还可以更加扩大。另外，在农场的经营上，应该和农业生产合作社相似，实行定质、定量的包工办法。

△ 乘车抵达从化县。视察流溪河水库，并听取流溪河水利发电站工程局负责人汇报工作。返回广州市。

2月11日 和华南农垦总局负责人谈话。说：今年你们要把养猪作为一个发展方向，一个农场如果能养二万头猪，什么问题都可以解决了。另外，还可以养牛、养鸡等。又说：农场的干部也要做工，不能坐机关。工人和干部都要在农场安家立业。

△ 赋诗《上白云山》：

白云山上白云深，雨后春光一色新。
珠江两岸琼楼现，净扫门庭迓国宾。

2月12日 在中共广东省委第四次扩大会议上讲话。说：广东省是中国南方的一个门户，历史上广州市是一个商业上出口和进口的商场；全国对外贸易，广东是一个很重要的出口基地，对同世界各国通商来说，是个很好的口岸。因此，广东的生产，就我个人的想法，应该从保证出口方面着手。我们是历史唯物主义者，过去历史上是那样，今后建设社会主义，仍然要面向外面，采取外汇，同世界各国进行来往，出口一些农产品和手工业产品，以及一部分工业产品，换回机器和钢材。几年来都是这样做的，它对于我国五年经济建设计划的完成，是一个很好的保证。要把工业、农业、原料、产品、出口、内销等各方面配合好，才算是完全走上了轨道，差一样也不行。还说：资本主义工商业的公私合营，已经基本上完成了，我们还要注意与工商业者很好地合作。现在工商业者已经是公民，过去打土豪打资本家是政治斗争，今天讲生产，就要充分地利用这些人，因为他们做生意比我们有经验，生产也比我们搞得久。现在已经基本上消灭了剥削制度，拿一点定息，其剥削也是有限的。

2月13日 离广州市飞抵云南省昆明市。

2月14日 视察云南农业试验场、昆明机床厂。会见原云南陆军讲武堂教官李鸿祥、黄毓成、叶成林、孙永安等。

2月16日 参观农业展览馆。

2月18日 视察二九八厂、云南水泥厂、云南造纸厂、石龙坝发电站。

2月19日 听取云南省地质局负责人汇报工作。当汇报到地质勘探和建厂情况时，朱德说：铜矿应逐步地开采。建设炼铜工厂应先建小厂，得利快。建大厂费时间。钢铁工厂也应先建小型的。稀有金属工厂也应先建小厂。如建设包头钢铁厂时，调用了几万人，吃饭、穿衣都成问题。特别是在深山峻岭内，又修房子，又修铁路，费用很大，如建小厂就合算。又说：将来钢铁工业可以交给地方，地方工业要自成系统，自产自销。

2月20日 听取云南省委财贸部负责人汇报工作。当汇报到发行公债问题时，说：公债是地方性的，变为地方收入就能发挥地方的积极性，就能完成任务。当汇报到收购粮食问题时，说：预购是个好办法。特别是丝、茶、烤烟、粮食、棉花等出口物资，应实行预购。当汇报到收购烤烟等物资有压级压价问题时，说：要依靠农民自己评级，完全靠上级和收购员来评级就搞不好。公家又要农民种，又要压级压价，这就成了公家限制生产。凡是原料和出口产品，公家只能高价收购，以刺激生产积极性，不能压级压价。当汇报到交通运输问题时，说：应考虑恢复马帮，过去历史上马帮就解决问题。现在应把这个力量利用起来，把东西运出去就能赚钱。还说：云南省的稀有金属和土特产很多，要组织生产，其他如畜牧业也要发展。

2月21日 听取中共云南省委第一书记谢富治汇报工农业生产和政权建设情况。

△ 在云南省及昆明市党员干部大会上讲话。说：云南省气候好，土地也好，雨量也不少，如果把水利搞好，就能争取丰收。要注意发展经济作物，如咖啡、橡胶、剑麻、香茅等，这些东西卖钱多。药材也很多，价钱也很贵，全国都需要，农业生产合作社要以此为副业。有些矿产也可以组织群众开采，出口换回机器。这里的马也很多，可制造一些胶皮轮车或养一些马，来辅助交通之不足。还说：要注意中国内部的团结，搞好统一战线，统一战线是中国革命胜利的法宝之一。在目前要特别注意实行宽大政策，在过去战争年代真刀真枪打仗的时候，不能不死人，现在是建设时期，一定要实行团结、教育、改造的方针政策。帝国主义对我们是要搞颠覆活动的，但是，如果我们的统一战线工作做得好，就能团结广大人民，打破帝国主义的颠覆阴谋。

2月22日 听取云南省林业厅负责人汇报林业发展情况。当汇报到木材的外运有困难时，说：木材烂在山里运不出来，是个大问题。沿河两岸的居民就是靠水吃饭，应包给他们运输。当汇报到木材的出口问题时，说：你们要把木材的出口价格、国际需要木材的情况了解清楚，以便出口，换回我们所需要的东西来，这样就不会货弃于地，造成浪费。

2月23日 在听取昆明军区副司令陈康等汇报云南的边防情况时，说：边防要把少数民族团结起来，这样边防就巩固了；从这里跑出去的土匪，要想法争取他们回来。驻边的部队要在那里修简单的工事，盖好住房，同时，还要养猪、养牛，发展生产，这样才能长期住下去。

△ 接见云南省各民主党派人士，并进行座谈。

△ 赋诗《昆明感怀》：

忆昔重阳大义伸，而今始得告功成。
英法势力杳然去，且喜国防有善邻。

2月24日 致电中共中央和毛泽东，汇报在广西、广东、云南三省视察的情况。说：我这次外出，着重了解了一下对外贸易问题。从两广、云南和海南岛的情况看来，除云南因滇越铁路尚未修复，交通暂不便外，其他两广和海南岛的对外贸易局面已经打开。两广、云南和海南岛在出口上有许多有利条件。所以，应该把这几个省看成是我国的出口基地。又说：当前对外贸易的关键性问题，就是货源缺乏，供不应求的问题。外销货源之所以缺乏，除生产能力不能很快地提高和国内需要量日益增加外，有许多货源困难是人为的，是一些组织工作、价格政策、税收政策，以及交通运输上的问题所造成的困难，而不是货源真正缺乏。只要我们的工作做好，这些困难是可以克服的。就大的方面来说，目前在货源上有以下几个问题：首先是土特产的收购价格一般的偏低，影响了群众的积极性。收购价格之所以偏低，是因为经营环节过多。解决这一问题的办法，可考虑从两方面着手：第一是下决心减少经营环节，下放业务，基层社能够经营的品种，上级社不要再插手。第二是外贸机构协同基层供销社，直接到产地收购或定货。其次是某些出口的工业品和手工业品原料缺乏。解决的办法也可以从两方面着手：一方面少出口些原料，把原料做成成品后再出口；另一方面可采取"以外汇增加外汇"的办法，进口一些原料加工成成品后再出口。电报中还说：我们在对外贸易上历年来都是采取一种"量出为入"的办法。就是出口多少就收多少。某些货源略有增加，就大喊积压，于是便减价收购或停止收购，这是人为地阻止生产的发展。过了一些时候，销路打开，又大喊货源缺乏，以致"临渴掘井"，徒呼奈何！像我们这样的国家，积有几十万吨或几百万吨物资，不仅不算什么积压，而且是必须的储备。"三年不开账，开账吃三年"。在国际贸易上，我们的胃口应该放大些。

△ 视察吴家营农业生产合作社。

2月25日 离昆明市飞抵四川省成都市。

2月26日 致电中共中央和毛泽东，汇报云南省的农业、财贸和矿藏等情况。说：（一）云南农业的潜力还很大，那里气候温暖，四季如春，作物生长季长，一般地区一年可以两熟；南部地区还可以达到一年三熟。因此，今后云南的农业生产，主要是加大复种指数，兴修小型水利，开垦荒地和增设肥料。在经济作物和副业生产上，也大有前途。云南适宜于发展茶叶、咖啡、紫胶、木棉、剑麻等经济作物。今后这些经济作物的种植，应该广泛地推广到农业生产合作社里去。使农业生产合作社的粮食生产、经济作物以及种茶、养蚕、养家畜、养家禽等副业三者多样性地结合起来，不要单靠国营农场来经营经济作物，因为国营农场究竟是少数，只能起示范指导作用，而大量种植还要靠农业生产合作社。(二)云南森林资源丰富，树种多为价值极高的云杉、冷杉、云南松等。希望中央重视这一地区。澜沧江下游和元江流域的林区，既有松杉，又有珍贵的常绿林。但因交通不便，大规模开采尚有困难，可考虑在林区设立几个制材厂，将木材加工为胶合板或其他小型材料后运出。(三)云南矿产很多，就目前看，铜矿藏量最大，但从远景来看，最大的储藏量为铅矿。目前应动员群众用土法大量开采，暂时运不出来的，还可以积存起来，等铁路修通后，随时可以出口。这样做既搞出了物资，又养活了人，好处很多。(四)云南交通不便，多余的产品运不出来，需要的东西运不进去，应注意恢复旧有的马帮的办法。如能把二十多万匹驮马的力量都发挥起来，在加强运输，互通有无，繁荣经济上将会起很大的作用。

△ 听取四川省副省长赵苍璧等汇报工农业生产情况时说：要多养猪，多种胡豆，胡豆可推成粉，粉渣子可喂猪，猪肉可以供应城市。地方手工业可以发展，有原料，人工便宜，只要做得好，就可以销到国外。

△ 到郫县视察，并听取中共郫县县委负责人汇报农业生产情况。

2月27日 听取中共四川省委第一书记李井泉、书记处书记陈刚、成都市委第一书记廖井丹等汇报工作。当汇报到副业生产问题时，朱德说：副业生产是个宝贝。蚕丝、茶叶、水果等副业的收入，将来会超过粮食的收入。粮食可以喂猪、养马。猪肉加工后运出去就是大钱。当汇报到农业生产问题时，说：农业生产中计划，应该由下而上地制定，上面可以审核下面的计划，但不能干涉下面的计划。不要硬性推广，应该搞示范，如果你搞得好，农民会向你学习。

2月28日 听取四川省副省长张韶方等汇报对外贸易工作。

3月1日 听取四川省商业厅负责人汇报工作。当汇报到收购山区的物资问题时，朱德说：要想办法多收购山区的出口物资，只要把山区的东西拿出来，山区的负担就能减轻。还要想办法提高山区物资的收购价格，进货要缩小地区差价。商业和供销社系统，要抽出资金修路，充分利用船和木排搞运输。当汇报到公私合营企业的情况时，说：对公私合营企业，要保证他们所需要的原料，帮助他们扩大生产。当汇报到商业体制和利润等问题时，说：做生意和搞生产应该兼而有之。商业本来就无利可言，主要是靠节省周转费，因为商业不搞生产。当汇报到福利问题时，说：工厂和农业生产合作社的福利要靠他们自己解决，"生产长一寸，福利长一分"。

3月2日 听取四川省工业办公室负责人汇报四川省的工业生产情况。

3月3日 听取中共灌县县委、县政府负责人汇报工作时说：你们这里花多，可以多养蜜蜂，蜜蜂是大量出口的好东西。副业的产值应占农业产值的一半。还应注意发展苎麻，每家都可以种几分地的苎麻。桉树长得快，可以作各种材料用。要利用山上的条件，多养菜牛，可以赶到成都去卖。

3月4日 听取中共四川省委第一书记李井泉，书记处书记李大章、廖志高，省委常委兼康定地委书记天宝等汇报工作。当汇报到通往西藏的交通问题时，朱德说：过去向西藏进兵后无吃的，站不住。现在有了公路，情况有所改变。将来再修一条铁路，问题就解决了。

3月5日 视察八一农场。在听取该农场负责人汇报时说：四川的广柑很好，可与世界上的广柑相比，但是，产量太少了，不顶事。你们应该大力发展，搞它几十万吨出口，才能把四川搞富。

　　△　听取四川省手工业管理局等单位的负责人汇报时说：手工业是长期的，到了共产主义也还存在。现在世界上还很需要手工业品，将来搞手工业的人还可以再多一些。当前手工业的主要问题是缺少原料，手工业合作总社要抓这件事，有了原料，下面就能生产了。四川省的手工业有基础，办好手工业很有前途。

3月6日　到新都县视察，并听取该县负责人汇报工作。

3月7日　听取四川省委农村工作部负责人、四川省水利厅、林业厅负责人汇报工作。当汇报到水利建设问题时，朱德说：四川雨水多，山的高处也有水，应充分利用山高处的水，一路灌下来，再多修一些山湾塘蓄水。这是利用"天上"的水，同时，对雨量也有帮助。当汇报到林业问题时，说：树木要允许人家砍，也要鼓励他们栽，边砍边栽，砍一棵栽一棵，甚至栽两棵。

　　△　视察成都无线电零件厂、成都收发报机装制厂和成都量具刃具厂。

3月8日　听取成都市郊区西光农业合作社、西林农业合作社和南郊农业合作社的负责人汇报农业生产情况。插话说：你们郊区的农业社，要种植多种多样的东西，如大头菜、大蒜、生姜等，可以加工成酱菜出卖。又说：你们要充分利用城市近郊的有利条件，给农民找活做，不能下地的，也要给他们找些其他活做。你们有了钱后，还可以买些机器搞加工工业。

　　△　在四川省各民主党派人士座谈会上讲话：现在我国已进入社会主义革命和建设时期，中国不走这条路是不行的。我们大家要一条心，要团结起来，共同进步，共同建设社会主义。将来共产党也是要消亡的，到那时，各民主党派也就不需

要存在了。今后第一是要团结；第二是要进步。

3月9日 视察成都木材厂、成都丝织生产合作社和成都食品厂。

3月10日 视察成都机械厂。在听取该厂负责人汇报生产情况时说：你们厂应该从第二机械工业部划出来，既可以给兵工加工，也可以生产其他民用机械。

3月11日 视察彭县东方瓷厂、彭县石棉厂和彭县铜矿厂。

3月12日 乘车抵达绵阳县。分别听取中共绵阳地委书记、江油县委书记、重庆铁路局负责人和四川石油勘探局负责人汇报工作。

3月13日 视察绵阳抽丝厂、绵阳电子管厂和绵阳技术学校。

3月14日—16日 在成都接待到四川省访问的捷克斯洛伐克总理西罗基及其率领的政府代表团。

3月16日 在四川省工业会议上讲话：这几年，我们在办工业问题上也出现了一些问题，就是贪大、贪多、贪新。希望大家要实事求是、勤俭办工业，勤俭是中国传统的美德。今后办工业应注意以下几个问题：第一，要充分利用旧的、小的和原有的厂矿和设备；第二，要提倡勤俭办工厂，勤俭办企业，反对大少爷作风；第三，要组织当地群众办加工厂，靠山吃山，靠水吃水；第四，要多建一些茶叶工厂，这是四川省的主要出口产品之一；第五，机器制造工业要为生产和人民生活服务，搞得好还可以制造出口产品；第六，军事工业和民用工业的生产必须结合起来，有些军事工业一定要转为和平工业；第七，国营工业和地方工业，都要帮助手工业的发展；第八，要广泛深入地开展增产节约运动。

△ 给中共中央和毛泽东写报告，说：成都刃具厂在建设

中，从少花钱多办事、勤俭办企业的原则出发，给国家节约了不少投资，使工厂提前投入生产。报告总结了成都刃具厂的主要经验，认为他们的做法是符合中央增产节约指示精神的，应该加以介绍和推广。

3月17日 离成都市飞抵重庆市。

3月18日 听取中共重庆市委书记任白戈、鲁大东等汇报工业生产情况。

3月19日 视察重庆一〇一厂、一〇二厂。

△ 致电中共中央，报告在重庆市的视察情况。说：重庆各军工厂的生产任务不足，人员、设备浪费很大，需要很好地解决，否则，将给国家造成严重损失。军工厂转民用生产或军工厂生产与民用生产相结合的问题，是迟早非解决不可的，要转还是早转好，早转少损失些，越转得晚，损失越大。应充分发挥和利用军工设备等的有利条件，为国家生产建设服务。

3月21日 和重庆市民主党派人士座谈，说：为了建设社会主义，就要搞好团结，把过去的事丢开，把个人的事丢开，大家都来考虑建设社会主义问题。在人民内部，要发扬民主，有事大家商量，有话都可以说。以保证我们在政治上的团结。我们所反对的只是那些搞资本主义复辟的人，和民主党派人士是要长期合作的。

△ 致电中共中央，反映四川等省的生猪收购情况，并提出个人意见：目前农民的生猪已养肥，不卖掉要赔钱；另外，季节已到，又怕闹猪瘟，都在大量卖猪。因此，造成市场肥猪积压。四川生猪现有库存量十二万多头。重庆市正常情况下生猪库存量为一万五千头，现在实际库存量已达到二万二千五百七十头，全市约积压肥猪七千五百七十头。四川省是供应全国猪肉的一个重要地区，这个问题如不很快采取措施加以解决，

不但要影响到淡季市场的供应，而且要严重地打击农民养猪的积极性，再次造成国内供应和出口猪肉的困难与紧张。为了有效地解决这个问题，我的意见还是由国家有计划地大量组织收购。除在地区上进行调剂外，应有计划地就地组织加工，如火腿、腊肉等，以便供应国内市场和组织出口。上述情况，在广东、云南都存在着，但广东的好处是出口方便，问题不大，而云南、四川的问题则比较严重。请中央能够责成有关部门很快研究，提出措施，加以解决才好。

3月22日 上午，离重庆市飞抵陕西省西安市。下午，视察西安军用皮革厂，并听取该厂负责人汇报生产情况。

3月23日 视察西安一一四厂、八四七厂和半坡村。

3月24日 乘飞机离西安市回到北京。

3月27日 出席《中华人民共和国和捷克斯洛伐克共和国友好合作条约》、《中华人民共和国政府和捷克斯洛伐克共和国政府联合声明》签字仪式。

△ 与周恩来、董必武、彭真、薄一波、聂荣臻等分别接见出席解放军后勤先进工作者代表会议的全体代表、出席解放军空军直属机关先进工作者大会的全体代表、参加第二届全国民间音乐舞蹈汇演的演员。

3月31日 为在一九二七年重庆"三三一惨案"中牺牲的烈士杨闇公墓碑题写碑文。

4月2日 接见出席中国佛教协会第二届全国代表会议的代表。

△ 和宋裕和等谈话说：过去建工厂，存在着贪多、贪大、贪新的问题，浪费很大，建一个工厂花的钱可以建两个工厂，非收缩不可。又说：南方要提倡大量种桉树，十几年就能成材。四川和云南有大量的木材，要依靠群众有组织地去采

伐。造林也要依靠群众，国家包不了。

4月3日 和薄一波谈话。在谈到对外贸易问题时说：要大力发展对外贸易。对兄弟国家要互相帮助，互通有无，同时，也要和日本等亚非国家发展贸易。出口物资主要是稀有金属、煤、铁和手工业品。我国的手工业品对亚非国家来说是热门货，供不应求。今后，五岭以南地区要支持出口，要保持香港的转口，每年争取赚回外汇四亿元是可能的。香港的许多食品和用品以及砖瓦等，都要靠内地供应。香港不只是本地需要，而是转口到亚洲和北欧各国。我们同苏联的贸易不是小来小去，而是大来大去，要大进大出。越南出产木材和煤，我们可以同他们交换，以便供应海南和广东的需要。国家可以和地方订合同，规定出口物资的数量、质量。在谈到养猪问题时说：养猪内销和外销都很有利，要坚持出口，把猪肉加工成罐头出口更合算。养猪大有希望，机关、部队可以自给，南方可以普遍养猪。在谈到木材问题时说：木材在四川、云南并不少，但因交通不便，运不出来。要交给地方上，依靠群众去采伐，各省就地解决本省的需要，同时规定上缴的任务。要提"开山护林"，不要再提"封山育林"，"开山护林"也要依靠农业生产合作社和群众去搞。在谈到供销合作社问题时说：国营商业和供销合作社要有分工。供销合作社应成为地方上的商业机构及连接国家和地方的重要环节。国家的专业公司一般地不要设到县级以下。中央不能集中得过多过死，要充分发挥地方的积极性，这样可以多办事。

△ 接受锡兰（今斯里兰卡）首任驻中国大使威尔莫特·阿伯拉罕·佩雷拉递交的国书，并致答词，说：中锡两国人民间存在着悠久而深厚的友谊。中国人民对锡兰人民在民族独立事业中所作的努力一向表示同情和支持。我们很高兴地看到，

在我们两国各自获得独立后，这种友谊有了新的发展。我们两国进行了平等互利的贸易，使两国的经济发展都获得益处。

△ 为《天津日报》题词："继承革命传统，建设伟大祖国。"

4月4日 与周恩来等出席匈牙利驻中国大使馆为庆祝匈牙利解放十二周年举行的酒会。

△ 下午三时，到中南海居仁堂开会，讨论计划问题。

△ 与周恩来、邓颖超看望因病在家休养的陈毅。

4月5日 和李先念谈话，说：今年发展生产的主要任务，是解决原料问题，只有有了原料，才能制造出成品出口，才能发展生产。木材是重要原料之一，也是国家财政收入的重要来源之一。但是，国家对木材统得太死，不许群众采伐，群众很有意见。要考虑把"封山育林"改为"护山育林"，允许群众采伐。我国的东北、西南、华南地区有木材。东北地区可以学习苏联的办法，用机器采伐。但云、贵、川地区，由于交通不便，就只能用手工办法采伐，不能像东北那样投很多资金用机器采伐。同时，也不能只准种不准砍。解决木材问题的办法，应是地方承包，木材少的省不外调，木材多的省上调一些。不能再搞很多木材加工厂，因为往返运输太浪费，要节省林业投资。还说：国营农场要多种经济作物，发展多种经营。如海南岛的国营农场，如果发展多种经营，可以把橡胶园转为附带生产，以其他经济作物的生产养活橡胶园，不是只种植橡胶一种经济作物。要从各方面考虑节约，节约的资金用在增产上，要把增产和节约二者结合起来考虑。总之，要发展生产，开辟财源。财政要包下去，实行经济核算。要逐步提高农产品的收购价格，降低工业产品的价格。

△ 下午三时，出席中共中央政治局会议。

4月6日 上午,出席中共中央政治局会议。会议讨论一九五七年财政问题。

4月8日 出席毛泽东为欢迎波兰部长主席西伦凯维兹及其率领的波兰政府代表团举行的宴会。

△ 与陈云、彭真、李富春、聂荣臻出席毛泽东召集的会议。

4月9日 和供销合作总社负责人张启龙谈话说:农村的废铁、旧农具等废品,应由手工业合作社去收购,可以就地加工处理。钢可由供销合作社收购。你们还要注意收购出口物资,如:羽毛、茶叶、蚕丝等。这些东西在国际上有市场,价高利大,能换回外汇。

4月10日 和来访的萧华谈话。

4月11日 出席《中华人民共和国政府和波兰人民共和国政府联合声明》签字仪式。

4月13日 出席中共中央政治局会议。

4月14日 与毛泽东、周恩来等接见出席电影工作者联谊会成立大会的代表、一九四九年至一九五五年优秀影片得奖者代表和出席全国电影发行放映先进工作者代表大会的代表;云南省各民族参观团和湖南省各民族参观团的全体人员。

△ 晚,出席中共中央政治局常委会议。

4月15日 下午,与毛泽东、刘少奇、周恩来等到南苑机场迎接苏联最高苏维埃主席团主席克·叶·伏罗希洛夫来访。晚,出席毛泽东为欢迎伏罗希洛夫举行的晚宴。

△ 在《人民日报》发表《欢迎敬爱的伏罗希洛夫同志》一文。

4月16日 下午,陪同伏罗希洛夫出席全国人大会常委会扩大会议,伏罗希洛夫在会上发表讲话。晚,陪同伏罗希洛夫出席周恩来举行的盛大酒会。

4月17日 陪同伏罗希洛夫出席毛泽东举行的国宴。

△ 和黄敬谈话：我们的工业管理体制，不是统一领导、分散经营，而是把什么都统到中央来。这是实行不通的，必须改变，现在苏联也正在改变这种管理体制。又说：我这次到几个省看了看，现在工业的主要问题是原料困难，特别是钢铁工业的原料更缺乏。其实并不是没有原料，而是没有组织力量去寻找。又说：机械生产不要单一化，要根据各种需要，生产各种各样的机器，以满足各方面的需要，特别要多生产小型机器。还说：不能因为怕战争打烂，就不搞建设了，否则，就永远建设不起来。

△ 到毛泽东处谈话。

4月18日 上午，陪同伏罗希洛夫到中南海紫光阁参观全国人大常委会举行的第六十六次会议。下午，出席首都各界在先农坛举行的欢迎伏罗希洛夫大会。

△ 给中共中央和毛泽东写报告，汇报到湖北、广西、广东、云南、四川、陕西等省、自治区视察的情况。报告在谈到对外贸易问题时说：当前对外贸易最根本的问题是货源困难。解决的办法，只有从发展生产、适当节约消费、寻找代用品等方面着手，以便尽量挤出东西来出口。为了补偿因粮食、油料、肉类等出口减少所造成的外汇损失，今后应注意发展矿产品，如煤炭、食盐、稀有金属和石棉等物资的出口。这方面的工作如果做得好，前途是可观的。还说，目前山区人民的生活是很苦的，山区问题是全国性的问题，单靠农业贷款和民政部门救济还不能解决问题。应该看到，通过外贸系统从价格政策和各个方面来使山区经济获得发展是当前解决山区问题的一个重要手段，这方面的工作做好了是可以收到双重利益的。无论

是我国的社会主义建设事业或是为了加强国际交往，我国的进出口贸易必须大大地加强和发展。在谈到工业问题时说：看来军工生产在和平时期兼产一些民用物品或同民用生产相结合的问题，迟早非解决不可。我认为这个问题要及早解决，否则损失更大。还说：据两广、云南、四川了解到的材料看，这几个省的矿产资源是比较丰富的，有金、银、铜、铁、锡和其他稀有金属，问题是国家对这些资源统得太死，地方和群众都没有活动的余地。中央对地方的机械工业不宜统得太死，不要把稍微像样的机械厂都收归中央管理。在谈到林业问题时说：西南几省和长江以南各省，气候温暖，雨量充足，林木生长很快，如桉树、马尾松等十年就可以成材使用，"十年树木"的古语的确不是虚传。现已动员群众在山地河边、家庭屋后大量种植，且有显著成绩。森林资源相当丰富，也可以大量采伐。目前，国家需要木材很多很急，应该从速开发西南几省的森林资源。为了节约国家投资，在采伐上应充分利用当地和附近地区群众的伐运技术和力量，因外地调进的伐木工人，在居住和生活上会有很多不便。还说：水运不必专设机构，可以把这一工作交给地方政府分段管理，并且组织沿河水手或群众进行包运。报告在谈到体制问题时说："为了更好地发挥地方的积极性，我建议财政、计划、工业、贸易等方面的权力都应该逐步下放，使地方有机动之权。""体制问题的中心问题是财政问题，应下决心把财权下放，不要害怕放下去以后拿不上钱来。""财权下放以后，地方上就有胆量来办更多的事，从而就有可能使工农业和各项生产事业获得更大的发展，而随着生产事业的发展，中央通过税收等各项办法所能够拿到的钱将会是更多而不是更少。"这篇报告以《外出视察的报告》为题编入《朱德选集》。

4月19日 陪同伏罗希洛夫离京飞抵辽宁省沈阳市。到鞍山市参观访问。同日，返回沈阳市。

4月20日 上午，陪同伏罗希洛夫参观沈阳第一机床厂、沈阳电缆厂和东北工业部陈列馆。晚，陪同伏罗希洛夫出席辽宁省省长杜者蘅举行的宴会和晚会。

4月21日 上午，陪同伏罗希洛夫前往沈阳苏军烈士墓献花圈。下午，出席沈阳市各界欢迎伏罗希洛夫大会，并发表讲话。会后，与伏罗希洛夫到沈阳苏联专家招待所慰问和接见苏联专家及其家属。

4月22日 到沈阳机场为伏罗希洛夫赴上海市参观访问送行。

△ 上午，视察沈阳重型机械厂和沈阳风动工具厂。在视察时说：不能看不起西方国家的技术，好的东西还是要拿来。现在全国只有机械二十多万台，少得很，百多万台也不够。造机械要钢材，可以进口，能买到，要进口钢就必须出口铁砂，要多出铁砂就要靠你们出机械，而你们的机械不能等我们的铁出来再造。下午，听取辽宁省负责人汇报建筑材料问题。插话说：货物不怕多，多余的要积存起来，有货物才能出口。石棉矿要大搞，搞它一百多个。工厂要尽量生产，多余的产品就由外贸部门收存起来，准备出口。

4月23日 上午，离沈阳市飞抵黑龙江省哈尔滨市。下午，视察哈尔滨量具刃具厂、哈尔滨锅炉厂、哈尔滨电机厂、哈尔滨汽轮机厂和哈尔滨仪表厂。

4月24日 视察在哈尔滨的解放军军事工程学院，并在全校师生欢迎大会上发表讲话。说：国家对你们的要求，是学好本领，保卫祖国，保卫世界和平。希望同志们在政治上、文化上、科学上，特别是在军事科学上，要努力学习。

△　听取黑龙江省副省长杨易辰汇报财经、对外贸易和工业生产等情况后说：今年的形势稳定一些了，可以出口工业原料，这样不仅我国的经济搞活了，兄弟国家的经济也搞活了。不仅要出口工业原料，今后工业产品也要出口。只有增加出口，才能人人有工作，人人有饭吃。对亚洲国家要向他们出口成套设备，这样一方面对我们有利，另一方面也可以帮助他们站起来。

4月25日　听取中共黑龙江省委书记欧阳钦汇报工作。听到生产和财政问题时，说：要多发展生产，只有生产发展了，才能有条件办学校、办医院等。财政要下放，建立乡财政。当汇报到手工业问题时，说：手工业合作社要自负盈亏，如能自负盈亏，就能解决国家的很大问题。手工业合作社的钱，国家不要去拿，让他们自己处理。办得好的手工业合作社，也不要批准升级，因为升级后就改成八小时工作制，并有了礼拜日，这样对国家不利，国家就背上包袱了。手工业工厂的工会会费、福利费、医药费、娱乐费和家属困难补助费等费用，不能都由国家包起来，要自己解决。

　　△　视察哈尔滨亚麻厂，并听取该厂负责人汇报生产等情况。当汇报到青年工作问题时，朱德说：对青年人要进行道德教育。

　　△　致电中共中央和毛泽东，汇报在黑龙江省的视察情况。电报中说：（一）黑龙江省煤炭调拨价格太低。这样就严重地影响了企业增产的积极性。因为增产越多，赔钱越大。当前这里的煤炭增产，除继续克服保守思想并继续设法降低成本外，合理的调整调拨价格，也是一个重要措施。（二）这里的基本建设工人，去年上半年以前，每日工作九小时，每两个星期休息一天。去年下半年以后，改为每日工作八小时，每一个

星期休息一天，基建工人一般还满意。但制瓦的工人有的希望每日工作九小时，以便多得计件工资。又因为两天不能做工，只能领到基本工资，要求晴天做工，遇雨天再休息。但劳动部门认为不合规定。结果既影响砖瓦产量，也减少了计件工资的收入。企业单位和职工对此均有意见。哈尔滨市今年因此将少生产两千万块砖。手工业是自负盈亏，多劳多得。这种制度规定得过死，将影响生产的发展和人民的收入，值得中央劳动部门注意。（三）在过去几年中，中央各工业部曾经因各种原因，从关内各地调了不少工人到这里，其中多数是一般工人，有的工厂的炊事员都是从外地调来的。这些人到这里以后，企业虽然发了不少安家费，但是，或者由于生活习惯不同，水土不服；或者由于工资和本地工人不统一，常常发生纠纷。这里的负责同志认为，从外地调一些技术工人和部分学徒是需要的，但一般工人则应少调。

4月26日 上午，乘飞机离哈尔滨市抵达齐齐哈尔市。下午，视察北满特殊钢厂、齐齐哈尔重型机器厂和二七二厂。

△ 晚，乘火车离齐齐哈尔市前往吉林省长春市。

4月27日 晨，抵达长春市。上午，视察长春第一汽车制造厂。下午，听取中共吉林省委第一书记吴德汇报工、农、林业生产情况。

△ 晚，离长春市飞抵辽宁省沈阳市。

4月28日 听取辽宁省省长杜者蘅汇报工作。当汇报到财政问题时说：财政部把钱都收上来，表面看来是赚了，实际是赔了。如果把预算都分给地方上，地方上用以发展生产，把死钱变成活钱，那才真的赚了，物资出口才能赚回钱来。又说：如果一切事情、一切福利事业等，都由中央包起来，中央背不起这个包袱。农业生产合作社有五保就能解决问题。一个人病了或是死了，都来找中央，打扁担就直接打国家，不得了，长期这样下去不行。所以，财政一定要下放下去，由地方上来解决这些问题。

△ 乘飞机离沈阳市回到北京。

4月29日 上午，去毛泽东处谈话。与毛泽东、邓小平先后接见出席全国气象先进工作者代表会议的代表和教育行政学院第二期毕业学生。下午，去邓子恢处谈话。

4月30日 上午，到颐年堂出席最高国务会议。下午，陪同伏罗希洛夫游览天坛。

5月1日 毛泽东、刘少奇、周恩来、朱德、陈云等陪同正在我国访问的苏联最高苏维埃主席团主席伏罗希洛夫在天安门城楼上检阅庆祝五一国际劳动节的游行队伍。

5月2日 中午，与陈毅陪同伏罗希洛夫游览玉泉山。晚，与毛泽东、刘少奇、周恩来陪同伏罗希洛夫出席中苏友好协会总会和北京市中苏友好协会为欢迎伏罗希洛夫访问中国举行的京剧晚会，观看京剧《野猪林》。

5月3日 晚，出席苏联驻中国大使尤金为伏罗希洛夫访问中国举行的招待会。

5月4日 下午，陪同伏罗希洛夫参观故宫。晚，出席北京各界青年为欢迎伏罗希洛夫访问中国在中山公园举行的五四青年节游园晚会。

5月7日 在中央直属机关青年积极分子大会上讲话。说：我们老共产党员抱有一个共同的心情，就是非常爱青年同志，对于青年同志寄予无限的希望。听说你们有了进步，看见你们生气勃勃地学习和工作，我们就得到了很大的安慰。因为有你们这样好的青年一代，实现中国人民的伟大理想，就有了可靠的保证。又说：希望你们回到机关以后，和全体青年一道，努力做好工作，认真地钻研业务，刻苦地学习政治理论和文化，热爱劳动，锻炼身体。要永远生气勃勃，永远谦虚谨慎，永远保持艰苦朴素的优良作风，认真执行勤俭建国的方针，积极参加祖国的经济建设和文化建设。

△ 在全国外贸局长和特派员会议上讲话。说：对外贸易是我们党和国家的重要工作部门之一，是我国国民经济的重要组成部分之一，也是配合国家和平外交活动的重要武器之一。在对国内外关系上搞得好，也有助于调动国内外一切积极因素。又说：目前，主要出口货物还是农产品和农副产品的加工品，这些产品在今后相当长时期内不可能挤出更多来供应出口，因此，今后组织出口货源的方向应该是：（一）大力培植水产品、畜产品，大量生产各种工艺品、手工业品。（二）有计划地开采矿产品，如铁矿、煤矿、有色金属等。对瓷器、石棉、云母、水晶石等，都要增加生产和开采。（三）大力扶持和组织农、副、土产品的生产和收购，特别是山区的产品，如药材等。现在山区群众叫苦，其实山区很富足，就是东西运不出来。山区的物资如能贴一点运费运出来，赔一点钱也可以出口。（四）有计划地培植和组织亚热带作物的生产。如菠萝、椰子、剑麻、橡胶、咖啡、木棉、胡椒、香料等作物，可以组织生产。（五）根据国外市场的需要和国内的加工生产能力，有计划地酌量进口一些原料，制成成品，组织出口，增加外汇收入。（六）随着我国工业的发展，有计划地组织某些工业品出口；在生产设计和技术可能的条件下，还可以组织一部分机器和成套设备出口。还说：根据我这次在下面看到的情况和听到的反映，要深入发掘出口货源的潜力，做好出口货源的组织工作，我认为，各级党政和外贸部门，必须注意解决以下几个问题：（一）做好扶植生产工作。这是扩大出口，解决出口货

源问题的根本办法。（二）正确地规定和执行价格政策。（三）应该很好地解决出口货源组织工作中的交通问题。（四）注意解决出口商品生产的原料问题。（五）要学习外国的经验，也要吸收过去我国商人的某些经验。要注意了解国外生产和供需情况。

△ 与毛泽东、刘少奇、周恩来等接见二十四个兄弟民族参加五一节观礼的代表、中央直属机关青年积极分子代表会议的全体代表、中央商业干部学校的毕业生；接见中国人民解放军和中国人民志愿军参加五一节观礼的代表。

5月8日 下午，出席中共中央政治局会议。会议讨论毛泽东提出的他本人是否担任下届中华人民共和国主席的问题。此前，四月三十日毛泽东在最高国务会议上讲全党的整风运动时曾说"明年二届人大，一定辞去国家主席"，第二天，陈叔通、黄炎培联名写信不同意毛泽东辞去国家主席职务，毛泽东把这封信连同他的批语给刘少奇、周恩来、朱德、陈云、邓小平、彭真阅，要求召开扩大的政治局会议讨论。

5月9日 给中共中央和毛泽东写报告，汇报到东北三省视察的情况。报告说：（一）东北三省的出口资源是很丰富的。当前重要的问题是应当充分动员干部和群众挖掘出口潜力。除应当调整内外矛盾，并适当提高收购价格，改善收购工作外，充分发挥地方在经营出口贸易上的积极性，也是一个非常重要的问题。如果能在国家统一计划下，把一部分出口任务包给地方，允许他们根据出口需要，直接向相邻省份组织某些货源，就会便于更好地因地制宜和因时制宜。这是一个有关体制的问题，应该加以注意。（二）近几年来，东北新建和扩建了许多工厂，这些工厂规模大，设备新，人员多，生产能力高，是我国实现第二个五年计划的重要基础。目前存在的问题是设备能力不能充分发挥。主要原因是原料不足，特别是钢、铁、焦炭最感缺乏。充分发挥地方工业、手工业合作社、农业合作社的力量，小型地开采煤矿、铁矿及其他矿产，是当前解决原料不足的重要措施之一。（三）黑龙江和吉林两个省委的同志，都同意把森林工业部和林业部合并起来，并把工作放下去，由中央规定任务，地方负责经营完成。因为下放之后，第一，不仅便于地方更充分地依靠群众，克服采运中的严重的浪费现象，从而大大增产木材，而且便于组织群众把林区的财富拿出来，真正做到地尽其力，物尽其用；第二，地方可以依靠广大群众，使采伐和育林更好地配合起来，一定会得到更多、更好和更省的效益。以上两个问题的解决，这就是把当前林业工作中的两个主要矛盾，即木材供需之间的矛盾和采伐育林之间的矛盾求得基本解决。

△ 参观全国农业展览会。

5月10日　出席中共中央政治局会议，讨论通过《中共中央关于各级领导人员参加体力劳动的指示》。

5月11日　会见越南新任驻中国大使阮康，并进行友好的谈话。

5月13日　给周恩来和陈云写信，对东北林业工作中存在的问题提出意见。信中说，我看了一波、富春两同志对西南林业工作的意见，完全赞成他们的意见，请酌量付诸实施。我又到东北视察一次，对林业问题也搜集了一些材料，已向中央写了报告。东北森工、林业两部更应下放给黑龙江和吉林两省委办理，这样才能事半功倍，国家和人民才能受益更多。今年从六月一日算起，尚有七个月的时间，应发动党员和群众参加这个工作，将过去抛丢在山林中的两千多万立方可用林木从已伐的森林中清理出来。这样，一则可以救急；二则可以积累一大笔资金，人民获利更多。同时，也可以解决当地人民的烧柴困难等问题。至少可以解决当地造纸厂的需要。造纸厂不用好木材做纸浆是最有益的。过去林业工作的教条主义，硬搬苏联的一套做法，结果吃亏不小。由于今年生产发展很快，这才知道物资缺乏，特别是煤、钢铁和木材更为缺乏。现在煤和钢铁均已开禁，这就会促使地方及合作社去开采，还可以补救。但是，木材比煤和钢铁更缺乏，应即时下放，重订计划，依靠省委及当地广大群众共同解决木材缺乏问题。

5月14日 下午，出席中共中央政治局会议。晚九时，到颐年堂，出席中共中央政治局常委扩大会议。

5月15日 与毛泽东、刘少奇、周恩来、陈云、邓小平等，出席中国新民主主义青年团第三次全国代表大会开幕式。大会决定将"中国新民主主义青年团"改名为"中国共产主义青年团"。

△ 毛泽东写出《事情正在起变化》一文，发给党内高级干部阅读。这篇文章发出了反击右派的信号。

5月16日 晚九时，到颐年堂出席中共中央政治局常委会议。

5月21日 和黄敬谈话：第一个五年计划期间，我们建设了很多工厂，但由于缺乏原料，工厂和工人没有活干，得过且过。因此，第二个五年计划不得不返回头来先从原料搞起，多搞些钢、铁、煤等，把这些原料工业搞突出一些。中小型的矿可以下放给地方，中央只搞大型的。如果缺乏钢材，还可以进口一些。武钢和包钢建设进度不要推迟，推迟了就更不合算。又说：搞机械化也不能太急，第二个五年计划期间，还是要搞"人海战术"。所有的问题就是个"人"的问题。这么多人反正都要吃饭，不做事也得要吃饭，问题是在哪里吃，让人们都蹲在城里吃，还是到山上去吃？到山上去吃就可以解决问题，既能把山里的东西拿出来，又养活了人。

5月22日 会见捷克斯洛伐克驻中国大使格里哥尔。谈话时说：我们两国之间的海上运输可以扩大，现在只有三只船太少，要有几十只船才好。我国现在在广东省湛江市有个很好的港口，在海南岛建成了新的矿井，完全机械化。这样，船只就可以不经过香港。同时，也不怕国民党捣乱，因为我们在那里的军事力量很强。我们的铁矿含量大，至少是百分之五十。我们的有色金属、贵金属和非金属（如石棉、云母等），你们都需要。在国际市场上不好买，用我们的就不必花外汇。这些东西很重要，海运便宜，这对双方都有利。又说：你们的专家在上海帮助我们建设电厂，非常受我国的技术人员和工人们的欢迎。今后，许多工厂我们打算自己设计，那些我们自己不能设计的复杂部分，请你们的专家帮助我们解决。这样对双方都很好。还说：现在我国国内的阶级敌人不多了，问题是要改进党的作风，更好地团结全国人民进行社会主义建设。在第一个五年计划期间还有战争，现在没有战争了，我们要很好地利用这一和平环境进行经济建设。

5月23日 下午出席中共中央政治局扩大会议，听取邓小平关于整风运动和反右派斗争的报告。

5月24日 给中共中央和毛泽东写报告，对制订我国第二个五年计划提出建议。报告说：关于我国工业化道路问题，我完全同意今年二月十七日主席在最高国务院会议上所讲到的意见。在贯彻执行主席关于工业同农业、重工业同轻工业的发展比例的方针下，根据我最近时期在西南、东北所了解的情况，想到以下几点意见，供制订第二个五年计划作参考：（一）在第二个五年计划期间，在重工业建设方面，应该大力发展原料工业，如：钢铁、煤、石油、化肥、塑料及有色金属矿和木材等。使原料的供应能够适应工业发展的需要。只有在原料工业方面打下了可靠的基础，机器制造工业和加工工业才能获得发展，才能吃得饱，才能有前途。同时，原料工业发展起来以后，不仅可以容纳大量的劳动力，为就业问题创造有利的条件，还可以大量出口，换取外汇。（二）在第二个五年计划期间，大力发展原料工业是有条件的，是可能的。我国资源丰富，煤、铁、稀有金属、木材等应有尽有。同时，大部分成套设备可以自己制造。问题是如何多挤出总投资用到这方面来。在原料工业主要产品的指标方面，我认为，应该尽可能提高一些。只要经过各方面的努力，也是可能达到的。（三）在第二个五年计划期间，在发展重工业的原料工业方面，应该着重发展中小型企业。因为发展中小型企业，能安排更多的劳动力（同时也就是解决了社会就业问题），投资少，见效快，经营管理容易，好处很多。报告提议将第一、第二、电机三个部合成一个部。将战争时期的国防工业与平时时期的和平工业结合起来，如果将来转向战争时期，也能担负起保卫国防的任务。

　　△　晚，出席中共中央政治局常委会议。

5月25日　与毛泽东、刘少奇、周恩来、陈云、邓小平等，接见参加中国新民主主义青年团第三次全国代表大会的全体代表和来北京参观全国农业展览会的部分县委书记。

　　△　晚，与刘少奇、周恩来、陈云、邓小平等，出席毛泽东为即将离开北京的伏罗希洛夫举行的宴会。

5月26日　与毛泽东、刘少奇、周恩来等，到南苑机场为伏罗希洛夫离开我国前往蒙古访问送行。

　　△　晚八时，出席中共中央政治局常委会议。会议听取中共各省、市、自治区党委负责人的汇报。

△　和李井泉谈话：今年是转变的关头。林业下放后，你们可以用人海战术搞，不要急于搞机械化。计划要由地方上作，目前修铁路还做不到，运输木材要靠水上漂。四川的河运有搞头，还可以搞拖筏子，拖空船上来，然后装上东西运下去。在第二个五年计划期间，要多挖煤和铁，五十万吨以下的矿，可由地方上去开采。又说：西藏的硼砂很贵，要多搞。桉树应大量种。养鸡也是一件大事，鸡和鸡蛋，应尽量多收购。棉花只要能种的地方都应该种，起码要能供给本地的需要。过去不准江南种棉花是不对的。水果要想办法出口，黄瓜可以大量种，腌黄瓜苏欧需要量很大。

5月27日　出席中共中央召开的省、市、自治区党委书记会议。邓小平在会上作关于整风问题的报告。

△　晚九时，出席中共中央政治局常委会议。

5月29日　和王鹤寿谈话：对发展原料工业，要很好地计划一下，由哪些地方搞，除原有的基地外，还要搞哪些新的基地。广东、广西、四川、云南、湖南等省和自治区，都有条件发展原料工业，过去都集中到中央来搞有缺点。现在发现原料不足，因此，要鼓起大家的生产情绪，多发展原料工业。铁要多搞，海南岛的铁矿要开采，开采后运到云南、四川都合算。过去算账有缺点，成本高一点就不让生产，但与进口相比还是便宜得多。我们自己开采还可以增加就业人数。我想现在还是要搞人海战术，把多余的人安置起来。你们重工业部应该支持铁砂的出口，只靠出口产品是不行的。又说：有色金属主要依靠地方上搞，用人海战术，人背马驮都可以。过去是由中央垄断，想赚大钱，这是错误的。林业最为典型，弄得天怨人怨。

△　晚八时，出席中共中央政治局常委扩大会议。

5月　接受《中国青年》杂志记者关于知识青年参加体力

劳动问题的采访,说:无论在革命时期或者建设时期,工人和农民都是基本群众和基本力量。一切革命的、进步的知识分子和青年,都必须和工农群众相结合。现在,人剥削人的制度虽然已经基本上结束了,但是剥削阶级轻视劳动,特别是轻视体力劳动的错误思想仍然大量存在,而且在知识分子和青年学生中仍然有着广泛影响。青年团必须加强对知识青年的劳动教育,特别是体力劳动的教育,使我们的后一辈真正能与剥削阶级轻视劳动的错误思想决裂,站到劳动光荣的马克思主义观点上来。

6月3日 参观全国农业展览会林业馆。在看到绿化规划图表时说:应当多种速生树种,尤其在西北树木缺乏的地区,应当多采用几年就可以用的树种。绿化数字不要降低,五亿人口就有五亿双手,只要依靠群众,什么事情都能搞得起来。

6月4日 给周恩来、陈云写信,建议不设城市服务部。信中说:人民来信简报说,城市服务部没有成立的必要,这是可以考虑的。我的意见,在北京、天津、上海三市的政府中可以设立城市服务局,中央可以不设城市服务部。成都、重庆、广东、汉口等省市,原来的供应很好,也不必再设立城市服务机构。自己能完全供应的地方,设立城市服务机构,不仅花钱多,而且与其他部门有冲突。北京、天津、上海三大城市的物资供应,应先由市周围地区协助,如物资不足,可由较近的地区用合同性质的订货来解决。不要过于顾虑城市供应紧张问题,否则向全国调运物资是不合算的,同时,也妨碍了其他地方的生产。

△ 晚八时,出席中共中央政治局常委会议。

6月5日、6日 出席中共中央政治局会议。会议讨论准备提交全国人大一届四次会议审议的一九五六年度国民经济计划执行结果和一九五七年度国民经济计划。

6月8日 与刘少奇、周恩来、陈云、邓小平、彭德怀、陆定一等，到毛泽东处开会。

△ 中共中央发出《关于组织力量准备反击右派分子进攻的指示》。《人民日报》发表题为《这是为什么?》的社论，反右派斗争在全国范围内展开。

6月10日 晚九时，出席中共中央政治局扩大会议，讨论有关整风运动问题。

6月11日 给毛泽东写信，建议工作和整风两不误。信中说，看了毛泽东关于整风问题文章的修改稿，"内容是很好了"。这是在整风运动中，给干部的斗争武器，足以征服敌人，团结群众，争取中间，孤立右派。我建议要有组织地传达到县、工厂中去。由中央在党校及各机关抽调三千干部，或更多一点，训练两三个月，派到各省、市一直到县里去抓工作和整风。把全国各县的工作和整风两不误，才能做出整风的成绩，也才能取得社会主义建设的最大成功。

6月12日 与毛泽东、刘少奇、周恩来、陈云等，先后接见出席全国职工家属代表会议的全体代表和参加全国农业展览会的各地代表人员、云南省各民族参观团和四川省各民族参观团以及参加城市文化馆工作座谈会的全体人员。

6月13日 晚七时半，出席中共中央政治局常委会议。

6月16日 和身边工作人员谈撰写发展对外贸易和山区经济的文章问题。在谈到发展对外贸易问题时，说：今后我国在出口的品种方面，工业产品要逐渐增多，农业产品要逐渐减少，这是我国由农业国走向工业化国家的重要标志。各省都要搞出口物资。能出口的工业产品很多，如铁砂、煤炭等。机器也有人要，特别是资本主义国家要得更多。今年要用半年的时间，做好出口的准备工作。在第二个五年计划期间，每年出口一二百亿元是可以的。同时，我国扩大再生产所必需的原材料也要进口一些。世界上没有一个国家能完全自给自足。在谈到发展山区经济问题时，说：关于发展山区经济问题，也要写一篇文章发表。因为这个问题现在还没有很好地解决。在山区可以发展很多经济作物和多种经营，如棉花、条藤、土纸、药材、酒厂、小铁矿、小煤窑等等。山区不搞小型厂矿和发展各种经济作物，人就活不了。要准备召开一次发展山区生产的工作会议。

6月17日 晚九时，出席中共中央政治局扩大会议。会议听取邓小平关于几个地区"鸣放"情况的报告。

6月18日 与周恩来出席埃及驻中国大使拉加卜为庆祝埃及共和国成立四周年举行的招待会，并发表讲话。

6月19日 晚八时，出席中共中央政治局扩大会议。会议讨论有关一九五七年国民经济计划和财政预算问题。

6月21日 把捷克斯洛伐克政府赠给他的一辆"斯可达"小卧车，转送给长春第一汽车制造厂，作为该厂设计小卧车的参考样品。

△ 晚八时，出席中共中央政治局常委扩大会议。

6月24日 出席中共中央政治局扩大会议，会议通过《政府工作报告》（稿）。

6月26日—7月15日 出席第一届全国人大第四次会议。会议期间，在讨论周恩来的政府工作报告时，发言说：第一，我们要不要进行社会主义革命呢？我们通过和平的方式进行的社会主义改造是搞对了还是搞错了？全国绝大多数人民的回答是，而且事实上是：我们进行社会主义革命是绝对必须的，只有社会主义才能救中国；我们通过和平方式进行的社会主义改造已经获得了基本的胜利。这个胜利解放了我国的几亿劳动人民，解放了我国的社会生产力，打开了通向我国全体人民的富裕和幸福、国家繁荣和富强的康庄大道。同时，由于这个革命是通过和平的方式来进行的，对于民族资产阶级实行了赎买政策，因此，在革命过程中能够避免国民经济的某种可能的紊乱和破坏，也给了剥削阶级分子从容地改造成为自食其力的劳动者的机会。第二，我们要不要进行社会主义建设来逐步改善人民的生活呢？我们的建设是不是获得了伟大的成就，人民的生活是不是获得了逐步的、显著的改善呢？全国绝大多数人民的回答是，而且事实上是：我们绝对必须进行社会主义工业化的建设，来逐步地而在最后是根本地改善人民的物质和文化生活。我们在拥有六亿人口的落后国家进行的社会主义建设已经获得了伟大的成就，我们七年的建设成就胜过了解放以前的百年，我国社会主义工业化的初步基础，已经巩固地奠定了。全国劳动人民的物质文化生活水平七八年来获得了显著的提高。第三，我们要不要共产党领导的人民民主专政呢？这个人民民主专政，也就是说，共产党的领导，人民政府的工作，是不是获得了伟大的成就呢？这个民主是不是最广大范围的真正人民的民主呢？全国绝大多数人民的回答是，而且事实上是：绝对需要有共产党领导的人民民主专政，也就是无产阶级专政，只有这样，才能进行社会主义革命和社会主义建设。我国社会主义革命的基本胜利和社会主义建设的伟大成就，证明共产党的领导、人民政府的工作，成就是伟大的、基本的，而错误和缺点只是次要和个别的。

6月26日 和身边工作人员谈话：各省市都要设法挤出东西出口，鸡毛蒜皮积累起来就是一大笔财富。中国吃穿的东西很多，如各种小菜、大蒜、罐头等等都有，世界不少国家也都需要这些东西,要多出口。又说:我们还应注意发展工业,可以再发展一千万工人。开矿是我们的主要出路之一,日本就很需要我们的煤、铁、盐等。战后,日本的经济发展得很快,主要原因是不养兵,集中力量恢复和发展工业;同时,在朝鲜战争中,他们发了战争财。

6月30日 晚,出席中共中央政治局常委会议。

7月2日 晚十时,到刘少奇处开会,至凌晨一时。会见苏联驻中国大使尤金,听取关于苏共中央全会处理马林科夫、卡冈诺维奇、莫洛托夫问题[1]的情况介绍。

7月3日 晚九时,到刘少奇处开会,至十一时半。讨论苏共中央全会问题。

7月4日 和身边工作人员谈发展对外贸易问题。说:我国的条件很好,地大物博,人口众多。人多是个财富,每人有两只手,靠这两只手就能拿出很多东西来出口。如手工艺品资本主义国家很需要。我们制造的机器有些国家也需要。我们要和苏联合作,可以采用承包的办法,帮助他们修路、盖房子等。

△ 晚十时,出席中共中央政治局会议,至翌日凌晨二时,通过中共中央致苏共中央电报。

7月5日 与刘少奇、周恩来、陈云、邓小平飞赴杭州,向在那里的毛泽东汇报中共中央政治局和常委扩大会议情况,研究关于苏共中央全会问题。

7月6日 下午,与刘少奇、周恩来等,到机场欢迎越南民主共和国主席胡志明,并于当日晚宴请胡志明。

―――――――

[1] 马林科夫、卡冈诺维奇、莫洛托夫,当时都是苏共中央主席团委员。1957年6月,苏共中央全会作出关于他们是反党集团的决议,撤销了他们的党内外职务。

7月7日 晚，陪同胡志明观看电影《五月的节日》和《革命的前奏》。

△ 晚十一时，到刘少奇处开中共中央政治局常委扩大会议，至翌日凌晨两点。

7月8日 到机场为胡志明前往朝鲜民主主义人民共和国访问送行。

7月9日 和森林工业部负责人谈话：砍伐林木要由地方负责，由地方平衡，中央只要求上调数。木材是国家集资的主要来源之一，也是地方上的财政主要来源之一，因此，地方上要把育林、伐木作为长久的事业。木材要出，并且还要充分利用我国的劳动力进行加工后再出口，如出口樟木箱的成品或半成品等。世界上很需要工业原料和生活资料，我国有很丰富的资源，又有充足的人力，可以大量地搞原材料出口。又说：在华北地区可以推广种植杨树；在南方可以提倡种植蓖麻，既可以榨油，又可以养蚕。在海边的沙地上，要注意造林，对灌木林要充分地利用起来。

7月11日 晚，与周恩来出席蒙古驻中国大使鲁布桑为庆祝蒙古人民革命三十六年举行的招待会，并在招待会上讲话。

△ 晚九时，去刘少奇处开会。会议讨论整风运动的有关问题。

7月12日 上午，接见出席世界和平理事会科伦坡会议后来我国参观访问的阿拉伯国家和平代表团的七位代表，并进行友好的谈话。说：中国人民是一贯支持和平运动、万隆会议五项原则、阿拉伯各国人民的民族独立运动和反帝运动的。我们很高兴地看到阿拉伯各国人民的团结，特别是对纳赛尔总统领导下的埃及人民的民族独立运动的胜利感到高兴。又说：你们知道，中国革命也是长期的，经过了好几十年。先是反封建的斗争，推翻清朝政府，孙中山先生在这次旧民主主义革命中起的作用很大。后来，中国人民更有组织了，无产阶级组织起来了，进行了新民主主义革命和社会主义革命。这次新民主主义革命的一个特点就是以武装斗争开始，以武装斗争结束。又说：统一战线是中国共产党和各民主党派共同努力的结果。现在也有统一战线，因为我们都要走社会主义道路，团结一切革命力量是很重要的。

7月15日 为杨靖宇烈士陵园题词："人民英雄杨靖宇同志永垂不朽！"

7月16日 出席中共中央政治局会议，会议讨论并同意粮食部关于粮食购销问题的报告。

7月17日—21日 与刘少奇出席毛泽东主持在山东省青岛市召开的部分省市委书记会议，讨论在全国开展整风和反右派斗争问题。会议期间毛泽东写了《一九五七年夏季的形势》一文，提出单有经济战线上（在生产资料所有制上）的社会主义革命是不够的，还必须有政治战线上和思想战线上的彻底的社会主义革命。这为以后频繁地开展政治运动，发生阶级斗争扩大化，提供了理论上的主要依据。

7月22日 上午，接受捷克斯洛伐克新任驻中国大使杨·布希尼亚克递交的国书。

△ 下午，接见出席全国工艺美术艺人代表会议的全体代表，讲话勉励艺人们带更多的徒弟，把我国几千年来传统的工艺美术事业永远传下去，并且越来越好。随后参观了会议展出的艺人代表们创作的两千多件美术品。

△ 和中央手工业管理局副局长邓洁谈话：手工业生产的品种要多，数量也要多，质量还要好，这样才能打开销路市场。我国人民的生活水平要提高，同时，还要大量出口，这就

需要很多东西。金子你们也可以挖，做原料用。世界上的资本家很有钱，社会主义国家的人民也要提高生活水平，因此，只要有了东西就不怕没有销路。

7月23日　出席刘少奇主持的中共中央政治局会议。

7月24日　与林伯渠、李济深、陈叔通、董必武等，接见中国天主教代表会议的全体代表。

△　离京去北戴河。

7月29日　在北戴河刘少奇处开会。

7月31日　上午，由北戴河返北京。晚，与刘少奇、周恩来等，出席首都军民庆祝中国人民解放军建军三十周年大会。在大会上发表题为《光荣伟大的三十年》的讲话指出："中国人民解放军，是一支以彻底解放人民和坚决保护人民革命成果作为自己的唯一宗旨的武装力量。三十年来，它经历了艰难曲折和光荣伟大的斗争。它为人民出了力，立了功，人民是永远不会忘记的。中国人民主要依靠它，取得了革命的胜利；今后，中国人民还必须依靠它，保卫自己的社会主义祖国。"又指出："八一起义虽然没有达到挽救第一次大革命的失败的目的，而且这支起义队伍由于没有同当地的农民革命运动相结合，在离开南昌而南下到达广东省东部以后，大部分遭到了失败，但是，这次起义仍然具有伟大的意义，因为它明确地指出了中国革命的政治方向，它是共产党独立领导革命和独立领导革命武装斗争的开始。这支起义部队中保存下来的一小部分，后来就成为中国工农红军（中国人民解放军的前身）的最初来源之一。"讲话说："三十年来的事实证明，中国人民解放军是善于执行党的政治路线和军事路线的，是善于继承和发扬自己的人民军队的优良传统和作风的，是善于学习马克思列宁主义和先进的军事科学技术的。我相信，只要努力不懈，戒骄戒躁,中国人民解放军就一定能够把自己建设成为一支更加强大无敌的军队,完成党和人民托付给我们的新的历史任务。"这篇讲话编入《朱德选集》。

8月1日 为庆祝中国人民解放军建军三十周年,在《人民日报》上发表《纪念八一》、《井冈山会师》、《出太行》、《赠友人》、《寄南征诸将》诗五首。

△ 晚九时,出席刘少奇主持的中共中央政治局会议,讨论召开中共八届三中全会问题和毛泽东写的《一九五七年夏季的形势》。

8月2日 赴北戴河集体办公。

8月3日 和身边工作人员谈话:第二个五年计划期间,主要任务是发展机械工业,只要有了机器,就可以挖矿、炼钢铁等,同时,也要进口一些新的、技术先进的机械设备。这样,我国的家务就建立起来了。在发展矿产、钢铁、煤炭、石油、有色金属等工业方面,要依靠地方和群众,国家不能统制,因为国家统制各项费用太多。生产计划不能由上而下制订,要由下而上制订。要把下面的情况摸透,否则,计划制订出来也执行不通,因为对下面的情况不了解。在谈到手工业的重要性时说:我国的手工业者有几百万人,大部分都集中在城市。在第一个五年计划期间,手工业对发展国民经济起了很重要的作用,在第二个五年计划期间,手工业对我国的经济建设仍然会起很重要的作用。在谈到发展对外贸易问题时说:我们要同苏联和东欧各社会主义国家发展贸易,同时,也要同亚洲各国发展对外贸易。我国的物产丰富,有很多东西这些国家都很需要。过去我们出口的东西,主要是矿产品和手工业产品,在第二个五年计划期间,还可以出口一些机械设备。

8月7日、9日、10日 到北戴河煤矿疗养院参加国家计委的会议。

8月8日 出席刘少奇主持的中共中央政治局会议，讨论在农村进行社会主义教育问题。

8月9日 在北戴河听取黄敬汇报我国钢铁工业的生产情况时，插话说：我国的钢铁工业发展了，我们就有了家务，这是最基本的。如果钢铁工业不发展，我们就永远摆脱不了贫穷。

8月10日—12日 在北戴河听取煤炭工业部负责人汇报。十二日，在听取煤炭生产情况的汇报时，插话说：地下挖煤可以搞机械化，但非生产性的建设，以及生活福利等，不能学习资本主义国家和苏联的做法，要和当地的农民差不多。临时工要和当地农业生产合作社签订合同，需要时就来，不需要时就回去，做的工也算农业生产合作社的工分，工业部门不负责他们的个人安排。煤炭生产只相信机械化的力量还不够，还要相信六亿人民的创造力量，如果把广大人民群众的力量普遍发动起来，可能会发展得更快。

8月12日 与刘少奇、周恩来、邓小平等，会见和宴请冰岛统一社会党主席奥格尔森及其夫人等。

8月14日 和李先念谈话。在谈到机构改革问题时说：第一机械工业部、第二机械工业部和电机工业部三个部应该合并起来，重新给他们分配任务。在谈到文教问题时说：文教事业应该下放给地方，让地方去办，中央可以拨给地方一部分经费，这样才能节省，不要什么都向中央伸手要。在谈到增产节约问题时说：增产节约很重要，请客要节省，援外也要口紧不能光要面子，要把所有的招待所、疗养地和风景区的房子都收归公家所有，充分地利用起来，成立国际旅行社，发展旅游事业，外国人也可以来旅游，这是一笔很大的收入。又说：要提倡艰苦奋斗。中国革命是怎样取得胜利的？就是靠艰苦奋斗，不要钱，不要命，那时，没有人谈过福利待遇问题。增产节约是长期的任务。在谈到手工业问题时说：手工业要保留，手工业产品既能供应国内市场的需要，又能出口供应国际市场的需要，同时，还能养活我国二千多万手工业者。另外，手工业是一种特有的技艺，应该长期保留下来，并加以发展。金银首饰、玉器、雕刻等等都会畅销，因为世界人口不断增加，生产不断发展，生活上的要求越来越高。在谈到财政体制问题时说：财政要下放，下放后中央就放心了。不然，中国六亿人口如何能保证没有一人生病？生了病就骂中央，中央如何能承受得了。下放后地方上能办多少事就办多少。

8月15日 从北戴河回到北京。晚出席朝鲜驻中国大使李永镐为庆祝朝鲜解放十二周年举行的酒会，并在会上讲话。

8月16日 与陈毅接见广西省各民族参观团、西北民族学院铁路班参观实习和出席中国回民文化协进会第二届代表会议的代表。

△ 听取冶金工业部副部长赖际发汇报。

8月17日 出席印度尼西亚驻中国大使维约普拉诺托为庆祝印度尼西亚共和国独立十二周年举行的招待会，并在会上讲话。

8月18日 离京抵北戴河。下午，出席刘少奇主持的中共中央政治局常委会议，讨论《一九五六年到一九六七年全国农业发展纲要（草案）》稿。

8月19日 参加北戴河召开的国务院常务会议。

8月20日 下午到毛泽东处开会。晚参加国务院常务会议。

8月21日 出席刘少奇主持的中共中央政治局会议。

8月26日 到刘少奇处开中共中央政治局常委会议。

8月28日 晨六时，由北戴河返回北京。下午，到南苑机场迎接途经北京的越南民主共和国主席胡志明。

△ 和叶季壮谈对外贸易问题：我国出口的物资要增加，煤每年应准备出口一千万吨。肉类的出口量也要增加。我国的大豆是世界名牌，要争取多出口。另外，煤炭、铁砂，日本很需要，我们要与日本订立长期合同，中国离日本很近，这是很有利的条件。

8月29日 晚，与刘少奇、周恩来、陈云等，宴请胡志明。

8月30日 与刘少奇、周恩来等到首都机场为胡志明回国送行。

△ 和城市服务部部长杨一辰谈话。在谈到发展对外贸易问题时说：应该靠发展生产来解决内销与外销的矛盾问题。农村的猪、鸡、鸭、烟、酒等生产发展起来以后，国家一定要及时收购，群众对这件事很关心。如果不及时收购，群众受不了，有意见。收购上来可以出口换回外汇。在水果方面，可以多发展容易保存的水果，如在云南、广西、广东、海南岛等地，可以多种柑橘、橙子、柚子等。内销一定要服从外销，挤出一些东西来出口是完全可以的。在谈到发展旅游事业问题时说：旅店事业要搞好，把旅店、招待所办成国际旅行社，接待外国人，可以赚外国人的钱。把可游览的地方，甚至祠堂、庙宇等也利用起来，一是为国内服务，二是对外开放，为外国人服务。

8月31日 和水产部副部长高文华谈话：要提倡在海边的农业合作社也养殖海带。养殖淡水鱼的计划可以做得大一些，要发动群众来捞，这样可以增加出口，也可以多建立些家务，又不需要增加很多投资。又说：你们还要发展深海的捕鱼，可以同海军合作。海南岛是很大的渔场，要掌握好技术，还要造大船。广东省有六万到十万人是在水上生活的，可以发挥他们的潜力。你们要充分利用海军退伍的人,他们懂得开船,熟悉海上情况;如发生战争,又可以成为海军的后备力量。

9月2日 与刘少奇、周恩来、邓小平等,接见出席全国工会积极分子代表会议的全体代表。

△ 下午,出席刘少奇主持的中共中央政治局会议。会议讨论通过第三次全国妇女代表大会的报告,《中共中央关于严肃对待党内右派分子的指示》等。

9月3日 和食品工业部副部长胡明谈话。在谈到食盐的生产问题时说:过去取消小盐田是错误的。食盐要有储备,积压几万吨不算多,除供应国内需要外,还可以多出口一些。在盐池附近可以建立化工厂。在谈到经济作物的种植问题时说:种植经济作物也要因地制宜,在北方可以多种萝卜、甜菜等,在南方可以多种甘蔗等。在谈到酿酒问题时说:现在酿造酒的原料是从乡村运到城里,而成品又从城里运到乡村,这样就增加了往返的运费。是否可以就在乡村酿酒,公家只收购成品,酒糟留在乡村喂猪。

9月4日 和建筑工程部部长刘秀峰谈话。在谈到建筑业的体制问题时说:有条件的地方,应该把建筑事业交给地方去管,如武汉、成都、重庆、北京等城市,就可以交给他们去管。同时,一小部分大型建筑工程由中央指导帮助。这样既能做到统一管理,又能根据当地的不同条件建设不同风格的建筑,不是一个模式,生搬硬套。在谈到矿山、煤矿、森林工人的住房建造问题时说:建造这些地方的住房要向当地群众看齐,不要盖洋房子。同时,要就地取材,充分利用当地的砖瓦和木材等。在第二个五年计划期间,人民群众建造住房还是一件大事,应抓好。在谈到充分利用现有条件发展旅游事业时说:要把现有的疗养院、旅游区、庙宇以及党、政各部门的一些住房充分利用起来，组织旅行社，接待游人，这样可以赚大钱。

△　下午，和国务院参事金汉鼎谈话。

9月5日　与李济深、黄炎培、李维汉、陈叔通等，接见参加各省市民族事务委员会主任会议的代表和吉林省各民族参观团。

9月9日　与刘少奇、周恩来、陈云、邓小平等，出席中国妇女第三次全国代表大会开幕式。代表中共中央向大会和全国妇女致祝词，说：我国已进入一个新的历史时期。我们的任务就是要继续建立和巩固我们的社会主义制度，集中力量发展我国的社会主义生产力，再经过十年到十五年的努力，把我国从落后的农业国变成先进的工业国。全国人民必须团结一致，同心协力，贯彻执行勤俭建国、勤俭办企业、勤俭办合作社、勤俭办一切事业的方针，来迅速发展我们的工业、农业和其他建设事业。已经获得了解放的中国妇女是一支伟大的力量，一定会担负起勤俭建国，勤俭持家，为建设社会主义而奋斗的光荣任务。指出：在新的历史时期中，全国妇联组织要能够更好地团结全国妇女在建设社会主义中发挥出更大的力量，就必须进一步加强群众观点和贯彻执行群众路线的工作方法；就必须关怀和反映妇女的利益和要求，对歧视和损害妇女、儿童的思想和行为，继续进行坚决的斗争；就必须在各方面努力为妇女群众服务，特别是要组织群众自己的力量来进一步发展妇女儿童福利事业，使妇联和妇女群众更加密切地联系起来。

9月10日　视察首都石景山钢铁厂。在听取该厂负责人汇报时说：建设社会主义要依靠工人阶级，不仅是要依靠工人阶级的技术，而且还要依靠工人阶级的吃苦精神。过去搞革命几十年，有二十五年是过供给制的生活，不要钱，不要命，不顾家。现在的青年人不知道社会主义是怎样来的，要加强对青年的政治思想教育，提倡共产主义道德，大公无私，全心全意为建设社会主义服务。我国人民的生活从来就是艰苦的，人口也多，我们要在这个艰苦的基础上建成社会主义，自然是要多、快、好、省。在这方面，有些兄弟国家也在向我们学习。

△ 听取中央军委三部负责人汇报工作。在汇报到政治学习问题时说：要学习马列主义特别是政治经济学，学到知识以后才能安心。在汇报到国际形势问题时说：现在看来，世界大战打不起来，美国要同苏联谈判。以后要多了解经济方面的情况。

9月11日 听取杨一辰汇报城市服务工作。在汇报到养猪的情况时说：我国增加养猪的数量是有条件的，要增加养猪。生猪卖不出去，主要是运输问题。应该考虑把猪肉加工成冻肉、腊肉、猪油等。不要因为卖不出去就影响养猪的发展。

△ 晚八时，到刘少奇处开会。

9月12日 在全国养猪生产会议上讲话，说：猪是有关国计民生的最重要的物资之一，又是出口的大宗。养猪事业发展了，就可以改善城市居民的生活，增加农民的收入；就可以巩固工农联盟；又可以扩大出口，支援各兄弟国家，换回机器设备，来发展我们的建设事业。又说：要发展养猪事业主要是解决饲料、收购、出口三个问题：（一）饲料问题。首先应该打破那种认为没有粮食就不能养猪的说法，大力推广粗料养猪，如树叶、野菜、野草等，有一百多种。（二）收购问题。现在的问题就是要使收购的机关和人员切实按照新规定的价格去收购，反对压价现象，务使养猪的人有利可图。（三）出口问题。在猪肉出口方面，应该解决建立出口基地问题。广东、海南岛以及沿海省份，养猪条件都很优越。应该把这些地区培养成固定的养猪出口基地。另外，可把猪肉加工成成品出口，如火腿、罐头等。

△ 晚八时，到刘少奇处开会。

9月13日 晚，与刘少奇、周恩来会见南斯拉夫联邦执行委员会副主席斯·伏克曼诺维奇及其随行人员。

9月14日 下午，与刘少奇、周恩来会见保加利亚部长会议主席安东·于哥夫及其率领的政府代表团。

9月15日 会见以朝鲜内阁副首相金一为团长的朝鲜经济代表团，并进行友好的谈话。说：我们今年完成第一个五年计划是有成绩的，例如在这个期间，建设了很多大工厂，能年产几百万吨钢等。但是，缺点也不少，例如在以发展重工业为中心方面，有贪新、贪大、贪多的教训。本来我们自己的家底子薄，建设投资是有限的，但是，因为贪新、贪大、贪多，大量的资金被积压，改建旧有的设备就推迟了，农业投资也受到影响。又说：我们的计划应当从实际出发，能做到的就去做，这样早一点生产出东西来，再继续投资，逐渐地扩大生产。而对做不到的就不做，应分清主次缓急。我们在这方面做得不够，是个教训。我们现在已经看到了这一点。又说：我们要贯彻增产节约、勤俭建国的方针。增产节约是建设社会主义的最好的方法。我们的建设速度不能慢，实际上也并不慢。但是，如果希望太快，反而脱离实际，不能更好地达到目的。

9月16日 晚十时，出席刘少奇主持的中共中央政治局常委会。会议讨论召开中共八届三中全会的有关事项。

9月17日 在听取石油工业部副部长康世恩汇报石油生产情况时说：要实事求是，有多少石油就搞多少，能大即大，能小即小。小的油矿可以交给地方开采，不要贪大、贪多，这是个方向问题。

9月18日 与刘少奇、周恩来等，到南苑机场迎接前来我国进行友好访问的印度副总统萨瓦帕利·拉达克里希南,并致欢迎词,说:中印两大民族两千年以前就是好朋友。自从我们两国人民建成了各自的新国家以来,我们都欣欣向荣地走上了和平建设的道路,在维护亚洲和世界和平的伟大事业中发挥着积极作用。同时,我们的传统友谊关系在中印两国共同倡导的和平共处的五项原则基础上获得了新的巨大的发展。在这方面,我们两国政府的领导人员近年来通过相互访问做出了出色的贡献,受到两国人民的一致欢迎。这对于亚洲各国人民的团结和世界和平也是具有极重要意义的。

9月19日 上午,与周恩来陪同拉达克里希南参加印度展览会开幕典礼,并为展览会剪彩。下午,与刘少奇陪同拉达克里希南出席全国人大常委会扩大会议。晚,与刘少奇、周恩来出席毛泽东为欢迎拉达克里希南访问中国举行的宴会。

9月20日 下午,与周恩来、贺龙等,陪同拉达克里希南出席首都各界在北京体育馆举行的欢迎大会,并观看文艺演出。

9月20日—10月9日 出席在北京举行的中共八届三中全会。会议听取和讨论了邓小平关于整风运动的报告、陈云关于改进国家行政管理体制问题和农业增产问题的报告、周恩来关于劳动工资和劳保福利问题的报告,并基本通过一九五六年到一九六七年全国农业发展纲要(修正草案)以及关于改进工业、商业、财政的管理体制和关于劳动工资、劳保福利问题的几项规定草案。十月九日,朱德在大会上作书面发言。在谈到发展工农业生产问题时说:我们的工业、基本建设、农业、农村副业和手工业,都还有许多潜力没有挖出来。为了把工农业生产的潜力挖出来,就必须密切依靠人民群众,就必须正确地兼顾国家、集体和个人的利益。把工业、商业和财政的一部分管理权下放给地方和企业,是非常必要的。这样做,就是加重了各地方、各企业的责任，他们必须负起自己的责任来。总之，建设的根本道路就是增产，而增产的门路是很多的，潜力是很大的。充分地发挥中央、地方、企业和合作社三方面的积极性，使我国人口众多的条件同资源丰富的条件充分地结合起来，建设的速度就一定能够加快。在谈到发展对外贸易问题时说：发展对外贸易有重大的经济意义和政治意义。我们要通过发展对外贸易，来换回我们所缺少的技术装备和其他必要的物资，以便更快地建立我们的家务，促进我国生产事业的发展和就业问题的解决；从经济发展趋势来看，对外贸易的发展也是必然的。对外贸易不仅必须发展，而且可能发展。国际条件是很好的，各兄弟国家、友好国家和大多数主要资本主义国家都希望同我们多做生意。我们自己在增产节约的基础上也可能争取多出口，多进口，逐步地做到大出大进。发展对外贸易，不仅是对外贸易部的事情，而且是全党和全国人民的重大任务。

9月24日 到首都机场为印度副总统萨瓦帕利·拉达克里希南送行，并致欢送词。

△ 与刘少奇、周恩来陪同毛泽东接见印度尼西亚前副总统哈达博士和夫人以及随同来访的印度尼西亚客人。

9月27日 与刘少奇、周恩来、陈云、邓小平、贺龙等，陪同毛泽东接见匈牙利总理卡达尔及其率领的匈牙利政府代表团。

10月1日 上午，毛泽东、朱德、刘少奇、周恩来等党和国家领导人，出席首都各界五十万人在天安门广场举行的庆祝中华人民共和国成立八周年大会，检阅解放军受阅部队和群众游行队伍。晚，在天安门城楼上同各国贵宾一起观看焰火和群众联欢，并接见各国代表团的负责人和著名人士及各国驻华使节。

10月3日 下午,出席中共八届三中全会。晚,与周恩来出席匈牙利驻中国大使诺格拉第为欢迎匈牙利总理卡达尔及其率领的匈牙利政府代表团访问中国举行的宴会。

△ 晚,与毛泽东、周恩来接见以波兰国防部长斯彼哈尔斯基上将为首的波兰军事代表团。

10月4日 下午,接见前印度抗日援华医疗队人员巴苏华、查卡尔、木克其,以及故去的柯棣华之弟柯迪斯等。

△ 下午,出席中共八届三中全会。

10月5日 出席中共八届三中全会。

10月6日 下午,与毛泽东、刘少奇、陈云、邓小平等,先后接见参加国庆观礼的中国人民解放军和中国人民志愿军以及各兄弟民族的代表。

△ 出席中共中央政治局常委扩大会议。

10月7日 下午,出席毛泽东召集的中共八届三中各组组长会议。

10月8日、9日 出席中共八届三中全会。

10月10日 晚,与毛泽东、刘少奇、周恩来等,应邀出席苏联驻中国大使尤金在苏联大使馆举办的音乐演奏会。

10月13日 出席毛泽东召集的最高国务会议,讨论整风问题和全国农业发展纲要问题。

10月15日 出席刘少奇主持的中共中央政治局会议。会议讨论通过《一九五六年到一九六七年全国农业发展纲要(修改草案)》和《划分右派分子的标准》。

10月17日 听取化学工业部部长彭涛等汇报工作。在汇报到第二个五年计划问题时说:在第二个五年计划期间,应把北京的瓦斯搞起来。山西大同可以建一个化工厂,只要我们自己能生产设备,是不会花很多钱的。在汇报到对外贸易问题时说：你们应支持对外贸易部的工作，外贸减少是不好的，应该一年比一年多，实际上也能够做到。要与兄弟国家合作，不要单为自己打算。又说：云南、广西两省什么都有，你们要注意去开发。西藏的硼砂应该重视，快点搞起来。在汇报到盐可以提炼出镁、镍、钾、钠等金属元素时说：这些工作可以先在沿海地区进行，因为这方面的技术和交通条件在沿海地区有利，将来再向内地深入发展。这些事情应帮助地方去搞。

10月22日 参观德国塑料展览会后说：现在世界上可代替金属的东西很多，在第二个五年计划期间，我们要多搞点化学金属和稀有金属等，化工厂管道很多，是否可以用塑料和玻璃管道来代替金属管道？要研究。

△ 出席第一届全国人大常委会第八十一次会议和政协第二届全国委员会第四十七次会议的联席会议。

10月23日 晚，与刘少奇、周恩来会见阿富汗王国首相萨达尔·穆罕默德·达乌德。

10月25日 下午，与周恩来、宋庆龄等，陪同毛泽东接见阿富汗王国首相达乌德。晚，与周恩来、宋庆龄等出席毛泽东为欢迎达乌德访问中国举行的宴会。

10月28日 下午，到颐年堂开会。

10月30日 致信周恩来，对军工生产问题提出意见，并建议召开军工会议讨论军工生产中的有关问题。

△ 上午，到政协礼堂出席庆祝十月社会主义革命四十周年筹备委员会举行的联席会议，并讲话说：在这次庆祝活动中，一定要广泛宣传十月革命的道路，宣传苏联社会主义建设的伟大成就和基本经验。全国人民都要学习苏联人民的艰苦奋斗、增产节约、勤俭建国的精神。中苏两国伟大的友谊是亲密无间的，这种友谊是巩固世界和平促进人类进步事业的保证。

在庆祝伟大十月革命的时候,必须把这个真理告诉全国人民,做到家喻户晓。

△ 晚九时半,到颐年堂开会。

10月31日 出席中共中央政治局会议。

11月2日 上午,与刘少奇、周恩来等,到南苑机场为毛泽东及其率领的中国代表团前往苏联参加十月社会主义革命四十周年庆典活动送行。

△ 下午,和煤炭工业部部长张霖之谈话:第二个五年计划期间生产的煤炭仍然不够用,要加紧生产。现在化学工业发展不起来,主要原因是缺少煤炭。将来兴修水利,更需要煤炭,例如烧石灰、烧砖瓦、烧瓷器等,都需要很多煤炭。还说:过去因为怕有战争,所以对钱把得紧一些。现在看来世界大战一时打不起来,有条件发展生产。现在资本主义国家很快由战争工业转为和平工业,我们也要抓住这一有利时机,由战争工业转向和平工业。

11月4日 与李济深、沈钧儒、黄炎培、陈叔通、贺龙、陈毅等,接见西藏参观团、甘肃省各民族参观团和黑龙江省各民族参观团的代表。

11月6日 晚,与刘少奇、周恩来、陈云、彭真等,出席首都各界庆祝十月社会主义革命四十周年大会。

11月7日 晚,与刘少奇、周恩来等,出席苏联驻中国大使馆临时代办顾悌克夫为庆祝十月革命四十周年举行的宴会。在宴会上讲话说:十月社会主义革命的胜利开辟了人类历史的新纪元,照亮了一切被剥削阶级和被压迫民族走向解放的道路。中国人民一向把中国革命看成是十月革命的继续,并且以此为莫大的光荣。苏联人民一贯同情和支持中国人民并对我国的社会主义建设事业给予全面的、巨大的援助。我借这个机会代表中国人民和中国政府对苏联人民和苏联政府这种兄弟般的援助表示衷心的感谢。

△ 晚,与刘少奇、周恩来、陈云、彭真等,出席首都五十万人在天安门广场举行的庆祝十月社会主义革命四十周年联欢晚会,并登上天安门城楼观看群众的联欢活动。

11月10日 视察北京东郊飞机场。

11月11日 晚八时,出席中共中央政治局会议,会议讨论在莫斯科召开的社会主义国家共产党和工人党代表会议宣言。

11月12日 视察北京水泥研究院玻璃纤维试验所。在听取汇报时说:玻璃纤维是新产品,中国人多又有原材料,要多生产,可以出口。建筑材料的价格要便宜,够本就卖,这样谁也竞争不过我们。外国的技术比我们的高,我们要仿效和学习外国的先进技术。

11月13日 上午,视察解放军政治学院,并与副院长莫文骅、副教育长邓逸凡、训练部代部长李政等谈人民军队从南昌起义到井冈山会师的历史。在谈到南昌起义时,说:第一次国内革命战争时,在我们党的领导下,相当广泛地发展了工农群众运动。这种群众运动,在湖南、江西、湖北、广东四省相当普遍。广西、四川以及北方的陕西也有相当的发展。江苏、浙江也有一定程度的发展。当时,革命到什么地方,群众运动就跟着掀起。工农群众运动的蓬勃发展,有力地支持了北伐战争的胜利。同时,在我们党领导下的有组织的工农队伍就多起来了。当第一次国内革命战争在工农群众运动的支持下取得胜利之际,蒋介石背叛了革命。当时,蒋介石为了窃取革命的胜利果实,就反过来屠杀共产党人,屠杀工农,投降帝国主义。在这种严重的形势下,我们的党不得不用武装的革命来反抗武装的反革命,并且由我们党单独地领导中国革命。南昌起义是党所计划和领导的，没有党的领导，就没有南昌起义。周恩来、贺龙、叶挺、刘伯承等同志都参加了这次起义，起义进行得很顺利，只打了一个晚上，就把反革命全部消灭了。但是，我们领导这次起义的同志们，当时只是看到武装斗争的必要，而没有认识到武装斗争必须要和农民的革命斗争相结合、把军队开到农村去搞政权建立根据地这一正确道路；反而在南昌起义胜利后，就把部队从南昌带到广东去。到达广东东部以后，又没有和当时的海陆丰地区的群众运动相结合，建立革命根据地。结果在同敌人作战中失利，大部分都被打散了。这是南昌起义的部队所以遭受失败的一个重大教训。在谈到井冈山会师时，说：一九二八年四月二十几号，敌人从各处集合了一些军队来"围剿"我们，四川的队伍也调来了。这时，毛主席领导的井冈山的队伍到了资兴、桂东，就接我们上了井冈山。当时，我们的队伍有一个师两个团，叫二十八、二十九团，我是师长，陈毅同志是政委。此外，还有耒（阳）、资（兴）、桂（东）、郴（州）等五六个县的独立团，这些部队都一起上了井冈山。我们这支部队上了井冈山和毛主席领导的队伍会合后，就组成了红军第四军，下属两个师四个团，即二十八、二十九、三十一、三十二四个团。其余的团又派回湖南去了，因为他们不愿意离开家乡。但是，在回去的时候没有很好地组织，结果在战斗中被打散了。那时是战争最激烈的时候，党的组织有了相当的发展。

△ 下午，接见苏联《新时代》杂志副总编辑别列什柯夫，并进行友好的谈话。在谈到中国民主革命的历史时说：中国民主革命的时间很长，从一九二一年到一九四九年，经过了很长时间的革命战争。第一次国内革命战争是国共合作，以后的几次革命战争是中国共产党独立领导的。在中国共产党的坚

强领导下，创立了自己的军队。由于这个军队历来就受党的领导，有党委，有政委，做群众工作，走群众路线，同群众血肉相联，所以才取得了胜利。在几次革命战争中，党依靠军队作战，军队依靠党的领导。另外，我们在民主革命中还实行了统一战线的政策，团结全国大多数人民，共同反对帝国主义和封建主义，这也是取得民主革命胜利的一个重要原因。在谈到中国的社会主义革命问题时说：由于中国民主革命的彻底胜利，使我们有可能团结进步力量，和平地改造民族资产阶级。我们和苏联的基本原则是一样的，就是彻底消灭剥削制度，但具体做法不同。由于中国的民族资产阶级很同情革命，所以我们采取赎买的方法，将他们的资产收归国有，他们一点也没有遭受损失。对手工业者和农民，是用组织生产合作社的方式把他们组织起来进行生产，在这方面是成功的。

11月15日 致信中央农村工作部部长邓子恢、农业部部长廖鲁言，指出要重视发展山区经济。信中说：今年一至三月在外视察，经过湖北、广西、海南岛、广东、云南、四川、陕西、山西等地，又到东北三省，与各当地党政负责同志谈过山区问题和对出口的贡献问题。还经过秘书同志调查写出关于山区问题的材料，供你们正在讨论山区会议的同志们作参考。又说：关于山区问题，今后第二个五年计划是列为主要问题之一。不仅农业要开发，特别是农业原料、生活资料，都要从山区拿出。不仅供国内需要，也要供世界的需要。"城市下乡，乡里上山"，这是最积极的口号。社会主义建设是牵连到全国各个地区，必须同时向各方面发展。

11月16日 下午，接受罗马尼亚新任驻中国大使鲁登科递交的国书。

11月18日 上午，在中共中央农村工作部召开的全国山区生产座谈会上作《必须重视和加强山区建设》的讲话,说:这次会议讨论的山区社会主义经济建设问题,是当前十分重要的一个问题。山区在社会主义建设中有很大的潜在力量,千万不要低估了山区的价值。与平原地区相比较,山区人民的生活还是困难的,山区的富源还没有开发出来,山区工作还存在着不少问题。最大的问题是许多同志不重视山区工作,他们不懂得,如果不把山区的富源开发出来,中国的社会主义建设是有困难的。这是因为山区约占全国面积的三分之二,人口、耕地和粮食产量都分别占三分之一左右,特别是山区有无穷的自然财富,不仅有山林竹木、山货药材等产品,而且有各种各样丰富的矿藏。因此,山区的生产潜力是十分巨大的。山区的许多产品,不仅国内需要,而且是重要的出口物资。根据外贸部统计,在现有出口物资中,山区产品已占很大比重。这是我们以山区资源来建设山区的最有利的条件。开发山区还可以解决城市和平原地区一部分人的就业问题。又说:山区的建设方向,应该是从山区原来的自给自足经济发展为全国统一经济的一部分,同全国经济相交流。山区的建设发展起来了,山区的富源一定会源源不断地开发出来了,贡献给全国的建设事业,这正是我们建设山区的远大目标。看不到这个光明的前景,以为党提出建设山区只是应急性的措施,这是完全错误的。还说:建设山区不仅是农业部门的任务,也是工业、商业、财政、税收、文教、科学、卫生等各部门的任务,需要各部门做一系列的工作。各部门都要加强整体观念,把支援山区建设工作认真重视起来,真正依靠广大群众建设山区。这样,山区的建设一定会迅速地发展起来,从而大大地促进全国社会主义建设事业的发展。这篇讲话编入《朱德选集》。

11月19日 致信中共中央,对建立大、中、小型玻璃纤维厂问题提出建议。信中说：建材部党组提出了请苏联设计一个总投资约为一亿元的大型玻璃纤维工厂及供应设备的建议，我很同意这个建议。我认为，实现这个建议，就可以为我国的玻璃纤维工业树立起一个重要的骨干，并且可以从中学习先进的生产技术。同时，我建议在建立这个大型玻璃纤维企业的时候，还应当同时发展中、小型的玻璃纤维企业。这样的中、小型企业我们自己就可以设计和供应设备，这一点是我直接了解过的。我在十一月十二日，参观了东郊玻璃纤维试验所，现试验已经成功。玻璃丝能拉出二点五微米细的丝，七微米细的丝已能进行生产。发展小型的玻璃纤维工厂，当然成本略高于大型厂，但是它也有一些大型厂所没有的优点，就是投资较少，举办容易，而且可以适应原料产地的情况，分散进行生产。据了解，生产玻璃纤维的一套小型机器设备投资仅七万元，日产玻璃纤维二十四公斤，年产六吨。现玻璃纤维每吨进口价八万元，每套设备的一年产量，就可以收回投资大大有余。建厂规模可大可小，两间大的房子能安装四套设备。多套可以生产，单套也可以生产。生产所需要的原料有石英、石灰石、白云石、氧化铝、硼砂等，这些东西，除硼砂较少外，其他全国到处都有，可以就地取材，分散到各个有电力的地方进行生产。即便当地没有原料，因为用量不大，生产也可以从外区调去。玻璃纤维细，技术也很容易掌握，一个普通工人，一个月就可以学会。信最后说：从以上几点看来，这是一个用处大，投资少、原料多，收效快，各方面都有利的事情。如果在第二个五年计划期间，能够生产十万吨玻璃丝，对满足工业需要，换取外汇，有极大的意义。

11月20日 出席刘少奇主持的中共中央政治局扩大会议。会议听取李雪峰关于企业、厂矿整风情况的汇报；谭震林关于农村整风情况的汇报；陈正人关于山区生产、交通和人民生活情况的汇报；安子文关于各地下放干部情况的汇报。

11月21日 下午，与刘少奇、周恩来等，到机场迎接毛泽东及其率领的中国代表团赴苏联参加十月社会主义革命四十周年庆典后回到北京。代表团在访苏期间还出席了十二个社会主义国家共产党、工人党代表会议和六十四个共产党和工人党代表会议。会上，在赫鲁晓夫提出"超美"后，十八日毛泽东提出中国要在十五年左右，在钢铁等主要工业产品的产量方面赶上和超过英国。中苏两党在讨论共同提出的会议宣言草案时，在一系列问题上发生了争论。

△ 与薄一波谈话。在谈到农业同工业的关系问题时说：农业要跟上工业的发展，工业也要适应农业的发展。工业要向农业提供水泵、农业机械和兴修水利所需要的钢筋水泥。向农业的投资贷款，就是要用在这些方面。同时，这样也可以让工厂"吃饱"，使工厂有活干。问题是工厂能不能担起这个任务来。在谈到山区工作会议情况时说：山区工作会议开得很好。下放的二百万干部上山干什么？就是要发展生产，如挖矿、采药、找山货等，要有组织地去搞生产。在谈到调整国家机构问题时说：城市服务部和食品工业部要考虑合并起来，既负责内销，也负责外销。外贸部可以直接订货供应出口。在谈到发展生产问题时说：发展生产不能什么事都由国家当主人，也要农业合作社当主人。农业合作社搞生产，挖出东西还是要交给国家。国家、农业合作社、个人三者要结合起来，这是矛盾的统一。否则，样样都由国家来办，投资多，费力大，得益少。要让农业合作社搞生产，六亿人民齐动手，山上和平原的东西都能拿出来，国家只负责交通运输。

11月27日 下午，到颐年堂开会。毛泽东介绍莫斯科会议情况。

11月28日 晚,与周恩来等出席阿尔巴尼亚驻中国大使巴利里为庆祝阿尔巴尼亚民族独立四十五周年和阿尔巴尼亚解放十三周年举行的招待会。在会上发表讲话。

11月30日 下午,出席中共中央政治局会议。

12月2日 下午,与毛泽东、刘少奇、周恩来、邓小平等,出席中国工会第八次全国代表大会开幕式。

12月3日 在国家经济委员会召集的各省市区计委负责人讨论一九五八年国民经济发展计划的会议上讲话:现在国际形势发生很大变化,这就要求我们加快社会主义建设速度。我国的第二个五年计划,大致要按照中共八大建议的盘子去制订。其中带头的工业是钢和煤。只有这两种工业生产足了,其他工业才能发展起来。首先是机械工业就可以"吃饱",而且机器还可以出口。又说:在第二个五年计划期间,关键问题是搞到更多的外汇。要搞到更多的外汇,主要的办法是多出口工业原料,当然经过加工后再出口更好。我们有些工业产品比资本主义国家的还好,还便宜,可以同他们竞争。又说:在近期,应多出口农业产品和土特产品。为了扩大出口,必须依靠地方的力量,地方要主动积累物资,各个地方同各个部必须协调起来。由于过去没有协调好,所以出口量减少了。总之,无论工业产品、农副业产品、矿产品,都要增加出口量。又说:今后主要是发展同兄弟国家的贸易。其次,也要发展同印度尼西亚等友好国家的贸易往来。同帝国主义国家也要做生意,但必须坚持平去平来的原则。只有对外贸易发展了,我们中国在世界上才有地位,我们应当有这种地位,我们也可以这样做,而不必关起门来自给自足。我国有六亿人民,应当为全世界人民服务。

12月6日 在全国对外贸易局长会议上讲话。在讲到发展对外贸易的意义时指出：（一）通过对外贸易的发展，可以换回我们所要的工业装备和其他的物资，来支援我国的社会主义工业建设，促进我国工农业生产的发展，改善我国人民的生活和帮助解决一部分人的就业问题。（二）通过对外贸易的发展，可以增强同兄弟国家的互助合作，以求得经济上的共同繁荣。（三）通过对外贸易的发展，可以同亚洲、非洲及和平中立国家发展友好合作，加强经济联系。在我们经济能力许可的范围内，尽力去帮助他们发展独立的经济，支持他们摆脱帝国主义的束缚。（四）通过对外贸易的发展，我们还可以在平等互利的基础上，同西方国家发展经济往来和事务联系。我们已经同许多西方资本主义国家有了贸易往来，有些还订立了贸易协定。我们在今后还应当灵活地发展同西方国家的贸易。在讲到如何解决出口货源问题时指出：（一）必须明确地认识：发展对外贸易不仅是对外贸易部一个部的事情，而且是整个国家的重大事情，因而也是各地党政领导部门和各有关生产供货部门的重大事情。（二）必须大力发展出口商品生产，这是扩大出口货源的根本方法。通过扩大出口，反过来又会促进国内生产的发展，这对于整个国民经济是有利的。（三）必须大力组织出口商品的收购工作，只有做好这项工作，才能掌握出口货源，促进出口商品生产的发展。

12月7日 在牧区畜牧业生产座谈会上讲话，指出：畜牧业是我国国民经济的一个重要组成部分。过去有人把畜牧业看做专业，好像只在内蒙古、西藏、新疆有。其实，中国的气候好，是温带地区，什么都可以养。不是牧区也要把这个特点重视起来。畜牧业的发展，不仅支援了农业，给农村提供了肥料，而且还给城市供应了肉食，给工业供应了原料等等。又指出：我国发展畜牧业的条件是充分具备的，全国土地总面积是一百四十三亿亩，其中耕地占百分之十一点六。再除去一部分沙漠、雪山，其他百分之六十至七十以上是荒山和草原，大部分土地面积可以利用起来发展畜牧业。我国有的是人，多集中在沿海、沿河的一小块地区，一个人只有一亩多地，将来不分散开来怎么行呢？还指出：今后应当加强畜产品加工和牲畜收购工作，以适应畜牧业的发展。

12月8日 与刘少奇、周恩来、邓小平、彭真等，参加毛泽东主持的会议，讨论对右派分子的处理问题。

12月10日 听取第一机械工业部部长黄敬、第二机械工业部部长赵尔陆及国家经委负责人汇报工作。在汇报到军工生产问题时朱德说：现在战争打不起来，因此，要把军工生产转向和平生产。在汇报到对外贸易问题时说：我们要多生产消费品出口，换回我们所要的钢材和机器，不能闭关自守。又说：现在全世界已有二十九亿人口，人多了就要吃饭、穿衣。现在是世界化了，不能关起门来。西方国家也需要同我们交换，日本就需要我们的煤和铁，这对我们很有利，可以换回他们的钢铁和机器。现在总的发展趋势是大出大进。他们借钱给我们，我们可以干，我们挖出东西来，以东西还账。

△ 下午，出席中共中央政治局会议。

12月11日 接见缅甸副总理吴巴瑞及其夫人、副总理吴觉迎及其夫人以及缅甸友好代表团和经济考察团的全体人员。

△ 下午，出席中共中央政治局会议。

12月12日 下午，与刘少奇、周恩来、林伯渠等，接见出席中国工会第八次全国代表大会的全体代表。

12月14日 与中共中央农村工作部副部长陈正人谈话。在谈到水土保持问题时说：种树是水土保持的根本方法，要配合种树来解决。修梯田在四川省很普遍,田边有水塘,一点土都跑不掉,每年都流失到塘里,又从塘里挑泥进田,没有一点空地。田坎田边也种上各种豆子,收后再种上草,草翻到地里又变成肥料。又说:治理水的办法历史上早就有,四川的都江堰就是很早、很好的水利工程。北方要重视兴修水利,南方也要重视兴修水利,不仅可以直接为农业生产服务,而且还可以航运、发电等。要大力发展农村水利事业,主要应靠地方投资,农业部应予以帮助。

12月16日 上午,和对外贸易部副部长雷任民等谈话:可以进口小麦,加工后再出口,同时,也可以转口给兄弟国家。这样既活跃了彼此的经济,又进行了友好活动。又说:与日本的贸易应进一步扩大,可以从他们那里多进口一些东西。我们也可以多向他们出口铁、盐、大豆、煤等。同时,我们也可以买他们的船。只要大宗的生意做起来了,政治上就靠近我们了。

△ 下午,出席中华全国手工业合作社第一次社员代表大会,并在会上作《发展手工业生产,满足人民需要》的讲话。指出:我国的手工业历来闻名于世界。我国手工业劳动者精心制作的花色多样、质量优美的产品,不仅受到国内消费者的喜爱,而且受到世界各国人民的欢迎。手工业在我国国民经济中占有一个重要的地位。手工业在为农业生产、工业生产、基本建设和交通运输业服务,满足城乡人民的生活需要,供应部分出口物资,解决部分劳动力就业和为国家积累部分建设资金等方面,都具有重大的作用。所以说,手工业不仅过去和现在,而且在今后很长时期中,都将是国营工业不可缺少的助手。还有许多传统的手工业,是要永远保存和继续发展的。又指出:各级国家机关必须注意使手工业合作社的集体所有制长期地固

定下来，除了极端必要并且经过省（市）人民政府批准的个别情况以外，不应当把手工业合作社转变为国营企业，否则就会影响到手工业合作社的巩固和进一步发展。最后指出：已经走上了社会主义道路的近两千万手工业者，是我国社会主义建设大军的一支重要的方面军，和工人、农民一样，手工业者的劳动也是光荣的。这篇讲话编入《朱德选集》。

12月17日 为《中国妇女》杂志撰写《勤俭持家》一文。指出："我国是一个地大物博、人口众多的国家，但也是一个经济技术落后、人民生活水平很低的国家。""要想在这样基础上建成一个有现代工业、现代农业和现代科学文化的富强的社会主义国家，这不是一件轻而易举的事情。必须依靠全中国六亿人民的一致努力，发挥一切积极因素，切实贯彻执行勤俭建国、勤俭持家的方针，才能达到这个伟大的目的。"又指出："勤俭持家包括'勤'和'俭'两个方面。'勤'就是要多方面增产。凡家庭成员中稍有时间的就必须让他们参加一定的劳动，大的如参加农业生产，小的如搞副业生产，饲养家畜、家禽，以及搞必要的家务劳动等。'俭'就是要多方面节约。在衣、食、住、行以及日用等方面，无论是现金和物资，凡是可以不花的，就尽量不花；凡是可以少用的，就尽量少用，节省下来的现金和物资，都应当储蓄起来。这样日积月累，就是一个很大的数目。"文章最后指出："为了建成社会主义，我们还要作长期的艰苦努力。但是只要我们全国六亿人民和一亿多个家庭都觉悟和团结起来，勤俭建国、勤俭持家，那么，我们建设和生活中的一切困难都是可以克服的。目前仍然是比较落后和比较贫穷的中国，一定能变为先进的富强的社会主义和共产主义的中国。"这篇文章编入《朱德选集》。

△ 和李先念谈话。在谈到财政问题时说：财政问题的方

向，就是如何尽量多收点钱，少支出。把每一分钱都争取用到基本建设上，用到发展生产上，这样才能建立起家务。另外，还要把钱贷出去，古语云："散则紧，紧则散。"

△ 给石油学院钻采系钻井专业四年级三班全体同学回信。说："你们的来信收到了。因我最近工作比较忙，不能来看望你们，请原谅。又说：不久以后，你们将走上工作岗位，你们所从事的工作，对祖国的工业化事业有重大意义。石油是我国目前最感缺乏的物资，也是国家工业化过程中十分需要的物资。祖国和人民的利益在期待着你们以高度的热情和毅力，把祖国的石油资源开发出来。"

12月18日 出席中共中央军委会议。

12月19日 在第二次全国水土保持工作会议上讲话，指出：水土保持工作虽然获得了不少成绩，但是，已经能够控制水土流失的地区，还是只占全国水土流失总面积的很小一部分。其他广大地区，特别是北方黄土高原地区，如甘肃、青海、陕西、内蒙古、山西等地，水土流失现象仍然十分严重，因此水土保持工作必须大大加强。水土保持工作的重点应该是黄河流域的黄土高原地区。又指出：控制水土流失的根本办法，是在山区、丘陵地区的宜林地带，大量地植树造林，植造用材林、特种经济林和薪炭林，不仅能保持水土，还能解决国民经济建设对木材和特种经济林木产品的需要问题，并可增加群众的收入，解决群众的烧柴困难。特种经济林木增多了，便能相应地增加出口的特种经济林木产品，换取更多的外汇，支援社会主义建设。因为经济林木收入大，养活的人多，山区人口也能增加，这样，便会更有利于山区的开发和建设。水土保持是一个全国性的巨大工作，必须依靠广大人民群众，大家都动手才能做好。还必须全面规划，加强领导。

12月20日 和廖鲁言谈话。在谈到农业问题时说：发展农业需要有工业来配合和支援。东北地区可以多使用拖拉机，不会亏本，因为东北三省的工业基础好，与其他地区的情况不同。对农业要加强领导干部，专搞农业。在谈到供销社问题时说：供销社应作为地方的一个分红机关，自给自足。每个乡所生产的东西，统统由供销社收购起来，供出口用，或者存起来，不会赔本。

12月23日 下午，在全国农业工作会议上讲话：农业在我国国民经济中占有很重要的地位，农副业产品在工农业总产值中的比重大约是一半左右。从事农业生产的人数更占了全国人口的百分之八十以上。农业不仅为轻工业提供原料和市场，并且是许多重工业产品的重要市场，例如排灌机械、农业机械、汽车、船舶等。今后农业的需要量将日益增多，这就会推动我国工业进一步的发展。同时，农业还是我国出口物资和资金积累的最重要来源之一。为了进一步地发展农业生产，必须根据农业发展纲要（修正草案）的规定，制订好各省、各县、各乡和各农业社的综合规划。这种规划必须因地制宜，山区就要向山区进军；有低产地的地区，就要向低产地进军，绝对不能千篇一律。与发展农业的同时，林业、牧业、副业、小型加工工业和采矿业，以及文化、教育、卫生事业等，也必须相应地发展起来。

12月25日 在全国财政厅（局）长税务局长和人民银行分行长会议上讲话。在建设社会主义的事业中，财政部门和银行担负着重大的任务，你们要依靠工农业生产的发展和商品交流的扩大来开辟财源，增加收入。无论中央或者地方，使用资金的重点，都应当是发展工农业生产，要坚持少花钱，多办事，又多又好又快又省地发展社会主义建设事业的方针。为了进一步适应客观形势的需要，财政、银行必须进一步提高工作水平，加强财政的综合平衡，加强财政、银行的监督工作，加强收支的管理工作，以便更好地为发展国民经济服务。

12月26日 晚八时，出席刘少奇主持的中共中央政治局常委会议。

12月29日 下午，与刘少奇、林伯渠、薄一波等，接见出席中国纺织工会第三次全国代表大会的全体代表。

12月30日 听取叶季壮汇报对外贸易工作时，指出：我国的对外贸易为什么总是"爬"不起来？就是因为从思想上总想独立搞。只强调自己制造，不要进口，这不是先进思想，而是保守思想，应当克服。内销服从外销的原则还是要坚持。又指出：要充分利用加拿大、香港、新加坡等国际自由市场，发展转口贸易。通过转口可以买回我们所要的钢铁、石油等。同时，也可以通过转口，把我们不需要的东西销出去。还指出：英国、法国、比利时、荷兰、瑞典、意大利、丹麦、挪威等国，都需要同我们做生意，他们很需要吃、穿、用的东西，他们的机器、钢铁等，我们也很需要。我们同他们可以订立长期合同，用以货换货的方式进行贸易。

△ 下午，出席刘少奇主持的中共中央政治局常委扩大会议。会议讨论一九五八年度国民经济计划。

12月31日 听取国家经济委员会副主任韩哲一汇报工作时指出：同兄弟国家的经济合作，要有一个长期的计划。要把国内外的有利条件都利用起来，才能加快我国建设的步伐。

△ 下午，出席刘少奇主持的中共中央政治局常委扩大会议。会议讨论一九五八年财政预算问题。

1958年　七十二岁

1月1日　下午，与刘少奇接见也门王国副首相巴德尔和随行人员。十二日晚，出席中华人民共和国和也门王国友好条约、商务条约，科学、技术和文化合作协定，以及中华人民共和国总理周恩来和也门王国副首相巴德尔联合公报的签字仪式。

1月2日　下午，参观建筑工程部的展览会，并听取汇报。

1月3日　下午，出席中共中央政治局会议。

1月4日　上午，主持加拿大劳工进步党总书记蒂姆·布克的报告会，并致词：中国人民永远纪念的朋友白求恩大夫，就是加拿大党派到中国来的。让我们向蒂姆·布克同志表示我们中国共产党人的衷心的感谢和欢迎。六日晚，宴请蒂姆·布克。

△　下午，出席中共中央政治局会议。

1月6日　致函中共中央，提出建筑工业改革的意见：各个工业系统的施工力量，特别是土建力量，应当实行中共中央和地方双重领导的办法，由地方根据当地需要统一调配使用。过去，由于经验、技术等没有条件这样做，今天已经具备了条件，可以这样做而且应当这样做了。现在的情况是：在一个地区内，一面窝工，一面又从外地把建筑工人调来；一个系统搞了建筑基地，另一个系统的也来了，又要搞起建筑基地；这个部门有了一套建筑机械设备，那个部门也要搞建筑机械设备，同一个地区几套设备，都不能充分发挥作用，所有这些都造成了人力、财力、物力的很大浪费。如果采取中央和地方双重领导的办法,由地方统一组织调配,就可以避免这些方面的浪费。

1月7日 和身边工作人员谈话,指出:要发展同兄弟国家的贸易,他们需要的东西我们不能不给,他们给我们的东西我们也不能不要。不接受外援的思想是不对的。在第二个五年计划期间,一定要加强国际合作,内外协作是永久性的。

△ 下午,出席中共中央政治局会议。

1月10日 下午,出席中共中央政治局常委扩大会议,继续讨论一九五八年国民经济计划。在会上发言,在讲到农业问题时说:要依靠农业合作社办好农村的各项事业。不但农业发展纲要所规定的许多工作应当依靠农业合作社来办,而且中、小学教育和许多小型加工工业、采矿工业等,也可以而且应当主要地依靠农业合作社来办;要继续注意调整某些农副产品的收购价格,调整过分悬殊的购销差价和地区间的差价,认真做好城乡物资交流工作;在今后逐步实行农业机械化的过程中,可以考虑把各种农业机械,特别是中小型的农业机械,直接销售给农业合作社。这样做会提高农业合作社的积极性,又可以节约国家的物力和财力,还可以减少国家和农业合作社之间的矛盾。在讲到对外贸易问题时说:我主张使对外贸易有更大发展的主要出发点,是利用国际上的有利条件和形势,来加速我国的社会主义建设;同时,积极发展同苏联和兄弟国家的经济合作,积极支持亚洲国家发展自己的民族资本主义经济。为了更快地发展出口贸易,首先要打破以为我们建设社会主义应当实行闭关自守的错误想法,还必须打破以为如果扩大对外贸易,国内社会会大乱的看法。我认为,不应当在内销和外销究竟谁应当服从谁这个范围内打圈子。内销和外销都必须服从更快地发展社会主义建设的国家整体利益。从这个国家整体利益出发,必须在可能的范围内，对内销尽量地加以节省，尽量地挤出东西扩大外销。否则，如果要等到充分满足国内的需要之后再外销，那么我们是永远也不会有出路的，那就只会使对外贸易萎缩下去。因此，也就会使整个国家建设事业受到损失。

1月上旬 毛泽东在起草召开"南宁会议"的通知时，在写了应出席这次会议的人员名单后，对留守北京的领导人分工写道："谭震林管中共中央，总司令（朱德）挂帅。陈毅管国务院。"

1月11日—22日 中共中央在南宁召开有部分中央领导人和九省二市党委书记参加的工作会议（通称南宁会议）。会议初步总结第一个五年计划的实施情况，讨论第二个五年计划和一九五八年计划草案。毛泽东在会上对一九五六年的反冒进作了严厉批评，说反冒进使六亿人民泄了气，是方针性错误，是政治问题。周恩来于一月十九日发言，对反冒进作了检查，承担了责任。

1月11日 和农垦部部长王震谈话：发行公债对国家的建设事业有很大的好处。应该一半交给国家使用，一半交给地方使用。这几年要注意发展交通事业，我们不像西欧国家，朝发夕至。在第二个五年计划期间，起码要修建一万公里以上的铁路，没有铁路不行。应该把铁道兵团保留下来。我们的国家大，各种事情以分散搞为宜。如果把一些加工工业都搬到城市来办，一方面运输不便，同时也不利于农民对副产品的利用。有些加工工业应该下放给集体去搞。集体企业发展了，同样是给国家增加了财富。该统的要统，不该统的不要统。否则，生产关系就会妨碍生产力的发展。

1月12日 就国家的经济建设问题致信周恩来：第二个五年计划，你说可能有九百多亿元作为基本建设投资，这是可以搞很多建设项目的。今年计划应从一百五十亿元做起,包括地方投资在内。今后逐年增加百分之十以上,这是相称的。今年交通运输工具还可能增加投资,也必须增加,它是建设的先行条件。在对外贸易方面已感到货物运不出去,这是一个很大的阻碍。铁路自己能设计施工,又能自备铁轨,多投资两亿元可多修五百公里,明年可多增产,多运输货物。船只现有三十万吨造船能力,尚有十余万吨闲余,每年开足工,五年也只有一百五十万吨。船很不够用,还需要很多打渔船,自己造很合算。停泊大船的码头,也得建设才能造万吨以上的船只。汽车现在已能制造,但也是不够用,也必须开足工。以上三项今年都需要增加投资。钢材不足可设法进口补足。这是第一个五年计划中已成功的经验,在第二个五年计划中,应起带头作用,不能闲一半又去搞新的。

1月14日 下午,和铁道部副部长吕正操谈话:我国要修铁路,不修铁路对发展经济很不利。修十万公里也不够,特别是边疆地区,一定要发展交通事业。现在铁和煤的生产量增加很多,因此,运输能力一定要增加。另外,水果、稀有金属和石头等的运输也要增加。兰新铁路要争取时间早日通车。南京的浦口大桥要修。铁路管理费用要降低。枕木要用钢筋水泥的,要加强试制,看是否能降低成本。凡是有工程局的地方,应该包给地方去干,这样做政治和经济意义都很大。

1月17日 下午,和水产部副部长高文华谈话:发展沿海地区的养殖业,要依靠沿海地区的农业合作社和发动农民去搞。要把国家、农业社和个人三者的利益处理好,这样才能提高各方面的积极性。特别要注意发挥群众的积极性。因为我国六亿人口中有五亿多是集体的,发展生产和积累资金,主要靠五亿人民。

1月20日 下午，和全国供销合作总社第一副主任张启龙谈话：农村的一些加工工业应该放到农村中去，这样可以把副产品利用起来，中心问题是利润问题，今后只要在这方面调整好，使各得其所，好处是很大的。这批"家务"放下去不会溜掉，因为加强了群众的利益。经济问题主要是生产问题。如果没有生产，或者生产了收集不起来，还谈什么经济。

1月21日 上午，和共青团中央第一书记胡耀邦谈话：青年人学技术快，劳动力强，是建设社会主义的突击力量，一定要重视青年的作用。现在全国有共青团干部十二万人，要抓政治思想工作，学习技术，领导生产，少搞些形式主义。下放的干部不是甩包袱，也不仅是劳动锻炼，还要带头发展生产。

△ 下午，在共青团三届二中全会扩大会议上讲话：国际形势是"东风压倒西风"，和平共处这个口号全世界都响应了，只有帝国主义和少数资本家不赞成。今后是和平竞赛，就是搞贸易，这个贸易就是商战，绝不是简单的事情。今后的十五年是有决定意义的十五年，我们要争取在十五年内搞和平竞赛，开足马力，鼓足干劲，努力赶上去。我们在第二个五年计划期间，就是要发动青年勤俭建国，勤俭持家，增产节约。现在的主要任务是向自然界开战，征服自然，扩大我们社会主义的物质基础。青年富有朝气，要在社会主义建设中发挥先锋作用。

1月22日 下午，和城市服务部副部长刘卓甫、张永励等谈话：北京的猪肉不能光靠从外省调。北京郊区也有国营农场，可以动员他们多养猪。你们应制订个计划，哪些地区的猪肉内销，哪些地区的猪肉出口，每年内销多少，出口多少，心中有数。广西、贵州、云南等地地广人稀，也可以在那里发展畜牧业。

1月23日 下午，和食品工业部副部长胡明等谈话：你们要把信心寄托在民族食品上，要丰富多样。要把我国历史上流传下来的风味食品保持下来，再进一步研究改进，创造新的。历史上能保持下来的东西，就是因为有其特点，如果没有特点，就保持不下来。中国食品的风味在世界上是驰名的，要注意保持和发扬。

1月24日 晚，出席中共中央政治局扩大会议。会议听取和讨论李先念关于一九五七年决算和一九五八年预算的报告。二十五日继续开会。

1月28日 上午，出席第十四次最高国务会议，毛泽东在会上讲话，提出：我国完全有把握用十五年时间赶上英国；要鼓足干劲，力争上游。一月三十日继续开会。

△ 下午，就召开全国茶叶生产会议问题与张启龙谈话：你们对种茶的亩数提得太少，应多提一些。我国的土地宽阔，劳动力多，连陕西省都有茶叶，可想而知，茶叶是可以大大发展的。现在正在大力开发山区，提出种二三千亩茶叶也是能做到的。在秦岭以南和淮河以南地区，都可以种茶叶。种茶叶的收益很大，国家得利，人民也得利。

1月29日 在全国供销合作总社召开的茶叶生产会议上讲话：当前在茶叶生产上，首先应当提高单位面积产量，其次是恢复荒掉了的茶园，力争在短时间内达到抗日战争以前的水平。第三是扩大种植面积，发展新的茶园。总之，应当以积极发展的观点并结合当地的实际情况，来扩大茶叶生产。发展茶叶生产的关键，主要是领导重视，统一规划，保证价格，并在物资和技术上予以帮助。茶叶出口经济价值很大，出口一吨绿茶，可以换回十二吨钢材。由此可见，茶叶增产不仅可以增加群众的收入，满足群众的需要，而且对换取外汇，支援国家的社会主义建设也有重大的意义。

1月31日 上午,和高文华谈话。

△ 下午,和薄一波谈话。

2月1日 上午,在全国水利工作会议上讲话:水产品是一种很重要的物资,它不但是全国人民的生活必需品,而且又是可以扩大出口的重要物资。为了迅速地发展水产事业,必须全面规划,加强领导,充分依靠群众,依靠合作社。目前水产发展的重点是发展淡水和浅海的水产养殖事业。还要注意扩大水产品的出口贸易。

2月1日—11日 出席全国人大一届五次会议。十一日,会议通过《关于一九五七年国家预算执行情况和一九五八年国家预算(草案)的报告》和《关于一九五八年国民经济计划(草案)》等各项决议。

2月2日 和王震谈话:我们的民族很有希望,因为有人,有土地。国营农场的优越性,就是现代化。现在开始时虽然投资很多,但发展起来以后就是很大的"家务"。要注意发展深根作物,凡是气候比较冷的地方,都适宜深根作物的生长。在有矿山的地方,首先要搞农垦,如青海、新疆等地。国营农场也要搞加工工业,如制糖、榨油等。这样不仅在生产上可以配合,而且在劳动力的使用上也能配合,使劳动力一年四季都可以生产。

2月4日 上午,在农业水利工会第一次全国代表大会上讲话:为迅速地发展我国社会主义建设事业,党中央已经制定在优先发展重工业的基础上,实行发展工业和发展农业同时并举的方针。农业是人民衣食和轻工业原料的主要来源,是工业的主要市场,也是国家建设资金的一个重要来源。因此,农业发展得快慢,不但直接影响到人民生活的改善,而且影响到国家和合作社的积累,影响到工业的发展,影响到社会主义能不能迅速地建成。他还指出：国营农牧场必须搞多种经营。无论是以粮食、经济作物为主的农牧场，还是以畜牧业为主的农牧场，都应该因地制宜地把农、林、牧、水产、副业、饲养家畜家禽、饲养野畜野禽和开矿挖煤等结合起来。同时，国营农牧场还可以根据自己的生产情况，建立小型的加工厂。因为这种多样性的生产，不仅可以增加收入，同时，还可以最大限度地发挥劳动力的作用，避免生产方面半年忙、半年闲的忙闲不均的情况。

△ 参观第三机械工业部举办的展览会。

△ 晚，与周恩来等出席锡兰（今斯里兰卡）驻中国大使馆临时代办摩尔西为庆祝锡兰独立十周年举行的招待会，在会上讲话。

2月5日 与陈毅、贺龙、李先念等，接见出席中国公路运输工会第二次全国代表大会的代表和出席中国农业水利工会第一次全国代表大会的代表。

△ 晚八时半，出席中共中央政治局会议。会议批准国务院关于组织人事的两个议案，内定由陈毅兼任外交部长。

2月6日 晚，出席中共中央政治局会议，讨论关于从朝鲜撤退一切外国军队的声明问题。随后出席最高国务会议。

2月8日 致函毛泽东：我建议，目前机器已下乡，工人也应随着下乡一些，特别是老工人退休后，可作为乡间工厂教师。每县、市、镇、乡，可设三人、五人到十人的小型的修理厂或站，安上十架或多几架的小型机器。县、城、镇、乡有需要即设，如已有的地方加以整理，作为地方工业的基点，将地方上的铁匠等逐渐变为有技术会使用机器的人。如地方条件好的，逐步变修理站为小型工厂，制造兼修理，或修理兼制造，发展到一乡一站的普遍化。农业合作社亦可办一些。地方上有了工作母机站（厂），就能发展多种多样的适用型的工业。它的总产值就会超过农业，也能促进农业更向前发展。

2月12日 上午，在对外贸易部召开的全国桑蚕、榨蚕生产会议上讲话：桑蚕、榨蚕和蓖麻蚕是农村最重要的副业之一，发展蚕丝生产，对积累资金，换取外汇，供应国内需要，增加群众收入，扩大就业，都有极大的意义。我国发展蚕丝生产的条件是具备的，但条件本身并不能创造出成绩来，问题在于我们如何利用这些条件，把计划和希望变成现实。蚕丝生产发展起来以后，收购、加工、蚕种、桑苗、技术指导等一系列的工作，必须紧紧地跟上去。

△ 下午，和叶季壮谈话：对外贸易应实行转账转口，还要订立长期合同，五年或十年。因为你不要人家的东西，人家也不要你的东西。我国的东西很多，六亿人民都动员起来就是一个很大的力量。对兄弟国家转口是应该的，只要三个国家都同意，就可转口，因为转口不要外汇。日本的出口价格低于欧洲，我们的出口价格也应低于欧洲，这样就使双方的经济都搞活了。

△ 和第一机械工业部副部长曹祥仁谈话：你们要多生产缝纫机和自行车，这些东西一方面可以满足群众的需要；另一方面又能把群众手中的钱收回来。现在就是要想一切办法多生产东西，生产东西多了卖不出去就存起来，用不了多久即可找到主顾。最近准备成立一个钢铁公司，工具、汽车等都可以通过这个公司买到。必须了解把机器安到群众中去，既是群众的，也是国家的，不会发展资本主义。你们过去有垄断思想，总想多搞几个钱，而不是想多搞些"家务"。现在是社会主义时代，如果把原料和产品都垄断起来，是要吃大亏的。只想自己搞，不让人家搞，这是保守思想。

△ 晚九时,出席刘少奇主持的中共中央常委扩大会议。

2月13日 与周恩来、陈云、彭德怀等,到中山堂参加黄敬[1]的公祭仪式,并担任主祭。

2月13日—23日 出席中共中央政治局扩大会议,会议主要内容是根据南宁会议精神,批评一九五六年的反冒进,毛泽东在发言和插话中批评反冒进的同志"跟右派相距不远了","大概五十米远"。

2月14日 在中共中央召开的省、市、自治区分管工业的书记会议上讲话:毛主席在"六十条"里提出,地方工业的产值,要争取在五年、七年或十年内,超过当地农业的产值。这是一个巨大的任务。对我国的工业化有很大的意义。发展地方工业,首先是发展为农业生产服务的工业,第二是发展为大工业服务的工业,第三是发展满足城乡人民生活需要的工业。发展地方工业,各省、市、自治区党委要制订出切实可行的规划;中央工业和地方工业要注意统筹兼顾,全面安排,协调配合;一方面中央投资和地方自筹资金,来大力发展全民所有制的地方工业,另一方面还要充分利用手工业社、供销社、农业社的力量,来发展集体所有制的地方工业。在建厂规模上要以中、小型为主,并且要在原料产地分散设厂,就地加工。

△ 夜,到刘少奇处开会。会议讨论关于职工工资福利问题。

2月15日 和第一机械工业部部长段君毅、第二机械工业部部长赵尔陆等谈话:你们要把地方工业扶持起来。要多给农村一些机器,还要支援一些技术力量。国营工业要发展同兄弟国家的贸易,以货换货。应多进口机械设备,将来即使能够自足了,也还需要进口一些东西,有些东西进口以后可以转

---

[1] 黄敬,1958年2月10日病逝。逝世前任第一机械工业部部长。

口。我们可以和日本发展贸易，他们的东西品种花样多。同时，他们又需要我们的铁砂、煤炭、食盐等，可以互相交换。同其他亚洲国家也要发展贸易，他们的橡胶、石油等，我们很需要。同时，他们也很需要我们的轻工业装备。总之，今后我们要打商战。

2月18日 到颐年堂开会。

2月21日 在原第一机械工业部、第二机械工业部和电机工业部三个部合并后的第一机械工业部干部大会上讲话：国务院对所属机构进行调整，把三个部合并起来，有利于经济建设和国防建设事业的发展，一个部更容易统一调配，充分发挥作用，不必各搞一套，领导机关和管理人员可进一步地精简，技术队伍也可以统一调配使用，这样工作效率就提高了。特别是军用生产和民用生产二者结合起来，不论是对国防建设还是对经济建设，都有很大好处。三个部合并起来后的主要任务是：第一，要为工农业生产大跃进服务。第二，要满足国民经济各方面对机械设备的需要。第三，要保持军用生产的技术，并且做到不断地改进和提高。第四，要努力学习现代化的新技术。加强新产品的制造。

△ 就如何处理农村集资中发生的问题致函毛泽东：先念同志的报告中关于五项集资中所发生的弊端，有些是应该制止的。但是，目前群众的生产建设运动已经推起高潮，他们的投资、集资、自筹经费超过公家的投资很多。我的意见暂不宜一概制止，以防止向群众泼冷水。

2月22日 下午，与周恩来、林伯渠、彭德怀、陈云、陈毅、邓小平等，出席首都人民在怀仁堂举行的庆祝苏联军队建军四十周年大会，并观看文艺演出。晚，与陈云、彭德怀、贺龙、陈毅、聂荣臻、林伯渠等，出席国防部和中苏友好协会总会为庆祝苏联军队建军四十周年举行的宴会。二十三日晚,与周恩来、彭德怀、贺龙、陈毅、聂荣臻等,出席苏联驻中国大使馆武官朱道夫为庆祝苏联军队建军四十周年举行的招待会。

2月23日 到颐年堂开会,听周恩来作访问朝鲜的报告。

2月24日 在中国驻德意志民主共和国大使馆关于如何处理该处已存三年之久的史沫特莱遗留稿费九万五千零八马克[1]的请示报告上,批示:买自然冶金科学新书、化学新书寄回。

2月26日 就发展蚕丝、茶叶生产问题致函毛泽东:我国的蚕丝和茶叶的生产,都还没有恢复到战前水平。这两种贵重物资,是全世界人民所喜欢的。过去是如此,将来更会是如此,总是供不应求。这两种物资的价值很高,是农副业生产中最宝贵的东西,今后农业合作社凡能种植的地方,均应种几亩桑树和茶叶,作为发展农副业生产中的重要任务。建议把发展丝、茶生产也列为《全国农业发展纲要(修正草案)》的重要项目之一。

2月27日 和王鹤寿谈话:现在运输费很贵,应该考虑把运费减下来,另外,汽油的价格也要降下来。生产关系中有一点不合理就会影响生产的发展。生产不发展就赚不了钱。

3月4日 和食品工业部副部长狄景襄谈话:你们应加强同外贸部的联系。蛋品的生产多多益善,只要价格便宜,什么都可以卖出去。将来要把蛋品的生产下放到农业合作社中去,因为需要靠农业合作社供给饲料,至少要做到一个县有一个蛋品厂。要尽量扩大生产,尽量降低成本,为人民服务。光想赚

---

[1] 史沫特莱病逝前嘱,将她的作品《伟大的道路——朱德的生平和时代》的全部稿费留给朱德。

钱是不对的。为人民服务是主要的，赚钱是次要的。要彻底克服获取暴利的思想。我们的原则是薄利多销。

　　3月5日　上午，在食品工业和轻工业规划会议上讲话：发展食品工业和其他轻工业的总方针是多快好省。应该实行大、中、小型相结合，以中、小型为主，以地方国营为主要形式，并发展农业合作社的副业生产。轻工业行业多，牵涉面广，必须统筹安排，全面规划。既要注意到主要的行业，又要注意到其他行业。食品工业和其他轻工业，一方面供应人民的需要，另一方面为国家积累资金，这两方面必须同时兼顾。价格政策要有利于生产的发展，应当是"薄利多销，多中取利"。

　　△　下午，主持中共中央政治局会议。会议讨论冶金工业部的工作问题。

　　3月6日　下午，和建筑工程部部长刘秀峰谈话：你们建筑工程部有原料，有人，又能设计，要多生产建筑材料，多多益善，需要永远也不会满足。我国建筑材料的产量应该赶上苏联，因为我们的建筑任务比苏联多。办法就是让地方去搞。你们所需要的机器要进口，不能等国内供应。发展生产要依靠群众，要多快好省，勤俭办一切事业，少花钱，多办事。

　　3月7日　上午，和农垦部副部长张林池谈话：军队的老战士是国家的宝贝，是农场的骨干力量。将来农场要扩大，建农场要从当地实际情况出发，不要脱离群众。农场的卫生所、学校等要因陋就简。海南岛的农场可以多建些罐头厂和大大发展养牛事业。

　　△　下午，在建筑工程部召开的建筑工业干部会议上讲话：制定城市建设规划，要从我国实际情况出发，反对脱离实际的倾向。在计划和施工中，要实行多快好省的方针，一定要保证工程质量。要发展建筑材料的生产，多多益善。建筑材料

多了，一方面能够满足国内的需要；另一方面还可以出口。同时，还要注意发展新品种的建筑材料，在全国推广使用。

3月8日—26日 中共中央在成都召开中央有关部门负责人和各省、市、自治区党委第一书记参加的工作会议（通称成都会议）毛泽东、刘少奇、周恩来、陈云等出席，朱德留京主持工作，未出席会议。

3月8日 在农垦部召开的全国国营农牧场社会主义建设积极分子大会上讲话：今后农场要有更大的发展，必须认真总结过去的经验，贯彻勤俭建国，勤俭办场，勤俭办一切事业的精神，从多方面开发农场的财源。农场除发展主业外，还要因地制宜地发展多种经营，农、林、牧、禽等都要发展起来。要进行技术革命，使用和改装适于当地的耕作机器，采用先进的科学技术，促进农业生产的发展。

3月10日 上午，在化学工业部召开的生产厂（矿）长会议上讲话：化学工业是第二次世界大战后迅速发展的重要工业部门。我国的工业落后，化学工业尤其落后，所以我们一定要很快地发展化学工业。发展化学工业是发展农业生产的重要保证，同时，对发展国防工业亦具有重要意义。我国发展化学工业完全是有可能的。多快好省，勤俭建国，是我国经济建设的方针，同时也是化学工业建设的方针。根据这个方针，除建设大型化工厂外，还要兴办中、小型化工厂，无论大厂和小厂，在增加产量的同时，一定要保证产品的质量。要扩大出口，加强国际合作。首先要掌握和推广化工新技术，扩大化工产品的品种，以利出口。其次是要加强同兄弟国家的技术和经济合作。

△ 下午，在北京青年职工跃进誓师大会上讲话：希望青年同志们在整风和生产两个高潮中，继续奋勇前进，取得更大的思

想进步，创造更大的劳动成就。落后了一步的不要气馁，要努力赶上先进。先进了一步的，不要骄傲，要做到更先进，并且要帮助落后的同志提高到先进的水平。希望你们要善于向老工人学习，互相帮助，大家团结起来，争取工业生产的大跃进。

3月11日　和彭真、陈毅谈话。

3月12日　和煤炭工业部部长张霖之谈话：发展煤炭生产是经济建设的先决条件，今年要大发展。一是要发展水力采煤；二是要发展机器采煤；三是要发展地方小型煤矿。地方的小型煤矿，也要尽量使用机器。如果机器不够用，还可以从日本和兄弟国家进口，不要进口是保守主义。煤炭是重要的出口物资，要向日本出口，还要供东南亚国家的需要。我们的产品既要质量好，又要价格便宜，这样才能竞争过其他国家。要加强煤炭工业的科学研究工作，不要以为有了经验就骄傲，科学是无止境的。

3月13日　上午，视察北京有色金属研究院。

△　下午，主持中共中央政治局扩大会议，听取王震汇报访问日本的情况。

3月14日　上午，和铁道兵司令员李寿轩谈话：你们十个师可以包修十条铁路。要修得快，就多用些民工；要修得慢，就少用些民工。修铁路不怕没有钱，铁路修通了，把东西运出来就有钱了。要使用机器才能做到多快好省，不要靠人海战术，人的精力是有限的，还是要搞技术革命。

△　下午，在中共铁道兵第一届代表大会第二次会议上讲话：铁路是保卫祖国、建设祖国极为重要的工具。中国的铁路还很少，我们的任务是把中国的铁路修得如同蜘蛛网那样，来彻底改变交通的落后面貌。我们当前面临着一次新的革命——技术革命。技术革命就是要求我们每一个人，做什么事就精通

什么事，也就是做哪一行就成为哪一行的专家。世界上一切最新的、最先进的科学技术，我们都要学到手。然后，用这些先进的科学技术，来代替和改造我国落后的东西。铁道兵的各级干部都要有献身铁道建设事业的长远打算，做到又红又专。

3月15日 在第七次全国监察工作会议上讲话：要想做好监察工作，就如同要做好任何工作一样，必须依靠党和广大群众。你们要主动地做工作，及时向党和政府反映情况，提出问题。要及时地监督国家工作人员贯彻执行党和政府的政策、指示，坚决地勇敢地同坏人坏事作斗争，而不管犯错误的人的职位有多高。

3月17日 视察北京钢铁研究院。

3月18日 视察石景山钢铁厂。

3月19日 视察中国科学院物理研究所，并听取所长钱三强汇报。

3月20日 视察石油炼制研究所。

3月24日 在共青团中央国家机关第三次代表大会上讲话：要引导青年参加社会主义革命和社会主义建设的实际斗争，参加各种政治运动和劳动锻炼。只有在各种实际斗争、生产劳动中，和广大群众特别是和工农群众相结合，才能使自己跳出个人主义的小圈子，走到共产主义的大天地中来。青年是国家的未来，希望你们又红又专，又有技术，又有政治，又有干劲，又有钻劲，在全国各项事业中，成为一支强大的突击力量。

3月25日、26日 主持中共中央政治局扩大会议。会议听取科学规划委员会关于知识分子改造问题的汇报。

3月27日 和冶金工业部副部长吕东等谈话：你们应当帮助地方上把地质勘探队和冶金研究所建立起来，由地方自己管理，这样可以充分发挥地方上的积极性。地方上拿出东西来，国家要同地方上交换，不要全部拿上来收归国家所有。要同地方上做生意，不要搞成我的是我的，你的也是我的。帮助地方上发展冶金工业，一方面可以利用本地资源，解决了自己的问题，同时，也供应了国家的需要。

△ 为丁佑君[1]烈士纪念碑题词："丁佑君同志是党和人民的好女儿，是共青团员和青年的好榜样。中国青年应该学习她把自己的一切都献给党和人民的高度阶级觉悟和革命精神。"

3月31日 在化学工业部召开的基本建设和科学研究工作会议上讲话：生产更多的合成纤维是解决我国人民穿衣问题的主要途径。为了更快、更好地发展我国的化学工业，就必须加强化学工业的科学研究工作。在化学工业科研人员面前有两个任务：第一，就是要把世界上化学工业一切新技术都学来，都掌握住。第二，就是要研究和解决我国化学工业发展中的实际问题，按照我国的具体情况来运用和发展化学工业方面的新技术，已经成熟的技术也要改进。

△ 下午，出席周恩来主持的中共中央政治局会议，会议通过关于召开八届二中全会相关事项。

4月1日 上午，在全国冶金工业会议上讲话：现在全国各地的劲头很大，但是抓具体措施还不够，各地搞工业应该根据各方面的实际可能，作具体计算，能搞多少，要踏踏实实，逐步前进。对资源、资金、设备和技术力量等，都要计算，要件件有着落，这样订出来的计划才切实可靠。建厂规模还是大、中、小结合，要贯彻勤俭建国的方针。"由俭入奢易，由

---

[1] 丁佑君，女，四川乐山人。新民主主义青年团团员。1950年9月19日在西昌县盐中区开展工作时，被暴乱土匪绑架，英勇牺牲。时年19岁。

奢入俭难"。要注意节约，少花钱，多办事。

△ 晚，和张霖之谈话：现在各方面用煤很多，如炼铁、炼钢、炼油等，都需要煤。要全盘安排，要把各种煤，如褐煤、烟煤、无烟煤等，都用上。挖煤炭要注意使用机器，不能光靠手工挖，要"勇敢加技术"，土法和洋法要结合起来用。

4月2日 上午，在全国煤矿四级干部会议上讲话：煤炭工业是工农业生产中最基本、需要量最大的原料工业。应走在工农业发展的前头。你们在工作中要注意坚持大、中、小型相结合，以中、小型为主；要加强科技研究，进行技术革命；要和各工业部门、交通运输部门搞好协作，密切联系，哪里用，就往哪里运；要依靠群众，坚持多快好省的方针；要有实干精神，要鼓劲，但不要吹嘘，办不到的事就不要讲。

△ 下午，出席中共中央政治局会议。

4月3日 与刘少奇会见罗马尼亚部长会议主席基伏·斯托伊卡。

4月4日 离京去浙江、上海、江苏、安徽等省市视察。飞抵浙江省杭州市。

4月5日 视察杭州狮子峰龙井茶场、都锦生丝织厂。

△ 在听取中共浙江省委秘书长薛驹汇报时，指出：这里茶、桑几乎家家可以种，还可以多种果树，用水果造酒。这里交通便利，又靠海近，出口也方便。这样搞几年，农村就富起来了。生产的东西多了，价格就要便宜，要多中取利。

4月6日 视察浙江省林业科学研究所蚕种场。在视察谈话时指出：经济林是很重要的，不要因为用木材而挤掉经济林。特别是茶树、桑树，更要多多发展，要让出一些土地种茶树、桑树。

4月7日 视察浙江省麻纺厂、杭州通用机械厂。在视察麻纺厂时指出：你们要多织麻布，提高产品质量，产品要多样化。在花色和品种方面，要注意调查研究国际市场的需要。

△ 下午五时，游览西湖。

4月8日 视察杭州缫丝厂、杭州织绸厂。

△ 下午，游览灵隐寺。

4月9日 视察杭州华丰造纸厂。登玉皇山。

4月10日 上午，视察杭州九堡乡农业生产合作社，指出：养鱼、蚕、猪、鸡、鸭等是好办法，应多养。

△ 下午，和中共杭州市委负责人谈话：这几年西湖变化很大，新建筑年年增加。如果搞得好，将来外国人也会来旅游，国内来旅游的人会更多起来。应注意发展旅游事业，增加外汇收入。晚，听取浙江省公安厅负责人汇报。

△ 致电刘少奇并转中共中央，反映浙江省工业生产情况：从浙江省的经验看，发展地方工业主要要解决资金、设备和人员三方面的问题。只要党委加强领导，充分发动群众，这些问题都是可以解决的。最重要的还是各级党委要认真抓工业，其中主要是抓思想、抓干部、抓进度、抓协作、抓新产品的试制和生产。

4月11日 上午，接见杭州市先进工作者和先进生产者。

△ 下午，离杭州抵达上海。在途经浙江省海宁县和乍浦镇时，视察了这里的驻防部队。

4月12日 上午，视察上海永鑫无缝钢管厂、上海斯美玻璃纤维厂。

△ 参观上海出口商品陈列馆，指出：搞商品出口要有些专家才行，要懂业务，政治思想上要强，还要懂世界经济。

4月13日 上午，和中共上海市委第一书记柯庆施等谈话。

△ 下午，与柯庆施一起看望住在上海的宋庆龄。

4月14日 视察上海电机制造厂、上海汽轮机厂、上海机床厂。在视察上海机床厂时说：我国的条件很好，有六亿人口，有原料，也有销路。只要大家都鼓起劲来，就能赶上英国。只有勤俭建国才能建成社会主义，不能生产一点就吃掉一点。

△ 晚，参观上海工业生产比先进、比多快好省展览会，指出：上海的工业产品要搞得漂亮些、精致些，多搞些高级产品、出口产品。不仅要和国内比，特别要和国外比，这对世界人民也是一种贡献。

4月15日 视察上海锅炉厂、上海化工厂。

△ 晚，听取上海市食品局负责人汇报食品生产情况。

4月16日 视察上海益民罐头厂、上海绢纺厂。

△ 会见上海市部分科学家，并进行谈话。在谈到形势问题时说：现在各方面都在大跃进，科学也要大跃进，工人来敲你们的门，农民也来敲你们的门，都来向你们要东西，你们要努力啊！在谈到中医问题时说：过去排挤中医是不对的。现在中西医合作了，但也还存在一些问题。我们中国几千年来，就是靠中医中药治病，这说明中医中药是有用的。要好好研究它，可能对世界有新的贡献。

△ 致电刘少奇转中共中央，对推广上海斯美玻璃纤维厂和上海永鑫无缝钢管厂的生产经验提出意见：我来上海后，看了一些工厂，其中斯美玻璃纤维厂和永鑫无缝钢管厂，虽然是两个小型工厂，但是它们的产品不论在当前和今后，对于发展工业生产都有重要价值。这种工厂设备很简单，不借外力就可以举办，需要的投资很少，如玻璃纤维原料是白陶土和沙子，到处都有，要大量举办是有充分可能的。因此，我看可以推广发展，作为各地发展工业的门路之一。不仅省级可以办，县也有条件办。将来生产多了，可以在工业上推广使用和研究试制

新的品种，并且可以争取出口。

△ 致电中共中央和毛泽东，反映视察上海的情况：（一）上海工业生产需要解决的主要问题是：大大发展原材料生产；进行技术改造和设备更新；发展高级产品和提高质量；正确处理和内地工业之间的矛盾。（二）上海市的商业工作正在进行改革，树立商业为生产服务的观点，克服商业的机关化、衙门化的现象，在商业的经营管理方面，改变过去的进货、销货、行情和财务互相分割的办法。（三）上海市的同志正在积极设法扩大对资本主义国家的出口贸易。他们将采取以下办法来打开销路：第一，增派人员出国，加强对外国客户情况的了解和直接接触。第二，发出函电请外国商人来谈判。第三，坚持以进带出的方针。第四，主动加强同外国客户的函电联系。第五，加强出口商品的宣传。第六，大力改进商品装潢和包装，增加花色品种，扩大出口货源。这些办法，我认为都是好的。

4月17日 视察上海第三制药厂。

△ 离上海市，抵达江苏省苏州市。视察苏州刺绣生产合作社、东吴丝织厂、苏州农业机械厂。

△ 听取中共苏州地委、苏州军分区、中共苏州市委工业部负责人等汇报工作。

4月18日 离苏州市，抵达镇江市。

4月19日 视察镇江蚕桑研究所，并指出：要把养蚕植桑推广到更多的地方去。青海、新疆、内蒙古等地都要推广。柞蚕要由北方向南方推广，综合利用。经济作物是中国的特殊产物，将来的发展前途很大，因为这是高级用品。我们的蚕丝要与兄弟国家交换，既为我们自己服务，也要为兄弟国家服务，同时也要为全世界人民服务。

△ 离镇江市，抵达南京市。

△视察华东蚕桑研究所,在和研究人员座谈时指出:要在全国各地大大发展蚕桑事业。在南方一年可以养几季,在北方一年也可以养一季。可以养桑蚕,也可以养柞蚕,还可以养蓖麻蚕。把蚕丝和人造丝混合起来,可以织出许多有价值的丝织品,对国家的建设事业有很大的意义。我国人多,地广,劳动力便宜,地不分南北,人不分男女,都可以栽桑养蚕,增加农民的收入。我国的科学落后了好多年,现在要赶上去。蚕桑事业的科学研究要从实际出发,回到实际中去,这样才能有大的发展,这是辩证法。

4月20日 上午,视察南京永利宁化工厂,并同该厂领导干部、工程技术人员和先进生产者谈话:过去中国的工程师很少,这是由于中国工业落后。解放后虽然培养了一批工程技术人员,也还是很不够,必须依靠旧中国遗留下来的工程技术人员。现在知识分子的思想有很大的转变。是搞社会主义还是搞资本主义的问题基本上解决了。希望大家又红又专,相信社会主义,同共产党在一起,同人民群众一起,共同为建设社会主义而努力奋斗。

△ 晚,看望在南京的刘伯承。

4月21日 上午,视察华东农业科学研究所、南京农业机械化研究所。在视察华东农业科学研究所时,指出:你们要注意研究高产作物,要因地制宜,各地的土壤、气候不同,不要千篇一律。希望你们好好地为社会主义服务。群众需要你们,你们也需要群众,离开群众就没有力量了。和群众一条心,和党一条心,我们的事业就会更快地发展。

△ 下午,参观南京工业生产大跃进展览会。

4月22日 视察南京中山植物园、南京紫金山天文台、南京电影机械厂、南京晨光机械厂。在视察中山植物园时,指出：植物园的工作应和发展国民经济结合起来。要发展我们中国的园林学。公园园林除美化环境外，还必须讲究实用。植物园一定要有我国的特点，我国的特有植物一定要栽培、发展。在视察晨光机械厂时指出：应加强民用产品的制造，并尽快提高技术水平。只要有了技术，什么都可以制造。我们应抓住现在是和平时期这个时机发展生产，搞经济建设。

4月23日 视察中国科学院南京土壤研究所、江苏省地理研究所、南京无线电厂、南京建筑五金厂。在视察南京无线电厂时，指出：要争取和平，就要发展新技术。我们的技术赶上去以后，战争就可能打不起来。技术对比是个好办法，但一定要同世界最先进的技术比，才能发展提高。否则，只在国内比，矮子里选高的，结果还是提不高。

△ 视察解放军军事学院，并向学员讲话：你们肩负着保卫社会主义建设的重大责任。希望你们努力研究现代战争的规律，学习新的科学技术，学习马列主义，充分了解现代世界上的一切问题。同时，还要发扬我军的优良传统，努力提高自己的阶级觉悟，注意锻炼身体。有了很好的技术，有了很好的政治，再加上很好的体力，就能胜任未来的战争任务。

△ 致信刘少奇转中共中央、毛泽东，反映视察江苏省的情况：江苏省物产既丰富，运输又便利，发展出口贸易的潜力是很大的，但缺少加工和冷藏设备。外贸体制方面，条条集中的权力过多。希望能在中央的统一计划、统一出口价格的领导下，多下放一些管理职权，内贸和外贸搞成一套，不要多一层买卖关系，并且统一核算手续。

4月24日 上午，离南京市，抵达安徽省马鞍山市。视察马鞍山钢铁厂，在听取该厂负责人汇报生产情况时，指出：要发动群众搞技术革新，脱离了群众，什么事情也搞不成。在生产建设中,要特别注意依靠老工人,他们的经验丰富,办法多。

△ 离马鞍山市,抵达芜湖市。视察芜湖造船厂。

4月25日 上午,离芜湖市抵达裕溪口镇。视察裕溪口码头,并指出:你们这里能出口的东西很多,茶叶、蚕丝、水产品、野鸭、羽毛等,要多出口,以换回我们所要的机器。

△ 下午,离裕溪口镇,抵达合肥市。接见正在合肥市开会的安徽省地、县委书记,并同他们谈话。

4月26日 离合肥市赴六安县,听取六安专署负责人汇报生产情况和佛子岭水库及发电情况。

4月27日 视察佛子岭水库、佛子岭水力发电站、小华山园艺场。晚,回到合肥市。

4月28日 接见安徽省民主人士,并进行谈话。

△ 视察方桥水电站、综合艺术模型厂、农业机械研究所、砂轮厂、粉丝厂、软木厂。参观安徽省历史博物馆。

4月29日 离合肥市,回到北京。

5月1日 上午,与刘少奇、周恩来等出席首都群众在天安门广场举行的庆祝五一国际劳动节大会和人民英雄纪念碑建成揭幕仪式,并检阅游行队伍。晚,接见应邀来中国参加五一观礼的各国代表团负责人和各国著名人士。

5月2日 给中共中央和毛泽东写报告,汇报视察时了解的安徽省工农业生产和对外贸易情况,提议把改革农具作为农业生产的中心工作抓起来。可在安徽办一些大型机械厂,以便对安徽的地方工业和农业给予更多的支援。在外贸工作方面应该改进外汇分成办法和改进贸易体制。

△ 下午,出席中共中央政治局会议。会议讨论刘少奇将向中共八大二次全会提出的工作报告等事项。

5月3日 出席中共八届四中全会,会议讨论将向党的八大二次提交的主要文件等事项。

5月4日 与毛泽东、周恩来、陈云等，接见参加五一节观礼的代表，以及中国人民解放军和中国人民志愿军的代表。

5月5日—23日 出席在北京举行的中共八大二次会议。会议讨论《关于一九五六年到一九六七年全国农业发展纲要》等文件，正式通过"鼓足干劲，力争上游，多快好省地建设社会主义"的总路线及其基本点。二十一日，朱德在大会上发言，指出：当前农村中和工矿企业中最大的需要就是革新技术。这个任务需要长期努力才能完成。根据我国的具体条件，在我国实现技术革命，除了要从尖端部门开始，从各方面学习，力求掌握世界上的最新技术成就以外，还必须广泛开展群众性的改良工具和革新技术运动。也就是说，进行技术革命必须坚决地走群众路线，这样才能做到多快好省。另外各种生产设备和原材料供应不足，农村和城市之间、中小城市和大城市之间、地区和地区之间、内地和沿海之间，产供销方面的矛盾也有了发展。这些问题都要合理地妥善地予以解决。

5月6日 晚九时半，出席中共中央政治局常委扩大会议。

5月10日 参观外贸部举办的进出口商品展览会。

5月11日 和外贸部副部长林海云谈话：过去我们有些事情做得不对，比如民主德国要帮助我们建设一个鱼粉厂，捷克斯洛伐克要帮助我们建设一个硼砂厂，我们都没有同意，胆小如鼠。今后我们要多同兄弟国家发展贸易，把国际关系搞活，这样做是不会吃亏的。

5月15日 参观全国轻工业展览会。

5月16日 晚九时半至十二时半，出席中共中央政治局常委扩大会议。会议讨论派团赴苏参加经济会议问题。

5月18日 到北京西城区中南海选区投票站，和选民一起投票选举北京市西城区第三届人民代表大会代表。

△　下午，出席中共八大二次会议主席团会议。

5月23日　参观罗马尼亚经济展览会。

△　下午，出席中共八大二次会议闭幕式。

5月24日　和中共广东省委第一书记陶铸谈话：兄弟国家的机器很多，我们可以向他们出口原料和生活用品，以货换货，换回机器。如果我们不要他们的东西，他们也无力要我们的东西。

5月25日　出席中共八届五中全会。全会增选林彪为中共中央委员会副主席、政治局常务委员；增选柯庆施、李井泉、谭震林为政治局委员；增选李富春、李先念为中共中央书记处书记。

△　与毛泽东、刘少奇、周恩来、邓小平等，和出席中共八届五中全会的中央委员一起，到十三陵水库工地参加义务劳动。

△　晚九时半，出席中共中央政治局常委会议。

5月26日—30日　出席毛泽东主持的中共中央政治局扩大会议。会议讨论各大区和各省、市、自治区的经济协作问题。

5月27日　上午，参观化学工业综合展览会，并指出：化学工业在世界上还是一个新的工业部门，我们应当发展得更快些。为了更快地发展我国的化学工业，应进口一些化学工业设备，实行土法和洋法相结合的办法，不能等待。对化学工业的原料要注意综合利用。

△　出席阿富汗驻中国大使为庆祝阿富汗王国独立四十周年举行的招待会，并讲话。

5月27日—7月22日　在北京召开中央军委扩大会议。会议检查和总结建国八年来军队的建设工作，讨论当前局势、国防工作和今后的建军方针。朱德多次参加会议，六月二十八日，在会上讲话，指出：即使将来我军的装备优于敌人，政治的因素，人心向背，仍然是决定战争胜负最重要的因素。全军要认真学习毛泽东思想和马列主义军事科学，为国防现代化而奋斗。学习苏联的先进经验，不要生搬硬套，要结合我国实际，创造性地学。

5月28日 出席北京石景山钢铁厂扩建工程开工典礼，并为工程开工剪彩。

6月2日 晚，出席中共中央政治局常委扩大会议。会议至翌日凌晨二时结束。

6月4日 下午，出席中共中央政治局会议。

6月5日 参观北京市地方工业生产跃进汇报展览会。

6月6日 与毛泽东、刘少奇、周恩来、陈云、林彪、邓小平等，接见出席共青团三届三中全会扩大会议的全体代表、出席第四次全国民政会议的全体代表和延安农具参观团的全体人员。

6月7日 下午，出席中共中央政治局会议。

6月9日 出席毛泽东主持的中共中央政治局常委会议。

6月10日 出席中共中央政治局会议，听取化工、水电、建筑、地质四个部门关于第二个五年计划的汇报。

6月12日 下午，出席中共中央政治局会议，听取农业、水利、林业部门关于第二个五年计划的汇报。

6月13日 下午，出席中共中央政治局会议，听取轻工、纺织部门关于第二个五年计划的汇报。

6月16日 出席毛泽东主持召开的中共中央政治局扩大会议，会议讨论外交工作问题。

△ 下午，出席中共中央政治局会议，听取计委、财政部关于第二个五年计划的汇报。

6月17日 与毛泽东、刘少奇、周恩来、陈云、林彪、邓小平等，接见出席解放军北京部队积极分子代表会议和铁道兵第二次青年社会主义建设积极分子代表大会的全体代表。

△ 下午，出席中共中央政治局会议，听取国家经委关于第二个五年计划的汇报。

6月18日 晚，出席毛泽东召集的会议。会上议定将一九五八年钢产量指标再次从九百万吨调整到一千一百万吨。

6月20日 给中共中央写报告，反映视察浙江、上海、江苏、安徽四省、市的情况。在谈到工业生产问题时，说：当前一个比较突出的问题是设备和钢铁等生产资料不足。为此，中央和地方要全面规划，统一安排，进一步清理仓库，互通有无，修旧翻新。同时力求增加产量，要区分轻重缓急，力求合理分配使用。在谈到农业生产问题时说：这几个省市的自然条件十分好，农副业产品极为丰富，交通运输便利。应该把他们发展成为以粮食为主的综合性的经济区域。在谈到对外贸易问题时说：从这几个省、市看，发展对外贸易是很有必要，很有希望的。他们对发展对外贸易的态度也是比较积极的。要发展对外贸易，应调查研究国外消费者的需要，扩大国外销售市场和加强对出口商品生产的指导。

6月20日 下午，出席中共中央政治局会议，听取文教部门关于第二个五年计划的汇报。

△ 参观北京第一汽车附件厂制造的井冈山牌小轿车、兴平机械厂制造的巨龙牌拖拉机和北京农业机械厂制造的红旗牌万能底盘拖拉机。

6月21日 上午，到怀仁堂听毛泽东在中共中央军委扩大会议上讲话。

6月23日 与刘少奇、陈云、邓小平等，出席越南民主共和国主席胡志明举行的宴会。

6月24日 出席刘少奇主持的中共中央政治局会议。会议同意刘少奇关于学校教育必须同生产劳动相结合的意见。

6月30日 上午，离京飞抵陕西省西安市。

△ 下午，听取中共陕西省委第一书记张德生、陕西省副省长谢怀德等汇报工农业生产情况。随后，参观西安市技术革新产品展览会。

△ 晚，和陕西省副省长李启明等谈话。

7月1日 视察七八六厂、二四八厂、中兴电机厂、新西北印染厂，并为七八六厂题词："技术革命，鼓足干劲，力争上游，多快好省。"

△ 参观陕西省地方工业展览会。

7月2日 视察西安搪瓷厂、一一三厂、一一四厂。在视察一一三厂时，指出：我们是穷国，要穷干苦干，这是我们的建设事业能够较快发展的有利条件。你们要大力支持群众技术革新。离开了群众就一事无成。视察一一四厂时，指出：在我们国家，像你们这样好的工厂还不多。你们可以生产一些民用机械设备，这样就能充分发挥生产潜力。

△ 和陕西省党、政、军区负责人谈话：我国资源丰富，人又勤劳，六亿人民团结起来向大自然开战，力量就大了。过去我们打仗是依靠群众，今后搞建设同样要依靠群众才能取得胜利。各级干部要站在群众运动的前头，带领群众前进，这就要做到又红又专。搞生产建设，自己不懂技术，怎么行？另外，外国的好经验我们也要学习。

△ 致电中共中央、毛泽东，反映在西安视察的情况：一机部所属西安各工厂，在生产民用机械设备方面有很大的潜力。它们的设备很新、很全，能够进行各种技术复杂的新产品

的试制。最近它们已开始在这方面做了一些事情，并帮助发展地方工业。今后一机部还应当充分发挥这些工厂在上述两方面的潜力。

7月3日 上午，离西安市飞抵甘肃省兰州市。

△ 下午，听取中共甘肃省委书记处书记霍维德汇报工农业生产和其他工作。

7月4日 参观甘肃省第二次先进生产者代表团会议评比展览会。

△ 听取中共兰州市委负责人汇报工作。

7月5日 视察兰州炼油厂、兰州自来水厂、中国科学院兰州分院。在视察中国科学院兰州分院时，指出：你们要走群众路线，发动群众挖矿。用土洋结合的办法，一定会搞得更快一些。中国现在正处在突变时期，科学家要相信这条道路，才不会阻碍广大群众的生产积极性。

△ 听取甘肃省教育厅和兰州大学负责人汇报教育工作。

7月6日 听取正在兰州的中共中央农村工作部副部长陈正人和国务院第四办公室主任贾拓夫汇报西北五省、区（陕西、甘肃、宁夏、青海、新疆）农业发展情况和正在召开的西北协作区计划会议的情况，指出：各省要拿出东西来出口，换回机器设备。西北地区的稀有金属多，如铜、硼砂、石棉、水晶等，要发动群众挖矿。矿产品挖出后，既可以自用，也可以出口。出口产品要质量好，价格低，才能占领国际市场。另外，在第二个五年计划期间，要解决西藏的铁路问题，这在政治上、经济上都有好处。

7月7日 听取甘肃省财贸部门负责人汇报财贸工作情况。视察兰州化工厂、兰州石油机械厂、西北毛纺厂、兰州兽医生物药品制造厂。

7月8日 上午，视察兰州市雁滩蔬菜瓜果农业合作社。

△ 下午，对西北协作区会议代表和甘肃省直机关部分党员干部讲话：西北地区的建设前途是伟大和光明的。要有积极的措施，才能实现先进的指标。第一，在农业方面，要兴修水利，改变西北地区干旱的状况。要搞土化肥，解决肥料不足的问题。要改革农业生产工具和运输工具，克服西北地区人力不足和交通不便的困难。农业是发展工业的基础，农业搞好，工业才能发展。第二，在工业方面，许多管理方面的规章制度要改进。群众的许多革新创造，必须及时地检查、鉴定和推广。协作区各省（自治区）之间、每个省的各专区和各县之间，要充分发扬共产主义的协作精神。第三，在交通运输方面，铁路和公路都要修，各种现代的或改良的交通工具都要使用。除了公家投资兴办之外还要鼓励群众兴办，做到全民办交通。第四，在对外贸易方面，西北地区有丰富的矿产品和畜产品可以出口，应当尽量扩大对外贸易，以便换回所需要的建设物资。第五，在文化教育和科学事业方面，要迅速地提高西北地区的文化教育水平，改变西北地区原来文化教育落后的状况，这是发展西北地区工农业生产的重要条件。

△ 晚 致电中共中央和毛泽东，反映在甘肃省的视察情况。在谈到农业问题时说：甘肃农业生产的发展，主要是紧紧抓住了水利、化肥、土壤和农具改良这几个环节，特别是水利建设，更为突出。在谈到商业问题时说：甘肃实行了"四合一"和"三合一"的办法。所谓"四合一"，就是将原来的商业厅、服务厅、供销社、外贸局合并组成为商业厅。所谓"三合一"，就是把原来的农业社、基层供销社、信贷社，合并组成为新的农业社，在新的农业社中建立服务部和信贷部。根据甘肃省的经验，县以上商业机构实行"四合一"后，好处甚

多。首先是大大精简了机构,紧缩了人员。其次,便于统一领导和全面安排。三是减少了流转环节,改善了经营管理。在谈到地方工业问题时说:西北地区矿产资源丰富,但是工业基础薄弱。目前还不能制造成套冶炼设备,需要一机部帮助解决大型锻压设备,使之一二年后,即可自行解决成套的冶炼和机电设备。另外,甘肃省炼焦煤不够,帮助解决一部分之后,冶炼工业就可以更快地增长上去。

△ 晚,就甘肃、青海平息叛乱问题致函中共中央和毛泽东:甘肃、青海两省委关于平息叛乱的方针是完全正确的,即在武装平息叛乱的基础上,彻底发动群众,坚决进行社会主义改造,开展对敌斗争,清除一切反动分子,以铲除发生叛乱的根源。在西藏问题没有彻底解决以前,上述地区反革命叛乱和镇压叛乱的斗争,还不可能一下子就完全解决。即使西藏和其他牧业区的社会主义改造全部完成了,镇压反革命复辟活动的斗争也还是长期的、反复的。鉴于上述情况,甘肃、青海两省的平乱部队,在有叛乱的时候,就集中围歼叛乱武装;在没有叛乱的时候,除保持一定的机动力量外,其余的就应当在重要交通线上分散布点,和地方工作干部结合在一起,变为武装工作队,逐区逐乡地发动群众,进行社会主义改造。并且在此基础上,清除坏分子,收缴枪支,清剿小股流窜的反革命武装。

7月9日 视察刘家峡发电站、兰州市女子师范学校。

△ 在听取甘肃省水利工作负责人汇报引洮工程情况时,指出:引洮工程不要搞得太快了,搞得太快了,人的吃饭都是很大的问题。应把工程的时间放长些,我看可以延长至十年,修一段算一段的办法很好,不要在一年内就完成。当然,如有条件能搞得快一些很好,但是经过计算,条件不具备,搞得太快了就有问题。

△　为甘肃省引洮工程题词："引洮上山是甘肃人民改造自然的伟大创举。"

7月10日　上午,离兰州市飞抵青海省西宁市。

△　下午,听取中共青海省委书记处书记袁任远等汇报青海省的经济工作和平息叛乱的情况。

7月11日　视察西宁市傅家寨农业合作社、西宁康尔素乳品厂、西宁机械厂。在视察傅家寨农业合作社时,指出:你们这里造土化肥的原料很充足,应当大量生产,除满足自己需要外,也支援友邻地区;要利用荒山大面积地植树造林,特别要多种果树和桑树。

△　接见青海省直机关科级以上干部。

△　在西宁市郊区视察途中,听市委负责人讲述一九三七年初西路军失败后,有数千红军男女战士在西宁惨遭军阀马步芳残酷迫害,先后有一千六百余人被成批杀害、活埋的情况,心情沉痛,指示说:应将马步芳如何杀害红军的罪恶记下来,让子孙后代都知道;要把牺牲同志的情况查清楚,记下来,要纪念革命烈士,教育子孙后代;要把失散后活下来的同志调查登记起来,如没有重大叛变行为,都应该承认他们是红军,生活上给予照顾,安排适当工作。当晚,在宾馆用毛笔写下"革命烈士永垂不朽"八个字。第二天一早,前往西宁市烈士陵园凭吊。

7月12日　视察青海绒毛加工厂、西宁汽车修配厂、西宁农牧机械厂。

△　和青海省青藏工程局负责人谈话:青藏铁路可以包给你们修,再给你们调一个铁道兵团。修青藏铁路很有意义:一能解决政治问题;二能解决军事问题;三能解决经济问题。

△　接见青海省副省长喜饶嘉措,青海省伊斯兰教协会主

任、西宁市长马明基,青海省民盟主任谢高峰,活佛、青海省海北州长夏茸尕布等。

△ 视察青海省军区,并和青海驻军负责人谈话:军队是战斗队、生产队,又是工作队。特别是你们这个地方,更要注意帮助地方搞建设。你们一方面要学习新技术;另一方面,老的办法也不能丢掉。对付叛乱分子,要注意研究他们的特点,他们是用当时我们对付蒋介石的办法来对付我们,因为这里地广人稀,他们有所恃而无恐。你们在这里要做长期打算,发扬艰苦奋斗的精神,长期地建设青海和西藏。

△ 晚,致电彭德怀并毛泽东和中共中央,报告青海省平息反动武装叛乱情况,并告以在平息叛乱的同时,青海省正加速进行牧区的社会主义改造。牧民群众和寺院下层群众的诉苦运动,是揭掉封建盖子,打垮牧主阶级和反动上层分子,彻底解放劳动牧民的主要斗争形式,同时,也是彻底发动群众和教育群众的最好方式。现在在牧区群众性的诉苦运动已经全面展开,并且取得了很好的经验;在牧区平息反革命叛乱和彻底地完成经济上、政治上、思想上的社会主义改造,是一个长期的、反复的斗争过程,省委对于这一点已作了足够的估计。

△ 晚,给中共中央和毛泽东写报告,提出由青海省青藏公路管理局负责修建青藏铁路的建议。

△ 晚,给中共中央和毛泽东写报告,反映视察青海省的情况:(一)青海省的农业生产工作做得很好,干部和广大群众的革命干劲十足。青海去冬今春主要抓了"一水二肥三技术"的增产措施。青海的水利工作的主要经验是:全面规划,充分准备,全民动员,集中突击,按期完成。他们修水利的主要办法是"引水上山"和"拦水蓄水"。(二)青海省原来的工业基础很薄弱。但发展前途是很光明的。现在已经发现的矿藏

有六十多种，青海的野生纤维原料以及药材等很丰富，都是发展工业的有利条件。总之，青海比人们通常所想的实在好得多，简直是一块大宝地。在人力，物力和财力上，在可能的条件下，应给青海省以更大的支援，这实在是一个关系到全国建设的重大问题。

7月13日 视察西宁市后子河乡的两个农业生产合作社。

7月14日 上午，离西宁市飞抵甘肃省酒泉市。

△ 接见正在酒泉开会的石油工业部部长余秋里和甘肃省委第二书记霍维德等。

△ 下午，视察酒泉农业机械厂、酒泉县西南乡西峰农业生产合作社、酒泉大学。参观酒泉农具展览会。

△ 晚，和驻酒泉的九一六九部队后勤部负责人谈话。

7月15日 上午，离酒泉抵达甘肃省玉门市。

△ 下午，视察玉门市鸭儿峡十八号油井和炼油厂。

△ 晚，在听取玉门市委负责人和玉门市矿务局负责人汇报时，指出：玉门油矿很有希望，你们的技术是高的，底子也好，要充分利用。这里的宝贝很多，除石油外，还有煤、铁、铅等。应该以炼油为主，各方面的生产相结合，而且还要有先进的技术。你们还应搞点农业生产，解决吃饭问题。

7月16日 视察老君庙采油井、玉门炼油厂。参观玉门市技术革新展览会。

△ 在玉门油矿职工代表和干部大会上讲话：石油工业很重要，有石油就能促进工农生产的发展，没有石油就要延缓工农业生产的发展。石油工业在国民经济中有很重要的地位，绝不能低估了它的重要作用。根据党的建设社会主义的总路线，发展石油工业的方针，必须是实行发展天然石油和人造石油同时并举，中央和地方同时并举，大型企业和中小型企业同时并

举,土法和洋法同时并举,全民办石油工业,遍地开花。发展石油工业的任务是艰巨的,特别是像玉门、柴达木、克拉玛依这些地区,因为原来没有基础,人烟稀少,一切要从外地运来,特别在开始的时候,困难更多。但是,这是一个伟大和光荣的任务。我们一定要克服困难,也一定能够克服困难。玉门油矿是我国石油工业发展最早的、最有基础的地方。希望你们以人力、技术和经验来支援别的地方,并且继续发扬艰苦奋斗和团结互助的精神,在这里安家落户,长期打算,把共产主义的万世基业建立起来。这里的风沙很大,在植树造林方面也要注意,先从屋边、路边和市区绿化起,然后再向四周大面积地发展,进而做到征服风沙、征服戈壁、征服气候。

△ 接见石油部在玉门召开的石油现场会议的全体代表,并讲话:要有共产党的领导和无产阶级政治挂帅,才能建成社会主义。科学技术专家们,要接受党的领导,要用马克思列宁主义武装自己,把自己变成红色的专家。同时,还要努力学习业务和技术,精益求精。各管理局的负责人员中,有许多是从军队转业来的,要加强对石油工业科学技术知识的学习,使自己早日变成内行,这是一正确的方向。希望大家团结起来,做到又红又专,努力把我国强大的石油工业建立起来。

△ 和霍维德谈话:引洮水利工程,要有秩序地进行,不要限时间完成。否则,会引起人民群众的不满。另外,必须把通西藏的铁路和公路修好,才能解决西藏的问题,西北才能站得稳。

7月17日 上午,离玉门市飞抵内蒙古自治区包头市。

△ 下午,听取中共内蒙古自治区委书记处书记苏谦益等汇报包头市工业生产情况。

△ 视察包头市建筑工地。接见在这里参加建设的铁道兵

代表。

7月18日 视察四四七厂，在听取该厂负责人汇报生产情况时，指出：你们在完成军用产品的生产任务之外，还应当尽一切可能多生产大型工作母机、电动机和成套的冶炼设备，供给各地发展生产的需要。要实行军用工业和民用工业并举的方针，使军用工业和民用工业结合起来。一方面除生产军用新产品外，要多生产民用产品；另一方面也要准备全部转为军用产品的生产。此外，你们工厂离白云鄂博铁矿较近，要想一切办法从白云鄂博铁矿石中提取稀有金属，并利用这个条件，自己冶炼各种高级合金钢，以便供给你们本厂及其他工厂使用。

△ 视察六一七厂，在听取该厂负责人汇报时，指出：（一）你们工厂能制造重型机械设备很有前途。但是，不要只想搞大型的机器，在可能的条件下，也要尽可能地多制造一些小型机器。（二）在发展生产中，不能只算小账，有利就干，无利就不干。只要国家需要，又有条件生产，就坚决地干。（三）由于技术的迅速发展，一种型号的武器不能生产很多摆在仓库里。在完成规定的生产任务后，要不断提高技术水平，制造新产品。另外，多余的生产能力，要尽量生产民用产品，如拖拉机、推土机、汽车等。总之，国家需要什么，你们就应生产什么。

△ 接见在包头市工作的苏联专家。

7月19日 视察包头钢铁厂，在听取该厂负责人汇报生产情况时，指出：煤炭要综合利用，铁矿也要综合利用，要尽量提早出钢。大、中、小各种型号的管子都要搞，另外，还要建一个薄板厂，解决马口铁问题。

△ 为包头钢铁厂题词："实行企业内部大中小型同时并举，多快好省地建设包钢。"

△ 听取国务院副总理、中共内蒙古自治区委员会第一书记乌兰夫等汇报内蒙古自治区的全面情况。

△ 接见铁道兵第一军的负责人。

7月20日 视察白云鄂博铁矿，并接见在这里工作的苏联专家和矿区职工。

7月21日 上午，接见包头市局以上干部。

△ 上午，离包头市回到北京。

△ 晚，与毛泽东、刘少奇、周恩来、陈云、邓小平、陈毅、彭德怀等，接见苏联驻中国大使尤金和大使馆临时代办安东诺夫等，谈苏联提出的关于同中国建立一支共同潜艇舰队的建议。次日继续商谈。

7月23日 给中共中央和毛泽东写报告，反映视察玉门油矿的情况并就发展石油工业问题提出建议：玉门油矿历史悠久，底子厚。要从干部、技术方面积极支援新矿区。玉门油矿应该成为新辟矿区培养并输送干部和技术的基地，过去已经这样做了。在今后全民大办石油工业中，更应当注意这个方面的工作。要多快好省地发展石油工业，必须解决以下几个关键问题：第一，加快钻井进度和降低钻井成本，是多快好省地发展石油工业的中心一环。第二，大、中、小型并举，深井和浅井并举，土法和洋法并举，天然石油和人造石油并举，这不仅是全国各地要如此做，即在大型的石油基地范围内，也应当如此做。第三，各个矿区，特别是在西北地区，要以石油生产为主，全面发展工农业生产，以便做到自力更生，克服生产和生活中的困难。当前亟待解决的问题有两个：一是劳动力的缺乏；二是重型钻机和大型钻机和大型无缝钢管的供应，一机部和冶金部应当给以保证，必要时还应当从国外订购一批，以适应生产发展的急切需要。

△　给中共中央和毛泽东写报告，反映视察内蒙古自治区及包头市的情况：我在白云鄂博的时候，曾到蒙古包里同一个牧业社的社长和生产队长谈了话，看来，牧民走社会主义道路的积极性确实很高，生产的干劲也很大。我想，如果把内蒙古牧业改造的成功经验，向甘南、青海、四川的藏族地区多做介绍，并且组织一些牧民和开明的喇嘛、牧主，到内蒙古去"取经"，对于他们那里的工作，可能会有帮助的。

7月25日　离京赴北戴河。

7月29日　离北戴河回北京。

△　下午，参加毛泽东主持的会议。会议讨论中日关系问题。参加会议的还有：刘少奇、周恩来、陈云、邓小平等。

7月30日　出席中共中央政治局会议。会议听取国务院副总理李富春汇报第二个五年计划的安排问题。次日，继续开会。

7月31日　与毛泽东、刘少奇、周恩来、陈云、林彪、邓小平等，到南苑机场迎接苏共中央第一书记、部长会议主席赫鲁晓夫。

△　晚，与刘少奇、周恩来、陈云、林彪、邓小平等到毛泽东处谈话。

8月1日　参加毛泽东与赫鲁晓夫的会谈。在会谈中讨论了国际形势和中苏关系等问题。中方拒绝了苏方提出的关于建立长波电台和联合舰队的建议。三日下午，出席毛泽东和赫鲁晓夫会谈公报的签字仪式。随后，到南苑机场送赫鲁晓夫离京返莫斯科。

△　为纪念中国人民解放军建军三十一周年，在《人民日报》发表《人民军队，人民战争》一文。文章中指出：人民解放军在党的领导下，几十年来建立了一整套的制度和原则。这就是三大纪律八项注意，军队担负打仗、生产、做群众工作三

项任务，政治上官兵平等，在部队内实行政治民主、经济民主、军事民主等等。实行这些制度和原则，保证了军队和人民之间，军队内部的上下级之间和官兵之间的密切联系，发扬了群众的首创精神，成为人民解放军克服困难、取得胜利的无穷无尽的力量源泉。目前人民解放军的任务，就是在整风胜利的基础上，认真地学习马克思列宁主义，认真地学习毛泽东同志的思想和他的军事学说，贯彻执行党的正确的军事路线，解放思想，破除迷信，敢想、敢说、敢做，用群众路线的工作方法迅速地完成现代化的建设任务。

△ 参观中央军委举办的军事科学展览会。

8月2日 接见印度新任驻中国大使帕塔萨拉蒂，在谈话时说：我们两国互相联合，就会使帝国主义不敢再来欺负我们。现在，保卫和平和民族解放运动正在高涨，各殖民地和半殖民地国家人民的觉悟正在提高，都要求民族解放和民族独立。和平共处五项原则起了很大的作用。

8月3日 晚，离京赴北戴河。

8月6日 视察秦皇岛市商业局炼铁厂的小高炉。次日，致函刘少奇和中共中央，反映视察该厂小高炉的生产情况。

8月7日 下午三时至九时出席在北戴河召开的中共中央政治局会议。会议听取并讨论薄一波关于一九五九年国民经济计划和第二个五年计划问题的汇报。

8月12日 视察河北省抚宁县东方红农业生产合作社。

8月13日 为根治海河题词："化水灾为水利"。

8月15日 听取中共四川省委第一书记李井泉、中共云南省委第一书记谢富治、中共贵州省委第一书记周林汇报工农业生产情况。

8月16日 与甘肃省水利厅负责人谈话：刘家峡水利工

程要分期施工,要充分利用一切可以利用的技术力量。对困难要估计足,只要依靠群众,困难是可以克服的。

△ 下午,出席毛泽东主持的中共中央政治局常委会议。

8月17日—30日 出席在北戴河举行的中共中央政治局扩大会议。会议讨论一九五九年国民经济计划以及当前的工农业生产、农村工作、商业工作等问题。会议上确定了一批工农业生产的高指标,宣布一九五八年钢的生产指标为一千零七十万吨,即比上半年的产量翻一番。会议还通过了《关于在农村建立人民公社问题的决议》,决定在农村普遍建立人民公社,并认为"共产主义在我国的实现已将不是什么遥远将来的事情了。"

8月24日 上午,离北戴河回到北京。

△ 下午,出席《中华人民共和国国务院总理周恩来和柬埔寨王国国家元首诺罗敦·西哈努克联合声明》的签字仪式,并出席西哈努克举行的宴会。

8月25日 离京飞抵北戴河。继续出席中共中央政治局扩大会议。

8月29日 上午视察秦皇岛耀华玻璃厂、秦皇岛码头。

△ 下午,继续出席中共中央政治局扩大会议。

8月30日 晚十时半,离北戴河回北京。

8月31日 接受保加利亚新任驻中国大使潘切夫斯递交的国书,并致答词。

9月1日 视察石景山钢铁厂、北京钢厂。

9月2日 视察北京第一机床厂。

△ 出席越南驻中国大使阮康为庆祝越南民主共和国成立十三周年举行的招待会,并讲话。

9月3日 离京飞赴新疆视察,中共新疆维吾尔自治区党委第一书记王恩茂陪同。途经甘肃省酒泉停留。

△　视察酒泉炼钢厂基地。

9月4日　离酒泉市飞抵新疆维吾尔自治区乌鲁木齐市。

　　△　晚，在新疆维吾尔自治区干部大会上讲话：新疆是一个多民族地区，因此，做好民族团结工作，对于各项革命工作和建设事业的胜利发展，具有决定的意义。值得我们高兴的是，新疆的民族团结工作是做得好的。由于反对了妨害民族团结的大汉民族主义，反对了同样妨害民族团结的地方民族主义，新疆各族人民已经在社会主义的基础上，坚强地团结起来了。继续加强民族团结，争取成为全国民族团结的模范地区，是新疆各族人民今后的重要任务。

9月5日　视察新疆"八一"钢铁厂、新疆汽车修配厂、新疆农具机械厂、新疆水泥厂。在视察时说：你们可以制造一部分电机、矿山机械、小型炼油机、小型轧钢机等，为新疆地方服务。新疆油多，还可以多制造一些柴油机。新疆出产很多东西，可是交通不便，运不出去。因此，要发展汽车运输业。

　　△　晚，到革命烈士陵园向陈潭秋、毛泽民等革命烈士敬献花圈。

9月6日　视察新疆学院，中国科学院新疆分院、新疆医学院、新疆师范学院、陆军第十一医院、新疆鸿雁水库。在视察时指出：现在各地办了许多农业大学，这是一件很好的事情。虽然这些学校不同于正规大学，但是，这样做把知识分子的力量都用上了。科学同群众相结合，知识分子同工农群众相结合，教育同生产相结合，这是正确的方向，你们要坚持这个方向。另外，新疆在民族问题上是解决得很好的，起了模范作用，在世界上都有很好的影响。

9月7日　视察乌鲁木齐县白杨沟哈萨克族牧业生产合作社。

9月8日　接见新疆军区和生产建设兵团的干部，并讲话指出：新疆军区和其他军区一样，要完成训练军队、培养干部、组织和训练民兵、镇压反动派、巩固祖国的边疆等各项任务，不同的是，还要以更大的力量参加生产建设。生产建设兵团和军区机关、部队，除进行其他方面的生产以外，还要大力修建铁路和公路，发展新疆的交通运输事业。这不仅对于发展生产来说是必要的，对于国防建设来说也是十分重要的。又指出：新疆是一个多民族地区，主要的民族就有十三个。我们主张民族平等，民族自治，同时，又要强调兄弟民族的团结互助。军区和生产建设兵团的同志们，要认真地团结各兄弟民族，热诚地帮助各兄弟民族。同时，又要向兄弟民族学习，成为执行党的民族政策的模范。

9月9日 在视察石河子农垦区时指出：要发展养猪事业，一方面可以由这里向欧洲出口；另一方面可以炼油，以代替植物油，世界上的植物油总是不够用。

△ 晚，听取新疆生产建设兵团司令员陶峙岳汇报生产情况。

9月10日 视察农垦八师二十三团的农场、沙湾县安集海群众农庄、独山子炼油厂。

9月11日 由独山子抵达克拉玛依市。途中看望三〇一地质勘探队。

△ 听取新疆维吾尔自治区石油管理局负责人汇报石油生产情况。

△ 视察克拉玛依油田、"三八"妇女炼油厂，并看望"三八"妇女采油队和钻井队。

△ 在克拉玛依先进生产者大会上讲话：石油工业在我国工业中，是比较薄弱的一环。为了适应全国工农业大跃进的需要，石油工业必须很快地赶上来。全国人民、党和政府都在希

望着你们完成这个伟大而艰巨的工作。克拉玛依的发展前途很大,这里不仅有丰富的石油和其他矿产品,并且土地宽广,发展工业和农业大有可为。你们除主要生产石油外,还要协同农垦部队把农、牧、副、渔和工、农、商、学、兵统统结合起来,尽量地做到粮食、蔬菜、肉类三自给。

9月12日 与克拉玛依市委负责人谈话:你们这里的人都是全国各地来的,都表现很好,又有技术,所以,你们的工作有可能搞得更快一些。现在不打仗就要迅速地发展生产,搞和平竞赛。我们这一代辛苦些,目的是为了后一代更幸福些。

△ 在克拉玛依市矿务局党委扩大会议上讲话:藏在地下的石油要赶快钻探出来,并且迅速地运到全国各地去。因为没有石油,飞机就飞不起来,汽车和拖拉机就开不动,就要影响到工农业生产的迅速发展。你们这里都是喷井,玉门那里还有许多是抽井,所以,你们这里要赶快打井,多多生产石油。石油生产出来以后,运输是一个大问题,这就需要赶快铺输油管道。现在你们铺到独山子的是六寸管子,每年输油量只有一百万吨。将来要铺一些大管子,先铺到乌鲁木齐,再铺到玉门和兰州,最后至少要铺到西安。否则,几千万吨石油,不仅不能靠汽车运输,就是靠火车运输也是不行的。新疆是一个好地方,你们要努力奋斗,把这里建设成为一个花园。

9月13日 回到乌鲁木齐市。

9月14日 到生产建设兵团司令部听取司令员陶峙岳汇报兵团情况。

9月15日 致电中共中央反映视察乌鲁木齐市和新疆北部工农业生产等情况:(一)现在新疆亟待解决的是石油的运输问题,有油运不出来。克拉玛依的原油和独山子炼好的油,都受运输条件的限制,不能迅速扩大生产,甚至影响到现有生产能力的正常生产。从长远来看，铁路运输也还不能完全解决石油的运输问题。根本的办法是要铺设大型输油管道。新疆石油管理局愿意包铺从克拉玛依至玉门的输油管，我看可以鼓励他们大胆地干，由石油部给以技术和投资方面的支持，并且现在就要对整个西北输油管干线问题，进行计划和各方面的准备工作。（二）新疆地区辽阔，交通不便，要发展生产必须首先解决交通运输这个"先行"问题。尽量修通铁路，不仅对于新疆的生产建设和发展、同内地的物资交流来说是十分迫切的，就发展交通贸易来说，也具有十分重要的意义。（三）生产建设兵团的成绩很大，对新疆的生产建设和文化建设，都起了很重要的作用。现在家务已经建立起来了，在这个基础上，今后除继续发展农牧业生产外，更要大力发展工业和交通运输业。（四）这里的土地多，人口少，农业区平均每人有十几亩地，而一个劳动力要负担几十亩地。今后虽然会逐年增加一些劳动力，但是在继续扩大耕地面积的同时，注意改进耕作技术，加速实行农业机械化，是一个紧迫的问题。

△ 听取新疆维吾尔自治区人民委员会主席包尔汉、中共新疆维吾尔自治区党委书记处书记赛福鼎汇报工作，指出：新疆十三个民族历史上没有解决的团结问题，现在共产党的领导下解决了，各民族更加团结。只有团结起来才能有力量建设社会主义。新疆要发展生产，就要先搞好交通，发展工业。新疆地区这样大，没有公路和铁路是不行的。你们这里发展工业有资源，但是缺少人才和机器，人才和机器都可以从内地调来。新疆的工业发展起来后，沙漠可以变成良田。你们可以派人去北京、上海等地学习技术。当然那里也可以派技术人员来，带来机器和技术人才。

△ 离乌鲁木齐市飞抵伊宁市，听取伊犁哈萨克族自治州

负责人汇报工作。

9月16日 视察伊犁军分区司令部、农四师、伊宁皮革厂、春花果园合作社。

△ 接见伊犁哈萨克族自治州十一个民族的代表，并讲话：我这次来新疆，亲眼看到你们十几个民族团结在一起建设社会主义，这是新疆的大好形势，也是全国的大好形势。现在大家团结得这样好，这是在新疆历史上未曾有过的。各民族只有这样团结起来，工作才能做好，工业、农业、牧业才能较快地发展。希望你们团结得亲如一家，成为全国民族团结的先锋。

△ 在伊犁哈萨克族自治州干部大会上讲话：你们这个地区举行过著名的反对国民党反动统治的三区革命，以后三区革命部队同解放军进驻新疆的部队、起义部队会合在一起，实现了新疆全境的解放。解放以后八九年来，各方面都有很大成就。民族团结是多民族的新疆和全中国取得革命和建设事业胜利的根本保证。任何破坏民族团结的企图和行为，都是违反全中国人民的最大利益的，也违反本民族人民的最大利益。因此，要反对某些汉族干部中妨害民族团结的大汉族主义倾向，也反对某些少数民族干部中妨害民族团结的地方民族主义倾向，这是完全必要的。我们的任务，就是要加强各族人民和干部的友爱团结，同心协力地建设我们伟大的祖国。

9月17日 上午，离伊宁市回到乌鲁木齐市。

△ 下午，视察中共新疆维吾尔自治区委党校，并对学员讲话。

9月18日 离乌鲁木齐市飞抵阿克苏市。途经库车县时，慰问遭受水灾的群众。

△ 听取阿克苏地委和生产建设兵团农垦第一师负责人汇报生产情况，并指出："南泥湾精神"不可丢。你们这里可以

大量开荒，开发出来就是万世基业。你们如果能征服这大片土地，就是对国家很大的贡献。内地取得农业丰收的一条重要经验就是治水，你们也要想办法储水。

△ 致电中共中央，反映视察新疆伊犁哈萨克族自治州的情况：（一）历史上遗留下来的新疆民族关系问题，可以说主要地、突出地表现在这个地区。民族团结问题现在已经基本上解决了，并且解决得比较好。但是，今后民族团结问题仍是一个重要的问题，必须经常注意进行教育和巩固。（二）这个地方很富足，但是历来是耕作粗放。这里还盛产水果，葡萄和梨是大宗，可惜货弃于地，运不出来，当地又缺乏加工能力。此外，山上的药材和各种野兽很多。但因劳力不足和交通运输不便，都还没有充分地发展和利用。总之，这是一个很有希望的粮、棉、畜的基地之一。（三）伊犁自治州现有的工业基础还很薄弱，但发展工业的条件很好。首先是自然资源丰富，这些资源的开发，对于国防、经济、生产都很重要。其次，自治州的水利资源也丰富。在轻工业方面，伊犁原有中型制革厂、面粉厂各一个，随着农牧业的发展，将来农、畜产品加工工业还可以大发展，以便扩大出口。发展工业的再一个有利条件，就是经过新疆中苏铁路，明年就可以通车。希望中央重视这个地区的工业发展。

9月19日 离阿克苏市飞抵喀什市。

△ 先后听取中共喀什地委、克孜勒苏州委和南疆军区的负责人汇报工作。在听取喀什地委负责人汇报时指出：你们要大量发展果酒加工工业。另外，还要大量种植桑树，做到全部绿化，把沙漠变成良田和公园。首先应修通铁路和公路，否则就不会发展得很快。

9月20日 视察喀什市郊区疏附县色满区红旗人民公社，

并与公社负责人谈话：你们这里气候很好，热力充足，把这里建设成一个模范地区是完全有可能的。在农业方面，除扩大耕地面积，满足粮食生产的需要外，要特别注意发展棉花和油料作物的生产。因为你们这里的气候对于棉花的生长是得天独厚的。在林业方面，应注意种植果树和桑树。养蚕在你们这里有悠久的历史，每年可养三四次，这是一个很有利的事业。

△ 在喀什市各民族干部大会上讲话：关于民族团结问题，我在乌鲁木齐、克拉玛依和伊宁的干部会议上都强调地讲过。我所以一再地讲这个问题，是因为这个问题在新疆是十分重要的。新疆是一个多民族地区，必须做好民族团结工作。务必使各民族的干部和人民群众，团结得像亲兄弟姊妹一样，同心协力地建设我们各民族人民所共同缔造的伟大社会主义祖国。为了加强各民族的团结，还要互相学习语言文字，这对于民族干部的迅速成长，加强民族团结大有好处。

9月21日 离喀什市回到乌鲁木齐市。

△ 视察新疆生产建设兵团的天山食品厂。在听取该厂负责人汇报时指出：你们已经建立了良好的基础，今后要不断地发展和扩大。最重要的是要贯彻执行多、快、好、省的方针，价廉物美，薄利多销。你们可以生产精米、精面，做些高级食品。食品的包装要好，如果有马口铁，可用马口铁包装，以便出口和远途运输。

9月22日 出席中共新疆维吾尔自治区党委常委扩大会议，并讲话：新疆这几年，工作成绩很大。解放了全疆，巩固了地方治安。军队是有功的，胜利是属于党和广大人民的，不是哪个军长、总司令怎么样，是群众前仆后继奋斗的结果。今后新疆在发展生产上，应注意：第一，在优先发展重工业的同时，还要发展为满足当地所需要的各种工业；第二，要大力植树，大量开荒，把沙漠造成良田。在发展粮食生产的同时，要大量种植棉花、油料作物、养蚕、养鱼等。要注意治水，把山上的雪水和地下水都充分利用起来；第三，要大力发展牧业生产，使新疆成为全国最大的羊毛和肉类生产基地之一；第四，在新疆发展交通运输事业更为重要。因为新疆人少，铁路的作用就更大。现在国家提倡地方修铁路，工厂、公社也可以自己投资修铁路，国家可以给铁轨。除以上几点意见外，希望新疆维吾尔自治区更进一步地加强各民族的团结，成为全国民族团结的模范地区。

△ 致电中共中央，反映视察南疆地区的情况：南疆每人耕地虽然不多，但聚居区的水源充足，几乎全是水浇地或水田。无霜期长，再加上可以开垦的荒地很多，所以，这个地区的农业和畜牧业是有很大发展前途的。南疆地区是理想的植棉区，我已告诉当地同志，要尽量发展棉花的种植。种桑养蚕在南疆已有一千多年的历史，也应大量发展。南疆地区原有的工业基础很薄弱，因此，几乎一切比较新式的工具、家具和大部分的日用工业品等，都要依靠内地供给或进口。新疆各地需要建立自己的多种多样的工业，同时，还需要注意发展交通运输业，我已建议当地同志这样做。南疆地区的矿产资源极为丰富，而与此相关的南疆的铁路干线，应考虑尽早修筑，希望转告有关部门注意。新疆是我国的西部边缘，几年来在这个方向上已经发现帝国主义间谍潜入或武装侦察的事件多起。我已告诉南疆军区，要进一步注意严密边防。我建议边防部队，应在驻地附近进行少量的农、牧业生产和有计划地、逐步地修建公路。

9月23日 出席乌鲁木齐市群众大会，并讲话：党中央和毛主席经常关心你们，这次特别派我来慰问同志们。我看了南疆和北疆的一些地方，看到你们的工作做得很好，完成了第一个五年计划的任务,有很大成绩。同时,也看到了各民族团结得很好,像一家人一样,这是党中央和毛主席最关心的一件事情,希望生产建设兵团和各族人民更加紧密地团结起来,把新疆建设成一个美丽的大花园。

　　△　离乌鲁木齐市飞抵吐鲁番县。

　　△　视察葡萄人民公社、五星人民公社。

　　△　晚,在听取中共吐鲁番县委负责人汇报工作时指出:你们要破除迷信,用电力取水是可以办到的。要克服困难,设法把地下的水利资源都利用起来。另外,还要注意植树造防护林。要多种棉花、葡萄、水果等,办食品加工厂。粮食可以由内地供给你们,你们也要配合内地发展生产,这样很有发展前途。

9月24日　离吐鲁番县飞抵哈密县。

　　△　听取兰新铁路工程局和中共哈密地委负责人汇报工作。

　　△　视察红星农场、哈密农具机械厂。

　　△　出席哈密专区各民族干部代表座谈会。

9月25日　离哈密县飞抵甘肃省兰州市。

　　△　先后听取兰州军区司令员张达志和刘家峡水电站工程局、兰州炼油厂、兰州石油化工机械厂、兰州化工厂的负责人汇报工作和生产情况。

　　△　晚,听取中共甘肃省委第一书记张仲良、第二书记霍维德、副省长李培福等汇报工作。

9月26日　离兰州市飞抵山西省太原市。

　　△　听取中共山西省委第一书记陶鲁笳、书记处书记王谦、池必卿、郑林以及山西省代省长卫恒等汇报工作。

　　△　视察太原重型机械厂、太原化工厂、太原氮肥厂、太原磺胺厂、二四五厂。

9月27日　视察太原钢铁厂、山西机床厂、二二一厂。

在视察太原钢铁厂时，指出：工业生产不能光强调数量，还要注意产品的品种和质量。质量不好，产品卖不出去，积压在仓库里，岂不是浪费？你们是优质钢厂，一定要保持这个特色，出优质钢，保证质量。

9月28日 对山西省军区和当地驻军干部讲话：军队参加工农业生产，这很好。我们的军队是全心全意为人民服务的军队，战争年代几十年，实行的是军事共产主义，没有钱，只管吃饭穿衣。虽然如此，我们军队的同志却都能不要钱，不要命，前仆后继地打胜仗。今后再打胜仗靠什么？当然，军事科学技术是很重要的条件，但是，最根本的还是要靠全国六亿人民。我们只要紧紧地依靠全国人民，就永远是胜利者。将来我们也会有原子弹、导弹等新式武器。但是，光有这些东西不行，新式武器必须要和政治结合起来。所以，我们的军队要到群众中去，多接近群众。

△ 离太原市回到北京。

9月29日 参观全国工业交通展览会。

9月30日 上午，与邓小平、董必武、彭真、陈毅、贺龙、张闻天等，出席中国和社会主义国家友好协会成立大会。

△ 下午，接受柬埔寨王国首任驻中国大使兰·涅特递交国书。

10月1日 上午，毛泽东、刘少奇、周恩来、朱德、陈云、邓小平等党和国家领导人，出席首都各界六十万人在天安门广场举行的庆祝中华人民共和国成立九周年大会，检阅解放军受阅部队和群众游行队伍。晚，在天安门城楼上观看节日焰火，并接见来我国参加庆典活动的各国代表团负责人和著名人士。

10月2日 下午，参加科学技术新成就展览会。

△ 晚，与刘少奇、周恩来、邓小平等，陪同毛泽东接见

应邀访问中国的保加利亚等国家的代表团。

10月3日 参观全国工业交通展览会。

10月5日 出席中共中央政治局会议。会议听取周恩来关于台湾海峡局势问题的报告。

△ 晚十一时,出席中共中央政治局常委扩大会议。会议讨论毛泽东起草的拟在第二天以中华人民共和国国防部部长彭德怀名义发表的《告台湾同胞书》。

10月6日 给中共中央和毛泽东写报告,反映视察新疆维吾尔自治区的情况:(一)新疆地区的民族问题基本上已经得到解决。王恩茂同志把新疆地区解决民族问题的主要经验,归纳为七条:(1)解放军进驻新疆屯垦,使新疆地区各族人民获得解放的保证。(2)必须进行民主改革和社会主义改造。(3)实行民族区域自治。(4)在斗争中培养本地民族干部。(5)要反对大汉族主义和地方民族主义。(6)要领导和帮助各民族发展经济和文化。(7)只有在共产党的领导下,民族问题才能得到解决。我认为这个总结是正确的。今后仍然必须十分注意防止和反对大汉族主义和地方民族主义倾向,积极地加强民族团结。为了加强民族团结和帮助少数民族发展经济、文化和提高觉悟,在少数民族地区的汉族干部必须学习少数民族的语文;同时,各少数民族也必须学习汉语、汉文,必须从小学起教授。(二)新疆地区的农牧业生产,我认为大量开荒和提高单位产量应当同时并举。应主要种植棉花、园艺、蚕桑。(三)生产建设兵团所办的农场,今后除继续吸收内地来的移民外,还可以吸收附近的居民参加。总之,新疆建设兵团的经验是成功的。看来,在青海、四川西部、西藏地区,都有必要推广这个经验。(四)新疆维吾尔自治区党委计划把新疆建设成为祖国的钢铁、有色和稀有金属、机械、煤炭、纺织、制糖的工业基地。他们要求中央给予支持，允许将这些项目列入国家计划。由于新疆地区的建设对全国的经济、国防和出口，都有很大意义，我看可以考虑给新疆地区尽可能的照顾。

△ 给中共中央和毛泽东写报告，反映视察甘肃省的情况：（一）刘家峡水电站工程，由于施工进度提前，有关方面要注意从投资设备材料、技术力量等方面，给以支持和保证。（二）兰州炼油厂原油的运输力量不足，卸车不及时，已成为关系到炼油厂能否正常生产的紧迫问题。铁道部和有关部门应立即协商解决，以保证炼油厂的正常生产。

△ 给中共中央和毛泽东写报告，反应视察山西省太原市的情况：太原市的几个军事工厂，已经注意到与生产民用产品相结合的问题，并且已经做出了不少的成绩。这几个军事工厂的技术很高，尤其是青年工人的干劲很大，应充分发挥他们的潜力。当前主要是缺乏冶炼、锻压和铸造设备，如果在这方面能及时加以解决，把这种工厂发展成为万能工厂是十分有力的，也是完全可能的。

△ 与毛泽东、刘少奇、彭德怀等，接见解放军国庆观礼代表团，志愿军国庆观礼代表团，新疆、青海、宁夏、四川、云南、广西、湖南等省和自治区的各民族参观团，少数民族青年参观团，参加全国民族出版工作会议的代表等。

△ 下午，出席中共中央政治局会议，听取周恩来作目前台湾海峡地区形势和我们的方针的报告，邓小平外出视察情况的汇报等报告。

10月7日 参观北京钢铁学院教育展览馆。

10月8日 参观北京航空学院小型飞行器展览馆。

10月9日 参观全国工业交通展览会。

10月10日 下午，出席中共中央政治局会议。会议讨论公、检、法三个会议文件。

10月11日 晚,到毛泽东处开会。会议讨论复赫鲁晓夫信和关于炮击金门再停两周给福建前线人民解放军的命令稿。

10月12日 上午,视察十三陵水库。

△ 下午,参观中国科学院自然科学成绩展览会。

△ 晚,到毛泽东处开会。会议讨论由毛泽东起草的、准备以国防部部长彭德怀名义发布的关于两岸局势的文告问题。次日,《人民日报》发表了国防部部长彭德怀给福建前线人民解放军的命令:对金门炮击从本日起,再停两星期,使金门军民同胞得到充分补给,以利他们固守。并说:台、澎、金、马整个地收复回来,完成祖国统一,这是我们六亿五千万人民的神圣任务。这是中国内政,外人无权过问。

10月13日 接见内蒙古自治区少数民族青年参观团。

10月14日 参观北京大学勤工俭学展览馆和该校师生创办的硫酸厂、稀有金属试制厂。

△ 接见出席中央国家机关青年社会主义建设积极分子大会代表,并讲话:青年们的特点,就是比一般成年人、老年人少受一些陈腐事物、陈腐观念的束缚,比较容易地接受新事物、新思想,敢想、敢说、敢做,热气高,干劲足。因此,青年们应当而且能够在社会主义建设的伟大事业中,起突击的作用。正如古语所说的:"譬如积薪,后来居上。"同时,青年必须向革命前辈学习,向工农群众学习,向其他成年人,老年人学习,学习他们一切有用的东西,把人类发展中的一切优良的成果都继承下来。拒绝学习,自骄自傲,是必然不能进步的。同时,你们应当"青出于蓝而胜于蓝",胜过前人,反过来推动成年人、老年人前进。

10月15日 视察北京石景山钢铁厂。

10月16日 视察北京第一机床厂、北京第二机床厂、北京汽车制造厂。

10月17日 视察北京丰台桥梁厂、北京机车制造厂。

10月19日 视察中国科学院原子能反应堆。

△ 晚七时，到颐年堂开会。

10月20日 视察北京上下水道工程管理局附属制管厂。参观军事医学科学院展览馆。

10月21日 参观河北省商业展览会，对陪同人员说：要大进大出，凡是应收集起来的东西，都要收集起来。凡是外国需要的东西，我们应当尽量供给，这样才能换回我们所需要的东西，才能调动世界的力量为我国的社会主义建设服务。

10月22日 参观北京市农业跃进展览会。

10月23日 视察北京清河制呢厂，对陪同人员说：我国的猪毛产量很大，应注意解决猪毛的纺织问题。我国的产品质量要好，价钱要便宜，这样才能竞争过资本主义国家。我国的人多，原料也多，应该而且也可能赶上和超过资本主义国家。

10月24日 视察六一八厂。

10月26日 视察北京光华木材厂，对陪同人员说：在建筑方面，应用水泥代替木材，既节约又耐用，水泥比木材好解决多了。

10月27日 视察北京化工厂、北京玻璃厂。在视察北京化工厂时指出：化学工业在世界上越来越重要，是有很大发展前途的。你们工厂将来也会有很大的发展，你们工厂是重工业化学厂，更为重要。我国的化工原料很丰富，又有人力，所以，我国的化学工业要赶上世界先进水平，是很有希望的。

△ 出席首都各界人民欢迎中国人民志愿军凯旋归国大会。

10月28日 视察北京景泰蓝工厂、北京玉器雕刻生产合作社。

　　△　晚，出席全国人大常委会和政协全国委员会等六个单位联合举行的欢迎中国人民志愿军代表团的宴会，并讲话：中朝两国人民反对美国侵略的胜利，也是全世界人民的胜利。中国人民一定能够击退美帝国主义的任何挑衅。你们已经建立了很大的功勋，希望你们今后继续努力。

10月29日　与毛泽东、周恩来等接见以中国人民志愿军司令员杨勇上将、政治委员王平上将为首的志愿军代表团和志愿军文艺工作团全体人员。

　　△　下午，出席中共中央政治局常委会议。

10月30日　视察北京有线电厂，指出：你们要多生产，多出口，在技术上再提高一步。只有贯彻多、快、好、省的方针，才能迅速地发展。全国只有你们这一个厂还不够，还要多建几个。

10月31日　视察五四七厂，指出：要多生产机床，产品要多样化。军工厂的潜力很大，要充分发挥潜力。当前的中心问题是把原子弹制造出来，现在看很可能制造出来。今后要发展尖端科学，不是为了打仗，而是为了进行社会主义建设。

11月1日　和第一机械工业部部长赵尔陆谈话：你们要全面安排生产，大量生产机床。有些厂就保持为中型厂，不再扩大，可以用"下蛋"的办法办分厂。今后要多办一些中、小型的工厂，多布点，每个点的生产要多样化。另外，明年通新疆的铁路一定要接轨，再困难也要修通，因为这是一条国际铁路，同时，新疆的石油也需要运出来。

11月2日　接见出席中共中央直属机关第二次青年积极分子代表会议的代表，并与代表们谈话：青年要树立共产主义劳动态度，要强调"各尽所能"、多劳动、多做工作、不计报酬、不讲条件，多为国家做出贡献。青年要好好学习本事，要学会造机器和掌握机器，让机器帮助青年出力，这样才能又多、又快、又好、又省地发展我国的社会生产力。青年要好好学习哲学，学习辩证法、唯物论，懂得事物发展的规律，就可以把事情办得更多更好。

11月3日、4日 出席中共中央政治局会议。会议听取中央书记处和国务院各部委负责人汇报工作。

11月5日 参观对外贸易部准备赴柬埔寨王国举办的中国社会主义建设展览会的预展。

11月6日 出席首都各界人民庆祝俄国十月革命四十一周年集会。

11月7日 出席苏联驻华大使尤金为庆祝俄国十月革命四十一周年举行的招待会，并讲话：伟大的十月革命有力地冲击了帝国主义殖民制度，使殖民制度日益走向崩溃。目前，亚洲、非洲和拉丁美洲的民族独立运动正在风起云涌，怒涛澎湃。中国人民维护自己主权和领土完整的斗争是正义的。美国统治者为了实现霸占中国领土台湾的野心，正处心积虑地制造"两个中国"。但是，中国人民包括台湾地区的爱国军民同胞决不会允许美国的这种阴谋得逞。台湾、澎湖、金门、马祖必须回到祖国的怀抱，美帝国主义必须从台湾地区滚出去。

11月8日 和林业部副部长罗玉川谈话：森林是生产资料，为全民所有，不能统得过死。多数群众是会爱护林木的，不会破坏。要提倡种植桑树、杨树和马尾松，多宣传木质纤维的经济价值。要解决我国的木材问题，不能只靠哪一个部，要加强党的领导，发动群众来解决。

11月10日 在全国林业厅局长会议上讲话：在木材利用方面，应尽量节约，提倡综合利用。目前木材利用方面浪费现象相当严重。其次，还要注意推广用代用品来节约木材。林业生产的根本问题是积极造林，继续贯彻造林和四旁绿化相结合的方针。造林首先要强调成活率，其次应根据各地气候和其他各种条件，既栽松、杉，也栽杨、柳，还要栽桃、李、桑、茶等，使多年成材树与短期收益树种、用材林与经济林结合发展。

11月11日 出席中共中央政治局会议。会议听取薄一波汇报全国工业书记会议[1]情况和邓小平传达郑州会议[2]情况。

△ 晚，离京抵达天津市。

11月12日 听取中共天津市委第一书记万晓塘和天津炼钢厂负责人汇报钢铁生产情况。

△ 视察天津炼钢厂。参观天津市对外贸易陈列馆。

11月13日 视察天津无线电厂、天津锻压机床厂、天津拖拉机制造厂、天津水轮机厂。

11月14日 视察天津新港、天津新港船舶修造厂、天津大沽化工厂。在视察天津大沽化工厂时，指出：建立人民公社不能强迫命令，应以有利于生产为条件。能办得到的立即办，一时办不到的可以慢慢来，要根据本地的具体条件来办。

11月15日 离天津市回到北京。

11月15日—20日 出席中共中央政治局会议。十五日，会议讨论召开全国妇女建设社会主义积极分子代表大会问题时，发言说：我们当然要想办法改善人民的生活，但这只能是

---

[1] 全国工业书记会议1958年10月4日在北京举行，会议对1958年冬和1959年春的工业生产和交通运输作出部署。

[2] 郑州会议，1958年11月2日至10日，毛泽东在郑州召开有部分中央领导人、大区负责人和部分省市委书记参加的工作会议。毛泽东在会上指出：必须划清集体所有制和全民所有制、社会主义和共产主义两种界限；在社会主义时期，必须发展商品生产和商品交换。

逐步的，而且先要把生产搞上去，才能谈到改善生活。有些年轻娃娃们不把主要精力用在学习和工作上，却一味追求吃得好，穿得好，这是很危险的。建设社会主义，还是要勤俭持家。这是长久之计，不仅是生活问题，而且是政治任务。

11月21日 上午，与周恩来等接见出席中国人民解放军四级干部会议、炮兵党委扩大会议、北京空军部队党委扩大会议的全体代表，并同一部分代表谈话。

△ 下午，在第二次全国青年社会主义建设积极分子大会上讲话：在今年的大跃进中，许多青年表现了敢想、敢说、敢做的共产主义风格和不计报酬、不讲条件、夜以继日的共产主义劳动态度。这种共产主义精神是可贵的，必须看到，我们今天已经达到的成就，同建成社会主义所要求的标准和将来共产主义的最高理想比，还相差很远。摆在我们面前的是许许多多的新问题，许许多多的艰难的工作。为着不致迷失方向，不致成为不切实际的空想家，避免犯大错误，大家必须努力掌握马克思列宁主义和毛泽东思想，更快地学习文化科学技术知识，更好地向工农群众和革命前辈学习，在复杂的社会斗争中和向自然斗争中不断地总结经验，力求把革命的热情同实事求是的精神结合起来。

11月22日 下午，会见金日成和由他率领的朝鲜政府代表团，在谈话说：我们两国离得很近，来往很方便。中朝两国相互帮助是应该的，这是伟大的友谊，牢不可破的友谊。现在，美帝国主义到处闹乱子，引起了全世界人民的不满。美帝国主义这只纸老虎被戳穿了，全世界人民都赞扬。

11月25日 离京乘火车抵达湖北省武汉市。

11月26日 下午，参加毛泽东和金日成在武汉市举行的会谈。参加会谈的还有刘少奇、周恩来、邓小平、彭真。

11月27日 视察武汉钢铁厂,并指出:像武汉钢铁厂这样大的厂,有许多问题应当自己解决。各种各样的轧钢机都要生产一些,还要想办法把炼焦中的各种副产品收回来,真正做到综合利用。另外,还要发展尖端技术,这是你们大厂的重要任务。

11月28日—12月10日 出席在武昌举行的中共八届六中全会。会议讨论和通过了《关于人民公社若干问题的决议》,开始纠正在人民公社化运动中出现的"左"的倾向。决议指出:不应当无根据地宣布农村人民公社"立即实行全民所有制",甚至"立即进入共产主义",那样做"将大大降低共产主义在人民心目中的标准,使共产主义伟大的理想受到歪曲和庸俗化,助长小资产阶级的平均主义倾向"。在今后一个历史时期内,人民公社仍应保留按劳分配制度,人民公社的商品生产和商品交换,必须有一个很大的发展。全会还决定同意毛泽东提出的关于他不做下届中华人民共和国主席的建议。

11月30日 视察武汉造船厂。

12月12日 视察武汉肉类联合加工厂、武汉锅炉厂。在视察武汉肉类联合加工厂时,指出:你们要注意综合利用,多种经营,降低生产成本。赚了钱要扩大"家务",发展生产能力。还要注意发展这方面的尖端技术。为了便于出口和运输,要设计生产各种罐头,我国的食品在世界上是有名的,在这方面,我们要对世界人民做出更大的贡献。

12月14日 视察汉口无线电器材厂、武汉机床厂,在视察汉口无线电器材厂时,指出:协作问题很重要,要注意发展同各有关工厂的协作关系。还要努力掌握无线电方面的尖端科学技术,特别是在军用产品方面更应如此。

△ 和中共湖北省委书记处书记、副省长赵辛初等谈对外

贸易问题：水产品的出口很重要，要年年有发展。已经同外国订了的计划，一定要力争完成，否则就会影响到我国的信用。和平共处时代，就是商战时代，这是国际任务。你们要注意解决好内贸和外贸之间的矛盾，我们宁肯自己少消费一点，也要扩大出口，你们一定要做好这项工作。要多收购出口物资，不要怕积压，只有这样，才能保证出口。商业部要扶持人民公社的多种多样的生产，也只有这样，才能满足国内外贸易的需要。

12月15日 由武汉市飞抵河南省郑州市。

12月16日 视察黄河水利工程郑州段、郑州纺织机械厂。

12月17日 视察郑州砂轮厂。

△ 在听取中共河南省委书记处书记、河南省省长吴芝圃汇报工作时指出：我们是不是能够很快就实现共产主义呢？条件尚不具备时，太急了，也是不行的。中国没有经过资本主义发展阶段，还需要补课。现在我们还没有一样产品按人口平均能够超过人家，在生产方面还很落后，要教育大家不要自满。人们总想走得愈快愈好，但不能违背客观规律，光想快不行。大炼钢铁有缺点，要不断地在实践中吸取教训，才能找到正确的发展出路。当前部分干部对群众的生活问题注意得不够，使有些人生了病。领导干部中有官僚主义，应该检讨。在抓好生产的同时，一定要抓好群众的生活问题，这样才能把生产搞得更好。对贸易任务一定要积极设法完成，已经答应人家的东西不给不好。能保证出口就可以多赚些钱，这对发展我国的生产和改善我国人民的生活都有好处。你们如果有冷藏设备，为保证肉类出口，还可以多搞些冷藏加工。这对农民有很大好处，应该当做大事来抓。人们在生活方面，总是喜欢多样化，在生活上将来还是要有家庭的，一家人还是一家人。

12月18日 离郑州市回到北京。

12月20日　在听取商业部副部长曾传六汇报工作时指出：当前商品供应很紧张，这个问题必须解决。商业工作很重要，是管理全国六亿人口的吃饭、穿衣问题。过去注意得不够，今后一定要做好这个工作。实际上，商业工作还不只是关系到我国六亿人口的生活问题，并且还关系到出口和国际上的经济交流问题。所以，商业工作的地位一定要提高，必须有商业来周转，经济才能发展。

△　晚，到刘少奇处开会，商讨召开第二届全国人民代表大会问题。参加会议的还有周恩来、邓小平、彭真等。

12月23日　参观即将在北京开幕的全国农业展览会中的妇女馆，并接见正在北京的各省、市自治区妇联主席。

12月24日　接受巴基斯坦新任驻中国大使阿·姆·马拉克递交的国书。

△　为商业部编印的《商业红旗》题词："在党的领导下，政治挂帅，走群众路线，进一步做好商业工作，为把我国建设成为一个具有高度的现代工业、现代农业、现代科学文化的伟大的社会主义国家而奋斗！"

12月26日　与刘少奇、周恩来、邓小平等，出席全国农业社会主义建设先进单位代表会议的开幕式，并接见会议主席团全体成员。

△　出席刘少奇主持的中共中央政治局会议，讨论一九五九年第一季度生产和交通运输的安排问题。

12月28日　视察北京石景山钢铁厂。

12月29日　致函中共中央总书记邓小平并转中央书记处，提议刘少奇作为国家主席候选人更为适当。信中说："你给我组织部、统战部对二届人大常委提名候选人名单一份，我同意。我提议以刘少奇同志作为国家主席候选人更为适当。他的威望、能力、忠诚于人民革命事业，为党内党外、国内国外的革命人民所敬仰，一致赞同的。因此，名单中，委员长一席可再考虑，以便整体的安排。至于我的工作，历来听党安排，派什么做什么，祈无顾虑。"

12月30日 参观全国青年社会主义建设展览会，并题词："青年同志们！敢想、敢说、敢干，创造出伟大奇迹，为建设社会主义的祖国而努力奋斗。"

△ 晚十时，去毛泽东处看望。

12月31日 参观教育与生产劳动相结合展览会，并指出：尖端科学要靠高等学校来研究，并且要加以发展和巩固。

1959 年　七十三岁

1月3日　上午，参加全国农业展览会开幕式，并为开幕式剪彩。

1月4日　晚，与国务院副总理贺龙、全国人大常委会副委员长陈叔通等，出席缅甸驻中国临时代办为庆祝缅甸联邦独立十一周年举行的招待会。

1月5日　晚八时半，到颐年堂出席中共中央政治局常委扩大会议，会议开到夜十二时。

1月8日　晚，到刘少奇处谈话。

1月17日　下午，接见出席全国机要交通工作积极分子会议的代表。

1月18日　上午，离京去湖南、广东等省视察工作。十二时，飞抵湖南省长沙市。

1月19日　下午，听取中共湖南省委负责人汇报。离长沙市飞抵广东省广州市。

1月20日　上午，视察燕塘农场，在听取汇报时指出：你们农场要自己解决自己的吃粮、吃菜问题。农场要发展农、林、牧、副、渔多种经营。

　△　下午，视察黄埔港。在听取汇报时指出：要把内河运输搞通，内河运输可以使用拖船，先把钢铁运出去。我们这么大的国家，没有几百条船是不行的。要多培养海员，可以多吸收一些退伍军人参加。

1月21日 上午，参观在广州的中国出口商品交易会的展览馆。

△ 致函刘少奇并转中共中央和毛泽东，反映湖南、广东两省的情况：根据湖南省委的同志所谈，现在各方面的工作是安排下去了。就一行一业个别来看，生产能力也还不小，但是，从工农业之间和工业内部各行业之间的联系上来看，互相碰头的地方还很多。看来关于按比例发展的规律在具体问题上还摸得不透。湖南、广东两省，目前在副食品供应方面，蔬菜是不困难的，广东省还可以源源供应北方一部分蔬菜，但在其他方面（如肉类）也很紧张。据了解，黄埔港今年计划吞吐量共四百万吨，有把握完成。目前的问题是，由于铁路运输紧张，水运配合不上，所以大量货物积压在码头上，现在还有七万吨货物待运。在当前运输力量十分紧张的情况下，为了保证完成主要生产任务，某些非十分必要的调运，是可以考虑缓办或暂时不办的。

1月22日 视察广州市新滘人民公社、罗岗人民公社。参观罗岗祠。

1月23日 视察广州石门铁路学院、石门人民公社的石门生产队、石门北区采煤队。

1月24日 视察广州越秀山苗圃。

△ 下午，和中共广东省委第一书记陶铸谈话。

△ 晚，出席广州市市长朱光为接待美国作家安娜·路易斯·斯特朗举行的宴会。

1月26日 离广州市抵达广东省从化县。

1月28日 视察流溪河水电站。

1月29日 看望安娜·路易斯·斯特朗。

1月30日 上午，视察从化县良口人民公社，在听取汇报时指出：生产的东西不能自己吃得太多，要调出支援城市和出口。要节约，勤俭才能持家。要把商品生产看得比自给自足生产更重要。共产主义不是很容易就能实现的，不能太急。

△ 下午，听取从化有色金属矿负责人汇报生产情况。

1月31日 与中共从化县委负责人谈话：你们要注意两件事：年年增加生产，年年改善人民生活。办法主要是依靠群众同心协力地去干。对人民内部矛盾，要靠说服教育，不能压服。要树立先顾集体、后顾个人的共产主义思想道德。

2月2日 视察从化县江浦人民公社。

2月3日 视察从化县果牧农场、钽铌矿。

2月5日 视察从化县良口人民公社良明管理区，在听取汇报时指出：要进行共产主义道德教育，同心协力搞好生产，对老年人和小孩，都要养好、教育好。森林是重要家务，木材可以做人造纤维，要多种树，靠山吃山。

2月6日 上午，离从化县回到广州市。

2月7日 晚，出席中共广东省委举行的春节宴会和晚会。

2月11日 与正在广州的林伯渠、董必武、聂荣臻等，听取陶铸等汇报工作。

2月12日 视察广州造船厂、广州锌片厂。在听取汇报时，指出：广州同外商的来往已有很长历史，生产技术水平高。要充分利用这方面的有利条件，自己多生产一些机械。

2月13日 视察广州苎麻纺织厂、广东罐头厂。

2月14日 视察广州水泥厂、广东饮料厂。

2月15日 上午，听取正在广州的农垦部部长王震汇报广东省的农垦情况时，指出：海南岛地处热带，雨多、风大，应该研究和培育出适合海南岛气候特点的农作物。国营农场要比人民公社办得更好，不能赔钱，要多生产商品。要同地方搞好关系，取得地方的帮助。海南岛一定要想办法解决好水灌和防风问题。

△ 下午，视察广州百花香料厂。

2月17日 上午，离广州市抵达江门市。听取中共江门地委负责人汇报工作，听到全专区共有食堂二万三千个，五百万人参加时，问：这么多人参加食堂是不是出于自愿？指出："农村办公共食堂，都吃一样的饭菜，像军队一样，这有点生硬。军队都是年轻人，又是作战部队，可以这样办。社员的生活如果这样长期搞下去，就成问题了。这是一个关系到几亿人口吃饭的大问题。"这次谈话以《对农村办公共食堂问题的意见》为题（文中的一节）编入《朱德选集》。

△ 下午，游览高要县七星岩，赋诗《游七星岩》：

> 七星降人间，仙姿实可攀。
> 久居高要地，仍是发冲冠。
> 开心才见胆，破腹任人钻。
> 腹中天地阔，常有渡人船。

2月18日 听取江门市有关负责人关于工业、财贸情况的汇报。

2月19日 晨，接见驻军和地方领导干部。

△ 上午，离江门市抵达新兴县。在听取中共新兴县委负责人汇报时，指出：你们这里沙土地很多，应该种花生。对群众要加强共产主义思想教育，本位主义和瞒产私分等问题，都要加强教育来解决。现在群众的生产干劲要鼓起来，很好地完成今年的生产任务。要记住四个字：增产节约。要年年增产，年年节约。

△　下午，离新兴县抵达台山县。在听取中共台山县委负责人汇报时指出：你们要抓生产，把今年的生产搞好。不要把全部精力都放在抓粮食生产上，要抓好多种生产。

2月20日　视察台山县广海南湾渔港，并听取中共台山县委汇报渔业生产情况。

　　△　听取台山县负责人汇报侨务工作，指出：在国外的华侨有二千多万人，你们台山县也有一百万人在国外。他们在国外已有好几代人，都是热爱祖国的，很多人都想回来。我国越富强，华侨在国外的地位就越高。你们要加强对华侨的宣传，努力做好侨务工作。

　　△　离台山县抵达开平县，在听取开平县负责人汇报时指出：要使群众有信心，能做到的事情才让群众去做，做不到的事情强迫群众去做，就会使群众失掉信心。

　　△　离开平县抵达新会县，听取新会县负责人汇报。

2月21日　视察新会县习前人民公社，新会机械厂。参观新会县农业展览会。

　　△　离新会县回到江门市。听取中共江门地委负责人汇报。视察江门制糖厂。

2月22日　离江门市回到广州市。

2月24日　和陶铸谈话：我国有煤，地下储藏量不少。要注意节省木材。对煤炭要综合利用，可以作工业原料。我国的工业很有发展前途，工业发展了可以多生产机器支援农业，农业就可以腾出劳动力来支援工业。要发展畜牧业，发展集体畜牧业是主要的，但同时也要发展家庭畜牧业。要根据不同条件，因地制宜地使用各种饲料，不一定都吃精料。要勤俭持家，今后家庭还要存在，衣、食、住、用，还要归个人所有。

2月25日　上午，在中共广东省第一届代表大会第三次会议上讲话：（一）大型企业是全民所有制的，是社会主义经济的骨干，离不开人民公社的支援。人民公社要以农、副业产品和工业原料支援大型企业。大型企业要以丰富的机器设备和其他工业品支援人民公社，加速农业机械化的实现，以便解放出更多的劳动力，转移到工业生产方面去。这样，我国的社会主义建设事业就会发展得更快。（二）发展生产是巩固和提高人民公社的关键。人民公社不发展生产，就不可能巩固，更谈不上提高。生产的指标要打足，但是指标不能脱离实际，确实做不到的，就不要勉强去做。共产党人办事情，就是要想尽一切办法，争取做到一切可能做到的事情。（三）干部必须走群众路线，倾听群众的意见和要求，依靠群众，大家商量，共同出主意，想办法，切实解决生产和生活上的各种问题。所有的干部都要深入实际，深入群众，深入田间，坚决执行中央关于各级干部参加体力劳动的决定。依靠党的领导，走群众路线，干部以身作则，这是我们胜利完成一切工作任务的法宝，是我们党的优良传统。全党同志都必须很好地运用到实际工作中去。

△　下午，视察广东通用机械厂、广州造纸厂。在视察时指出：目前，我国急需发展化学工业，你们应多制造综合利用机械和化工机械。

△　给毛泽东和中共中央写报告，反映视察广东省的情况：在整社方面，广东已经取得很大成效，劳动力合理调配、包工包产、责任制等，正在进一步贯彻执行。食堂、托儿所、幼儿园、敬老院，也有很大改进。由于各方面跃进，农村劳动力显得不够，他们正从改善劳动组织，提高工作效率和改革生产工具中来解决。估计在今年第一二季度内，有关生产管理、劳动组织和福利事业等，将逐步走向轨道。

2月26日　看望正在广州的国务院副总理邓子恢。

2月27日 离广州市飞抵湖南省长沙市。

△ 和中共湖南省委书记处书记周惠谈话。在谈到工业生产问题时，指出：全国是一盘棋，但地方上也要有一定的机动性。生产的东西，中央计划给各省（市）多少，要定下来，不足的由各省（市）自己解决。中央向各省（市）要的东西，也要如数调给。在谈到公共食堂问题时，指出：过去宣传吃好、穿好，不实际。生活好不一定是吃多少鱼肉，否则，会吃垮了的。今后公共食堂可以准备好饭菜，谁吃谁花钱买。

2月28日 上午，离长沙市抵达韶山。在听取中共湘潭地委负责人汇报工作时，指出：要靠山吃山，山上要普遍种上山林竹木。当前要多搞化工原料，多发展牧业和副业生产。工厂与公社、工厂与工人、公社与公社之间，都要订立合同，调剂劳动力，既不大招工，又可以不窝工。

△ 参观毛泽东故居。视察韶山人民公社。

△ 下午，离韶山抵达株洲市。听取中共株洲市委负责人汇报工农业生产情况。

3月1日 视察株洲飞机发动机制造厂、株洲硬质合金厂、湖南第一苎麻纺织厂。在视察株洲飞机发动机制造厂时，接见苏联专家。

△ 离株洲市回到长沙市。

3月2日 离长沙市回到北京。

△ 和中共中央对外联络部副部长伍修权谈话。

3月3日 听取对外贸易部副部长李哲人汇报对外贸易工作，指出：今年的对外贸易工作要抓好运输，水路和陆路运输都要抓好。要把出口物资都集中到港口，不要怕积压。

3月5日 和中共中央书记处书记、对外联络部部长王稼祥谈话。

△　晚，和周恩来谈出席波兰统一工人党第三次全国代表大会问题。在座的有王稼祥、杨尚昆、伍修权。

3月6日　上午，率中国共产党代表团（团长朱德，团员王稼祥、伍修权、王炳南）离京前往波兰。途经苏联伊尔库斯克、鄂穆斯克降落休息，夜里到达莫斯科。

3月7日　在莫斯科参观苏联国家航天航空博物馆。

3月8日　离莫斯科飞抵波兰首都华沙。

3月10日　率中国共产党代表团出席波兰统一工人党第三次全国代表大会开幕式。

3月11日　在波兰统一工人党第三次全国代表大会上致词，并宣读中共中央的贺电。

3月15日　与王稼祥、伍修权在中国驻波兰大使王炳南的陪同下，到中国驻波兰大使馆同中国留学生和大使馆工作人员见面，并讲话。

3月16日　参观华沙优质铜冶炼厂。

3月19日　离开华沙。率中国共产党和中国政府代表团（团长朱德，团员习仲勋、郝德青）飞抵匈牙利首都布达佩斯。

3月20日　上午，向布达佩斯烈士纪念碑献花圈。访问工人家庭和建筑工人集体宿舍。参观旧皇宫渔夫堡和英雄广场。

△　下午，率代表团出席匈牙利苏维埃共和国成立四十周年庆典，在会上讲话，并宣读中共中央主席毛泽东、全国人大常委会委员长刘少奇、国务院总理周恩来致匈牙利社会主义工人党第一书记卡达尔、匈牙利人民共和国主席团主席道比和工农革命政府总理明尼赫的贺电。

3月21日　上午，与习仲勋在中国驻匈牙利大使馆同中国留学生和大使馆工作人员见面，并讲话。

3月22日　参加布达佩斯市第九区举行的庆祝匈牙利苏

维埃共和国成立四十周年的群众大会，并讲话。

3月23日 上午，参观纪念匈牙利苏维埃共和国成立四十周年展览会。下午，参观布达佩斯的贝洛扬尼斯电讯器材厂，并在该厂全体职工举行的欢迎大会上讲话。

3月24日 前往匈牙利费耶尔州，参观拜什诺村的萨拉伊农业生产合作社。

3月25日 与王稼祥、伍修权、王炳南联名给中共中央写报告，汇报出席波兰统一工人党第三次全国代表大会的情况。

△ 与习仲勋离开布达佩斯回国。行前，在机场检阅仪仗队并向欢送的群众发表讲话。

3月28日 途经苏联的基辅、莫斯科回到北京。

3月29日 离京抵达上海市。

4月2日—5日 出席中共中央在上海召开的八届七中全会。全会检查了农村人民公社的整顿工作，讨论通过了《关于人民公社的十八个问题》，《一九五九年国民经济计划草案》和准备向第二届全国人大第一次会议提出的《关于国家机构和人事配备的方案》。毛泽东在会上作了关于工作方法问题的讲话。

4月4日 给毛泽东和中共中央写报告，汇报赴波兰、匈牙利以及途经苏联的情况。报告中在谈到对外贸易问题时，说：这些国家很重视对中国出口设备的生产，对我国的交货情况比较好。但是，我们出口交货情况很不好，因此，我们方面出现了相当大的逆差。波、匈两国都表示希望同中国的贸易进一步扩大，特别是波兰提得更多。由此可见，我们同这两个兄弟国家的贸易是对双方都有利的，是有发展前途的。波、匈两国以及苏联和其他兄弟国家的人民生活日益改善，需要我们源源供应各种生活资料；我国建设事业的发展，也需要从兄弟国家进口更多的机器，这是一个必然趋势。今后无论就我国建设的需要来说，或者就兄弟国家的需要来说，对外贸易都还是需要发展的，而且可能有相当快地发展。另一方面，现在又必须立即注意这个问题，从组织货源和运输等方面来保证如数和按时出口，否则是不利的。

4月6日 离上海市抵达浙江省杭州市。

4月7日—8日 出席在杭州召开的中共中央政治局常委会议。会议讨论准备提交第二届全国人大第一次会议的《政府工作报告》（稿）等问题。

4月10日 离杭州市飞抵山东省济南市。

△ 听取中共山东省委书记处书记白如冰、滕景禄，济南军区司令员杨得志汇报。

4月11日 视察济南第一机床厂、济南第二机床厂、济南柴油厂。参观山东省博物馆。

4月12日 离济南市抵达淄博市。听取中共淄博市委负责人汇报工作。

△ 视察五〇一厂、安定热电厂、淄博砂轮厂。

△ 离淄博市回到济南市。

4月13日 在济南军区和驻济南部队师级以上干部会议上讲话：实事求是是我们的一个重要口号。所谓实事求是，就是对每一件事情都要认真地去做，认真地去分析。中国革命的胜利，在军事方面来说，就是毛主席对敌我两方面进行全面正确分析后，提出了在战略上藐视敌人，在战术上重视敌人的重要思想。这是马克思列宁主义的重要思想。你们要好好学习马克思列宁主义，并且要结合中国革命的实际情况去学习。只有不断地学习，才能不断地进步。

4月14日 离济南市回到北京。

4月15日 出席毛泽东主持的第十六次扩大的最高国务

会议。会议主要讨论第二届全国人大一次会议和全国人民政协三届一次会议议程等问题。毛泽东在会上作了发言。

4月16日 接见越南民主共和国新任驻中国大使陈子平。

4月17日 出席第二届全国人大第一次会议预备会议。会议通过第二届全国人大第一次会议的议程，选举大会主席团和秘书长，并通过了第二届全国人大预算委员会、代表资格审查委员会主任委员、委员名单等事项。

4月18日 上午，主持中共中央政治局第七十二次会议。会议讨论准备在第二届全国人大第一次会议上作的《政府工作报告》、《一九五八年国家决算和一九五九年国家预算》。

4月18日—28日 出席在北京举行的第二届全国人民代表大会第一次会议。十八日，听取周恩来代表国务院作政府工作报告。二十一日，听取李富春代表国务院作一九五九年国民经济计划草案的报告、李先念代表国务院作一九五八年国家决算和一九五九年国家预算草案的报告。二十三日，朱德主持第二届全国人大第一次会议主席团第二次（扩大）会议，讨论国家机构领导人候选人提名方案。二十七日，大会选举刘少奇为中华人民共和国主席，宋庆龄、董必武为中华人民共和国副主席，朱德为全国人大常务委员会委员长，林伯渠、李济深、罗荣桓、沈钧儒、郭沫若、黄炎培、彭真、李维汉、陈叔通、达赖喇嘛、赛福鼎、程潜、班禅额尔德尼·确吉坚赞、何香凝、刘伯承、林枫等十六人为副委员长。根据中华人民共和国主席刘少奇提名，决定周恩来为国务院总理；根据周恩来提名，决定陈云、林彪、彭德怀、邓小平、邓子恢、贺龙、陈毅、乌兰夫、李富春、李先念、聂荣臻、薄一波、谭震林、陆定一、罗瑞卿、习仲勋等十六人为副总理。二十八日，会议通过了关于政府工作报告的决议、关于一九五九年国民经济计划的决议、关于一九五八年国家决算和一九五九年国家预算的决议，作出了关于西藏问题的决议。

4月20日 和彭德怀谈话。

4月21日 晚九时，出席中共中央政治局常委会议。

4月24日 与身边工作人员谈向中共中央反映外出视察的情况时说：看到的问题就要报告中央，不报告就是不忠实；要不就是观潮派，看到坏事也不讲。一亩地施肥几十万斤，下种上千斤，这不是发疯吗？不但不制止，还要搞试验？群众的文化娱乐生活，是社会发展中必不可少的。不能老是过紧张的生活，要有紧张，也要有轻松。光吃好、穿好还不行，还要娱乐好，这方面的钱要花。

4月25日 接受挪威王国新任驻中国大使依里克·唐斯递交国书。

5月1日 上午，毛泽东、刘少奇、周恩来、朱德、董必武、邓小平等出席在天安门广场举行的庆祝五一国际劳动节大会，检阅游行队伍。

△ 晚，出席毛泽东召集的会议，讨论对印度总理尼赫鲁关于我国西藏问题的讲话作出反应的问题。出席会议的还有刘少奇、周恩来、陈云、林彪、邓小平、宋庆龄、董必武、胡乔木等。

5月3日 主持第二届全国人大常委会第一次会议。会议决定批准《中华人民共和国政府和越南民主共和国政府文化合作协定》、《中华人民共和国政府和朝鲜民主主义人民共和国政府文化合作协定》，决定派国务院总理周恩来为签订《中华人民共和国和匈牙利人民共和国友好合作条约》的全权代表。

5月4日 出席毛泽东主持的中共中央政治局常委扩大会议。

△ 晚，与周恩来、邓小平等，到中山公园参加纪念五四

运动四十周年游园晚会。

5月5日 和解放军高等军事学院政委李志民、教育长唐延杰谈第一次国内革命战争时期的斗争情况,指出:第一次国内革命战争时期,孙中山改组了国民党,请来了苏联顾问,才办黄埔军校。从中山舰事件发生,蒋介石开始反共。当时要搞掉蒋介石并不太困难。可是陈独秀右倾,就怕统一战线破裂,此后就越来越右下去了。南昌起义后,仅湘、粤、赣地区有组织的群众起来闹革命的就有两千多万,那时要搞个几十万军队是不难的。如果当时就在湘赣边坚持打游击就对了,可是没有这样做。在敌我力量相当悬殊的情况下,硬拼是要吃亏的。以后随着斗争情况的发展,我们的斗争策略也变了,开始注意搞根据地了。总之,中国革命斗争中的坚持党的领导、发动群众搞武装斗争、扩大统一战线,这些经验都是成功的。

5月6日 下午,出席解放军第二届体育运动大会开幕式。

△ 晚,出席《中华人民共和国和匈牙利人民共和国友好合作条约》签字仪式。

△ 晚,与毛泽东、刘少奇、贺龙等,观看乒乓表演比赛,并接见我国乒乓球、游泳、举重、田径等体育项目的部分优秀运动员。

5月7日 上午,到西郊机场观看解放军的航空表演,并接见参加表演的人员。

△ 下午,与毛泽东、刘少奇、周恩来、邓小平等,接见庆祝五一节来京观礼的部队代表、出席解放军总参三部党代表大会的代表、少数民族参观团和青年参观团、公安学院和民族学院的藏族班学员。

△ 下午,与刘少奇、宋庆龄、周恩来、林彪、邓小平、乌兰夫和张经武等,陪同毛泽东接见西藏自治区筹备委员会代

理主任委员班禅额尔德尼·确吉坚赞、副主任委员兼秘书长阿沛·阿旺晋美及随行人员。

5月9日 看望宋庆龄。

5月11日 晚，出席中共中央政治局会议。会议讨论钢铁生产指标的落实等问题。

5月12日 致函中共中央、毛泽东，反映四月十日至十四日视察山东省的情况：（一）关于农业工作。目前山东省农村的紧迫问题，是有四十二个县（市）约一千四百万人口的地区发生了春荒，其中最严重的是鲁西地区。那里人口稠密，原有部分盐碱地，水旱灾年年都有一些，十年来也没有根治。山东省委估计四月中旬到麦收（约有两个月）期间，共缺粮三十多亿斤，除动用库存二十多亿斤外，还须从外省调进七亿斤。这是应该从根本上来解决的问题。另外，山东省的冬小麦共种了约五千万亩，没有完成原订播种八千万亩的计划。和其他省市一样，看来山东省的麦子长得很好。但是，发生了一部分麦田密植过分的问题。据省委同志说，全省约计有四百万亩的麦田种得过密了。其中因种得过密而发生了倒伏等现象的约在一二百万亩之间。因过分密植而浪费掉的麦种，全省约计有四亿斤，所造成的收成方面的损失还没有统计。这种密植成灾的现象是值得注意的。（二）关于工业生产。和全国各地的情况相似，山东省以钢为纲的工业生产，当前的突出问题有两个：一是原材料问题，在钢铁厂方面则主要是采矿问题；二是运输全面紧张，目前又加上运粮渡荒的压力。除铁路运输能力不足外，公路运输方面，两千多部载货汽车，因缺汽油，经常有六百部到一千部停开；短程的畜力车辆运输，因为把大批车辆和牲畜交还给生产队，最近也甚为紧张。

5月15日 视察北京石景山钢铁厂。在听取该厂领导人汇报生产情况时，指出：生产计划留有余地是对的。要看得远一些，逐步地搞，不要一鸣惊人。

5月16日 看望董必武。

5月17日 视察北京锅炉厂。

5月18日 先后看望林伯渠、程潜。

5月19日 晚，举行宴会欢送即将离京回西藏的全国人大常委会副委员长、西藏自治区筹委会代理主任委员班禅额尔德尼·确吉坚赞和政协全国委员会副主席、西藏自治区筹委会副主任委员兼秘书长阿沛·阿旺晋美及其随行人员，并致词。

5月20日 和李富春谈话。在谈到农业问题时，指出：目前农业中的主要问题是没有把发展全民所有制经济和集体所有制经济同发展个体经济很好地结合起来。因此，农民的生产积极性调动不起来。其主要原因是过高地估计了农民的思想觉悟和过早地否定了发展个体经济的重要性。今后要退回去。既要发展全民所有制经济和集体所有制经济，也要承认和发展个体经济，让农民把自己的家务建立起来，这是合理合法的。否则，农民就没有生产积极性，总向外跑，人心也不安定。另外，农村有些计划不符合实际，自己束缚自己。有些口号也不符合实际，根本行不通。"少种、高产、多收"这个口号就不符合实际，不能解决任何问题。"吃饭不要钱"这个口号也不符合实际，我看行不通。在谈到商业问题时，指出：过去的商业体制和网点被打乱了，因此商品少了。实质上这还是一个把全民所有制、集体所有制和个人所有制的关系混淆了的问题。国家、集体、个人的商业网点不能合并，手工业合作社也不能合并，国家要和集体、个人做生意。在谈到对外贸易问题时，指出：在外贸方面有一个真理，就是你不要他的，他就不要你的。我国虽然没有参加苏联和东欧兄弟国家的协作组织，但可以同他们发展易货贸易,而且要互相配合好,要有长远计划。另外,还要考虑同日本发展贸易。西德、美国、法国等国家,现在急于同我们做生意,他们需要我们的原料和食品,我们要做好准备。既要出口原料,也要进口原料,加工成产品再出口,换取外汇。这样就可以把东南亚的市场搞起来。

5月21日 与刘少奇、宋庆龄、董必武、周恩来、陈云、邓小平等,接见出席解放军第二次后勤工作先进单位和积极分子代表会议,全国烈属、军属和残废、复员、退伍、转业军人社会主义建设积极分子大会和全国公安、检察、司法先进工作者大会的全体代表,以及出席解放军全军干部工作会议的全体人员。

△ 晚,和林枫谈话。

5月22日 上午,和刘伯承谈话。

△ 致函邓小平并转中共中央,反映石景山钢铁厂扩建问题:石景山钢铁厂有没有可能建成一个大型的钢铁基地呢?(一)有足够的场地;(二)开滦铁矿现已探明的储量有六亿吨,远景储量十亿吨是可靠的,而且开采容易(露天),运距只有一百四十多公里,所以,矿石没有问题;(三)耐火材料,北京附近多得很,现已决定在琉璃河建设耐火材料厂;(四)现在的焦煤是来自峰峰、开滦、大同等煤矿,还是比较近的。将来可以以门头沟的煤为主,这样煤的运距也缩短得更近些了;(五)铁路运输四通八达,特别是南北大运河和北京至秦皇岛的运河修通以后,利用水运将更便利;(六)这个厂从选矿、炼焦到冶炼,都是现代化的,并且有相当大的机械加工厂,大部分配套设备可由自己制造。在技术力量方面已经成长起来,基础很好。总之,从资源、交通运输和技术力量等各方面的条件来看,把石景山钢铁厂扩建成为一个大型钢铁基地的

基本条件是具备了的，而且比鞍钢、包钢的条件可能还要好些，所需资源都是在北京附近地区。当然这是一个远景，但是，我想，从现在起每年建一个高炉，搞上十年八年，就有可能逐步变为现实。因此，我建议有关部门注意和支持他们这个扩建计划的实现。

5月25日 会见蒙古驻中国大使鲁布桑。

△ 和谭震林谈话。

5月27日 上午，主持第二届全国人大常委会第三次会议。会议讨论并决定派两个代表团分别访问德意志民主共和国和印度尼西亚共和国。

△ 下午，和农业部部长廖鲁言谈话。

△ 晚，与中华人民共和国副主席董必武、全国人大常委会副委员长林枫等一起，离京去辽宁、吉林、黑龙江等省视察。

5月28日 晨，抵达辽宁省锦西县。视察葫芦岛码头、海军训练基地、石油五厂、锦西化工厂、锦西铝锌厂。

△ 晚，离锦西县抵达沈阳市。

5月29日 视察中国科学院金属研究所、农林土壤研究所。

5月30日 上午，视察一一二厂，观看米格十七飞机飞行表演。

△ 下午，在听取中共辽宁省委第一书记黄火青等汇报时，指出：农业集中得太多，因为没有加强领导，所以出现了不少问题。只有正确地解决好农业的所有制问题，使国家、集体、个人三方面的利益很好地结合起来，才能发挥群众的生产积极性。今后要帮助群众建立家务。工业下放过了头，没有管理好，把一些规章制度都打破了，今后要搞好。

5月31日 视察沈阳重型机械厂。听取沈阳变压器厂、沈阳电缆厂、沈阳化工厂、沈阳冶炼厂的负责人汇报生产情况。

6月1日 上午，离沈阳市抵达抚顺市。途中视察大伙房水库。

△ 下午，在听取中共抚顺市委负责人等汇报工作时，指出：去年副食品一度紧张，主要原因是在所有制问题上搞混了，违反了生活资料归个人所有的原则。实践证明，如果生活资料不归私有，群众就没有劲头搞生产。比如房子如果归个人所有，就可以鼓励群众自己盖房子。社会主义是万世基业，家庭也是万世基业。所以今年要把人民公社整顿一下。你们在生产第一线工作，了解情况多，要向上边反映真实情况，要讲老实话，不要报喜不报忧。又指出：抚顺是原料工业基地，应该鼓足干劲发展生产。你们这里一出问题，就要影响其他地方的生产。

6月2日 上午，视察抚顺西露天矿、抚顺炼铝厂。下午，离抚顺市返回沈阳市，途中视察高坎人民公社。

6月3日 视察沈阳药材试验场。

6月4日 听取正在沈阳的第一机械工业部副部长段君毅汇报工作，指出：旧的规章制度有许多是应该打破的，但打破时没有进行具体分析，这是个缺点。改革旧规章制度，必须在原来的基础上予以修改，不能完全打破，从反面建立新的。对于各种钢材，不能到用时才去炼，应该有一定的储备，需要时就拿出来用。工人的工资就是供个人消费用的资金，应该用于个人消费，扣、免工人的工资是不合理的。

6月5日 上午，离沈阳市抵达辽宁省本溪市。听取中共本溪市委负责人汇报工作。

△ 下午，听取本溪钢铁公司负责人汇报工作。视察本溪第二炼铁厂、本溪钢厂、本溪彩家屯煤矿。

6月6日 离本溪市抵达鞍山市。听取鞍山钢铁公司负责人汇报生产情况，视察鞍山钢铁厂。

△ 致函邓小平并转中共中央，反映在本溪的视察情况：（一）本溪矿务局所属彩家屯和本溪西煤矿，今年原计划生产主焦煤三百九十万吨，但是，由于缺少十六台皮带运输机，共计二千公尺皮带和供设备维修用的少量材料，将减产四五十万吨煤。如果能很快解决这些设备和材料，他们认为，三百九十万吨的计划可以完成。同时，皮带运输机也关系到明年的生产问题。（二）本溪钢铁公司的矿产生产能力可以满足需要，当前亟待解决的是矿石的运输问题。他们原来有二十五吨的载重汽车六十四台，由于缺乏配件，坏了的车不能修理，现在能用的仅有二十二台。如不解决，就会影响钢铁厂的矿石供应。我认为，他们的要求是合理的。本溪煤是供鞍钢和本钢炼焦用的，不应减产。本钢所需矿石，也必须保证供应。而他们要求解决的设备、材料和配件，为数不多，也并非是难以解决的问题。因此，有关部门尽快帮助他们解决才好。

6月7日 视察鞍山钢铁公司的炼钢厂、第二轧钢厂、无缝钢管厂。

6月8日 离鞍山市抵达旅大市（今大连市）。

6月9日 在旅大市接见秘鲁议员代表团。在谈话中说：我们国家建设才有十年，很多方面还不完善，还存在缺点。我们有很多落后的地方和不好的东西，几年来虽然有很大的改变，但因为国家很大，人口很多，事情发展很快、很不平衡，还不能一下子发展改造好。我们的人民愿意把工作做好，这是一致的，就是有些性急，有些事情性急也办不好。还说：我们有一些成绩，但并不很大；有一些经验，但还可以研究。经验不足就得学习。各国都不相同，革命是不能输出的。革命可以说是改革，按本国情况改革，从不好改到比较好，要为人民的利益，合乎人民的要求。只要有世界和平，各国人民都可以发展起来。各国间保持友谊关系，互通有无，互相帮助。

6月10日 上午，在听取中共旅大市委负责人汇报时，指出：旅大市是个工业城市，今后的建设还是要以工业为主。这里所有的工厂都要开展增产节约运动。在农村里，粮食要分到各家各户，愿意在农村公共食堂里吃饭的，就加入食堂；不愿的，就在家里吃，不要强迫命令。要鼓励农民建立自己的家务，盖房子，搞家具，这样人心就稳定下来了。家庭巩固了，有饭吃，有衣穿，就可以更好地向前进。无论工业、农业、都要想方设法发展生产，这是最重要的。去年人民公社化以来，农村搞供给制太多，有些地方搞了十几包，如包吃、包穿等，钱都没有用了，家庭也不要了，不能这样做。又指出：今后会有很多外国人到中国来，要有为外国人服务的商店，可以赚取外汇。对外国人要开放一点。

△ 下午，视察大连海港。

6月11日 上午，视察大连机车车辆厂、大连起重机厂、大连工矿车辆厂。

△ 下午，会见在旅大市学习毛泽东军事著作的海、陆、空三军干部，并讲话：同志们正在学习毛主席的战略思想。毛主席的战略思想指导中国革命取得了一个又一个的胜利，在革命战争时期这方面的经验是很丰富的。第一阶段是土地革命战争时期。这个时期的战略方针是打游击战，发动农民起来同封建地主和旧社会势力进行斗争，建立革命根据地和红军。我们实行这个战略方针连续打破了敌人对中央革命根据地的四次"围剿"。第二阶段是抗日战争时期。这个时期的战略方针是持久战，建立统一战线，团结各方面的力量共同抗日。我们实行

这个战略方针发展了抗日根据地，扩大了军队，争取了广大人民群众，最后取得了抗日战争的胜利。第三阶段是解放战争时期。这个时期的战略方针是依靠广大人民群众和革命根据地，打运动战。经过不断地歼灭敌人，很快地壮大了我们的力量，最后把敌人打败，建立了新中国。中国革命之所以能够从胜利走向更大的胜利，是有很多成功经验的。这些历史经验要好好总结，好好运用，并加以发展。你们每个同志都要关心世界局势，学会从政治上考虑问题。同时，也要学好军事技术，将来才能成为很好的革命接班人。我们老了，要把重大的责任交给你们。但我们也不是撒手不管，还要到处看看，来帮助你们。

6月12日　视察大连造船厂、大连水产养殖厂。

6月13日　下午，视察旅顺海军基地，并向海军军官讲话：希望你们提高技术水平，把我国的海军建设成一支有高度技术、高度思想觉悟和高度战斗能力的队伍。要教育战士了解世界形势，知道谁是我们的敌人，谁是我们的朋友。要团结朋友，打击敌人。祝同志们继续努力，保卫祖国，保卫社会主义。

△　晚，接见旅大市的民主人士和专家，在谈话时指出：要建设社会主义，首先思想上要统一，团结起来，才能把科学知识全部用上去。我们国家大，人口多，生活水平还不能一下子提高很多。这就需要勤俭建国，增产节约。现在看来，大跃进中确实出了一些毛病。这些毛病目前正在纠正。总之，缺点是暂时的，前途是光明的。

6月14日　上午，视察旅大罐头食品总厂、旅大玻璃制品厂。在视察旅大玻璃制品厂时，指出：精简人员要合理化，厂与厂之间要互相调剂，不要一说精简人员，就把多余人员推出去不管。

△　下午，召开旅大市手工业座谈会。在听取旅大市有关

方面负责人汇报工作时，指出：加工工业要靠手工业合作社来搞。手工业产品的出口是大宗的，每年可以赚回几个亿的收入。大家要很好地发展手工业，如玻璃厂，应该把技术传给手工业合作社，多建几个厂。

6月15日 晚，离旅大市抵达吉林省长春市。

6月16日 在听取中共吉林省委负责人汇报工作时，指出："吃饭不要钱不行。要把粮食分给个人，由个人负责调剂，加点菜和薯。过去我们说粮食问题不大，是因为把粮食分到社员家里，自己掌握。一办食堂，就会造成很大的浪费。不吃大锅饭，可以节省很多东西出口，换回来更多的钢铁、机器。只有生活资料归个人所有，归个人支配，才能调动社员的积极性。有些人怕因此发展了资本主义，这种顾虑是多余的，因为生产资料掌握在集体和国家手中。群众的生活应该是越富越好。"又指出：过去把手工业合作社转为国营工厂的，要转回来。现在看来，不应该转的转了，不但没有好处，反而坏处很大。要两条腿走路，手工业合作社和国营工厂要同时存在，互相配合。否则，生产、工资、福利等，都要靠国家，这样国家的负担太重。所以，应该设法恢复手工业生产合作社。这次谈话的部分内容以《对农村办公共食堂问题的意见》为题（文中的一节）编入《朱德选集》。

△ 致信邓小平并转中共中央和毛泽东，反映视察吉林省的情况：吉林省现有森林面积七千七百多万亩。森林是个无尽的宝藏，但是去年大跃进以来，由于抓紧了粮食生产，忽略了多种经营，产量下降，不论对人民和对国家来说，都是一个损失。今春吉林省委决定，山区的生产，要在粮食自给有余的前提下，以林业生产和多种经营为主。我们认为，吉林省委这一决定是正确的，并且要照顾到山区物资多，交通运输不便和劳

力缺乏的矛盾。因此，要确定山区以林业和多种经营为主的生产方针，粮食生产只要求自给和每年略有贮备就可以了，既不要从外面调进去，也不要指望从山区调粮出来。这个方针，不仅适应于吉林省的山区，而且也适应于全国其他山区。

6月17日 上午，视察长春第一汽车制造厂。在听取该厂负责人汇报生产情况时，指出：要有破有立，特别是对一些制度，哪些该破，哪些该恢复起来，要很好地进行分析。你们厂人很多，管理制度一时一刻不能松。你们厂应向农业机械方面发展，设法从单一品种向多品种方面发展，要变被动为主动。视察后，为该厂题词："把群众运动和集中领导结合起来，不断革新技术，健全各种制度，发展我国的汽车制造业。"

6月18日 视察长春电影制片厂、长春图书馆、长春银行大楼、长春地质学院。视察后，为长春电影制片厂题词："依靠党的领导，坚持群众路线，注意提高质量，继续鼓足干劲。"

6月19日 视察长春光学机械研究所。在听取该所所长王大珩等汇报时，指出：你们研究所要和大学、工厂结合起来，要建立试验厂，早日进行生产。还要吸收外地人员来这里学习，多传授科学技术，多培育技术干部。

6月20日 上午，离长春市抵达黑龙江省哈尔滨市。

△ 与董必武、林枫联名给中共中央和毛泽东写报告，反映视察辽宁省的情况：当前辽宁省工业生产中的突出问题之一是原材料不足，表现为数量不足，品种规格不全，由于生产计划多变，不少工厂积压了大量的半成品，占用了钢材，积压了资金。现在是人心思定，计划要稳定下来，不然下面的同志感到很困难。为了增加生产，减轻市场压力，裁减一些临时工是必要的。但是有技术的工人，宁肯暂时窝工，经济上受损失，也不要轻易裁减。因为生产发展很快，这些人还是必要的。在

农业生产方面，当前最突出的问题是农业大大地落后于工业。无论在轻工业的原料供应上，还是在城市的粮食、副食品供应上，都严重地影响到工业的发展。因此，加速辽宁省和整个东北地区的农业机械化，使农业生产能够适应工业发展的需要，已成为一个十分重要的问题。目前不少社员尚有疑虑，说我们变得多、变得快，希望有关农业方面的制度和规定，能够稳定一个较长的时期。总之，是人心思定。关于农村办公共食堂的问题，这里大部分群众不愿意参加。让群众在家里做饭好处甚多，最主要的是群众的生活由群众自己掌握。因此，在今年的夏秋分配中，应该强调把粮食分到户，允许社员在家中自己做饭。愿意入食堂者，可以自由结伙。教育方面，有些学校存在着会议多、活动多、组织多的现象，学生的基础知识较差，师资的数量不足，质量不高。这些问题都亟待解决。

6月21日 上午，在听取中共黑龙江省委第一书记欧阳钦等汇报工作时，指出：应该允许群众自己建房子。这个问题需要共产党员带头，还要出告示。机关农场的生产，只要不赔本就可以大力提倡。把国家的农场搞得好一些，就可以大量地提供商品粮。国营农场要首先搞机械化。要赶快把手工业生产合作社全面地彻底地恢复起来。手工业是收旧货出新货，可以充分利用边材废料，生产出新的产品，对发展日用品工业有很大好处。

△ 下午，视察王岗蔬菜良种繁殖场。

6月22日 视察一○一厂、一二○厂、一二二厂、哈尔滨汽轮机厂、哈尔滨锅炉厂。

6月23日 和中共黑龙江省委负责人谈话：搞好群众的生活，主要靠群众自己，而不是靠国家。六亿人口谁包得了？不能没有家庭，那么多婆娘娃娃，不是家庭负责，谁能负责？

有了家庭，各方面才能稳住，应当鼓励群众自己建房子。要把手工业生产合作社恢复起来，两条腿走路。只有国营的大工业，没有集体和个体的手工业也不行。

6月24日 离哈尔滨回到北京。

6月25日 中午，与周恩来接见正在我国进行友好访问的智利、丹麦、芬兰、伊拉克、挪威、瑞典、乌拉圭和委内瑞拉八个国家的妇女代表团和妇女代表。

△ 与董必武、林枫联名给中共中央和毛泽东写报告，反映长春市场供应情况和吉林省的生产情况：现在国家供应群众的粮食和布匹已基本上有了保证。比较紧张的是肥皂、针织品等日用百货和食油。农民对于种大豆而吃不到油有意见，对于收购大豆的价格偏低也有意见。我们认为，大豆作为经济作物，要和粮食产量分开计产计购。大豆集中产区，如果缺乏口粮时，国家应按一般留粮标准保证供应。要考虑适当提高收购价格。东北大豆比关内的好，但是收购价格低于关内，这是不合理的，至少应该拉平。对于产大豆区的农民，在食油和豆制品方面，适当给以照顾也是合情合理的。山区的生产要以林业和多种经营为主。森林是个无尽的宝藏，今后要充分利用森林资源，把发展森林工业和发展化学工业结合起来，做到林产综合利用。另外，吉林省有动、植物药材四百多种，这些珍品大都出在长白山区。但是，自去年大跃进以来，由于抓紧了粮食生产，忽略了多种经营，动、植物药材的产量下降。这不论对人民和对国家来说，都是一个损失。今春吉林省委决定，山区的生产，要在粮食的自给有余的前提下，以林业和多种经营为主。我们认为，吉林省委这一决定是正确的。因此，中央应确定山区以林业和多种经营为主的生产方针。

6月27日 离京经郑州、武汉去江西省庐山。

6月29日 与董必武、林枫联名给中共中央和毛泽东写报告，反映视察黑龙江省情况：东北是我国历史上主要产金地区之一，特别是黑龙江省盛产砂金。在国际市场上，黄金是最自由的外汇。因此，增加黄金生产是扩大积累、扩大进口的一个简捷便宜的办法。凡是有条件生产黄金的地方，都应积极安排黄金生产，并且要按规定超产提成制度，允许地方在提成制度范围内，从国外进口一些地方需要的物资。现在是有一两收一两，没有提成，不能鼓励生产积极性。黑龙江省的木材蓄积量十分丰富。当前最大的问题是：交通运输便利的地方，森林已经砍光，而深山老林内的林木过熟，自然腐朽严重。因此，应该考虑在力所能及的情况下，早日修建一部分森林铁路，以开辟新的林场。另外，要注意森林工业的多种经营和综合利用。又说：无论城市和乡村，今后应该鼓励群众自己建住房。在人民公社化以前，群众自己建了不少住房。人民公社化以后，由于群众对房屋私有政策一度发生误解，对自己居住的房屋不修不建。根据这一情况，今后除贯彻执行房权私有的政策外，还应采取一些措施，鼓励群众自己修建房屋。为了解决城市副食品的供应，除了在城市郊区统一安排副食品生产外，还应该普遍提倡机关、工厂、学校来养猪、养鸡和种菜等。这样做的好处，一方面，解决了副食品的供应问题；另一方面在工矿企业中又起了调剂劳动力的作用。

6月30日 抵庐山，住牯牛岭三五九号别墅。

7月2日—8月1日 出席在庐山召开的中共中央政治局扩大会议。七月二日，出席毛泽东召集的部分中央领导人和大区负责人的会议，到会的还有刘少奇、周恩来、李富春、彭德怀、李先念、谭震林、柯庆施、李井泉、张德生、林铁、欧阳钦、陶铸、王任重、杨尚昆等。会议研究这次中央政治局扩大会议要讨论的问题和会议的开法，决定采取先分后合的办法，先开几天分组座谈会，讨论读书、形势、任务、体制、食堂、市场、综合平衡等十九个问题，然后再开两三天全体会议，通过必要的文件。会议的目的主要是要总结一九五八年以来的经验教训，调整生产指标，继续解决工作中存在的问题。

7月3日 与会人员开始按地区分东北、西北、西南、中南、华北、华东六个组，围绕十九个问题进行讨论。朱德被编在中南组。

△ 和国务院副总理李先念谈话：区和街道办的工业，要划清所有制的界限，区办的工业是全民所有制性质的，街道办的工业是集体所有制性质的。这两种所有制要确定下来。生活资料是属于个人所有制。商业部门收购粮食要和农民签订合同，合同签订以后就不要轻易变动。在农村，要在节约的原则下，粮食够吃后就要发展原料工业，不能把所有的人都用在搞吃的上面。工业原料国内外都需要。要提高商品生产，实行经济核算，自负盈亏，降低生产成本。否则如何包得起？什么都由国家包起来，看上去是好事，实际上根本做不到。

7月5日 与人同游含鄱口。后赋诗一首：

含鄱亭上望晴空，喜见鄱阳湖水红。
早稻才收新稻熟，江西岁稔胜江东。

7月6日 在中南组会议上发言：去年成绩是伟大的。但对农民是劳动者又是私有者这一点估计不够，共产搞早了一点。办公共食堂，对生产有利，但消费吃亏。供给制是共产制，工人还得发工资，农民就那样愿意共产吗？食堂自负盈亏，公家吃总亏，办不起来不要硬办，全垮掉也不见得是坏事。家庭制度应巩固起来，否则，有钱就花光。原则上应回到家庭过日子。如不退回到家庭，粮食够不够？食堂要吃饱吃好，人心才能稳定。要让农民富裕起来，农民富了怕什么？不会成富农路线，这是有关五亿人口安定的问题。工业主要是大炼钢铁搞乱了，其他乱得不太大。各省不要自己搞工业体系，但工业方向是重要的。

7月7日 出席东北组会议。

△ 作诗《和董必武同志〈初游庐山〉》

> 庐山真面何难识，扬子江边一岭奇。
> 公路崎岖开古道，林园宛转创新陂。
> 行游险处防盲目，向导堪称指路碑。
> 五老峰前庄稼好，今年跃进不须疑。

董必武的《初游庐山》是：

> 庐山面目真难识，叠嶂层峦竞胜奇。
> 乍雨乍晴云出没，时高时下路平陂。
> 盘桓最好寻花径，伫立俄延读御碑。
> 如许周颠遗迹在，访仙何处至今疑。

7月8日 和中共江西省委书记处书记刘俊秀谈话：究竟是让农民穷还是让农民富？许多干部还看不清这个问题。我看应该让农民富起来。起码应该超过过去的富农。要一家一家地富，一县一县地富。不要怕他们变成资本主义，不会的。首先要让农民盖房子。要把手工业生产合作社赶快恢复起来，争取恢复到去年七八月份的状况。

7月9日 和陶铸谈话：去年最大的两件事：一是大炼钢铁；二是人民公社化。结果该搞的事情都未搞成，私人的坛坛罐罐都归了公，使国家和个人都受到很大损失。现在应退回去，首先要鼓励农民安家，自己建房子，把家务恢复起来。可以允许公社社员搞些副业生产，增加收入。"吃大锅饭，我一向就担心，这么多人的家是不好当的。如果去年不刮那么一股风，不知能出口多少东西！"但是，现在还有人思想不通，责备外贸部外销太多。我这个人就是想多搞点国际市场，发展对外贸易，因为这样才能促使我国的社会主义建设事业更快地发展。我看你们广东省可以"近水楼台先得月"，多搞点对外贸易，换取外汇。还有一个问题，就是进口原料，制成成品再出口，如进口橡胶、棉花；出口胶鞋、棉布，也可以进口一部分钢材，制造成机械产品出口。这样的事不让搞是不合理的，有的人以为光凭人多就能把国家的建设很快地搞起来，实际上是不行的。必须认识到，社会主义有三种所有制：全民所有制、集体所有制、私人所有制。因此，一定要实行商品交换，只有这样才能逐步地到达共产主义。这次谈话的部分内容以《对农村办公共食堂问题的意见》为题（文中的一节）编入《朱德选集》。

7月10日 出席华北组会议，并发言：现在农村的报酬太低，江西省有一个生产队，一个人工才四分钱。把粮食分到户，才能把富日子当穷日子过。要让农民富起来，不要怕农民富。

△ 下午，出席毛泽东召集的会议并听取他的长篇讲话。他先讲这次会议初步安排到十五日，延长不延长到那时再定。接着，着重讲对一九五八年以来形势的看法，认为"从全局来说，还是九个指头和一个指头的问题"，对党内越来越多地提出不同的意见表现出不满，并且同右派进攻联系起来。毛泽东指定杨尚昆、胡乔木、陈伯达、吴冷西、田家英组成一个起草

小组，负责起草会议诸问题议定纪要。

7月11日 和中共湖南省委第一书记周小舟谈话：食堂若不退回去，就要改造，以自愿为原则。把粮食分到户和节约粮食结合起来。农民是劳动者，又是私有者，去年试验了一下，他们知道在家吃饭比在公共食堂吃好，可以把粮食节约下来，把猪、鸡、鸭喂起来。这样，看起来是保留了一点私有制，但实际上对公有制是个补充。这两年我们只强调最好是消灭私有制。现在保留一点私有制，保留家庭副业，农民才愿意多生产出一些东西来供应市场。你不这么搞，他就不生产。去年吃大锅饭把东西吃掉了，这是个极大的教训。我看去年全民大炼钢铁是不应该的，不但损失了二十个亿，更重要的是耽误了别的事情。现在要把手工业合作社与国营工厂分开，手工业合作社要自负盈亏。我们的经济体制应该是经济核算制，无论国家对国家、国家对人民、人民对国家，都应如此。这次谈话的部分内容以《对农村办公共食堂问题的意见》为题（文中的一节）编入《朱德选集》。

7月13日 和对外贸易部部长叶季壮谈话：我认为，对外贸易还是要做得大一点。我国的出口下降，是去年吃大锅饭的结果。这是许多省都承认了的，但是，四川、河南还不承认，还要吃"大锅饭"。现在手工业和轻工业的生产正在恢复，今后的出口有可能逐步扩大。对出口如果思想还搞不通，出口再减少，就会交不足货的。今年的外贸状况会有好转，因为人民公社也需要钱。只要组织得好，出口货源就会增加。我国的出口货源很不少，问题是需利用物质刺激的办法，适当提高出口产品的收购价格，现在出口产品的收购价格太低了，对特种手工艺品工业，如金银首饰、象牙雕刻等，要恢复起来，这些东西是可以增加出口的。

7月14日 彭德怀致信毛泽东,陈述他对一九五八年"大跃进"以来的"左"倾错误及其经验教训的意见。

7月15日 出席西南组会议。在讨论会议纪要时说:纪要中对伟大的成绩已经写得差不多了。但克服命令主义作风、坚持勤俭持家原则、允许不在公共食堂吃饭、既要鼓干劲又要转弯等问题没有写进纪要,也应当写进去。对"政社合一"和"一大二公"的问题,是否要写进纪要,要研究。

7月16日 和中共河南省委第一书记吴芝圃、书记处书记史向生谈话:参加农村食堂,还是要实行自愿的原则。想回家吃饭的也要允许,对他们不要歧视,不要戴帽子。在家吃饭,有自留地,吃菜、吃薯、吃粮食的保险系数比公社包起来还大。即使食堂都垮了,也并不影响公社的巩固。人们不向公社要吃要穿,公社反而会巩固起来。回家吃饭,让农民自己建家和管家,老的、小的,都由他们自己管。靠公社管就下不了台。在家吃饭还可以发展副业生产,烧炕取暖也方便。去年出现的一些问题不怪下面,问题在于"跃进"的速度和时间,没有条件办的也硬去办,如大炼钢铁。去年是拿钱买经验。去年如果不是吃大锅饭,像高级社那样再维持几年,农民就皆大欢喜了。至少肉、蛋、鸡会有得吃。今年农业还是跃进,但要过穷日子,慢慢积点东西下来。我担心仍然吃"大锅饭",就难搞好。成立食堂靠党团员带头,退出去也要靠党团员带头。每个月要给社员几天时间做家务劳动,其效果不一定比在公社劳动差。看来公社化搞早了一点,实际上还只是一个联社性质。现在我国已经没有地主、资本家了,因此,过去对待地主、资本家的办法要改变,对敌人要专政,对自己要民主。要认真地研究一下农民的心理,要向农民讲清楚并让他们讨论一下,否则没有人敢说话。这次谈话的部分内容以《对农村办公共食堂问题的意见》为题（文中的一节）编入《朱德选集》。

△ 毛泽东在彭德怀七月十四日的来信上加上了《彭德怀同志的意见书》的标题，指示印发与会同志讨论。提出要参加会议的部分人员重新编组，并指示请在北京的彭真、陈毅、黄克诚、安子文、若干部长，和国家经委、计委、建委的若干副主任赶来庐山参加会议。会议后来改变按大区的编组，重新编组，新编组称为第一组、第二组……仍分六个组。

7月17日 出席东北组会议，并发言：关键问题是要承认全民、集体和个人三种所有制。去年的缺点是刮了"共产风"，不承认生活资料归个人所有。只有承认生活资料归个人所有，多劳多得，农民才能有生产积极性，社会才能稳定。手工业要恢复起来，炼铁、挖矿等可以搞。有了"正规军"，还要有"游击队"，这样才能形成两条腿走路，才能全国一盘棋。要让他们去干，自负盈亏，如果赔了，他们就不干了；如果赚了，他们就发展起来了。手工业所以能较快地发展起来，一是有生产积极性；二是自己找原料。去年北京市的手工业就有很大的发展，办了工厂，买了机器，招了徒弟，很有发展前途。不要怕手工业的发展，发展起来后，既能生产出东西来供应城市，又能增加国家的税收，没有坏处。

7月18日 出席财经工作座谈会，听取李先念作财经工作报告。

7月20日 上午，出席第三组会议，并发言：我要再次强调帮助农民建立家务的重要性。不论在工矿企业或公社中，都要强调经济核算，个人也要有经济核算。这样，日子就好过了，生产、生活也就能安排好了。

7月23日 出席中共中央政治局扩大会议的全体会议。毛泽东在会上作长篇讲话，批评彭德怀在七月十四日来信中所提的正确意见，指责来信表现了"资产阶级的动摇性"，"距离右派还有三十公里"。讲到大办公共食堂的问题时说："食堂是个好东西，未可厚非。"并对朱德说：总司令，我赞成你的说法，但又跟你有区别。不可不散，不可多散，我是个中间派。科学院昌黎调查组说食堂没有一点好处，攻其一点，不及其余，是学《登徒子好色赋》的办法。庐山会议由此开始从反"左"转为反右，对彭德怀、黄克诚、张闻天、周小舟等的所谓"右倾机会主义"、"反党集团"问题进行揭发批判。

　　△　出席第一组会议，并发言：去年农业是好收成，粮食为什么还紧张？主要是吃大锅饭吃掉了。好的，吃了；坏的，烂了。农民对私有制习惯了，分散消费可能节省一些。要实行按劳分配，多劳多得，各自生活，不要吃大锅饭。一吃大锅饭，房子也不修了，锅碗瓢盆也不买了。如果把粮食分到户，就可以维持下去。如果是供给制，什么都包下来，就维持不下去。关于手工业问题，去年很多合作社升级变为国营工厂。一升级，他就不自负盈亏了，什么都要国家包起来，这怎么行？看来集体所有制自负盈亏还是个好东西。商业去年也下放了不少，不搞经济核算，结果亏欠很多。我看全民所有制、集体所有制和个体所有制经济都要承认，不承认个体经济不行。提倡自力更生是对的，但不是一点外援也不要，今年的外援就少了一点。所以今后各省还是要尽量多搞点东西出口，以换取外援。这次谈话的部分内容以《对农村办公共食堂问题的意见》为题（文中的一节）编入《朱德选集》。

　　7月24日　下午，出席第四组会议。

　　7月25日　出席第四组会议，并发言：过去有些同志把农民的觉悟水平估计得高了一点，没有注意到农民既是劳动者，又是私有者的特点。比如：自留地虽然是很少的一点地，但它是代表了农民作为私有者的一面的。重新给了自留地，农民就高兴了。这个问题以后还应重视。社会主义时期的三种所有制：国家所有制、集体所有制和私人所有制，经过这次调整，已经巩固下来了，稳定了。中国的情况不同于苏联，我们要十分重视农业，也要重视轻工业，这样重工业才能更快地发展，也才能多搞些东西出口，多赚点外汇，多从外国买点钢材和机器回来。工作中的缺点将来还会有，但是，有了经验以后就能减少缺点。又说：高级干部有不同的意见，无论如何要搞清楚。把问题搞清楚了，统一了认识，以后的事情就好办了。彭总的信起了好作用，但是彭总的看法是错误的。彭总要了解，我们高级干部的认识如果有错误，就会影响别人，影响工作，如果意见是正确的，当然要坚持；如果意见是错误的，就要改正。彭总在生活方面注意节约，艰苦卓绝，谁也比不过他。彭总也是很关心经济建设的，只要纠正错误认识，是可以把工作做得更好的。

△　和中共甘肃省委第一书记张仲良、新疆维吾尔自治区委第一书记王恩茂谈话：人民公社不等于大锅饭，要集体生产，分散消费。农村的公共食堂要坚持自愿参加的原则，实行经济核算，生活得好坏由个人自己负责。恐怕有百分之六十到七十的人愿意在家里吃饭，这样才适合当前我国生活水平较低的条件。生活不要一下子搞得太好，可多积累一些家务。要多向群众做说服工作，让大家注意生活上的节约。新疆要修铁路，所需要的枕木，要尽量在新疆解决，可以组织成立专门的木材公司。在新疆多开荒的方针是对的，要把新疆建成一个小麦基地、棉花基地，也要建成一个重要的出口基地。将来小麦、棉花、瓜果等农副产品和矿石等，都可以从这里出口。你们还要发展加工业、农业和手工业。国防工程人员和工矿区也

要养猪、种菜,甚至还可以办农场,这样才能使移民迅速地把生活安定下来。

△ 毛泽东召集中共中央政治局常委和各大区负责人开会,讲四点意见:(一)会议还要继续展开,相互有什么意见都讲完,敞开来讲。(二)现在对事也要对人。(三)前一段主要是纠"左",现在要反右,因为现在右倾抬头了。(四)要划清界限,要跟动摇的、右倾的划清界限。

7月26日 彭德怀在中共中央政治局扩大会议上作了"检讨"。会后,朱德在第四组讨论彭德怀所作的检讨时,发言说:彭总发言的态度是好的,我相信他是畅快的。经过这次会议,统一了思想,统一了认识,就不会把错误当做包袱背起来了。

7月28日 中共中央政治局常委会议决定在庐山召开中共八届八中全会。第二天下午,毛泽东主持召开中央政治局扩大会议宣布这一决定。

7月29日 和农业机械部部长陈正人谈话:我国的生产资料是国家所有制和集体所有制,没有剥削,不是资本主义。山区的人民公社都能生产土特产品,要把土特产品拿出来,以增加收入。还可以发展副业生产,如挖矿,锡、铜、金等,挖出来就能致富。富了以后,可以买农业机械,加速农业机械化的速度。另外还可以自己修路,解决运输问题,不要单靠国家修路。农副产品要多出口,有的要集中起来由国家统一出口,有的人民公社可以自己出口。凡是有的东西,要尽量做好出口的准备,不怕卖不出去。一时卖不出去就积存起来,卖给国家。要巩固人民公社,首先要解决好粮食问题,要把粮食分到户,吃食堂自愿参加,不要强迫命令,这样才能节约粮食。

7月31日—8月1日 毛泽东主持中共中央政治局常委等开会,刘少奇、周恩来、朱德、林彪、彭德怀、彭真、贺龙出席，黄克诚、周小舟、周惠、李锐列席。对彭德怀的"错误"进行揭发批判。朱德第一天没有发言，第二天第一个发言，态度比较温和，只是就信的内容而谈，没等讲完话，毛泽东就说："隔靴搔痒，未抓到痒处。"接着林彪发言，说彭德怀是"野心家、阴谋家、伪君子"，为即将召开的八届八中全会批判彭德怀定了调子。

8月2日—16日 出席在庐山举行的中共八届八中全会，全会的主要内容是：（一）进一步揭发批判所谓"彭德怀、黄克诚、张闻天、周小舟右倾反党集团"的"错误"，并把这场斗争说成是"一场阶级斗争，是过去十年社会主义革命过程中资产阶级与无产阶级两大对抗阶级的生死斗争的继续"。（二）检查一九五九年国民经济计划的执行情况，一方面降低了钢、煤、粮、棉四大指标，一方面又要求立即掀起"新的生产大高潮"，超额完成计划。

8月3日 致信周恩来，建议抓紧原材料的生产，活跃商品市场，以促进工农业以及手工业生产的迅速发展。

8月4日 晚，根据毛泽东的意见，由刘少奇主持，几位中央政治局常委向没有参加前一段中央政治局扩大会议的中央委员和候补中央委员介绍前一段开会的情况。这以后，会议的揭发批判，集中到所谓"军事俱乐部"——也就是所谓的"彭德怀、黄克诚、张闻天、周小舟反党集团"的问题上。

8月13日—15日 中共八届八中全会连续召开全体会议，由彭德怀、黄克诚、张闻天、周小舟作检讨，与会者对他们的"问题"作揭发批判。朱德一直没有发言。

8月16日 中共八届八中全会通过了《关于以彭德怀同志为首的反党集团的错误的决议》、《为保卫党的总路线、反对右倾机会主义而斗争》的决议、《关于撤消黄克诚同志中共中央书记处书记的决定》、《关于开展增产节约运动的决议》。下午,中共八届八中全会闭幕。根据中共中央的部署,在全党错误地开展了"反右倾"的斗争。

8月21日 离庐山回到北京。

8月22日—9月12日 出席八月十八日至九月十二日在北京举行的中共中央军委扩大会议。会议的主要内容,是进一步揭发批判彭德怀和黄克诚的所谓"反党罪行"和"资产阶级军事路线"。由于朱德在庐山会议之前和会议期间,曾多次批评过"大跃进"和"人民公社化运动"中的"左"的错误,对彭德怀批判不力而且还为他说了一些好话,被迫在九月十一日的会上作了"检讨",并受到错误批判。林彪在会上恶意地攻击朱德是"老野心家"、"想当领袖"、"实际上没当过一天总司令",等等。

8月24日 出席刘少奇召集的扩大的第十七次最高国务会议。会议讨论一九五九年国民经济继续跃进的情况和进一步开展增产节约运动的问题。

△ 出席中共中央政治局会议,会议通过调整一九五九年国民经济计划的主要指标。

8月25日 被约和周恩来、陈毅、贺龙谈话。

8月26日 主持第二届全国人大常委会第五次会议。会议主要讨论一九五九年国民经济计划主要指标的调整问题。周恩来在会上作关于调整一九五九年国民经济计划主要指标和进一步开展增产节约运动的报告。

8月27日 出席毛泽东主持的中共中央政治局常委扩大会议。会议听取关于正在北京召开的中共中央军委扩大会议情况的汇报。出席会议的还有刘少奇、周恩来、林彪、彭真、贺龙、陈毅、罗瑞卿等。

9月1日 晚八时到毛泽东处开会。

9月3日 上午十时，到毛泽东处开会。

9月6日 与李富春、薄一波视察密云水库。

9月8日 出席中共中央政治局会议。会议讨论西藏土地制度改革和国庆十周年赦免一批罪犯与摘掉一批右派分子帽子问题。

9月10日 上午，被约和周恩来、彭真、陈毅、贺龙谈话。

△ 晚十时，出席毛泽东召集的会议。出席会议的还有刘少奇、周恩来、彭真、陈毅、贺龙、罗瑞卿。

9月11日 主持第二届全国人大常委会扩大的第六次会议。会议讨论中印边界问题。周恩来在会上作了关于中印边界问题的报告。

9月12日 主持第二届全国人大常委会扩大的第七次会议。会议继续讨论中印边界问题。

9月13日 主持第二届全国人大常委会扩大的第八次会议，继续讨论中印边界问题。陈毅在会上发言，进一步说明中国政府在中印边界问题上的政策。会议一致通过了《关于中印边界问题的决议》。会议结束前，朱德讲话说：会议坚决支持我国政府对于解决中印边界问题的所持的严正立场、明确态度和正确方针，认为这种立场、态度和方针，充分反映了中国六亿人民维护我国领土主权不受侵犯的坚强意志，充分表现了我国坚持按照五项原则和平解决中印边界问题、维护中印友谊的真诚愿望。他最后说：中印两国都是大国，两国人民的友好和团结，对于保卫亚洲和世界和平具有重要意义，因此，帝国主义总是在处心积虑地破坏中印两国之间的友谊和团结。今天在印度掀起的反华运动，只能有利于帝国主义，而不利于中印两国人民。我们希望尼赫鲁总理和印度政府以中印友谊为重，立即纠正从军事、外交和舆论等方面对我国施加压力的极端错误做法，立即制止一切旨在破坏中印友谊、破坏和平共处五项原则的反华叫嚣。我们相信，只要根据五项原则，通过和平协商，中印边界纠纷是一定能够得到完满解决的。

△ 与毛泽东、刘少奇、董必武、周恩来等出席中华人民共和国第一届运动会开幕式。

9月14日 出席中共中央军委扩大会议主席团会议。

9月15日 上午，出席中共中央邀请各民主党派、各人民团体负责人和无党派民主人士举行的会议。会议就关于反右倾、鼓干劲、坚持社会主义建设总路线的问题，关于在中华人民共和国成立十周年期间对确已改恶从善的各种罪犯实行特赦，以及对确实表现改好了的右派分子摘掉帽子的问题，进行座谈。

△ 下午，参观农业文化宫。

9月16日 下午，参观民族展览馆。

9月17日 主持第二届全国人大常委会第九次会议。会议根据《中华人民共和国宪法》第三十一条第十五项的规定，决定：在庆祝伟大的中华人民共和国成立十周年的时候，对于经过一定时期的劳动改造、确实改恶从善的蒋介石集团和伪满洲国的战争罪犯、反革命罪犯和普通刑事罪犯，实行特赦。会议还决定：任命林彪任国防部部长，罗瑞卿任中国人民解放军总参谋长，谢富治任公安部部长；免去彭德怀兼任国防部部长的职务、黄克诚中国人民解放军总参谋长的职务、罗瑞卿兼任公安部部长的职务。

9月18日 出席毛泽东召集的会议。出席会议的还有刘少奇、周恩来、彭真、李富春、薄一波、陈毅、罗瑞卿。

9月22日 参观中国革命军事博物馆。

9月23日—25日 出席刘少奇主持的中共中央政治局第七十八次会议。会议听取薄一波关于目前工业生产形势和今后应当采取的措施的汇报、廖鲁言关于当前农业生产情况和今后工作的汇报、李富春关于一九六〇年国民经济计划的汇报。

9月24日 与刘少奇、周恩来、彭真、陈毅等接见从苏联和其他社会主义国家学习回国的留学生。

9月25日 晚，与周恩来接见并宴请前来北京参加建国十周年庆典的西藏自治区筹备委员会代理主任委员班禅额尔德尼·确吉坚赞和副主任委员帕巴拉·格列朗杰、副主任委员兼秘书长阿沛·阿旺晋美。在宴会上讲话，说：目前，在党的领导下和在班禅额尔德尼为首的西藏自治区筹备委员会主持下，西藏地区的广大人民正在开展一个轰轰烈烈的民主改革运动。这个运动将彻底粉碎千百年来残酷压迫西藏人民的万恶的农奴制度，为西藏地区的繁荣发展开辟广阔的前途。他最后强调说：在统一的祖国各民族大家庭中，勤劳勇敢的西藏人民在中国共产党和毛主席领导下，一定会坚决地完成民主改革，一定会逐步地把西藏地区建设成为幸福的社会主义乐园。

9月26日 中共中央军委发出通知：中共中央政治局决定，中共中央军委主席毛泽东，副主席林彪、贺龙、聂荣臻；军委常委为毛泽东、林彪、贺龙、聂荣臻、朱德、刘伯承、陈毅、邓小平、罗荣桓、徐向前、叶剑英、罗瑞卿、谭政。

△ 下午，出席由毛泽东主持的中共中央政治局常委扩大会议。出席会议的还有刘少奇、周恩来、林彪、彭真、陈毅、罗瑞卿。

9月27日 下午，与周恩来、宋庆龄等到机场迎接应邀前来我国参加建国十周年庆典的由苏共中央主席团委员、中央书记苏斯洛夫率领的苏联党政代表团。

△ 下午,与刘少奇、董必武等到机场迎接应邀前来我国参加建国十周年庆典的由捷克斯洛伐克共产党中央第一书记、捷克斯洛伐克总统诺沃提尼率领的捷克斯洛伐克党政代表团。

9月28日 出席毛泽东召集的会议。出席会议的还有刘少奇、周恩来、林彪、彭真、陈毅、罗瑞卿。

9月28日—29日 出席中华人民共和国成立十周年庆祝大会。

9月30日 上午,与彭真、王稼祥等到机场迎接应邀来我国访问并参加建国十周年庆典的印度共产党代表团团长、印度共产党总书记高士。

△ 上午,与毛泽东、刘少奇、宋庆龄、董必武、周恩来、林彪等到机场迎接应邀前来我国参加建国十周年庆典的苏联共产党中央第一书记、苏联部长会议主席、苏联党政代表团团长赫鲁晓夫。

△ 与毛泽东、刘少奇、周恩来同苏共中央第一书记、苏联部长会议主席、苏联党政代表团团长赫鲁晓夫举行会谈。

△ 晚,毛泽东、刘少奇、宋庆龄、董必武、朱德、周恩来在人民大会堂宴会厅举行宴会,招待八十多个国家的贵宾和中国各界人士,庆祝中华人民共和国成立十周年。

10月1日 上午,毛泽东、刘少奇、朱德、周恩来、宋庆龄、董必武、林彪、邓小平等出席首都各界七十万人在天安门广场举行的中华人民共和国成立十周年庆祝大典,检阅解放军受阅部队和群众游行队伍。

△ 晚,毛泽东、刘少奇、周恩来、朱德、林彪、邓小平等陪同赫鲁晓夫等在天安门城楼上观看节日焰火。

△ 晚,与刘少奇前往宾馆拜会越南劳动党主席兼总书

记、越南民主共和国主席胡志明，捷克斯洛伐克共产党中央第一书记、捷克斯洛伐克总统诺沃提尼，波兰统一工人党中央政治局委员、波兰国务委员会主席萨瓦茨基，匈牙利主席团主席道比，保加利亚共产党中央政治局委员、保加利亚国民议会主席团主席加涅夫。

10月2日 上午，和新疆生产建设兵团政治委员张仲翰谈话。

△ 下午，与刘少奇、周恩来、林彪、彭真、陈毅、王稼祥参加毛泽东同苏共中央第一书记、苏联部长会议主席赫鲁晓夫举行的会谈。

10月3日 晚，与刘少奇参加毛泽东同越南劳动党中央委员会主席兼总书记胡志明的会见。

△ 晚，与毛泽东、刘少奇、周恩来，林彪、董必武、彭真等，出席文化部为庆祝中华人民共和国成立十周年举行的文艺晚会。

10月4日 与毛泽东、刘少奇、宋庆龄、董必武、周恩来、林彪等，到机场为赫鲁晓夫及其率领的苏联党政代表团送行。

10月5日 与毛泽东、刘少奇、周恩来、林彪、彭真等，接见解放军各部队参加建国十周年庆典的观礼代表团、参加建国十周年庆典接受检阅的部队代表、向建国十周年庆典献礼演出的解放军文艺代表队和参加全国运动会的解放军体育代表团。

△ 与毛泽东、刘少奇、周恩来会见来我国访问并参加建国十周年庆典的拉丁美洲十四个兄弟党的代表。

10月6日 视察石景山钢铁厂。

△ 和王震谈话。

△ 晚，与周恩来、董必武等出席首都各界庆祝德意志民主共和国成立十周年大会，并在会上讲话。

10月7日 上午,与刘少奇、宋庆龄、董必武等到机场为诺沃提尼及其率领的捷克斯洛伐克党政代表团送行。

△ 下午,与毛泽东、刘少奇、周恩来、彭真、王稼祥会见前来我国参加建国十周年庆典和参观访问的拉丁美洲各国的客人。

10月8日 上午,与董必武、林伯渠等出席中央档案馆开馆典礼。九月三十日,朱德曾为中央档案馆题词:"不断提高政治水平和业务水平,充分发挥档案、资料的作用,为社会主义事业服务!"

10月9日 参观全国工业交通展览会和德意志民主共和国建国十周年成就展览会。

△ 下午,到北京医院向李济深〔1〕遗体告别。十一日,到中山公园中山堂吊唁李济深。十二日,参加在中山公园中山堂举行的首都各界人民公祭李济深大会,并主祭。

10月10日 与林伯渠、谭政、刘宁一到机场为前来我国参加建国十周年庆典的印度共产党代表团、芬兰共产党代表团、奥地利共产党代表团离京回国送行。

10月12日 与毛泽东、刘少奇、林彪等接见来北京参加建国十周年庆典的各民族观礼团和青年学习团。

△ 下午二时半,到毛泽东处开会。

10月13日 视察北京玉器厂、北京象牙雕刻厂、北京工艺美术学校。在听取北京玉器厂负责人汇报生产情况时,指出:要增加学徒,多造大路货,多出口。如果每年玉器出口能达到上亿元或几亿元,就可以换回很多钢材来。

---

〔1〕李济深,1959年10月9日在北京逝世。逝世前任全国人大常委会副委员长、政协全国委员会副主席、中国国民党革命委员会主席。

△ 晚，与刘少奇、宋庆龄、林彪、邓小平等在北京展览馆剧场观看苏联国家大剧院芭蕾舞团演出的古典舞剧《吉赛尔》，并与演员合影。

10月14日 上午，出席中共中央军委常委会议。会议决定：罗瑞卿、杨成武、谭政、萧华、萧向荣、邱会作六人组成中央军委工作小组。

△ 下午，主持第二届全国人大常委会第十次会议，听取班禅额尔德尼·确吉坚赞作关于西藏工作的报告；讨论关于支持苏联政府全面彻底裁军建议的问题。

10月15日 下午，视察北京葡萄酒厂。

10月16日 视察北京第一食品厂、北京酿酒厂、北京啤酒厂、北京乐器厂。

10月17日 视察北京义利食品厂、北京双合盛五星啤酒厂。

10月18日 晚，与周恩来等出席刘少奇为欢迎来我国访问的匈牙利主席团主席道比举行的招待会。二十日，与刘少奇、周恩来等到机场为道比离京回国送行。

10月19日 视察北京罐头食品厂。

10月20日 与周恩来、彭真、王稼祥等出席《中国共产党和日本共产党联合声明》签字仪式。二十二日晚，与刘少奇、周恩来、邓小平、彭真、王稼祥等出席中共中央为日本共产党主席野坂参三及其率领的日本共产党代表团举行的饯行宴会。二十三日，与彭真、王稼祥等到机场为野坂参三及其率领的日本共产党代表团离京回国送行。

△ 参观全国农业展览会。

10月21日 毛泽东约见彭德怀。在座的有刘少奇、周恩来、朱德、彭真、陈毅、贺龙、杨尚昆。

△　参观全国工业交通展览会。

10月22日　会见阿尔巴尼亚新任驻中国大使帕里夫蒂。

△　视察北京屠宰厂、北京养鸡厂。

10月23日　上午，与刘少奇、周恩来、林彪、邓小平、彭真等到毛泽东处开会。

△　下午，视察北京首饰厂、北京打蛋厂。

10月24日　下午，到彭德怀处和他谈话。

10月26日　上午，出席中共中央军委会议。会议听取第二机械工业部部长宋任穷关于原子工业问题的报告。

△　下午，出席全国工业、交通运输、基本建设、财贸方面社会主义建设先进集体和先进生产者代表大会（又称全国群英会），并代表中共中央向大会致贺词：在我们国家里，先进单位和先进生产者的伟大历史作用，不仅在于他们以自己的卓越成就促进了我国的社会主义建设事业，而且在于他们能够帮助别人和别的单位迅速提高到先进的水平上来。我们希望在座的先进单位的代表和先进生产者同志们不仅要不骄不躁、虚心学习、努力使自己的单位和自己保持先进的称号，而且要发扬共产主义的风格，帮助别的单位和别人赶上先进的水平。

△　晚，出席刘少奇召集的会议，听取国务院副总理薄一波汇报关于全国工业书记会议的情况。出席会议的还有周恩来、彭真、李先念、李富春、谭震林、杨尚昆、谷牧等。

10月27日　视察北京第一机床厂。

10月29日　上午，会见乌拉圭东岸共和国众议院议长卡穆索和由他率领的乌拉圭议会代表团全体团员。

△　下午，出席由刘少奇主持的中共中央政治局第七十九次会议。会议听取薄一波关于全国工业生产会议情况和问题的汇报。

10月30日、31日 参观全国工业交通展览会。

11月1日 视察北京南郊国营农场。

11月2日 视察北京热电厂。

11月3日 视察北京炼焦化学厂。

△ 为江西省上饶集中营革命烈士纪念碑题词："继承革命烈士们的事业，保卫和建设我们的伟大祖国"。

11月4日 视察华北无线电厂。

△ 到机场为参加我国建国十周年庆典和进行友好访问的巴西共产党代表团、挪威共产党代表团离京回国送行。

△ 出席由周恩来主持的中共中央政治局会议。会议听取周恩来作关于目前中印边界问题的报告，并进行讨论。会议基本通过周恩来致印度总理尼赫鲁的信和中共中央给印度共产党总书记高士的信。

11月5日 接见蒙古驻中国大使沙拉布，在谈话时说："我们两国是近邻，更应该加强友好合作。"

△ 与林伯渠、彭真、贺龙等接见河北省少数民族参观团和新疆维吾尔自治区教育参观团。

△ 视察北京玻璃厂、北京化工厂。

11月6日 毛泽东、刘少奇、朱德、周恩来联名致电苏共中央第一书记、苏联部长会议主席尼·谢·赫鲁晓夫，苏联最高苏维埃主席团主席克·叶·伏罗希洛夫，祝贺十月社会主义革命四十二周年。电报中说："十月革命是人类历史的根本转折点，是一切被压迫、被剥削的人民从资本主义枷锁下最终解放的指路明灯。四十二年来，苏联和以苏联为首的社会主义阵营的日益壮大，民族解放运动的蓬勃发展，资本主义的日暮途穷，使人类更明显地看出十月革命的划时代意义和马克思列宁主义战无不胜的生命力。"

△ 上午，会见苏联驻中国大使契尔沃年科，并参观在劳动人民文化宫举办的苏联各民族实用艺术和民间工艺品展览会。

△ 与周恩来、董必武、邓小平、彭真等出席首都各界人民在怀仁堂举行的十月社会主义革命四十二周年庆祝大会和联欢晚会。

11月7日 晚，与林彪、邓小平、林伯渠、彭真、李富春、李先念等出席苏联驻中国大使契尔沃年科为庆祝十月社会主义革命四十二周年举行的招待会。

11月9日 上午，会见印度尼西亚国会第二副议长、印度尼西亚伊斯兰联盟党中央执行委员会主席卡塔威纳塔和夫人。

△ 下午，视察北京合成纤维实验厂。

△ 晚，与周恩来、邓小平、董必武、彭真等参加全国群英会的全体代表在人民大会堂举行的联欢会，共庆全国群英会胜利闭幕。

11月10日 视察北京搪瓷厂。

11月11日 出席中共中央政治局会议。会议听取林彪关于国防建设问题的报告。

11月12日 上午，会见日本友好人士松村谦三和他的随行人员，并赠与名贵兰花。

△ 下午，视察北京机织印染厂。

11月13日 下午，视察北京仪器厂。

11月14日 下午，视察北京电机厂。

11月15日 下午，参观北京展览馆。

11月16日 视察北京制药厂。在和该厂负责人谈话时，指出：应该把中医药和西医药结合起来，不要单方面地发展。我国的医药有悠久的历史，对人民的生活贡献很大，如能中药西造，将来会产生很多有效的新药品。

11月17日 上午，会见摩洛哥王国前首相贝拉弗里杰和前首相办公室主任拉哈基。

△ 下午，视察北京印刷厂。

11月18日 上午，接见喀麦隆妇女代表团。

△ 下午，视察北京农业机械厂。

11月20日 下午，视察北京电影洗印厂。

11月21日 视察北京邮票印制厂。

△ 参观我国准备参加一九六〇年春季在德意志民主共和国莱比锡举办的国际展览会的预展。

11月22日 与林伯渠、李富春、贺龙、陆定一、康生、聂荣臻、郭沫若等，接见河南、湖北、贵州、黑龙江、内蒙古等五个省和自治区的参观团全体人员，以及参加全国金融工作先进集体和先进工作者经验交流大会的全体代表。

△ 与林伯渠、李富春、贺龙、陆定一、康生、聂荣臻等，接见出席高等学校科学研究工作会议的全体代表。

11月23日 视察北京新华印刷厂。

11月24日 视察北京量具刃具厂。

11月25日 视察北京塑料厂。

△ 与贺龙、谭震林、薄一波、聂荣臻接见出席全国第二次小型煤矿工作会议和全国第一次农业机械科学技术工作会议的全体代表，以及参加全国煤矿职工篮、排球运动会的全体运动员。

11月25日—26日 出席彭真主持的中共中央书记处第十六次会议，听取李富春关于我国一九六〇年国民经济计划的汇报，并进行讨论。

11月27日 主持第二届全国人大常委会第十一次会议。会议听取林伯渠关于访问蒙古的汇报；决定批准中华人民共和国和苏维埃社会主义共和国联盟领事条约以及我国的八个民族自治条例。

11月28日 上午,观看解放军装甲兵的坦克表演。

11月29日 晚,与林伯渠、沈钧儒、陈叔通、林枫、贺龙、聂荣臻等,出席阿尔巴尼亚驻中国大使帕里夫蒂为庆祝阿尔巴尼亚解放十五周年举行的招待会。

11月30日 视察北京重型电工机械厂、北京汽轮发动机厂。

12月1日 视察北京石景山特殊钢厂。

12月3日 视察北京橡胶厂。

12月6日 下午,与林伯渠、汪锋接见内蒙古、甘肃、山东、吉林、黑龙江等省、自治区的十个各民族参观团和一个宗教界参观团。

△ 晚,与郭沫若、习仲勋、谢觉哉等出席芬兰驻中国大使瓦尔万尼为庆祝芬兰共和国成立四十二周年举行的招待会,并在招待会上致词。

12月7日 视察北京建国轧钢厂、北京冷风机械厂。

12月8日 主持第二届全国人大常委会碰头会议。在发言谈到特赦问题时说:在被特赦的人员中,有许多人是可以改变的。在共产党和毛主席的领导下,从新民主主义革命到社会主义革命,阶级消灭了,人都留下来了,阶级斗争变成了解决思想问题。我们这个办法比较好,连宣统皇帝都可以改造好。

12月15日 晚,和刘少奇谈话。

12月16日—17日 出席中共中央政治局会议。会议听取李富春关于我国一九六〇年至一九六七年八年规划初步设想的报告,并进行讨论。

12月23日 复信给朝鲜最高人民会议委员长崔庸健,表示中国人民完全支持朝鲜最高人民会议提出的要求实现朝鲜和平统一的建议。信中说："一九五八年十月，中国人民志愿军主动、全部撤出朝鲜的重大行动，不仅为和平解决朝鲜问题开辟了新的现实途径，同时，也有力地向全世界说明朝中方面的和平诚意。但是，中国人民志愿军撤出朝鲜已经一年多了，美国政府一直没有采取相应的措施，撤出它在南朝鲜的军队。正当全世界人民要求用和平谈判的方法解决国际争端的声势越来越高涨的时候，朝鲜民主主义人民共和国最高人民会议向全世界发出要求美国和其他一切外国军队撤出南朝鲜，在没有外国军队干涉下实现朝鲜和平统一的呼吁已经受到并将继续受到热爱和平的国家和人民的重视和支持。中国人民一贯坚决支持朝鲜人民为和平统一自己的祖国而进行的正义斗争。"

12月25日 下午，与刘少奇、陈毅、贺龙等接见宁夏回族自治区、吉林省延边朝鲜族自治州、吉林省白城专区、河北省承德市、辽宁省本溪市等五个各民族参观团的全体成员。

△ 晚，出席刘少奇召集的会议。

12月28日 视察北京锅炉厂。

12月29日 到人民大会堂开第二届全国人大常委碰头会。

12月30日 视察北京电子管厂。

1960年　七十四岁

1月1日　晚，与刘少奇、周恩来、邓小平等出席全国人大、国务院和全国政协联合举行的元旦酒会和联欢晚会。

1月3日　下午，出席刘少奇召集的会议，听取李立三汇报工作。

1月4日　上午，离京赴上海市。次日下午抵达。

1月6日　下午，出席在上海举行的中共中央政治局常委会议。

1月7日—17日　出席在上海举行的中共中央政治局扩大会议。会议认为，一九五九年的大跃进是全面的跃进，一九六〇年还将是一个大跃进。会议制定的一九六〇年国民经济计划，规定的仍是高指标。会议提出今后三年和八年的设想，要求在一九六二年提前五年实现八届八中全会提出的十年赶上英国的口号、实现十二年农业发展纲要和科学规划纲要；在一九六七年基本上实现工业、农业、科学文化和国防四个现代化。同时基本上完成向社会主义全民所有制的过渡。会议还要求，年内在农村人民公社大办公共食堂，试办和推广城市人民公社。会后，在"反右倾"的形势下，"共产风"、"浮夸风"、"命令风"又泛滥起来。

1月12日　致函中共中央、毛泽东，提出应注意发展养蜂事业。信中说：养蜂事业，仅就它的直接收益来说，就高于一般农业的收益，但更重要的是它对农业增产有巨大的作用。

而我国现在养蜂的数量是很不够的。因此，发展养蜂将成为农业增产"八字宪法"以外的又一条重要途径。其次，蜜蜂又是人类的"健康之友"，它的产品蜂蜜是极好的营养品，已经证明可以治疗多种疾病。

1月17日　与刘少奇、邓小平等出席宋庆龄举行的宴会。

1月18日　上午，视察上海水产公司。在听取汇报时说：水产是很重要的部门。中国大部分地区处于温带，水产资源丰富，我们要大力发展水产，要赶上并超过世界上水产最发达的国家。

△　下午，参观上海尖端技术展览会。

1月19日　视察上海斯美玻璃纤维厂、上海合成纤维实验厂、上海化工厂。

1月20日　离上海市飞抵广东省广州市。

1月22日　视察黄埔港。

1月23日　视察华南植物园。

1月24日　参观出口商品展览会。

1月27日　视察新滘人民公社、河南园艺场。

1月29日　参观民间工艺展览会。

2月1日　视察从化县温泉人民公社农场。

2月2日　视察从化县城郊人民公社综合农场。在听取汇报时，指出：你们要加强科学研究工作，要搞综合利用。

2月4日　视察从化县良口人民公社。

2月5日　听取中共从化县委和从化县吕田人民公社党委负责人汇报农业生产情况。在汇报到养猪、养兔问题时，说：应注意发展，增加皮毛、肉食。在汇报到养蚕问题时，说：蚕丝很贵，世界上只有中国和日本大宗生产，要注意发展。在汇报到造纸问题时，说：你们应建立纸浆厂，供给各地造纸厂用。另外，你们还可以生产胶合板。

2月6日 视察广州钢铁厂、广州重型机械厂、广州锌片厂。

2月7日 离广州市飞抵湖北省武汉市。视察武汉钢铁公司炼钢厂。

2月8日 离武汉市回到北京。

2月9日 听取国务院副总理兼外交部部长陈毅汇报捷克斯洛伐克国民议会主席费林格访问我国的安排事宜。

2月10日—14日 十日晚，与林枫等到首都机场迎接捷克斯洛伐克国民议会主席费林格和由他率领的捷克斯洛伐克国民议会代表团。十一日下午，会见费林格和由他率领的代表团。晚，举行宴会欢迎费林格和由他率领的代表团，并在宴会上讲话。十四日上午，到机场为费林格和由他率领的代表团离京回国送行。

2月11日 上午，主持第二届全国人大常委会扩大的第十四次会议，听取水利电力部副部长李葆华作关于一九五九年水利电力建设成就和一九六〇年工作任务的报告。

△ 下午，出席中共中央政治局会议。会议讨论通过教育部党组《关于高等学校教师职务名称问题和改善教师生活待遇的请示报告》等文件。

2月12日 上午，主持第二届全国人大常委会扩大的第十五次会议。会议听取轻工业部副部长邓洁作关于一九五九年轻工业生产情况的报告。

△ 下午，与刘少奇、陈毅、李先念、谭震林、李维汉等接见中国民主建国会和中华全国工商联合会代表大会全体代表。

△ 下午，与刘少奇、李维汉等接见吉林省通化地区各民族参观团。

2月13日 下午，出席刘少奇主持的中共中央政治局会议。十五日、十七日、十八日下午继续出席会议，先后听取薄一波汇报工业生产问题，李先念汇报财经工作，廖鲁言汇报农业生产问题，孙志远汇报物资管理问题，刘宁一汇报工会工作，胡耀邦汇报共青团工作，蔡畅汇报妇女工作。

2月14日 晚，与刘少奇等出席苏联驻中国大使契尔沃年科为庆祝中苏友好同盟互助条约签订十周年举行的宴会，并在宴会上讲话。

2月16日 上午，和解放军总参谋部三部负责人谈话。

△ 下午，主持第二届全国人大常委会第十六次会议，听取煤炭工业部副部长刘向三作关于煤炭工业一九五九年工作情况和一九六〇年工作任务的报告。

2月17日 上午，主持第二届全国人大常委会第十七次会议。会议决定批准《中华人民共和国和缅甸联邦之间的友好和互不侵犯条约》、《中华人民共和国政府和缅甸联邦政府关于两国边界问题的协定》。会议还听取了华侨事务委员会主任廖承志关于一九六〇年接待和安置归国华侨问题的报告。

2月19日 下午，主持第二届全国人大常委会第十八次会议，听取石油工业部副部长李人俊作关于石油工业的成就和今后任务的报告。

2月20日 下午，主持第二届全国人大常委会第十九次会议扩大会议。会议听取商业部副部长王磊作关于一九五九年商业工作情况和一九六〇年工作任务的报告。

2月21日 下午，与刘少奇、谭震林、陆定一、薄一波等接见出席第五次全国司法工作会议、第五次全国检察工作会议和第十次全国公安工作会议的代表。

△ 下午，与刘少奇、谭震林、陆定一、薄一波等接见广

西壮族自治区各民族参观团，福建省各民族参观团，辽宁省旅大、阜新地区各民族参观团，吉林省四平地区各民族参观团，中共内蒙古自治区昭乌达盟党校干部参观团。

2月22日 上午，在解放军总参谋部三部第二次先进工作者代表大会上讲话，指出：在总参三部工作的同志，为党、国家和军队做了很多工作，起了很大的作用。只有知己知彼，才能百战百胜。只要敌人还存在，斗争就不会停止。虽然斗争的形势有时有所缓和，但斗争的方式方法会更加复杂。你们要把敌人的情况弄清楚，做到了如指掌，必须用马列主义和毛泽东思想分析问题。同时，还要强调技术的重要性，一定要学习、掌握和发展最新的军事科学技术。

△ 下午，主持第二届全国人大常委会第二十次会议，听取教育部副部长刘皑风作关于一九五九年教育建设成就和一九六〇年教育工作任务的报告。会议休息时，会见房师亮。

2月23日 上午，视察北京石景山钢铁公司炼钢厂焊缝车间，并听取该厂负责人汇报生产。

△ 下午，主持第二届全国人大常委会第二十一次会议，听取冶金工业部副部长吕东作关于一九五九年冶金工业工作情况和一九六〇年工作任务的报告。

2月24日 视察北京四季青人民公社。在听取汇报时说：不能行船的河流，可以利用起来养鱼。奶牛很重要，将来需要量更大，要注意发展。北京西山一带可以多种葡萄。

2月25日 视察北京永丰人民公社。

2月26日 视察北京黄土岗人民公社。在听取汇报时说：你们要注意发展多种经营，如养兔、养蜂、做泡菜等。有些东西可以出口。

2月28日 上午，离京飞抵陕西省西安市。

△　下午，视察第一机械工业部第三研究所。

2月29日　上午，离西安市飞抵贵州省贵阳市。

△　下午，听取中共贵州省委第一书记周林汇报。

△　赋诗《长征战士归来》：

　　　春风送暖百花开，流水悠悠曲折回；
　　　公社公园新建好，长征战士赋归来。

3月1日　上午，视察贵阳猫跳河水库和红枫发电站。

3月2日　上午，视察贵阳制铝厂。

△　下午，参观贵州省博物馆举办的地质展览会，并听取关于贵州省地质情况的汇报。

3月4日　上午，视察贵阳花溪人民公社。

△　上午，离贵阳市飞抵四川省重庆市。

3月6日　下午，视察西南师范学院。

3月7日　为西南师范学院题词："用毛泽东思想武装起来，贯彻党的教育方针，攀登科学高峰，做好人民教师！"

△　上午，参观重庆红岩村原第十八集团军驻重庆办事处旧址。

△　下午，听取中共重庆市委工业部负责人汇报四川省天然气的资源及其利用情况。

3月8日　上午，离重庆市飞抵南充市。

△　下午，听取中共南充地委和南充军分区负责人汇报工作。当听到养蚕问题时，指出：桑蚕是宝贝，应大量发展。

3月9日　由南充市回到离别五十余年的故乡——四川省仪陇县马鞍场。途中视察嘉陵江边东观场老君第十二号油井，与钻井工人谈话。途经蓬安县和营山县时，分别听取中共蓬安县委和营山县委负责人的汇报，在谈话时指出：国家和省都要帮助地方解决小水电站的机器，集小成多，要重视小水电站的发展。粮食生产一定要过关。否则，哪个国家也养活不起我们这么多人。

△ 途经仪陇县复兴区时，视察了路旁的一座敬老院和托儿所，说：《礼记》上说的，老有所终、幼有所养，就包含有朴素的共产主义思想。在资本主义国家里，人与人间的关系完全变成了一种金钱关系，老子到儿子家吃饭还得拿饭钱。我们中国还要保存家庭关系。敬老养小，仍然是一种值得提倡的美德。但是，现在的条件下，靠国家和集体"敬老"的，必须是鳏寡孤独残疾者，主要还是照顾好那些年老而又无依无靠的人。有家属能抚养的，还是要靠家属抚养。途经仪陇县新寺区时，听取区委负责人汇报后指出：你们要注意发展社办工业，增加社办工业的比重。同时，还要注意发展副业生产。

△ 傍晚，抵达马鞍场镇。在听取马鞍人民公社党委负责人汇报时说：靠山吃山，靠水吃水嘛。我们四川号称"天府之国"，那是指成都坝子一带。像我们这些山区，就是要发展多种经营。搞社会主义要懂得治家之理，应有计划地建立家业，广开财路，除了粮食，还要抓好棉花、油料的生产，要多喂牛、羊、鸡、鸭。还要修傍山猪圈，队队户户养猪，椎粉榨油，粉渣作饲料。

△夜宿马鞍场中学。陪同的中共四川省委负责人廖志高想安排朱德回到县城去住，说："乡下条件差，而且保卫工作也很不好办。"朱德说："什么事情都要从实际出发嘛！乡下就是这么个条件，只要有碗饭吃有张床铺睡觉就行了，保卫工作有什么不好办的？怕什么嘛！"省委领导和县委领导商量后，决定在马鞍中学临时收拾出一间房来住。朱德说："为什么不让

我回家里住呢?"他们解释说:"家里的房子多年失修,已经太破旧了,住起来困难很多。"为了不给大家找麻烦,朱德只好答应晚上就住在马鞍中学内。

3月10日 早晨,顺着山势一步一步登上大沙坪山顶,观赏家乡的景貌。随后,视察马鞍供销合作社和马鞍小学,并为马鞍小学题词:"努力学习,热爱劳动。"为马鞍中学题词:"教育与生产劳动相结合,培养共产主义的新人!"

△ 上午,观看童年时就读过的药铺垭私塾和少年时就读的席聘三私塾旧址,并抚慰启蒙老师席聘三的后代。随后,观看大塆旧居和柏林嘴的父母旧居,并看望亲友和社员。在大塆时,听取群众对公共食堂的意见。关心对产妇的食糖、食油等食品的供应情况。在柏林嘴父母旧居看到设有《朱德同志旧居展览室》时,对地方党委负责人说:"不要办我的展览,把这个地方办成一所学校好不好?现在就改。"

△ 下午,离柏林嘴到仪陇县城。

△ 晚,赋诗《到大塆》:

五二年前别六亲,离时笑语记犹真。
松青柏翠故乡景,李白桃红大地春。
社会一清人享乐,乾坤两造政初新。
连根蔓草芟夷尽,好种佳禾不患贫。

3月11日 视察仪陇农药厂和金城小学(原仪陇县高等小学堂),并为金城小学题词:"为共产主义培养新人!"

△ 听取中共仪陇县委负责人汇报工作,指出:仪陇这个地方,有山林竹木,山货药材,可以发展蚕桑、油桐、白蜡,还可以种植果树,生产潜力是很大的。你们一定要根据山区的

特点，带领广大干部、群众，开发山区富源，发展山区的农、林、牧、副、渔和各种土特产的生产，努力渡过目前的暂时困难，支援国家经济建设。最后强调说：你们要老老实实办事，关心群众生活，有事多和群众商量。

3月12日 下午，返回南充市。和中共南充地委负责人谈话：农业是国民经济的基础。加速农业的发展，对人民生活和工业生产都有很大的意义。只要这个基础打稳了，就能推动其他生产的发展。为了很快地发展农业，你们要注意做好人民公社和农业技术改造工作。现在，你们这里的耕作和运输，还是手工，还是肩挑背扛。这样的劳动方法，不仅费力，而且效率不高，应该早些改变这种状况。你们的工作虽然有很大成绩，但是不能满足。穷苦的生活虽然过去了，但这只是初步地改善。随着生产的发展，今后的生活水平还会逐步提高。要大力发展山区的生产，"靠山吃山，靠水吃水"。山区也有山区的长处，要根据地形的不同，从实际出发，适宜于长什么就种什么，不要强求一律。生产发展了，文化娱乐和医药卫生事业也要随着发展，学校、剧院、电影院等要发展。

△ 下午，视察南充缫丝三厂和南充织绸厂，并听取厂的负责人汇报生产情况。

3月13日 听取中共南充市委和南充县委负责人汇报农业生产和农村办公共食堂的情况，谈话时指出：你们这里可以生产橡胶，以石油作原料。

△ 视察南充县新建人民公社第四管区第十公共食堂。

3月14日 上午，离南充市飞抵成都市。

3月15日 下午，视察七八四厂和七一九厂。

3月16日 视察成都量具刃具厂、成都机车车辆厂、成都机械厂、成都木材综合加工厂，并听取这些工厂的负责人汇报生产情况。在听取成都量具刃具厂负责人汇报时，指出：改进生产关系，走群众路线，这是好经验。要相信工人是可以自己管好自己的，工人自己是能够建立合理的规章制度的。这就是政治挂帅精神的所在。

3月17日 视察成都蜀棉一厂和金堂化工厂，并听取厂的负责人汇报生产情况。

3月18日 上午，视察成都市郫县红光人民公社，并听取公社负责人汇报生产情况。

△ 下午，听取四川省副省长李斌汇报工业生产和对外贸易工作，并指出：要搞黄连素、松香、中药、小煤窑等，这些东西经济价值很大。茶叶"川红"要普遍发展，这是大宗出口货。另外，修公路很重要，要建公路网。

3月19日 上午，离成都市飞抵河南省郑州市。

△ 下午，视察郑州国棉四厂、郑州化工厂和郑州市红旗人民公社幼儿园、敬老院、公共食堂。

3月20日 上午，听取吴芝圃等汇报河南省的农业情况，并指出：农业的重要问题是改革技术。工业一定要支援农业。爱国卫生运动要和积肥结合起来搞，既搞好绿化工作，又能多积肥。

△ 下午，离郑州市回到北京。

3月21日 下午，主持第二届全国人大常委会第二十三次会议，听取周恩来关于签订《中华人民共和国政府和尼泊尔王国陛下政府关于两国边界问题的协定》的说明，并决定派周恩来为签订这一协定的全权代表。

△ 下午，主持全国人大常委会委员长和副委员长会议，讨论召开第二届全国人大第二次会议事宜。

3月24日 参观即将赴德意志民主共和国展出的中国农

业展览会预展。

3月26日 与周恩来、邓小平、林伯渠、董必武、彭真、陈毅、贺龙等接见出席解放军政治工作会议、解放军后勤工作会议、全国邮电技术表演比赛大会的代表，云南省各民族参观团的代表，中央团校第十一期全体学员。

3月27日 出席毛泽东主持的中共中央政治局常委扩大会议，讨论李富春、李先念准备在第二届全国人大第二次会议上的报告。出席会议的还有周恩来、邓小平、彭真、李先念、李富春、薄一波等。

△ 与夫人康克清到北京医院东房子五一○室看望正在那里养病的保健医生顾英奇。

3月28日 主持第二届全国人大常委会第二十四次会议，讨论通过第二届全国人大第二次会议的议程（草案）、会议主席团和秘书长名单等事项。

3月29日 主持第二届全国人大第二次会议预备会议。

3月30日—4月10日 出席在北京举行的第二届全国人大第二次会议。三月三十日下午，朱德主持开幕式。国务院副总理兼国家计划委员会主任李富春作《关于一九六○年国民经济计划草案的报告》，国务院副总理兼财政部长李先念作《关于一九五九年国家决算和一九六○年国家预算草案的报告》。第二届全国人大常委会向大会作了书面工作报告。四月六日下午，国务院副总理谭震林作《为提前实现全国农业发展纲要而奋斗》的报告。四月十日上午，国务院总理周恩来就目前国际形势和我国对外关系问题发表讲话。下午，朱德主持闭幕式。大会通过《关于一九六○年国民经济计划、一九五九年国家决算和一九六○年国家预算的决议》、《关于为提前实现全国农业发展纲要而奋斗的决议》、《关于第二届全国人大常委会工作报告的决议》和《一九五六年到一九六七年全国农业发展纲要》。

4月1日 下午，与刘少奇、林伯渠、董必武、彭真、李先念、乌兰夫、陆定一等先后接见出席解放军驻北京部队先进集体和积极分子代表大会的全体代表、出席中共中央直属机关第三次青年积极分子代表会议的全体代表。

4月2日 给中共中央、毛泽东写报告，反映视察贵州、四川、河南三省的情况：我国各地方的地理条件和自然条件很不相同，农作物的品种又非常繁多，农业生产一定要因地制宜。农业技术改革也要因地制宜，不能强求一律。对于发展县、社工业，建议中央有关部门和各省、市、自治区除拿出大工厂更换下来的旧设备支援县、社工业以外，还应该适当地生产一批新机床，用以武装县、社修配厂，使它们在加速实现农业半机械化和机械化中发挥更大的作用。农业和工业，都要发展商品性的生产，以适应国家经济建设和改善人民生活的需要。在水利化运动方面，除了农田灌溉之外，还注意修建小型水电站；利用河道水渠发展航运；利用坑塘和水库发展养鱼；平原地区实行井渠双保险；山区和丘陵地区，实行分段堵水，以高山来灌低山。

4月4日 与刘少奇、周恩来等出席匈牙利驻中国大使馆临时代办西格蒂为庆祝匈牙利解放十五周年举行的招待会。

△ 晚，出席刘少奇主持的中共中央政治局会议。

4月6日 晚八时，出席毛泽东召集的会议。出席会议的还有刘少奇、周恩来、陈云、林彪、邓小平、彭真。

4月8日 会见和宴请蒙古大人民呼拉尔主席贾尔卡赛汗和由他率领的蒙古大人民呼拉尔访华代表团。

△ 晚九时，出席毛泽东召集的会议，讨论有关周恩来出国访问的几个文件和周恩来在第二届全国人大第二次会议上讲

话的新闻稿。出席会议的还有刘少奇、周恩来、陈云、邓小平、彭真、陈毅、陆定一、杨尚昆。

4月12日 主持全国第二届人大常委会第二十五次会议。会议决定批准《中华人民共和国政府和尼泊尔王国政府关于两国边界问题的协定》。

△ 出席毛泽东召集的会议，继续讨论周恩来出国访问的有关事宜和粮食问题。出席会议的还有刘少奇、周恩来、陈云、林彪、邓小平、彭真、陈毅等。

4月13日 与宋庆龄、董必武、陈云、林彪、邓小平等到机场为周恩来访问缅甸、印度、尼泊尔送行。

4月17日 与林伯渠、沈钧儒、郭沫若、陈叔通、程潜、习仲勋等会见在我国访问的蒙古、伊拉克、日本、印度尼西亚、锡兰等国的外宾。

△ 与林伯渠、沈钧儒、陈叔通、程潜、习仲勋等出席首都各界人民为纪念万隆会议五周年和庆祝中国非洲人民友好协会成立举行的集会。

4月18日 与林彪、宋庆龄、董必武、邓小平等出席全国民兵代表会议开幕式。

△ 晚，与林伯渠、沈钧儒、陈叔通、程潜、贺龙、习仲勋等出席外交部为纪念万隆会议五周年举行的招待会。会议中间，朱德接见美国女作家安娜·路易斯·斯特朗。

4月20日 听取西藏军区第一政委张经武汇报西藏平叛和工农业生产情况，并指出：西藏可以办国营牧场。西藏的稀有金属很多，如硼砂、水晶石等，还有石油，要注意开发。在西藏要解决粮食问题，就得普遍种植适合高寒地区的作物。

4月21日 视察北京养蜂场。

4月22日 与林彪、邓小平、宋庆龄、林伯渠、董必武、彭真、罗荣桓、李富春、贺龙等出席中共中央举行的纪念列宁诞辰九十周年大会。

4月23日 与毛泽东、林彪、邓小平、宋庆龄等接见出席全国民兵代表会议的代表。

4月24日 视察北京中德友好人民公社。在听取汇报时指出：学生要参加一些体力劳动，脑力劳动与体力劳动相结合。要教育学生以社为家。

4月25日 晚，宴请古巴人民社党总书记罗加和夫人。出席宴会的有邓小平、彭真、李富春、贺龙等。

4月26日 下午，出席毛泽东主持的中共中央政治局会议。会议讨论《毛泽东选集》第四卷的出版问题。出席会议的还有林彪、邓小平、彭真、贺龙、陈伯达、李富春、薄一波、杨尚昆等。

4月27日 下午，与林彪、邓小平、宋庆龄、董必武等出席全国民兵代表会议闭幕式。晚，出席为庆祝全国民兵代表会议闭幕举行的宴会和晚会。

4月28日 视察北京制药厂、北京合成纤维实验工厂。

4月29日 与董必武会见以波兰国防部副部长兼总长博齐洛夫斯基为首的波兰军事代表团。会见时在座的有罗瑞卿、彭绍辉。

5月1日 上午，与宋庆龄、董必武、邓小平、彭真等到中山公园和首都人民群众共同庆祝五一国际劳动节。晚，在天安门城楼上观看焰火并会见来自六十多个国家和地区的外宾。

5月2日 接见阿尔及利亚临时政府代表团团长、副总理兼外交部长贝勒卡塞姆。在谈话时说：我们的敌人是共同的，革命正在前进。团结反对帝国主义的力量，是反帝斗争的最好方法。军事只有在战争中才能学到，在实际斗争中锻炼出来的才有用，最后的胜利是属于这些人的。毛主席说，一切反动派都是纸老虎，拿飞机、大炮、坦克吓人。

5月7日 与林彪、邓小平、贺龙、谭震林、王稼祥等接见来京参加五一国际劳动节庆祝活动的内蒙古、西藏、广西、四川、贵州的各民族参观团和出席全国民族学院院长会议的代表。

5月8日 视察石景山钢铁公司。在听取公司负责人汇报工作时，指出：要关心职工的生活，吃饭问题解决了，就应该逐步解决住房问题。衣、食、住、行都解决了就好了。

△ 晚，与彭真、贺龙等会见以奥巴夫斯基为团长的捷克斯洛伐克友好代表团。随后出席首都各界人民为庆祝捷克斯洛伐克解放十五周年举行的集会。

5月9日 与林彪、邓小平、彭真、贺龙等出席捷克斯洛伐克驻中国大使布希尼亚克为庆祝捷克斯洛伐克解放十五周年举行的招待会。

5月10日 下午，主持第二届全国人大常委会办公会议，听取外交部亚洲司负责人报告南朝鲜问题。

5月12日 上午，在会见捷克斯洛伐克驻中国大使布希尼亚克时说：我们不怕帝国主义，他打我们，我们就必须回击。但是，说我们不要和平，这不是事实。你对帝国主义硬了，他就软了，如果退让，那就没有和平了。现在是原子弹时代，许多技术我们还没有赶上，新的技术又在不断发展。因此，要互相帮助，我们不仅要赶上，而且还要超过帝国主义国家。

△ 下午，出席中共中央政治局会议，听取谭震林汇报农业问题、李先念汇报财政问题。

5月14日 上午，会见伊拉克首任驻中国大使法迪尔，在谈话时说：我们是友好的国家，共同反对帝国主义和殖民主义，我们应互相了解，互相帮助。伊拉克面临保卫国家独立的斗争，困难是有的,但只要依靠人民,就一定能够保卫国家的独立。只要人民群众有决心,任何外力都不能把他们压制下去。

△ 参观全国绸缎品种和花色展览会。在听取展览会的负责人介绍我国绸缎生产情况时说:绸缎可以多出口。要实行政治挂帅和物质鼓励相结合的办法来发展生产。我们国家有人力,有技术,要发挥我们的有利条件,同其他国家进行竞争。当然,外国的新品种、新花色、新技术,我们也要注意学习,并且要赶上和超过他们。要搞技术革新和技术革命,以促进生产的发展。生产关系和上层建筑,都要为发展社会生产力服务。

5月15日 接受波兰新任驻中国大使克诺泰递交的国书。

5月17日 与宋庆龄、林彪、邓小平等到机场迎接访问缅甸、印度、尼泊尔、柬埔寨和越南民主共和国后回国的周恩来、陈毅及随行人员。

△ 与林彪、邓小平、彭真、罗荣桓、李富春、贺龙、王稼祥、罗瑞卿等接见出席解放军装甲兵第一届参谋工作会议、解放军北京空军第三届先进集体积极分子代表大会以及全国农村统计工作经验交流大会的全体代表。

5月20日 与周恩来、林彪、宋庆龄、邓小平、彭真、陈毅、李富春、李先念等出席首都各界人民在天安门广场举行的支持苏联正义立场、反对美国破坏四国首脑会议的大会。

5月22日 与林彪、彭真、陈毅、贺龙、李先念等接见出席全国财贸部门技术革新和技术革命表演大会的代表和参加纺织工业全国厅局长会议的全体人员。

5月23日 出席邓小平召集的中共中央政治局委员和书记处书记会议。会上,传达中共代表团同以金日成为首的朝鲜劳动党代表团在浙江杭州会谈的情况和毛泽东在杭州"西湖会议"[1]上的讲话。

5月24日 与邓小平宴请丹麦共产党中央主席耶斯佩森和夫人，并进行会谈。出席宴会的还有彭真、王稼祥、刘澜涛、刘宁一等。

5月26日 上午，主持第二届全国人大常委会第二十六次会议。会议决定批准《中华人民共和国和尼泊尔王国和平友好条约》，并决定追认周恩来为签订这一条约的全权代表；决定派周恩来为签订《中华人民共和国和蒙古人民共和国友好互助条约》的全权代表。

△ 下午，与周恩来、邓小平、彭真、贺龙、李先念、陆定一、王稼祥、罗瑞卿等接见出席解放军全军文化教育积极分子代表大会、炮兵院校政治工作会议、空军直属机关积极分子代表大会的代表，参加全国职工文艺会演的全体人员，出席第一届全国盲人、聋哑人代表会议以及全国海关第二次先进集体和先进工作者代表会议的代表。

5月27日 上午，与邓小平、彭真、贺龙、李先念等到机场为周恩来及其率领的代表团访问蒙古送行。

△ 上午，离京抵达山东省济南市。

△ 下午，听取中共山东省委第一书记舒同和济南军区第二政治委员梁必业等汇报工作。

5月28日 视察济南仁丰纺织厂、济南第二机床厂。参观山东省技术革新展览。

5月29日 视察济南钢铁厂、济南印染厂、济南历下人

---

[1] "西湖会议"，即1960年5月21日至22日在杭州举行的中共中央政治局常委扩大会议，会议讨论国际形势和中苏关系等问题。

民公社红旗分社、历城县东郊人民公社。

5月30日 离济南市回到北京。到劳动人民文化宫向于五月二十九日逝世的中共中央政治局委员、全国人大常委会副委员长林伯渠遗体告别。三十一日下午，到林伯渠灵前吊唁，并参加守灵。六月二日上午，参加首都各界人民公祭林伯渠大会。

5月30日 晚，出席刘少奇召集的会议。出席会议的还有邓小平、彭真、李富春、李先念、陆定一、王稼祥、刘澜涛等。

6月1日 上午，与宋庆龄、邓小平、彭真、李先念等到机场迎接访问蒙古后回到北京的周恩来及其率领的代表团。

△ 下午，与刘少奇、周恩来、宋庆龄、董必武、邓小平等，出席全国教育、文化、卫生、体育、新闻方面社会主义建设先进单位和先进工作者代表大会开幕式，并接见大会主席团全体成员。

6月2日 与刘少奇、周恩来等会见阿尔巴尼亚人民议会主席哈奇·列希。

6月5日 出席中共中央政治局会议。

△ 晚，离京乘火车去上海。次日，抵达上海市。

6月8日、9日、13日 与刘少奇、周恩来、陈云、林彪、邓小平等参加毛泽东主持的中共中央政治局常委会议。

6月14日—18日 出席在上海举行的中共中央政治局扩大会议。会议主要讨论国际形势和国民经济第二个五年计划后三年（一九六〇至一九六二年）的补充计划，总结几年来经济建设的经验。十一日，致信刘少奇，对解决当前全国粮食不足问题提出四条意见：（一）要多种红薯、玉米、高粱等高产作物，以增加粮食数量。同时，还要多种瓜菜，以代替粮食。（二）在新疆、青海、内蒙古和东北等高寒地区，要多种深根作物，如糖萝卜等。在这些地区还要大量开荒，新开垦的荒地，除种粮食作物外，还要特别注意种糖萝卜。并且还要建设一些小型的糖厂，既可以增加糖的生产，又可以利用菜叶、糖渣来饲养牲畜。在南方可以种甘蔗的地区，在保持粮食生产继续增长的条件下，要多种甘蔗。因为糖可以代替粮食使用，以便补助和调剂口粮的不足。（三）在粮食吃法上，应提倡粗粮和细粮混吃。（四）要注意发展短途运输，以便把"死角粮"运出来。这封信被作为会议文件印发。

6月10日 下午，参观上海市技术革新和尖端科学展览会。

6月11日 视察上海龙华苗圃。

6月12日 视察上海市静安区北京西路张家宅里弄居民委员会。

6月13日 视察上海吴泾炼焦制气厂、上海热电厂。

△ 出席毛泽东召集的会议。会议讨论炮击金门问题。出席会议的除中共中央政治局常委外，还有贺龙、陈毅和罗瑞卿。

6月14日 视察上海吴泾化工厂。

6月17日 视察上海永鑫无缝钢管厂。

6月18日 视察上海电机厂。

6月19日 视察上海大利缫丝厂、上海铁合金厂、上海第一钢铁厂、上海第五钢铁厂、上海第九棉纺织厂、上海手表厂。在视察上海大利缫丝厂综合利用车间时说：蚕丝的经济价值很高，如果全国适宜的地方能普遍植桑养蚕，在两三年内即可发展起来。蚕丝的出口量很大，每年创不少外汇。综合利用蚕丝，人民公社也可以搞，这样就可以大量发展。

6月20日 视察上海重型机械厂。

6月21日 离上海市飞抵浙江省杭州市。

6月22日 视察杭州梅家坞茶社大队托儿所和公共食堂。

△　赋诗《登西湖南高峰》：

登上南高峰，钱塘在眼中。
回首西湖望，江山锦绣同。

6月23日　听取浙江省工业生产委员会负责人汇报生产情况。

△　视察杭州氧气机械厂、杭州香料厂、杭州丝绸厂。

6月24日　离杭州市飞抵安徽省合肥市。

△　视察合肥市董辅水库。

6月25日　视察合肥起重运输设备厂、佛子岭发电站、磨子潭发电站、梅山发电站。参观安徽省技术革新展览会。

6月26日　听取中共安徽省委书记处书记王光宇、李任之等汇报工农业生产情况和财贸工作。

△　视察合肥模型厂、安徽第一棉纺织厂。

6月27日　视察合肥综合化工厂、合肥工业大学。

6月28日　上午，离合肥市飞回北京。

7月1日　上午，离京飞抵北戴河。

7月4日　出席在北戴河召开的中共中央政治局会议。

7月5日—8月10日　出席在北戴河召开的中共中央工作会议。会议主要讨论国民经济调整问题和研究国际问题，并制定了《关于全党动手，大办农业，大办粮食的指示》、《关于开展以保粮、保钢为中心的增产节约运动的指示》等文件。七月十二日，在第三小组会议上发言说：当前最主要的是要把我们的建设工作做好，多搞点钢铁和粮食。八月十日，在全体会议上讲话。

7月7日　出席中共中央政治局常委会议，会议讨论目前形势和与苏联关系问题。

7月10日 离北戴河回到北京。

7月11日 与宋庆龄、郭沫若、陈叔通、陈毅、习仲勋等出席蒙古驻中国大使沙拉布为庆祝蒙古人民革命胜利三十九周年举行的招待会。

7月12日 离京飞抵北戴河。

7月20日 出席中共中央政治局常委扩大会议。

7月21日 继续出席中共中央工作会议。

△ 离北戴河回到北京。

7月22日 与刘少奇、周恩来、宋庆龄、邓小平、彭真、陈毅、陆定一等出席中国文学艺术工作者第三次代表大会开幕式,并接见大会主席团全体成员。二十三日下午,与毛泽东、刘少奇、邓小平、陆定一、沈钧儒、郭沫若等接见出席这次代表大会的全体代表。

7月24日 离京飞抵北戴河。继续出席中共中央工作会议。

7月28日、30日、31日 出席中共中央政治局常委会议,会议讨论有关粮食和尖端科学问题;还讨论就苏联撤回全部专家给苏联驻中国使馆的照会[1]等问题。

8月5日 和毛泽东谈话。

8月6日 出席毛泽东主持的中共中央政治局常委会议,讨论苏联专家撤退问题。

8月7日 视察秦皇岛新码头、耀华玻璃厂。

---

[1] 1960年6月,社会主义国家共产党和工人党代表在布加勒斯特举行会议,会后苏共领导把中苏两党关系的矛盾扩大到国家关系上,撕毁合同,单方面决定召回苏联在华全部专家1390人,废除343个专家合同和合同补充书,以及257个科学技术合作项目。

8月14日 上午，离北戴河回到北京。

△ 晚，与周恩来、李先念、习仲勋、郭沫若等出席首都各界人民庆祝朝鲜解放十五周年联欢晚会。

8月15日 上午，会见哥斯达黎加议会代表团。二十七日晚，举行宴会招待代表团，并致词：中、哥两国人民都是帝国主义侵略的受害者，现在我们两国仍面临着共同的敌人。在反对美帝国主义、维护民族独立的斗争中，我们必须团结一致、互相支持。中国人民永远站在拉丁美洲人民一边。

△ 下午，主持第二届全国人大常委会扩大的第二十七次会议；决定派国务院副总理陈毅为签订《中华人民共和国和阿富汗王国友好和互不侵犯条约》的全权代表；批准《中华人民共和国和捷克斯洛伐克共和国领事条约》、《中华人民共和国和蒙古人民共和国友好互助条约》。

8月17日 会见匈牙利驻中国大使费伦茨，并进行友好的谈话。

△ 晚，与周恩来、李先念等出席印度尼西亚驻中国大使馆临时代办苏雷曼为庆祝印度尼西亚独立十五周年举行的招待会。

8月19日 主持第二届全国人大常委会扩大的第二十八次会议，讨论周恩来在全国人大常委会扩大的第二十七次会议上所作的国际形势问题的报告。

8月22日 下午，与毛泽东、刘少奇、周恩来、彭真等会见出席中国国民党革命委员会、中国民主同盟、中国民主促进会、中国农工民主党、中国致公党、九三学社等六个民主党派中央全会扩大会议的代表。二十八日晚，与董必武、彭真等出席中共中央统战部为招待出席六个民主党派中央全会扩大会议的代表和其他民主党派负责人以及无党派民主人士举行的宴会。

8月23日 与周恩来、李先念、习仲勋、沈钧儒、包尔汉等出席罗马尼亚驻中国大使馆临时代办巴什基洛为庆祝罗马尼亚解放十六周年举行的招待会。

8月24日 出席中共中央邀请各民主党派负责人参加的座谈会。会议座谈讨论中苏关系问题。周恩来在会上作了中苏关系问题的报告。

9月1日 晚,与李先念、习仲勋、郭沫若等出席首都各界为庆祝越南民主共和国成立十五周年举行的联欢会。

9月2日 晚,与刘少奇、周恩来等出席越南驻中国大使陈子平为庆祝越南民主共和国成立十五周年举行的招待会。

9月7日 下午,出席毛泽东召开的中共中央政治局常委会议。会议讨论答复苏共中央通知书的问题。

9月13日 主持第二届全国人大常委会第二十九次会议。会议决定派周恩来为签订《中华人民共和国和几内亚共和国友好条约》的全权代表;批准《中华人民共和国和阿富汗王国友好和互不侵犯条约》;决定设立中华人民共和国第三机械工业部。

△ 晚,出席毛泽东主持的中共中央政治局常委扩大会议。会议商讨中共代表团赴苏联谈判的有关问题。

9月14日—10月20日 出席在北京召开的中共中央军委扩大会议。会议讨论新形势下军队的政治工作问题,并作出《关于加强军队政治思想工作的决议》。十月十八日,在会上讲话,指出:我们的军队是在党的领导下,以政治工作为生命线的。当前,要用马列主义和毛泽东思想来武装我们的军队,用共产主义的精神、艰苦奋斗、奋发图强的精神来教育我们的军队。不要钱,不怕苦,不怕死,官兵一致,上下一致,平时军队帮助群众生产,战时群众帮助军队作战,这是我们的优良传统。正是由于我们几十年如一日地坚持了这种优良传统,所以我们能够克服种种困难,由一个胜利走向另一个胜利。并强调说:"我们的军队一定要下决心用尖端技术武装自己。如果我们的军队能在思想政治上武装好,再加上先进的装备,那就会成为天下无敌的军队。这样就有可能迫使帝国主义不敢侵略我们。"

9月16日 与周恩来、陈毅、李富春、李先念到机场为赴苏联的中共代表团第二批人员邓小平、彭真、杨尚昆、胡乔木、伍修权等送行。

9月23日 晚,出席毛泽东主持的中共中央政治局常委扩大会议。会议听取邓小平汇报中苏两党会谈情况。

9月27日 下午,接见并宴请到京参加中华人民共和国成立十一周年庆祝活动的班禅额尔德尼·确吉坚赞,在宴会上致词:全国各族人民要在党中央和毛主席领导下,团结一致,"为尽快地把我国建设成为一个具有高度发展的现代工业、现代农业和现代科学文化的社会主义强国而奋斗"。

9月29日 与毛泽东、刘少奇、周恩来、董必武等会见缅甸联邦总理吴努和缅甸国防军总参谋长奈温将军。

9月30日 主持第二届全国人大常委会第三十次会议。会议批准《中华人民共和国和几内亚共和国友好条约》;决定派周恩来为签订《中华人民共和国和缅甸联邦边界条约》的全权代表。

△ 下午,与毛泽东、刘少奇、周恩来、董必武等接见阿尔及利亚临时政府总理费尔哈特及其率领的代表团全体人员。

△ 晚,与刘少奇、董必武、陈云等出席周恩来为庆祝中华人民共和国成立十一周年举行的招待会。

10月1日 上午,毛泽东、刘少奇、周恩来、朱德、陈云、林彪、董必武等出席首都各界五十万人为庆祝中华人民共和国成立十一周年在天安门广场举行的盛大集会,在天安门城楼上检阅游行队伍。晚,毛泽东、刘少奇、周恩来、朱德、陈云、林彪、董必武等在天安门城楼上接见来我国访问和参加国庆观礼的各国代表团的负责人和各方面的著名人士并一起观看节目焰火。

△ 下午与刘少奇、董必武、陈云、林彪等出席《中华人民共和国和缅甸联邦边界条约》签字仪式。晚，与周恩来、董必武、陈云、林彪等出席刘少奇为欢迎吴努、奈温和由他们率领的缅甸联邦政府代表团访问我国，并庆祝中缅边界条约的签订举行的宴会。

10月2日 晚，与李先念、林枫等出席中国阿尔巴尼亚友好协会为欢迎以阿尔巴尼亚劳动党中央委员、部长会议副主席、阿中友协主席凯莱齐为首的代表团举行的宴会。

10月3日 会见印度尼西亚共和国最高评议会议员、印度尼西亚党总主席哈迪和夫人及其随行人员。

10月5日 出席中华人民共和国政府和阿尔及利亚共和国临时政府联合公报签字仪式。

10月7日 出席毛泽东召开的中共中央政治局常委扩大会议。会议讨论关于苏联赫鲁晓夫在联合国大会上发言问题。出席会议的还有刘少奇、周恩来、陈云、林彪、李富春、陈伯达等。

△ 下午，与毛泽东、刘少奇、周恩来、陈云、林彪等接见参加国庆观礼的解放军代表和各民族参观团。

△ 晚，与周恩来、董必武、聂荣臻等出席德意志民主共和国驻中国大使汪戴尔为庆祝德意志民主共和国成立十一周年举行的招待会。

10月9日 下午，出席毛泽东主持的中共中央政治局常委扩大会议。会议讨论今后工作方针问题。

△ 晚，与毛泽东、董必武、李富春等接见缅甸文化代表

团全体团员，并观看代表团的文艺演出。

10月10日 会见印度尼西亚驻中国大使托迪维约，并进行友好谈话。

10月11日 会见捷克斯洛伐克新任驻中国大使赛迪维和大使馆参赞石杰基纳，并进行友好谈话。

10月14日 出席毛泽东主持的中共中央政治局扩大会议。会议讨论国际形势问题。出席会议的还有刘少奇、周恩来、陈云、林彪、李富春、陈伯达、吴冷西等。

10月16日 会见巴西联邦参议员、参议院财政委员会主席贝略索和由他率领的议会代表团。

10月19日 与毛泽东、周恩来等接见出席中共中央军委扩大会议的全体代表。

10月21日 晚，出席毛泽东主持的中共中央政治局常委扩大会议。会议讨论正在苏联参加莫斯科会议[1]的邓小平的二十日来电。出席会议的还有刘少奇、周恩来、李富春、陈毅、陆定一、陈伯达等。

10月24日 下午，主持第二届全国人大常委会第三十一次会议。会议决定任命申健为中华人民共和国驻古巴大使。

10月25日 晚，与周恩来、彭真、陈毅、李富春等出席朝鲜驻中国大使李永镐为纪念中国人民志愿军参加朝鲜祖国解放战争十周年举行的宴会。

10月26日 视察北京轴承厂、北京玻璃厂。

10月28日 视察北京第二化工厂。

---

[1] 莫斯科会议，是指为1960年11月在莫斯科召开的各国共产党和工人党代表会议作准备的二十六国共产党和工人党文件起草委员会会议。

10月29日 和国务院参事、滇军旧友金汉鼎谈话。

10月30日 晚,与习仲勋等观看苏联艺术家表演团演出,并接见该团领队和主要演员。

△ 赋诗一首:

从俭入奢易,从奢入俭难。
勤俭建国家,永久是真言。

10月31日 视察北京第一机床厂。在听取该厂负责人汇报生产情况时,指出:你们要多搞新的尖端技术,采用当代的新技术,赶上世界先进技术水平。

11月2日 下午,与刘少奇、周恩来、邓小平等到机场欢迎赴苏联参加十月社会主义革命四十三周年庆典途经北京的越南劳动党主席、越南民主共和国主席胡志明。晚,出席毛泽东为胡志明举行的宴会。

△ 晚,出席毛泽东主持的中共中央政治局常委扩大会议,会议讨论我国党政代表团赴苏联参加十月社会主义革命四十三周年庆典和出席世界共产党和工人党会议问题。出席会议的还有刘少奇、周恩来、邓小平、彭真、陈毅、李富春等。

11月3日 中共中央发出《关于农村人民公社当前政策问题的紧急指示信》(通称"十二条")。其中规定:人民公社实行三级所有,队(大队,相当于原高级农业生产合作社)为基础,至少七年不变;彻底纠正"一平二调"的错误;允许社员经营少量的自留地和家庭副业;从各方面节约劳动力,加强农业生产第一线;安排好粮食,办好公共食堂;整风整社等。

△ 视察北京第二通用机械厂、北京汽轮发电机厂、北京重型电工机械厂。在视察北京第二通用机械厂时,对厂负责人

说：你们要设法搞轧马口铁的机器。如能轧出马口铁来就好了，这是出口产品的重要包装材料。

11月4日 视察北京焦化厂。

11月5日 与周恩来、林彪、罗荣桓、陈毅、李富春、刘伯承、谭震林等到机场，为由刘少奇率领的中国党政代表团应邀前往莫斯科参加十月社会主义革命四十三周年庆典和出席世界共产党和工人党会议送行。

11月6日 毛泽东、刘少奇、朱德、周恩来致电苏联共产党中央第一书记、苏联部长会议主席尼·赫鲁晓夫，苏联最高苏维埃主席团主席列·勃列日涅夫，祝贺十月社会主义革命四十三周年。电报中说："十月社会主义革命，是人类历史上一次最伟大最彻底的革命，它开辟了人类从资本主义过渡到社会主义、共产主义的新纪元。""建立在马克思列宁主义和无产阶级国际主义基础上的中苏两国人民的伟大友谊和团结，是中苏两国人民的最高利益，也是世界人民的最高利益。坚如磐石的中苏友谊和团结，是任何力量破坏不了的。"

△ 晚，与周恩来等出席首都各界人民庆祝十月社会主义革命四十三周年大会。

11月7日 晚，与毛泽东、周恩来、林彪、陈毅、李富春等出席苏联驻中国大使契尔沃年科为庆祝十月社会主义革命四十三周年举行的招待会。

11月8日 视察石景山钢铁公司、北京特殊钢厂。

11月9日 和解放军汉口高级步兵学校校长王绍南等谈长征途中反对张国焘分裂主义的斗争情况，说：张国焘为什么要反对中央？为什么要搞分裂？因为他的野心很大，想凭借红四方面军人多势众，趁机篡党夺权当领袖。他还怕打仗，不愿向敌人进攻，目的是想保存自己的实力。但是，红四方面军的大多数同志是好的。红二、红六军团渡金沙江同红四方面军会合后，拥护中央，反对张国焘的分裂活动，对团结北上起了很好的作用。由于中央对张国焘采取了团结争取的正确方针和其他方面的原因，他的分裂活动最后彻底失败了。

11月10日 视察北京毛纺织厂。

11月11日 视察北京农业机械厂、北京合成纤维实验工厂。在视察北京农业机械厂时，对厂负责人说：你们是否回收废钢铁？要回收。增产节约是建设社会主义的基本方针。

11月19日 主持第二届全国人大常委会第三十二次会议。会议根据国务院的建议，通过《关于特赦确实改恶从善的蒋介石集团和伪满洲国的战争罪犯的决定》。

△ 为《中国青年》题词："青年同志们：学习红军老战士的不断革命精神，艰苦奋斗，发愤图强，建设我们伟大的社会主义祖国。"

11月29日 晚，与毛泽东、周恩来等出席阿尔巴尼亚驻中国大使帕里夫蒂为庆祝阿尔巴尼亚解放十六周年举行的招待会。

12月3日 会见古巴首任驻中国特命全权大使桑托斯。在谈话时说：我们两国很友好，是战友，需要互相帮助。在谈到美国作家史沫特莱时说：她是一位革命作家，一生精力用在中国革命身上，在中国住了很久，对红军的生活与战斗有了解，后来参加了我国抗日战争。

△ 出席毛泽东主持的会议。会议听取邓小平、彭真等汇报参加在莫斯科举行的各国共产党和工人党代表会议的情况。出席会议的还有周恩来、李富春、陈毅、贺龙等。

△ 晚，与周恩来、邓小平、彭真、陈毅、李富春、贺龙等，出席毛泽东为途经北京回国的越南劳动党中央主席、越南民主共和国主席胡志明及其率领的党政代表团举行的宴会。六

日上午，与周恩来、邓小平等到机场为胡志明及其率领的越南党政代表团离京回国送行。

12月4日 到北京市西城区中南海选区投票站，和选民一起投票选举北京市西城区第四届人民代表大会的代表。

12月7日 出席由周恩来主持的中共中央政治局扩大会议。会议听取邓小平报告中国党政代表团参加莫斯科会议的情况。

12月9日 与毛泽东、周恩来、陈云、邓小平等到机场迎接由刘少奇率领的中国党政代表团参加苏联十月社会主义革命四十三周年庆典和参加各国共产党和工人党代表会议并访问苏联后归来。

△ 晚，出席毛泽东召集的会议。会议听取刘少奇汇报访问苏联和参加各国共产党和工人代表会议的情况。出席会议的还有周恩来、陈云、邓小平、彭真、李富春、陈毅等。

12月14日 主持第二届全国人大常委会第三十三次会议。会议批准《中华人民共和国和缅甸联邦边界条约》；决定派周恩来为签订《中华人民共和国和柬埔寨王国友好和互不侵犯条约》的全权代表；听取全国人大常委会副委员长、西藏自治区筹备委员会代理主任委员班禅额尔德尼·确吉坚赞关于一年来西藏工作的报告。

12月15日 与刘少奇、周恩来、董必武等到火车站欢迎并会见柬埔寨国家元首诺罗敦·西哈努克亲王。十九日，出席《中华人民共和国主席刘少奇和柬埔寨王国国家元首诺罗敦·西哈努克亲王联合声明》和《中华人民共和国和柬埔寨王国友好和互不侵犯条约》的签字仪式。

12月16日 为《儿童时代》题词："继承革命光荣传统，做一个勤劳勇敢好学的红色少年，准备做共产主义事业的接班人。"

12月23日 出席毛泽东召集的各中央局第一、第二书记会议。会议听取关于农村生活安排情况的汇报和讨论中央工作会议的开法问题。出席会议的还有刘少奇、陈云、邓小平、彭真、谭震林等。

12月24日—翌年1月13日 出席中共中央在北京召开的工作会议。会议主要讨论一九六一年国民经济计划，总结近两个月来各地区整风整社试点的经验，确定进一步开展农村整风整社运动，认真贯彻中央紧急指示信。一月十三日，在全体会议上发言说：这次会议开得很好，对农村工作情况和"农、轻、重"的关系搞清楚了，摸到了底。过去我们虽然也常说"农、轻、重"，但实际上没有那样做，仍然是"重、轻、农"。我国的轻工业和手工业是有底子的，今后应注意发展轻工业。钢铁工业宁肯少建设一点，也要多给轻工业一点投资，这应该成为今后的长期方针。轻工业发展了，可以多出口一些轻工业产品，换回我们所需要的东西来。今后的对外贸易，主要应出口轻工业产品，而不是像现在这样主要出口农副产品。这是一件大事，应该重视。

12月28日 主持第二届全国人大常委会第三十四次会议，听取华侨事务委员会副主任方方作关于接待和安置归国华侨工作情况的报告。

12月30日 与董必武、陈云、邓小平等到机场为周恩来和由他率领的代表团赴缅甸访问送行。

1961年　七十五岁

1月2日　晚至次日凌晨一时半，出席毛泽东主持的中共中央政治局常委和各中央局第一、第二书记会议，会议讨论一九六一年国民经济计划问题。

1月3日　晚十时，出席中共中央政治局常委和各中央局第一、第二书记会议。会议讨论一九六一年国民经济计划问题，翌日凌晨一时半结束。

1月4日　出席缅甸驻中国大使馆临时代办吴翁钦在北京饭店举行的招待会，庆祝缅甸联邦独立十三周年。

1月5日　晚七时，到毛泽东处看望。

1月6日　与毛泽东、刘少奇、李先念、聂荣臻、习仲勋、李维汉、赛福鼎、林枫、张治中、傅作义等出席古巴驻中国大使桑托斯为庆祝古巴革命胜利二周年举行的招待会。在会上讲话，指出：古巴人民的胜利有力地证明，任何一个被压迫的国家，不论它是大国还是小国，也不论它距离帝国主义是近还是远，只要这个国家的人民坚持团结，坚持斗争，他们就一定能够取得革命的胜利。

1月9日　下午，出席中共中央政治局常委和各中央局第一、第二书记会议。会议讨论《党政干部三大纪律、八项注意》（草案）及召开中共八届九中全会的有关问题。

1月12日　与陈云、邓小平等到机场迎接周恩来及其率领的中国政府代表团访问缅甸后回到北京。

△　晚，出席中共中央政治局常委会议。会议讨论关于中共八届九中全会的安排问题和听取周恩来关于访问缅甸的情况汇报。

　　1月13日　出席由刘少奇主持的外事工作会议。

　　1月14日—18日　出席在北京中南海怀仁堂举行的中共八届九中全会。会议决定对国民经济实行"调整、巩固、充实、提高"的方针，按农、轻、重的次序安排国民经济计划。会议听取和讨论了邓小平《关于一九六〇年十一月在莫斯科举行的各国共产党和工人党代表会议的报告》，并通过相应的决议；听取和讨论了李富春《关于一九六〇年国民经济计划执行情况和一九六一年国民经济计划主要指标的报告》。会议强调，一九六一年全国必须适当缩小基本建设的规模，降低重工业发展速度，集中力量加强农业战线，贯彻实行以农业为基础，全党全民大办农业、大办粮食的方针，并决定在农村深入贯彻《关于农村人民公社当前政策问题的紧急指示信》（即"十二条"）。会议通过《关于农村整风整社和若干政策问题讨论纪要》。十八日，朱德在全体会议上发言说：今年按照农、轻、重的次序安排国民经济计划，这很好，要抓紧搞。农业和轻工业发展了，再来发展重工业，这是正确的方向。发展农业一定要注意开荒和兴修水利；发展交通运输业，要特别注意发展铁路和轮船运输业。因为我国的铁路和轮船运输业比较落后，不适应国民经济发展的需要。交通运输业发展了，就可以减少人力运输，以便腾出更多的劳动力来从事农业和轻工业生产。毛泽东在全会作总结讲话时提出：全党要大兴调查研究之风，一切从实际出发，希望一九六一年成为"调查研究、实事求是年"。

　　1月20日　离京赴南方视察。

　　1月21日　下午抵达上海。晚上，在住地听取中共上海市委书记处书记曹荻秋、马天水的汇报。

1月22日 看望正在上海的宋庆龄。

△ 参观上海龙华苗圃。

1月23日 听取中共上海市委负责人汇报对外贸易工作。

△ 参观上海西郊公园。

1月24日 参观上海轻工业产品展览会。

1月25日 上午抵达浙江省杭州市。下午参观杭州郭东花园。

1月26日 视察杭州西湖人民公社龙井茶叶生产队,登上狮子峰,俯瞰一层层的盘山条田和碧绿的茶树,对陪同人员说:我们国家荒山很多,如果都能像这样开发出来,在南方种上茶树和柑橘,在北方种上核桃和柿子,能创造出多么大的财富啊!只有这样,才能叫"地尽其利,物尽其用"。

1月27日 游览西湖北山,赋诗《登西湖北高峰》:

登上北高峰,海拔三百三。
缓行一时半,二次到顶巅。
西面看天竺,北望有莫干。
南对南高峰,东看太平原。
西湖在眼底,灵隐在膝前。
吴山与玉顶,四面山相连。
钱塘到龙井,公路一小圈。
十年植花木,盛装此湖山。
十年修公路,大圈套小圈。
十年勤培养,天堂逊人间。

1月28日 视察杭州叶绿素厂。

1月30日 致函中共中央、毛泽东，汇报视察上海、杭州的情况和建议：目前上海工业生产的最大问题是"吃不饱"，特别是纺织工业，生产任务仅达生产能力的百分之五十。其他轻工业生产，也有百分之三十多的生产能力用不上去。要想使上海工业"吃饱"，在短时间内，单靠国内供应原料是不行的，必须要同时实行"以进养出"的方针，争取多进口一些原料，加工成成品或半成品出口。这样做有五大好处：一是支援了出口；二是支持了工业生产；三是增加了外汇；四是增加了国家的财政收入；五是增加了国内市场的供应。指出：从上海的经验来看，凡是"吃不饱"，并且有制造出口商品条件的工业部门，都可以仿效上海的办法，进口原料，出口成品或半成品。如果能够做到进口原料时，分期付款或延期付款，那就更好。总之，要设法使机器开动，人尽其用。又说：浙江养蚕的经验是：蚕桑生产以队为单位，大队对生产队实行包产量、包产值、包工分、包成本和超产奖励的"四包一奖"制。在农民有自制自用丝棉习惯的地区，生产队在完成定购任务后，多余的茧子实行三七开，即百分之三十卖给国家，百分之七十分给社员自用。凡实行这一办法的地区，群众满意，包产顺利，并且包产指标比去年增长百分之十到百分之十二。

△ 视察杭州市郊柳霞人民公社金星生产大队。

1月31日 视察浙江省新安江水电站。

2月1日 视察浙江省金华县罗店人民公社花果生产队。

2月2日 抵达福建省福州市。

2月3日 上午，听取中共福州市委负责人张技中、贺敏学汇报工作；参观福州市容。下午，与福州市园林管理处园艺师陈时璋交流关于兰花的栽培和管理的经验。六日，参观福州西湖公园。走到兰花圃时，对陈时璋说：武夷山的留香涧产兰很多,要广为采集,大量繁殖,作为出口物资,既可参加国际间文化交流,又可以充实兰谱内容。

2月4日 视察福建前线,并登上闽江口北岸的鼓山。在听取中共福建省委负责人有关海防情况的汇报后,说:海防工事是必要的,不能轻视这项工作。但真正的铜墙铁壁是人民群众,只有广大人民群众武装起来,进行人民战争,不管敌人从天上来,还是从海上来,一概逃脱不了人民群众布下的天罗地网。

△ 晚,赋诗《游鼓山》:

鼓山高耸闽江头,面貌威严障福州。
纵有台风声猖獗,从来不敢到闽侯。

2月5日 与徐特立、谢觉哉等在中共福建省委第一书记、福州军区司令员兼政治委员叶飞陪同下坐船游闽江。

2月7日 上午,视察福州第二脱胎漆器厂、福州木画厂、福州石雕厂。

△ 下午,听取中共福建省委书记处候补书记、副省长梁灵光和副省长高盘九汇报财贸工作和工业生产情况,指出:你们要重视对外贸易工作,千方百计增加出口产品的数量,提高出口产品的质量,打入国际市场。这样,可以增加外汇收入,积累建设资金,加快建设速度。还说:在发展工业问题上,除发展现代大工业外,还要注意发展手工业,特别是发展工艺品生产,这样既可增加就业机会,又可增加出口产品,赚取外汇。

2月8日 视察福建省古田水库发电站,并听取有关水库电站情况的汇报。

△ 赋诗《和谢老[1]〈泛舟古田水库〉原韵》：

> 湖水清平波浪无，楼船并进路航迂。
> 岛中风景明如画，池上鸥飞甚款徐。
> 四级梯型多发电，层堤水利用无余。
> 古田巨坝完成好，灌溉运输又养鱼。

2月9日 上午，听取中共福建省委书记处候补书记郭良汇报农业生产情况。

△ 下午，视察福州制茶厂。

△ 昨日到闽西地区视察，途经武夷山时，回忆起一九三二年春红军攻打赣州的往事，说：当时王明"左"倾机会主义极力推行进攻中心城市的错误方针，当时以红军一部分去攻打赣州，结果没有打下来。毛泽东同志针对这种错误方针，提出向闽浙赣地区挺进，从这一带一直向浙江方向发展。但这一正确主张未被采纳，结果力量分散，使我军更加被动。直到毛泽东同志率部攻下漳州后，才扭转了当时的形势。是日赋诗《经闽西感怀》：

> 不听仙人指，寻求武夷巅，
> 越过仙霞岭，早登天台山。
> 赣闽成一片，直到杭州湾。
> 出击求巩固，灭敌在此间。

2月10日 看望第二届全国人大代表、福建省副省长陈

---

[1] 谢老，即谢觉哉，时任最高人民法院院长。

绍宽[1]。次日，陈绍宽回访朱德并赠送一束自己种的鲜花。朱德也赠送陈绍宽一盆名贵兰花。

△ 接见中共福建省委、中共福州市委和福州军区负责人。

2月11日 抵达南平市。视察南平造纸厂、南平木材加工厂、建溪水库发电站。

2月12日 抵达三明市。视察三明重型矿山机械厂、三明钢铁厂、三明化工厂、三明食品厂、五台人民公社伐木厂。

△ 晚，赋诗《三明新市》：

上饶集中营，拘留尽群英。
军渡长江后，迁移到三明。
多少英雄汉，就地遭非刑。
青山埋白骨，绿水吊忠魂。
将此杀人地，变为工业城。

2月13日 抵达江西省南昌市。和中共江西省委第一书记杨尚奎谈话。

2月15日 在南昌过春节，会见当地干部。

2月16日 参观南昌起义纪念馆。

2月18日 视察新建县西山人民公社。

2月19日 视察江西拖拉机制造厂、江西电机厂、江西柴油机厂。

---

[1] 陈绍宽，曾任国民党海军部部长、海军总司令。福州解放前夕通电拥护中国共产党。中华人民共和国成立后，任政协福建省委员会副主席、中国国民党革命委员会副主席等职。

2月20日 视察江西飞机制造厂。

2月21日 上午,听取中共江西省委第一书记杨尚奎、书记处书记刘俊秀等汇报江西省工业生产和对外贸易情况。下午,视察江西共产主义劳动大学。

2月22日 听取杨尚奎、刘俊秀汇报江西省农业生产情况。听取江西省委统战部工作汇报。接见江西民主人士。

2月23日 离开江西省南昌市前往广东省视察。途经湖南省衡阳市时,听取中共衡阳地委和衡阳市委负责人汇报。

2月24日 抵达广州市。

2月25日 视察广州越秀山公园和华南植物园,为华南植物园题词:"从南到北,从北到南,热带寒带植物相互交流,培育更多更好的新品种,为中国农林牧和园林化服务。"

2月27日 与正在广州的中共中央政治局候补委员、中共中央宣传部副部长陈伯达和中共中央书记处候补书记、中共中央宣传部副部长胡乔木讨论《农村人民公社工作条例(草案)》问题。

2月28日 抵达从化县温泉。下午,和先到这里的董必武、聂荣臻等谈话。

3月1日 视察温泉人工湖水坝。

3月2日 视察流溪河水库。

3月3日 赋诗《游越秀公园》:

越秀公园花木林,百花齐放各争春。
唯有兰花香正好,一时名贵五羊城。

3月4日 视察从化县良口人民公社。

3月5日 上午,由从化温泉回广州。下午,和昨日抵广州的周恩来谈话。

△ 晚九时，出席由毛泽东主持在广州举行的中共中央政治局常委扩大会议。会议听取周恩来汇报国内工农业情况和毛泽东关于人民公社体制、工业生产等问题的讲话。朱德发言说：我在福建省看了一个公社，农业生产是丰收的。他们的办法是包产到生产队，大队管小队不能管的事，社就管管拖拉机之类的事。

3月6日 给中共中央、毛泽东写报告，反映视察福建、江西两省的情况：根据接触到的几个地方看，凡是真正贯彻了中共中央《关于农村人民公社当前政策问题的紧急指示信》和经过整风整社的地方，群众的生产积极性大为提高，农业生产有了较大的变化，社员普遍感到满意。并说：江西省在开发和建设山区方面，取得了很大成绩。我国南方各省，山区宽广，资源丰富，大力开发山区，改变山区面貌，对加快老根据地的建设和全国的社会主义建设，有重大的政治和经济意义。

3月8日 听取中共中央华北局第三书记兼河北省委第一书记林铁等工作汇报，他们建议"引黄河水经北京到冀东"。认为此种建议，"是华北治水根本改革之良法"。

3月9日 视察广州郊区的农场。

3月10日—13日 出席毛泽东主持在广州召开的中南、西南、华东三个地区省委第一书记会议参加的会议。会议讨论农村工作问题。十日下午，听取中共四川省委第一书记李井泉汇报农村工作。晚，和陶铸谈话。

3月11日 听取中共湖南省委第一书记张平化等汇报农村工作。指出，当前农村生产小队的权要大，而生产大队的权过大。

3月12日 听取中共山东省委第一书记谭启龙等汇报农

村工作。指出：应以农业为基础。当前人民公社的权力过大、集中过多。

△ 和贸易部副部长雷任民、香港华润公司副经理刘靖谈对外贸易工作。

3月13日 出席在广州召开的对港、澳出口工作会议并作重要讲话，指出：最近几年，我们对社会主义国家的贸易做得比较多些，对资本主义国家的贸易做得比较少。今后，对资本主义国家的贸易额要增加一些。港、澳是自由港，离我们又近，是我们对资本主义国家出口的一个很好的阵地，我们应该抓住这个阵地。在外贸工作中，应该特别注意的是"以进养出"（即"进口原料，加工成成品或半成品出口"）和"以出带进"（即"只有多出才能多进"）这两条。这两条中央已有决定，希望大家切实执行。我们的外贸不是搞一年就完了，而是要长期搞下去，这就需要争取一些永久性的阵地。在产品规格和质量上，不能按我们的主观想法来安排，而应根据顾主的要求来组织出口商品。我们的国家土地宽广、人口众多，出产也十分丰富，只要六万万双手动作起来，什么奇迹也是可以创造出来的。

3月14日—23日 出席在广州举行的中共中央工作会议[1]。会议讨论制定《农村人民公社工作条例（草案）》

---

[1] 中共中央工作会议实际上从3月10日就开始了，会议分别在广州和北京两地举行，在广州又称"三南会议"（西南、中南、华东），在北京又称三北会议（华北、东北、西北）。三南会议由毛泽东主持，三北会议由刘少奇、周恩来、陈云、邓小平等主持。两个会议所讨论的议题是一样的。三南、三北会议进行了几天之后，临时又决定合在一起开。因此，三北会议的与会者于3月14日前往广州。这两个会议合在一起后，即称中共中央广州工作会议。

（即"农业六十条"）。会议还通过中共中央关于认真调整研究工作问题给各中央局、各省、市、区党委的一封信，要求把深入实际，进行系统的典型调查，当做领导工作的首要任务。

3月19日　看望在广州养病的徐海东[1]。

3月21日　下午，到毛泽东处开会。

3月24日　离广州市去河南省视察。

3月26日　抵达河南省郑州市。听取中共河南省委书记处书记赵文甫汇报。

△　抵达洛阳市。视察第一拖拉机制造厂、洛阳轴承厂。

△　抵达三门峡市。

3月27日　视察三门峡水库，与水库工程技术人员座谈。

△　抵达陕西省西安市。和中共中央西北局第一书记刘澜涛、中共陕西省委第一书记张德生谈话。

3月28日　离西安市去四川省视察。

3月29日　抵达四川省成都市。

3月30日　参观成都花会和手工艺展览。在日记中记述："十一年来，成都建设得真可称为花园。特别是高山峻岭中的兰花，均集中于成都花市。过去盆景之花，现已移植成为花林，无奇不有，可喜之至。"

4月5日　参观成都武侯祠、昭觉寺。

4月6日　视察金牛坝人民公社友谊大队奶牛场，并看望住在附近的农户。

4月7日　视察成都木材综合加工厂。

4月8日　视察成都量具刃具厂。这是自一九五七年以来第三次到该厂视察。在视察时说：目前我们国家由于自然灾害

---

[1]　徐海东，时任中国人民解放军大将，中共第八届中央委员。

和其他方面的原因，全国处于困难时期。有人趁机卡我们的脖子，搞逼债，搞封锁，施加压力，给我们造成了更大的困难……中国人民不是好欺侮的，压力越大，奋争的劲头越大！艰苦奋斗是我们的传家宝，我们能够吸取教训，也一定能够战胜一切困难。

4月9日 视察新都县天元人民公社，看公社敬老院。

4月10日 会见刘寿川。

4月11日 参观四川省农业展览馆、轻工业展览馆。

4月12日 听取中共四川省委书记处书记许梦侠、四川省手工业生产合作社联社负责人汇报农业和手工业生产情况。

4月13日 抵达宜宾市。视察宜宾县安边人民公社并听取汇报。在谈到群众生产生活有困难时，插话说：现在有困难是事实。共产党的领导要正视困难，要知难而进，不可畏缩。困难是暂时的，要鼓士气，现在领导者重要的任务是安排好群众的生活……我们的革命是山沟里起家的，要采取措施，加快山区建设，改善人民生活。

4月14日 游翠屏山。到合江门观看金沙江和岷江汇合进入长江河床的情景。随后视察宜宾化工厂、宜宾造纸厂、宜宾电磁厂。

△ 晚，抵达自贡市。

4月15日 视察邓关镇自流井、自流井二号井、自贡制盐厂，并听取中共自贡市委负责人汇报。

4月16日 抵达内江市。参观内江化工厂。

4月17日 听取中共内江地委负责人的工作汇报和关于川南地区天然气蕴藏情况的汇报。在听取汇报时说：四川人口多、中药材多，手工业又有历史传统，如竹编、草帽等，要注意发展手工业和多种经营，如蚕丝业。

△　视察隆昌天然气矿。了解到天然气的用途很广泛，除做燃料、发电、提取碳黑外，还可转化成化肥、橡胶、人造纤维等多种化工产品，说：希望你们尽量多生产些天然气，搞好综合利用，在充分利用天然气方面取得成功。

　　△　视察内江市椑木人民公社第二生产大队第二生产队。在和农民开座谈会时说：谢谢大家说了老实话。这个会开得很好，没有搞消息封锁，讲了很多心里话，了解不少真实的东西。

　　4月18日　由内江市回到成都市。

　　4月20日　听取中共四川省委书记处副书记杨超汇报四川外贸工作和手工业生产情况，强调说：有些国家的手工业本身就不如我们，加上资本主义的发展把手工业挤垮了。然而，手工业恰是我们国家的长处，有好的工艺传统。因此，我们要大力发展手工业产品，以手工艺品出口换取外汇，这是很合算的。

　　4月26日　和正在成都的铁道部副部长吕正操谈成都至昆明的铁路建设问题。

　　4月28日　视察金牛区营门口人民公社前进大队。在前进大队的盆景园参观时对当地负责人说：人总是爱美的，今后种花是有发展前途的。但首先要给社员吃饱肚子，要保护劳动力。

　　4月30日　笔记写下视察四川的感想：到四川已满月。自中央"十二条"传达贯彻后，四川行动很快，手工业、自留地、集市贸易都恢复得早。小商品、蔬菜、食品等均不太缺乏。集市贸易很热闹，交易而退，各得其所，农民最高兴。看来，要使市场比过去更加繁荣，是完全有可能的。手工业产品和农副产品的增加，使农民家家富裕起来，生活过得好些，是有可能的。

　　△　出席四川省、成都市庆祝五一国际劳动节晚会。晚会前接见四川省、成都市党政军、各民主党派、各人民团体的负

责人以及在成都帮助中国进行建设的各国专家。

5月1日 出席四川省、成都市在人民南道广场举行的庆祝五一国际劳动节大会。并接见成都市工农业先进生产者，谈话时说：要发动群众多搞一点副业生产，副业发展了，社员收入就增加了，生活水平也就提高了。

△ 晚，离成都赴陕西省视察。

5月2日 抵达陕西省宝鸡市。视察二一二仪表厂，了解到工人在技术革新中研制成"一刀多刃"和"多头钻"，生产出"尖端产品"，说：你们靠自己的力量，在困难时期能攻克难关，研制出尖端产品，了不起嘛！

△ 抵达西安市。

5月3日 听取刘澜涛、张德生等汇报贯彻中共中央《关于农村人民公社当前政策问题的紧急指示信》、《农村人民公社工作条例（草案）》以后的农业生产和农民生活情况。

5月4日 抵达河南省郑州市。听取中共河南省委第二书记文敏生和书记处书记史向生、赵文甫汇报贯彻中共中央《关于农村人民公社当前政策问题的紧急指示信》、《农村人民公社工作条例（草案）》以后的农业生产和农民生活情况。

5月5日 抵达河北省石家庄市。视察华北制药厂。听取中共石家庄地委负责人汇报。

△ 抵达保定市。听取中共保定地委负责人汇报。视察保定人造纤维厂。

△ 晚，回到北京。

5月7日 会见巴西经济代表团。

5月9日 致函毛泽东，汇报视察四川、陕西、河南、河北四省的情况与建议：（一）中央《关于农村人民公社当前政策问题的紧急指示信》和《农村人民公社工作条例（草案）》

贯彻以后，各地群众的生产情绪高涨，农民已较普遍地注意发展家庭副业生产。现在群众最大的顾虑"怕政策不兑现"，担心"上面说得好，一到下面就变了"。（二）河南省总的情况虽然是在向好的方向发展，但困难仍然很大，表现在：农民体力弱，浮肿和疫病等还有二百多万人，牲畜死亡多。（三）四川群众反映公共食堂是"两道烟"，即在食堂做一道，社员打回家再加工一道，人力物力浪费不少。陕西群众反映就更强烈，说公共食堂有五不好：1.社员吃不够标准；2.浪费劳动力；3.浪费时间；4.下雨天吃饭不方便；5.一年到头吃糊涂面（饭做得不好）。据豫东地区调查，允许社员自己回家做饭吃，不到一个月，浮肿病即下降百分之四十到百分之五十。（四）四川、陕西、河南三省都赞成恢复手工业。他们感到一九五八年转厂并社时，手工业由集体所有制转为全民所有制的面过大了，现在看来存在不少问题。（五）集市贸易恢复后，市场活跃了，产品增多了，但也出现了投机倒把等问题。因此，必须加强国营商业对集市贸易的领导。（六）现在县与县、社与社之间，仍然进行经济封锁，物资不能互相交流。这个限制必须迅速打破。（七）国家规定"不许远途贩运"，这一条应根据不同情况区别对待。因为许多肩挑小贩既是"贩"又是"运"，对物资交流、互通有无有很大作用。总之，凡国家包不了的地方，则尽量动员群众的积极性，利用小贩发展短途运输，活跃市场。农业、手工业、供销社是三位一体的，它们互相结合，互相促进。要想把集镇繁荣起来，除发展农业生产外，又须把手工业和供销社恢复起来。

5月11日 出席国家文化部部委例会。会议听取文化部副部长夏衍作关于中国电影事业发展情况报告。

5月15日 下午出席中共中央政治局常委扩大会议。会议讨论农村情况及外交等问题。

5月21日 与刘少奇、董必武、乌兰夫、邓子恢、李维汉等接见赴京参加五一国际劳动节的少数民族参观团。

5月21日—6月12日 出席中共中央工作会议（又称"北京工作会议"）。会议在中央和各地负责人调查研究的基础上制定了《农村人民公社工作条例（修正草案）》、《关于改进商业工作的若干规定（试行草案）》（即"商业四十条"）、《关于城乡手工业若干政策问题的规定（试行草案）》（即"手工业三十五条"）、《关于减少城镇人口和压缩城镇粮食销量的九条办法》等文件，决定供销合作社实行独立核算、自负盈亏，有权选购商品、选择进货地点；恢复合作商店、合作小组和走街串乡的小商小贩；开放农村集市，推广农产品收购合同制度；三年内减少城镇人口二千万以上，本年内减少一千万；当年钢产量由原定二千万吨调低到一千一百万吨。毛泽东在总结讲话中做了自我批评，认为不该把反右倾斗争搞到群众中去，提出要对庐山会议后批判和处分错了的人都甄别平反。五月三十一日，朱德在会上发言，在谈到恢复国民经济问题时说：农民对一九五七年是很留恋的。这说明高级社时期工作走上了轨道。一九五八年以后搞乱了。现在主要问题是解决粮食问题。有些工厂、合作社合并不当的，要恢复原来的状况。平调来的工厂应该归还人家。农村市镇上的茶楼、酒店、饭馆要恢复起来，这是农民十分需要的。农民总要有多余的粮食，这些粮食国家就不必去统了，可以用来解决市镇本身的需要。六月六日，在讨论农业问题与压缩城市人口问题时说：这次会议对粮食问题想出了一个好办法，就是包下去，留有余地，使农业生产增加，农民有一个希望。粮食分到户，伙食自己开，这就可以节省粮食。现在收购农副产品的办法太死，收购的种类也太少，今后要改进收购办法，扩大收购种类。另外，现在的收购价格也不合理。今年的水果比往年增产，但收购上来的却很少，原因之一就是收购价格太低。这两年顾了城市，只种小麦、稻子。城市当然重要。但在南方种小麦同种稻子就有冲突，到了种稻子时，小麦还不能收割。因此，要种些杂粮，调剂一下，粮食情况可能要好一些。农村牲畜、农具这几年也没有了很多，生产力遭到了破坏，这是一个大问题。现在要把集镇的铁匠、石匠等手工业者都迅速组织起来，恢复生产，以便帮助农民建立家务。农村要接收城市压缩下来的两千万甚至三千万人，这是很大的一个政治工作，关键要把所有制搞好，对下去的人进行很好的安置，使他们都能安居乐业。否则，会闹事，城市动摇，乡村也动摇，问题就很大。

5月26日 会见德意志民主共和国新任驻中国大使墨根。在谈话时墨根说：中国的长征对我们当时的青年革命运动发生了很大的影响，朱德的名字在青年运动中成了一面旗帜。今天我能认识您本人，感到十分高兴。在谈到农业合作化问题时，朱德说：搞合作化运动要民主办社，农民自己会把社搞好的。农民的生活过好了，可以稳定生产，给国家提供更多的农产品。

△ 晚八时，到颐年堂开会。

5月27日 会见加纳首任驻中国大使克西，说：现在非洲正在解放，这是一个很大的进步。你们独立起来了，也就帮助了我们。我们过去如何求得独立、求得解放的一些经验是可以介绍给你们的。非洲受帝国主义统治这么多年，人民终究是要起来反对他们的。团结就是力量，非洲人民应该团结起来。

△ 会见刚果首任驻中国大使贝纳顿。

△ 会见几内亚首任驻中国大使桑吉亚纳。

5月29日 会见马里首任驻中国大使普莱亚，说：我们两国建交了，贸易也开始了，两国将会成为很好的朋友，互相帮助，互相学习。非洲是革命的，是个很大的民族革命的基地，反对帝国主义，建设着自己的国家。现在你们可以自由地建立外交、贸易关系，这就可以打破帝国主义那种不平等贸易关系了。

△　晚八时半，到颐年堂开会。

5月30日　会见以罗德里格斯为首的秘鲁议员代表团。

5月31日　会见阿尔及利亚临时政府首任驻中国外交使团团长基万及代表团全体成员。

6月1日　出席第二届全国人大常委会第三十八次会议，听取轻工业部有关负责人汇报工艺美术品生产情况。

6月3日　会见阿尔巴尼亚驻中国大使帕里夫蒂，说：你们是英雄国家，地方不宽，人口不多，四面是敌人，但能坚持下来，能够进行建设，这就表示了你们的党同人民的紧密团结，表现了你们有力量。中国是个地方大、人口多的国家。我们党领导中国人民进行革命、建设，斗争了四十年，社会也发展了。当然，我们在建设中也有缺点。但我们把缺点公开告诉群众，在群众的帮助下，求得纠正。缺点纠正了，就会更好地前进。

6月6日　与刘少奇、周恩来、邓小平、董必武、彭真、王稼祥等会见并宴请以艾地为团长的印度尼西亚共产党代表团。

6月8日　会见以冈萨雷斯为团长的古巴运输工人联合会代表团。

△　上午九时半，到毛泽东处开会。

6月12日　与刘少奇、宋庆龄、董必武、周恩来会见以范文同为团长的越南民主共和国政府代表团。

6月13日　上午，与刘少奇、董必武、周恩来、贺龙、罗瑞卿等到机场迎接来访的印度尼西亚总统苏加诺博士。

△ 下午，与董必武、周恩来等陪同刘少奇同印度尼西亚总统苏加诺举行会谈。

6月14日 与刘少奇、董必武、周恩来等出席《中华人民共和国与印度尼西亚共和国友好条约》批准书签字仪式。

6月15日 出席中华人民共和国和越南民主共和国联合公报签字仪式。

△ 与刘少奇、董必武、周恩来等到机场为印度尼西亚总统苏加诺送行。

6月16日 会见日本共产党中央政治局委员、众议员志贺义雄和由他率领的日本共产党国会议员访华代表团。

6月20日 主持第二届全国人大常委会第三十九次会议。会议决定派遣以中共中央政治局委员、全国人大常委会副委员长彭真为团长的全国人大代表团同日共国会议员代表团进行会谈并签订联合公报；全国人大常委会、全国政协常委举行联席会议，座谈农村人民公社条例问题。

6月22日 出席全国人大代表团与日本共产党国会议员代表团联合声明签字仪式。

6月23日 出席中共中央政治局常委会议。会议讨论中国共产党成立四十周年庆祝活动问题。

△ 致函周恩来、陈云并转有关部门，反映视察石家庄华北制药厂、保定化学纤维厂情况和建议：华北制药厂当前最大的问题是玉米与包装纸严重不足。今年需要玉米八万五千吨，国家只分配给三万五千吨。厂负责人介绍说：三千吨玉米加工成药品和葡萄糖出口，可换回一万八千吨玉米。如能由进口公司包下来，进口八万五千吨玉米，再加工成药品出口，不仅维持了工厂生产，养活了工人，同时又换取了外汇。加工后的次

副产品，还可供应国内市场需要。这种"以进养出"的买卖，是十分有利的。保定化纤厂还试验用棉秆皮来制造人造丝，现已获得初步成就。如果能够成功的话，预计全国的棉秆皮即可制造人造丝二百万吨。人造丝的主要原料为松木纸浆。目前纸浆原料相当缺乏，应该动员山区群众建设一些小型而简陋的纸浆厂，以供纤维厂和造纸厂需要。上海、天津、北京、广东大城市的工业用粮，也可用此办法，供应运输也方便。如各厂都开足马力加工制造，定可能获得大宗外汇，也免得国内供应紧张与不足，造成半停工现象。

6月29日 出席中共中央政治局会议。会议通过刘少奇在庆祝中国共产党成立四十周年大会上的讲话稿。

△ 出席刚果共和国驻中国大使馆临时代办金·约瑟夫举行的庆祝刚果独立一周年招待会。

6月30日 与毛泽东、刘少奇、周恩来、邓小平、宋庆龄、董必武等出席首都各界人民庆祝中国共产党成立四十周年大会。

7月1日 在《人民日报》上发表纪念中国共产党成立四十周年诗十三首。

△ 与董必武出席加纳驻中国大使克西举行的庆祝加纳共和国成立一周年招待会。

7月5日 为纪念中国共产党成立四十周年，《中国青年》杂志发表《朱德同志对青年谈学习》一文。文章说：朱德勉励青年们要努力学习政治理论，不断提高政治觉悟。要认真学习科学知识，发扬科学精神，把革命热情与科学精神结合起来，才能在建设社会主义中更好地发挥作用。并告诉青年们：科学对于勤学苦钻的人来说，并不是什么神秘的东西。只要虚心地、刻苦地、认真地、顽强地学习，是完全可以攀上科学的高峰的。

　　△　上午九时，离京赴北戴河。

7月29日　致函中共中央、毛泽东，报送《关于北京市郊区手工业情况的调查材料》，指出：从几份材料看来，（一）农村手工业和副业生产的潜力是很大的，只要劳力安排恰当，分配合理，这方面的生产是大有可为的。其中最主要的问题是要在农业上实行小段包工和家庭责任制，以便加快农业建设速度，抽出较多的时间参加手工业和副业生产。（二）北京城市人民公社的企业和事业单位，现在是统一核算，共负盈亏，这既不利于调动生产经营管理的积极性，又重复了"一平二调"的错误。是否在各企业和事业单位之间，实行单独核算，自负盈亏的办法较好。对于赚钱的企业，公社可按合作社办法提取百分之十至十五的建设基金，作为各厂增置设备、扩建厂房之用。（三）现在城市人民公社所属企业和事业的工资福利制度很乱，职工在这方面意见不少。如果实行独立核算自负盈亏的办法，各厂就可以根据企业赔赚情况和一定的工资福利标准，酌情自行调整。

8月9日　为四川省宜宾市赵一曼烈士纪念馆题词："革命英雄赵一曼烈士永垂不朽！"

8月13日　上午，由北戴河乘飞机返回北京，下午与周恩来、陈毅、李先念等陪同董必武会见巴西副总统古拉特。

8月14日　与刘少奇、董必武、周恩来等到机场迎接加纳总统兼政府首脑恩克鲁玛访问中国。

　　△　与董必武、周恩来、李先念、聂荣臻等陪同刘少奇与恩克鲁玛总统举行会谈。

8月15日　与董必武、陈毅等出席朝鲜民主主义人民共和国驻中国大使馆临时代办马东山为庆祝朝鲜解放十六周年举行的招待会。

△ 参加首都各界公祭陈嘉庚[1]大会。与周恩来、陈毅、谭震林、习仲勋等执绋护送陈嘉庚灵柩上灵车。

8月17日 主持第二届全国人大常委会第四十一次会议。会议决定派遣周恩来为签订《中华人民共和国和加纳共和国友好条约》的全权代表。

△ 出席首都各界和中国拉丁美洲友好协会为欢迎巴西副总统古拉特访华举行的集会。

△ 出席印度尼西亚驻中国大使卡托迪维约为庆祝印度尼西亚独立十六周年举行的招待会。

8月18日 出席中华人民共和国主席和加纳共和国总统联合公报、《中华人民共和国和加纳共和国友好条约》签字仪式。

8月19日 主持第二届全国人大常委会第四十二次会议。会议批准《中华人民共和国和朝鲜民主主义人民共和国友好合作互助条约》。并致函周恩来，通告全国人大常委会的这一决定。

△ 离京赴江西省庐山。

8月20日 抵达武汉，改乘江轮赴九江。

8月21日 抵达庐山。

8月23日 复电突尼斯国民议会议长法雷斯，对他七月二十七日来电吁请中国谴责法国殖民主义者侵略突尼斯和声援突尼斯人民的正义斗争，表示支持。

△ 上午，到毛泽东处开会。

8月23日—9月16日 出席中共中央在庐山召开的工作

---

[1] 陈嘉庚，著名爱国华侨领袖。1961年8月12日在北京病逝。逝世前任中国人民政治协商会议全国委员会副主席、全国人大常委会委员、华侨事务委员会委员、归国华侨联合会主席。

会议。会议讨论工业、粮食、财贸、教育、国际形势问题，通过了《国营工业企业工作条例（草案）》（即"工业七十条"）、《中共中央关于一九六一年到一九六二年度粮食工作的几项规定》、《教育部直属高等院校暂行工作条例（草案）》（即"高教六十条"）、《中共中央关于轮训干部的决定》，还就工业问题作出《关于当前工业问题的指示》，强调：在今后七年内，必须毫不动摇地切实贯彻执行"调整、巩固、充实、提高"的八字方针。

8月26日 致函邓小平转中央有关部门，建议把秦皇岛耀华玻璃厂作为重点生产单位予以扶持，说：我七月下旬参观了秦皇岛耀华玻璃厂，该厂在设备和技术上是比较有基础的，但由于某些原材料供应不足，主要产品将比去年大为减少。根据"八字方针"，该停产的要停，该减产的要减，该维持的要维持，该增产的要增产。我的意见，这个厂属于应该维持和增产类型的，因为这个厂在设备和技术上已经有了相当的基础，产品又是出口物资，在国内外供不应求，所需纯碱、硼砂等原料虽然比较困难，但为数不多。因此，作为一个重点厂来维持甚至扩大生产是必要的，也是可能的。

△ 下午五时半，去毛泽东处开会。

9月4日 视察庐山云中人民公社。

9月5日 参加关于手工业调查的座谈会。

9月17日 离庐山回北京。

9月20日 出席中共中央政治局会议。会议决定本月二十二日召开煤炭工作会议，全面解决煤炭生产中的各项问题。还决定在国庆节前以中共中央名义召集各民主党派和无党派民主人士座谈会，由周恩来讲国内外形势问题。

9月22日 将关于在庐山附近调查的两个材料印发中共

中央政治局、书记处各同志。

△ 与刘少奇、董必武、周恩来等到机场迎接古巴共和国总统多尔蒂科斯·托拉多访华,并于当天举行会谈。

9月25日 迎接并宴请来京参加国庆十二周年活动的全国人大常委会副委员长、西藏自治区筹备委员会代理主任委员班禅额尔德尼·确吉坚赞,政协全国委员会副主席、西藏自治区筹备委员会副主任帕巴拉·格列朗杰,政协全国委员会副主席、西藏自治区筹备委员会委员兼秘书长阿沛·阿旺晋美等。

9月26日 到机场迎接邓小平率中国共产党代表团出席朝鲜劳动党第四次代表大会后回到北京。

9月28日 会见并宴请匈牙利国民议会副主席伊斯特万妮和由她率领的国民议会访华团。

9月29日 出席刘少奇举行的欢迎尼泊尔国王马亨德拉和王后的宴会。

△ 出席周恩来举行的庆祝中华人民共和国成立十二周年招待会。

△ 会见罗马尼亚新任驻中国大使乔治乌·杜米特鲁并询问该国的石油工业生产情况。

10月1日 毛泽东、刘少奇、朱德、周恩来、宋庆龄、董必武、陈云、邓小平等党和国家领导人出席首都各界五十万人在天安门广场举行的庆祝中华人民共和国成立十二周年大会并登上天安门城楼检阅群众游行队伍。

10月2日 出席《中华人民共和国主席和古巴共和国总统联合公报》签字仪式。

10月5日 主持第二届全国人大常委会第四十三次会议。会议批准《中华人民共和国和加纳共和国友好条约》;审议《中华人民共和国和尼泊尔王国边界条约》,决定派刘少奇签订这一条约；批准设立中央手工业管理总局，作为国务院的直属机构。在会上讲话指出：中央手工业管理总局的主要任务是管理集体所有制经济。这种经济将来还有很大的发展，产值可达几个亿。管理集体经济的方法同管理国营的方法应有所不同，集体经济主要是靠自己管理自己。强调说：我们要"两条腿走路"，既要有全民所有制的国营工业企业，也要有集体所有制的手工业生产合作社。手工业生产合作社能生产各种各样人民所需要的东西，能很好地为人民服务。集体所有制经济是要长期存在的。

△ 出席《中华人民共和国和尼泊尔王国边界条约》签字仪式。

10月6日 下午七时半，到颐年堂开会。

10月7日 与毛泽东、刘少奇、陈云、林彪、邓小平、董必武、彭真、罗荣桓等接见内蒙古、新疆、广西、西藏、云南、吉林、上海、浙江、福建等省市自治区少数民族国庆观礼代表团全体代表和中国人民解放军、中国人民武装警察国庆观礼代表团全体代表。

△ 为纪念辛亥革命五十周年，作《辛亥革命杂咏》八首，于十月十日在《人民日报》发表。

10月8日 与邓小平会见并宴请以桑切斯为首的古巴统一革命组织代表团。

△ 与李维汉、赛福鼎、林枫等出席匈牙利驻中国大使费伦茨欢迎匈牙利国民议会代表团访华举行的招待会。

10月9日 出席首都各界人民纪念辛亥革命五十周年大会，为大会执行主席之一。

10月10日 在《人民日报》发表《辛亥革命回忆》一文。文章概述辛亥革命的历史意义，指出："辛亥革命同以前的各次革命比起来,是更完全意义上的资产阶级民主革命,是自鸦片战争以来中国旧民主主义革命的一个新的发展。这次革命具有重大的历史意义。辛亥革命的结果,推翻了延续二千多年的封建君主专制制度的最后一个王朝,宣布成立了资产阶级的共和国——中华民国。这次革命引起了全国的民主革命精神的高涨,为以后中国革命的发展打开了道路。但这次革命远远没有完成反帝、反封建的任务,所谓中华民国很快就成了有名无实的东西。代替清朝封建统治而起的,是帝国主义的走狗北洋军阀的反动统治,以及后来的国民党反动统治。"文章指出辛亥革命失败的原因和经验教训:"在客观方面固然是由于帝国主义和中国的反动势力还很强大;但更重要的是,在主观方面,即在资产阶级领导的革命力量方面,存在着严重的、也可以说是不可克服的弱点。领导辛亥革命的同盟会实际上是各种不同倾向的分子的联盟。以孙中山为首的一部分人是代表了资产阶级的革命倾向的,是资产阶级的革命派。但即使是他们,也没有力量领导中国革命达到真正的胜利,并没有明确地认识帝国主义是中国的主要敌人,没有采取明确的反帝路线,没有依靠广大人民群众与封建军阀进行不调和的斗争。""辛亥革命的最后失败,完全证明了资产阶级共和国的方案在中国是行不通的。其所以行不通,就因为当时已经是帝国主义时代,而中国是受帝国主义压迫的国家,中国革命的主要敌人就是强大的国际帝国主义。辛亥革命及其后的几次企图挽救革命的斗争,主要是被帝国主义全力支持的军阀们打败的。""很明显,要战胜帝国主义,就非深刻地广泛地发动人民群众,进行持久的革命斗争不可。这样的领导责任,是资产阶级所决然担负不起来的。这个领导责任,只能无产阶级才能承担。"文章还说:"我自己是在十月革命的影响之下,走上了新的革命道路的","我已亲身认识到用老的军事斗争的办法不能达到革命的目的，加上受到十月革命的影响，我深深感到有必要学习俄国的新式革命理论和革命方法，来从头进行革命。"文章最后指出："辛亥革命英雄们的事业已经由中国人民在中国共产党的领导下完成了。我们不但已经彻底完成孙中山先生遗留下来的资产阶级民主革命任务，而且已经取得社会主义革命的基本胜利。"这篇文章编入《朱德选集》。

△ 主持第二届全国人大常委会第四十四次会议。会议听取全国人大常委会副委员长郭沫若作关于全国人大代表团访问印度尼西亚和缅甸的报告。

10月12日 下午六时，到颐年堂开会。

10月15日 与刘少奇、林彪、邓小平、陈毅等到机场为周恩来率中国共产党代表团应邀前往莫斯科出席苏联共产党第二十二次代表大会送行。

10月17日 主持第二届全国人大常委会第四十五次会议。会议听取班禅额尔德尼·确吉坚赞作关于西藏自治区工作情况的报告。

△ 下午三时，到毛泽东处开会。

△ 赋诗表达练习书法的体会：

　　　　书法以精巧，用笔重结构。
　　　　字无百日功，人人学得透。

10月20日 出席由刘少奇主持的中共中央政治局扩大会议。会议讨论关于苏共二十二大问题。

10月21日 听取王震汇报牡丹江垦区的生产情况。当汇报到单位面积产量低、管理人员多时，说："不是裁（人）的问题，而是生产问题。经济核算也要算大账。是增人，而不是减人，家务要扩大。要养活人，拿出东西来，要把多余的管理人员转到生产上来。当汇报到家属可以种些零星地时，说：愿意自己做饭吃的，可以让他们去搞。家属的副业生产很重要，拿出东西就好。五分之二的人是家属，力量很大，机械化一下子实现不了。

△ 晚七时，到毛泽东处开会。

10月23日 会见并宴请缅甸联邦国会副议长德钦山韦和由他率领的国会代表团。在宴会上致词说：中缅两国总理不久以前在北京签订的中缅边界协定书，是我们两国历史上的重大事件，它标志着两国边界问题已经解决了，而且为不同社会制度的国家和平共处、和平解决国际争端，树立了光辉的范例，对亚洲和全世界都有深远的影响。指出：美帝国主义一直在阴谋策动蒋介石残余在中缅边界地区进行破坏活动，策动对老挝和南越的武装干涉，试图在老挝重新挑起内战。结成亲密朋友的中缅两国人民，一定能够粉碎美帝国主义的破坏阴谋。

10月24日 上午，与毛泽东、刘少奇、邓小平、李富春、贺龙、李先念、谭震林等到机场迎接出席苏共二十二大后提前回国的周恩来。

△ 下午一时半，到颐年堂开会。

10月31日 与毛泽东、刘少奇、周恩来、林彪、邓小平、罗荣桓、贺龙接见出席解放军全军政治工作会议的全体人员。

11月1日 为唐山陶瓷工业题词："充分发挥你们在资源和技术方面的有利条件，生产更好更多的生活和工业用瓷，满足内销和出口的需要，成为第二个景德镇。"

11月2日 听取国家手工业管理总局负责人汇报，指出：手工业主要集中在集镇，只有集镇发展了手工业，全国的原材料才能都用上,都活起来了;艺术品不能框得太紧,紧了就没有东西了,应允许家传技艺,可以自己出卖。出口一吨粮食才一百元,要费多大劲。但是做一个石头人就是几百元。手工业生产合作社应实行自负盈亏,按国家固定比例上缴利润,国家不能把利润都拿来,只有生产合作社的本钱多了,才能更好地发展手工业生产。

11月6日—10日 出席由刘少奇主持召开的各中共中央局第一书记会议。会议讨论人民公社体制、财政、市场、粮食等问题。

11月7日 与杨尚昆、习仲勋等出席苏联驻中国大使契尔沃年科为庆祝十月社会主义革命四十四周年而举行的招待会。

11月13日 为邓演达[1]殉难三十周年题词:"择生先生在大革命时期艰苦奋斗并最后为反对蒋介石反动集团而英勇牺牲的精神是值得我们怀念的。"

11月21日 致函邓小平转中共中央并毛泽东,报送《关于手工业"三十五条"贯彻执行情况的调查材料》和建议,说:凡贯彻三十五条比较坚决、进度比较快的地区,手工业产品大为增加,质量迅速提高,社员情绪高涨。但就全国说来,发展尚不平衡。某些地方思想上还有阻力。应通报各地对手工业的调整工作,要抓紧进行。一九五八年转厂并社时,有些地

---

[1] 邓演达,中国民主革命家。早年参加同盟会。1926年起任黄埔军校教育长,国民革命军总司令部政治部主任兼武汉行营主任等职。1927年"四一二"反革命政变后流亡欧洲,并与宋庆龄等在莫斯科发表宣言,强调继续与新旧军阀势力作斗争。1930年回国后,建立"中国国民党临时行动委员会"(中国农工民主党前身),任总干事,进行反对蒋介石集团的斗争。1931年8月在上海被国民党当局逮捕,11月在南京被秘密杀害。

方对手工业工人的雇佣关系、合伙关系、师徒关系划不清界限，以致将不少手工业技术工人划为小业主。应指示各地，根据一定的标准适当纠正。县以下的集镇，与农村有密切的不可分割的联系。集镇上的手工业、饮食业、服务业等七十二行，对农民生产和生活至关重要。另外，近几年，不少群众的住房墙倒屋塌，急需加以修补。有些群众还想把草房变成瓦房，这是群众要求安居乐业的一种表现。因此，恢复和繁荣集镇、组织建筑工人以及生产砖瓦、建筑材料等，必须引起各地严重注意。集镇居民多为专业或兼业的手工业者，他们在历史上就是为农业生产和农民生活服务的。集镇是手工与农业结合的纽带。抓住这条纽带，既有利于各类物资的集散，又繁荣了农村经济，同时也增加了货币的流通。在压缩城市人口中，应该组织一批有适当条件的人员，参加集镇的手工业生产。

11月27日 晚七时半，到毛泽东处看望。

12月1日 主持第二届全国人大常委会第四十六次会议。会议决定第二届全国人大第三次会议延期至一九六二年召开。

12月13日 和董必武谈话。

12月16日 主持第二届全国人大常委会第四十七次会议。会议审议了国务院关于特赦确实已经改恶从善的蒋介石集团和伪满洲国的战争罪犯的建议，决定：对于经过一定时期的改造、确实改恶从善的蒋介石集团和满洲国的战争罪犯，实行特赦。在会上讲话说：我们党十多年来对战犯一直实行宽大政策。有人说我们"宽大无边"，这是不对的。现在看来，对战犯也好，对其他犯人也好，还是实行以教育改造为主的政策好，这样可以争取他们思想上、行动上的转变。只要他们转变，人民就应该宽恕他们。

12月19日 主持第二届全国人大常委会第四十八次会

议。会议听取周恩来关于国际形势问题的报告。

12月20日 出席毛泽东召集的中共中央政治局常委和各中央局第一书记会议。会议听取周恩来、邓小平报告即将召开的中央工作会议的安排。毛泽东讲话说：过去走了弯路，责任主要在中央。这几年的高指标、高估产、高征购、高分配和大办水利、大办交通、大办养猪厂等几个大办都是中央决定的，都是错误的。这些错误也是我们的宝贵财富。人的认识总是有个过程，问题是我们认识的过程慢了一点，时间长了一点。

12月20日—翌年1月10日 出席中共中央工作会议。会议讨论国际国内形势、一九六二年度国民经济计划及长远计划、党的工作等问题，为召开扩大的中央工作会议作准备。二十二日，在参加华东、东北组会议时发言说：建设社会主义和共产主义，兄弟国家应该互通有无，互相帮助，这样彼此才能取长补短，共同迅速进步。我国对别人的帮助，向来是大公无私的。对亚非拉美的人民是非常有用的。我们人多，也能吃苦耐劳，再加上党的正确领导，所以能大公无私地帮助别人。扶持弱者，就是打击了强者。只有亚非拉美等殖民地半殖民地国家站起来，帝国主义才能打下去。过去我们强调自力更生，还有一部分外援；现在必须完全靠自力更生，力求外援。两条腿走路，西方不亮东方亮，黑了北方有南方，大有出路的。我们的经验教训很多，已经知道什么是对的，什么是不对的。讲到对外贸易问题时，说：对外贸易是个重要问题。我们的工厂不少，可是原材料不足，摆在那里闲着，实在可惜。应该大搞"以进养出"，使工厂和出口都活跃起来。如果今年进口十万吨棉花、人造棉等，织成布、绸卖出去，就能把买麦子的钱赚回来。手工业工人如能恢复到五百万人，一年就能有几百亿元产值。抓紧长期搞下去，定能弥补外汇之不足。二十六日，在讨论时插话说：中国的轻工业、手工业是有底子的，很可能发展的。轻工业和手工业产品，不仅可以供应国内市场需要，同时可以出口换取外汇。农民一人拿出一件东西，东西就多得很。说中国不富是说不通的，要把这个道理想通。要农民把东西拿出来，我们也要拿东西出来，等价交换，公平交易。对农民剥夺是不行的。

12月23日 复函越南民主共和国国会常务委员会主席长征，表示完全支持越南国会于一九六一年十月二十七日致世界各国议会的呼吁书中所表达的全体越南人民统一祖国，反对美国武装干涉越南南方的严正立场。

12月25日 主持第二届全国人大常委会第四十九次会议。会议讨论了全国人大代表下乡或在城市进行参观访问的问题，并决定第二届全国人大第三次会议于一九六二年三月五日在北京召开。

1962年　七十六岁

1月1日　参观北京中山公园兰花展览。赋诗《咏兰展》：

春来紫气出东方，万物滋生齐发光。
幽兰新展新都市，人人交口赞国香。

幽兰吐秀乔林下，仍自盘根众草傍。
纵使无人见欣赏，依然得地自含芳。

1月2日　听取王震汇报全国农垦生产的情况。
1月7日　致函邓小平并转中共中央，反映关于中直机关生产的情况和建议：中直各单位的机关生产，虽然遇到不少困难，但总的情况是发展的、成绩是很大的。我感到机关生产，也是城乡结合、工农结合、脑力和体力结合的一种好的形式。机关工作人员（和一部分事业人员）利用自己的业余劳动，既改善了自己的生活，又减轻了市场的压力。如果搞得好，甚至可以抽出一部分物资来供应市场。机关生产的基地，在战时还可以作为疏散人口的后方。这又是平时与战时的结合。
1月11日—2月7日　出席在北京举行的中共中央扩大的工作会议（通称"七千人大会"）。参加会议的有各中央局、中央各部委、各省市自治区党委、各地委、县委、重要厂矿企业以及军队各部门负责干部七千一百一十八人。大会的主要目的是总结经验,统一认识,加强民主集中制,以便进一步纠正"大跃进"以来工作中的错误,切实贯彻调整国民经济的方针,迅速扭转国民经济困难的局面。二月三日,朱德在参加山东组会议上发言,谈到党内斗争问题时,说:"这几年,党内斗争扩大化了,吃了一些亏,运动中打击面宽了,伤了人。党内斗争有时同对反革命分子的清理混淆了。经过这次会议,我看可以把平反的工作搞好,把更多的人团结起来。""在群众运动中,往往一个偏向来了,掌握不住,越来越偏。'左'的倾向来了,也带群众性,制止不住,要到失败了,吃了亏,才制止得住。""反右比较容易,因为资产阶级的东西在我们党内比较容易识别,好制止一些。'左'的东西往往不容易看清,不容易制止。""反'左'容易出右,反右容易出'左'。这种情况,作为领导者应当注意。有'左'反'左',有右反右,有啥反啥,没有就不反。不要一说反什么就自上而下地来个普遍化。"并说:"解决党内问题还是要和风细雨,正确地开展批评和自我批评。"在谈到经济建设时,说:"要把大家的积极性引导到农业、工业、手工业生产上去,引导大家同自然作斗争,但不能用那种几十万、几百万人齐上阵的办法,不能那样搞,而是要有组织、有计划地搞。要使农民安居乐业。安居乐业是发展生产的根本保证。""贯彻农轻重的方针,要从我们的底子出发,不要从上头来个大计划。能做多少就做多少,在做的当中稳步增加。办不到的事,硬要去办,还是办不到,结果既伤了党员,又失掉了群众。客观规律不能违背。只要我们全党学会照客观规律办事,我们就一定能站稳脚跟,并继续向前发展。"最后还强调:"只要在党内斗争问题上执行正确的方针,毛病就可以少出一点。解决人民内部矛盾,不能用解决敌我矛盾的办法。当然,敌人还有,一点警惕性没有也不行。但是警惕得过分了，不符合客观实际，就会出问题。"这篇讲话以《纠正"左"的偏向，恢复和发展生产》为题编入《朱德选集》。二月六日，朱德在大会上讲话，主要讲反对修正主义斗争的问题。会后中央在下发中央常委讲话时，他的讲话没有下发。

1月21日 接见中国天主教爱国会第二届代表会议的全体代表。

1月24日 会见秘鲁市场工会组织书记廖关宁。

1月25日 出席中共中央政治局扩大会议。

2月1日 出席中共中央政治局常委会议。

2月2日 为江西省共产主义劳动大学题词："坚持教育与生产劳动相结合、半工半读、又红又专的方针，发扬勤俭建国、勤俭办校、勤俭办垦殖场的精神，开发山区，为建设伟大的社会主义祖国而奋斗。"

△ 晚八时，到颐年堂开会。

2月5日 与毛泽东、刘少奇、周恩来、董必武、陈云、邓小平等出席解放军总政治部在人民大会堂举行的拥政爱民春节联欢晚会。

2月9日 为迎春画展题词："承旧启新，使祖国的绘画艺术更加丰富多彩"。

△ 离京赴浙江、江西、福建、上海、山东等省、市视察。

2月11日 抵达浙江省杭州市。

2月12日 视察杭州植物园、杭州民生制药厂、杭州建华纸盒生产合作社、杭州香精厂。

2月13日 视察杭州竹器生产合作社。

2月14日 听取浙江省外贸厅汇报外贸情况。

△ 登杭州玉皇山。

2月15日 视察浙江省美术学院，和院长潘天寿谈话。

△　听取浙江省汇报手工业情况。

　　2月16日　听取中共浙江省委负责人汇报外贸、手工业生产情况时，说：要组织人进山，建原料基地。制成产品出口。老艺人要养起来，请他们带徒弟，做长远打算。

　　△　视察杭州茶叶研究所。

　　2月17日　抵达江西省南昌市。

　　2月19日　视察江西云山综合垦殖场。当听取场负责人汇报各种副业生产时，插话说：要让手工业来取材。松香、烤胶要搞。野果酒要搞。七零八落的东西都可变做商品。养蜂、兔、鸭、鸡。每件事都精打细算。综合经营，全面发展。要多拿商品粮出来。

　　2月21日　听取中共江西省委负责人和江西省商业厅负责人汇报商业工作。

　　2月22日　视察南昌莲塘农业科学研究所农场、江西垦殖总场。对莲塘农研所农场负责人说：要多搞点手工业。手工业和农业结合，才能发展生产。历史上就是手工业为农业服务的。

　　2月23日　上午，听取中共江西省委负责人汇报工业和手工业生产情况。下午，视察江西省人民委员会红旗农业试验场，视察时指出：机关生产不算全民所有，独立核算，自负盈亏，谁投资归谁所有。不同于国营农场和国营商业一揽子交易。

　　2月24日　视察江西纺织厂、江西蚕桑垦殖场、南昌三二〇厂。

　　2月26日　听取中共江西省委书记处书记刘俊秀汇报工作时说：江西省是个好地方，有山，有水，有地，气候也好。"有土就有人，有人就有财。"要注意植桑造林。发展蚕桑要两条腿走路，除集体养蚕外，还要提倡每家每户养蚕。要发展生产，否则还叫什么社会主义？今年要把手工业生产恢复起来，手工业要上山，就地取材，至少制成半成品再运出来。手工业全由国家包起来吃亏不小。平均分配的制度，再过二十年也搞不起来。还是要实行等价交换，按劳取酬。商业部门要会当家，会做买卖。江西省的农场，主要应生产出东西来，没有东西，票子也没有用。不应要求上缴多少利润，利润可以作为投资扩大再生产，国家按合同收购。洋的不能太多太快，首先是农业手工业结合，打好底子，丰衣足食，才能搞大的、新的，否则喘不过气来。要先搞吃的穿的，多了才行，否则，做完吃完，还有什么社会主义？

3月1日 抵达抚州市。听取中共抚州地委、市委负责人汇报工作。视察孝桥人民公社，勉励公社干部要谦虚谨慎，经常调查研究，关心群众生活，注意工作方法。

3月3日 致函邓小平转中共中央：我到浙江、江西两省看到和听到的情况是，多数队粮食够吃，少数困难队在瓜菜代的情况下，也可以吃饱；不少富裕队实际口粮达到五百斤以上。虽然没有"丰衣"，也可以说是"足食"了。尤其是在贯彻《农村人民公社工作条例》（草案）以后，群众感到满意的是：（一）实行以生产队为基本核算单位；（二）把生产队划小；（三）实行按劳分配，多劳多得；（四）允许种自留地和开小片荒等；（五）停办农村公共食堂。指出：群众的家庭副业、自留地和小片荒等，不仅不影响集体生产，并且是集体生产必不可少的补充。因为把一些空闲时间和老小等辅助劳力都利用起来了。还指出，当前农村中一个重要问题是，农民除完成必须的交售任务以外，对其他农副业产品不愿意卖给国家，原因是卖掉农副业产品后，买不回所需要的工业产品来。农民对国家的要求是实行等价交换，有来有往。应该用工业品进行交换，这就需要发展轻工业和手工业生产，特别是日用品生产，以满足农民的需要。外贸方面，当前的问题是，原材料不足已经影响到出口计划的完成，如瓷器、土纸、雨伞等，急需解决包装用的木材和竹子，特别是包装茶叶用的木箱等，这些材料国家再困难也要首先满足其需要，首先保证出口。

△ 抵达吉安市。途经清江县东村人民公社和新淦县时，听取当地负责人汇报工作。

3月4日 上井冈山。听取茨坪人民公社负责人汇报农业生产和群众生活情况。瞻仰井冈山革命烈士纪念塔和红军烈士墓。会见当年的老赤卫队员，和他们一起座谈，询问他们的生产和生活情况，勉励他们"发扬革命传统，争取更大光荣"。在同当地群众座谈时，鼓励大家除努力发展粮食生产外，还要注意发展手工业生产。

△ 晚，回忆起当年的战斗经历，在笔记本上写下："一九二八年四月下旬会师井冈山。一九二九年一月下井冈山。三十三年前离此地，不胜今昔之感。现开辟了山区成为风景区又是经济区，昔日之战斗痕迹。"

△ 赋诗《答陈奇涵[1]同志〈咏兰〉》：

井冈山上产幽兰，乔木林中共草蕃。
漫道林深知遇少，寻芳万里几回看。

3月5日 上午，到大井参观毛泽东当年的旧居、红军医务所旧址。当陪同人员提出把他当年住过的房间要整理一下，准备展出时，马上说："我住的那间房子不用恢复了，毛主席

---

[1] 陈奇涵，中国人民解放军上将，当时陪同朱德在江西视察，同上井冈山。

的故居要好好整理，要宣传毛主席。"

下午，到井冈山革命博物馆参观。当陪同人员问"朱毛会师"到底是在哪里会师时，回答说：会师地点在砻市。红军会师，使三省暴动力量集合于井冈山。看到红军"三打永新"的展出部分，建议说：三次打永新的材料应再充实点。三打永新消灭了朱培德的主力，消灭杨池生、杨如轩两个师。朱培德的主力被打垮后，国民党其他军队就不敢配合了。三打永新的胜利是一个关键，是根据地发展和红军发展的关键，与后来红军取得胜利有关，井冈山一、二、三次反"会剿"取得胜利与三打永新有关。

参观完陈列室，与博物馆人员座谈，就井冈山斗争时期的有关史实作了补充和说明。并说：写井冈山历史，湘南暴动这方面也要写，这样就比较全面。又讲：一九二九年主力红军离开井冈山后，留在湘赣边的地方武装，在原有基础上，又成立了红二十军，以后改为红六军团，负责保卫湘赣和湘西革命根据地。我们和毛主席转战赣南、闽西，创建了中央革命根据地。这对红军的发展起了很大的作用。这一段情况你们要搞清楚。

应博物馆负责人的请求，题写馆名"井冈山革命博物馆"，并挥毫写下："天下第一山。"

3月6日 由茨坪下井冈山。路经五大哨口之一的黄洋界时，观看哨口和当年挑粮上山休息的地方。随后，抵达宁冈茅坪，参观旧居后，看望了袁文才[1]烈士的夫人和其他革命老

---

[1] 袁文才，江西宁冈人。第一次国内革命战争时期加入中国共产党。在宁冈领导农民自卫军同当地反动势力作斗争。毛泽东率领秋收起义部队上井冈山后，他接受改编，任工农革命军第二团团长。后任红四军第三十二团团长、湘赣边界工农兵政府主席、红四军参谋长等职。1930年1月牺牲。

人。还同当地干部、群众座谈，鼓励大家除努力发展粮食生产外，还要注意发展手工业生产，说：井冈山地区，到处是毛竹，遍山是箬叶，可以组织起来，多编些雨帽和竹器卖出去，当地供销社不仅应该组织收购和销售，还要组织土特产的生产。开发井冈山，不但有经济价值，而且有重大政治意义，因为它是毛主席创建的中国第一个革命根据地。

随后，从茅坪来到宁冈县城砻市。参观当年朱毛会师时的木板桥、龙江书院、会师广场。接见宁冈县党政军负责人，详细地询问当地的生产和人民群众的生活情况。叮嘱说：我们做工作，办事情，一定要从实际出发，实事求是，对人民负责，要经得起历史的检验。如果不关心群众，脱离实际，搞浮夸，既害党害国害民，也害浮夸者自己。

△ 下午，抵达永新县。听取中共永新县委负责人汇报。

3月7日 返回吉安市。途经安福县时，听取中共安福县委负责人汇报。当汇报到中药材问题时指出：中药问题国家统不了，要把药铺办在大队，又卖药，又收购药材。

3月8日 听取中共吉安地委负责人汇报，插话说："天生万物自养人"，有人就有吃的，这是自然辩证法的规律。菜饭合吃最养人，不靠吃肉。镇上要有卖饭的，不要有钱买不到吃的。粮食要过关。井冈山不能多开地，主要靠竹木，搞半成品、成品出来。还要注意组织采集药材。集体所有制和全民所有制要分开。

3月9日 返回南昌市。途经清江县时，听取中共清江县委负责人汇报。

3月10日 和中共大茅山垦殖场党委负责人谈话，指出：要注意发展多种经营。只有多种经营发展了，才能满足人民的物质、文化生活的需要。

△　和中共江西省委负责人谈话，说：要想办法把农民的家务建立起来，这是急需的事情。农民没有家务怎么生活下去？怎么能安心于农村？

　　3月11日　抵达景德镇市。视察景德镇瓷业研究所，对所负责人说：产品只要有销路，还是多做大路货合算。精的东西当然也要，但不可能多做。你们这里的主要任务是研制出口产品，供应出口，给国家换取外汇。

　　3月12日　视察大茅山垦殖场。当场负责人汇报到广大干部取得了思想、生产双丰收时，说：我们的干部就是要能上能下，能官能民，而且还要能文能武，文武双全。勉励大家要把垦殖场办成国家的社会主义商品基地。

　　△　视察江西共产主义劳动大学，和学生们一起听课，了解教学情况。

　　3月13日　抵达上饶市。参观上饶集中营烈士纪念塔。

　　△　分别听取茅家岭人民公社茅家岭大队负责人和中共上饶地委负责人汇报。对上饶地委负责人说：垦殖场还是集体所有制，自给自足。国家只是收购商品。同垦殖场挂钩的公社不要转为全民所有制，不要再包读书、养老、养小、修房子等。要集体去搞。自己办福利，自己修桥铺路，等等。景德镇的窑柴你们要保证，同时又要搞小型分散，就地取窑柴，手工业不宜太集中。同时又要注意保持历史传统。

　　3月14日　视察福建省武夷山疗养院。

　　3月15日　和中共福建省南平地委负责人谈话，说：发展山区经济，山上的人不要向山下挤，而是把山下的人向山上挤。一方面占领地方，把上面的东西拿下来，一方面便于养家禽家畜。福建在革命时期就有贡献，在社会主义建设时期也会起重大作用的。另外，你们处在沿海，还要下海。在谈到闽西斗争史时，说：井冈山是第一个旗帜，井冈山下来，又靠闽、赣支持。特别是闽西家务不小，小军阀的底子拿过来支持了我们。当时，对福建估计不足，打下来的地方也放弃了。如果把闽西、闽北、湘南连起来，是大好形势。但当时中央苏区政府一成立就保守了，要保卫政府。当时如何能守得住？那时就是要到处冲，一直冲到蒋介石的老家去，他毫无办法。

3月16日 抵达上海市。

3月17日 听取中共上海市委负责人汇报对外贸易和手工业生产情况。

△ 视察龙华区七一公社南郊大队。

3月18日 视察上海裕华毛纺织厂、上海丝绸厂。

△ 晚，离上海回北京。

3月19日 途经山东省济南市时，在火车上听取中共山东省委第一书记谭启龙汇报工作，指出：要抓紧恢复手工业和供销社。中国人口多，资本主义未得到充分发展，因此，小生产还不能取消。要搞出口。蚕桑要重新恢复。要努力搞好生产。

3月20日 回到北京。

3月20日、22日 主持第二届全国人大常委会第五十一次、第五十二次会议。会议讨论第二届全国人大第三次会议议程，主席团、秘书长名单，提案审查委员会主任委员、委员人选；通过第二届全国人大常委会工作报告。

3月21日 出席刘少奇主持的最高国务会议。会议讨论即将召开的第二届全国人大第三次会议的开会方针、所要解决的主要问题。刘少奇讲话说，目前国内形势实事求是地讲，在经济方面是存在着相当大的困难的。造成困难的原因，一方面是由于连续三年的自然灾害，另一方面是由于我们工作上和作风上的缺点错误引起的。我们调查研究不够，轻信汇报，没有很好地实行民主集中制。他提出，希望大家看到当前的困难，也要看到光明的前途，要有远大的理想，又要有切切实实的工作。

3月22日 主持第二届全国人大第三次会议预备会议。会议选举第二届全国人大第三次会议主席团、秘书长；通过会议议程；通过提案审查委员会主任委员、委员名单。

3月26日 出席中共中央政治局会议。会议讨论周恩来准备向第二届全国人大第三次会议作的《政府工作报告》、一九六〇年国民经济计划执行情况和一九六一年国民经济主要统计指标等。

△ 致函邓小平转中共中央，反映视察江西的情况和意见，指出：江西抓了山头，全省出现了几百个"南泥湾"，这是一条很好的经验。这样做的好处是，把开发山区资源供给城市、长期经营山区、培养农林技术干部和安置下放职工都结合起来了。这不论是从克服当前的困难来讲或者从长远建设来讲都是极为有利的。因此，我认为这是一条值得重视的成功经验。关于垦殖场的所有制问题，还是作为大集体所有制来经营比较好些。因为：第一，建场时，国家并未给多少投资，每个场只是贷款几十万元，而现在一般都有一两千万的家务和十多万平方米的房屋。他们凭自己的双手搞起来的这个家务，就让他们继续去"滚"，使之越"滚"越大，不要急于抽调他们的利润；第二，作为大集体所有制，更适合于当前的生产水平和经营方式，更有利于调动职工的生产积极性；第三，特别重要的是，这些职工一方面自己养活了自己，不再算城市人口，不再吃统销粮。另一方面又为国家提供了大量的农副产品。他们应当按照独立核算、自负盈亏、按劳付酬、多劳多得的原则去办。对于职工的工资福利等，国家不需要再包了。对于他们的农副产品不是调拨，而是签订合同收购。

3月27日—4月16日 出席在北京举行的第二届全国人大第三次会议,并先后主持开幕式、闭幕式。大会通过《关于政府工作报告的决议》、《关于第二届全国人民代表大会常务委员工作报告的决议》等。

3月30日 出席中共中央政治局常委会议。

3月31日 出席中共中央政治局常委会议。会议讨论财政问题。

4月4日 出席匈牙利驻中国大使费伦茨为庆祝匈牙利解放十七周年举行的招待会。

△ 审阅《中央财经小组关于讨论一九六二年国民经济调整计划的报告(草案)》。

4月7日 出席中共中央政治局扩大会议。会议进一步讨论三月二十一日最高国务会议的议题,并讨论通过《中共中央对苏共中央来信的复信》。

4月9日 出席最高国务会议。会议进一步讨论三月二十一日最高国务会议的议题,并讨论《政府工作报告》和第二届全国人大第三次会议的有关问题。

4月13日 主持第二届全国人大常委会第五十三次会议。会议批准将原隶属国家交通部的中国民用航空局改为国务院直属局,并改名为中国民用航空总局。

4月16日 致函周恩来,指出:供销合作社恢复以后,农村经济活跃起来了,物资也能较快地收购上来了。农民极愿入股自办供销社,认为这是他们自己的事业。这是好现象。国营商业与供销合作社的分工,不是售货种类方面的分工,而是所有制方面的分工,即国营商业是全民所有制,供销合作社是集体所有制。两者应平等互惠地做生意,依照合同和规章办事,实行经济核算,彼此不能混淆。中国地广人多,尤其在山区，交通很不方便，只靠国营商业是不行的。只有发展集体经济，才能减轻国家的负担，国营商业也才能办得更好。

4月19日 和正在北京的中共江西省委书记处书记、副省长方志纯谈话，说：六亿人口的生意，单靠国家是不行的。不让私人做生意，也不让集体做，怎么行？怎么拿得来？又怎么分得出去？做生意要纳税，就不会随便做生意。是硬碰硬，真实做生意。到处说民主，经济不民主，别的都落空。集镇的人要放下去，国家不要包。统购统销之外，允许个人卖熟食，开茶饭馆，才能热闹。又指出：江西省农村一是要恢复农业生产，二是要发展副业生产。你们要搞出口产品，出口多了，给你们提成。山上竹、木、笋、香菇、木耳、毛草等东西多，都可以作为小队的生产，纸浆可作为大队的生产。冬天有青菜，便于养猪、鸡等，不要很多精饲料。首先供应香港。你们要成为外贸供应基地。总之，要让农民富裕起来，只有农民富裕了，整个国民经济才能活跃起来。

△ 与陈毅、郭沫若等出席中国作家协会《诗刊》编辑部举行的诗歌座谈会并发言，说：我们的社会主义建设事业是伟大的、光荣的。我们的诗歌应当把它反映出来给人们看，给我们的后代看。大家要把这个责任担负起来，并且也是有可能把这个责任担负起来的。在中国几千年的历史中，好东西确实不少，我们应该继承，推陈出新。又说：自己时有所感，写上四句八句的，说诗不像诗，只是完成表达的欲望。愿意和各位写诗的同志们常常见面，多多交换意见。

4月23日 出席中共中央政治局常委扩大会议。会议听取东北地区精简工作的汇报和中央财经小组关于一九六二年国民经济调整计划的报告。

4月24日 和外贸部副部长林海云谈话，当谈到与苏联的外贸关系时，说：与苏联还是可以做生意的，对双方都有利。

△ 出席中共中央政治局常委会议。会议听取周恩来汇报中央财经小组提出的《关于讨论一九六二年国民经济调整计划的报告（草稿）》。

4月27日 致函邓小平转中共中央，对浙江省瑞安县林业特产局干部任启明来信中提出的农村应提倡家家植桑养蚕建议表示赞同，认为值得推广。并说：我们过去十几年来也曾提倡过农村家家养蚕，但产量不高。原因是我们推广新的养蚕方法时，忽视了群众的传统习惯，因此家庭副业养蚕越来越少。看来，在推广新的养蚕方法时，一定要从我国的实际出发，不要忘记群众的传统习惯。不仅养蚕如此，其他很多事情也是如此。

5月1日 毛泽东、刘少奇、朱德、周恩来等出席首都庆祝五一国际劳动节联欢晚会。

△ 下午五时，到颐年堂开会。

5月2日 晚八时，到刘少奇处开会，讨论经济问题。

5月6日 与陈毅、乌兰夫等到北京西郊机场观看北京市航空体育表演。

5月7日—11日 出席由刘少奇在北京怀仁堂主持召开的中共中央工作会议（又称五月会议）。会议主要讨论中央财经小组提出的《关于讨论一九六二年调整计划的报告（草稿）》，落实调整国民经济的部署。会议一致同意中央对经济形势的分析，统一了对各项重大措施的认识。八日，在参加工交小组讨论时发言：当前调整工作的中心问题是精简职工和减少城镇人口，这是克服当前暂时困难的主要措施，各部、委必须立即行动起来。另外，在农村还要抓农副业生产，用"南泥湾精神"多生产粮食和农副产品。不下这个决心是不行的！九日，在参加农林财贸小组讨论时发言：现在对家庭副业限制得太死了，要解除禁令！农业和副业结合起来，社员的收入就增加了，生产队也就富裕了，农村集体经济也就会巩固起来。十一日，在全体会议上就农村工作问题发言：现在要动员全党发展农业生产，建设国民经济的基础。过去，我们虽然早就提出过按农、轻、重的次序问题，但实际上是重、轻、农的次序搞建设，这条路是走不通的，这次一定要转过来。在农村要两条腿走路，正业（农业）和副业两不误。农民的衣、食、住、行，光靠正业分点粮食解决不了，一定要靠家庭副业来解决。刘少奇在会议总结讲话说：从经济上看，总的讲，不是大好形势，没有大好形势，而是一种困难的形势，要跟干部讲清楚，要准备迎接困难，克服困难。

5月8日 出席捷克斯洛伐克驻中国大使塞迪维为庆祝捷克斯洛伐克解放十七周年举行的招待会。

5月13日 出席刘少奇主持的中共中央政治局常委和中央书记处会议。

5月14日 主持第二届全国人大常委会第五十四次会议。会议听取彭真关于全国人大代表团访问朝鲜民主主义人民共和国的报告和决定人事任免事项。

5月15日 乘飞机离京赴陕西、四川、云南、广西等省、自治区视察。

△ 抵陕西省西安市。在听取中共陕西省委负责人汇报供销社的恢复情况时指出：要把供销社恢复起来，从新集资搞，自力更生，实行民主管理，自负盈亏。不仅供销社要恢复，运输合作社、消费合作社也要恢复，这样才能把市镇经济搞活。

5月16日 飞抵四川省成都市。

5月17日 听取四川省供销社和对外贸易局负责人汇报工作。

△　游览杜甫草堂，赋诗《工部草堂祠》：

工部草堂祠，梅竹菊皆有。
近日种幽兰，名园香更久。

5月18日　听取四川省计划委员会和劳动局负责人汇报精简机构和干部下放情况。

5月19日　视察成都市郊金牛坝人民公社鹭子大队第七生产队。

5月20日　致函邓小平转中共中央，报告视察陕西、四川两省情况：陕西省的小麦产量估计要减产三分之一，将由四十亿斤减低到二十八亿斤，比去年的三十三亿斤还要少五亿斤，群众生活很困难；陕西省的煤炭企业普遍赔钱，大型企业赔，小煤窑赔得更多。大型企业亏本出售，还可以由国家贴补，小煤窑长期赔下去，就无法再维持生产了。而小煤窑的生产在解决当地的民用煤方面有重要的补充作用。建议煤炭调拨价格可以不变，但小煤炭的零售价格应当允许地方上适当调高，不要统死。这样做，群众也不会有太大的意见。否则，这些小煤窑赔垮了，当地群众在烧的方面将会更加困难。又说：陕西、四川两省集市上的饭铺小吃等都没有了，农民赶场买不到饭吃，感到很不方便。建议允许私人或者供销社在集镇上开几家饭铺，国家不供应粮食，由农民自己出售粮食吃饭，这样，既能养活了一部分人，又便利了群众。

△　致函邓小平转中共中央，报告关于四川省手工业部门以部分产品换购原料的情况：四川省在去年第四季度打击投机倒把活动以前，由于自由市场上竹、木原料售价很高，使手工业产品成本增大，因而发生了亏损现象；在打击投机倒把活动

以后，自由市场上的竹、木原料急剧减少，甚至原来的高价原料也没有了，以致严重影响到手工业合作社的生产和巩固。在这种情况逼迫下，不少地区的手工业社和厂，甚至散了伙。恢复了以手工业产品换购农村的竹、木、棕、藤、草等原料的办法，使这些行业的生产逐渐走向正常，有的甚至较前大大地发展了。其好处主要有四条，第一，解决了手工业最感缺乏的竹、木等原料，促进了手工业的生产；第二，抵制了自由市场上的高价投机，部分稳定了物价；第三，解决了短途运输问题；第四，使某些手工业企业由亏损转为盈余。看来，以部分手工业产品换原料的办法，是解决原料困难的一个好办法。特别是手工业所需的原料品种多，来源分散，不可能全部纳入国家计划，商业部门也不可能全部包下来，必须采取手工业部门自力更生，国家分配和商业部门三者相结合的办法。从四川省手工业实行产品换原料的经验看来，如果手工业部门和企业以百分之二十到三十的产品换原料，以百分之七十到八十的产品交给商业部门，则商业部门掌握商品的绝对数，比换原料前全部包销数还要多。

　　△　飞抵西昌市。听取中共西昌地委负责人和建委、工业、财贸部门负责人汇报。笔记本写下：西昌地区地多人少，农、林、牧、副、渔及矿产资源俱富，大有潜力。金、银、铜、铁、镍、铝、锌等矿，都准备开采。

5月21日　视察西昌太和铁矿、西昌钢铁有色金属研究所。当听到西昌太和铁矿负责人汇报精简职工"已压缩走五千多人，还保留有五百多人"时，指出：现在国家很困难，有些建设不得不暂时下马。但要积极做准备，一旦困难过去，大规模的工业建设会开展起来。又说：这里有地，工厂、机关，可以多留自留地。中国的办法就是靠两只手，至少可以有菜吃。开垦荒山、荒坡，不能一步到位，要由小到大，由低到高，逐步开垦。

△ 视察西昌市海滨公社民权大队第七生产队。

5月22日 上午，听取中共西昌地委关于农业生产和民族工作的汇报，随后参观了矿产、畜产、农副土特产品展览。在听汇报时指出：贯彻中央"七千人大会"精神，要发扬民主，让干部把话讲完。要认真总结经验，最根本的一条就是理论联系实际。坚持实事求是，一切从实际出发，这是毛泽东思想的精髓。一定要认真吸取这条经验。对于反右倾中搞错了的要给予平反，恢复过去的信任。还说：在你们这个地方，跟内地的情况就有些差别，因此有些政策措施就要放宽一些；退赔要搞彻底，因为它关系到群众的切身利益；自留地要划够，要允许社员开垦与自留地同等数量的荒地。根据土地条件，多数地区社员的自种耕地可以达到总耕地的百分之十；要搞好分配，多劳多得。

△ 飞抵云南省昆明市。

5月23日 听取中共云南省委负责人汇报精简下放工作情况。

5月24日 听取云南省外贸局和商业厅负责人汇报外贸和市场工作。视察昆明植物园。

△ 游览昆明市北郊龙泉山麓黑龙潭公园，赋诗《重游黑龙潭》：

黑龙潭水清且深，唐梅宋柏又重寻。
记得宿营名古寺，重阳光复[1]到而今。

---

[1] 重阳光复，指在辛亥革命中1911年10月30日（农历九月九日，为重阳节）蔡锷等为响应武昌起义而发动云南起义。朱德参加了这次起义，其间曾驻军于黑龙潭公园内的寺庙里。

5月25日 听取中共云南省委负责人汇报云南省的矿产资源及其开发情况。

5月26日 致函邓小平转中共中央，汇报视察四川西昌地区时发现的问题：（一）西昌专区现有一亿斤死角粮，都在山区，是历年积存下来的。据说，在存粮中还有一九五四年的粮食。这部分粮食如果再不处理，很快就要损坏。地委的意见，在有死角粮的地方，除酿造和制淀粉外，最好能多拨出一些饲料粮来，动员农户和集体，大量饲养家畜、家禽，特别是多养马牛，以便向内地输送耕畜和肉类。西昌地委的意见，我认为是合理的。（二）西昌地区群众的生活是很苦的，有一个生产队四、五两月人均只有十斤、十一斤口粮。在夏收插秧的大忙季节，一个全劳动力每月也只能吃到十六斤口粮。口粮不足的原因，除因去年天旱歉收外，在执行政策上也还有一些问题。如：公社规定在完成征购和储备任务以后，即使生产队还有余粮，每人每天的口粮也不得超过十二两。口粮是十天一发，主要是怕群众吃了"过头粮"。另外，对群众开小片荒地仍有限制。总之，对农民箍得过死，因而影响了群众的生产积极性。（三）西昌的土特产相当丰富。当前的问题是有东西运不出来，应请有关部门注意解决。（四）西昌的矿产资源十分丰富，煤、铁、镍、金、银、铜、铅、锌等都有，并且储量很大。"特别是这里的铁矿主要是钒钛铁矿，一旦开发出来，其经济价值是很高的。现在西昌钢铁厂已经下马，但小型的镍厂和以土法生产的铜、铅、锌、金等厂矿，还在继续生产。它们有生产的条件，并且不赔钱，应当允许和支持它们继续生产下去。"

△ 参观昆明筇竹寺。

5月27日 听取云南省供销社负责人汇报。

5月28日 到昆明市附近的安宁县温泉村参观、休息。

5月31日 视察昆明钢铁厂、龙山生产大队。

6月1日 视察云南化工厂。

6月2日 听取中共晋宁县委负责人汇报工作。视察宝珠梨园、桃园。

6月5日 听取中共云南省委负责人汇报。

6月6日 视察松华坝水库。

6月7日 抵玉溪县。视察玉溪县东风水库。听取中共玉溪地委负责人汇报手工业生产情况。

△ 视察玉溪卷烟厂，说："希望你们继续发挥地理优势生产出更多名牌烟来，为国家创造出更多财富。"

6月8日 抵通海县。听取中共通海县委负责人汇报工作。

△ 抵建水（旧称临安）县。听取中共建水县委负责人汇报工作。

△ 参观建水县城中心的有六百多年历史的朝阳门城楼，和县文化馆工作人员谈文物鉴赏的收藏保护。

6月9日 抵个旧市。听取中共红河哈尼族彝族自治州委负责人工作汇报。当汇报到该地主要是家属口粮困难时说：你们这里荒地很多，有水有草，可以发展畜牧业。当汇报到"农场现有二十多万人，仅河口橡胶场就有一万人"时，指出：要自给粮食。小工业，小学教员等下放生产队，大家动手，自力更生，条件很好。

△ 从建水县赴个旧市途中，游览风景名胜燕子洞，赋诗：

满岩燕子窝，燕儿舞婆娑。

春来秋去也，唯尔子孙多。

游客题诗话，农夫禁雀罗。

洞内新天地，贯通建水河。

二十公里远，开远露伏波。
前曾为匪窟，肃匪动干戈。
道人称百岁，香客信无讹。
临安风景地，避暑气温和。

6月10日 视察个旧锡矿。为锡矿题词："以锡为主，综合利用，重质重量，经济核算。"并解释"综合利用"的意思说：长征过草地的时候，部队杀一只牲口，是没有任何一点丢头的。牲口的全身——骨头、肉、蹄子、皮，都是有用的，这也可以叫"综合利用"吧。个旧这样多宝藏，我们就更要讲究综合利用了。

6月11日 抵开远县。视察当地驻军办的化肥厂并听取汇报。

6月12日 抵宜良县。听取中共宜良县委负责人汇报。途经弥勒县时，还听取了中共弥勒县委负责人的汇报。

6月13日 返回昆明市。视察昆明冶炼厂。

6月14日 飞抵湖北省武汉市。

6月15日 回到北京。晚，到刘少奇住处谈话。

6月16日 在人民大会堂会见朝鲜最高人民会议常任委员会委员、朝鲜劳动党中央委员会副委员长朴金哲及其率领的朝鲜最高人民会议代表团，于当晚举行欢迎宴会，并致欢迎词。

6月20日 与中国人民解放军副总参谋长杨成武谈国防建设和战备问题，指出：要加强海军的技术装备，加强固守海岛的建设。从目前来看，如果战争打起来，首当其冲的就是海军和海岛。尤其要注意海南岛和浙江方面。要掌握新的军事技术，否则战略、战术都会落空。

△ 给中共中央、毛泽东写报告，反映视察四川、云南的

情况和建议。(一)云南省的手工业生产合作社和供销社大部分已经恢复,生产正在不断发展,但目前在价格政策上还存在问题。如:对于手工业生产合作社用自己采购的原料制成的产品,价格限制过死,手工业生产合作社不仅无利可图,甚至还赔钱。"应该允许他们在维持成本、稍有利润的原则下,适当提高售价。这样做,对于发展手工业生产,增加社会财富,满足群众的需要,都是有好处的。"(二)应尽量减少农村吃商品粮的人口,集镇的手工业者和公社的事业单位,必须坚决地、切实地加以精简,以充实农业战线;精简之后,必须保留的人员,也可以不吃统销粮,转由生产队包起来。(三)允许群众私养一头至几头大牲畜的政策还没有贯彻下去,因此马、骡、牛、驴等已大大减少。和发展大牲畜联系在一起的是组织车马运输以及在交通沿线设立骡马店的问题。云南和四川一带,由于交通不便,过去主要靠"马帮"来运输。今后若干年内,这种"马帮"运输仍然是不可少的。"马帮"和骡马店,可以由基层供销社或生产队去办,农忙时务农,农闲时搞运输。(四)县以下的体制,应该考虑进行一些适当的调整。自从贯彻"六十条"以来,公社和大队划小了,因而脱产干部和补贴工分的干部也增加了。我的意见,公社应该大些,生产队应该小些,目前是以生产队为核算单位,生产和分配的繁重任务都在生产队一级,公社和大队的任务则相对地减少了。因此,公社应该大些,最好是一乡一社,或者更大些,公社由县直接领导,公社以上不再设区,这样既利于精简,同时还可以抽出一大批干部充实基层。(五)云南是我国有色金属的生产基地,资源很丰富,现在已经勘探好的就有一百多万吨。其中尤以锡为最大宗。现在不仅不应当压缩生产,而且要尽量扩大生产。(六)云南山多林多,地广人稀,气候温暖,雨量充沛,再加上这几年的水利搞得比较好，所以在开垦荒地上是大有前途的。据估计，全省可垦荒地约有一千多万亩（实际上恐怕有几千万亩）。这是当前安置下放人员开发山区的一个很好的地方。

6月25日　与邓小平、彭真等出席首都各界人民纪念朝鲜民主主义人民共和国解放十二周年集会。

6月26日、7月22日　先后和最高人民法院副院长陈奇涵、高等军事学院副院长杨至诚谈人民军队从南昌起义到上井冈山的历史。谈话首先回溯了第一次国内革命战争时党在军事工作方面的成绩与教训，接着讲了南昌起义发动的原因、起义军南下的过程，指出：“失败的主要教训，就是起义军没有和江西的农民运动相结合。”还讲了起义军余部是怎样坚持下来的、一九二八年初发动湘南起义的过程和同年四月上井冈山与毛泽东领导的秋收起义部队会师的过程，以及会师后开创和保卫井冈山革命根据地的几次著名的战斗。这篇谈话纪要以《从南昌起义到上井冈山》为题编入《朱德选集》。

6月29日　与刘少奇、董必武、周恩来、邓小平、彭真等应邀出席朝鲜最高人民会议代表团团长朴金哲举行的访华告别宴会。在致词时指出：朝鲜的内政决不允许任何外国干涉。美帝国主义的侵略军没有任何理由赖在南朝鲜。

△　出席全国人大常委会举行的把中国珍藏的朝鲜古书送给朝鲜人民的赠书仪式。

7月3日　出席中共中央政治局常委会议。会议听取周恩来汇报视察东北精简工作情况、全国粮食征购、大企业搞农副业问题。

7月6日　主持第二届全国人大常委会第五十六次会议。会议通过《全国人民代表大会常务委员会关于支持朝鲜最高人民会议为迫使美军撤出南朝鲜、实现朝鲜和平统一给世界各国议会的信的决议》。

△ 晚九时半，到毛泽东处看望。

7月13日 出席在钓鱼台十号楼召开的中共中央政治局常委会。

7月15日 晚，乘火车离京赴北戴河。

7月19日、22日 先后两次和身边工作人员谈：（一）在统一政策下，具体做法要因地制宜，各地可以有细则，有区别，不能强求一律。如所有制、责任制、经营管理等，可以有所不同。（二）当前主要是反"左"而不是反右，反右谁都可以来一套，可是反"左"一般人反不了。要敢于提意见，不要怕说右了。（三）沿海有种做法叫"出口人力"，建筑公司也可以出国，搞劳务出口。（四）商业部门要完全集中统一，有问题。粮食部门要稍有利润，不能赔钱。（五）集体副业和家庭副业要同时并举。有许多事情要靠家庭而不是靠社会去解决，不能打破家庭。因此，要恢复家庭（家务），农民才安心，才有指望。否则，就得过且过，农民一"磨洋工"就不得了。（六）要鼓励农民开荒，可以规定几年不征税；耕畜集体所有，私养公用，私有私养私用。（七）企业、事业单位要实行厂长负责制，制定规章制度，有人负责，调动时要有所交待，个人负责。（八）税收是国家财政的基本收入。工商企业的税收、折旧、利润要分开计算。

△ 和来访的董必武谈话。

7月25日—8月24日 出席中共中央工作会议（通称"北戴河会议"）。会议成立了由毛泽东、刘少奇、周恩来、朱德、邓小平及国务院各口负责人、各中央局书记组成的中心小组。会议原计划主要讨论农业、粮食、商业和国家支援农业等问题。朱德先后参加了华东小组、西南小组、东北小组、华北小组的讨论,曾发言说:当前我们的任务是,要把生产搞上去,尤其要把粮食生产搞上去。八月六日,毛泽东在会议上发表了关于"阶级、形势、矛盾"问题的讲话,又六次在中心小组会上发言,批判所谓"单干风"(指包产到户)、"翻案风"(指彭德怀等请中央重新审查自己的历史、甄别平反的要求)、"黑暗风"(指对当时严重困难形势作充分估计的观点),强调阶级和阶级斗争,会议原定议题受到冲击。

7月30日 晚七时半,到一号楼参加中共中央政治局常委会议。

8月1日 赋诗《庆祝中国人民解放军建军三十五周年》:

> 人民解放军,今已卅五春。
> 建军总原则,党的领导尊。
> 非军指挥党,惟党指挥军。
> 枪从无到有,术由粗而精。
> 诸将老尚健,新兵百倍增。
> 如钢经百炼,如木长千寻。
> 经验常总结,一结一回深。
> 敌初看不起,接仗始吃惊。
> 首创游击战,土地庆平分。
> 进行抗日战,民族大义伸。
> 再行解放战,三山一时倾。
> 抗美援朝战,力挫萨姆横。
> 中朝结友好,互助为善邻。
> 屹立在东亚,争取世和平。
> 人民大解放,国势日繁荣。
> 立誓保祖国,不让敌来侵。

8月15日 从北戴河返北京。

△ 与陈毅出席朝鲜驻中国大使韩益洙举行的庆祝朝鲜解放十七周年招待会。

8月16日 会见保加利亚新任驻中国大使库姆比利耶夫。

8月17日 会见蒙古新任驻中国大使策伯格。

△ 会见阿拉伯联合共和国新任驻中国大使伊马姆。

△ 离京赴北戴河。

8月20日 在笔记本上记下对当前经济工作与政策的几点意见：（一）机关生产，不要因为有贪污分子而一笔勾销。贪污问题按党的政策和国家法律处理。（二）价格是个很复杂的问题，目前还没有摸索清楚。如何解决，要研究。（三）"农业六十条"和"工业七十条"中央通过以后，全国就应按照执行，但目前有些工厂就没有执行。（四）国家、集体、个人之间的关系，要很好地解决。没有住，没有吃，没有家，集体如何巩固？反之，如果家庭生产发展了，生活改善了，集体也就巩固了。（五）外贸上以进养出，是行之有效的。（六）"三包"到组，在一部分地区是可行的。（七）要从中国的实际出发，中国是一个半封建的底子，资本主义没有得到发展。因此，过渡起来就比较慢，不像资本主义那样快。实事求是，因地制宜。全国要求一律，也就没有实事求是了。全国搞种玉米运动，就没了因地制宜。（八）安居乐业，正业和副业两不误，就要建立家庭。

8月21日 下午，到毛泽东处开会。

8月25日 视察秦皇岛码头、耀华玻璃厂。在听取秦皇岛港务局负责人汇报时说：你们要搞出口业务，要找点生意，码头就是要搞运输生意，矿石可以，盐也可以，煤也可以。通过码头和各国联系起来，做世界范围的生意。没有粮食，石头总是有的，要想办法组织货源。又指出：社会主义总是向前进，前进中有些阻塞，停顿一下，调整一下，又前进，不能总是向下压。

8月26日 回到北京。

8月26日—9月23日 出席中共中央八届十中全会预备会议。在此期间，九月十一日、十三日、十六日、十八日、二十日、二十四日多次和他人谈党的历史和高岗等错误问题。

8月28日 主持全国人大常委会第六十一次会议。会议听取外交部副部长黄镇作国际情况报告和通过人事任免事项。

9月3日 下午，到颐年堂开会。

9月4日 主持第二届全国人大常委会第六十二次会议。会议听取对外文化联络委员会副主任张致祥作关于毛泽东著作的翻译、出版和发行情况的报告。

9月6日 致函李先念、陈伯达：基本同意《关于商业工作问题的决定》（草案）。谈四点具体意见。（一）为"促进生产发展，繁荣经济，城乡互助，内外交流"，应迅速恢复和健全供销社渠道；（二）应在统一领导下把市场搞得活一些，以便促进生产和流通，改变过去那种不统则乱，一统就死的状况，不宜各地强求一律；（三）要加强党对商业工作的领导，要号召党员学习做生意，要抽调一批好的党员干部充实和加强商业系统的各级领导和企业单位；（四）目前由于产品不足，要完全做到等价交换有困难，只能逐步缩小剪刀差。但从长远来说，应按照价值规律，逐步缩小工业品和农副产品在价格上的不合理的差距，使价格走向合理化。在当前，应注意调整价格中可能产生的更加扩大的差距。以后随着生产的发展，应逐步解决粮价倒挂、粮棉差价和工业亏损等问题，建立各种价格的合理的比例关系。

9月12日 主持第二届全国人大常委会第六十三次会议。会议决定访问越南民主共和国的全国人大代表团名单和听取中央气象局关于气象工作情况的汇报等。

9月17日、18日、20日 出席在颐年堂召开的会议。

9月20日 与毛泽东、刘少奇、周恩来、邓小平等接见出席中国共产党空军第三届代表大会的全体代表。

9月22日 与陈毅等出席马里驻中国大使比特拉奥雷为庆祝马里共和国成立两周年举行的招待会。

9月24日—27日 出席在中南海怀仁堂举行的中共八届十中全会。会议讨论通过《关于进一步巩固人民公社集体经济、发展农业生产的决定》、《农村人民公社工作条例》、《关于商业工作问题的决定》、《关于有计划地交流各级党政主要领导干部的决定》和《关于加强党的监察机关的决定》等；增选陆定一、康生、罗瑞卿为中央书记处书记；宣布对彭德怀、习仲勋进行专案审查；决定撤销黄克诚、谭政的中央书记处书记职务。毛泽东在讲话中进一步阐述有关阶级斗争和国内党内修正主义的问题，说阶级与阶级斗争必须年年讲，月月讲。全会在强调"千万不要忘记阶级斗争"的同时，提出也要把经济工作"放在第一位"。二十五日，朱德在全体会议上发言。在谈到国内形势问题时说：由于我们在工业上贯彻了"八字方针"，在农业上贯彻了"十二条"和"六十条"，国内形势已大为好转。再加上自留地和集市贸易的补充，市场也活跃起来了，农民是很高兴的。所以，不能把形势估计得一团黑。相反，我们是光明起来了。在谈到商业问题时说：现在我们最要紧的是要学会做生意，这是一个大问题。做生意只靠商业部门是很不够的，各级党委的同志们和大家都要学会做生意。我们的农业和副业生产发展了，对扩大出口、换回必要的物资会有很大帮助。现在世界上许多国家要中国的东西。在谈到农业问题时说：中国的雨量和气温南方和北方不同，有寒带地区，有温带地区，又有热带和亚热带地区。而且人口多，劳动力多，能生产多种多样的东西。仅中药一项，就有几千种。生产队只要安排得好，有力量进行综合经营，能生产很多东西。东西多了，可以扩大出口。只要放手组织生产，把收购起来的东西卖给国家，生产队就增加一笔收入，使生产队致富，农民致富。农民以后还是要富的，但不是少数人富，而是集体富，家家富，个个富，共同富裕。

9月28日　会见摩洛哥首任驻中国大使阿卜杜勒·拉赫曼·兹尼贝尔。

9月30日　与刘少奇等出席周恩来主持的庆祝中华人民共和国成立十三周年招待会。

9月　为四川省中江县黄继光[1]烈士纪念馆题词："继承和发扬黄继光烈士爱国主义和国际主义的精神，为保卫和建设伟大的社会主义祖国而奋斗。"

10月1日　毛泽东、刘少奇、朱德、周恩来、邓小平等党和国家领导人出席首都各界五十万人在天安门广场举行的庆祝中华人民共和国建国十三周年大会，并在天安门城楼上检阅群众游行队伍，接见来自世界各地的外国朋友。

10月2日　下午，出席毛泽东在人民大会堂福建厅召集的会议。

10月5日　与毛泽东、周恩来、邓小平等会见以武元甲

---

[1] 黄继光，四川省中江县人，中国人民志愿军特级英雄。1952年10月在抗美援朝上甘岭战役中，为掩护战友冲锋用自己胸膛堵住敌堡的枪眼，壮烈牺牲。

为团长的越南军事代表团。

10月6日 与毛泽东、刘少奇、周恩来、邓小平等先后接见前来北京参加建国十三周年庆典的解放军、武装警察部队的代表和少数民族代表。

10月8日 下午,到颐年堂开会。

10月9日 主持第二届全国人大常委会第六十五次会议。会议听取文化部关于文物工作的报告。

10月11日 会见柬埔寨驻中国大使兰·涅特。

10月15日、16日 出席中共中央政治局汇报。会议听取国务院副总理谭震林汇报农业口当前工作、一九六三年计划、基本建设投资分配、二十年到二十五年的设想和第三个五年计划的设想等问题。

10月17日 出席刘少奇在人民大会堂河北厅主持的民主人士座谈会,会上介绍中共八届十中全会情况。

10月18日 出席中共中央政治局扩大会议。会议讨论关于中印边界局势和对印度的军事方针问题。二十日,印度军队在中印边境大举进攻,中国边防部队自卫还击,拔除了印军在中国境内修筑的据点。

10月19日 主持第二届全国人大常委会第六十六次会议。会议听取化学工业部的工作汇报。

△ 出席中共中央政治局汇报会。会议听取国务院国防工业办公室常务副主任赵尔陆汇报国防工业口的基本情况、当年计划执行情况、一九六三年和第三个五年计划的安排等问题。

10月20日、22日 出席中共中央政治局汇报会。会议听取国务院副总理薄一波汇报工交口一九六三年计划安排等问题。

10月23日 出席中共中央政治局汇报会。会议听取国务院副总理李先念汇报市场和外汇情况。

10月25日 听取王震关于农垦工作的汇报。指出：云南省的条件很不错，发展亚热带经济作物很有前途，要注意开发。将来到坝子周围扩展耕地，有些干坝子也可以开垦。东北地区不发展副业生产，生计就成问题，必须要发展副业生产。森林采伐要考虑先生产才有利的，过去只想到利润那部分，如果采伐不出来，是什么利也没有的。蚕桑业要用家庭副业的形式来搞，养桑更要动员群众去栽，只有群众动起来了，蚕桑业才能发展。

10月26日 出席中共中央政治局汇报会。会议听取国务院文教办公室主任张际春汇报文教口一九六二年调整和执行情况、一九六三年的安排和指标等问题。

10月27日 出席中共中央政治局汇报会。会议听取国家科委常务副主任韩光汇报科学口的情况和今后的任务。

10月30日 主持第二届全国人大常委会第六十七次会议。会议听取彭真关于全国人大代表团访问越南民主共和国的报告；决定派李先念为签订《中华人民共和国和朝鲜民主主义人民共和国通商航海条约》的全权代表。

10月31日—11月1日 出席中共中央政治局汇报会。会议听取国务院副总理李富春汇报一九六三年国民经济计划的安排和国家计委副主任顾卓新汇报基本建设情况。

11月2日 出席中共中央政治局汇报会。会议听取国务院副总理李先念汇报国家财政金融情况。

11月5日 视察北京合成纤维实验厂。

△ 与刘少奇、邓小平会见挪威共产党中央主席洛夫林。

11月6日 视察北京炼焦化学厂。

11月8日 视察北京第二化学厂，并为该厂题词："大力发展化学工业,积极支援农业,为满足城乡人民生活的需要而努力!"

11月9日　视察北京玉器厂。

11月11日　视察北京工艺美术社。

11月14日　视察北京工艺美术学校。

11月15日　主持第二届全国人大常委会第六十八次会议。会议批准《中华人民共和国和朝鲜民主主义人民共和国通商航海条约》,听取轻工业部副部长王新元关于轻工业生产情况的报告。

11月20日　主持第二届全国人大常委会第六十九次会议。会议批准云南省丽江纳西族自治县人民代表大会和人民委员会组织条例。

11月21日　到中南海春耦斋与毛泽东、刘少奇、周恩来等开会,讨论中印边界全线停火问题。是日,中国政府发表声明,宣布从十一月二十二日零时起,中国边防部队在中印边界全线停火;从十二月一日起,中国边防部队全线按实际控制线后撤二十公里。

11月24日　主持第二届全国人大常委会第七十次会议。会议听取并批准周恩来所作《关于中印边界问题》的报告,会议决定派对外贸易部部长叶季壮为签订《中华人民共和国和越南民主共和国通商航海条约》的全权代表。

11月27日　出席中共中央政治局汇报会。会议听取李富春、李先念汇报全国计划会议情况。

11月30日　主持第二届全国人大常委会第七十一次会议。会议听取全国手工业合作总社副主任邓洁作《关于手工业生产情况》的报告。

12月3日　会见印度尼西亚合作国会副议长阿鲁季·卡

塔威纳塔及夫人和移民、合作部部长阿赫马迪及秘书。在谈到中印边界问题时，指出：一九五九年九月，我们人大常委会第八次会议讨论了中印边界问题，通过了一个很好的决议，劝告印度同中国和平协商解决边界问题。现在看来，那个决议是正确的，合情合理的。但是印度不听，继而侵略我们。他们打我们一次，我们就警告一次。两三年来，他们不断推进，直至两国的军事哨所只相隔五十多米。虽然如此，我们还是忍让，劝他们不要动武，他们还是不听，得寸进尺，最后，在今年十月二十日便向我们大举进攻。这一次，我们还击了。并强调指出：这次边界武装冲突的发生，完全是印度方面既不听劝告，又不愿谈判的态度所引起的。它认为，我们在这些地区交通运输困难，兵又少，而印度又比较方便。因此，它才进攻我们。在自卫反击中，我们打了胜仗。虽然如此，我们还是自己收兵，退回到一九五九年十一月七日存在于双方的实际控制线以北。我们不愿意打仗，更不愿意用武力去争夺土地。但是，美帝国主义在挑衅，它想用亚洲人来打亚洲人。还指出：在我们这个时代，应该是万隆会议精神起重要作用。万隆会议精神是正义的，它成了我们这个时代共同遵守的原则。如果按照这个精神办事，我们就能消除战争，维护和平，彼此友好。我相信，除了帝国主义之外，全世界一切爱好和平的国家的人民都希望如此。

12月4日、7日 主持第二届全国人大常委会第七十二次、第七十三次会议。会议听取化学工业部副部长李苏作关于化学工业工作情况的报告。

12月5日 视察石景山钢铁公司纯氧顶吹转炉炼钢。

12月9日 到颐年堂开会。

12月11日 主持第二届全国人大常委会第七十四次会

议。会议听取对外贸易部副部长林海云作《关于三年来的对外贸易工作》的报告。

12月12日 和国务院参事金汉鼎谈话。

12月14日 主持第二届全国人大常委会第七十五次会议。会议继续听取化学工业部副部长李苏作关于化学工业工作情况的报告。

12月18日 主持第二届全国人大常委会第七十六次会议。会议听取周恩来作政府工作报告；决定第二届全国人大第四次会议于一九六三年第二季度召开，第三届全国人民代表大会代表的选举延期至一九六三年下半年进行；批准《中华人民共和国和越南民主共和国通商航海条约》。

12月19日 离京去天津、山东、江苏、上海、浙江、江西、广东、广西、湖南、湖北、河南、河北等省、市、自治区视察。

12月20日 抵达天津市。听取天津市第二商业局和副食品局负责人汇报天津市场情况。

△ 抵达山东省济南市。听取中共山东省委书记处书记白如冰、山东省副省长苏毅然、刘秉琳等汇报农村工作。当听到"有的农村干部作风问题不少，贪污粮食"时，指出：贪污是犯法，要惩办几个人，以教育广大干部。无法无天的事，不少出在党内，监察委员会要做好工作，首先要教育好党内的干部。还指出：要多搞出口物资，发展手工业，搞好供销社。

12月21日 抵达江苏省南京市。听取中共江苏省委负责人工作汇报。当汇报到"少数干部多吃多占，多记工分，多留票证，多留自留地"等问题时，指出：根本问题，还是要靠群众监督，一年改选一次，不好的落选，不委任。干部劳动要坚持，防止出修正主义。还指出：要多搞出口产品，出口的"大门是关不住的，总是要和世界市场打通关系的。""生产出口货不要搞大厂，搞小厂容易，变化灵活。"

　　△　视察南京中山植物园。

12月22日　视察南京雷达研究所。

　　△　抵达上海市。

12月23日　上午，视察上海龙华苗圃。

　　△　下午，看望正在上海的宋庆龄。

　　△　晚上，听取中共上海市委书记处书记陈丕显汇报工农业生产和市场情况。

12月24日　看望正在上海的毛泽东。

　　△　视察上海吴泾化肥厂、上海重型机械厂。

　　△　听取上海市商业局、外贸局负责人汇报。当听到现在国营商业与供销社的矛盾尖锐时，说：国营商业与基层供销社是买卖关系，要使基层供销社有利可图，不能平调。不搞好基层供销社是不行的。因为我们的国家大，人口多，而且居住分散，只靠国营商业统不了。要通过基层供销社与广大消费者发生关系。

12月25日　视察上海化工厂。

　　△　抵达浙江省杭州市。

12月26日　视察杭州苗圃园、杭州珊瑚沙水闸。

12月27日　听取浙江省副省长李维新和省商业厅、供销社负责人汇报商业和对外贸易工作。当汇报到盐运外地有的亏本时说：经营盐在历史上是大利，现在却亏本。六亿人吃盐如何运送？可以允许担贩。当汇报到植桑养蚕时指出：要提倡公养和私养并重。家家种桑养蚕可以充分利用辅助劳动力。

　　△　登五云山。赋诗：

五云山上看之江，喜见斯河改旧装。

修筑长堤潮不犯，沙滩变作好农场。

12月28日 抵达江西省南昌市。

12月29日 听取中共江西省委负责人汇报商业、对外贸易工作和工农业生产情况。指出：商业工作应按商业的规律办事，不能按行政区搞。

12月30日 抵达广东省广州市。

12月31日 和正在广州的中国原驻苏联大使刘晓谈话，了解关于苏联的情况。

1963年　七十七岁

1月1日　视察华南植物园。在观看兰花苗圃时，对植物园负责人说：不要小看兰花，兰花可以出口。要广种兰花，多赚外汇。

1月2日　视察广州萝岗梅花林。

1月3日　上午，听取中共广东省委、广州市委负责人关于对外贸易工作的汇报。指出：要加强商情研究工作，成立一个外贸经济研究所，经常了解和研究国际市场的行情。要对外贸干部加强政治思想教育，防止受资产阶级思想的腐蚀。但不能把国内的一套经验搬到国外去。否则，就太愚笨了。

△　下午，参观广州进出口贸易展览会。

1月6日　视察流溪河水库、从化县城郊人民公社荷村大队第一生产队和殷家庄大队南二生产队。

1月8日　与李富春、聂荣臻、陶铸参加由中共广东省委在从化召开的从化、花县、佛冈三县座谈会，研讨在农业田间管理中实行责任制的优越性问题。

1月10日　和来访的陈毅谈话。

1月11日　和来访的国防委员会副主席张治中谈话。

1月12日　和核物理学家王淦昌谈话。

△　听取有关负责人汇报农贸市场情况。

1月13日　视察从化县良口人民公社枧村生产大队。

1月14日　回到广州市。

1月15日 听取中共广东省委秘书长李子元汇报海南岛水利建设和工农业生产情况。

△ 乘飞机抵海口市。听取中共海南区委负责人汇报工作。指出：海南岛应以经济作物为主，因为这些经济作物别的地方不能生产。

1月16日 抵达海南岛中部的通什镇。听取海南黎族苗族自治州负责人汇报农业生产情况。指出：在农业上，你们将来还是要以发展热带经济作物为主，因为许多热带经济作物全国只有海南岛等少数地方能种植，许多东西是别的地方不能搞的。粮食要靠提高单位面积产量。现在看来，进口粮食是可以的。要"以进养出。"

1月17日 抵达海南岛最南端的崖县（今三亚市）榆林港。

1月18日 视察榆林海军基地。为海军岸炮部队题词："保卫祖国社会主义建设"！

△ 赋诗《游"海角天涯"处》：

　　　　西沙至南沙，万里属中华。
　　　　海角天涯处，红旗灿锦霞。

1月19日 听取中共海南区委负责人汇报工作。

△ 视察小东海浴场。

1月20日 沿东线乘车北返，前往万宁县、琼海县视察。途中看望当地驻军，和干部、战士谈话，了解部队的情况。途中还视察南林农场和兴隆华侨农场。当看到兴隆华侨农场的职工居住条件较差、还有"三代同堂"时，嘱咐农场负责人：要注意改善职工的居住条件。

△ 先后听取中共万宁县委、中共琼海县委负责人汇报农

业生产和民兵建设情况。当琼海县委负责人讲到当地历史上只种菠萝、椰子，一九五四年后也开始种胡椒时，说：要抓紧发展胡椒生产，这是大有可为的。

1月21日 回到海口市。途中视察三门坡人民公社农场。

△ 听取中共海南区委负责人汇报工作。插话说：只要帝国主义存在，就有发生战争的可能。所以要备战。但是，世界大战一时打不起来。一部分军队可以搞生产。又说：对集市贸易应该加强领导，不可硬反，人民需要的东西反对不得。谈话还强调要提高少数民族的文化，普及小学，办中学。

△ 乘车沿西线抵儋县，视察那大农场。途经长坡镇时参观苏东坡庙。途经海南石碌铁矿时，听取铁矿负责人汇报生产情况。

1月22日 离海口飞抵湛江市。

△ 视察雷州青年运河东海河大桥、湛江海堤、湛江码头、湛江热带植物研究站、海滨公园。

1月23日 视察湛江化工厂。

△ 飞抵广州市。

1月25日 与贺龙、陶铸等出席由中共中央中南局、中共广东省委和解放军驻广州部队领导机关联合举行的广州春节体育观赏大会。

1月26日 听取中共广东省委第二书记赵紫阳、书记处书记林李明汇报工作。指出：海南岛应以发展热带经济作物为主，因为全国只有这么一个地方最适宜热带经济作物的生长。开荒要造梯田，不能烧山开荒。树木一烧光，水土就流失了。要储水植树，树活了，种植其他都可以。

1月27日 参观广州市文化宫举办的梅花展览。

1月28日 抵达韶关市。听取中共韶关市委负责人汇报

△　离韶关去广西壮族自治区视察。途经湖南省郴州市时，听取中共郴州地委负责人汇报工作。

　　1月29日　抵达桂林市。与八十七岁的徐特立一起登桂林叠彩山明月峰。赋《登叠彩山赠徐老》：

　　　　　徐老老英雄，同上明月峰。
　　　　　登高不用杖，脱帽喜东风。

徐特立步原韵和诗一首：

　　　　　朱总更英雄，同行先登峰。
　　　　　拿云亭上望，漓水来东风。

　　1月30日　听取中共桂林地委和桂林市委负责人汇报农村工作。指出：国家、集体、个人的关系要摆好，只顾哪一头都不行。只顾国家、集体，不顾个人，就不可能有国家、集体的发展。只有把三者的利益正确地结合起来，群众才有生产积极性，不要怕农民富，农民没有吃、穿，家都顾不了，哪能建成社会主义？又指出：集市贸易很好，不要怕，有买有卖，经济就活了。

　　1月31日　乘船沿漓江去阳朔。途中视察植物园。

　　1月　为中共海南区委题词："大力发展热带经济作物。"

　　△　为中共海南崖县县委题词："在大力发展粮食作物的同时，并注重发展亚热带经济作物。"

　　2月1日　听取中共广西壮族自治区委书记处书记、自治区副主席覃应机汇报工作。当汇报到全自治区现有支援外地耕牛一万多头时，指出：你们这个地方，应该多发展畜牧业。

2月2日 抵达湖南省长沙市。听取中共湖南省委常务书记王延春汇报工作。

△ 凭吊长沙烈士陵园。

2月3日 听取中共湖南省委第一书记张平化汇报工作。

△ 抵达湖北省武汉市。

2月4日 视察武汉长江大桥、武汉钢铁厂，参观武汉展览馆。

△ 听取中共湖北省委书记处常务书记、省长张体学汇报对外贸易和供销合作社工作，指出：办供销社要靠群众投资集股，群众监督。要发展副业，山货、中药材，要靠供销社去收购。丝、茶、猪鬃、桐油这四样东西的生产，一定要恢复起来。商业工作要促进生产的发展，生产发展了，东西多了，才好分配。集市贸易要开放，还要管好。

2月5日 抵达河南省郑州市。听取中共河南省委第一书记刘建勋汇报工作。当听到河南省的煤炭产量下降、年亏本一千多万元时，指出：煤炭的价格问题要解决，不能长期亏本，长期亏本就不能发展生产。

△ 抵达河北省邯郸市。听取中共邯郸地委和市委负责人汇报农村工作。

2月6日 抵达保定市。听取中共河北省委书记处书记、省长刘子厚汇报工作。

△ 回到北京。

2月7日 出席刘少奇主持于六日至九日在中南海怀仁堂召开的中共中央政治局、书记处成员和各中央局第一书记参加的会议。会议讨论大中城市集市贸易、粮食、劳动、工资、增产节约和在城市开展"五反"[1]运动等问题。在会上发言说：过去几年，全国衣食不足，我们渡过了困难，机关生产、自留地在这个时候是救了命的。现在的问题是我们要从几个方面去建设社会主义，而且非这样做不可。在"五反"运动中，我们的干部，主要是靠自我反省，要由上而下，层层放包袱。方法就是自我批评，自我检讨。贪污也好，多吃多占也好，无非是好吃懒做、投机倒把，个人生活多搞一点。除情节严重者外，一般的只要检讨了，把钱和东西退出来就可以了，既不要抓辫子，也不要随便戴帽子。

2月8日 会见几内亚驻中国大使桑吉亚纳。

2月9日 会见老挝王国首任驻中国大使苏万拉西。

△ 会见保加利亚新任驻中国大使斯托伊切夫。

2月10日 致函毛泽东、刘少奇、周恩来、邓小平，汇报视察南方各省市自治区的情况并提出建议：国家外贸部应当大力加强对外贸方面的研究，为此，建议外贸部设立一个经济研究机构，负责对国外市场情况进行系统地调查研究，通过外贸关系收集经济和技术情报等，同时和国内的生产联系起来，以便使外贸工作更好地为国内生产服务，外贸工作本身也更加主动、更加灵活。

2月11日 看望毛泽东。

△ 和国务院负责经济工作的同志谈话，指出：煤炭等原料价格问题要解决，矿山也要有收益；广西出口物资不只那么多，要多搞出口物资；海南亚热带、热带地区应发展热带经济作物，不与粮争地；海南铁矿要准备出口铁砂，几种砂可同时

―――――――――

[1] 即反对贪污盗窃、反对投机倒把、反对铺张浪费、反对分散主义和反对官僚主义运动。

开采；云贵川的铁路是动脉，是国际线，要考虑早修通；农村建设社会主义是一个长时期的过程，还要靠两只手，要先搞好家务。有些地方交通运输不便，还是自给经济，要巩固生产队。已建成的厂要搞好生产。多搞点出口货，换进东西来。桂林是旅游胜地，可以搞到外汇。冻结的物资要解冻。

2月11日—28日 出席在北京中南海怀仁堂举行的中共中央工作会议。会议讨论一九六三年国民经济计划、关于工业工作的决定、当前工作中的一些具体政策、商业企业经营政策、中小学校工作条例草案、城市社会主义教育等问题。毛泽东在会上介绍了湖南省开展社会主义教育运动和河北省保定地区清理账目、清理仓库、清理财物、清理工分（简称"四清"）的经验，提出"阶级斗争，一抓就灵"，督促各地要注意阶级斗争和社会主义教育问题。二十七日，朱德在华北组会上就反对修正主义问题作了发言，指出：我们坚持团结，但也不怕分裂。但无论是合作还是分裂，关键还是要搞好国内工作。全党、全民必须同心同德，团结在毛泽东思想的旗帜下，鼓足干劲，艰苦奋斗，自力更生，增产节约，逐步进行农业技术改革，建立自己的独立完整的工业体系和强大的国防力量。

2月13日 陪同昨日到北京的柬埔寨国家元首诺罗敦·西哈努克亲王和夫人观看文艺演出。

2月15日、16日 主持第二届全国人大常委会第八十三次、第八十四次会议。

2月17日 和在京的广东省副省长朱光谈话。

2月19日 致函邓小平，反映视察广东、广西的有关情况：（一）海南岛的石碌铁矿正在扩建。今后海南的铁矿如果兼有出口铁砂任务的话，要及早确定下来，以便在扩建中进行统一安排。我认为，海南铁矿的铁砂是要准备大量出口的，现在就应当确定下来，早做打算。（二）海南岛已种植油棕三十三万亩，今年可能扩大到四十万亩。但是，现在国内还没有这种榨油技术，也没有这种榨油设备。广东省的同志提出，希望外贸部尽速帮助进口一部分小型榨油设备和技术资料。我想这种设备不会很复杂，可以进口样品，由国内仿造解决。此外，海南种植的热带经济作物很多，但劳动力少，照顾不了。广东省的同志希望中央考虑再多给海南一点化肥和拖拉机，并且再适当多安置一部分劳动力。我认为，这些问题是可以适当解决的。全国唯有海南这样一个宝岛可以大量发展热带经济作物，即使多下点本钱，也是值得的。（三）桂林市是一个旅游风景区，每年都有一些外宾和归国华侨去旅游，可以收点外汇。许多文化遗迹也应当维护好。

2月23日 下午，到中南海怀仁堂出席刘少奇召集的会议，讨论刘少奇将在中央工作会议的报告。

2月25日 主持第二届全国人大常委会第八十五次会议。会议批准《中华人民共和国和坦噶尼喀共和国政府文化合作协定》。

2月27日 下午，与毛泽东、刘少奇、周恩来、邓小平等在中南海怀仁堂接见出席解放军全军政治工作会议的代表，同时接见空军政治工作会议的代表。

3月1日 题词："学习雷锋[1]，做毛主席的好战士。"

3月2日 致函毛泽东、刘少奇、周恩来、邓小平，反映视察江苏、浙江、广东、广西、湖南、湖北等省了解到的情况和建议：（一）关于农村集市贸易问题。由于生产的发展和管

---

〔1〕雷锋，中共党员。1960年参加中国人民解放军，1962年8月15日因公殉职。

理工作的加强，农村集市贸易总的情况是健康的。表现在：市场由死到活；东西由少到多；价格由高到低；秩序由不正常到逐渐趋向正常。（二）关于供销社工作。目前应注意以下几个问题：第一，要加强基层社的工作。全国绝大部分基层供销社是由国营商店转变的，在机构、制度、办法等方面，还没有完全按照供销社的章程办事。因此，应该切实加以整顿，恢复以往那种民主管理、群众办社的优良传统，使供销社真正成为群众自己的供销社。第二，正确地开展自营业务。供销社应该充分发挥社会主义的积极性，同投机倒把分子进行针锋相对的斗争，切忌社与社之间、社与国营商业之间相互争购物资。在领导和政策上必须集中统一；在步调和价格上必须协同动作。对于目前不少地方所发生的社与社之间、社与国营商业之间争购物资哄抬物价的偏向，应该严予避免。第三，基层供销社要协同商业、手工业、银行、信贷等部门，积极支援农村副业生产的发展。农业劳动是有季节性的。要想使一年四季都有活干，人人都有事做，重要的一条，就是在以农业为主的前提下，因地制宜、因时制宜地发展集体和家庭的副业生产。供销社通过自己的购销活动，在推动、鼓励副业生产的发展上，具有很大的作用。（三）发展热带经济作物问题。海南岛是我们祖国的一块大宝地，那里的橡胶、椰子、油棕、咖啡、可可等多种作物，已经大片种植，并且长势良好。其中有些作物不仅是现代国防上重要的战略物资，而且是现代工业和现代农业的不可缺少的原料。还有许多作物是重要的出口和内销商品。因此，建议抓紧开发这块土地，在粮食、人力、物力、水利建设上给予支援，并在海南动员人民公社所属的生产队以及社员个人，广泛地种植热带作物，同时国家有关部门加强热带作物的研究，充分地给他们以技术援助。（四）外贸问题。我国外贸增加出口的潜力还很大，特别是恢复土特产的潜力更大。只要把生产队和社员家庭的副业生产恢复和发展起来，并且把收购工作组织好，就可以把分散的产品收集起来，变为成宗的出口货。外贸部应当加强对外贸易方面的研究工作，为此，外贸部应设立一个经济研究机构，负责对国际贸易问题和国外市场情况进行系统的调查研究，以便使外贸工作更好地为国内生产建设服务，外贸工作本身也更主动更灵活。

3月5日 下午，到怀仁堂出席中共中央政治局会议，会议讨论对苏共中央二月二十一日来信的复信等问题。

3月7日 与毛泽东、刘少奇、周恩来等会见老挝国王西萨旺·瓦达纳。

3月10日 与毛泽东、刘少奇、周恩来、邓小平等接见出席全国农业科学技术工作会议和全国医学科学工作会议的全体代表。

3月11日 听取国家物价部门负责人汇报工作，指出：煤、铁价格低，疑是高岗在东北因袭日本的殖民政策搞起来的；重工业赔钱这一理论要考虑。赔钱就没有原料了，不愿多生产了；要适当提价，不能调和。煤、铁、钢、木材都可提价。要在五年、十年计划中改变，不要怕麻烦。

3月13日 听取石油工业部副部长李人俊汇报四川省石油开采情况。

3月15日 听取化学工业部副部长李苏汇报四川省天然气开采情况。

3月16日 离京去陕西、四川等省视察。

3月17日 途经河北省石家庄市时，听取中共石家庄市委、石家庄地委负责人汇报。

3月18日 抵达陕西省西安市。视察西安油脂化工厂。

3月19日 听取中共中央西北局第一书记刘澜涛和候补书记王林等汇报西北地区在国家第三个五年计划中的设想。

△ 听取中共陕西省委书记处书记杨拯民汇报陕西省在国家第三个五年计划中的设想。指出：手工业会长期存在下去的，取消不了。国家也不要把它包下来，它自己会找到出路的。目前，要看到世界上还没有一个国家真正建成社会主义，我们要找出一条中国自己的建设社会主义的道路。要发展生产，增产节约，搞好"五反"。军队也要参加国家经济建设。

△ 听取中共西安市委负责人汇报西安市集市贸易情况。

3月20日 从陕西去四川，途经川北广元时，赋词《鹦鹉曲·战斗乃心安乐处》：

家在巴山南侧住，祖宗世代作农父。
读书不成去从军，何畏迅雷急雨。
五十年前别家门，为求真理前去。
平生是戎马生涯，战斗乃心安乐处。

3月21日 抵达四川省剑阁县。参观剑门关。观赏古驿道上著名的珍稀树种"剑阁柏木"，并嘱咐地方有关部门"要好好保护这棵松柏树"。随后到剑门镇实地调查集市贸易情况。

△ 抵达四川省成都市。

3月22日 和中共中央西南局第一书记李井泉谈话。

3月23日 听取四川省有关部门关于天然气开发与发展计划的汇报。

3月24日 致函毛泽东、刘少奇、周恩来、邓小平，汇报视察陕西、河南两省农业情况，认为小麦长势很好，人心安定。如无特大灾害，丰收将成定局。

△　听取李井泉汇报工作。

3月25日　上午，参观成都青羊宫花会。

　　△　听取西南化工设计研究院负责人汇报。

3月29日　上午，视察西南化工设计研究院，并为该院题词："掌握综合利用天然气的最新技术，为祖国社会主义建设服务。"下午，参观人民公园。

3月30日　听取中共四川省委书记处书记廖志高、杨超和省委常委兼农村工作部部长杨万选汇报四川省在国家第三个五年计划中的设想和四川省三级干部会议情况。指出：粮油指标不要定得太高，高了容易落空。粮食每年增长一般是百分之四五左右，而不是百分之十几。你们应按农、轻、重的次序安排生产计划。要搞多种经营。畜牧业要大发展，以便解决人民群众的吃肉问题。要多搞点出口赚外汇，以便换些机器设备。轻工业、手工业、家庭副业产品都可以出口，而且指标要年年有所增加。

3月31日　抵达隆昌县。和中共宜宾地委及隆昌县委负责人谈话。

4月1日　抵达泸州市。听取中共泸州市委负责人汇报工作。视察纳溪县化工厂。

　　△　途经护国战争时的纳溪战场旧址，赋诗：

　　　　护国军兴战纳溪，棉花坡外战云迷。
　　　　恶战半年曹张败，袁氏王冠落马蹄。

4月2日　视察罗汉场人民公社曲酒厂、二五厂、泸州医学专科学校。并为泸州医学专科学校题词："继承祖国医学遗产，学好现代医学科学，为广大人民服务。"

△ 抵达永川县。

△ 听取中共江津地委负责人汇报。

4月3日 视察永川县新胜茶场、永川天然气化工厂。和中共永川县委、永川天然气化工厂负责人谈话。

4月4日 抵达重庆市。途中视察綦江县三江钢铁厂、拉丝厂、炼钢厂。听取中共綦江县委负责人汇报工作。当汇报到"全县上山下乡一千五百多人，已落户"时，指出：要给农民吃定心丸，乡村人不稳定，城市也不能稳定。不是进城，而是要下乡。

4月5日 视察重庆市市政建设。

4月6日 由重庆乘船去长寿县，视察狮子滩水库。夜宿水库招待所，听取中共长寿县委负责人汇报。

4月7日 视察长寿县狮子滩电站和凌风人民公社凌风大队第五生产队。

△ 乘船返回重庆市。

4月8日 视察枇杷山。

△ 听取重庆市有关负责人汇报农业情况、农村供销社情况。

4月9日 游览汪山公园、南温泉。和中共重庆南岸区委负责人谈话。

△ 赋诗《南温泉》：

温泉流水出花溪，绿竹红花两岸迷。
最雅还推仙女洞，游人缓缓步天梯。

4月10日 游览缙云山、北温泉。和中共重庆市北碚区委负责人谈话。

4月12日 听取身边秘书汇报重庆市委向他们所谈工业、外贸的情况。听完汇报后,指出:(一)四川要解决好水的问题。四川水的问题比华东、华北显得更重要。有水就有收成。(二)要发展铁路,建成昆线、内昆线,不要怕没货运。(三)重庆是出口物资集散地,主要搞畜产品、农产品,如榨油、羽毛、糖果、糕点都可以成行,水菜也是大宗。(四)钢铁办不起,轧钢还是可以利用,调进钢来。(五)四川手工业发达,支援农业生产就地取材,长期需要。(六)供销社办好,是个方向。

4月13日 听取中共四川省委书记处书记兼重庆市委第一书记任白戈等汇报工作。当听到过去云、贵、川三省的猪鬃、肠衣、皮革、羽毛、桐油、药材、蚕丝、茶叶等大宗出口物资都在重庆加工包装时,指出:现在要把这些搞加工包装的老技术人员和手艺人都集中起来,恢复这些老行当。可以开办训练班,请他们传授技艺。当听到猪肉和蔬菜都亏损时,指出:猪肉不能靠压低收购价格,要综合利用猪身上的各种东西。给予农民的价格要合理。蔬菜要优质优价,不要贴钱。当听到兴修水利问题时,指出:要在山上种植灌木林,以利蓄水。听完汇报后讲了四条意见:(一)农业生产的恢复可以快一点。在四川恢复和发展农业生产,主要是解决水的问题,而不是解决耕作机械化问题。因此,要多搞点电灌,天旱也可以丰收。(二)要多发展经济作物,农民才能富裕起来,才有力量进行交通、文化和卫生事业的建设。(三)要恢复和发展供销社。对私商单纯取缔是不行的。在边远山区还需要私人贩运,国营商业包不了,包了也要赔钱,如向山区挑盐就是这样。(四)重庆在历史上就是出口物资的集散地,要恢复起来。畜产品、山货、药材、土特产品等,都可以出口,你们要准备多出口一些。出口的种类和数量，要一年比一年多，为国家多收入点外汇。出口产品的质量要保证，还要包装好。

4月15日 回到成都市。

4月18日 抵达新都县。参观宝光寺、桂湖。

4月19日 听取成都市水利部门工作汇报。视察九里堤。

△ 从成都出发南行，夜宿青龙场。

4月20日 经夹江抵峨眉山。听取中共夹江县委负责人汇报。

△ 游览峨眉山，赋词《鹦鹉曲·石笋峰采兰》：

　　峨眉山上随缘住，石笋幽谷作仙父。
　　松竹友朋常照映，同受雾云风雨。
　　达人知遇来访寻，志愿随君前去。
　　若得供献作国香，不朽芳名留处处。

4月21日 参观报国寺。

4月22日 参观伏虎寺。

4月23日 参观万年寺。因山路陡峭，当地陪同人员准备了滑竿，但坚决不坐，坚持一步一步走上去。

4月24日 抵达乐山县。视察乐山桑园、蚕种场。听取中共乐山县委负责人汇报。

△ 游览乐山县乌尤山正觉寺外的尔雅台，赋诗《登尔雅台》：

　　三江合水乐山城，尔雅台中忆故人。
　　远望峨眉云里罩，静观沫若雅风生。

4月25日　游览眉山县三苏公园，内有纪念宋代文人苏洵及其子苏轼、苏辙的三苏祠。赋诗《三苏公园》：

　　　　一家三父子，都是大文豪。
　　　　诗赋传千古，峨眉共比高。

　△　听取中共眉山县委负责人汇报。
　△　返回成都市。

4月27日　听取中共四川省委书记处书记杜心源、陈刚汇报。插话说：四川原本是很富的地方，为什么这几年穷了？除天灾之外，在政策上也存在一些问题。自"大跃进"以来，这也不准搞，那也不准动，限制得太死，收购价格也不合理。搞生产不能违反客观经济规律，要严格按经济规律办事，要因地制宜，山区不适宜种粮食就种经济作物。四川山区的主要问题应该是解决提水灌溉，做到无雨水也能保丰收。还说：你们还可以多生产些出口物资，也可以开放一些游览区，以增加外汇收入。

4月28日　从成都出发抵达广元县。

4月29日　抵达陕西省西安市。

5月1日　在西安市兴庆公园与群众一起欢度五一国际劳动节。

　△　听取中共中央西北局候补书记王林、中共陕西省委书记处书记赵守一汇报。

5月2日　抵达临潼县。听取中共临潼县委负责人汇报。视察马旗寨人民公社。

　△　离西安东行，途经华山，赋诗《华山》二首：

其一

　　华山直挺黄河边，雄视东方函谷关。
　　西接昆仑连一脉，千峰万壑护中原。

其二

　　华山天下险，凿路上峰巅。
　　悬崖连绝壁，无高不可攀。

5月3日　抵达河南省洛阳市。听取中共洛阳地委和洛阳市委负责人汇报。

5月4日　视察洛阳第一拖拉机制造厂。参观龙门石窟。

△　晚，抵达郑州市。

5月5日　回到北京。

5月6日　与周恩来、董必武、邓小平接见来京参加五一国际劳动节庆祝活动的广西、宁夏、甘肃、湖南、广东、吉林、辽宁、黑龙江、青海、内蒙古、新疆等省、自治区少数民族参观团、学生参观团和中央民族学院应届毕业生、全国供销合作社培训班学员。

5月10日　主持第二届全国人大常委会第九十五次会议，听取第一机械工业部副部长汪道涵关于工业发展情况的报告。

5月13日　致函毛泽东、刘少奇、周恩来、邓小平，报告视察四川、陕西、河南等省的情况。提出：（一）要解决四川提水灌溉问题。在恢复和发展农业生产中，应该"水"字当头。四川省除成都坝子（平原）可以自流灌溉外，大部分地是丘陵，层层梯田，要保证这些地的收成，必须解决提水灌溉、多建设电灌和机灌。从长远看，这是保收和增产的根本办法。另外，四川的小春作物，应当按照历史习惯多种豌豆、蚕豆、大麦、油菜籽等早熟作物,少种小麦,以便保证及时插秧。(二)现在农村的经济作物和副业生产虽然正在恢复,但是还远未达到过去的水平。农村从来就有搞副业的习惯,不搞副业生产,劳动力就会有剩余。因此,应当十分注意发展经济作物,发展集体副业和社员的家庭副业。特别是山区和丘陵地区,搞多种经营的门路很多,如竹、木、藤、棕、丝、茶、桐油、山货、药材等,应大力恢复和发展。农村副业性手工业也需要恢复。否则,不仅浪费了劳动力,而且对于集体经济的巩固也是不利的。农村多种副业经营之所以没有恢复,除缺乏粮食曾有影响外,渠道不畅、收购不力,看来是当前的重要原因。主要是(1)有些东西是有货无人收购。(2)有些东西收购价格偏低,不利于生产。(3)短途运输渠道阻塞,无利可图。山区交通不便,土特产品要靠农民肩挑背背到集镇上卖。此外,生产技术指导也存在严重问题。今后为了尽快地恢复副业生产,增加农民集体和个人的收入,以促进农业的发展和增加内外贸所需的收购,就应当解决上述问题。特别是要把恢复副业生产、加强短途运输和活跃集市贸易三者密切结合起来,加强合作社的收购工作,畅通和开拓旧有渠道,以促进城乡互助、内外交流。(三)应恢复四川的木船运输。四川有大小多条河流,水运直达上海。过去木船交通运输频繁,现在除了交通公司所有少数木船外,公社木船主要不从事物质交流的短途运输了。看来,有必要恢复和发展生产队和合作社的木船运输,否则,对于恢复和发展物资的交流是很不利的。

5月14日 主持第二届全国人大常委会第九十六次会议,继续听取第一机械工业部副部长汪道涵的报告。

5月15日 上午,和云南省副省长张冲谈话。下午,听取福建省政协副主席张兆汉汇报不久前率中国兰花爱好者代表团访问日本的情况。

5月16日 听取解放军总参谋部某部部长彭富九汇报,指出:现在世界各国都在把现代科学成果运用到密码通讯上来。要组织大家学习新的科学知识,提高技术水平,而且要长期坚持下去,不然就要落后。你们的同志工作比较艰苦,一定要把大家的生活安排好。还要种花,把环境美化好。对身体不好的同志,不要随便送出去,要养起来,当顾问。这次谈话后不久,把自己培植的二百盆兰花送给该部门,还亲自讲授栽兰技术。

5月18日 出席中共中央政治局会议。会议讨论制定《中共中央关于目前农村工作中若干问题的决定(草案)》("前十条")。在会上发言说:《农村人民公社工作条例》有些地方还没有传达下去,有些地方只在会上念一下,一阵风过去就完了,我看要层层复查,认真贯彻。农民对我们党是很信任的,但是由于我们过去法律不健全,往往靠行政命令办事,而且有时第二个命令把第一个命令否了,第三个命令又把第二个命令否了,因此农民不知道怎么干才好,这样不行。并强调说:"在农村搞政治运动必须达到增产的目的。"

5月19日 就视察时了解到的四川天然气情况,以及今后的利用和开发问题致函毛泽东、刘少奇、周恩来、邓小平等:(一)四川省天然气的资源是很丰富的。(二)发展天然气化学工业,是迅速地解决吃穿问题的重要途径之一。(三)资源的勘探和开发要跟上工业发展的需要。为了迅速掌握利用天然气的技术,一方面,必须加强这方面的研究设计工作,对于在研究工作中遇到的一些困难,应当及时地加以解决,并且从人力、物力上给以必要的保证;另一方面,对外国已有的成熟生产技术而又是我们迫切需要的项目,也应该尽量争取买回一部分专利作为样板,好处是可以少走弯路,争取时间,迅速掌握技术,以便快些建厂和投入生产。

5月20日　与周恩来、董必武、李先念、薄一波、聂荣臻、杨尚昆等接见出席解放军工程兵第一届党代会的全体代表和出席解放军通讯报道工作会议的全体人员。

5月22日　与宋庆龄、董必武、周恩来等到首都机场迎接刘少奇、陈毅等结束对印度尼西亚、缅甸、柬埔寨和越南民主共和国的访问归来。

5月23日　下午,到刘少奇处开会。

5月25日　到解放军总参谋部某部参观导弹展览。

△　下午,主持第二届全国人大常委会第九十七次会议。会议决定设立中华人民共和国第四机械工业部;批准国务院设立国家物资管理总局、外文出版发行事业局、全国物价委员会、国家编制委员会,作为国务院的直属机构。

5月27日　与刘少奇、周恩来、邓小平在人民大会堂福建厅同朝鲜劳动党总书记金日成会谈。

5月30日　为开展学习"南京路上好八连"活动题词:"保持人民军队艰苦奋斗的光荣传统,学习南京路上好八连。"

6月1日　为少年儿童题词:"向雷锋叔叔学习!"

6月2日　与周恩来、陈毅、李富春、李先念、谭震林、薄一波、杨尚昆等,接见参加全国工资工作会议的全体人员。

6月3日　出席中共中央政治局会议,会议讨论给苏共中央三月三十日来信的复信。复信修改后于六月十二日在中共中央政治局会议通过,以《关于国际共产主义运动总路线的建议》为题,于六月十四日发表。

6月6日　上午,与刘少奇、董必武、周恩来等到北京火车站迎接朝鲜最高人民会议常委会委员长崔庸健。下午,陪同刘少奇会见崔庸健。

6月7日　主持第二届全国人大常委会第九十八次会议。会议决定第二届全国人大第四次会议改于一九六三年第四季度召开。

△　下午，出席庆祝中国福利会成立二十五周年酒会。

6月8日　陪同崔庸健参观中朝友好人民公社。

6月9日　陪同崔庸健游览香山。

6月11日　陪同崔庸健赴天津参观天津新港，并乘船出海游览。十二日，陪同参观天津仁立毛呢纺织厂。十三日，陪同返京。

6月14日　上午，参加首都各界人民公祭沈钧儒[1]大会，并担任主祭。陪祭的有董必武、周恩来等。二十一日，赋诗《悼沈衡山先生》：

　　享得高龄九十年，几经争斗把身翻。
　　勤研马列传真理，立德立功又立言。

△　下午，与宋庆龄、周恩来、董必武等出席中国福利会和中国人民保卫儿童委员会为庆祝中国福利会成立二十五周年举行的酒会。

6月16日　陪同毛泽东会见崔庸健。

6月18日　与刘少奇、董必武到首都机场为崔庸健在周恩来、陈毅陪同下赴东北访问送行。

6月28日　在住处和陈奇涵谈话。

---

〔1〕 沈钧儒，字衡山。1963年6月11日在北京病逝。逝世前任全国人大常委会副委员长、政协全国委员会副主席、民盟中央主席。

6月30日 出席中共中央政治局扩大会议。会议讨论通过中共中央《关于中苏两党会谈的声明》（七月一日在《人民日报》发表），并通过中共代表团在即将举行的中苏两党会谈中应采取的方针。中苏两党会谈于七月五日至二十日在莫斯科举行。

7月1日 出席中共中央政治局会议。会议讨论通过即将提交全国人大常委会的《关于第二个五年计划后两年的调整计划和计划执行情况的报告》和《关于一九六一年和一九六二年国家决算的报告》。

7月3日 主持第二届全国人大常委会第九十九次会议。会议听取李富春代表国务院所作的《关于第二个五年计划后两年的调整计划和计划执行情况的报告》。《报告》指出："二五计划的前三年，指标过高，基本建设规模过大，国民经济比例关系不协调；现在，我国国民经济开始出现好转的局面，但在农业等方面还没有恢复到历史最高水平，还必须用很大的力量来解决问题，还必须用一段时间继续对国民经济进行调整、巩固、充实、提高的工作。"

7月4日 主持第二届全国人大常委会第一百次会议。会议听取李先念代表国务院作《关于一九六一年和一九六二年国家决算的报告》。

△ 到颐年堂开会。

7月5日 与刘少奇、周恩来、董必武等到首都机场为邓小平、彭真率中共代表团赴莫斯科参加中苏两党会谈送行。

△ 下午，出席第二届全国人大常委会小组讨论会。

7月6日 出席第二届全国人大常委会小组讨论会。

7月7日 到颐年堂开会。

△ 下午，在住处和中国驻波兰大使王炳南谈话。

7月8日　主持第二届全国人大常委会第一百零一次会议。会议听取周恩来关于国内外形势问题的报告；批准国务院《关于第二个五年计划后两年的调整计划和执行情况的报告》，《关于一九六一年和一九六二年国家决算的决议的报告》。

7月9日　在住处和张鼎丞谈话。

△　晚十时，离京去北戴河。

7月20日　由北戴河回到北京。

7月21日　与毛泽东、刘少奇、周恩来、董必武等到首都机场迎接邓小平、彭真率中共代表团赴莫斯科参加中苏两党会谈后归来。

7月22日　与陈毅出席波兰驻中国大使耶日·克诺泰为庆祝波兰国家复兴节十九周年举行的招待会。

7月23日　晚十时，离京去北戴河。

7月24日　在住处和李富春谈话。

8月2日　由北戴河回到北京。

8月4日　会见哥伦比亚众议院议长何塞·安西萨尔·洛佩斯和由他率领的哥伦比亚议员代表团。

8月7日　晚八时，离京去北戴河。

8月21日　视察秦皇岛新建码头、秦皇岛玻璃纤维厂。

8月29日　由北戴河回到北京。

8月30日　会见以越南南方民族解放阵线中央委员阮氏萍为团长的民族解放阵线代表团，对越南南方人民站在反对美帝国主义斗争的最前线表示敬意。并说：我们对你们的支持是无条件的。

△　与刘少奇、周恩来、邓小平等宴请印度尼西亚共产党中央委员会主席迪·努·艾地和由他率领的共产党代表团。九月三日，参加中国共产党和印度尼西亚共产党会谈。五日，出

席中国科学院赠予艾地以中国科学院名誉学部委员称号的仪式。

9月1日 到颐年堂参加中共中央政治局常委会议。

9月4日 会见以肯尼亚下院议员、下院执政党议会党团首席督导约翰·戴维·卡利为团长的肯尼亚非洲民族联盟代表团。

9月5日 到颐年堂出席中共中央书记处会议。会议讨论即将召开的中央工作会议的议程等问题。

9月6日 到首都机场欢迎新西兰共产党主席姆·威廉斯应邀来访。

9月6日—27日 出席中共中央在北京召开的工作会议。会议讨论农村工作和一九六四年国民经济计划等问题，并着重讨论工业发展问题；制定《关于农村社会主义教育运动中一些具体政策的规定（草案）》（"后十条"）。会议确定，从本年起，用三年时间，继续进行调整、巩固、充实、提高的工作。十日，在西北组会议上发言说：增产不要忘记节约，不注意节约，就可能把增产的东西浪费掉。又说：新疆的出口物资很多，要争取多出口一些。今年有几个省遭到涝灾或旱灾，粮食还很紧张，应当争取多出口一些东西，增加外汇收入，换回粮食。同时，地方上也可以增加外汇提成，对国家、对地方都有好处。在交通不便的边疆地区和山区，要注意发展手工业，组织手工业工人上山下乡，要办一些小型的工厂，不要光想搞大的，六亿多人口的大国，没有手工业是不行的。十八日，在华东组会议上讨论发展工业的方针问题时说：我赞成"统一集中，合理布局"的意见，但是还要考虑到，我们的国家这么大，如果什么都统起来，也会出问题，国家也背不动。因此，必须区别情况，该统一的一定要统一起来，不该统一的不要硬去统一。有些东西可以分散依靠群众自己解决的，不要都由国家包起来。这样才能更好地发挥各方面的积极性。特别要看到中国的手工业很发达，应当充分发挥它的作用。现在许多出口商品就是手工业搞的，这是我们资金积累的一个重要来源。许多手工业在农村就地取材，既有利于生产队多种经营，又支援了农业。此外，手工业还可以解决一批劳动力的就业问题。所以手工业是个重要问题，在文件中应当把它列为一个问题来写。二十七日，在会上发言：现在我们要建设好社会主义的基础，特别是要把农业的底子打扎实，巩固地向前发展。

9月8日 与周恩来、董必武等出席首都各界为庆祝朝鲜民主主义共和国成立十五周年举行的大会。

9月9日 与刘少奇、周恩来、邓小平等出席朝鲜驻中国大使馆临时代办郑风珪为庆祝朝鲜民主主义共和国成立十五周年举行的招待会。

9月11日 到首都机场为新西兰共产党主席姆·威廉斯回国送行。

9月12日 在玉泉山和解放军总参谋部三部负责人谈话。

△ 晚，到毛泽东处开会。

9月14日 与宋庆龄、董必武、周恩来、邓小平等到北京站为刘少奇应邀赴朝鲜访问送行。

9月21日 出席马里驻中国大使馆大使比特拉奥雷为庆祝马里共和国成立三周年举行的招待会。

△ 晚九时，到春耦斋和毛泽东谈话。

9月22日 到颐年堂毛泽东处开会。

9月26日 晚，到颐年堂毛泽东处开会。

9月27日 上午，与彭真、郭沫若、李维汉、陈叔通、程潜等到首都机场欢迎印度尼西亚合作国会副议长、印度尼西亚共产党中央委员会第一副主席鲁克曼和由他率领的合作国会代表团访华，并在机场发表讲话，称赞印度尼西亚在苏加诺总统的领导下，已经成为反对帝国主义和殖民主义、维护亚洲和平安全的一个重要力量。

9月28日 主持第二届全国人大常委会第一百零二次会议。会议决定设立第五机械工业部和第六机械工业部；修正通过《中国人民解放军军官服役条例》。

△ 与宋庆龄、董必武、周恩来、邓小平等到北京火车站迎接刘少奇访问朝鲜归来。

△ 下午，到颐年堂参加毛泽东召集的会议，讨论新疆工作。

9月30日 会见金汉鼎。

△ 陪同毛泽东会见印度尼西亚合作国会代表团。

10月1日 毛泽东、刘少奇、宋庆龄、董必武、周恩来、朱德、邓小平等党和国家领导人出席首都各界五十万人在天安门广场举行的中华人民共和国成立十四周年庆典。晚，出席在天安门广场举行的国庆联欢晚会。

△ 与刘少奇会见美国黑人领袖罗伯特·威廉和夫人。

△ 与刘少奇会见日本工业展览会总裁石桥湛山和夫人。

10月4日 与毛泽东、刘少奇、周恩来、陈毅、贺龙、聂荣臻、徐向前、张鼎丞等接见参加国庆活动的内蒙古、西藏、新疆、云南、四川、贵州、甘肃、福建、浙江等九个省和自治区的少数民族参观团全体团员，内蒙古、西藏少数民族青年学习参观团全体团员，解放军和公安部队国庆观礼团的全体代表，以及中央政法干部学校全体学员。

10月6日 和王震谈话。

10月8日 会见由西南非洲民族联盟主席科章吉济率领的西南非洲民族联盟代表团，并说：现在的国际形势有利于反对帝国主义的斗争，只要全非洲人民团结起来，非洲人民就能决定非洲的问题。革命主要是靠自己,靠群众。革命不可能一次就成功,不要怕失败,失败以后就总结经验和教训,再斗争。

10月9日 会见智利共和国参议员霍纳斯·戈麦斯·加略。

△ 下午,到毛泽东处开会。

10月10日 主持第二届全国人大常委会第一百零四次会议。会议决定第二届全国人大第四次会议于一九六三年十一月中旬在北京召开。

△ 与毛泽东、刘少奇、周恩来、邓小平、李先念、薄一波、聂荣臻等,接见出席全国计划会议、全国城市工作会议、全国地质工作会议、第一机械工业部工作会议、全国财政会议、全国物资供应计划会议、全国电机工程学会代表会议和全国石油科学报告会议的全体代表。

△ 晚,参观在北京展览馆举办的日本工业展览会,并题词:"发展中日两国经济文化交流。"

10月12日 到首都机场欢迎坦噶尼喀国民议会议长亚当·萨皮·姆克瓦瓦等。晚上举行欢迎宴会并致词。

10月14日 会见智利共和国参议员、智利激进党参议院委员会主席埃尔梅斯·阿乌马达和夫人。

10月15日 为转送北京市对外贸易局的调查材料《北京市工艺品历年出口完成情况及当前存在的一些问题》致函周恩来:北京市手工业品的出口,去年已达到五百八十万美元,并且供不应求。他们的办法主要是,利用城市的剩余劳动力,搞一些传统的手工业品出口。这个材料可以印发给参加城市工作会议的同志们看看。现在很多大城市都有历史上遗留下来的手工业传统技术,也都有剩余劳动力。将这些剩余劳动力组织起来,利用传统的技术,为外贸部门生产有价值的东西出口,这是很有前途的事业。

△ 致函周恩来、邓小平：现在大部分煤炭企业的生产仍然亏本，这个问题是应当加以考虑的。作为工业燃料和原料来说，煤炭工业是基础，应当有合理的价格，以利于发展煤炭生产和提高煤炭质量。现在的煤炭价格偏低，这对煤炭的产量特别是质量有一定的影响，而煤炭质量低又是很大的浪费，也不利于其他工业部门降低产品成本。总的来说，煤炭工业应当保持赢利，不应当亏本。提出：在发展生产中，怎样更好地运用价值规律，这确实是一个重要问题，应当组织一些人，切实地研究一下这个问题，总结一下这方面的经验，并且在三年调整中，逐步制定出更符合实际，更有利于发展生产的价格政策来。

△ 下午，到刘少奇处谈话。

10月16日 离京乘汽车去河北、河南、江苏、安徽、山东五省灾区视察。自五月至九月，这五省的部分地区连降暴雨，洪水成灾。

△ 抵达河北省保定市。在听取中共保定地委和保定市委负责人汇报抗洪救灾情况时指出：今后应注意多种点耐涝的高秆作物。沙土地不适合种粮食可以种花生。水边可以多种苇子，它是很好的原料。

△ 抵达石家庄。听取中共石家庄地委和石家庄市委负责人汇报抗洪救灾情况。

△ 抵达邢台市。听取中共邢台地委和邢台专署负责人汇报抗洪救灾情况。

△ 抵达邯郸市。听取中共邯郸地委、邯郸市委和邯郸专署负责人汇报抗洪救灾情况。夜宿邯郸。

10月17日 抵达河南省安阳市。听取中共安阳地委、安阳市委和安阳专署负责人汇报抗洪救灾情况，指出：救灾要坚持自力更生的方针。要帮助农民建立家底,要注意发展副业生产。

　　△　抵达新乡市。听取中共新乡地委、新乡市委和新乡专署负责人汇报抗洪救灾情况。插话说:盐碱地可以植桑、种果树,不一定种粮食。

　　△　抵达郑州市。听取中共河南省委第一书记刘建勋汇报抗洪救灾情况。

10月18日　抵达开封市。听取中共开封地委和开封市委负责人汇报抗洪救灾情况指出:开封是交通要道,直通安徽、山东。在救灾中要恢复过去的经济渠道,现在很需要小商贩,供销社也要活跃起来,去沟通城乡物资的交流,收购农副产品。

　　△　抵达商丘市。听取中共商丘地委负责人汇报抗洪救灾情况。

　　△　抵达江苏省徐州市。听取中共徐州地委、徐州市委和徐州驻军负责人汇报抗洪救灾情况。

10月19日　视察七里沟果园,观看果树的生长情况和果品标本,询问果园生产和职工生活情况。当知道果园还未建立加工厂时说:应当建立加工厂,有了加工厂,水果丰收以后就可以加工出口。这样经济意义和政治意义就更大了。这一方面是人民群众生活的需要,另一方面可以为国家积累资金。

　　△　抵达安徽省宿县。听取中共宿县地委和宿县军分区负责人汇报抗洪救灾情况。

　　△　抵达蚌埠市。听取中共蚌埠市委负责人汇报抗洪救灾情况,指出:在救灾中,对长途贩运要放宽一些,还可以有组织地去搞。

10月20日　抵达合肥市。听取安徽省副省长张祚荫、吴文瑞汇报抗洪救灾和农业生产情况,指出:你们这里出产丰富,山上的东西很多。要注意发展副业生产。要帮助农民建立家底。国家、集体、个人的关系要调整好，农民有家底很重要。生活稳定了，干部团结了，就能取得群众的信任。

△ 听取安徽省手工业管理局负责人汇报手工业生产情况。

10月21日 抵达山东省济宁市。听取中共济宁地委负责人汇报抗洪救灾情况。

△ 抵达泰安县。听取中共泰安地委和泰安专署负责人汇报抗洪救灾情况。

△ 抵达济南市。听取中共山东省第一书记谭启龙汇报抗洪救灾情况。

10月22日 抵达德州市。听取中共德州地委和德州市委负责人汇报抗洪救灾情况。

△ 抵达河北省沧州市。听取中共沧州地委和沧州专署负责人汇报抗洪救灾情况。

△ 抵达天津市。听取中共河北省委书记处书记阎达开、候补书记王路明和中共天津市委第一书记万晓塘汇报抗洪救灾情况。

10月23日 回到北京。

△ 到首都机场欢迎尼泊尔全国评议会议长比什瓦·班杜·塔帕和由他率领的全国评议会代表团，并致词说：中、尼两国正式建交以后，完满地解决了历史上遗留下来的边界问题。这不仅为我们两国子孙万代的和睦相处提供了一个新的保证，而且为不同社会制度国家之间处理相互关系中的复杂问题提供了一个光辉的范例。晚，宴请塔帕以及代表团。

10月25日 与刘少奇、周恩来、邓小平、彭真、陈毅、贺龙、李先念、谭震林、康生、薄一波、聂荣臻等，接见出席中华全国手工业合作社第二次社员代表大会，解放军全军医学科学委员会全体会议，解放军第三次农副业生产会议，水利电力部黄河中游水土保持会议，中国水利学会会员代表大会，冶金工业部工作会议，化学工业部工作会议，建筑工程部工作会议，中国人民银行工作会议，纺织工业部财务工作会议，全国农业、基建、财贸统计工作会议和全国城市妇女工作会议的全体人员，以及中华全国供销合作干部学校全体学员。

10月28日 会见巴西社会进步党副主席、众议员、前阿拉果阿斯州州长穆尼斯·法贡。

△ 到首都机场为尼泊尔全国评议会代表团离京赴东北等地访问送行。

10月29日 致函毛泽东、刘少奇、周恩来、邓小平等，反映视察河北、河南、江苏、安徽、山东五省抗洪救灾的情况：经过两个多月紧张的抗洪救灾工作，灾民已经初步安定下来。目前灾区的主要困难是群众的口粮不足，药品缺乏，特别是奎宁奇缺。受灾各省都希望能从邻省的非灾区调运一些干菜支援灾区，卫生部调拨一批药品供应灾区。为了帮助灾区尽快克服困难，应当加强灾区的供销社工作。供销社应当为灾区的副业生产积极组织原料的供应和产品的收购，帮助灾区同外地挂钩搭线，组织物资交流，并向缺少资金的社队发放贷款。报告中，对今后水利建设和发展农业生产提出几点意见：（1）关于治洪的方向。我这次围绕着华北大平原走了一圈，感觉到必须根治这个地区连绵不断的水旱之灾。使它成为我国粮食和经济作物的重要基地。在这块平原上治水的方向主要是在上游山区蓄水，在中、下游地区疏水导流。（2）利用地下水，发展农田灌溉。华北平原年平均降雨量不多，但雨量集中，常常成为暴雨。秋季虽然容易泛滥成灾，平时却经常遭受干旱威胁。因此必须发展农田灌溉，解决干旱问题。（3）因地制宜，发展农业和多种经营。华北平原上水土流失，风沙走动，使地形变化很大，我们治理洪水，战胜自然灾害，和实现农业生产的"四化"，都必须始终考虑到这种自然变化。我们的决策都必须适应这种自然变化的规律，才能成功。我们应当根据华北的特点，有计划、有重点地发展这一地区的农业。群众的这种适应自然特点的种植经验，我们不要轻易地加以变更。

10月30日 在解放军总参谋部三部局以上干部业务会议上讲话，鼓励大家长期安心这项工作，刻苦钻研，甘当无名英雄，提高技术水平，多学科学知识，把外语学好。注意总结经验，一定把这门技术搞通搞精，并且特别注意培养干部，使大批新参加工作的人员都能尽快地掌握这门技术，在工作中发挥作用。

△ 晚，到刘少奇处开会。

10月31日 出席中共中央政治局会议。会议讨论《关于农村社会主义教育运动的一些具体政策问题（草案）》第六稿。（后来称为"后十条"）

11月1日 与贺龙出席首都各界为庆祝阿尔及利亚革命九周年举行的集会。

11月5日 视察北京西郊东北旺人民公社。

11月6日 视察北京焦化厂。

11月7日 视察石景山钢铁公司。在听取石景山钢铁公司党委书记萧平、经理周冠五、总工程师安彰俊等汇报生产情况时，说：你们可以考虑搞托拉斯，包括铁厂、钢厂、化肥厂、矿山等等，联合经营。

11月8日 主持第二届全国人大常委会第一百零五次会议。会议听取全国人大常委会副委员长林枫关于刘少奇访问朝鲜民主主义人民共和国的报告。

11月9日 主持第二届全国人大常委会第一百零六次会

议。会议审议《中华人民共和国和阿富汗王国边界条约》，并决定派陈毅为签订条约的全权代表；批准设立中国农业银行，作为国务院的直属机构。

11月12日 致函周恩来，转达视察北京焦化厂、石景山钢铁厂后整理的有关建议。

11月13日、14日、15日 先后主持第二届全国人大常委会第一百零七次、第一百零八次和第一百零九次会议。会议讨论第二届全国人大第四次会议的议程，主席团、秘书长人选，提案审查委员会主任委员、委员人选；通过《中华人民共和国第二届全国人民代表大会第四次会议关于第三届全国人民代表大会代表名额和选举时间的决议》、《中华人民共和国全国人民代表大会常务委员会工作报告》；通过第二届全国人大第四次会议议程，主席团、秘书长名单，提案审查委员会名单。

11月14日 下午，出席中共中央政治局会议。会议通过关于农村社会主义教育运动的两个文件；原则通过提交第二届全国人大第四次会议的两个报告。刘少奇传达了在杭州同毛泽东商定的关于反现代修正主义的两项措施。

11月15日、16日 出席刘少奇召集的最高国务会议。会议讨论彭真对第二届全国人大第四次会议所要解决的主要问题所作的说明。

11月16日 主持第二届全国人大第四次会议预备会议。会议选举第二届全国人大第四次会议主席团和秘书长；通过会议议程和提案审查委员会主任委员、委员人选。

△ 与毛泽东、刘少奇、周恩来、邓小平、董必武等，接见出席中国科学院哲学社会科学部学部委员会第四次扩大会议、全国工业交通企业财务工作会议和解放军除害灭病卫生运动总结会议的全体人员。

11月17日—12月3日 出席在北京举行的第二届全国人大第四次会议,并先后主持开幕式和闭幕式。大会通过《关于一九六三年国民经济计划和一九六四年国民经济计划、一九六三年国家预算和一九六四年国家预算初步安排的决议》、《关于第三届全国人民代表大会代表名额和选举问题的决议》、《关于第二届全国人民代表大会常务委员会工作报告的决议》、预算委员会的预算审查报告和提案审查委员会的提案审查意见。

11月20日 会见匈牙利新任驻中国大使郝拉思·尤若夫。

11月21日 会见阿尔巴尼亚新任驻中国大使奈斯蒂·纳赛。

11月22日 与刘少奇、周恩来出席《中华人民共和国和阿富汗王国边界条约》签字仪式。

11月24日 晚十时,出席中共中央政治局常委会议。

11月27日 与毛泽东、刘少奇、邓小平等接见出席全国化工会议、科学技术协会全国学会工作会议、中国电子学会全国专业学术会议、中国微生物学会一九六三年学术年会、中国计量技术与仪器制造学会无线电专业学术会议、中国地质学会第一届矿物岩石地球化学学术会议、中国动物学会全国寄生虫学专业学术会议、中国建筑学会全国建筑设备专业学术会议、解放军全军干部工作会议、炮兵院校政治工作会议的全体人员。

△ 下午,到毛泽东处开会。

11月29日 与董必武、邓小平等出席阿尔巴尼亚驻中国大使奈斯蒂·纳赛为庆祝阿尔巴尼亚解放十九周年举行的招待会。

12月5日 晚八时,到毛泽东处开会。

12月6日 到钓鱼台八号楼开会。

12月9日 听取全国物价委员会主任薛暮桥汇报价格问题,指出:农产品的价格不能固定不变,因为各种作物的收成变化不同,各地的条件变化也不同。还指出:自力更生,不是说样样东西都要自己制造,和其他国家在平等互利的原则上进行贸易,更有利于自力更生。

12月15日 和中共云南省委书记处书记周赤萍谈话。

12月17日 到北京医院向罗荣桓[1]遗体告别。二十日,到劳动人民文化宫吊唁。二十二日,出席首都军民公祭罗荣桓大会。

12月18日 主持第二届全国人大常委会第一百一十一次会议。会议听取了全国人大民族委员会副主任委员谢扶民关于第二届全国人大民族委员会第四次(扩大)会议情况的报告。

12月20日 在《人民日报》发表《悼罗荣桓同志》:

起义鄂南即治军,忠诚革命贯平生。
身经百战摧强敌,留得丰功万古存。

△ 与彭真、谭震林、郭沫若等会见由陈文成率领的越南南方民族解放阵线、越南南方劳动解放协会代表团。

12月21日 与彭真、谭震林、郭沫若等出席首都各界庆祝越南南方民族解放阵线成立三周年的集会。

12月24日 与毛泽东等为河北抗洪抢险斗争展览会题词。毛泽东题词:"一定要根治海河"。朱德题词:"战胜洪水保卫社会主义建设"。是年八月上旬,河北省部分地区连降暴雨,造成了特大洪水。并威胁地处"九河下梢"的天津。以中国人民解放军官兵、工人和人民公社社员为主体的抗洪大军,

---

[1] 罗荣桓,1963年12月16日在北京病逝。逝世前任中共中央政治局委员、全国人大常委会副委员长、国防委员会副主席、中国人民解放军元帅。

在狂风暴雨、惊涛骇浪中，日日夜夜地加高加固河堤，击退洪水的袭击，终于保住了天津市的安全。

12月26日 给儿子朱琦、儿媳赵力平题词："努力学习马列主义毛泽东思想，坚决反对修正主义，发奋图强，自力更生，勤俭建国，勤俭持家，勤俭办一切事业，做一个又红又专的接班人。"

12月29日 与刘少奇、邓小平、彭真、李富春、刘伯承、贺龙、薄一波、聂荣臻、罗瑞卿等，接见出席全国工业交通工作会议、全国商业厅局长会议、全国供销合作总社工作会议、解放军全军后勤工作会议、空军院校工作会议、空军高射炮兵部队干部会议的全体人员。

△ 下午五时，到颐年堂开会。

12月30日 与贺龙、郭沫若、陈叔通、林枫等会见古巴友好代表团，并出席首都各界庆祝古巴解放五周年举行的集会。

1964年　七十八岁

1月1日　出席政协全国委员会举行的招待在京的七十岁以上的全国政协委员、全国人大代表、各党派中央负责人、国务院各部门负责人和参事的欢度元旦宴会。晚，看豫剧《朝阳沟》。

1月2日　会见以冈崎一夫为首的日本法律工作者代表团。

1月4日　离京去山东、江苏、上海、浙江、福建、江西、广东、广西、贵州、湖南、湖北、河南、河北等省、市、自治区视察。

1月5日　抵达山东省济南市。听取中共山东省委负责人汇报工作。视察济南柴油机制造厂。

△　抵达江苏省徐州市。和中共徐州地委及徐州市委负责人谈话。

△　抵达连云港市。

1月6日　接见中共连云港市委和政府各部门负责人，以及各区、公社、厂矿党委书记。视察港口。在听取市委负责人汇报时指出：现在同中国谈贸易的国家越来越多了。从外国进口我们所需要的东西，不等于不是自力更生。例如同日本做生意，他们的东西我们用得上，我们的东西他们也用得上，这是双方的需要。

1月7日　抵达南京市。视察中山植物园。赠给植物园四本兰谱,并在《四川的兰蕙——我的艺术生活》一书上题写"养好兰花"。

△ 游览玄武湖。

1月8日 上午,视察南京汽车制造厂。下午,听取中共江苏省委第一书记江渭清汇报工作。

1月9日 在接见中共江苏省委、江苏省政府、解放军南京军区、南京军事学院的负责干部时讲话,勉励大家要在党中央、毛主席的领导下,继续鼓足干劲,力争上游,多快好省地建设我们的国家,争取在各条战线上做出更大的成绩。

△ 中午,抵达无锡市。听取中共无锡市委和市人委负责人汇报手工业生产情况,指出:传统的手工艺不要丢了,既能够出口,又能够供应国内。要继续继承下来,并加以发展。

1月10日 上午,抵达苏州市。听取中共苏州地委和苏州市委负责人汇报。

△ 晚,抵达上海市。

1月11日 上午,视察上海龙华苗圃。在参观了苗圃后,赋诗:

龙华苗圃更鲜妍,异草奇花步步添。
幽兰特出多新品,培养国香样样全。

△ 下午,参观上海人造纤维厂。赋诗:

上海工人技术鲜,木渣造出美毛绵。
织成花样数千种,保证寒冬不缺穿。

1月12日 致电巴拿马国民议会议长豪尔赫·雷文·罗

萨斯，表示中国人民坚决支持巴拿马政府和人民为维护国家主权和民族尊严，为恢复巴拿马运河区主权而进行的正义斗争。

△ 视察建设中的虹桥飞机场。

1月13日 听取中共上海市委和上海市外贸局负责人汇报工业生产情况和外贸工作。当听到出口产品的包装和装潢有改进时，说：出口的玉雕要带座和盒，既好看，也便于运输。饼干也要装盒，既文明，又是招牌。

1月14日 上午，参观上海市出口商品展览馆。下午，视察上海工艺美术研究室，并题词："继承和发扬工艺美术的优秀传统。"

1月15日 听取中共上海市委负责人汇报农业生产情况。

△ 晚，抵达浙江省杭州市。途经嘉兴县时，听取中共嘉兴地委负责人汇报工作。

1月16日 和中共浙江省委第一书记江华谈话。

1月17日 致电中共中央、毛泽东：江苏和上海去年的粮食、棉花产量都有较大幅度的增长。工业生产情况也很好。现在上海市基本上成为一个生产门类比较完整、物质基础比较好和技术力量比较强的综合性工业基地。今后应该更加充分地发挥这个工业基地的作用，使它在加速我国的社会主义建设中做出更大的贡献。根据上海的经验，"以进养出"是大有搞头的。去年，上海市"以进养出"部分占全市外贸收购总额十六点八亿元的百分之四十五。这个经验可供各地参考。

△ 视察龙井茶场。

1月18日 视察浙江省农业厅原蚕种场，对场负责人说：过去许多地方都能养蚕，现在新品种是好，但不能普遍养，结果老品种丢掉了，新品种又很少，这是很值得研究的。应该恢复旧品种，同时发展新品种。

1月20日 上午,视察余杭县九堡蚕桑大队。下午,听取中共浙江省委负责人汇报农村社会主义教育运动情况。

1月21日 上午,听取中共浙江省委有关负责人汇报财贸工作情况。下午,视察杭州制氧机厂,并题词:"奋发图强,自力更生,勤俭建国。"

1月23日 抵达福建省福州市。和中共福建省委第一书记叶飞谈话。

1月25日 上午,游览鼓山。下午,参观福建省出口商品展览会。

1月26日 上午,听取福建省有关部门负责人汇报手工业生产情况,指出:你们靠海,要多注意海外的事情。地方上搞出口主要靠农副产品、矿产品和手工业品。下午,与中国人民解放军福建军区负责人谈话并合影。

1月27日 在听取中共福建省委负责人汇报农村社会主义教育运动情况时指出:福建临海,你们要多注意海外的事情,有几百万人在海外,要努力做好海外的工作。

1月28日 抵达泉州市。途经莆田县时,和中共莆田县委负责人谈话。听取中共泉州市委负责人汇报工作。

1月29日 抵达厦门市。途中凭吊陈嘉庚墓。

1月30日 视察福建海防前线观察所。

△ 晚,抵达漳州市。

1月31日 听取中共龙溪地委负责人汇报工作。视察龙海县九湖人民公社。

2月1日 赴江西省视察。途中在火车上听取了中共福建省委书记处书记、福建省省长魏金水和中共龙岩地委负责人汇报。

2月2日 抵达南昌市。途经贵溪县时,在火车上听取中共贵溪县委书记汇报。

2月3日　看望正在病中的江西省省长邵式平。

2月4日　视察江西蚕桑垦殖场和由上海迁来的江西丝绸厂。

2月5日　听取中共江西省委第一书记杨尚奎汇报江西的情况。当听到对多种经营抓得不够，农民的经济收入减少时，指出：现在群众搞多种经营的劲头比干部大，干部应该来个大转变，大抓一下多种经营。

△　致电中共中央、毛泽东：当前浙江和福建两省从领导干部到人民群众，对争取一九六四年农业的大丰收，劲头很大，信心很足。现在群众普遍要求发展多种经营，领导上也在注意抓，并且采取了一些有效措施。福建省侨居国外的有二百多万人，国内做好侨属工作，这不仅是一个争取侨汇的问题，而更重要的是扩大我们的政治影响的问题。当前在对侨属的物资供应方面还有些不足，主要是高档用品和食品不足，有关部门应当及时帮助解决。

△　离南昌市赴广东省视察。

2月6日　途经湖南省郴县时，听取中共湖南省委负责人和郴州地委负责人汇报工作。

△　晚，抵达广州市。

2月7日　和中共中央中南局第一书记兼中共广东省委第一书记陶铸谈话。

△　下午，到越秀公园兰室观赏兰花。

2月8日　上午，视察华南植物园。下午，听取中共广东省委负责人汇报全省供销、商贸等情况。

2月10日　登广州白云山。

2月11日　参观正在筹备的春季出口商品交易会。

2月12日　参观广州兰花展览会。

△ 赋诗和董必武《羊城除夕》：

又是迎春节，今年与昔殊。
座中邀远客，杯下吐明珠。
提倡新风尚，统传正步趋。
岭南续跃进，万象更昭苏。

2月13日 出席广州市春节团拜会，观看体育表演并接见运动员。

2月16日 视察广州燕塘农场、黄埔港。

△ 晚，与邓小平、董必武等出席陶铸和中共中央中南局书记陈郁为欢迎日本共产党总书记宫本显治、新西兰共产党总书记威尔科克斯举行的春节宴会。

2月17日 参观正在筹备的春季出口商品交易会。

2月20日 看望到广州访问的日本共产党总书记宫本显治。

2月中旬 与董必武、邓小平等在广州观看了人民解放军广州部队战士话剧团演出的五幕话剧《南海长城》。

2月21日 分别看望正在广州的国务院副总理聂荣臻和国防委员会副主席徐向前。

2月22日 从广州市到从化温泉疗养地。

△ 分别看望正在从化疗养的中共中央副主席陈云，中国国民党革命委员会副主席、全国人大常委会副委员长张治中，中国国民党革命委员会常委、全国人大常委会委员邵力子。

2月23日 看望在从化疗养的中共中央委员徐特立。

2月25日 为学习欧阳海[1]题词:"学习欧阳海同志的高度自我牺牲精神,全心全意为人民服务"。

2月26日 听取身边工作人员汇报在广东省调查了解的农业、工业、手工业生产和社会主义教育的情况。

2月27日 视察流溪河水库。

2月28日 听取中共从化县委负责人汇报农业生产情况。

2月29日 由从化回到广州。

3月1日 致电中共中央、毛泽东:这两年来,广东省对粮食和主要农副产品的收购,都坚持实行以征购和派购为主,以换购和议购为辅的政策。在执行中,他们对征购和派购任务下达得比较及时,任务下达以后,一般坚持不变,对增产部分,基本上实行换购和议购,而不轻易追加派购任务。这种办法,从执行的结果来看,对于合理解决国家、集体和个人三者的利益很有好处,既能保证国家掌握必要的粮食和农副产品,又能调动群众的生产积极性和保证集体经济在两个市场、两种价格的条件下扩大再生产。广东省大量饲养木薯蚕和利用甘蔗渣生产人造纤维,为解决穿衣问题开辟了一条新途径。建议在江南各省凡可以种木薯的地方,都可以推广广东省的经验,饲养木薯蚕,这不仅可以作为集体副业,而且还可以作为社员的家庭副业来发展。

3月2日 视察广州市珠江造纸厂。

3月3日 听取中共广东省委书记处书记林李明汇报,指出:你们这里要靠生产队植树造林,要发执照,所有权归生产队。要把绿茶、桐油、猪鬃等生产发展起来,多搞出口产品,

---

[1] 欧阳海,中国人民解放军某部三连七班班长。1963年11月18日,在湖南省衡阳执行任务时,为挽救旅客列车冲上铁轨拦惊马而牺牲。

把香港的市场夺回来。自留地三十年不变，不要多想。共产主义是长期的，投资要精打细算。要合理利用土地，种什么最有利就种什么。坚持勤俭，合理使用原料。

3月4日 离广州赴广西壮族自治区视察。

3月5日 抵达南宁市。

3月6日 在中共广西壮族自治区委扩大会议上讲话：搞社会主义教育运动，必须和生产紧密结合，目的是为了发展生产。在生产上要奋发图强，艰苦奋斗，勤俭节约，要做更踏实、更艰苦的工作。

3月7日 听取中共梧州地委和中共南宁地委负责人汇报农业生产情况。

△ 下午，参观南湖公园植物园。

3月8日 游览青秀山，赋诗：

青秀山青映水清，邕江两岸倍光荣。
西津电站新修好，照得南宁美丽城。

3月9日、10日 听取中共广西壮族自治区委员会第一书记韦国清和书记处书记乔晓光、贺希明、覃应机、伍晋南等汇报，在谈到农业问题时指出：广西发展农业生产的主要问题是水利问题。要依靠群众自己兴修水利，国家给以帮助。应多修小水库，少修大水库。

3月11日 上午，视察广西林业研究所。下午，听取第二届全国人大民族委员会副主任委员谢扶民汇报一月份召开的西南五省区（云贵湘桂粤）少数民族座谈会情况。

3月12日 听取中共武鸣县委负责人汇报工作。

3月13日 接见出席广西壮族自治区财贸三级干部会议、

自治区公安政治工作会议和自治区农垦三级干部会议的全体人员。

3月14日 出席庆祝广西壮族自治区成立六周年大会并在会上讲话,指出:广西这块地方,是亚热带,是全国少有的好地方。不仅发展农业大有可为,而且发展林、牧、副、渔业也大有可为。矿产资源也很丰富,地下的许多宝藏还没有开发出来,这是发展社会主义工业十分优越的条件。

3月15日 离南宁赴贵州省视察。途经柳州市和河池县时,先后听取中共柳州地委、河池县委负责人汇报工作。

3月16日 晚,抵达贵州省贵阳市。

3月17日 听取中共贵州省委和省军区负责人汇报工作。参观兰花展览会。

3月18日 视察猫跳河水库。听取贵州省有关部门关于农业、水利、林业情况的汇报。

3月19日 游览森林公园,上山看兰花。

3月20日 抵达安顺市。听取中共安顺地委负责人汇报。到华严人民公社视察,和公社党委负责人谈话,了解农业生产和人民生活情况。晚,返回贵阳市。

3月22日 致电中共中央、毛泽东:去年广西的旱灾是严重的,粮食比一九六二年大约减产十二三亿斤。但是,经济作物却普遍增产。自治区的同志认为,从广西的特点出发,在发展粮食生产的同时,最有利于发展多种经营,特别是发展亚热带经济作物。为了使多种经营尽快发展起来,他们希望在最近两年内,减轻或者不再增加粮食外调任务。多种经营发展了,可以多调出一些林、牧和土特产品等物资,它们的价值比粮食的价值要高得多,用来出口,可以换回更多的粮食来。由于现在的粮食产量很低,商品粮不多,虽然只调出一亿多斤粮食,但是也要牵动全区。特别是山区交通不便,背点粮食出来是很困难的,有些群众宁肯缴一头猪,不愿背一百斤粮食出来。事实上,那些地方也不出产很多粮食,即使有一点余粮,也应当就地储存备荒。从国防上讲,广西逐年积存一点粮食也是十分必要的。他们这个意见是值得考虑的。从长远来看,对这些地区少调粮食,多调经济作物出来是最合算的。

△ 听取中共贵州省委第一书记、省长周林汇报财贸工作和农村社会主义教育运动情况。

3月24日 返广西壮族自治区。途经南丹县时,听取中共南丹县委负责人汇报工作。夜宿南丹县。

3月25日 抵达柳州市。视察柳州水轮泵厂、拖拉机厂和柳州园艺场。

△ 晚,抵达桂林市。

3月26日 游览七星岩和芦笛岩。参观苗圃。

3月27日 抵达湖南省长沙市。

3月28日 上午,听取中共湖南省委第一书记张平化汇报农业生产和农村社会主义教育运动情况。下午,看望全国人大常委会副委员长、中国国民党革命委员会副主席、湖南省省长程潜。

3月29日 视察湖南省农业科学研究所。

3月30日 抵达湖北省武汉市。

3月31日 听取中共湖北省委书记处书记杨锐汇报农业生产和农村社会主义教育运动情况。

△ 登蛇山,游览东湖公园。

4月1日 上午,继续听取杨锐汇报工、农业生产情况。下午,视察武汉重型机械厂。

4月2日 上午,视察武昌造船厂。晚,看望正在武昌的毛泽东。

4月3日 抵达河南省郑州市。

4月4日 听取中共河南省委第一书记刘建勋、省委第二书记何伟和省委常务书记文敏生汇报抗洪救灾和兴修水利情况。

4月5日 上午，视察郑州纺织机械厂。

△ 下午，抵达安阳市，停车两小时。听取中共安阳地委负责人汇报。

△ 抵达河北省邯郸市。听取中共邯郸地委负责人汇报。

4月6日 上午，抵达石家庄市。视察华北制药厂。

△ 下午，抵达保定市。听取中共河北省委第二书记刘子厚汇报兴修水利情况。视察保定化学纤维厂。

△ 晚，回到北京。

4月9日 出席刘少奇为欢迎以袴田里见为团长的日本共产党代表团举行的晚宴。

4月10日 在国务院会议厅听取全国农业规划会议领导小组的汇报。

4月11日 在人民大会堂接见农垦部养蚕专家古成红等人。

4月12日 与周恩来、罗瑞卿等出席在全国政协礼堂举行的中国人民解放军第三届文艺会演联欢晚会。

4月13日 参观出口商品包装展览会。

4月14日 在人民大会堂浙江厅听取国务院总理办公室副主任罗青长汇报。

△ 接见朝鲜劳动党中央代表团成员。

4月15日 参观新工业产品展览会。

△ 为第七机械工业部题词："迎头赶上"。

△ 晚八时，到刘少奇处开会。

4月17日 会见日本自由民主党顾问、国会议员松村谦三及其随行人员。

　　△　与谭震林、张治中等出席叙利亚驻中国大使馆临时代办赫德为叙利亚共和国国庆举行的招待会。

　　4月18日　会见以日本国会议员、日本国际贸易促进协会关西本部顾问营野和太郎为首的关西经济友好访华代表团。

　　4月19日　和陈奇涵、萧劲光、刘志坚谈话。

　　△　下午五时，到刘少奇处开会，讨论老挝问题。

　　4月21日　下午八时半，到刘少奇处开会。

　　4月22日　与刘少奇、周恩来到保加利亚驻中国大使馆，吊唁保加利亚共产党中央政治局委员、保加利亚国民议会主席团主席迪·加涅夫逝世。

　　△　会见印度尼西亚新任驻中国大使查禾多。

　　4月23日　给中共中央、毛泽东写报告，反映外出视察的情况。在谈到农村形势时说：当前，不论农村还是城市，政治形势和经济形势都比前几年好。但是，农业生产包括经济作物和多种经营，还没有全面恢复和发展起来。一些老灾区要全面恢复农业生产还要做很大的努力，还需要一段时间。现在这些地方农民的生活水平还很低。在谈到兴修水利时说，根据这些年的经验，在农田水利建设方面主要应在上游山区多修一些中、小型水库，把水堵在山区，不要全部流走；同时，要沿江河大量发展机电提水灌溉。上游山区修水利，山地可以变梯田。发展灌溉，又可以梯级发电，投资少，收益大。在谈到农业生产时说：农业生产必须在发展粮食生产的基础上，大力发展经济作物和多种经营。有些地方历来就是靠多种经营或者以经济作物为主的，如不抓紧恢复，不论对国家还是对集体都是一个损失。只有经济作物和多种经营发展了，农业才能为工业提供更多的原料，为国内市场和对外贸易提供更多的商品，同时，生产队才能增加收入，增加积累，用于扩大再生产，反过来又为工业开辟了市场；才能更好地实现城乡互助、内外交流，才能使农村经济进一步活跃起来。

4月24日 到解放军总参谋部某部参观新设备。

4月25日 主持第二届全国人大常委会第一百一十七次会议和国务院全体会议第一百四十四次会议联席会议。会议听取周恩来关于访问阿联、阿尔及利亚、摩洛哥、阿尔巴尼亚、突尼斯、加纳、马里、几内亚、苏丹、埃塞俄比亚、索马里、缅甸、巴基斯坦、锡兰（今斯里兰卡）等十四国的报告。

4月26日 参观河北省水利展览会。

△ 下午五时，到刘少奇处开会。

4月27日 与刘少奇、周恩来、邓小平、董必武、陈毅、陆定一、邓子恢、聂荣臻等，观看北京京剧团演出的根据同名沪剧改编的现代京剧《芦荡火种》。

4月28日 会见和宴请布隆迪国民议会议长塔德·西里乌尤蒙西和由他率领的国民议会代表团。

4月30日 会见古巴全国保卫革命委员会执行委员会委员罗德里格斯率领的古巴全国保卫革命委员会代表团成员。

5月1日 与刘少奇、周恩来等到劳动人民文化宫，和首都各界群众一起庆祝五一国际劳动节。晚，在天安门城楼同各国来宾一起观看节日焰火，欢度节日的夜晚。

△ 为云南聂耳纪念馆题词："人民音乐家"。

5月3日 晚，与刘少奇、董必武、周恩来、邓小平等出席首都各界青年纪念五四晚会，并接见首都各个战线的青年先进人物。

5月4日 下午，到刘少奇处开会，讨论决定公开发表一九六三年十一月以来中共中央和苏共中央来往的七封信。

5月5日 到北海画舫斋看首都书法展览。

5月6日 到北京医院看望中华全国工商业联合会主任委员陈叔通。

5月8日 与刘少奇、周恩来、邓小平等接见参加解放军第三届文艺会演大会的全体人员。

5月9日 与刘少奇、周恩来、邓小平等接见来北京参加五一国际劳动节庆祝活动的内蒙古、西藏、新疆、广西、宁夏、贵州、云南、四川、青海、甘肃等十个省、自治区的少数民族参观团和中央民族学院的应届毕业生。

5月10日 参观在北京展览馆举办的新产品展览会。

5月11日 与李维汉、包尔汉等前往机场为布隆迪国民议会代表团回国送行。

△ 到机场迎接朝鲜民主主义人民共和国最高人民会议议长崔元泽、最高人民会议常委会副委员长康良煜和由他们率领的最高人民会议代表团。晚，设宴招待朝鲜客人。

5月12日 会见日本自由民主党著名人士北村德太郎等一行七人。

5月13日 会见德意志民主共和国新任驻中国大使君特·柯尔特。

△ 会见朝鲜民主主义人民共和国新任驻中国大使朴世昌。

5月14日 与李维汉、林枫等到北京火车站为朝鲜民主主义人民共和国最高人民会议代表团回国送行。

△ 下午七时，看望毛泽东。

5月15日—6月17日 出席在北京召开的中共中央工作会议。会议讨论农业规划和农村工作、第三个五年计划、政治工作、财贸工作问题等。此外，还讨论防修反修、培养接班人和两种劳动制度、两种教育制度等问题。

5月22日 在中共中央工作会议西北组会上发言,谈到发展畜牧业时说:养羊是一件大事,西北条件好,要多发展一些。长江以南的杭嘉湖地区,羊比猪还多,圈起来养,一只羊能喂到七十斤,羊毛也很好。

5月16日 与刘少奇、董必武、周恩来等到机场欢迎苏丹武装部队最高委员会主席、部长会议主席易卜拉欣·阿布德将军。晚,与刘少奇、周恩来、董必武等会见并宴请阿布德主席。

5月18日 与毛泽东、刘少奇、周恩来、董必武等出席苏丹易卜拉辛·阿布德主席举行的答谢宴会。

5月19日 与刘少奇、董必武等,到首都机场为苏丹易卜拉辛·阿布德主席回国送行。

5月23日 会见和宴请柬埔寨王国国民议会议员西梳瓦·波拉西和由他率领的柬埔寨王国国民议会参加中华人民共和国和柬埔寨王国通航仪式代表团。

△ 会见捷克斯洛伐克社会主义共和国新任驻中国大使瓦茨拉夫·克日斯特克。

5月27日 下午,到毛泽东处开会。

5月28日 出席中共中央政治局常委、书记处书记和各中央局第一书记会议,讨论第三个五年计划的有关问题。

5月29日 为六一国际儿童节题词:"爱祖国,爱人民,爱劳动,爱科学,爱护公共财产"。

5月31日 接见国防科委有关人员。

6月2日 会见尼泊尔王国青年组织中央委员会司库、全国评议会议员纳瓦拉奇·苏贝亚和由他们率领的青年代表团。

6月4日 出席中共中央工作会议全体会议,听取薄一波对制订《中共中央关于在我国工业系统建立政治机关的决定》、《政治工作条例》等文件的说明和李先念关于财贸工作的情况汇报。

6月6日 出席第二届全国人大常委会第一百一十八次会议,听取中国驻老挝大使刘春报告老挝问题。

6月8日 出席毛泽东主持的有部分中共中央政治局委员和各中央局第一书记参加的小型会议。毛泽东在讲话中提到防止修正主义问题时说：我看我们这个国家有三分之一的权力不在我们手里,掌握在敌人手里。

6月9日 主持第二届全国人大常委会第一百一十九次会议。会议审议《中华人民共和国和阿拉伯也门共和国友好条约》,并决定由刘少奇签订这一条约；决定设立中华人民共和国对外经济联络委员会；批准国务院撤销对外经济联络总局。

△ 出席《中华人民共和国和阿拉伯也门共和国友好条约》、中华人民共和国主席刘少奇和阿拉伯也门共和国总统阿卜杜拉·萨拉勒联合公报签字仪式。

△ 会见法国首任驻中国大使吕西恩·佩耶。

6月11日 出席在北京举行的中国共产主义青年团第九次全国代表大会开幕式。

△ 出席中共中央工作会议全体会议,听取刘少奇关于反对现代修正主义的斗争的报告。报告提出要在全国范围内发动群众,经常开展"四清"、"五反"运动,才能防止出修正主义。

6月12日 出席全国人大常委会第一百二十次会议,听取中国驻马里大使赖亚力报告马里情况。

6月15日、16日 与毛泽东、刘少奇、周恩来、邓小平等在北京西山检阅解放军北京部队、济南部队"尖子"分队军事训练成绩,接见受阅部队,对他们的汇报表演给予高度的评价和赞扬。

△ 十六日下午,毛泽东在十三陵水库管理处召开中共政

治局常委和中央局第一书记会议，在会上发表了关于接班人问题的讲话。毛泽东愈来愈担心中国出修正主义的危险性，把培养无产阶级的革命接班人作为防修的一项战略措施提上日程。他还讲了地方抓军事的问题，要求各大区、各省都要搞军工厂，搞民兵和地方部队。

6月16日 出席《中华人民共和国政府同坦噶尼喀和桑给巴尔联合共和国（今坦桑尼亚联合共和国）政府经济技术合作协定》签字仪式。

6月18日 出席全国人大常委会第一百二十一次会议，听取离任回国的中国驻波兰大使王炳南报告波兰形势。

6月19日 出席毛泽东在人民大会堂福建厅召集的小型会议。

6月23日 出席毛泽东在人民大会堂北京厅召集的小型会议。

6月25日 出席全国人大常委会第一百二十二次会议，听取离任回国的中国驻德意志民主共和国大使王国权报告东西柏林形势和东德情况。

△ 与毛泽东、彭真、聂荣臻等观看越南人民军总政治局歌舞团演出的大型革命历史舞剧《乂静烈火》。

6月26日 与毛泽东、刘少奇、周恩来、董必武、彭真、刘伯承、贺龙、李先念等接见公安部队"四好连队"、"五好战士"代表会议的代表、解放军政治学院地方干部大队、部队干部大队结业的学员。

6月27日 与毛泽东、刘少奇、周恩来等，接见中共中央高级党校全体工作人员和全体学员。

6月28日 与董必武等离京去东北地区和内蒙古自治区视察。当晚，宿河北省承德市。

6月29日　参观承德城外八大寺。

6月30日　抵达内蒙古自治区赤峰市。视察赤峰沙地造林、赤峰制药厂。

7月1日　抵达辽宁省阜新市。视察阜新露天煤矿。

△　晚，抵达沈阳市。

7月3日　视察一○二厂。

7月4日　视察一○一厂。

7月5日　参观辽宁省工业展览馆。

7月6日　抵达吉林省通化市。听取中共通化地委负责人汇报。

7月7日　视察通化野葡萄酒酿造厂。

7月8日　抵达吉林市。听取中共吉林市委负责人汇报。

7月9日　视察小丰满水力发电站、吉林市铁合金厂。

△　坐船游松花湖。

7月10日　视察吉林化学工业公司。

7月11日　抵达延吉市。听取中共延吉市委负责人汇报。

△　登长白山看天池。

7月12日　上午，视察延边农学院农场。下午，视察延边大学，勉励学生好好学习，努力掌握文化科学知识，做有社会主义觉悟有文化的劳动者。

7月13日　抵达和龙县。视察延边果树农场、东沙沟伐林场作业区。对伐林场作业区负责人说：应该把林业和农、副业结合起来，全面发展，永续作业，不要采伐完一个地方后就搬家。

△　由和龙乘汽车过枕头山至大东沟，参观林场的更新幼林。

7月14日　抵达黑龙江省镜泊湖。住镜泊湖山庄。

7月15日 视察林木运输站、水电站。与董必武等泛舟镜泊湖。赋诗《游镜泊湖》：

镜泊湖中共泛舟，清风款款过船头。
山青树密有斑虎，水绿波平无白鸥。
林局能输林木快，鱼场养殖鲤鲢优。
殷勤利用天然境，事业新兴万古流。

7月16日 上午，参观镜泊湖水电站。赋诗《镜泊湖瀑布》：

火山爆发万千年，镜泊湖深似九渊。
新筑长堤成巨海，放开大闸走龙涎。
高悬瀑布声音好，气贯长虹景色鲜。
此景此情天下少，游人能得几回看。

△ 下午，视察养路场、人参养殖场。晚，抵达牡丹江市。

7月17日 听取中共牡丹江地委和牡丹江市委负责人汇报工业、农业和林业的生产情况，指出：你们这个地方工业很多，要支援农业。农民冬天没有事干不好，要帮助他们多找些生产门路。还指出：工业配套很重要，特别是机械工业和加工工业，一定要配套。

△ 在中共牡丹江市委召开的干部会议上讲话，指出，有些人过了几年好日子就忘记了我们党是从艰苦奋斗中过来的。我们是搞社会主义的，不搞资本主义那一套，在资产阶级腐蚀面前，有些人把革命传统坚持下来了，有些人就变过去了。我

们的干部不论做什么工作，都要经常警惕这个问题。党内要互相帮助，开展批评和自我批评，要团结一心，谁也不管谁是不行的，这样下去一个单位管不好，一个工厂也管不好。

7月18日 抵达密山县。听取密山农垦分局负责人汇报。

△ 乘汽车去虎林县红星村视察农垦部实验农场。

7月19日 抵达佳木斯市。听取中共佳木斯市委负责人汇报。视察佳木斯造纸厂、佳木斯木材加工厂、佳木斯刨花板厂。在造纸厂视察时说：办社会主义企业管好物资很重要，要千方百计降低原材料消耗。

7月20日 离佳木斯西行，途经带岭时，视察苗圃，乘森林火车进深山看落叶松人工再生林。

△ 晚九时抵达哈尔滨市。

7月21日 飞回北京。

7月22日 主持第二届全国人大常委会第一百二十四次会议。会议听取李先念代表国务院作一九六三年国家决算和一九六四年国家预算草案的说明；审查国务院提出的一九六三年国家决算和一九六四年国家预算草案，并通过相应的决议；批准第三届全国人民代表大会三百多名少数民族代表名额的分配方案；决定将中华人民共和国教育部分为中华人民共和国高等教育部和中华人民共和国教育部；批准设立国家海洋局、中国旅行游览事业管理局、国务院科学技术干部局，作为国务院的直属机构。

7月23日 与毛泽东、周恩来、彭真、李先念、谭震林、陆定一、陈伯达、康生等，接见再次击落美制蒋军U－2飞机的空军某部队全体指战员和出席中国民用航空总局党委扩大会议、出席解放军总字九〇六部队党代表大会、出席海军基层单位政治工作会议的全体代表，以及中华全国总工会干部学校训练班全体学员。

7月26日 看望刘少奇。

7月28日 出席中共中央政治局会议，讨论给苏共中央六月十五日来信的复信。

7月29日 飞抵黑龙江省哈尔滨市。

7月30日 视察哈尔滨汽轮机厂、六七一厂、哈尔滨第一工具厂、一〇一厂。为六七一厂题词："依靠群众，革新技术，精益求精，巩固国防。"在一〇一厂对厂负责人说：我们办企业要靠人，要没有私心，我为你服务，你为我服务，大家都为社会主义服务。大家都没有私心，就发展起来了。

7月31日 视察哈尔滨飞机制造厂、哈尔滨军事工程学院。

8月1日 抵达安达市龙凤。视察大庆油田龙凤炼油厂。为大庆油田题词："大庆是革命精神和科学态度相结合的新型社会主义企业的标兵。戒骄戒躁，永远前进。"

8月2日 抵达齐齐哈尔市。听取中共齐齐哈尔市委负责人汇报工作。

8月4日 视察第一重型机械厂。

△ 晚，抵达内蒙古自治区海拉尔市。

8月5日 听取呼伦贝尔盟负责人汇报。视察牧场。赋诗《寄自内蒙古呼伦贝尔草原》：

三大草原两失败，我国草原依然在。
夏草如茵望千里，马牛羊驼肥壮快。
暑去秋来天气爽，牧民飞腾相比赛。
保护东北大草原，富及子孙唯所赖。

8月6日 抵达牙克石。听取大兴安岭林业管理局负责人汇报工作。当听到林业资源浪费很大时指出：一切应按勤俭节约的方针办事，按实际情况办事，规则制度不合实际情况就要改，不能浪费国家资源而不理。并说：林业部有人在，把这些问题带回去同有关部门协商，设法解决。

8月7日 抵达通辽。

8月8日 抵达北戴河。

8月12日 与毛泽东、康生、薄一波、乌兰夫、杨尚昆等观看山东省淄博、青岛市京剧团演出的现代京剧《红嫂》。

8月17日 回到北京。

8月19日 听取中国科学院副院长张劲夫汇报北京科学讨论会的筹备情况。

△ 会见阿尔及利亚首任驻中国大使穆罕默德·亚拉。

△ 会见叙利亚新任驻中国大使希拉勒·拉斯兰。

8月21日 出席有亚洲、非洲、拉丁美洲、大洋洲四十三个国家和地区的三百五十三位科学家参加的一九六四年北京科学讨论会开幕式。会前接见大会主席团成员，对各国科学家说：我们欢迎并且感谢你们到北京来开会，预祝一九六四年北京科学讨论会获得成功。

△ 前往北京医院，看望住院的周恩来。

8月22日—9月8日 离京去北戴河。

9月9日 到刘少奇处开会，听取李先念的汇报。

△ 厦门前线军民一千多人举行共产主义战士安业民[1]

---

[1] 安业民，中国人民解放军海军某部战士。1958年在福建前线一次激烈的炮战中冒着烈火抢救火炮，全身被烧伤百分之七十仍坚持战斗，最后壮烈牺牲。

新墓落成典礼。朱德为烈士纪念碑题词："共产主义战士安业民永垂不朽。"

9月10日 复电柬埔寨王国议会议长诺罗敦·蒙达那和国民议会议长黄鸿萨，对高棉议会谴责美国和南越傀儡军队侵犯柬埔寨的决议表示坚决支持。

△ 会见苏丹首任驻中国大使埃丁·穆罕默德。

9月11日 会见尼泊尔王国国务委员会常务委员会委员、全国评议会议员拉利特·昌德及其率领的友好代表团。

9月12日 在刘少奇处开会，讨论国庆节邀请外宾问题。

9月16日 到怀仁堂听取刘少奇关于"四清"、"五反"运动的报告。

9月18日 到刘少奇处开会，听取李富春的汇报。

9月19日 主持第二届全国人大常委会第一百二十五次会议。会议听取中国科学院副院长张劲夫介绍一九六四年北京科学讨论会情况。

9月20日 和金汉鼎谈话。

△ 会见锡兰新任驻中国大使斯·弗·德席尔瓦。

9月21日 会见和宴请锡兰（今斯里兰卡）众议院议长休·费尔南多其及率领的议会代表团，在宴会上致词说：中、锡两国共同参加了著名的万隆会议，我们两国确认以和平共处五项原则和万隆会议十项原则作为指导两国关系的准则。锡兰一贯主张恢复我国在联合国的合法权利，反对帝国主义制造"两个中国"的阴谋，中国人民对此表示感谢。中国政府和人民一贯坚决支持锡兰人民反对帝国主义和新老殖民主义，维护民族独立的正义斗争，并且为锡兰人民在斗争中取得的胜利而感到欢欣鼓舞。

9月22日 出席毛泽东主持的会议。

9月27日 与刘少奇、周恩来、董必武等前往机场欢迎柬埔寨国家元首诺罗敦·西哈努克亲王和夫人。

9月28日 与刘少奇、董必武、周恩来到机场欢迎刚果(布)总统阿方斯·马桑巴—代巴。

9月29日 与彭真、陈毅、乌兰夫、邓子恢、林枫等到机场欢迎前来参加中华人民共和国成立十五周年庆典的以苏共中央主席团候补委员、全苏工会中央理事会主席格里申为首的苏联党政代表团,以德意志民主共和国部长会议副主席兼外交部长博尔茨为首的德意志民主共和国政府代表团,以捷克斯洛伐克工会中央理事会书记帕歇克为首的捷克斯洛伐克代表团。

△ 与刘少奇、董必武等到机场欢迎前来参加中华人民共和国成立十五周年庆典的朝鲜劳动党中央委员会副委员长、最高人民会议委员长崔庸健及其率领的朝鲜党政代表团。

9月30日 与毛泽东、刘少奇、宋庆龄、董必武、周恩来、邓小平等分批会见来京参加中华人民共和国成立十五周年庆典的各国来宾。

△ 与毛泽东、刘少奇、宋庆龄、董必武、周恩来等,在人民大会堂宴会厅举行国庆招待会,庆祝中华人民共和国成立十五周年。

10月1日 毛泽东、刘少奇、宋庆龄、董必武、朱德、周恩来、邓小平等出席首都各界七十万人在天安门广场举行的庆祝中华人民共和国成立十五周年集会,并检阅了游行队伍。

10月2日 会见以马蒂斯为首的瑞典"火炬社"青年代表团成员。

△ 与郭沫若、林枫到机场为锡兰议会代表离京回国送行。

△ 出席《中华人民共和国和刚果共和国(布拉柴维尔)友好条约》签字仪式。

10月3日 与刘少奇、董必武等到机场为刚果（布）总统阿方斯·马桑巴－代巴及其随行人员离京回国送行。

10月4日 与刘少奇、周恩来等到机场为马里总统莫迪博·凯塔及其部分随行人员离京回国送行。

△ 与彭真、林枫等到机场为苏联党政代表团和捷克斯洛伐克代表团离京回国送行。

10月5日 与毛泽东、刘少奇、邓小平、彭真、李富春、贺龙、薄一波等接见参加国庆观礼的全国工业、交通、财贸、文教战线上的劳动模范和模范工作者，二十二个省区的少数民族参观团和少数民族青年学习参观团，解放军和公安部队的代表，以及参加空军学习毛主席著作积极分子、"四好"单位、"五好"战士代表会议的全体代表。

△ 出席中华人民共和国和柬埔寨王国联合公报签字仪式。

△ 晚，与毛泽东、刘少奇、周恩来、邓小平、彭真、陈毅、李富春等，会见越南劳动党中央政治局委员、越南民主共和国政府总理范文同及其率领的越南党政代表团。

10月7日 与毛泽东、刘少奇、董必武、周恩来、邓小平、彭真等，会见崔庸健及其率领的朝鲜党政代表团。

△ 出席德意志民主共和国驻中国大使君特·柯尔特为庆祝德意志民主共和国成立十五周年举行的招待会。

10月8日 与刘少奇、董必武等到机场为崔庸健率领的朝鲜党政代表团离京回国送行。

△ 与毛泽东、刘少奇、董必武、周恩来、邓小平、彭真、李先念等，会见罗马尼亚工人党中央政治局委员、罗马尼亚部长会议主席格奥尔基·毛雷尔及其率领的代表团。

10月9日 与毛泽东、刘少奇、董必武、周恩来、邓小平、彭真、贺龙、罗瑞卿等，会见阿尔巴尼亚劳动党中央政治局委员、阿尔巴尼亚部长会议第一副主席兼国防部长贝基尔·巴卢库上将率领的阿尔巴尼亚党政代表团。

△ 与毛泽东、刘少奇、彭真等观看中央歌剧舞剧院芭蕾舞剧团演出的现代芭蕾舞剧《红色娘子军》。

10月13日 与毛泽东、周恩来、董必武、彭真、薄一波、罗瑞卿、杨尚昆等观看空军政治部文工团歌舞剧一团演出的歌剧《江姐》。

10月15日 主持第二届全国人大常委会第一百二十六次会议。会议听取对外贸易部副部长卢绪章关于访问马里、尼日尔、尼日利亚、达荷美、喀麦隆、中非共和国,以及参加刚果(布)八月革命节庆祝活动情况的报告。

10月16日 到毛泽东处开会。

△ 与毛泽东、刘少奇、周恩来等在人民大会堂接见参加音乐舞蹈史诗《东方红》创作和演出的全体人员。

△ 与毛泽东、刘少奇、董必武、周恩来、邓小平、彭真、陆定一等会见马尔米埃尔卡·佩奥里率领的古巴党政代表团。

△ 我国自行研制的第一颗原子弹爆炸成功。

10月17日 主持第二届全国人大常委会扩大的第一百二十七次会议。会议听取解放军副总参谋长杨成武关于我国第一颗原子弹爆炸成功的报告。

10月18日 出席在北京举行的国际乒乓球邀请赛开幕式,并观看比赛。

10月19日 到人民大会堂出席毛泽东主持的会议。

10月20日 与周恩来、董必武、彭真、李先念、薄一波等,观看解放军总政治部文工团话剧团演出的反映越南南方人民反美爱国斗争的话剧《南方来信》。

中旬 在四川省举行的第三届人民代表大会第二次会议

上，朱德当选为第三届全国人民代表大会代表。

10月22日　与毛泽东、刘少奇、周恩来、邓小平、董必武、彭真、李富春、贺龙、李先念、乌兰夫、陆定一等，接见出席解放军全军民兵政治工作会议的代表、解放军政治学院学员和中国共产主义青年团中央团校第十三期学员。

　△　会见法国作家于儒华等一行。

10月27日　在家里和最高人民检察院检察长张鼎丞谈话。

　△　出席毛泽东主持的会议。

10月30日　与刘少奇、董必武、周恩来等到机场欢迎阿富汗国王穆罕默德·查希尔·沙阿一行来访，并进行会谈。

11月1日　陪同阿富汗国王查希尔·沙阿一行参观北京第二棉纺厂，游览颐和园。

　△　晚十时，出席中共中央政治局常委会议，讨论与苏联关系问题。

　△　与毛泽东、刘少奇、董必武等，接见日本松山芭蕾舞团团长清水正夫，副团长、著名芭蕾舞演员松山树子以及芭蕾舞团的主要成员。

11月2日　陪同马里总统莫迪博·凯塔一行参观北京体育学院，观看师生们表演的体操和武术，还参观了球类馆、田径馆和游泳馆。

11月3日　主持第二届全国人大常委会第一百二十八次会议。会议决定派刘少奇为签订《中华人民共和国和马里共和国友好条约》的全权代表。

　△　出席《中华人民共和国和马里共和国友好条约》、中华人民共和国和马里共和国联合公报签字仪式。

11月4日　陪同马里总统凯塔一行等，由北京前往杭州、上海、广州访问。

△ 陪同凯塔总统一行飞抵浙江省杭州。参观杭州市都锦生丝织厂，游览西湖。

11月5日 陪同凯塔总统一行抵达上海。六日，参观上海工业展览会、少年宫，并游览上海市区。

11月7日 陪同凯塔总统一行飞抵广州。参观一九六四年秋季中国出口商品交易会、毛泽东早年主办的农民运动讲习所旧址。

△ 晚九时，到广州白云机场为凯塔总统一行回国送行。

11月8日 由广州返回北京。

11月11日 与刘少奇等陪同阿富汗国王查希尔·沙阿等，观看大型音乐舞蹈史诗《东方红》。

11月12日 主持第二届全国人大常委会扩大的第一百三十二次会议，听取中国日本友好协会秘书长赵安博报告日本情况。

△ 会见乌拉圭东岸共和国参议员路易斯·特罗科利和夫人。

△ 出席中华人民共和国和阿富汗王国联合公报签字仪式。

11月13日 观看中央戏剧学院新疆民族班毕业汇报演出话剧《草原上的青年人》。

△ 与刘少奇、董必武等到首都机场为阿富汗国王查希尔·沙阿等回国送行。

11月14日 与毛泽东、刘少奇、董必武、邓小平等，到首都机场迎接周恩来、贺龙率中国党政代表团去苏联参加十月社会主义革命四十七周年庆典后归来。随后，在人民大会堂北京厅听取周恩来介绍情况。

11月17日 出席毛泽东主持的会议。

11月18日 主持第二届全国人大常委会扩大的第一百三十

三次会议，听取国际关系问题专家孟用潜关于美国情况的报告。

11月19日 与郭沫若、谢觉哉、吴玉章等观看解放军沈阳部队、成都部队、兰州部队、新疆部队战士业余演出队和连队演唱组联合举行的汇报演出。

11月28日 主持第二届全国人大常委会第一百三十四次会议和政协第三届全国委员会常委会第四十五次会议的联席会议，决定第三届全国人民代表大会第一次会议和中国人民政治协商会议第四届全国委员会第一次会议于一九六四年十二月二十日在北京召开。

11月29日 与毛泽东、刘少奇、周恩来、邓小平、董必武、彭真等出席首都各界七十多万人在天安门广场举行的支持刚果（利奥波德维尔）人民争取民族解放斗争的集会。

12月2日 到刘少奇处开会。

12月8日 出席毛泽东主持的会议。

12月12日 主持第二届全国人大常委会第一百三十五次会议。会议通过了关于公布第三届全国人民代表大会代表名单的公告；批准《中华人民共和国和马里共和国友好条约》；决定对于经过一定时期的改造、确实改恶从善的蒋介石集团、伪满洲国和伪蒙疆自治政府的战争罪行实行特赦。在会上讲话，说：我们无产阶级对战犯是宽大的，工人和农民群众对他们也是宽容的，这是我们的一贯政策。只要他们改造得好，还是可以参加革命的，还是可以和我们一起建设社会主义的。我们要尽量争取他们。只要他们悔过了，我们就欢迎。

12月15日 出席中共中央政治局会议，讨论周恩来将在第三届全国人大第一次会议上作的《政府工作报告》稿。周恩来对报告作了详细说明，并介绍了毛泽东在报告上加写的一段话："人类历史，就是一个不断地从必然王国向自由王国发展的历史。这个历史永远不会完结。""因此，人类总得不断地总结经验，有所发现，有所发明，有所创造，有所前进。停止的论点，悲观的论点，无所作为和骄傲自满的论点，都是错误的。"

12月15日—翌年1月14日　出席中共中央政治局在北京召开的工作会议，会议主要讨论社会主义教育运动中的问题。会议前期由刘少奇主持，制订了《中央政治局召集的全国工作会议讨论纪要》。会议后期由毛泽东主持，重新讨论已经通过的会议纪要，并制订《农村社会主义教育运动中目前提出的一些问题》，即通称"二十三条"。

12月17日　主持第二届全国人大常委会第一百三十六次会议，讨论第三届全国人大第一次会议的议程等事项。

△　出席中央工作会议。

12月18日　出席刘少奇召集的最高国务会议。会议听取和讨论周恩来就《政府工作报告》的主要内容所作的说明，彭真就第三届全国人大第一次会议和政协第四届全国委员会第一次会议的议程等问题所作的说明。

△　出席中央工作会议。

△　会见以黎巴嫩社会进步党主席卡迈勒·琼卜拉特为团长的议员代表团。

△　会见刚果（布）驻中国大使阿方斯·贝约纳。

12月19日　主持第二届全国人大常委会第一百三十七次会议，会议通过了准备提交第三届全国人民代表大会第一次会议预备会议讨论的几项议案。

△　出席中央工作会议。

12月20日　主持第三届全国人大第一次会议预备会议。会议讨论和选举大会主席团和秘书长，通过大会的议程等事项。

12月21日—翌年1月4日 出席在北京举行第三届全国人民代表大会第一次会议,并主持开幕式。周恩来代表国务院在《政府工作报告》中宣布,要在不太长的历史时期内,把我国建设成为具有现代农业、现代工业、现代国防和现代科学技术的社会主义强国。并宣布了分两步走实现社会主义现代化的战略构想。

12月22日 出席第三届全国人大第一次会议,继续听取周恩来作的《政府工作报告》。

12月23日 参加第三届全国人大第一次会议分组讨论。

12月24日 出席中央工作会议。

12月25日 出席第三届全国人大第一次会议主席团会议。

12月27日 出席中央工作会议。在讨论"四清"和"五反"问题时发言:这是一场大革命,要有组织地进行,要把主席思想用到工作中去。所有的事件,都要按主席的一分为二的精神去办。对基层政权也要一分为二,有好的有坏的。当权派,点上摸的情况是好的不多,应该还是好的多。"把政权搞好了,经济就搞好了。我有一个想法,有些同志看到各方面的问题很多就急躁起来,就想用多杀人的办法解决问题。我看改造是长期的,不要总是拿杀人来解决问题,还是不要搞审判法庭,该审判的人,还是按法律办事。少杀人,把工作做细一点,要把坏人当人来改造,把他改造成为好人,这样才好。"

12月28日 上午,出席第三届全国人大第一次会议。

△ 下午,出席中央工作会议。毛泽东对会议前期形成的讨论纪要提出意见,批评关于运动的性质是"四清"与"四不清"的矛盾、"党内外矛盾的交叉"、"敌我矛盾和人民内部矛盾的交叉"等提法,强调运动的性质是社会主义和资本主义的

矛盾,运动的重点是整党内那些走资本主义道路的当权派。按原定计划在这一天闭会的中央工作会议在一九六五年元旦以后继续召开。

12月29日　上午,出席第三届全国人大第一次会议。

12月30日　出席刘少奇主持的最高国务会议。会议就即将在第三届全国人大第一次会议上和政协第四届全国委员会第一次会议上提出的领导人候选人名单进行商议。

12月31日　出席首都举行的拥军优属、拥政爱民新年联欢晚会。晚会开始前,与毛泽东、刘少奇、周恩来等,接见解放军和公安部队的四好连队代表、五好战士、神枪手、神炮手、技术能手、击落美制蒋军间谍飞机的有功人员、活捉美制蒋机驾驶员的东海民兵代表,及工农业劳动模范、民兵代表和烈军属、复员军人代表。

△　会见缅甸新任驻中国大使沙马杜瓦·信瓦璐。

1965年　七十九岁

1月1日　到前门饭店看望政协云南省委员会副主席赵钟奇。

1月2日　出席第三届全国人大第一次会议。听取大会发言。

1月3日　第三届全国人大第一次会议进行大会选举，选举刘少奇为中华人民共和国主席，宋庆龄、董必武为中华人民共和国副主席，朱德为全国人民代表大会常务委员会委员长，彭真、刘伯承、李井泉、康生、郭沫若、何香凝、黄炎培、陈叔通、李雪峰、徐向前、杨明轩、程潜、赛福鼎、林枫、刘宁一、张治中、阿沛·阿旺晋美、周建人十八人为副委员长，根据中华人民共和国主席提名决定周恩来任国务院总理。

△　晚，出席中共中央政治局常委扩大会议。毛泽东在会上不点名地批评刘少奇在指导前一阶段农村"四清"运动的一些做法，认为只依靠工作队，一万多人集中在一个县，集中很长时间学文件，不依靠群众，搞神秘化，扎根串连，使运动冷冷清清，是搞了繁琐哲学，人海战术。要求各级领导改变这种状况，文件直接同群众见面，广泛发动群众，迅速打开局面。

1月4日　主持第三届全国人大第一次会议闭幕式。闭幕前，大会通过周恩来所作的《政府工作报告》和全国人大常委会、最高人民法院、最高人民检察院的工作报告以及《关于一九六五年国民经济计划主要指标和一九六五年国家预算初步安排的决议》、《关于第二届全国人民代表大会常务委员会工作报告的决议》。通过林彪、陈云、邓小平、贺龙、陈毅、柯庆施、乌兰夫、李富春、李先念、谭震林、聂荣臻、薄一波、陆定一、罗瑞卿、陶铸、谢富治十六人为国务院副总理；通过林彪、刘伯承、贺龙、陈毅、邓小平、徐向前、聂荣臻、叶剑英、罗瑞卿、程潜、张治中、傅作义、蔡廷锴十三人为国防委员会副主席。

△ 与毛泽东、刘少奇等接见了出席第三届全国人大第一次会议的全体代表。

1月9日 与刘少奇、周恩来联名致电柬埔寨国家元首诺罗敦·西哈努克、国民议会议长诺罗敦·蒙达那、政府首脑诺罗敦·康托尔，代表中国人民和中国政府感谢他们和柬埔寨王国政府为营救于一九六四年四月被巴西当局非法逮捕，并于同年十二月二十二日被非法判决的九名中国贸易工作人员和新闻记者所作出的努力。

1月14日 出席中央工作会议，讨论根据毛泽东意见制定的中央工作会议纪要《农村社会主义教育运动中目前提出的一些问题》（通称《二十三条》）。同日，中共中央发出通知，将《二十三条》下发全党。其中认为：我国城市和农村都存在着严重的、尖锐的阶级斗争，社会主义教育运动的重点，是整党内那些走资本主义道路的当权派，进一步巩固和发展城乡社会主义的阵地。并规定，今后社会主义教育运动一律称"四清"，即清政治、清经济、清组织、清思想。中央工作会议期间，朱德曾经找刘少奇谈话，希望他顾全大局，要谨慎，要尊重毛泽东。会议结束后，刘少奇主动找毛泽东谈话，作了自我批评。

1月15日 为井冈山题词："中国革命摇篮井冈山"。

1月19日 主持第三届全国人大常委会第一次会议。会议通过了《关于军士和兵的现役期限的决定》。

1月20日 看望毛泽东。

1月21日 与董必武等离京去广东、四川、陕西等省视察。

△ 为井冈山黄洋界纪念碑题写碑名："黄洋界保卫战胜利纪念碑"。

1月23日 在广州市登白云山。

1月24日 参观华南植物园，并在园内植树。

2月2日 在广州与中共中央中南局、解放军驻广州部队、广东省、广州市负责人一同出席体育观赏会，欢庆春节。

2月23日 到花县，和中共花县县委负责人谈话。

3月1日 到宝安县（今深圳），视察海关和水库。途中视察两个公社的农业生产情况。

3月10日 听取中共广东省委有关部门负责人汇报广东省商业情况。

3月16日 视察广州苎麻纺织厂。

3月17日 视察广州重型机械厂、广州橡胶厂。

3月18日 与董必武从广州抵达四川省成都市。下午，参观杜甫草堂。

3月29日 与董必武、贺龙、聂荣臻等，听取中共中央西南局书记处书记程子华汇报西南三线建设情况。

3月30日 听取中共四川省委第一书记廖志高汇报四川省重点建设情况。

3月31日 视察成都无缝钢管厂。

4月2日 听取中共四川省委第一书记廖志高和省委书记处书记徐梦侠、赵苍璧、杨超汇报全省工农业生产情况。

4月4日 听取中共中央西南局有关负责人汇报社会主义教育运动情况。

4月5日 视察四二〇厂。

4月6日 视察一三二厂。

4月9日 给儿子朱琦写信,说:你这次蹲点的经验,是正确的,为改变你的思想和工作方法有很大益处。现在去蹲点,向群众看齐,同吃同卧同劳动,深入群众中去,就真正会了解社会主义如何建设,如何完成,就会想出很多办法,同群众一起创造出许多新的办法,把工作推向前进。

4月11日 视察成都齿轮制造厂。

4月12日 抵达陕西省西安市。

4月13日 视察五机部第三研究所。下午,视察弹药厂。

4月14日 听取中共中央西北局候补书记王林汇报工农业生产情况。

4月15日 回到北京。

4月19日 离京飞抵云南省昆明市。

4月20日 接见于十八日击落美国军用无人驾驶高空侦察机的解放军空军有功人员,并勉励他们戒骄戒躁,继续加强战备,苦练过硬本领,如果敌人胆敢再来侵犯,就坚决消灭它,消灭得越多越好。

4月21日 到昆明机场迎、送和宴请朝鲜劳动党中央总书记、朝鲜民主主义人民共和国主席金日成。金日成是参加在印度尼西亚雅加达举行的第一次亚非会议十周年庆祝活动和访问印度尼西亚、缅甸后回国途经昆明的。

4月22日 到昆明机场迎接老挝爱国战线党主席苏发努冯亲王。苏发努冯是在参加第一次亚非会议十周年庆祝活动后回国途经昆明的。

4月23日 到昆明机场迎接越南政府总理范文同。范文同是在参加第一次亚非会议十周年庆祝活动和访问缅甸后途经昆明的。

△ 会见空军驻昆明部队干部,并观看飞行表演。

4月24日 上午,视察二九八厂。下午,视察二五六厂,并题词:"生产更好更多的产品,巩固国防和支援世界人民"。

△ 出席云南省负责人为欢迎范文同总理和苏发努冯亲王举行的宴会。在宴会上讲话说,越南人民和老挝人民的反击美帝国主义的正义战争,是争取自由解放,具有世界意义的革命斗争,鼓舞亚洲、非洲、拉丁美洲人民在同美帝国主义作斗争中,敢于斗争,敢于胜利。

4月25日 听取中共云南省委书记处书记赵健民关于云南省工业生产情况汇报。

△ 到昆明机场为越南政府总理范文同回国送行,同时为老挝爱国战线党主席苏发努冯亲王赴河内访问送行。

4月26日 视察昆明制药厂,参观预防小儿麻痹症疫苗生产线。

4月27日 飞回北京。

4月30日 接见朝鲜职业总同盟代表团、朝鲜技术专业代表团、朝鲜运输代表团和考古学者等。

5月1日 上午,与刘少奇、周恩来等到劳动人民文化宫和群众共庆五一国际劳动节。晚,在天安门城楼观看焰火,欢度节日之夜。

5月2日 会见由凯瑟琳娜·阿库姆·阿扬果率领的肯尼亚妇女代表团和由卢西拉·内图率领的安哥拉妇女代表团。

△ 出席中共中央政治局常委会议,听取罗瑞卿汇报工作。

5月5日 主持第三届全国人大常委会扩大的第七次会议。会议听取全国人大常委会副委员长刘宁一关于全国人民代表大会代表团访问几内亚、马里、中非共和国、刚果（布）、加纳等五国的报告。

△ 给中共中央写报告，反映视察广东、四川、云南三省的情况。在谈到四川省攀枝花钢铁厂的建设问题时说：攀钢所需要的三十五套大型设备共十五万吨还没有落实生产。建设攀钢一定要保证，不能拖延。国内能全部解决就力争全部按时解决，国内不能全部解决就进口一部分。总之，要尽一切可能尽快把西南后方基地建设起来，并相应地建设西北后方基地。在谈到云南省的边疆建设时说：云南南部边界地方还有大片可垦荒地，地处亚热带，气候条件很好，但是地广人稀。我想应采取新疆的经验，即组织生产兵团开到那些地方去，一方面发展生产建设，并做好帮助少数民族的工作，另一方面又可以担负守卫边疆的任务。

5月8日 接见苏联新任驻中国大使拉宾，在谈到越南抗美战争时说：他们的战争是不是就引起第三次世界大战，这是个如何估计的问题。因为他们的胜利，将打击美帝国主义侵略势力，这就把世界战争推迟了。

△ 晚，与彭真、陈叔通、杨明轩、刘宁一、张治中等在人民大会堂接见来京参加五一国际劳动节庆祝活动的内蒙古、新疆、广西、西藏、云南、青海、吉林、辽宁、黑龙江等省、自治区的少数民族参观团负责人。

△ 晚，出席捷克斯洛伐克驻中国大使瓦·克日斯特克为庆祝捷克斯洛伐克解放二十周年举行的招待会。

5月9日 复函越南民主共和国国会常务委员会主席长征，对他四月十八日的来函和随函转来的越南国会致世界各国国会的呼吁书中所阐明的反对美国武装侵略越南，保卫越南的独立、主权、统一和领土完整的正义立场，表示坚决支持。

5月11日 上午，到中山公园中山堂吊唁刘亚楼[1]，并参加首都各界公祭大会。

△ 下午，出席中共中央政治局会议。在会议讨论调整一九六五年国家预算的报告时，发言说：供销社要到农村去换东西。农村的东西很多不拿票子把它收购起来，是很大的损失。要合理合法地把生意做活，生意做活了，财富就有了。农民手里有了钱，就可以购买他们所需要的东西。他的意见得到刘少奇、周恩来、邓小平、李富春、李先念等的赞同。

△ 晚，观看日本话剧团演出的近代剧《大年夜》，并接见话剧团正副团长、话剧团顾问团团长和主要演员。

5月12日 出席首都各界十万人在北京工人体育场举行的集会，抗议和声讨美帝国主义武装侵略多米尼加，向拿起武器坚持抗美斗争的多米尼加爱国军民表示坚决支持。

△ 会见肯尼亚新任驻中国大使科斯克。

5月13日 出席中共中央政治局会议，讨论湖北等省的农村社会主义教育运动问题。

5月14日 和中国人民外交学会副会长李一氓谈话。

△ 下午，出席中共中央政治局会议，听取商业部部长姚依林关于财贸工作会议的汇报、林枫关于到苏联参加反法西斯战争胜利二十周年庆祝活动的汇报和陆定一关于到德意志民主共和国参加该国解放二十周年庆祝活动的汇报。

5月15日 主持第三届全国人大常委会扩大的第八次会

---

[1] 刘亚楼，1965年5月7日病逝。逝世前任中共中央委员、国防部副部长、中国人民解放军空军司令员。

议。会议听取体育运动委员会副主任荣高棠关于第二十八届世界乒乓球锦标赛情况的报告。

△ 出席中共中央政治局会议，听取国家经委副主任叶林关于工业生产的汇报和李富春关于小三线建设的汇报。

5月17日 到机场迎接越南劳动党中央委员会主席、越南民主共和国主席胡志明。

5月18日 陪同胡志明主席参观新式武器展览馆。

5月19日 与刘少奇、周恩来、林彪、邓小平等接见出席中央军委作战会议的全体代表。在讲话时指出：我们要多生产武器，发展国民经济，提高技术。只要我们把各项工作准备好了，敌人可能就不敢来。要把海岛守住，守住海岛敌人就不容易上来。如果敌人打上来，就把它引进来，全部、彻底地消灭它。强调一定要从战略上着眼准备战争。

△ 下午，与刘少奇、周恩来、林彪、邓小平等接见解放军后勤学院第十二期毕业学员、参加海军新闻工作会议人员、《解放军报》新闻干部实习班人员，以及来自内蒙古、新疆、广西、西藏、云南、青海、吉林、黑龙江、辽宁九个省、自治区的少数民族参观团和在北京学习的部分少数民族应届毕业生。

△ 与周恩来、邓小平等到机场为彭真率中国共产党代表团赴雅加达参加印度尼西亚共产党成立四十五周年庆祝活动送行。

5月22日 主持第三届全国人大常委会第九次会议。会议讨论了国务院提出的取消中国人民解放军军衔制度的建议，决定取消中国人民解放军军衔制度。

5月24日 出席中共中央政治局会议，听取国防工办常务副主任赵尔陆关于国防工业的汇报和解放军副总参谋长兼国防工办副主席张爱萍关于第二颗原子弹爆炸情况的汇报。

5月26日 视察北京石景山钢铁公司。

5月27日 出席刘少奇主持的会议。

5月30日 主持第三届全国人大常委会第十次会议和国务院全体会议第一百五十六次会议扩大的联席会议。会议听取周恩来关于国际国内形势的报告。

△ 会见和宴请印度尼西亚合作国会议长阿鲁季·卡塔威纳塔和夫人。

5月31日 出席中共中央政治局会议,听取余秋里关于长期规划和第三个五年计划的初步设想的汇报。

6月1日 与首都少年儿童在北京工人体育馆庆祝六一国际儿童节。

△ 与印度尼西亚合作国会议长阿鲁季·卡塔威纳塔一起出席在民族文化宫举行的庆祝中国印度尼西亚友好协会成立十周年的集会。

△ 与郭沫若会见印度尼西亚中国友好协会总主席苏罗托、印度尼西亚中国友好协会代表团团长辛基。

6月2日 会见秘鲁共和国众议员、秘鲁人民行动党前总书记马里奥·比利亚兰·里维拉,众议员卡洛斯·萨莫拉·佩苏亚、海梅·塞鲁托·费洛雷斯。

△ 到机场为周恩来赴巴基斯坦、坦桑尼亚进行友好访问送行。

6月3日 到钓鱼台开会,听取罗瑞卿汇报。

6月7日 到钓鱼台开会,听取彭真关于访问印尼、锡兰的情况汇报。

△ 到机场为印度尼西亚合作国会议长阿鲁季·卡塔威纳塔赴上海访问送行。

6月9日 视察北京钢丝厂。

6月10日 与邓小平、彭真等到机场迎接周恩来访问巴基斯坦和坦桑尼亚后回到北京。

6月11日 晚,出席尼泊尔驻中国大使凯谢尔·巴哈杜尔为庆祝尼泊尔国王马亨德拉·比尔·比克拉姆·沙阿·德瓦陛下诞辰举行的招待会。

6月13日 到钓鱼台开会。

6月16日 主持第三届全国人大常委会第十一次会议。

6月17日 视察北京手表厂、北京第二毛纺织厂。

△ 晚,到钓鱼台开会。

6月18日 主持第三届全国人大常委会扩大的第十二次会议。会议听取全国人大常委会副委员长彭真、刘宁一访问印度尼西亚的报告。

△ 与刘少奇、邓小平、彭真等到机场为周恩来、陈毅赴阿拉伯联合共和国访问送行。

6月23日 上午,到中山公园中山堂参加首都各界公祭赵寿山[1]大会,并与彭真、罗瑞卿等主祭。

6月29日 到钓鱼台开会,听取国务院副总理兼公安部部长谢富治关于公安工作会议的汇报。

7月1日 出席北京市地下铁道开工典礼,并为中国第一条地下铁道工程动工破土。

△ 下午,与毛泽东、刘少奇、邓小平、董必武、彭真、贺龙等,接见出席军事、公安、农业、农垦专业会议的代表和公安干部学院、政法干校的部分学员。

7月8日 与邓小平、彭真、贺龙、李先念、谭震林、聂

――――――――――

〔1〕 赵寿山,1965年6月20日逝世。逝世前任全国人大常委会委员、国际委员会委员。

荣臻、罗瑞卿、杨尚昆、刘宁一等到机场迎接周恩来、陈毅访问阿拉伯联合共和国后回到北京。

7月9日 参加首都各界公祭李根源[1]大会,并主祭。

△ 出席毛泽东主持的会议。

7月12日 会见越南国会常务委员会副主席、越南劳动党中央政治局委员黄文欢和由他率领的国会访华友好代表团。十三日,宴请黄文欢和代表团,并致词:"中国人民坚决地、无保留地支援兄弟的越南人民抗战到底,直到把美国侵略者干净、彻底、全部地从越南赶出去。"

7月15日 下午,到毛泽东处开会。

7月17日 到机场为邓小平率中国共产党代表团离京参加罗马尼亚工人党第四次全国代表大会送行。

7月20日 离京去北戴河。

7月21日 和前来看望的李富春、蔡畅夫妇交谈。

7月27日 回到北京。

7月28日 在怀仁堂约见谭震林、姚依林等,谈供销合作社问题。

7月29日 到毛泽东处看望。

7月30日 抵达北戴河。

8月6日、7日 听取中华全国供销合作总社理事会主任潘复生汇报。指出:供销合作社的主要任务,不单纯在于上缴多少利润,而主要是扶持生产。只有生产发展了,东西多了,国家和人民才能富裕起来。供销合作社要成为国家和农民之间的桥梁,成为国家在农村的经济堡垒之一。

8月10日 和前来看望的程潜副委员长谈话。

---

[1] 李根源,1965年7月6日在北京逝世。逝世前任政协全国委员会委员。

8月19日　和前来看望的张治中副委员长谈话。

8月20日　会见于七月二十日从海外归来的前国民党政府代总统李宗仁和夫人郭德洁。二十一日晚，设宴招待李宗仁夫妇。

8月21日　和前来看望的中共黑龙江省委第一书记欧阳钦、中共吉林省委第一书记吴德谈话。

8月25日　和前来看望的李宗仁谈话。

8月27日　视察秦皇岛玻璃纤维厂、秦皇岛新建码头。

8月31日　回到北京。

9月1日　与周恩来、董必武、邓小平等接见越南越中友好代表团。随后，出席首都各界庆祝越南民主共和国成立二十周年集会。

△　为中央广播事业局创建二十周年题词："联系群众，联系实际，进一步把广播宣传工作做好，为社会主义革命和建设服务，为世界革命服务。"

9月2日　到颐年堂开会。

9月3日　与刘少奇、周恩来、邓小平等出席首都各界庆祝抗日战争胜利二十周年大会。

9月4日　出席中共中央政治局会议。会议听取卫生部部长钱信忠的汇报，基本同意卫生部党组《关于把卫生工作重点转向农村的报告》。

9月6日　出席中共中央政治局会议，听取文化部副部长萧望东关于文化工作的汇报。

9月8日　会见法国国民议会副议长皮埃尔·帕斯基尼和由他率领的议员代表团。

9月10日　为第二届全国运动会题词："思想过硬，技术过硬，群策群力，为国争光！"

9月11日 与毛泽东、刘少奇、邓小平等出席第二届全国运动会开幕式。

△ 到毛泽东处开会。

9月12日 听取外贸部代部长林海云汇报，指出：你们外贸部门要和供销社合作，真正与人民群众接近的还是供销社。有些出口物质的收购，要靠供销社。

9月15日 到毛泽东处开会，研究即将召开的中共中央工作会议的有关事宜。

9月18日—10月12日 出席在北京召开的中共中央工作会议。会议主要讨论第三个五年计划和一九六六年国民经济计划，还讨论了财贸工作和党的建设等问题。毛泽东在会议期间的谈话中讲到中央可能出修正主义的问题，提出：如果中央出了修正主义，各省可以造反。不管谁讲的，中央也好，中央局也好，省委也好，不正确的，你们可以不执行。十月十二日，朱德在会上发言，在讲到加强党的理论建设和重视培养接班人问题时说：我们要学习马列主义。不仅要读毛主席的书，还要读马、恩、列、斯的书。要做到老、学到老。大家都要重视培养接班人的工作，把我们的接班人培养好。尤其要把共青团、少先队的工作抓紧好，对他们要进行社会主义教育。

9月23日 上午，到颐年堂开会。下午，到钓鱼台开会。

9月25日 到北海团城参观四川手工艺品展览。

9月26日 到全国农业展览馆参观全国大寨式农业典型展览。

9月27日 到机场欢迎印度尼西亚临时人民协商会议主席哈鲁尔·萨勒和由他率领的代表团，并设晚宴招待客人。

9月28日 与刘少奇、董必武、周恩来等到机场欢迎前来参加中华人民共和国建国十六周年庆典并进行国事访问的柬埔寨国家元首西哈努克亲王一行。

△ 出席第二届全国运动会闭幕式。

9月29日 会见印度尼西亚共和国互助合作国会副议长苏巴米亚和夫人。

9月30日 出席周恩来为庆祝中华人民共和国成立十六周年在人民大会堂举行的招待会。

10月1日 毛泽东、刘少奇、宋庆龄、董必武、朱德、周恩来、邓小平等出席首都各界五十万人为庆祝中华人民共和国成立十六周年在天安门广场举行的集会并在天安门城楼上检阅游行队伍。

△ 晚，与刘少奇、董必武、周恩来、彭真等，同各国来宾一起在天安门城楼上参加首都人民的国庆联欢，观赏节日焰火。

10月2日 到颐年堂开会。

△ 晚，与陈毅、薄一波等出席几内亚驻中国大使卡马拉·马马迪为庆祝几内亚共和国成立七周年举行的招待会。

10月4日 出席《中华人民共和国全国人民代表大会常务委员会和印度尼西亚共和国临时人民协商会议联合声明》签字仪式，并代表全国人大常委会在联合声明上签字。

10月5日 接见日本妇女团体联合会访华代表团全体成员。

△ 到故宫博物院参观书法展览。

10月6日 与彭真等接见来京参加国庆活动的少数民族参观团和少数民族青年学习参观团的负责人。

10月10日 视察北京地下铁道工程。

△ 与毛泽东、周恩来、邓小平等接见参加国庆观礼的工业和农业劳动模范，解放军代表和作战有功人员，西藏、新

疆、内蒙古、广西、宁夏、云南、甘肃、青海、贵州、四川、广东、湖南的少数民族代表,各少数民族青年学习参观团的成员等。

10月15日 出席周恩来主持的有六个大区中共中央局书记、大军区负责人和中央有关部门负责人参加的座谈会,周恩来就目前国际形势问题讲话。

10月17日 登香山,观红叶。赋诗:

老松不怕秋风劲,叶细如针枝干硬。

历经摇荡已多年,庇护红林葆其正。

10月18日 到毛泽东处开会。

△ 会见尼泊尔新任驻中国大使伦迪尔·苏巴。

10月21日 参观北京无线电产品展览会。

10月23日 会见智利众议院第一副议长何塞·曼那埃尔·伊斯拉和由他率领的议员代表团。

10月26日 出席中共中央政治局会议,听取赵尔陆汇报国防工业会议和国防工业政治工作会议情况。

10月28日 主持第三届全国人大常委会第十六次会议。会议听取前往祝贺西藏自治区成立的中央代表团副团长张经武关于西藏自治区情况的报告。

10月30日 主持第三届全国人大常委会第十七次会议。会议听取前往祝贺新疆维吾尔自治区成立十周年的中央代表团副团长刘春关于新疆维吾尔自治区情况的报告。

10月31日 出席孙中山诞辰一百周年纪念筹备委员会首次会议。会议通过纪念方案。

11月1日 大寨式农业典型展览开始在北京全国农业展

览馆展出。曾与周恩来、邓小平、董必武等参观预展。

11月2日 到故宫博物院武英殿参观第三、第四、第五、第六机械工业部新工艺展览。

11月4日 主持第三届全国人大常委会第十八次会议。会议讨论关于西藏自治区和新疆维吾尔自治区情况的两个报告。

11月6日 出席中共中央政治局会议,讨论城市半工半读教育制度问题。刘少奇在会上讲话说:城市半工半读,要坚持五年试验,十年推广,各种各样形式都可以试验,在实践过程中总结经验。在中国避免出修正主义,避免资本主义复辟,根本的有三条措施,第一是社会主义教育运动,一定要坚持到底;第二是改革我们的教育制度。搞半工半读,全日制要改革,还要加强企业教育;第三是干部参加劳动。我们把这三个办法实行了,也许能够避免,也许还不能避免。

11月9日 为号召向王杰[1]学习题词:"学习王杰同志不怕苦不怕死的革命精神"。十一月二十五日《人民日报》发表这个题词。

11月10日 上海《文汇报》发表姚文元《评新编历史剧〈海瑞罢官〉》一文。在江青、张春桥的操纵下发展成批判运动,成为"文化大革命"的导火索。

△ 中共中央发出通知,免去杨尚昆中央办公厅主任职务。任命汪东兴为中共中央办公厅主任。

11月12日 到中国美术馆参观景德镇瓷器展览。

---

[1] 王杰,中国人民解放军济南部队装甲兵某部工兵一连班长,1965年7月,在江苏省邳县张楼公社帮助民兵训练,在炸药发生意外爆炸的紧急时刻,为了掩护在场的12名民兵和干部英勇牺牲。

11月14日 视察北京有机化工厂。

△ 晚八时，到刘少奇处谈话。

11月15日、16日 出席中共中央政治局扩大会议。再次讨论城市半工半读教育制度问题。

11月17日、18日 出席中共中央政治局扩大会议。会议先后听取国家计委第一副主任余秋里关于全国计划会议情况的汇报，国家建委主任谷牧关于基本建设情况的汇报，国防工办常务副主任赵尔陆关于国防工业情况的汇报，财政部副部长吴波关于财政情况的汇报。讨论并原则批准一九六六年国民经济计划及建设重点。

11月19日 视察北京维尼纶厂并题词："加速建设化学纤维工业，赶上并超过国际水平"。

11月20日 主持第三届全国人大常委会扩大的第十九次会议。会议听取农业部副部长吴振关于今年全国农业生产情况的报告。会议还通过决议，批准撤销最高人民法院西藏分院和最高人民检察院西藏分院。

11月21日 参观北京农业机械展览馆。

11月24日 探望病中的刘少奇。

11月27日 主持第三届全国人大常委会扩大的第二十次会议。会议听取化学工业部副部长梁膺庸关于化学工业情况的报告。

11月28日 与周恩来、彭真、贺龙等分别接见参加解放军、建筑材料工业部、卫生部在北京召开的各专业会议的全体人员，参加全国青年业余文学创作积极分子大会的全体成员，来北京汇报演出的中南、西北地区各剧团的全体人员，以及共青团中央团校第十四期全体学员。

11月29日 与周恩来、彭真、贺龙等出席阿尔巴尼亚驻中国大使奈斯蒂·纳赛为庆祝阿尔巴尼亚解放二十一周年举行的招待会。

12月2日　出席李宗仁为答谢党和国家领导人以及各民主党派负责人对他的欢迎和关怀而举行的宴会。

12月3日　会见坦桑尼亚新任驻中国大使瓦齐里·朱马。

12月4日　主持第三届全国人大常委会扩大的第二十一次会议。会议听取教育部部长何伟关于半工半读、半农半读教育情况的报告。

12月5日　接见日本妇女团体联合会访华代表团全体成员。

12月7日　到北京医院检查身体。

12月8日　离京飞抵上海市。

12月8日—15日　出席毛泽东在上海主持召开的中共中央政治局常委扩大会议。与会者事先不知道会议的内容，开会时才知道是批判罗瑞卿。林彪的妻子叶群在会上分三次作了约十小时的发言，捏造事实说罗瑞卿如何逼林彪"让位"。罗瑞卿在十二月十一日被召到上海，但没有得到在会上申辩的机会。会上，林彪和空军司令员吴法宪、海军政治委员李作鹏等，诬陷罗瑞卿"篡军反党"，反对"突出政治"，反对"活学活用"毛泽东思想等。朱德在会上提出，不能说毛泽东思想是马列主义的顶峰，顶峰就不能发展了。[1]

12月16日　飞回北京。

12月21日　到北京医院向黄炎培[2]遗体告别。二十四

---

[1] 林彪自1959年9月接任国防部长、主持军委工作时起，多次鼓吹"毛泽东思想是当代马克思列宁主义的顶峰"。

[2] 黄炎培，1965年12月21日在北京逝世。逝世前任全国人大常委会副委员长、政协全国委员会副主席、中国民主建国会主任委员。

日，到中山公园中山堂吊唁，参加首都各界公祭黄炎培大会，并主祭。

12月22日 接受锡兰驻中国大使古纳瓦德纳递交的国书，并简略地谈了中国革命的历史和欢迎一切爱国分子参加祖国建设的政策。

△ 会见中非驻中国首任大使马马杜，并接受递交的国书。

12月25日 与周恩来、邓小平等，接见分别参加最高人民法院、粮食部、第二轻工业部、农垦部、商业部、建筑材料工业部、第四机械工业部、国务院财贸办公室、文化部、人民银行、中共中央华北局，以及空军等单位在北京召开的各类专业会议的人员。同时被接见的还有在北京学习的政法、水电、粮食方面的干训班的学员，以及正在北京的内蒙古"乌兰牧骑"巡回演出队，新疆维吾尔自治区和田专区文工团和广东粤剧院的人员。

12月28日 主持第三届全国人大常委会扩大的第二十三次会议。会议听取全国供销合作总社副主任梁耀关于大力发展农村副业生产的报告。

12月30日 主持第三届全国人大常委会扩大的第二十四次会议。会议听取第一工业部副部长曹鲁关于轻工业产品面向农村情况的报告。在讲话说：建设社会主义的根本目的是为了改善人民的生活。过去我们是学苏联的经验，现在我们要在毛主席的领导下，建设中国式的社会主义。会议决定第三届全国人大第二次会议延期于一九六六年上半年举行。

1966年　八十岁

1月1日　参观全国供销合作社举办的多种经济展览会。

1月8日　参观反映解放前四川农民在地主压迫下苦难生活的泥塑《收租院》。

1月9日　与周恩来、邓小平、彭真、李富春、李先念、谭震林、陆定一、薄一波、叶剑英等，接见出席中国人民解放军、中国人民公安部队、农业部、建筑材料工业部、建筑工程部、化学工业部、高等教育部在北京召开的一些会议的全体人员，以及来北京演出的济南部队前卫文工团的全体人员。

1月10日　离京去山东、江苏、浙江、江西、广东等省视察。途中视察塘沽新港，听取天津市市长胡昭衡汇报。

1月11日　抵达山东省济南市。视察济南汽车制造厂。

1月12日　在中共山东省委第一书记谭启龙的陪同下，视察东营油田（即胜利油田），观看两口高产油井的出油演示。

1月13日　在听取谭启龙等中共山东省委负责人关于社会主义教育运动情况和生产、财贸等情况的汇报时说：要按照唯物辩证法办事，按照自然规律办事，抓住事物的规律。这些都是马克思主义的方法，毛主席就是从中国的实际出发，运用马列主义理论指导中国革命的。还强调，革命就是发展生产力，生产力发展了，生产关系跟不上也不行。社会主义是什么样子，人们都没看见，不把社会主义搞出个样子，大家还是不明确。生产搞好了，人也摆平了，生活也改善了，弄虚作假没有了，大家对社会主义就有信心了。

1月14日 抵达江苏省南京市。

1月15日 听取中共江苏省委负责人关于粮、棉生产和副业情况的汇报。

1月16日 视察解放军南京军事学院。在住地听取军事学院院长张震、海军学院院长谢立全关于两院教学改革情况的汇报，并听取南京军区政委杜平汇报部队建设的情况。在听取汇报后指出：军队院校的教学，要研究敌我两方的情况，不能只研究自己一方，不研究敌人一方。要加强军队的建设。

1月17日 视察南京紫金山天文台。勉励天文台党委负责人一定要做好知识分子的工作。

△ 参观南京植物研究所、南京化纤厂。

1月18日 抵达浙江省杭州市。

1月20日 到黄龙洞和玉泉游览。

1月25日 视察龙井公社、外桐坞生产大队。

1月26日 视察杭州丝绸联合印染厂。

1月27日 致电中共中央、周恩来，反映山东、江苏两省的工农业生产情况和两省农村社教情况。在谈到东营油田时说：东营油田是继大庆油田后又一个大油田，储量丰富，出油旺盛。应该争取时间，多打油井、多出油。

△ 视察萧山县东方红公社。

1月30日 听取浙江省对外贸易局负责人汇报对外贸易工作。

1月31日 视察杭州制氧机厂。

1月下旬 与正在江西省铅山县参加"四清"运动的康克清一起在杭州过春节。

2月1日 抵达江西省南昌市。

2月2日—20日 江青根据林彪的委托，在上海召开"部队文艺工作座谈会"。

2月3日 听取中共江西省委书记处书记刘俊秀汇报农副产品生产情况。

2月4日 听取中共江西省委书记处候补书记黄先汇报工业生产情况。

△ 视察江西蚕桑垦殖场。在听取五分场负责人汇报生产情况时说：江西红壤面积大，可以大力开发利用，发展蚕桑、茶叶、水果都行，满足人民生活和出口的需要。

2月7日 视察江西共产主义劳动大学，并题词："共产主义劳动大学，是理论与实践、脑力与体力、生产与教育相结合的新型学校。八年来，你们在发展这种社会主义教育制度方面，取得了巨大成绩，并起了带头作用。"

△ 以彭真为组长的文化革命五人小组向中共中央提出《关于当前学术讨论的汇报提纲》（简称《二月提纲》），经向毛泽东汇报请示，中共中央于二月十二日同意并转发了这个提纲。不久，这个提纲为毛泽东所否定和批判。

2月8日 视察南昌郊区农业生产情况。下午，视察南昌齿轮厂和拖拉机配件厂。

2月9日 视察南昌拖拉机制造厂。下午，离开南昌。

2月10日 抵达广东省广州市。到新会县视察。

2月12日 致电中共中央、毛泽东，反映浙江、江西两省的情况，对浙江省外贸工作和江西省广种马尾松绿化荒山所取得的成绩，给予肯定。并认为，在南方各省广种马尾松，是解决我国用材问题的一个长久之计。

△ 到从化温泉。

2月20日 视察从化流溪河水库。

3月5日　回广州市。

3月7日　视察广州罐头食品厂、苎麻纺织厂。

3月10日　视察燕塘农场热带植物研究所。

3月11日　视察广州聚乙烯厂。

3月12日　视察广州百花香料厂。下午，听取中共广东省委负责人汇报农业生产情况。在广州期间，赋诗和依陶铸诗原韵：

　　　　喜见温泉改换天，围湖筑坝遏流川。
　　　　造林满岭风光美，引水栽秧意味甜。

3月14日　视察江门蔗渣厂、葵叶制品厂、拖拉机制造厂。

3月16日　离广州去杭州。

3月18日—20日　出席毛泽东在杭州召开的中共中央政治局常委扩大会议。出席会议的除毛泽东、刘少奇、周恩来外，有各大区中央局第一书记和中央有关负责人。毛泽东在讲话中批评学术界、教育界"事实上是资产阶级、小资产阶级掌握的"。"这是一场严重的阶级斗争，不然将来搞修正主义的就是这一批人"，对国内阶级斗争形势做了错误的估计。

3月21日　飞回北京。

3月22日　与周恩来设宴欢迎越南劳动党中央委员会第一书记黎笋和他率领的代表团。

3月24日　到北京展览馆参观仪器仪表新产品展览会。

3月26日　出席首都各界举行的集会，欢迎由日本共产党中央委员会总书记宫本显治率领的代表团。

△　与周恩来、彭真、康生、郭沫若、李先念、谭震林

等，到首都机场为刘少奇、陈毅出访巴基斯坦、阿富汗、缅甸三国送行。

3月27日 出席首都各界和在北京的世界五大洲四十多个国家的朋友参加的集会，声援美国人民反对美帝国主义侵略越南的正义斗争。

3月28日—30日 毛泽东在杭州三次同康生、江青等人谈话，批评北京市委、中宣部包庇坏人，不支持左派。说北京市"针插不进"，水泼不进，要解散市委；中宣部是"阎王殿"，要"打倒阎王，解放小鬼"。还号召"地方造反，向中央进攻"。

3月29日 主持第三届全国人大常委会第二十九次会议。会议决定对于经过一定时期的改造、确实改恶从善的蒋介石集团、伪满洲国和伪蒙疆自治政府的战争罪犯，实行特赦。

3月30日 参观北京高等院校科研成果展览会。

4月3日 到北京市西城区中南海选区投票站，投票选举北京市西城区第六届人民代表大会代表。

△ 下午，前往北京西郊八宝山参观地下铁道建筑工地。

4月6日 再次参观北京高等院校科研成果展览会。

4月10日 观看老挝爱国战线党文工团的演出，并接见文工团团长和主要演员。

△ 中共中央批准《林彪同志委托江青同志召开的部队文艺工作座谈会纪要》。《纪要》说建国以来文艺界"被一条与毛主席思想相对立的反党反社会主义的黑线专了我们的政"，"要坚决进行一场文化战线上的社会主义大革命，彻底搞掉这条黑线"。

4月14日 主持第三届全国人大常委会扩大的第三十次会议。会议听取文化部副部长石西民关于文化革命的报告。朱德在会上讲话，要求大家认真读马、恩、列、斯的三十二本书。并说："我现在没有别的事情的时候，就天天读书。今书也读，古书也读。今书就是毛主席的书，古书就是马、恩、列、斯的书。我感到很有兴趣，也劝大家读一读。"

4月16日 到伊拉克驻中国大使馆，吊唁伊拉克共和国总统穆罕默德·阿里夫逝世。

△ 会见阿尔巴尼亚新任驻中国大使瓦西里·纳塔奈利。

4月17日—25日 毛泽东在杭州主持召开中共中央政治局常委扩大会议，周恩来、邓小平、彭真、叶剑英等和各中央局负责人参加，刘少奇、陈毅接中央急电二十日从昆明赶到杭州与会。朱德未被通知出席。会议决定撤消文化革命五人小组及其办事机构，重新设立文化革命文件起草小组，隶属于政治局常委之下。会议对彭真进行了错误批判。二十日，康生在会上诋毁朱德是"组织上入了党，思想上还未入党，还是党外人士"，"是资本主义那一套"。

4月21日 主持第三届全国人大常委会扩大的第三十一次会议，会议听取林业部副部长荀昌五关于林业工作情况的报告。

4月22日 出席中共中央书记处会议，讨论"文化大革命"问题。

4月23日 会见越南重工业部副部长阮春林和他率领的越南政府科学技术代表团。

4月24日 会见亚非新闻工作者协会总书记查禾多和出席亚非新闻工作者协会书记处第四次全体会议（扩大）的十九个国家和地区的代表。

4月25日 出席中共中央书记处会议，讨论文化大革命问题。

△　与董必武、贺龙、李富春、谭震林、薄一波、杨成武七人联名致函毛泽东和中央政治局常委，表示拥护四月十七日中央"撤消所谓文化革命五人小组及其办事机构，并重新设立文化革命文件起草小组，隶属于政治局常委之下"的决定。

　　4月26日　主持第三届全国人大常委会扩大的第三十二次会议。会议听取对外贸易部代部长林海云关于对外贸易工作情况的报告。

　　4月27日　到怀仁堂开会。

　　4月28日　与刘少奇、周恩来、邓小平等，到首都机场迎接阿尔巴尼亚劳动党中央政治局委员、部长会议主席穆罕默德·谢胡率领的阿尔巴尼亚党政代表团。并参加同谢胡进行的会谈。

　　4月30日　出席中华全国总工会为欢迎来自五十个国家和地区的工会代表团来京共庆五一国际劳动节在人民大会堂举行的酒会，并致祝词。

　　5月1日　与周恩来、邓小平等到劳动人民文化宫参加庆祝五一国际劳动节游园活动。晚，在天安门城楼参加联欢晚会，观看节日焰火。

　　5月4日—26日　出席在北京召开的中共中央政治局扩大会议。会议对所谓"彭真、罗瑞卿、陆定一、杨尚昆反党集团"进行错误的批判。十六日，会议通过《中国共产党中央委员会通知》（通称"五一六"通知）。林彪十八日在会上讲话，极力鼓吹对毛泽东的个人崇拜，搜罗古今中外的事例，制造有人要搞政变的谎言。会议按照毛泽东的意见，决定停止彭真、罗瑞卿、陆定一的中共中央书记处书记职务，撤消彭真的中共北京市委第一书记和北京市长的职务，陆定一的中共中央宣传部部长的职务。停止杨尚昆的中共中央书记处候补书记的职务。会议还决定撤销以彭真为首的文化革命五人小组，重新设立文化革命小组（后称中央文革小组），隶属于中央政治局常委之下。朱德十二日在第一小组会议上发言，表示要认真读马列的书，打算用一二年时间读完。随后几天，在会上受到林彪、康生等的攻击，把朱德不同意说毛泽东思想是马列主义顶峰的意见说成是"以马克思主义来反对毛主席"，"有野心"，"想黄袍加身"，"是党内危险的定时炸弹"等等。

5月6日　与徐向前、杨明轩、林枫、刘宁一、张治中等在人民大会堂接见来京参加五一国际劳动节庆祝活动的十五个少数民族参观团，以及四川省凉山彝族自治州文工团负责人。

5月11日　与刘少奇、周恩来、邓小平出席中华人民共和国和阿尔巴尼亚人民共和国联合声明签字仪式，随后，到首都机场为谢胡率领的阿尔巴尼亚党政代表团回国送行。

5月15日　会见由朝鲜职业总同盟中央委员会组织部部长金国三率领的朝鲜工会代表团。

5月19日　会见日本自由民主党顾问松村谦三及其随行人员。

5月28日　中共中央发出《关于中央文化革命小组名单的通知》，决定在政治局常委领导下，设立中央文化革命小组（通称"中央文革"），以陈伯达为组长，康生为顾问，江青、张春桥等为副组长，王力、关锋、戚本禹、姚文元等为组员。

5月31日　经毛泽东同意，由陈伯达带领工作组接管《人民日报》。

6月1日　会见罗马尼亚新任驻中国大使奥列尔·杜马，谈话中向他介绍中国经济建设的方针和政策。

6月2日　《人民日报》刊登北京大学聂元梓等人贴出的攻击中共北京大学委员会和中共北京市委的大字报，并发表题为《欢呼北大的一张大字报》的评论员文章,称之为"第一张马克思主义的大字报"。

6月4日 《人民日报》公布中共中央关于改组中共北京市委的决定、同时发表北京新市委关于改组北京大学党委并派出工作组的决定。

6月5日 《人民日报》发表题为《做无产阶级革命派,还是做资产阶级保皇派?》的文章。号召文化教育领域广大群众起来,同资产阶级"保皇派"进行坚决的斗争。此后,各地部分青年学生纷纷起来"造反"。

6月10日 毛泽东在杭州同越南领导人胡志明谈话。他说,中国现在也出现了修正主义,彭真、罗瑞卿、陆定一、杨尚昆,都是你的朋友,也是我的朋友。北京市是个独立王国,谁也不能过问。这次是大大小小可能要整倒几百人、几千人,特别是学术界、教育界、新闻界、出版界、文艺界、大学、中学、小学。

6月11日 与薄一波等出席尼泊尔驻中国大使为庆祝尼泊尔王国马亨德拉国王诞辰举行的招待会。

6月12日 会见德意志民主共和国新任驻中国大使马丁·比尔巴赫。

6月25日 会见马里新任中国大使吉塞·提迪亚尼。

7月5日 会见黎巴嫩共和国前部长、议员欧斯曼·达纳。

7月7日 主持第三届全国人大常委会第三十三次会议。会议决定第三届全国人大第二次会议改期召开。

7月9日 会见出席亚非作家紧急会议的各国作家代表。

7月16日 与伍修权出席薄一波为欢送罗马尼亚党的工作者代表团举行的宴会。

7月18日 毛泽东从武汉回到北京。

7月19日 会见巴基斯坦新任驻中国大使苏尔坦·穆罕默德·汗。

7月20日 到毛泽东处开会。

7月22日 与刘少奇、周恩来、邓小平等出席首都百万群众在天安门广场举行的集会,声援越南人民的抗美救国斗争。

△ 致电越南民主共和国国会常务委员会主席长征,对越南民主共和国主席胡志明《告全国同胞书》中严厉谴责美帝国主义侵略越南的正义立场表示支持。

7月26日 中共中央政治局召开扩大会议,决定撤销派到各大专学校领导文革运动的工作组。

7月27日—31日 出席中共八届十一中全会预备会议。二十八日,在西南小组会讨论十六条问题时发言,说:"真金不怕火来炼。"

7月29日 出席中共北京新市委召开的北京大专院校和中等学校师生文化革命积极分子大会(又称万人大会)。会上宣布了撤销工作组的决定,刘少奇、周恩来、邓小平等在会上讲话,对派工作组一事承担责任,说这是"老革命遇到了新问题"。

7月31日 与刘少奇、董必武、周恩来、邓小平等接见参加北京科学讨论会一九六六年暑期物理讨论会的三十三个国家及一个地区性学术组织的科学家代表团和科学家。

8月1日—12日 出席在北京举行的中共八届十一中全会。会议主要议程是:通过关于无产阶级文化大革命的决定;讨论和批准十中全会以来中央关于国内国际问题的重大决策和重大措施。七日,会上印发毛泽东写的《炮打司令部——我的一张大字报》。此后，全会转入集中揭发和批判刘少奇。朱德与陈云等也受到不同程度的批判。八日，全会通过《中国共产党中央委员会关于无产阶级文化大革命的决定》（通称"十六条"）。"十六条"强调，文化大革命"是一场触及灵魂的大革命"，"运动的重点，是整党内那些走资本主义道路的当权派"。十二日，全会根据毛泽东的提议，改组中央领导机构，选举毛泽东、林彪、周恩来、陶铸、陈伯达、邓小平、康生、刘少奇、朱德、李富春、陈云为中央政治局常务委员，比原来七名常委增加了四人，林彪名列第二位，朱德降到第九位。会议没有重新选举中央主席和副主席，但此后除林彪外，刘少奇、周恩来、朱德、陈云不再以中共中央副主席名义从事政治活动。这次全会标志"文化大革命"的全面发动。

8月4日 在北京大学万人大会上讲话：作为毛泽东时代的青年，比过去任何时代的青年在思想上、行动上都强。学校毕业后任何工作都应去做，要去从事工、农、兵的事。

8月7日 上午，与夫人康克清等到首都机场迎接巴基斯坦国民议会议长阿卜杜勒·贾巴尔·汗和夫人及其率领的巴基斯坦议会代表团。下午，会见并宴请巴基斯坦访华代表团，在宴会上致词，说：我们两国顺利地解决了历史遗留下来的边界问题。我们两国之间的友谊是符合两国人民的根本利益的。

8月13日 出席林彪主持召开的中共中央工作会议。

8月18日 出席首都百万群众在天安门广场举行的庆祝无产阶级文化大革命群众大会。毛泽东首次接见来自全国各地的红卫兵、学生和教师。此后，全国各地学生纷纷进行"革命大串连"。

8月20日 北京和各大城市红卫兵开始走上街头，横扫"四旧"，并乱揪乱斗"牛鬼蛇神"。

8月28日　会见和宴请刚果共和国（布）国民议会议长穆亚比·安德烈·乔治和夫人，及其率领的议会代表团。

8月29日　根据中共中央政治局扩大会上有常委提议写读书笔记，修改"读书纪要和感想"。

8月31日　参加毛泽东在天安门广场第二次接见来自全国各地的五十多万红卫兵和师生。

9月4日　到首都机场为刚果（布）议会代表团离京赴外地访问送行。

△　接见叙利亚新任驻中国大使萨迪克。

9月8日　会见和宴请索马里国民议会议长穆罕默德·侯赛因和由他率领的国民议会友好代表团。

9月9日　与陈毅、李先念等出席朝鲜驻中国使馆临时代办金在淑为庆祝朝鲜人民民主共和国成立十八周年举行的招待会。

9月10日　晚，陪同索马里国民议会友好代表团观看舞剧《刚果河在怒吼》。

9月15日　参加毛泽东在天安门广场第三次接见来自全国各地的百万红卫兵和师生。

9月30日　出席周恩来为庆祝中华人民共和国成立十七周年在人民大会堂宴会厅举行的招待会。

10月1日　出席首都和来自全国各地的一百五十万人在天安门广场举行的庆祝中华人民共和国成立十七周年的集会游行。

△　在天安门城楼接见四川省仪陇县来的国庆观礼代表、张思德[1]的母亲刘光友，并对她说：张思德同志为人民利益

---

[1] 张思德，四川仪陇人。中共中央警卫团战士，共产党员。1932年参加革命。1944年9月5日在陕北安塞县烧炭时，因炭窑崩塌而牺牲。

牺牲了，你是英雄的母亲，来到人民的首都，应当受到欢迎。二日，朱德派人把刘光友接到家里畅谈，用家乡饭菜款待。

△ 《红旗》杂志第十三期发表社论《在毛泽东思想的大路上前进》，提出"彻底批判""资产阶级反动路线"。此后，全国各地开始批判"资产阶级反动路线"。

10月3日 到首都机场为索马里国民议会友好代表团离京前往朝鲜访问送行。

10月9日—28日 出席毛泽东主持的中央工作会议。会议的中心内容是批判"资产阶级反动路线"，以进一步排除来自党内各级干部的所谓"阻力"。十七日，朱德在第六小组会议上发言说：在文化大革命运动中，要注意"抓革命，促生产"。今年是第三个五年计划的第一年，我们应该使工农业生产有大幅度的增长。林彪在会上讲话时再次攻击朱德，歪曲历史。

10月18日 在天安门广场参加毛泽东第五次接见来自全国各地的一百五十多万红卫兵和师生。

11月3日 在天安门广场参加毛泽东第六次接见来自全国各地的红卫兵和师生。

11月10日、11日 在天安门广场参加毛泽东第七次接见来自全国各地的二百多万红卫兵和师生。

11月12日 出席首都各界人民纪念孙中山诞辰一百周年大会。

11月25日、26日 在天安门广场参加毛泽东第八次接见来自全国各地的二百五十万红卫兵和师生。

12月4日—6日 出席在北京召开的中共中央政治局扩大会议。会议讨论制定《中共中央关于抓革命、促生产的十条规定（草案）》。六日，在会上发言说：现在群众已经起来了，我有点怕出乱子，特别是怕生产上出乱子。

12月10日 在笔记本上记述毛泽东的功绩和中国共产党的历史。

12月12日 到北京医院向吴玉章[1]遗体告别。十四日,参加吴玉章追悼大会。

12月15日 出席在北京召开的中共中央政治局扩大会议。会议讨论制定了《中共中央关于农村无产阶级文化大革命的指示(草案)》,改变了中央关于工厂和农村原则上不开展"文化大革命"的决定。在会上发言说:现在有一个问题,就是把你也打成反革命,把他也打成反革命。我看,只要不是反革命,错误再严重,还是可以改正的。一打成反革命就没有路走了。这个问题要解决。

12月 在江青指使下,中南海机关的"造反派"贴出诬陷朱德的大字报,呼喊"打倒朱德"、"炮轰朱德"的口号,扬言要把朱德及其家属"轰出中南海"。朱德的许多活动受到限制。但是,他仍然关心生产,担心生产受到破坏。

△ 康生在中联部的简报上批注,诋毁刘少奇、朱德等是"反毛泽东思想的人"。

---

[1] 吴玉章,1967年12月12日在北京逝世。逝世前任中共中央委员、全国人大常委会委员、中国人民大学校长。

1967年　八十一岁

1月1日　《人民日报》、《红旗》杂志发表经毛泽东审定的元旦社论《把无产阶级文化大革命进行到底》。社论提出，一九六七年"是全国全面展开阶级斗争的一年"，"是无产阶级联合其他革命群众，向党内一小撮走资本主义道路的当权派和社会上的牛鬼蛇神展开总攻击的一年"。

1月2日　与周恩来、萧华、杨成武等接见罗马尼亚军队歌舞团并观看演出。

1月6日　在张春桥、姚文元的策划和指挥下，以王洪文为头头的上海"造反派"夺取了上海市党政大权，刮起所谓"一月风暴"。八日，毛泽东肯定上海市造反派的夺权，说："这是一个大革命，是一个阶级推翻一个阶级的大革命。"此后，在全国掀起一场由"造反派"夺取党和政府各级领导权的行动。文化大革命由此进入所谓"全面夺权"的阶段。

1月11日　出席林彪主持召开的中共中央政治局扩大会议。会议通过《中共中央关于反对经济主义的通知》等文件，决定由徐向前任全军文革小组组长，江青为顾问，萧华、杨成武为副组长。朱德在会上发言说：现在文化大革命运动搞到破坏生产的程度，忘记了"抓革命，促生产"。这是新出现的问题，要注意解决。又说：我们制止武斗这么久了，可是有些人还在搞武斗，甚至还有砸烂机器，烧毁房屋的，这里面有反革命分子在捣乱，要注意。

1月14日 读报后，在笔记本上写下：美向越南再增兵十万人，战争军费追加一百二十亿至一百五十亿美元。是要准备在越南长期持久规划的战争。我们更要加强国防建设。

1月底 戚本禹以"中央文革"代表的身份，到中国人民大学看大字报，接见两派群众组织的负责人，说："孙泱[1]给朱德当过秘书，你们通过搞孙泱的问题可以把朱德的问题搞清楚。"各群众组织当日晚把"打倒朱德"、"朱德是大军阀"一类大标语贴满了校园和北京的大街小巷。

△ 北京大学造反派头头聂元梓得知戚本禹讲话后，说："清华大学揪出刘少奇，我们这次也要搞一个大的。"随即策划"新北大公社"与中国作家协会"革命造反团"成立"联合批判班子"，以批判作家刘白羽在战争年代写的书稿《朱德将军传》为名，炮制诬陷朱德的文章。

△ 毛泽东在中共中央军委碰头会上讲：朱德还是要保。

2月2日 中国人民大学几个造反组织举行集会，声讨所谓"大军阀、大野心家朱德的反党反社会主义反毛泽东思想的滔天罪行"。会后，在全城进行游行。并发起成立了十几个单位造反组织参加的"揪朱联络站"，发表公告呼吁全国各地和北京各造反派组织"把朱黑司令揪出来斗倒、斗垮、斗臭！"并决定二月二十日在北京工人体育场召开"批斗朱德大会"。后来，在周恩来的干预下，大会没有开成。但中小型批判会、"揪朱"游行及大字报、大标语、传单、小报仍很多。

2月上旬 "揪朱联络站"成立后，从北京派出不少人到全国各地通过朱德的秘书、同事和亲友"调查"朱德的"问

---

[1] 孙泱，时任中国人民大学副校长。革命烈士孙炳文之子，曾任朱德秘书。

题"。人民大学一些人以"揪朱兵团"名义，到朱德的家乡——四川省仪陇县，煽动群众反对朱德。他们在县电影院召开"声讨"朱德的大会；闯进"朱德旧居陈列室"毁坏文物和设备。

△ "揪朱联络站"派出数人到天津，抄了朱德儿子朱琦在天津的家，逼迫朱德儿媳赵力平交待朱德的"罪行"。朱琦也被所在单位造反派关押。

2月16日 北京大学造反派办的《新北大》报上刊登《篡党篡军大野心家朱德的自供状》一文，不久又抛出《历史的伪造者、反党的野心家——再揭〈朱德将军传〉的大阴谋》。小报印了五十多万份，发往全国各地。

2月22日 中国人民大学造反派办的《红卫战报》第七期发表题为《打倒朱德》的短评，称："朱德已经成了我党内最大的走资本主义道路的当权派之一，成了埋在毛主席身边的大定时炸弹。"同时，还刊登了《朱德"三反"言论》和《"三反"老手朱德罪恶累累》两文。

2月 在住处接待来访的中共江苏省委第一书记江渭清，在谈话时说："停产闹革命不是主席的意见，也不是中央的意见，是造反派要这样搞，而且他们整人也整得很厉害。"还嘱咐说："你要能够忍耐，忍得一时之气，免得百日之忧，不忍不耐，小事成大啊！"

△ 对在全国妇联机关受到造反派批斗的夫人康克清说："你不要怕他们批斗，要每天到机关去，群众是通情达理的，和群众在一起，他们就不会天天斗你了。"

二三月间 中共中央多次开会批判所谓"二月逆流"[1]。同时朱德也受到错误的批判。此后，中共中央政治局实际上停止了活动，被中央文革小组取代。

3月4日 戚本禹召集中国人民大学的造反派代表，授意继续对朱德进行攻击。说：你们自己搞，就搞成了。你们说是我叫你们搞的，就搞不成了。你们以为你们很聪明，其实最傻了，要不要搞，你们自己考虑。

3月 中共中央办公厅停止向朱德、陈云、李富春发送文件和新华社编印的《参考资料》、《参考消息》以及除《人民日报》以外的几种报纸。

5月1日 出席在天安门广场举行的首都群众庆祝五一国际劳动节联欢晚会。

7月1日 在笔记本上简略记述中国共产党四十六年来的历史。

7月31日 出席国防部为庆祝中国人民解放军建军四十周年举行的招待会。招待会前，林彪、江青等反对徐向前、聂荣臻、叶剑英出席。周恩来就建军节招待会之事请示在外地的毛泽东。毛泽东表示：朱德、徐向前及其他受冲击的老帅都要出席。

8月17日 中共中央军委办事组由吴法宪、叶群、邱会作、张秀川组成，吴法宪负责。主要任务是负责驻京各部队机

---

[1] 1967年2月11日至16日，在周恩来主持的中共中央政治局碰头会上，谭震林、陈毅、叶剑英、李富春、李先念、徐向前、聂荣臻等，对林彪、江青一伙迫害老干部和乱党乱军的活动，进行了针锋相对的斗争。他们的意见集中到一点，就是究竟还要不要党的领导，认为这是"文化大革命"造成"打倒一切"动乱局面的根本原因。但当时他们的抗争被诬称为"二月逆流"。

关"文化大革命"的工作。九月二十四日,又决定,增加杨成武为办事组组长,吴法宪为副组长。

10月1日 出席在天安门广场举行的首都群众庆祝中华人民共和国成立十八周年大会,参加检阅群众游行队伍。

11月17日 写材料回答炮兵直属机关对炮兵副政委欧阳毅在红四方面军时情况的调查,指出:欧阳毅在四方面军工作的整个过程,是站在拥护以毛主席为首的党中央一边,反对张国焘路线的。张国焘为控制五军团,派其亲信黄超夺了原五军团保卫局长欧阳毅的权。张国焘是个卑鄙的机会主义者,他常以"叛变"加罪于拥护毛主席、党中央的同志,以"失踪"来掩盖杀害好同志的罪行,此外还挑动某些士兵之间的武斗。欧阳毅所举三件事均属实,第三件事是我亲自处理的。

11月—12月 学习恩格斯的《自然辩证法》和列宁的《哲学笔记》等,并作笔记。

12月30日 给毛泽东写信。信中说:我今年没有到大风大浪中洗涤我过去一切错误和缺点,只是专心实意读马恩列斯毛的革命书籍兼读报纸,以补前愆。

是年 处境十分艰难。有些人不再敢接近他。个别曾在他身边工作的人甚至写大字报和用虚假的"揭发"材料来批判他。夫人康克清被全国妇联的造反派管制、游街、批斗。子女被禁止进入中南海的家。他每周总要到工厂、农村看看。说:"我外出活动,只是为了关心生产,看到庄稼在长,看到树木在长,看到群众,我心里就会得到一种安慰。"

1968年　八十二岁

3月25日　林彪、江青制造"杨、余、傅"[1]事件，诬陷杨成武、余立金、傅崇碧"为二月逆流翻案"。杨、余、傅三人被撤销在军队的职务，黄永胜被任命为总参谋长、中央军委办事组组长。由黄永胜、吴法宪、叶群、李作鹏、邱会作五人成立新的军委办事组。此后，军委办事组实际上取代了军委常委。

4月12日　学习《联共党史》结束语，并做笔记。

5月1日　出席在天安门广场举行的首都群众庆祝五一国际劳动节联欢晚会。

7月1日　出席庆祝建党四十七周年的文艺晚会。晚会演出钢琴伴唱《红灯记》和交响音乐《沙家浜》。

7月21日　康生为准备中共九大人事安排问题给江青写信，信后附有他亲笔排列的八届中央委员、候补中央委员分类定性名单。名单中，刘少奇、邓小平等八十九人被列为"特务"、"叛徒"、"里通外国分子"、"反党分子"；朱德、陈云等二十九人被列为"有错误的或历史上需要考查的"人中。这两项占中央委员、候补中央委员总数的百分之六十一。

8月27日　中共中央组织部关于第三届全国人大常委会

---

[1]　杨，即杨成武，时任中国人民解放军代总参谋长、中共中央军委常委、军委办事组组长等职；余，即余立金，时任空军政治委员；傅，即傅崇碧，时任北京卫戍区司令员。

委员政治情况给康生的报告称：第三届人大常委会委员共一百一十五人，其中有严重错误但未定性的有朱德、张云逸、王维舟、胡乔木、叶剑英、徐向前、萧劲光等十人。

10月1日 出席在天安门广场举行的首都群众庆祝中华人民共和国成立十九周年大会，参加检阅群众游行队伍。

10月13日—31日 出席在北京举行的中共扩大的八届十二中全会。毛泽东主持会议。会议在极不正常的情况下，通过了由江青、康生等人凭伪证写成的《关于叛徒、内奸、工贼刘少奇罪行的审查报告》，决定把刘少奇永远开除出党，撤销其党内外的一切职务。会议决定召开党的第九次全国代表大会。十月十五日，在分组会上，当张春桥、吴法宪、谢富治[1]等围攻所谓"二月逆流"的陈毅、叶剑英、李富春、谭震林、李先念、徐向前、聂荣臻时，朱德发言说："一切问题都要弄清，怎么处理，主席有一整套政策，批判从严，处理按主席路线。谭震林，还有这些元帅，是否真正反毛主席？"立刻遭到了吴法宪的攻击："讲话要联系自己思想，你说过去几十年站在毛主席一边的，恰恰相反，你是一贯反对毛主席，反对毛主席思想的。"朱德反驳说："我是跟毛主席走的。"吴法宪逼问："从井冈山到现在，你什么时候站在毛主席一边？""过去你名义上是总司令，真正指挥我们打仗的是毛主席，真正的总司令是毛主席。"十月十七日，在分组会上，谢富治说："朱德同志从井冈山第一天起就反毛主席。朱德同志、陈毅同志是合伙把毛主席赶出军队。陈毅同志是朱德同志的参谋长。这些人都应批判。""刘、邓搞反革命修正主义，朱德同志、陈云同志也搞修正主义的。'二月逆流'这些人不死心，还要为他们服务。"

---

[1] 谢富治，时任中共中央政治局候补委员、书记处书记。

11月4日—18日 在家中把自己从一九五〇年至一九六六年的三百八十件讲话稿、文件重新翻阅了一遍，检查自己的言行。

12月1日 邱会作在总后勤部党委三届十次全体（扩大）会议上讲话，诬陷朱德"野心很大，想当领袖"。

12月10日、11日 在谢富治把持下的公安部，通过诱逼"五一六"专案审查对象，制造出一个骇人听闻的"伪党"假案〔1〕，诬陷朱德、董必武、叶剑英、李先念、李富春、陈毅、贺龙、刘伯承、徐向前、聂荣臻、谭震林、余秋里等数十位中央和地方负责干部，组织了一个"中国（马列）共产党"，"里通苏修"，"要搞政变"。诬陷朱德是"伪党"中央"书记"，陈毅是"副书记兼国防部长"，李富春是"总理"。十三日，当办案人员觉得此事"荒唐"、"离奇"时，谢富治说："不能全信，要是准的话就是个大成绩。"直到一九六九年八月二十一日，谢富治还对"专案组"说："有的目前找不到证据，下决心斗，案犯口供也算数。"此事传到朱德耳中，朱德对家人说：由他们造谣去吧。毛主席、恩来最了解我，只要他们在，事情总会搞清楚的。

---

〔1〕 1967年10月，北京发生一起署名"中共中央非常委员会"的反革命传单案，11月在天津破案，作案人、传单原稿和作案工具等全部查获。谢富治伙同陈伯达、吴法宪，利用这起已破获的传单案，以追"后台"为名，诬陷朱德等党和国家领导人。在1968年4月28日和8月19日，他们两次接见公安部领导小组成员，谢富治说："破案是起点，不是终点"，"这个案子的关键，是根子没有找到，根子就是刘、邓黑司令部的人，是'二月逆流'的某些黑干将搞的"，要把"后台揪出来"。同年12月，谢富治利用清查所谓"五一六"，追查"非常委员会"案件的后台。

1969年　八十三岁

1月2日　在笔记本上记录学习哲学的体会。
1月10日　填写中共九大代表登记表。
3月5日　在笔记本上记录学习哲学的体会。
3月9日　在笔记本上记录学习哲学的体会。
3月31日　毛泽东在周恩来关于中共九大主席团组成问题的请示报告上批示：开幕式主席台似宜有董必武、刘伯承、朱德、陈云。次日，周恩来致函毛泽东、林彪，提议拟上大会主席台的十二人名单，其中包括董必武、刘伯承、朱德、陈云。
4月1日—24日　出席在北京举行的中国共产党第九次全国代表大会。十一日，毛泽东召集大会秘书处和各大组部分召集人会议，提出：要注意清理阶级队伍扩大化的倾向；要把朱德、陈云、邓子恢、张鼎丞、叶剑英、徐向前、聂荣臻、李富春、李先念、陈毅等十人选进中央委员会。二十一日，朱德在华北组第六次全体会议上发言说：我和毛主席在一起四十多年，几乎天天在一起。几十年的经验证明，我没有反对毛主席，把我说成是"三反[1]分子"是不符合实际的。所以，我就没有承认。但在分组讨论会上仍受到围攻，要求他写出书面检讨。二十二日，朱德写的《我的书面检讨》以会议简报形式

---

[1]　三反：即指反对中国共产党、反对社会主义、反对毛泽东思想。

印发。二十四日，毛泽东在谈到选举问题时说：恐怕困难的还是这十位老同志。要选上的话，如朱德，检讨也检讨不清楚，不要写了，写了大家更不满意。不能怪他了，他都忘了，八十几了。我看差不多了，看以后的行动。会上，朱德当选为中央委员会委员。

△　九大开会期间回家，对夫人康克清说：吴法宪、邱会作、李作鹏"这几个人都'左'得不可收拾啦"。

4月28日　出席在北京召开的中共九届一中全会。会上当选为中央政治局委员。会议通过了新一届中共中央军委成员名单，中央军委主席毛泽东，副主席林彪、刘伯承、陈毅、徐向前、聂荣臻、叶剑英。中共九大以后，中央文革小组停止了活动。

5月1日　出席在天安门广场举行的首都群众庆祝五一国际劳动节联欢。

5月20日　视察北京北郊木材厂。

5月26日　视察北京化工三厂。

5月28日　视察北京针织总厂、北京二七机车车辆厂、南口机车车辆机械厂。

6月7日　视察北京新华印刷厂、清华大学。

6月18日　视察了以上北京六厂一校[1]后，在笔记本上记录心得。写道："对犯走资派错误的干部突出一个'帮'字。毛主席教导我们：'对犯错误的好人，要多做教育工作，在他们有了觉悟时，及时解放他们。'对现行反革命只抓一个'准'字，定性要准，具体分析实事求是。打击要准。要留有余地，

---

[1]　六厂一校：是毛泽东抓的典型，利用这些单位工宣队、军宣队或军管会、革委会的经验，指导全国的"斗、批、改"。

不树敌过多。可是可不是的人,一律划到人民内部方面来。对历史反革命,着重强调看现实政治表现。"

9月30日 晚,出席周恩来为庆祝中华人民共和国成立二十周年在人民大会堂宴会厅举行的招待会。

10月1日 出席在天安门广场举行的首都群众庆祝中华人民共和国成立二十周年大会,参加检阅群众游行队伍。

10月17日 下午,在中共中央办公厅安排下,到首都体育馆观看体育表演。表演结束后,与董必武、陈云、叶剑英、陈毅、邓子恢、李富春、张鼎丞等参加周恩来在体育馆召集的会议。周恩来宣布毛泽东和中央关于战备疏散的决定,说:主席根据当前形势,决定一些同志在二十日之前或稍后从北京疏散到外地,并指定了每个人的去处。各地安置工作由我打电话安排,中央办公厅负责准备专机或专列。

△ 林彪发布"紧急指示",调动全军进入紧急战备状态。十八日,由总参谋长黄永胜等以"林副主席第一个号令"正式下达。

10月18日 针对林彪的"第一个号令",对夫人康克清说:"醉翁之意不在酒。"现在毫无战争迹象。战争不是凭空就能打起来的,打仗之前会有许多预兆,不是小孩打架,现在看不到这种预兆、迹象。

10月20日 与张云逸、陈奇涵等同乘一架飞机抵达广州白云机场。广州军区主要负责人不许他们进入广州市,只在机场作片刻休息就被直接送到从化。从此时起,直到一九七〇年七月,行动上受到限制,不能离开住地,不能到工厂、农村视察。

1970年　八十四岁

5月19日　给儿子朱琦、儿媳赵力平写信，说：工作下放了是件好事，今后在各人的工作岗位上全心全意为人民服务。在毛主席抓革命、促生产、促工作、促战备，一不怕苦、二不怕死的口号下，努力奋斗。并说："我们身体都很好，住在乡里，接近农民生活，我们过去的老家就是农民家庭，现已初步改变生活方式。觉得愉快、少生病，好处多。"

6月2日　给女儿朱敏、女婿刘铮写信，信中对大外孙"参加了生产兵团，分配在后勤部工作，养猪养羊"给予鼓励；说二外孙"要求提前入伍当兵，这是有雄心壮志，是好的"。但是"青年人必须在初中毕业后，年满十八岁时入伍。现他在学习中，初中毕业后再入伍不迟。"并嘱咐：其他四个小孩你们都应当负责教育到初中毕业，有了一点普通常识后，再送去参加三大革命大熔炉锻炼。

7月　接中央通知，离广东从化回到北京。

△　要夫人康克清给中央办公厅写报告，表示"希望和孩子们住在一起，安排在什么地方住都可以"。随后被安排在北京万寿路新六所。至此，搬出中南海，在新六所一直住到去世。

8月1日　出席国防部为庆祝中国人民解放军建军四十三周年举行的招待会。

8月23日—9月6日　出席在庐山举行的中共九届二中

全会。会议议程是讨论修改宪法、第四个五年计划和加强战备问题。二十三日，林彪在大会上抢先发言，坚持要设国家主席的主张，并利用宣传"毛主席是天才"把矛头指向江青集团。陈伯达组织人拟写有关"国家主席"的宪法条文，并与叶群连夜选编称"天才"的语录。二十四日，陈伯达在华北组会议上发言，拥护林彪的讲话，坚持"设国家主席"。三十一日，毛泽东写了《我的一点意见》，批判"天才论"和陈伯达的错误。九月三日，朱德在西南组会议上发言批判陈伯达说：他在三十年代就写文章支持王明，反对鲁迅；他诬陷解放军"已到了修正主义的边缘"；他曾提出"取消货币，以物换物"的错误意见。九月六日，全会恢复原定议程，基本通过宪法修改草案。批准国务院关于全国计划会议和一九七〇年国民经济计划的报告以及中央军委关于加强战备工作的报告。

9月10日 中共中央政治局会议决定：在京的中央政治局委员除原经常参加议事的周恩来、康生、江青、张春桥、姚文元、黄永胜、吴法宪、李作鹏、邱会作、李先念、纪登奎、李德生十二人外，今后如遇有重大政策问题需要讨论，还拟请董必武、朱德、叶剑英三人参加；正在休养期间的刘伯承、谢富治二人拟不通知。

9月30日 晚，出席周恩来为庆祝中华人民共和国成立二十一周年在人民大会堂宴会厅举行的招待会。

10月1日 出席在天安门广场举行的首都群众庆祝中华人民共和国成立二十一周年大会，参加检阅群众游行队伍。

12月10日 在笔记本上记录读报消息。写道："昆明东五十公里杨林（又名干海子）第六地质队钻探出天然气，气体蓝色，无浓烟。"又记："同日，上海制造成我国第一台连续轧钢机。"

1971年　八十五岁

1月4日　在笔记本上做读报笔记。写道：一九七〇年全国职工人数据不完全统计达到了四千七百万人。全国今年建设项目一千二百个，投资四百二十亿元。大中型项目一千七百个。

2月6日　《外交活动简报》第二十九期刊载古巴驻中国临时代办加西亚访问西安、延安、南昌、井冈山、杭州、上海后的几点反映。其中第四点是向江西外事组的同志建议，在介绍中国革命时，应该提到南昌起义和朱德上井冈山这两段历史。毛泽东在这份简报上批示："第四条提得对，应对南昌起义和两军会合作正确解说。"

5月1日　出席在天安门广场举行的首都群众庆祝五一国际劳动节联欢会。

7月31日　出席国防部为庆祝中国人民解放军建军四十四周年举行的招待会。

8月2日、3日　在笔记本上记录摘抄有关美国贸易和财政情况资料。

8月　由夫人康克清陪同去北戴河休养。这是一九六六年"文革"发动后第一次到北戴河度暑期。其间，陈毅到寓所来看望，说："总理说，他本来想亲自登门造访，可是要出国，来不了啦，要我代他向你问候，希望你多加保重。"朱德在谈话中说："我们这些人为革命干了一辈子，现在为了顾全大局，做出这样的容忍和个人牺牲,这在国际共产主义运动史上是很少有的,将来许多问题都会搞清的。"

9月13日 林彪因其发动武装政变的阴谋败露,乘飞机仓皇出逃,摔死在蒙古人民共和国的温都尔汗。

9月18日 中共中央发出关于林彪叛国外逃的通知。

9月29日 中共中央发出关于黄永胜、吴法宪、李作鹏、邱会作离职反省的通知。

10月3日 中共中央发出关于撤销军委办事组、成立军委办公会议的通知,决定由叶剑英主持军委办公会议。同日,中共中央决定成立由周恩来等负责的中共中央专案组,审查林彪反革命集团的罪行。

10月22日 致函中共中央、毛泽东,表示"坚决拥护主席和中央对林彪叛党集团采取的一系列正确措施;坚决拥护中央撤销军委办事组,并责令林的死党黄、吴、李、邱停职反省的决定;坚决拥护成立军委办公会议和中央专案组。"

10月 在住处与来访的原第四机械工业部部长王诤谈话时说:"林彪已经折戟沉沙了。他这个人过去就是反对毛主席的,阴一套,阳一套。现在他自我爆炸,使我们党消除了一大祸害。"还说:"你不久就会回到工作岗位上去的,要把工作抓起来。你们如果有什么新技术、新成果的展览,通知我,我是要去看的。"

1972年　八十六岁

1月9日　到解放军总医院向陈毅[1]遗体告别。

1月24日　与徐向前、聂荣臻、王震、廖承志、王国权等观看日本齿轮座剧团的演出。

2月14日　在住处和来访探望的王震、王稼祥、廖承志谈话。

2月　赋诗：《悼陈毅同志》：

　　　　一生为革命，盖棺方论定。
　　　　重道又亲师，路线根端正。

5月1日　在首都体育馆和首都群众一起庆祝五一国际劳动节。

5月21日—6月23日　出席中共中央在北京召开的批林整风汇报会。二十五日，在军委直属组会议上发言说：林彪是自我暴露的。他是有组织、有计划、有纲领地搞反革命政变，妄图谋害毛泽东主席，另立中央。我们党是有经验、有力量的党，他是决不会成功的。又说：我好几年没有和军队同志在一

---

[1] 陈毅，1972年1月6日逝世。逝世前任中共中央委员、中央军委副主席、国务院副总理兼外交部部长、政协全国委员会副主席、国防委员会副主席。

起开会了,现在我还能看到大家,看到我们的军队还是好军队,心情很愉快,很高兴。六月七日,又在军委直属组会议上发言说:从发下来的几个文件看,在文化大革命运动中,林彪想把我们几个老同志都整掉,是主席、总理保护了我们。林彪地位一高,又有黄、吴、李、邱一类人一帮,就想当英雄,想当皇帝。主席察觉了,他就搞阴谋,下毒手。今后,如果我们能学好马列,学好主席思想,能执行毛主席的革命路线,我看党内分裂可以减少些,危害可以小些。我们有实际工作经验,只要我们找到了规律,马列的书是可以读懂的。学习中,我们要互相讨论,互相研究,不要怕说错了。读书要下苦功,也是一个乐事,真正读懂了一些,就高兴得很。

7月8日 离京去北戴河度暑期。

7月31日 出席国防部为庆祝中国人民解放军建军四十五周年举行的招待会。

8月11日 晚,接见南斯拉夫国际科技文化合作局副总局长戴奈什等,并观看南斯拉夫贝尔格莱德市"伊沃·罗拉·里巴尔"歌舞团演出。

8月26日 视察秦皇岛市抚宁县洋河水库。

8月 与李富春、蔡畅、康克清到秦皇岛市区视察,参观坐落在海滨路上的海员俱乐部。

9月1日 从北戴河回到北京。

9月2日 出席在北京举行的第一届亚洲乒乓球锦标赛开幕式。

9月5日 主持何香凝[1]追悼大会。

---

[1] 何香凝,1972年9月1日在北京病逝。逝世前任全国人大常委会副委员长、中国国民党革命委员会主席、全国妇联名誉主席。

9月12日 与董必武、叶剑英、徐向前、李富春、李德生、张才千等到第七机械工业部的科研部门视察运载火箭的研制和装配，并勉励七机部负责人：要把大家团结起来，尤其要团结好知识分子。要好好干，早点把尖端武器搞出来，对付帝国主义还要靠这家伙。

10月1日 与郭沫若、华国锋、李富春等参加在北京颐和园举行的庆祝中华人民共和国成立二十三周年游园活动。

10月2日 与周恩来、邓颖超、康克清会见并宴请美国友好人士哈登夫妇。

10月13日 视察北京铁合金厂。在听取厂负责人汇报时说：老工人有很高的觉悟，有宝贵的经验，你们一定要注意发挥老工人的作用。随后到生产现场参观，并对工人们说：我们每个人都要为社会主义、共产主义奋斗终生。干部、党员、团员更要带头。我们奋斗是为社会主义，为共产主义，不是为钱、为发财。

10月27日 在人民大会堂接受加拿大新任驻中国大使查尔斯·约翰·斯莫尔递交的国书。

11月4日 在人民大会堂接受土耳其首任驻中国大使努里·埃伦递交的国书。

△ 在人民大会堂接受卢旺达首任驻中国大使卡邦扎·伊诺桑递交的国书。

11月6日 观看革命现代戏折子戏专场演出。

11月13日 在人民大会堂接受几内亚新任驻中国大使阿布巴卡尔·卡马拉递交的国书。

11月22日 在住处和解放军总参谋部三部的负责人胡备文等谈话，在谈到设备问题时说："尖端很快会发展起来的，一是买得到，二是造得出来，只要有人就好办。要把大家团结起来，尤其要团结好知识分子。"

11月23日 在人民大会堂接受老挝新任驻中国大使连·帕拉维坎递交的国书。

12月14日 与邓颖超、康克清会见美国友好人士、《续西行漫记》作者尼姆·威尔斯女士。威尔斯女士说："我想问朱德委员长一个问题。你认为你自己一生所经历过的和看到的最大的革命变化是什么？因为我今天参观了居民委员会，我听说你们现在都是火葬，并实行计划生育。我认为，这是最大的社会革命的变化。你认为你经历的最大的变化是什么？"朱德回答说："我们的变化，是毛主席领导下的革命把中国几千年的封建社会，旧的习惯、传统、政策，它的政府、它的办法都改变了，彻头彻尾地改变了。不仅是你所说的这两点变化，整个国家制度都变了，人也变了。"

12月20日 致函周恩来，对他转来何长工揭发林彪在井冈山时期问题的材料给予肯定，并回忆了当年在井冈山斗争的情况。

1973年　八十七岁

1月8日　在人民大会堂接受阿根廷首任驻中国大使爱德华多·布雷德利递交的国书。

1月29日　与毛泽东、董必武、周恩来联名致电越南民主共和国主席孙德胜、越南劳动党中央第一书记黎笋、越南民主共和国国会主席长征、政府总理范文同以及越南南方民族解放阵线主席阮友寿、临时革命政府主席黄晋发，对在法国巴黎正式签署"关于在越南结束战争、恢复和平的协定"表示祝贺。

1月30日　在人民大会堂接受喀麦隆首任驻中国大使朗盖·措布涅·克莱芒递交的国书。

2月2日　会见尼泊尔王国国务会议常务委员会主席兰加·纳特·夏尔马和由他率领的国务会议代表团。

3月31日　视察解放军军政大学。和校长萧克、政委唐亮等谈话。在讲到林彪的问题时说：林彪是利用毛主席的崇高威信反对毛主席，以达到自己篡党夺权的反革命目的。受林彪打击陷害的，要平反，作出正确结论。要把林彪搞错的东西再搞过来。

4月2日　致函四川省仪陇县马鞍人民公社党委，对他们三月九日的来信表示感谢。勉励他们加快农业建设，为建设社会主义，增加对外贸易货源多做贡献。

4月6日　视察北京东方红汽车制造厂。在听取厂党委负责人汇报生产情况时,说:你们要发动工人搞技术革新,提高自动化程度。

4月13日 视察北京内燃机总厂柴油机车间。在听取厂党委负责人汇报生产情况时,指出:世界大战一时打不起来,应把军工和民用工业结合起来。有条件的话,多生产些民用产品。

4月27日 视察北京人民食品厂。在听取厂负责人汇报时说:矿泉水既能当水喝,又能治病。山东的矿泉水很好,在国内和世界市场上都有很大销路。有条件的话,北京可考虑自己生产。

5月1日 出席首都群众在中山公园举行的庆祝五一国际劳动节游园活动。

5月5日 与赛福鼎、邓小平等观看巴基斯坦国家舞蹈团的演出。

6月4日 会见越南劳动党中央第一书记黎笋和越南劳动党中央政治局委员、越南政府总理范文同率领的党政代表团。

6月25日 与徐向前、郭沫若、李德生、姬鹏飞、吴德等观看朝鲜平壤万寿台艺术团的演出。

7月1日 致电章士钊的亲属,对全国人大常委会委员、政协全国委员会委员、中央文史馆馆长章士钊今日在香港病逝表示哀悼。十二日,参加在北京举行的章士钊追悼大会。

△ 会见伊朗王国参议院议长加法尔·谢里夫-埃马米和由他率领的议会代表团。

7月18日 离京去北戴河度暑期。

8月6日 会见和宴请原国民党政府行政院政务委员、一九四六年政治协商会议代表缪云台及其亲属。

8月10日 与夫人康克清在中共秦皇岛市委负责人陪同

下视察四〇〇三厂。在品尝工厂生产的海军特食干粮时说：我们军队多，人也多。我们从无到有，开始打游击，没饭吃，靠的是穷干精神取得了革命的胜利。现在胜利了，我国八亿人口，我们办事情、想问题都要从这一点出发。一人浪费一点不得了，一人节约一点就是一个很大的数字。

8月22日 根据毛泽东的意见，中共中央政治局会议商定，即将召开的中共第十次全国代表大会主席团主席为毛泽东，副主席为周恩来、王洪文、康生、叶剑英、李德生，秘书长张春桥。第十届中央政治局常委人选，除以上七人外，增加董必武、朱德二人。

8月24日—28日 出席在北京举行的中国共产党第十次全国代表大会。会议三项议程：（一）周恩来代表中央委员会作政治报告；（二）王洪文作修改党章的报告；（三）选举第十届中央委员会。大会声讨了林彪反党集团的罪行。全体代表一致拥护中共中央的决议：永远开除林彪、陈伯达的党籍，撤销其党内外一切职务；一致拥护中共中央对林彪反党集团其他主要成员的处理和所采取的措施。朱德在会上当选为中央委员会委员。

8月25日 出席亚非拉乒乓球友好邀请赛开幕式。

8月30日 出席在北京举行的中共十届一中全会。在会上当选为中央政治局委员和中央政治局常务委员会委员。全会批准了二十九日由中央军委提出的新军委组成人员名单。

8月 探望不久前住进万寿路"新六所"二号楼、已经双目失明的刘伯承。

9月7日 与董必武、周恩来等会见来中国参加和参观亚非拉乒乓球友好邀请赛的各国家和地区的乒乓球代表团和来宾。

10月1日 上午，与华国锋、李先念、姚文元、苏振华等在颐和园参加首都群众庆祝中华人民共和国成立二十四周年游园联欢。

△ 晚，出席中国人民对外友好协会为庆祝中华人民共和国成立二十四周年在人民大会堂宴会厅举行的招待会。

10月17日 在人民大会堂接受刚果新任驻中国大使戴维·阿瑟·辛格递交的国书。

10月24日 在人民大会堂接受圭亚那首任驻中国大使迪厄多内·伊图阿递交的国书。

12月12日 毛泽东主持中共中央政治局会议，会上批评"政治局不议政"、"军委不议军"，说："你们不改，我就要开会，到这里来。"表示赞成"全国各个大军区司令员互相调动"，提议邓小平参加中央军委工作。十八日，中共中央政治局会议决定邓小平担任中央政治局委员、中央军委委员，部署召开中央军委会议。

12月21日 应邀出席毛泽东在住所会见参加中共中央军委会议的人员。毛泽东对朱德说："老总啊，你好吗？你是红司令啊！人家讲你是黑司令，我总是批他们，我说是红司令，还不是红了吗？""没有朱，哪有毛。朱毛，朱毛，朱在先嘛！""红司令，现在没有人骂你了吧？"朱德说："没有了。"毛泽东说："那好些了。这位同志（指着朱德对其他与会者说）跟我们一起几十年了。"朱德说："四十多年了。"毛泽东说："我跟你，四十多年了！"

12月25日 致函毛泽东，祝贺他八十寿辰。

1974年　八十八岁

1月9日　在人民大会堂接受突尼斯首任驻中国大使里达·克利比递交的国书。

1月10日　在人民大会堂接受阿富汗新任驻中国大使米尔·穆罕默德·尤素福递交的国书。

1月18日　中共中央转发经毛泽东阅后批示"同意转发"的北京大学、清华大学大批判组汇编的《林彪与孔孟之道（材料之一）》。由此，全国展开"批林批孔"运动。

1月25日　康克清参加中直机关、国家机关"批林批孔"动员大会[1]回来讲述大会情况，并说"听了江青的讲话，一个突出的印象就是她把手伸到军队去了。"朱德说：你不要害怕，军队的大多数是好的，地方干部大多数是好的，群众也是好的。你想想，群众会同意受二茬罪吗？你到农村去问问农民，地主回来他们赞成不赞成？你到工厂去问问工人，资本家回来他们赞成不赞成？你再去问问知识分子，做亡国奴他们赞成不赞成？他们一定都不会赞成的。

---

〔1〕1974年1月24日和25日，江青等在北京连续召开在京党、政、军领导机关的"批林批孔"动员大会。江青在会上发表讲话，以"批林批孔"为名，把矛头指向周恩来等中央领导同志。江青在大会前后，还以个人名义给海军、空军、南京部队、广州部队等领导机关写信，派亲信给某部防化连送材料，把手伸向军队，煽风点火，妄图乱军。

2月2日 致函四川仪陇县马鞍公社党委,鼓励公社领导班子:"更好地团结起来,并以革命统率生产,夺取今年更大的丰收。切实贯彻勤俭建国、勤俭持家的方针,努力建设社会主义的马鞍公社。"

3月4日 在人民大会堂接受尼泊尔新任驻中国大使切特拉·比克拉姆·拉纳递交的国书。

3月10日 会见科威特国民议会议长哈立德·萨利赫·吉奈姆和夫人。

4月29日 与徐向前等会见也门协商会议议长阿卜杜拉·本·侯赛因·阿赫马尔和由他率领的协商会议代表团。

5月1日 与陈云等出席首都群众在首都体育馆举行的庆祝五一国际劳动节联欢活动,观看了体育表演。

5月14日 在人民大会堂接受智利新任驻中国大使埃尔南·伊里亚特拉瓦尔递交的国书。

5月18日 在人民大会堂接受乍得首任驻中国大使纳因巴耶·洛西米安递交的国书。

5月27日 在人民大会堂接受马尔加什新任驻中国大使阿尔芒·拉若纳里米洛递交的国书。

6月6日 在人民大会堂接受芬兰新任驻中国大使马尔蒂·萨洛米埃斯递交的国书。

6月20日 得知唯一的儿子朱琦六月十日在天津病逝,对儿媳赵力平说:你要坚强,不要因为去世了一个人自己也倒下去了。一定要把家管好。嘱咐孙子要在部队好好干,"不要老想我这个家,我这个家没有任何财产。家里的东西都是国家的,房子、家具都是配的,但是我这里有一些书,马列、毛主席的书,假如我不在了,你们可以拿去看。"

7月27日 在阅看了七月二十三日新华社编印的《国内

动态》的关于"江西省的出口商品收购任务完成得很差,省委无暇顾及和层层设卡是一个主要原因"清样稿后,在上面批示:"这个问题关系很大,请先念同志抓一下。"

7月31日 在人民大会堂接受越南新任驻中国大使阮仲永递交的国书。

△ 出席国防部举行的庆祝中国人民解放军建军四十七周年招待会。

8月1日 离京去北戴河度暑期。

8月19日 在海军司令员萧劲光和副司令员刘导生陪同下,视察驻秦皇岛海军舰艇部队。航行到操演区,登上旗舰总指挥台检阅舰艇演习。在接见全体指挥员时说:我们做的事情是光荣的,是有前途的。并向他们讲建设海军的方向和任务。题写了"增强革命团结,加速人民海军建设"字幅,勉励海军指战员为建设强大的海军而奋斗!

8月29日 在人民大会堂接受英国新任驻中国大使爱德华·游德递交的国书。

9月19日 在人民大会堂接受古巴新任驻中国大使拉迪斯劳·冈萨雷斯·卡瓦哈尔递交的国书。

9月23日 与徐向前等会见南斯拉夫联邦议会副议长佩科·达普切维奇和由他率领的议会代表团。

9月30日 出席周恩来为庆祝中华人民共和国成立二十五周年在人民大会堂举行的招待会。

10月1日 与叶剑英等出席在北京工人体育场举行的国庆焰火晚会。

10月12日 与徐向前等会见委内瑞拉议会议长贡萨洛·巴里奥斯和由他率领的议会代表团。

10月14日 会见德意志联邦议院副议长里夏德·耶格尔

和由他率领的议会代表团。

10月 在住处会见来访的原解放军总政治部主任萧华,说:要振作精神呀,共产党员受点委屈不算事儿。井冈山、瑞金、二万五千里长征,那么多困难,那么多挫折,我们都熬过来了,现在这点磨难,能让我们丧失信心吗?在谈到历史问题时说:在井冈山的时候,他林彪才是一个营长哟,怎么能说井冈山会师是他林彪和毛主席会师呢!历史就是历史,他们胡闹不行的。长征时,李作鹏是个小机要员,邱会作呢?是个担担子的挑夫……后来官做大了,与我不来往了,见了我连理都不理了!我们要相信党,相信毛主席!这几年,不过是历史的一个插曲。革命总是要经过曲折反复的,总是要向前发展的。凡是违背唯物辩证法的东西,别看它眼前时兴得很,但从长远的观点看,最后在历史上总是站不住脚的。告别时,从书柜里找出几本马列和毛泽东的哲学著作送给萧华,说:要好好地学,它是我们识别真假马列的武器。

12月29日 周恩来主持中共中央政治局会议,传达毛泽东十二月下旬在长沙的几次谈话内容和关于理论问题等指示。会议通过经毛泽东审阅批准的第四届全国人大常委会委员长等候选人名单。

1975年　八十九岁

1月5日　中共中央发出一号文件，任命邓小平为中央军委副主席兼中国人民解放军总参谋长；任命张春桥为中国人民解放军总政治部主任。

1月8日—10日　出席在北京举行的中共十届二中全会。全会讨论关于召开第四届全国人大的准备工作。决定将《中华人民共和国宪法修改草案》、《关于修改宪法的报告》、《政府工作报告》和全国人民代表大会常务委员会、国务院成员的候选人名单，提请全国人民代表大会讨论。全会选举邓小平为中共中央副主席、中央政治局常委。

1月13日—17日　出席在北京举行的第四届全国人民代表大会第一次会议，并主持开幕式。周恩来在会上作《政府工作报告》，重申要在本世纪内实现农业、工业、国防和科学技术现代化，使我国国民经济走在世界的前列。大会通过修改后的《中华人民共和国宪法》、《关于政府工作报告的决议》。会议选举朱德为全国人大常委会委员长，董必武、宋庆龄、康生、刘伯承、吴德、韦国清、赛福鼎、郭沫若、徐向前、聂荣臻、陈云、谭震林、李井泉、张鼎丞、蔡畅、乌兰夫、阿沛·阿旺晋美、周建人、许德珩、胡厥文、李素文、姚连蔚等二十二人为副委员长；根据中共中央的提议决定周恩来任国务院总理，邓小平、张春桥、李先念、陈锡联、纪登奎、华国锋、陈永贵、吴桂贤、王震、余秋里、谷牧、孙健等十二人为副总理。

1月15日　参加李富春[1]追悼大会。

1月20日　主持第四届全国人大常委会第一次会议。在会上讲话说：在庄严的四届人大一次会议上，我们被选为人大常委会委员，党和人民委托我们贯彻执行宪法规定的职权，责任很重大，任务很艰巨。我们一定要刻苦学习马克思列宁主义、毛泽东思想，勤勤恳恳地努力工作，完成党和人民赋予我们的光荣而艰巨的任务。

1月27日　在人民大会堂接受奥地利新任驻中国大使爱德华·乔普递交的国书。

春节前后　在住处会见前来拜访的宋任穷，谈到学习问题时说：要认真学习，学习马、恩、列的著作，学习毛主席著作，要活到老学到老。

2月24日　在人民大会堂接受伊朗新任驻中国大使艾哈迈德·阿里·巴赫拉米递交的国书。

3月3日　在人民大会堂接受挪威新任驻中国大使托尔莱夫·安达递交的国书。

3月6日　奋笔书写"革命到底"四个大字。

3月17日、18日　主持第四届全国人大常委会第二次会议。会议决定对全部在押战争罪犯实行特赦释放，并予以公民权。十八日，听取了国务院副总理余秋里关于一九七五年国民经济计划的说明。

3月22日　在人民大会堂接受法国新任驻中国大使克洛德·阿尔诺递交的国书。

―――――――

[1] 李富春，1975年1月9日在北京病逝。逝世前任中共中央委员、国务院副总理。

△ 在人民大会堂接受摩洛哥新任驻中国大使阿卜杜勒·拉希姆·哈尔凯特递交的国书。

3月24日 在人民大会堂接受秘鲁新任驻中国大使塞萨尔·埃斯佩霍·罗梅罗递交的国书。

3月29日 会见老挝民族政治联合委员会副主席昭西苏曼·西萨鋆萨和由他率领的民族政治联合委员会友好代表团。

4月1日 会见突尼斯总理赫迪·努伊拉和夫人以及随同来访的全体人员。

4月2日 会见美国众议院议长卡尔·艾伯特和夫人、众议院共和党领袖约翰·罗兹和夫人。

4月7日 参加董必武追悼大会。董必武于四月二日在北京逝世。

4月9日 在人民大会堂接受多哥首任驻中国大使多吉·贝达努递交的国书。

4月10日 在人民大会堂接受巴西首任驻中国大使弗雷塔斯·戈雷递交的国书。

4月11日 在人民大会堂接受赞比亚新任驻中国大使穆罕默德·梅萨乌德·凯卢递交的国书。

4月16日 在人民大会堂接受阿尔及利亚新任驻中国大使穆罕默德·乔普递交的国书。

4月18日 与叶剑英、邓小平等会见朝鲜劳动党中央总书记、朝鲜民主主义人民共和国主席金日成和由他率领的朝鲜党政代表团。

4月20日 会见比利时政府首脑莱奥·廷德曼斯和夫人。

4月25日 邀请延安时期的劳动模范杨步浩到家里做客，并为杨步浩题词："延安应该赶大寨"。

4月29日 在人民大会堂接受卢旺达新任驻中国大使尼

昂德维·塔尔西塞递交的国书。

5月1日 出席在北京劳动人民文化宫举行的庆祝五一国际劳动节游园活动。

△ 在住处会见受周恩来委托前来看望的邓颖超。

5月10日 在人民大会堂接受毛里塔尼亚新任驻中国大使艾哈迈德·乌尔德·梅内亚递交的国书。

5月11日 出席中国人民解放军第三届体育运动会开幕式。

5月26日 在人民大会堂接受塞拉里昂新任驻中国特命全权大使尼劳埃德·科乔·尼奥克赫·兰德尔递交的国书。

5月27日 为儿媳赵力平题词："刻苦学马列，努力钻技术，消灭三差别，永走革命路。"

6月7日 会见菲律宾总统费迪南德·埃·马科斯和夫人。

6月11日 会见冈比亚总统达乌达·凯拉巴·贾瓦拉和夫人。

6月16日 会见泰国众议院议长巴实·干乍那越和由他率领的国会议院访华团。

6月27日 会见加蓬总统、政府首脑哈吉·奥马尔·邦戈和夫人。

6月30日 会见泰王国总理蒙拉差翁·克立·巴莫。

7月4日 与邓小平、李井泉等会见伊拉克副总统塔哈·毛希丁·马鲁夫和由他率领的伊拉克政府代表团。

△ 致函邓小平：我想在七月十日左右到北戴河去休息，预定住两个月，中间可能回来参加一些活动。如同意请报告中央。

7月11日 到解放军三○五医院看望住院治疗的周恩来。

8月3日 与康克清参观秦皇岛市石河水库。

8月8日 在人民大会堂接受科威特新任驻中国大使穆罕默德·阿卜杜拉·阿巴斯·阿布—哈桑递交的国书。

8月25日 在北戴河最后一次下海游泳。

8月30日 与康克清参观秦皇岛市工艺美术厂。在生产车间看到工人用砂轮打磨贝壳,粉末飞扬到脸上、身上,全身上下都是粉末,说:能不能想啥法子,别让粉末到处飞,或让工人戴上防尘的口罩,粉尘吸到肺里太容易得病。看成型的贝雕画多干净漂亮,可制作它又脏又累,真难为你们,用这样简陋的设备为国家做出贡献。

△ 参观结束时,工厂负责人将一幅贝壳画悄悄放进车中送给朱德。朱德回到住处发现了这幅画,第二天让康克清送回工厂,对工厂负责人说:你们生产太辛苦,创造一幅作品不容易,留着拿它换外汇吧!

9月6日 会见柬埔寨国家元首西哈努克、柬埔寨民族团结政府首相宾努和副首相、武装力量总司令乔森潘。

9月7日 在住处会见来访的王平[1]、王炳南[2],在谈话中说:我们作为党的老干部,跟着毛主席战斗了几十年,应该敢管事情,为无产阶级掌握好兵权,不能让军队成为野心家的工具。要继续革命,要抓整顿,不要搞派性。要搞五湖四海,搞好安定团结。

9月9日 在人民大会堂接受意大利新任驻中国大使方济曦递交的国书。

9月12日 出席第三届全国运动会开幕式。二十八日,

---

[1] 王平,时任中国人民解放军武汉军区政治委员。
[2] 王炳南,时任中国人民对外友好协会会长。

出席闭幕式。

9月13日 会见赞比亚联合民族独立党总书记亚历山大·格雷·祖卢及其率领的友好代表团。

9月15日 在人民大会堂接受上沃尔特首任驻中国大使巴多·居伊·马蒂厄递交的国书。

9月16日 在人民大会堂接受乍得新任驻中国大使尼阿杜姆·阿加纳耶递交的国书。

9月19日 在人民大会堂接受马里新任驻中国大使尼西纳利·泰拉塔尔西塞递交的国书。

9月21日 会见委内瑞拉国民议会副议长奥斯瓦尔多·阿尔瓦雷斯·帕斯和夫人。

9月22日 在人民大会堂接受越南新任驻中国大使武玉湖递交的国书。

△ 会见越南劳动党中央第一书记黎笋、越南政府副总理黎清毅和由他们率领的党政代表团。

9月26日 在人民大会堂接受瑞士新任驻中国大使尼海因茨·马尔库斯·兰恩巴赫递交的国书。

9月29日 在人民大会堂接受马尔加什新任驻中国大使拉科托菲林加递交的国书。

△ 在人民大会堂接受多哥新任驻中国大使阿卡波—阿希尼奥递交的国书。

9月30日 出席邓小平以周恩来总理名义为庆祝中华人民共和国成立二十六周年在人民大会堂举行的招待会。

10月1日 出席首都群众在北京劳动人民文化宫举行的庆祝中华人民共和国成立二十六周年游园联欢活动。

10月6日 会见南斯拉夫联邦执行委员会主席杰马尔·比耶迪奇和夫人。

10月23日　会见尼泊尔王国贾伦德拉·比尔·比克拉姆·沙阿亲王、迪伦德拉·比尔·比克拉姆·沙阿亲王和夫人。

10月26日　会见和宴请从日本回国的原国民党高级将领商震[1]和夫人。

10月29日　会见德意志联邦总理赫尔穆特·施密特和夫人。

11月7日　十月，中共中央批准开展长征胜利四十周年纪念活动。但是，"四人帮"[2]却攻击宣传长征胜利是"为老家伙评功摆好"，不准演出《万水千山》等剧。今日，朱德观看总政话剧团演出的《万水千山》，并接见全体演员，还给剧团写了"万水千山"的题字。热情支持宣传长征胜利四十周年纪念活动。

△　在人民大会堂接受苏丹新任驻中国大使赛义德·阿里·亚辛·盖利递交的国书。

11月11日　会见缅甸总统兼国务委员会主席奈温。

11月15日　在人民大会堂接受尼日利亚新任驻中国大使坦科·优素福递交的国书。

11月18日　在人民大会堂接受阿根廷新任驻中国大使胡安·卡洛斯·恩里克·卡岑施泰因递交的国书。

11月20日　中共中央政治局召开会议，对邓小平进行错误批评。随后召开"打招呼会"，发动"反击右倾翻案风"运动。

---

[1]　商震，国民党元老之一。解放战争时期由于不满蒋介石的内战政策辞去国民党政府驻日本代表团团长职务，留居日本。
[2]　"四人帮"，指王洪文、张春桥、江青、姚文元。

11月22日　在人民大会堂接受波兰新任驻中国大使博古米尔·雷赫沃斯基递交的国书。

12月1日　会见美国总统杰拉尔德·福特和夫人。

12月13日　在人民大会堂接受委内瑞拉首任驻中国大使何塞·德赫苏斯·桑切斯·卡雷罗递交的国书。

12月22日　会见圣多美和普林西比总统、解放运动总书记曼努埃尔·平托·达科斯塔和夫人。

12月29日　为北京市肿瘤防治研究所题写："北京市肿瘤防治研究资料"。

12月　和原中共辽宁省委书记周桓谈话，对邓小平主持中央日常领导工作后，在许多方面进行整顿，使形势有了转机，感到很满意，说：现在形势很好，组织上顺过来了，思想还未顺过来。接着，针对"四人帮"大搞"反击右倾翻案风"、妄图打倒邓小平和一大批老干部、篡夺党和国家的最高领导权的阴谋说：要抢班夺权是不行的，林彪不是垮了吗？他们要打倒我，这不是我个人的事，我并不想"当官"。我是党树起来的，要打倒我，就得先打倒共产党，此外没有别的办法。并指出：现在有人还在捣乱！

△　当"四人帮"通过报纸、广播不点名地大肆诬陷和攻击邓小平时，朱德说：在毛主席领导下，由邓小平同志主持中央的日常领导工作很好。

1976年 九十岁

1月1日 《人民日报》发表毛泽东于一九六五年写的两首词：《水调歌头·重上井冈山》、《念奴娇·鸟儿问答》。朱德"吟、读再三，欣然不寐。吟咏有感，草成二首"，发表于《诗刊》一九七六年二月号。其第一首是：

> 昔上井冈山，革命得摇篮。
> 千流归大海，奔腾涌巨澜。
> 罗霄大旗举，红透半边天。
> 路线成众志，工农有政权。
> 无产者必胜，领袖砥柱坚。
> 几度危难急，赖之转为安。
> 布下星星火，南北东西燃。
> 而今势更旺，能不忆当年。
> 风雷兴未艾，快马再加鞭。
> 全党团结紧，险峰敢登攀。

1月8日 周恩来因病于九时五十七分在北京逝世。朱德知道后异常悲痛，眼泪夺眶而出。在周恩来患病期间，曾到医院看望，并经常询问他的病情。

△ 下午，在人民大会堂接受比利时新任驻中国大使雅·阿·劳尔·舒马克递交的国书。

△　下午，在人民大会堂接受贝宁首任驻中国大使拉奥雷·阿里穆萨·巴乔递交的国书。

　　1月11日　到北京医院向周恩来遗体告别，举手行军礼致敬。几天来，沉浸在悲痛和怀念中，对身边工作人员说：周恩来为国家、为人民鞠躬尽瘁，死而后已，是一个真正的彻底的无产阶级革命家。

　　1月15日　下午，在人民大会堂举行周恩来追悼大会，邓小平致悼词。朱德因身体原因，未参加追悼会，送了花圈。

　　1月22日　在人民大会堂接受布隆迪新任驻中国大使西蒙·萨宾博纳递交的国书。

　　1月27日　在人民大会堂接受德意志民主共和国新任驻中国大使赫尔穆特·李伯曼递交的国书。

　　1月　和正在北京的中共江西省委常委刘俊秀谈话，针对江青、康生等人把抓生产说成是"唯生产力论"的观点说：别听他们"革命"口号喊得比谁都响，实际上就是他们在破坏革命，破坏生产。不讲劳动，不搞好生产，能行吗？粮食不会从天上掉下来。没有粮食，让他们去喝西北风！

　　△　对全国人大常委会的几位负责人说：总理去世了。我们国家在国际上的威望只能上，不能下。我们的生产只能上，不能下。一定要把生产搞上去。

　　2月13日　在人民大会堂接受埃塞俄比亚新任驻中国大使范塔耶·比夫图递交的国书。

　　2月21日　在人民大会堂接受新西兰新任驻中国大使理查德·布赖恩·阿特金斯递交的国书。

　　2月24日　在人民大会堂接受墨西哥新任驻中国大使奥马尔·马丁内斯·莱戈雷塔递交的国书。

　　3月2日　在人民大会堂接受尼泊尔首任驻中国大使蒂库

拉·阿尔祖马递交的国书。

3月3日 在人民大会堂接受希腊新任驻中国大使季米德里奥斯·韦利萨罗普洛斯递交的国书。

3月5日 在人民大会堂接受孟加拉首任驻中国大使阿卜杜勒·莫敏递交的国书。

3月9日 在人民大会堂接受老挝新任驻中国大使塔汶·西扎伦递交的国书。

3月15日 会见老挝人民革命党总书记、政府总理凯山·丰威汉，人民革命党中央政治局委员、政府副总理兼外交部部长奔·西巴色和由他们率领的党政代表团。

3月30日 在人民大会堂接受泰国首任驻中国大使蒙拉差翁·格森·沙·格森西递交的国书。

4月4日 从清晨开始，北京上百万群众自发地到天安门广场悼念周恩来。广场放满了花圈、花篮、条幅，人们成群结队地举行宣誓、讲演等活动，表达对周恩来总理的悼念，痛斥"四人帮"。晚，中共中央政治局召开会议，在江青等人控制下，认为这是"反革命煽动群众借此反对主席、反对中央，干扰破坏斗争的大方向"；决定当晚强行清理在天安门广场的花圈、标语和抓"反革命"。

4月5日 天安门广场上的群众采取抗议"四人帮"行动，被错误地宣布为"反革命事件"，遭到镇压。

4月7日 中共中央政治局根据毛泽东提议，通过华国锋任中央副主席、国务院总理和撤销邓小平党内外一切职务的决定。八日，《人民日报》公布了这两个决议，并刊载《天安门广场的反革命事件》的报道。

△ 听到广播里说"邓小平是天安门事件的总指挥、黑后台"，愤愤不平地说："现在，他连自由都没有，他出得来吗？

说他是天安门事件的总指挥，碰到鬼了！"

4月9日 在人民大会堂接受菲律宾首任驻中国大使本哈旺·罗穆亚尔德斯递交的国书。

4月14日 会见摩洛哥国王哈桑二世的特使穆罕默德·布塞塔及其随行人员。

4月19日 会见埃及副总统胡斯尼·穆巴拉克和由他率领的高级代表团。

4月24日 在人民大会堂接受圭亚那新任驻中国大使约翰·卡特递交的国书。

5月1日 出席在北京颐和园举行的庆祝五一国际劳动节游园联欢活动。

5月20日 读了中共中央党校顾问成仿吾赠送的由他翻译的《共产党宣言》新译本后，决定去看望成仿吾。身边工作人员说："您老人家年纪这么大了，还是把他接来谈谈吧。"朱德说："为什么要让人家来就我呢？他的年纪和我差不多，还是我去看他吧！"二十一日，到中央党校看望成仿吾，对他的工作表示感谢和鼓励。

6月12日 会见马达加斯加总统迪迪埃·拉齐拉卡。

6月21日 会见澳大利亚总理马尔科姆·弗雷泽。这是朱德最后一次出席外事活动。

△ 由于当日接见外宾的时间推迟，朱德事先没有得到通知，在放有冷气的房间里等待了将近一个小时，回到家中，便感到身体不适，咳嗽并伴有低烧，经医生诊断是感冒。

6月25日 因病情加重，入北京医院治疗。

7月初 对到医院看望他的李先念说："我看还是要抓生产，哪有搞社会主义不抓生产的道理呢？"

△ 病情加重，心脏衰竭、糖尿病等多种病症并发。但仍

提出要看文件和报纸。

　　△　躺在病床上，对周围人员断断续续地说："革命到底。"

　　7月5日　病情急剧恶化。李先念、聂荣臻、王震、邓颖超、蔡畅、萧劲光、萧华等到北京医院看望。他吃力地睁开双眼，看着这些几十年风雨同舟的老同志，嘴唇翕动着，却没有发出声音。以后就处于昏迷状态。

　　7月6日　下午三时一分，在北京医院逝世。

　　△　中国共产党中央委员会、中华人民共和国全国人民代表大会常务委员会、中华人民共和国国务院发布讣告，向全党、全军和全国人民沉痛宣告朱德逝世的噩耗。讣告指出："朱德同志是中国共产党的优秀党员，是中国人民伟大的革命战士和无产阶级革命家，是党、国家和军队的卓越领导人之一。朱德同志的一生，是为共产主义事业奋斗的一生，是坚持继续革命的一生。朱德同志忠于党，忠于人民"，为"争取中国人民解放事业和共产主义事业的胜利，英勇斗争，无私地贡献了自己毕生的精力。""朱德同志对建设和发展战无不胜的人民军队，对建设和壮大革命根据地，对推翻帝国主义、封建主义和官僚资本主义的反动统治，夺取新民主主义革命的胜利，对建设我国的革命政权，巩固无产阶级专政，争取社会主义革命和建设事业的胜利，为党为人民建立了不朽的功绩，受到了全党全军全国人民的衷心爱戴。"并号召："全党全军全国人民都要学习朱德同志的无产阶级革命精神和高尚革命品质。"讣告发布后，首都天安门、新华门、劳动人民文化宫、外交部下半旗志哀。

　　7月8日　中国共产党和国家领导人以及党、政、军各部门负责人和首都群众三千多人，前往北京医院向朱德遗体告别。

7月9日、10日　在劳动人民文化宫隆重举行吊唁仪式。首都工人、农民、知识分子、解放军指战员、机关干部、学生等一万五千人和国际友人、各国使节，怀着十分敬爱和异常悲痛的心情前往吊唁。

7月11日　全国下半旗志哀。中国共产党和国家领导人以及首都各界群众在人民大会堂隆重举行追悼大会，深切悼念朱德逝世。追悼大会结束后，朱德的骨灰盒被护送到八宝山革命公墓安放。在此前后，许多国家的马列主义政党和组织、政府和议会的领导人都发来唁电，对朱德逝世表示深切哀悼。

7月31日　朱德治丧委员会发布公告：朱德同志逝世后，一些国家的政府部门、党派（组织）、友好团体、各界友好人士、一些国际组织的负责人，许多国家的驻华使节、在华的外国朋友，旅居国外的台湾同胞、爱国华侨以及港澳同胞和中国血统外籍人士发来唁电、唁函，表示沉痛哀悼。朱德同志治丧委员会对此表示衷心的感谢。

在这些唁电、唁函中高度评价朱德是：

——具有传奇色彩的中国领导人

——本世纪最伟大的民族领袖之一

——中国红军之父

——为争取中国人民解放而奋斗的传奇式的统帅和士兵

——中国人民的优秀儿子

——无私地忠于职责的典范

——中华人民共和国历史的伟大象征

△　　△　　△

1977年1月19日　遵照朱德生前所嘱,夫人康克清将他几十年来省吃俭用节余下来的两万余元存款,作为最后一次党费全部交给组织。

1978年12月　中共中央决定在四川省仪陇县马鞍场朱德故居,建立朱德故居纪念馆。邓小平为纪念馆题写了馆名。

1983年8月1日　由中共中央文献编辑委员会编辑的《朱德选集》在各地新华书店发行。《朱德选集》收入了他从一九三一年至一九六二年的六十五篇著作,这是他的著作中最重要的一部分。这些著作记录了朱德所走过的革命的伟大道路,反映了他杰出的军事、政治才能以及他崇高的品德和优良的作风,是马克思主义与中国革命实践相结合的珍贵成果,是作为中国共产党集体智慧结晶的毛泽东思想特别是毛泽东军事思想的重要组成部分。

1986年12月1日　中共中央隆重举行朱德诞辰一百周年纪念大会,中共中央总书记胡耀邦在讲话中说,朱德同志几乎经历了我国人民进行旧民主主义革命、新民主主义革命、社会主义革命和社会主义建设的伟大历史时代的全过程,成为光照千秋的人民领袖之一。朱德同志是伟大的马克思主义者,伟大的无产阶级革命家、政治家、军事家。他为中国人民的解放事业,为伟大的共产主义事业,奋斗终生,立下了不朽的历史功勋。十年前,朱德同志逝世的时候,由于当时的环境,对他伟大的一生和他所做的贡献没有能作出实事求是的评价,也没有能充分表达对他的怀念之情。令人高兴的是,在朱德同志诞生一百周年的今天,我们完全能够这样做了。讲话指出:朱德同志是中国人民军队的主要缔造者之一,是中华人民共和国的开国元勋,他的一生对中国革命和建设事业的建树是多方面的。

他运用马克思主义的普遍真理解决中国的实际问题，对于毛泽东思想特别是毛泽东军事思想的形成和发展做出了杰出的贡献。更令人怀念的是，他作为人民军队的总司令，既是伟大的统帅，又是普通士兵，既是我党的一位杰出领袖，又是一个模范的共产党员。他功盖千秋。他的德行堪称楷模，可与日月同辉。他光辉的一生是同中国革命的艰难历程和伟大胜利融合在一起的。他一生思想的高尚，人格的伟大，给全党、全国人民留下了亲切难忘的印象，将传诵千古，对新一代年轻的领导者的成长，更是一笔十分宝贵的精神财富。我们纪念朱德同志，就要学习他那坚定的革命精神、求实的科学态度、崇高的道德品质、优良的思想作风，一代接一代地把朱德同志和其他老一辈无产阶级革命家所开创的伟大事业进行到底。

△ 为纪念朱德留学德国时曾在哥廷根市学习和生活，联邦德国哥廷根市市长在朱德当年居住过的普朗克大街三号旧居举行"朱德纪念牌"揭幕仪式。"朱德纪念牌"用大理石制成，上面用德文刻着"中华人民共和国元帅朱德1923－1924"，镶嵌在普朗克大街三号旧居临街的墙上。

1996年12月10日 中共中央文献研究室、全国人大常委会办公厅和中央军委办公厅联合举办纪念朱德同志诞辰一百一十周年座谈会。中共中央总书记、国家主席、中央军委主席江泽民在讲话中说，二十世纪中国革命的史册上，群星璀璨，朱德同志是其中一颗巨星。毛泽东同志称赞他是"人民的光荣"。朱德同志信仰坚定，对马克思主义和共产主义矢志不移。在漫长的革命生涯中，不论遇到什么艰难险阻、惊涛骇浪，他从不动摇，总是立场坚定，挺身而出，顽强奋斗，表现出革命者的大智大勇和坚强意志。朱德同志光明磊落，襟怀坦荡，对党对人民无限忠诚，时时刻刻以党和人民的利益为重。他一向坚持实事求是，对同志以诚相待，对错误敢于斗争。他处处顾全大局，事事注意团结，从不计较个人得失，不愧是"度量大如海，意志坚如钢"。朱德同志谦虚谨慎，艰苦朴素，始终保持共产党人的政治本色。他把一切功劳归功于党和人民，从不居功，始终以普通一兵和劳动人民一员自居，充分体现了一个真正革命者的伟大人格。

朱德的光辉业绩，将永远铭记在人民心中。人民将永远纪念和学习这位中国历史上的伟人。

后 记

《朱德年谱（新编本）》（1886—1976）的编写工作于1999年正式启动，在滕文生、逄先知、金冲及的指导下进行。新编本在编写中汲取1986年版《朱德年谱》的成果和经验，也注意到它在当时条件下的疏漏与不足之处，并按照思想性、资料性、学术性、传记性相统一的要求增补大量内容，全书147万余字，其中120余万是新编写的文字。新编本的编写人员是：

主　审　金冲及　负责全书的审阅定稿。

主　编　吴殿尧　负责全书的修改统稿和前期编写组织工作。

副主编　庹　平　负责1937年7月至1945年8月初稿的修改和后期编写组织工作。

分段编写者：

庹　平——1886年12月至1933年9月

吴殿尧——1933年10月至1937年7月

于俊道——1937年7月至1945年8月

　　　　　1961年1月至1963年5月

王纪一——1945年8月至1955年11月

　　　　　1963年5月至1976年7月

李洪才——1955年12月至1960年12月

许先春参加了年谱早年部分的资料搜集和初稿起草。刘春秀、吕小蓟、王玉强、杨志强、李清平、左智勇参加了部分工作。

新编本的编写工作得到李捷、廖心文的关心和指导。

新编本是在1996年出版的《朱德年谱》基础上进行的。原《朱德年谱》在李琦指导下编写并由他审定。编写者是：

主　编：王向立　力　平

副主编：冯若赐　龚希光　卢创坚

分段编写人员：

卢创坚——1886年至1937年7月

王向立　龚希光——1937年7月至1945年8月

卢创坚　冯若赐——1945年8月至1949年9月

刘启光——1949年10月至1959年

李洪才——1960年至1976年

参加部分工作的人：

陈友群　刘学民　刘明逵　时　光　谢储生　王建华
黄　真　姚建平　沈学明　郭　英　于俊道　周中菊
朱同顺　陈思明　李海文　陈绍畴　杨瑞广

1986年版《朱德年谱》和新编本在编写中，得到中央档案馆、中共中央办公厅秘书局、全国人大常委会办公厅、中国人民解放军军事科学院、中国人民革命军事博物馆、中国革命博物馆、北京师范大学公共政治理论课教研室、四川省仪陇县朱德故居纪念馆和中共中央、国务院的有关部委，部分省、市、自治区的有关单位提供的资料，也得到本室档案处、各编研部门、科研组织部门和行政后勤部门的大力支持和帮助，在此一并致谢。

限于资料搜集和编写者的水平，书中一定还有疏漏和不当之处，欢迎读者批评指正。

图书在版编目（CIP）数据

朱德年谱：新编本／中共中央文献研究室编. —北京：中央文献出版社，2016.11
ISBN 978-7-5073-4539-1

Ⅰ.①朱… Ⅱ.①中… Ⅲ.①朱德（1886-1976）-年谱 Ⅳ.①K827=7

中国版本图书馆 CIP 数据核字（2016）第 265220 号

朱德年谱（新编本）（1886—1976）

编　　者：中共中央文献研究室
主　　编：吴殿尧
副 主 编：庹　平
责任编辑：王春明　彭　勇

出版发行：中央文献出版社
地　　址：北京西四北大街前毛家湾1号
邮　　编：100017
网　　址：www.zywxpress.com
邮　　箱：zywx5073@126.com
销售热线：010-63097018、66183303
经　　销：新华书店
排　　版：北京中献唐人数字技术有限公司
印　　刷：北京汇林印务有限公司

680×960mm　　16 开　　126 印张　　1470 千字
2016 年 11 月第 2 版　　2016 年 11 月第 1 次印刷

ISBN 978-7-5073-4539-1　　定价：270.00 元（上、中、下）

本书如存在印装质量问题，请与本社联系调换。

版权所有　违者必究